THOMAS HERZIG

GESCHICHTE DER ELEKTRIZITÄTSVERSORGUNG DES SAARLANDES
UNTER BESONDERER BERÜCKSICHTIGUNG
DER VEREINIGTEN SAAR - ELEKTRIZITÄTS-AG

D1718668

Veröffentlichungen
der Kommission für saarländische Landesgeschichte
und Volksforschung

XVII

Thomas Herzig

Geschichte der Elektrizitätsversorgung des Saarlandes
unter besonderer Berücksichtigung der Vereinigten Saar - Elektrizitäts-AG

Ein Beitrag zur Wirtschaftsgeschichte des Saarlandes

Saarbrücken 1987

Kommissionsverlag: Minerva-Verlag Thinnes & Nolte OHG

Diese Untersuchung wurde von den philosophischen Fakultäten der Universität Freiburg i. Br.
als Dissertation angenommen.

Gestaltung Umschlagtitel: AC_PRESS, 6630 Saarlouis
Druck: Krüger Druck + Verlag GmbH, 6638 Dillingen/Saar

ISBN 3-477-000-773   ISSN 0454-2533

Vorwort

Die thematische Anregung einer strukturgeschichtlichen Langzeitstudie zur Elektrizitätswirtschaft gab Professor Dr. Hugo Ott (Freiburg); ihm vor allem gilt darum mein Dank für seine Unterstützung und sein förderndes Interesse an meiner Arbeit.

Großen Anteil am Gelingen dieser Studie hatten die Mitarbeiter der benutzten Archive und Bibliotheken. Stellvertretend sei hier vor allem dem Leiter des Landesarchivs des Saarlandes, Herrn Professor Dr. Hans-Walter Herrmann, gedankt, der mir nicht nur zahlreiche neue Archivbestände für dieses Thema zugänglich machte, sondern überdies immer wieder bereit war, mit hilfreicher Kritik besonders auf landesgeschichtliche Fragen einzugehen.

Der regionale Schwerpunkt der Untersuchung entstammt einer knapp zweijährigen beruflichen Tätigkeit bei der Vereinigten Saar-Elektrizitäts-AG, Saarbrücken (VSE). Den Vorstandsmitgliedern des Unternehmens, Herrn Dr. jur. Walter Henn und Herrn Dr.-Ing. Rolf Bierhoff, darf ich namentlich für ihr großes Entgegenkommen und die Öffnung der Archivbestände der VSE sowie für die Vermittlung wichtiger Kontakte zu Archiven diverser Wirtschaftsunternehmen und Behörden danken. Herzlicher Dank gebührt Herrn Dr. Henn auch für die Gelegenheit zu persönlichen Gesprächen, in denen er sein Interesse speziell an historischen Fragestellungen bekundete und vielfach fruchtbare Anregungen gab. Heutigen und früheren Mitarbeitern der VSE verdanke ich darüber hinaus zahlreiche Hinweise und Informationen, die in diese Arbeit eingeflossen sind.

Der Kommission für saarländische Landesgeschichte und Volksforschung danke ich für die Aufnahme meiner Arbeit in ihre Veröffentlichungsreihe. Der VSE gebührt Dank für ihren Druckkostenzuschuß.

Gedankt sei ferner allen früheren Kolleginnen und Kollegen am Freiburger Lehrstuhl für Wirtschafts- und Sozialgeschichte, die mit Rat und Tat die Arbeit begleiteten, für die gute Zusammenarbeit; besonders Herrn Privatdozenten Dr. Hermann Schäfer danke ich ganz herzlich für fundierte Kritik und freundschaftlichen Rat.

Meiner Frau Karin gilt besonders herzlicher und persönlicher Dank für ihre Unterstützung und ihr Verständnis für häufige Abwesenheit (in zweifachem Sinn!). Ihr und unseren Töchtern Caroline und Simone, die „rechtzeitig" vor Abschluß der Arbeit das Licht der Welt erblickten, ist dieses Buch gewidmet.

Thomas Herzig, Freiburg im Breisgau

Inhalt

9

Verzeichnis der Abbildungen

Verzeichnis der Karten

Verzeichnis der Tabellen

Einleitung

Die Bedeutung von Energie rückte nach Jahren des Überflusses an billigen Rohstoffen unter dem Eindruck der Folgen der Ölpreisschübe 1973/74 und 1979/80 erstmals nach langer Zeit verstärkt in das öffentliche Bewußtsein. Volkswirtschaftliche Fehlentwicklungen wie steigende Arbeitslosigkeit, höhere Preissteigerungsraten bei realen Wachstumsverlusten sowie Leistungsbilanzdefizite, zu wesentlichen Teilen hervorgerufen durch die Verteuerung und Verknappung von Energie, zogen weitreichende Konsequenzen in der Energiepolitik und -wirtschaft nach sich[1]. Auf dem Gebiet der Stromerzeugung setzten nahezu alle Industriestaaten auf den verstärkten Ausbau der Kernenergie, um eine größere Unabhängigkeit in der nationalen Energieversorgung zu erreichen. Diese Zielsetzungen erlitten im Mai 1986 durch den Reaktorunfall von Tschernobyl ihren bislang schwersten Rückschlag. Nicht nur die Kernenergie speziell, sondern auch elektrischer Strom und die Elektrizitätswirtschaft allgemein gerieten in die zu großen Teilen hochemotionale öffentliche und veröffentlichte Meinung. Rund 100 Jahre nach dem Beginn der öffentlichen Elektrizitätsversorgung in Deutschland[2] kam die elektrische Energie nach Jahren des scheinbar unaufhaltsamen Aufstiegs jedoch vor allem auf dem Wärmemarkt unter den stärksten Substitutionsdruck in ihrer Geschichte[3]. In der oftmals unsachlich geführten und teilweise von einer modischen Technikaversion geprägten Diskussion wurde häufig übersehen, daß gerade elektrische Energie in vielen Fällen zu den notwendigen Voraussetzungen für die allseits geforderten Maßnahmen zur Energieeinsparung gehört. Erst der Einsatz von elektrischem Strom beispielsweise in der Meß-, Steuer- und Regeltechnik ermöglichte auf diesem Gebiet bedeutende Fortschritte, um ein Beispiel der vielfältigen Anwendungsmöglichkeiten zu nennen.

Unser geschärftes Bewußtsein von den Problemen der Energieversorgung und -technik verhilft uns aber vielleicht gerade dazu, einen leichteren Zugang zur historischen Entwicklung des wichtigsten Sekundärenergieträgers, der Elektrizität, zu finden[4]. Elektrische Energie war jahrzehntelang Quelle unseres wachsenden Wohlstandes, der pro Kopf-Verbrauch wichtiges Indiz für den internationalen Rang eines Industriestaates. Entwicklungspolitische Konzepte zur Überwindung der wirtschaftlichen Notlage in den Entwicklungsländern sahen nach dem Zweiten Weltkrieg in der Elektrifizierung — getreu dem Vorbild der heutigen Industriestaaten — die Möglichkeit, die ökonomischen und sozialen Rückstände jener Regionen aufzuholen[5]. Elektrizität stand aber auch bereits in den Anfängen ihrer Verbreitung jenseits jeglicher Ideologie: Unter dem

---

1 Vgl. Holtfrerich (1983), S. 3ff.; Hauser (1983), S. 131ff.; Schulz (1980), S. 377ff.; Sandgruber, Energieverbrauch (1982), S. 79ff.
2 100 Jahre öffentliche Stromversorgung in Deutschland (1984), S. 401ff.
3 Vgl. Keltsch, Krise (1979), S. 3ff.; ders., Deutsche Elektrizitätswirtschaft (1979), S. 475ff.; Boeck (1979), S. 469f.
4 Zu den dieser Arbeit zugrundeliegenden Fachbegriffen vgl.: Lueger (1965), S. 280ff.; Begriffsbestimmungen in der Energiewirtschaft (1978). Zu Wesen und Besonderheiten der Elektrizitätswirtschaft vgl. Wessels (1961); Kruse (1972), S. 209ff.; Förster (1973), S. 60ff., 105ff.; Schneider, Energieversorgung (1980), S. 362ff.
5 Vgl. Holzer (1961); Spoecker (1960); Ghanie (1960); Elektrifizierung und Wirtschaftswachstum (1963), S. 143ff.; Role and Application of Electrical Power (1965); Fischer (1969).

Schlagwort „Sowjetmacht + Elektrifizierung = Kommunismus" erhoffte sich Lenin eine bessere Durchsetzung seiner wirtschaftspolitischen Zielsetzungen[6]. Anschauungsunterricht für dieses Konzept hatte Lenin vor allem im Deutschen Reich erlebt, das nach der Jahrhundertwende eine „elektrotechnische Umwälzung" erfuhr, wie Zeitgenossen feststellen konnten[7].

Die gesamtwirtschaftliche Bedeutung der elektrischen Energie für die Entwicklung innerhalb der westlichen Industrienationen hob der Konjunkturforscher Joseph A. Schumpeter hervor, indem er sie mit der langen konjunkturellen Aufschwungphase des dritten Kondratieff verband: „Sie (die Elektrizität) hat zweifellos neue Industrien und Waren, neue Einstellungen, neue Formen sozialen Handelns und Reagierens hervorgerufen. Sie hat also industrielle Standortbindungen völlig umgeworfen, indem sie das Element der Energie praktisch von der Liste der determinierenden Faktoren gestrichen hat. Sie hat die relative wirtschaftliche Stellung der Nationen und die Bindungen ihres Außenhandels verändert — oder verändert sie vielmehr noch"[8]. Die überragende allgemeine Bedeutung, die der Elektrizität für die Gesamtwirtschaft, aber auch für Teilbereiche, etwa das Handwerk[9], im Industrialisierungsprozeß zukam, ist in der europäischen wirtschaftsgeschichtlichen Forschung immer wieder herausgestellt[10], bislang mangels geeigneter Quellenlage aber noch wenig beispielhaft untersucht worden[11]. Die meisten Untersuchungen setzten allerdings den Zeitraum einer umfassenden Elektrifizierung zu früh an[12] und überschätzten das Tempo des Einsatzes elektrischer Energie in der Industrie[13]. Erst neuere Forschungen bieten ein differenzierteres Bild[14]. Die volkswirtschaftliche Bedeutung elektrischer Energie kann nicht mit den üblichen betrieblichen und gesamtwirtschaftlichen Kennziffern wie Zahl der Be-

---

6 Vgl. Haumann (1974); Hughes (1974), S. 157.
7 Z.B. Nochimson (1910); kritisch hierzu: Technik und Wirtschaft 3 (1910), S. 251; vgl. auch Wirminghaus (1909), S. 927, v.a. 929ff.; Kammerer (1910), S. 392, 403, 413, 424f.; Schmitt (1926), S. 694ff.; der Nationalökonom und Sozialpolitiker Heinrich Herkner sah im Aufkommen der Elektrotechnik durchaus positive Auswirkungen auf den seinerzeit beklagten Einfluß von Maschinen auf die Situation am Arbeitsplatz: „Faßt man aber lediglich den gegenwärtigen Stand ins Auge, insbesondere die neuere Entwicklung der Elektrotechnik, so schrumpft die vermeintliche Beeinträchtigung der Arbeitsfreudigkeit durch Maschinengebrauch doch ganz außerordentlich zusammen." (Herkner, 1910, S. 552).
8 Schumpeter (1961), S. 181.
9 Der wissenschaftliche Berater des 1919 gegründeten „Forschungsinstituts für rationelle Betriebsführung im Handwerk e.V.", Walter Bucerius, unterstrich die herausragende Bedeutung der elektrischen Energie folgendermaßen: „Zu den alten Symbolen des Handwerks, dem Hammer und der Zange, tritt für das moderne Handwerk der Elektromotor." (Bucerius, 1924, S. 91).
10 Vgl. Sharlin (1967), S. 563ff.; Böhme (1969), S. 115; Landes (1973), S. 272ff.; Borchardt (1976), S. 268; Fischer (1976), S. 539.; Ott (1987), S. 135ff.; Schäfer (1985); ders. (1986), S. 456f.
11 Vgl. Henniger (1980), v.a. S. 120ff.; Noll (1975), S. 65f.; auch in den USA spielte der Elektromotor für das Kleingewerbe eine entscheidende Rolle, vgl. Netschert (1967), S. 247.
12 Beispielsweise bereits für den Zeitraum 1890-1900/02: Weber (1957), S. 18ff.; Timm (1972), S. 50.
13 Mottek/Becker/Schröter (1975), S. 33ff., 62f.
14 Z.B. Henniger (1980).

schäftigten, Umsatz, Beitrag zum Bruttosozialprodukt usw. erfaßt werden. Entscheidend war und ist ihre prozeßauslösende Funktion innerhalb der Gesamtwirtschaft[15]. Wichtigster Faktor für eine schnelle Ausbreitung und die im Vergleich zu den älteren Energieträgern größere volkswirtschaftliche Gestaltungskraft der Sekundärenergie Elektrizität ist ihre Fähigkeit zur Netzbildung und die daraus resultierende Möglichkeit zum Aufbau eines weiträumigen Versorgungssystems[16]. Erst hierdurch wurde es möglich, die zahlreichen Vorteile elektrischer Energie in allen ihren Anwendungstechniken flächendeckend zu nutzen. Elektrizität als „ubiquitäres Gut", das heißt überall verfügbar, konnte auf diesem Wege beispielsweise zum Abbau regionaler Strukturunterschiede beziehungsweise des Gegensatzes Stadt-Land beitragen. In Verbindung mit dem Grundsatz einheitlicher Strompreise war es möglich, regional gleichwertige Lebensbedingungen bereits zu einer Zeit anzustreben, als es eine staatliche Raumordnungspolitik, die sich diesen Zielsetzungen verpflichtete, noch gar nicht gab[17].

Aufgabe der vorliegenden Arbeit ist es, für den räumlichen Bereich des heutigen Saarlandes das Aufkommen, die Anwendung und die Ausbreitung der neuen Technologie Elektrizität zu erarbeiten. Das starke montanwirtschaftliche Übergewicht führte in der Saarregion erst relativ spät zum Aufbau einer regionalen öffentlichen Versorgung. Folglich stehen am Anfang der Untersuchung die Eigenerzeugungsanlagen der Industrie sowie die Anwendung elektrischer Energie im Produktionsprozeß, die vorrangig vom unaufhaltsamen Einsatz des Elektromotors geprägt wurde. In den Mittelpunkt der Betrachtung rücken mit zunehmendem Fortschreiten der Elektrizitätsversorgung an der Saar das regionale Stromversorgungsunternehmen Vereinigte Saar-Elektrizitäts-AG (VSE) bzw. deren Rechtsvorgängerinnen. Die Entwicklung dieses Unternehmens kann von der 1912 gegründeten, kaum über einen weiteren lokalen Rahmen hinausreichenden Gesellschaft bis hin zum Landesversorgungsunternehmen verfolgt werden, das heute mehr als 80% des Saarlandes mit elektrischer Energie beliefert. Die Geschichte der Elektrizitätsversorgung des Landes wird im Laufe dieses Jahrhunderts zunehmend identisch mit der Entwicklung der VSE.

In der Geschichte der saarländischen Elektrizitätsversorgung im allgemeinen und der VSE im besonderen müssen Wechselwirkungen und Einflüsse zwischen unternehmenspolitischen Entwicklungen und politischen Rahmenbedingungen auf regionaler, nationaler und teilweise internationaler Ebene hergestellt bzw. aufgezeigt werden, denn neben naturräumlichen und technischen Bedingungen und Voraussetzungen wurde die Region an der Saar — wie kaum eine andere Gegend Deutschlands im 20. Jahrhundert — von politischen Ereignissen beeinflußt und gekennzeichnet. Der saarländische Wirtschaftsraum mit seinen vorhandenen und neu entstandenen Unternehmen, einschließlich der zu Beginn des neuen Jahrhunderts aufkommenden Elektrizitätsversorgung, wurde geprägt vom Ausgang des Ersten Weltkrieges, von der Inflation der deutschen und später der französischen Währung und der 15jährigen Völkerbundsherrschaft im Saargebiet. Saarabstimmung, Rückgliederung ins Deutsche Reich und eine erneute Währungsumstellung hinterließen ihre Spuren ebenso wie der Zweite

---

15 Fleckenstein (1968), S. 158.
16 Ebd. S. 33.
17 Schneider, Hans Karl u.a. (1974), S. 172; vgl. auch Schuler (1962), S. 197ff.; Ladewig (1970).

Weltkrieg mit zweimaliger Evakuierung, Zerstörung und Zusammenbruch. Danach kam wieder eine Abtrennung vom Mutterland mit einschneidenden Folgen, denen letztlich Ende der 50er Jahre Rückkehr und die Zeit einer teilweise sprunghaften Aufwärtsentwicklung folgten.

Der zeitliche Rahmen dieser Arbeit wird begrenzt durch die erstmalige Anwendung der elektrischen Energie im Saarindustrierevier, dokumentiert um das Jahr 1880, und den Zeitraum der Energiekrisen nach 1973/74. Die oben angedeuteten, weltwirtschaftlich veränderten Rahmenbedingungen signalisierten den Beginn einer neuen Entwicklungsperiode der Energieversorgung und damit auch der Elektrizitätswirtschaft[18]. Dieser Prozeß, stark geprägt auch von der politischen Auseinandersetzung, ist noch in vollem Gange, weshalb es vom Standpunkt des Historikers sinnvoll und legitim erscheint, die vorliegende Arbeit im angegebenen Zeitraum — mit einem Ausblick — enden zu lassen. Die Arbeit folgt — bis auf zwei Ausnahmen — der durch die wechselvolle politische Geschichte des Saarlandes zwingend vorgegebenen zeitlichen Periodisierung. Abweichend hiervon erfährt die unter schwierigen Umständen erfolgte Gründung des ersten regionalen Elektrizitätsversorgungsunternehmens an der Saar eine ausführlichere Darstellung, da hier der Keim zum heutigen Landesversorgungsunternehmen gelegt wurde. Die endgültige Vereinheitlichung der öffentlichen Elektrizitätsversorgung des Landes in den frühen 60er Jahren erforderte ein weiteres leichtes Abweichen von der Chronologie der politischen Geschichte.

Die Geschichte der Elektrizitätsversorgung des Saarlandes war ein Desiderat der landesgeschichtlichen Forschung, wie überhaupt Themen zur Energiegeschichte dieser Region bislang kaum eine Behandlung gefunden haben: Zu dominierend standen in der Wirtschafts- und Technikgeschichte des Saarlandes Steinkohlenbergbau sowie Eisen- und Stahlindustrie im Mittelpunkt des Interesses. In regional übergreifenden Arbeiten fand die saarländische Elektrizitätsversorgung kaum oder nur am Rande Beachtung, was vor allem auf die politische Sonderentwicklung nach 1920 zurückgeführt werden kann[19]. Thematisch vergleichbare Arbeiten über andere Regionen bzw. Länder umfassen in der Regel kürzere Zeitabschnitte oder sind einem besonderen, beispielsweise juristischen oder ökonomischen Aspekt verpflichtet. Vor allem die Entwicklung der Elektrizitätsversorgung von Baden, Bayern und Sachsen erfuhr wegen ihres halbstaat-

---

18 Schneider (1980), S. 372f.
19 Ohne Erwähnung des Saarreviers: Büggeln (1930); Windel (1928); Dehne (1928); van Heys (1931); Bergmann (1948); nur knapp gestreift wird die Region in: Deutsche Elektrizitätsversorgung (1927), S. 102. Jubiläumsschriften von EVU beeindrucken in der Regel zwar durch ihre ansprechende Gestaltung, bieten aber zumeist nur spärliche Informationen zur geschichtlichen Entwicklung, da sie in erster Linie der aktuellen Selbstdarstellung dienen sollen, vgl. z.B. (Auswahl) 50 Jahre EAM (1979), EMR 1909-1984 (1984), 50 Jahre EWE (1980), Großkraftwerk Mannheim AG (1966), Hastra (1979), HEAG (1972), Mainkraftwerke AG (1985), Münchner Stadtwerke (1969), Nordwestdeutsche Kraftwerke AG (1975), Pfalzwerke AG (1977), Preußische Elektrizitäts-AG (1977), Rheinisch-Westfälisches Elektrizitätswerk AG (1973); wesentlich informativer sind folgende Jubiläumsschriften: Elektrizität in Bayern (1969), VdEW 1892-1917 (1917), Das Zeitalter der Elektrizität (1967); Haeberle (1983).

lichen Charakters und — bei den beiden erstgenannten Staaten — auf Grund ihrer Bedeutung für die Überwindung struktureller Benachteiligungen häufiger Beachtung[20]. Größeres Interesse findet die Erforschung der Auswirkungen elektrischer Energie in der Wirtschaftsgeschichte der DDR, da ihr — wohl auch unter dem Einfluß der „Klassiker" des Marxismus-Leninismus — vor allem durch den Einsatz des Elektromotors in der „Geschichte der materiell-technischen Produktivkräfte" eine wichtige Rolle zugedacht wird[21]. Ein ehrgeiziges Projekt zur Geschichte der Elektrizität wird zur Zeit in Frankreich bearbeitet, das eine umfassende Dokumentation dieses Energieträgers anstrebt[22].

Die vorliegende Arbeit basiert auf vielfältigem Archivmaterial aus öffentlichen und Unternehmensarchiven. Es verdient hervorgehoben zu werden, daß dem Verfasser von der VSE die gesamten Bestände des Firmenarchivs und Materialien zur Entwicklung der vergangenen Jahre nahezu uneingeschränkt zur Bearbeitung zur Verfügung gestellt wurden, so daß der Zeitraum ab 1945 (die älteren Firmenunterlagen wurden durch einen Bombenangriff im Herbst 1944 fast völlig zerstört) bis zum Ende der Untersuchungszeit durch eine für diesen relativ jungen Zeitraum große Materialfülle abgedeckt werden konnte. Eine wichtige und wertvolle Ergänzung für den Nachkriegszeitraum bis Ende der 50er Jahre boten die Bestände des für Energiefragen in der Hauptsache zuständigen saarländischen Wirtschaftsministeriums im Landesarchiv Saarbrücken.

Die Anfänge der Elektrizitätsversorgung waren im Saarindustrierevier gekennzeichnet durch die Aktivitäten der ehemaligen Königlich-preußischen Bergwerksdirektion Saarbrücken, deren Bestände im dortigen Landesarchiv vorhanden sind. Lokale Einzelentwicklungen konnten durch zahlreiche, teilweise ebenfalls im Landesarchiv gelagerte Gemeinde- und Kreisdeposita dokumentiert werden. Materialien des als Aufsichts-

---

20 Beispielhaft seien hier die entsprechenden Arbeiten zur Elektrizitätsversorgung von Baden aufgeführt: Gümbel (1925); Wagner (1928); Spraul (1933); Allmendinger (1934); Hellinger (1950); Schieting (1953); Teichert (1953); May (1953); Gätschenberger (1960); Egberts (1972); Fischer-Zach (1975); die Entwicklung der Elektrizitätsversorgung ist für Baden (jeweils in Teilaspekten) neben Sachsen und Bayern relativ gut dokumentiert, da in den genannten Ländern der Staat frühzeitig ordnend in die Elektrizitätswirtschaft eingriff, was auf größeres wissenschaftliche Interesse stieß. Zu Sachsen (im folgenden sind nur neuere Arbeiten aufgeführt) vgl. Niemann (1978); Büchner/Bittmann (1981); zu Bayern: Blaich (1981); Ott (1984); zu Württemberg: Leiner (1982), (1985); zu Hamburg: Schubach (1982); zu Frankfurt: Steen (1981); zu Österreich vgl. die knappe Skizze von Sandgruber, Energieversorgung (1982), S. 100ff. Eine Sonderrolle spielt die Berliner Elektrizitätsversorgung. Da von hier einerseits die öffentliche Stromversorgung Deutschlands ihren Anfang nahm und Berlin andererseits Sitz der beiden bedeutendsten Elektrounternehmen AEG und Siemens war, liegen für diese Stadt zahlreiche zeitgenössische und neuere Arbeiten vor, vgl. (Auswahl) Matschoß (1917); 50 Jahre Berliner Elektrizitätswerke (1934); Haubner (1962), S. 1ff.; ETZ 101 (1980), S. 7ff., BEWAG (1984); Bürgel (1984), S. 64ff.; zur Elektroindustrie vgl. Czada (1969), Weiher (1974), Weiher/Goetzeler (1972), besonders S. 35ff., Kocka (1969), S. 199ff., 315ff., Die Entwicklung der Starkstromtechnik bei den Siemens-Schuckert-Werken (1953), Forschen und Schaffen (AEG)(1965).
21 Vgl. z.B. Mottek/Becker/Schröter (1975), S. 33ff.; Bittmann (1980); Produktivkräfte in Deutschland 1870 bis 1917/18 (1985), S. 110ff.
22 Vgl. L'Electricité dans l'Histoire (1985); La France des Electriciens 1880-1980 (1986); Un Siècle d'Electricité dans le Monde (1987).

behörde der Kommunen und Landkreise zuständigen Regierungspräsidenten von Trier konnten im Landeshauptarchiv Koblenz eingesehen werden. In den Archives Départementales de la Moselle in Metz ließen sich zusätzliche Bestände für das vor 1920 wirtschaftlich eng mit dem Saarrevier verzahnte Lothringen erheben. Auch Ergänzungen zum Schicksal des nach dem Ersten Weltkrieg unter Sequester gestellten und später liquidierten lothringischen Versorgungsgebietes der Vorgängergesellschaft der VSE konnten hier aufgespürt werden. Für die schwierige Zeit unter der Völkerbundsherrschaft 1920-1935 boten die Bestände des Stadtarchivs Saarbrücken wertvolles Material zur Geschichte der Elektrizitätsversorgung, in der der Saarbrücker Oberbürgermeister Neikes als Verteidiger der preußischen Interessen im Saargebiet eine zentrale Rolle spielte. Aktivitäten seines wichtigsten Gegenspielers und „Anwaltes" der Landgebiete innerhalb der VSE, des Saarbrücker Landrats Vogeler, sind im Archiv des Stadtverbandes Saarbrücken dokumentiert. Die Zeit ab Mitte der 20er Jahre war gekennzeichnet durch Gebietsvergrößerungsansprüche und Demarkationsstreitigkeiten der Energieversorgungsunternehmen. Die entsprechenden Auseinandersetzungen mit der VSE erhielten durch die Bestände des Landesarchives Speyer, archivalische Ergänzungen der Pfalzwerke AG, Ludwigshafen, und Unterlagen des Rheinisch-Westfälischen Elektrizitätswerks AG, Essen, eine wertvolle Ergänzung.

Für die Zeit nach der Rückgliederung des Saargebietes in das Deutsche Reich im Jahre 1935 und die Zeit des Zweiten Weltkrieges boten die Bestände des Bundesarchives Koblenz eine Fülle von Dokumenten, die vor allem eine Einbettung der regionalgeschichtlichen Entwicklungen in den Gesamtrahmen der Energiepolitik und -wirtschaft auf Reichsebene erleichterten. Die Firmenarchive der größeren Industrieunternehmen des Saarlandes stellen keine geschlossenen Bestände mehr da, sondern basieren zum großen Teil auf verstreutem Material. Dank der überwiegend vorhandenen Kooperationsbereitschaft seitens der Unternehmen gelang es dennoch, verschiedene Einzelschriften sowie statistische Daten zur Ergänzung zu gewinnen.

I. Die Anfänge der Elektrizitätsversorgung an der Saar

1. Grundlagen und Voraussetzungen

Ausgedehnte Steinkohlevorkommen boten im Zeitalter der Industrialisierung eine reichhaltige Energiebasis im Saarrevier. „Der Siegeszug der Dampfmaschine"[1] brachte die technischen Voraussetzungen eines in immer größere Tiefen vorstoßenden Abbaues der Flöze. Eisen- und stahlerzeugende Industrien fanden hier eine ideale Grundlage für ihre Produktion, als 1871 die transportgünstig gelegenen lothringischen Minette-Erze innerhalb des zollpolitisch gleichen Wirtschaftsraumes zur Verfügung standen. Deren Verhüttung bereitete ab Ende der 1870er Jahre durch das von zwei Engländern entwickelte Thomas-Gilchrist-Verfahren trotz des Phosphatreichtums immer weniger Schwierigkeiten.

Die reichlich und billig vorhandene Kohle diente als Betriebsmittel für Dampfmaschinen, die Hauptförderanlagen der preußischen und privaten Bergverwaltungen in den zahlreichen Gruben des Saarreviers, große Walzenzug- und Reversiermaschinen der Stahlindustrie, aber auch Arbeitsmaschinen der vielen Zuliefererbetriebe der Montanindustrie antrieben. Die fortschreitende Technik im Dampfmaschinenbau brachte aber nicht nur immer größere Exemplare hervor, sondern bemühte sich auch, mittleren und kleineren Unternehmen ein adäquates Antriebsmittel für ihre Arbeitsmaschinen zur Verfügung zu stellen. Hier stieß man allerdings rasch auf die Grenzen zwischen technisch möglichen und wirtschaftlich sinnvollen Größen: Platzbedarf, Gewicht, Brennstoffverbrauch und Gesamtkosten steckten klare Grenzen gegenüber einer Anwendung der Dampfmaschinen in kleineren Unternehmen ab. Für letztere Betriebsgröße boten sich eher kleine Antriebsmaschinen wie Heißluft-, Druckluft-, Wasserdruck- oder aber Gasmotoren an, wie sie beispielsweise der Maschinenbauingenieur Reuleaux Handwerkern und anderen Kleingewerbetreibenden empfahl. Auch unter sozialpolitischen Gesichtspunkten spielte die Propagierung dieser kleinen Antriebsmaschinen eine Rolle, um den Beweis anzutreten, daß der aufstrebende Kapitalismus nicht automatisch das Ende der Kleinbetriebe und die Übermacht der großen Unternehmen bedeutete, wie es Kritiker der kapitalistischen Entwicklung, beispielsweise Karl Marx, vorhergesagt hatten[2]. Für den kleinen Gasmotor schienen die Voraussetzungen im Saarrevier aufgrund der leichten Umwandlungsmöglichkeit von Kohle in Gas und der wachsenden Zahl von Gaswerken im Gegensatz zu vielen revierfernen Gebieten des Deutschen Reiches hervorragend.

---

1 Vgl. Herrmann (1981), S. 165ff.; allg. vgl. Klein (1981), S. 93ff.; Laufer (1981), S. 122ff.; Horch (1985); Lehmann (1922); ders. (1925); Keuth (1963/64); Herrmann/Klein (1966), S. 132ff.; Keuth (1966), S. 109ff. (ähnliche Darstellungen finden sich in verschiedenen anderen Kreisbeschreibungen des Saarlandes); Frühauf (1980); Weigert (1922); S. 117ff.

2 Vgl. Reuleaux (1885); Schmoller (1870); Voigt (1897), S. 631ff., 662ff.; Untersuchungen über die Lage des Handwerks in Deutschland (1895/97); Das deutsche Handwerk (Generalbericht) (1930), S. 189f.; Grothe (1884); Bauer (1907), Diehl (1908), S. 173; Ergang (1911), S. 658ff.; Schiff (1911), S. 729ff.; Sand (1926), S. 32ff.; Sass (1962), S. 19ff.; Mauel (1972), S. 159ff.; Wengenroth (1984), S. 305ff.; Neuberg (1908), S. 105ff.; ders. (1903), S. 145ff und (1904), S. 49ff.; Zoepfl (1903).

Neben dem Standortfaktor Kohle spielte abseits des eigentlichen Reviers an den Wasserläufen der oberen Saar[3], der Blies und Prims mit ihren Nebenbächen die natürliche Energiequelle Wasserkraft als Antrieb von Mahlsteinen, Schmiedehämmern, Walk- und Lohmühlen jahrhundertelang die Hauptrolle. Zahlreiche Wassertriebwerke nutzten die aus den umliegenden Bergen kommende Wasserkraft zur Verarbeitung von Getreide, Herstellung von Papier, zum Antrieb der Blasebälge für Schmiedefeuer und viele andere Zwecke aus. Gegenüber dem steigenden Produktionstempo des Industriezeitalters und der durch die rasche Bevölkerungsvermehrung wachsenden Nachfrage aber waren diesen Arbeitsmaschinen auch natürliche Grenzen gesetzt: Das Wasserdargebot schwankte je nach Jahreszeit und war kaum vorherzuberechnen. Auch künstliche Hilfsmittel wie Stauweiher konnten nur kurzfristige Verbesserungen zu einer überlebten Technik leisten. Zusätzlich trugen Auswirkungen einer ersten industriell bedingten Wasserverschmutzung, die mit steigender Kohleförderung zunehmende Verschlammung der Gewässer dazu bei, daß die reviernahen Mühlen Zug um Zug ihren Betrieb entweder aufgaben oder aber den Antrieb auf die witterungsunabhängige Dampfmaschine umstellten. Gefragt war im Zeitalter der Industrialisierung nicht mehr der sporadische, bei Bedarf anfallende Einsatz etwa zum Getreidemahlen, sondern eine kontinuierliche Produktion für steigende Nachfrage. Einigen wenigen Mühlen sollte es allerdings, wie wir später noch sehen werden, vergönnt bleiben, ihre Notwendigkeit noch im 20. Jahrhundert behaupten zu können: Schon der Einbau einer leistungsfähigen Wasserturbine anstelle des herkömmlichen Wasserrades vermochte die Kapazitäten so zu steigern, daß die bisherige Produktion aufrechterhalten werden konnte oder sich durch die Erzeugung von elektrischer Energie neue Betätigungsfelder eröffneten.

Auf dem Beleuchtungssektor dominierte im letzten Jahrhundert an der Saar noch das Petroleumlicht. Auch die vielen ihm anhaftenden Nachteile — es rauchte und stank, der Glaskörper mußte häufig geputzt werden und verbreitete letztlich nur einen kümmerlichen Lichtschein — konnten nicht über seinen Hauptvorteil hinwegtäuschen: Petroleum war eindeutig der billigste Brennstoff für die Masse der Bevölkerung, die sich aus Bergleuten und Eisenhüttenarbeitern zusammensetzte und deren Budget für den täglichen Lebensbedarf knapp bemessen war[4]. Eine Konkurrenz erwuchs dem Petroleumlicht erst, als die Gasbeleuchtung auf der Grundlage der erwähnten kostengünstigen Erzeugung gewaltige Fortschritte machte. Vor allem nach der Mitte des 19. Jahrhunderts entstanden zahlreiche „Gasanstalten"[5]. Die Gasnetze breiteten sich gegen Ende des Jahrhunderts rasch aus, als die in den Städten steigenden Bevölkerungszahlen wachsenden Bedarf spüren ließen. Größter Nachteil einer weiträumigen Verteilung blieben allerdings bei der Ausbreitung der Gasversorgung immer die hohen Inve-

---

3 Mit der Bezeichnung „obere Saar" wird im folgenden abweichend vom geographischen Begriff der Saar der Streckenabschnitt des Flusses zwischen Saarbrücken und der heutigen Staatsgrenze bei Saargemünd umschrieben.
4 1 Liter Petroleum kostete um 1880 25 Pfg., der Liter Rüböl, das weniger qualmte und angenehmer roch, 70 Pfg. (vgl. LA Sbr. 564/862, p. 91ff.).
5 Vgl. z.B. 125 Jahre Gas für Saarbrücken (1982). Eine umfassende Geschichte der Gasversorgung in der Saargegend bleibt ein Desiderat der landesgeschichtlichen Forschung. Zur allgemeinen Entwicklung vgl. K ö r t i n g (1963), vor allem S. 163ff.; Brunckhorst (1978), S. 15ff.; A m b r o s i u s, Staat als Unternehmer (1984), S. 42ff.

stitionskosten des Rohrnetzes. Oft wurden sie nur mit Hilfe größerer Subventionen aus kommunalpolitischen Erwägungen aufgebracht. Eine Welle der Kommunalisierung hatte noch vor 1900 zahlreiche, zunächst auf privater Basis gegründete Gaswerke erfaßt. Die Anwendung von Gas beschränkte sich in den ersten Jahrzehnten auf den Beleuchtungssektor. Die Gaswerke warben zwar für den Einsatz auch zum Kochen, doch die Wärmeerzeugung blieb eine Domäne der Kohle, da ein Großteil der Bevölkerung aus Bergleuten und deren Angehörigen bestand, die auf billige Deputatbestände zurückgreifen konnten.

Dampf und Gas zur Krafterzeugung, Kohle zur Wärmegewinnung, Petroleum und Gas für Beleuchtungszwecke — der Bedarf an Energieträgern schien auch im Saarrevier gedeckt. Doch die Zeit war längst reif, „die Grundsätze von Volta, Oersted, Ampère, Ohm und Faraday sowie die Kenntnisse elektrotechnischer Vorgänge praktisch auszunutzen"[6]. Im Jahre 1848 erhellte die erste Kohlelichtbogenlampe die Oper von Paris, 1866/67 gelang die bahnbrechende Erfindung der Dynamomaschine durch Werner Siemens (und andere), bei der „mit Hilfe des remanenten Magnetismus eine gegenseitige Verstärkung von Ankerstrom und Magnetfeld erzielt" wurde[7]. Die Dynamomaschine, als Motor und Generator gleichermaßen zu verwenden, leitete schließlich im letzten Drittel des 19. Jahrhunderts den durchschlagenden Erfolg der Starkstromtechnik ein, die ihre erste große Bewährungsprobe auf dem Feld der Beleuchtung in Konkurrenz zum Gas zu bestehen hatte[8], nachdem die Schwachstromtechnik im Nachrichtenwesen im zweiten Drittel des vergangenen Jahrhunderts herkömmliche Techniken verdrängt hatte[9]. Werner von Siemens hatte bei der Beschreibung des dynamoelektrischen Prinzips für die Königlich Preußische Akademie der Wissenschaften zu Berlin vorausschauend erklärt, daß nun „der Technik der Gegenwart die Mittel gegeben sind, elektrischen Strom von unbegrenzter Stärke auf billige und bequeme Weise überall da zu erzeugen, wo Arbeitskraft disponibel ist"[10]. Erstaunlicherweise sah von Siemens zunächst Erfolge seiner Erfindung eher auf dem Gebiet der Krafterzeugung als der Beleuchtung. Noch 1880 schrieb er, „ich möchte hierbei aber doch bemerken, daß . . . das elektrische Licht schwerlich jemals das Gaslicht wird verdrängen können . . ."[11]. Ein Jahr zuvor jedoch hatte Thomas A. Edison die von ihm entwickelte Kohlenfadenlampe herausgebracht, die im Gegensatz zur Erfindung von Goebel nicht nur eine höhere Lichtstärke und Brenndauer aufwies, sondern vor allem auch rationell produziert werden konnte[12].

6 Wissell (1967), S. 7; zu Einzelheiten der technischen Entwicklung vgl. Gross (1936), S. 126ff.; Mahr (1941), S. 50ff.
7 Wissel (1967), S. 7; allgemein vgl.: Dettmar (1940); Dibner (1967), S. 437ff.; Friedrich (1943); Lindner (1985); Miller, O. (1927); Miller, R. (1941), S. 26ff.; Rißmüller (1942), S. 26ff.; Staab (1972), S. 32ff.; Wilke (1907); Wißner (1966), S. 391ff.
8 Braun (1980), S. 1ff.
9 Grundlegend und umfassend: Wessel (1983); vgl. ebenfalls Aschoff (1966), S. 402ff.; Oberliesen (1982).
10 Monatsberichte der Königlichen Preußischen Akademie der Wissenschaften zu Berlin, 1868, abgedruckt bei Lindner (1985), S. 131.
11 In: ETZ 1 (1880), S. 21. Zur Betrachtung der Geschichte der künstlichen Beleuchtung unter eher anthropologischen Gesichtspunkten vgl. Schivelbusch (1983), S. 51ff.
12 Wissel (1967), S. 7.

In den Jahren nach 1880 fanden bedeutende Ausstellungen für Elektrotechnik statt, die den Produkten dieser neuen Technologie den Siegeszug Stück für Stück vorbereiteten. 1881 hielt die französische Regierung in Paris eine Internationale Elektrizitätsausstellung ab, auf der Edison seine Glühlampe erstmals in Europa demonstrierte. Ein Jahr später wurde unter wesentlichem Anteil Oskar von Millers eine zweite Internationale Elektrizitätsausstellung in München veranstaltet, auf der die elektrische Gleichstromübertragung von Miesbach nach München Aufsehen erregte[13]. Weitere Ausstellungen — Wien 1883, Turin 1884 und andere — folgten, ehe 1891 die Internationale Elektrizitätsausstellung in Frankfurt am Main den Systemstreit zwischen der Übertragung durch Gleich- oder durch Wechsel- bzw. Drehstrom durch die bahnbrechende Drehstromübertragung von Lauffen am Neckar in das 180 km entfernte Frankfurt am Main auf lange Sicht für den Drehstrom entschied. Der Beweis war erbracht worden, daß Elektrizität nicht nur auf ein eng begrenztes Gebiet beschränkt bleiben mußte, sondern auch auf weite Entfernungen noch wirtschaftlich sinnvoll genutzt werden konnte[14]. In seinen Erinnerungen wies Oskar von Miller auf die Bedeutung der damaligen elektrotechnischen Ausstellungen hin; von ihnen sei eine außerordentliche Förderung der elektrotechnischen Industrie ausgegangen. Die Beleuchtung von Theatern, Läden und Wohnungen sei entscheidend gefördert worden, die Einrichtung von elektrischen Arbeitsmaschinen, die Errichtung von Telefonzentralen habe von diesen Ausstellungen an einen außerordentlichen Aufschwung genommen[15]. Auswirkungen der genannten Ausstellungen zeigten sich in der Verwendung der elektrischen Energie — abgesehen vom bereits genutzten Schwachstrombereich — auch in der Saarregion. Im Jahre 1879 brannten hier die ersten elektrischen Lampen — das „Zeitalter der Elektrizität"[16] an der Saar hatte begonnen.

2. Bergbau und Industrie als Pioniere der Elektrizitätsanwendung

Die Anfänge der Elektrizitätsverwendung im Saarrevier wiesen deutliche Parallelen zur Entwicklung anderer Regionen im Deutschen Reich wie auch zu den übrigen Ländern auf, die sich auf dem Wege zum Industriestaat befanden: Während sich öffentliche Körperschaften und Einzelpersonen nur zögernd der neuen Technologie Elektrizität zuwandten, erwiesen sich Bergbau und Industrie als Pioniere der Elektrizitätserzeugung und -anwendung. Sie nahmen bewußt das Risiko von Fehlschlägen beim Einsatz

---

13 L i n d n e r (1985), S. 167.
14 ETZ 12 (1891), S. 19, 185, 480f., 493f., 519, 547, 640.; U p p e n b o r n (1892), S. 373ff., 388f.; H i l l e b r a n d (1959), S. 409ff.; vgl. auch O t t / H e r z i g (1981); S c h w a i g e r (1939), S. 55f.
15 Abgedruckt bei: L i n d n e r (1985), S. 167.
16 So z.B. Arthur W i l k e 1893: „Nicht mehr das Zeitalter des Dampfes, nein, das Zeitalter der Elektrizität will die Jetztzeit genannt sein", (nach K l e m m, 1954, S. 370). Die „Lustigen Blätter" von 1900 begrüßten das neue Zeitalter wie folgt: „Nach langem und schwerem Daseinskampf/ schiebt ab das alte Jahrhundert mit Dampf./ Wir brauchen ein neues Fluidum,/ Heil Dir elektrisches Säkulum!" (nach T r o i t z s c h, Ulrich, Einführung zu K r a e m e r, 1984, S. XVII).

des noch mit Anfangsschwierigkeiten behafteten neuen Energieträgers auf sich, da sie bald von dessen Überlegenheit gegenüber herkömmlichen Technologien überzeugt waren.

Zahlreiche Beispiele aus Bergbau und Industrie dokumentieren den erfolgreichen Weg, den sich die Elektrizität auf den Gebieten der Beleuchtung, des Fernmelde- und Signalwesens, der Kraftübertragung und der Wärmeanwendung in der Saargegend bahnte.

a) Die Königlich-preußische Bergwerksdirektion Saarbrücken

1. Elektrische Beleuchtungs- und Nachrichtentechnik

In dasselbe Jahr wie die Erfindung von Edisons Glühlampe fiel die erste Anwendung der elektrischen Beleuchtung in der Saargegend: 1879 brannten die ersten Bogenlampen auf der neuen Rätteranlage der Kohlenwäsche auf den Dechen-Schächten der Königlichen Steinkohlengrube Heinitz bei Neunkirchen[17]. Eine ausführliche Beschreibung der Anlage ging auf die Gründe für die Anwendung dieser neuen Technik ein[18]. Unter den bestehenden Absatzverhältnissen der Dechen-Schächte wurde vor allem Wert darauf gelegt, hinsichtlich der Schiefer- und Staubfreiheit der verladenen Stückkohlen auch während der dunklen Morgen- und Nachmittagsstunden der Wintertage sowie bei etwaiger Nachtförderung gleich günstige Resultate zu erhalten, wie sie bei Tagesbeleuchtung erzielt wurden. Die bisher verwendeten Petroleumlaternen hatten diesen Anforderungen in keiner Weise genügt. Da aus lokalen Gründen auch von einer Wiedereinführung der früher vorhandenen Gasbeleuchtung abgesehen werden mußte, entschloß sich die Grubenverwaltung zur Anwendung des elektrischen Lichtes[19].

Im Dezember 1878 erhielt die Fa. Siemens & Halske den Zuschlag für die Lieferung der elektrischen Anlageteile, da sie die geringsten Anlage- und die niedrigsten Betriebs- und Unterhaltungskosten für dieselbe Beleuchtungsstärke erforderten. Zugleich bot das Unternehmen die beste Garantie für eine solide Ausführung[20]. Die beiden „dynamo-elektrischen Lichtmaschinen" wogen jeweils 115 Kilo und wurden bei einem Leistungsbedarf von je 1,5 bis 2 PS durch Transmission von einer vorhandenen Dampfmaschine so angetrieben, daß sie 900 Umdrehungen pro Minute erreichten. Zwei Lampen nach dem System Hefner von Alteneck verbreiteten an den drei Lesebändern, verschiedenen Ladegleisen, der Ladebühne und einer Drehscheibe so viel Licht, „daß die sämmtlichen Manipulationen und deren Beaufsichtigung mit der nämlichen Sicherheit wie bei Tage durchzuführen" waren; in einer Entfernung von 20 Metern herrschte immer noch dieselbe Helligkeit, wie sie eine nur 1,4 m entfernte Gasflamme lieferte[21].

---

17 Zur Bergwerksdirektion vgl. Hasslacher/Jordan/Nasse (1890); Hasslacher (1904).
18 LA Sbr. 564/147, Entwicklung 1878/79, ebf. in: ZBHS 1881, S. 234ff. Zur Lage der einzelnen Gruben vgl. Karte 2.
19 ZBHS 1881, S. 234. Zur Entwicklung der Licht- und Beleuchtungstechnik allgemein vgl. Gross (1933), S. 72ff. und Köhler (1936), S. 258ff.
20 ZBHS 1881, S. 234.
21 Ebd., S. 236.

Nach zweijähriger Betriebserfahrung waren keine Beanstandungen zu vermerken und ein Vergleich der auf äußerste Sparsamkeit mit ihren Etatmitteln ausgerichteten Bergwerksinspektion ergab, daß die durch die elektrische Beleuchtung erzielten Einsparungen sehr bedeutend waren, abgesehen davon, daß die Effizienz der Petroleumbeleuchtung „nur eine sehr kümmerliche war"[22], obwohl 34 Petroleumlampen durch die zwei elektrischen Leuchtkörper ersetzt worden waren. Ein Vergleich mit der Gasbeleuchtung stellte die deutliche Überlegenheit des elektrischen Lichtes heraus: Um dieselbe Lichtintensität zu erreichen, wären mindestens 60 Gasflammen erforderlich gewesen. Diese hätten einschließlich Zinsen und Amortisation pro Betriebsstunde 1,62 Mark erfordert gegenüber 1,70 Mark der Petroleumbeleuchtung und 1,29 Mark für die beiden elektrischen Lampen. Als letzter Vorteil des elektrischen Lichtes wurde schließlich noch die Unabhängigkeit gegenüber den Witterungsverhältnissen hervorgehoben; weder konnten die Lampen durch Sturm oder Regen ausgelöscht, noch durch Zufrieren der Leitung außer Betrieb gesetzt werden.

Über Tage wurde die Anwendung der elektrischen Bogenlampen zu einem vollen Erfolg. Unter Tage dagegen verhielt sich die Bergwerksdirektion zurückhaltend, obwohl sich das elektrische Licht gerade für die Beleuchtung schlagwetterführender Gruben anbot. Eine Untersuchung der französischen Schlagwetter-Kommission aus dem Jahre 1880 schränkte die Anwendung unter Tage vor allem wegen der starken Helligkeit der überwiegend verwendeten Bogenlampen ein, die durch ihre Blendung eher hinderlich wirkten. Ferner war eine ausreichende Mobilität, etwa zum Ausleuchten von Ecken und Winkeln, nicht gegeben, und schließlich erschien den Bergleuten die große Abhängigkeit von den Apparaten und Leitungsdrähten unvereinbar mit den Erfordernissen des Betriebes[23]. Diese Vorbehalte gegen die Verwendung elektrischen Lichtes unter Tage sollten noch geraume Zeit bestehenbleiben, ehe technische Verbesserungen und Neuentwicklungen auch hier ihren Einsatz finden konnten.

Die elektrische Lichttechnik schritt über Tage dagegen rasch voran. 1881 wurden die Tagesanlagen der Eisenbahnschächte von Grube Kronprinz bei Ensdorf (zur Lage der einzelnen Gruben vgl. Karte 2) elektrisch beleuchtet, eine separat angetriebene Dynamomaschine lieferte Gleichstrom von 65 Volt[24]. Weitere sechs kleinere Generatoren derselben Stromart und Spannung folgten bis 1890, z.B. zur Beleuchtung der Hauptanlage auf Grube Maybach östlich von Quierschied[25]. Bis zur Jahrhundertwende wurden 30 weitere Dynamomaschinen allein zu Beleuchtungszwecken aufgestellt: Beispielsweise 1893 auf Grube Göttelborn[26], 1894 für die Kohlenwäsche von Grube Mellin[27], 1895 auf Grube Kreuzgräben, 1896/97 auf Camphausen[28], 1897/98 erhielt

---

22 Ebd., S. 238.
23 Ebd., S. 361. Auch in Großbritannien stellte man Versuche mit der Anwendung elektrischen Lichtes unter Tage an, konnte sich aber ebenfalls noch nicht zu einer allgemeinen Einführung entschließen, vgl. BMF 1881, S. 194.
24 BMF 1900, S. 469; vgl. auch Frosch (1980), S. 17.
25 Vgl. BMF 1900, S. 469; LA Sbr. 564/139, S. 29f.
26 LA Sbr. 564/143, S. 20f.
27 Reitz (1975), S. 15.
28 LA Sbr. 564/146, S. 48; Kreuzgräben ebd., S. 154.

Karte 1 Leitungsnetz der elektrischen Kraftversorgungsanlagen
der Bergwerksdirektion Saarbrücken (Stand 1910)

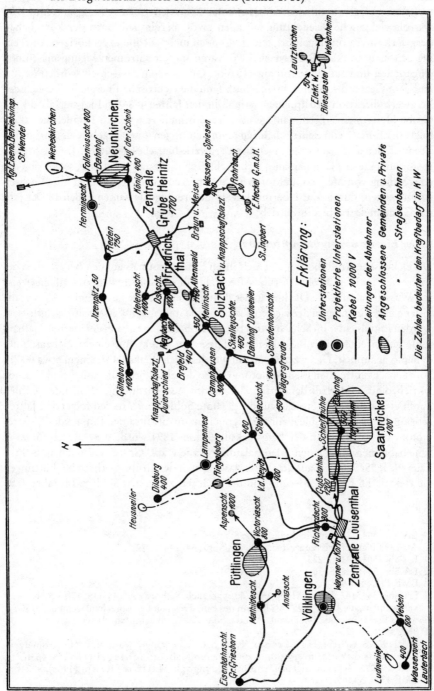

Quelle: Glückauf, Berg- und Hüttenmännische Zeitschrift 46, 1910, S. 1346

der Grubenbahnhof Friedrichsthal elektrisches Licht[29], 1898 die Tagesanlage der Grube Brefeld[30], 1899 folgte der Mellinschacht der Grube Sulzbach[31]. Ein Jahr später teuften die Bergleute auf Grube Velsen unter elektrischer Beleuchtung ab[32]. Um 1900 war die elektrische Beleuchtung auf allen zwölf Berginspektionen der königlichen Bergwerksdirektion eingeführt, allerdings noch nicht auf allen zugehörigen Anlagen. Bei den meisten Neuanlagen nach 1890 waren stärkere Stromerzeugungsmaschinen eingerichtet und auf die Spannung 110 Volt Gleichstrom gewechselt worden[33].

Auf dem Gebiet der Nachrichtentechnik fand die elektrische Energie im Bereich der Bergwerksdirektion Saarbrücken erstmals in den Jahren 1884/85 Eingang, als auf der Grube Heinitz eine Telefonanlage über Tage installiert wurde[34]. Parallel hierzu erfolgte der Einsatz von elektrischen Signalvorrichtungen unter Tage, die als einzige den strengen Sicherheitsanforderungen des Bergwerksbetriebes genügten. Da die Stromversorgung dieser Geräte anfangs technisch noch nicht ausgereift war, setzte sich die Anwendung von Magnetinduktoren als Stromerzeuger in Verbindung mit Wechselstromweckern durch. Zur Übermittlung sichtbarer Signale kamen in den 1890er Jahren Grubentelegraphen in Betrieb[35].

2. Der Einsatz elektrischer Antriebskraft

Die elektrische Kraftübertragung hielt ihren Einzug erstmals auf den Bergwerken des Saarreviers im Jahre 1894 auf Grube Altenwald, für ein Kohlerevier erstaunlicherweise mit Wasserkraftantrieb: Die hier in der dritten Tiefbausohle zusetzenden Wasser, die bislang ungenutzt der in der vierten Tiefbausohle stehenden Wasserhaltung zuflossen, wurden mittels einer im Schacht eingebauten Rohrleitung einer in der vierten Tiefbausohle aufgestellten Turbine zugeführt. Diese war direkt mit einem Nebenschlußdynamo gekuppelt. Der erzeugte Strom wurde durch Bleikabel zu einem etwa 600 m vom Schacht entfernten Elektromotor geleitet, der eine Förderung mit Seil ohne Ende antrieb, die die unterhalb der dritten Tiefbausohle auf Flöznummer 2 fallenden Kohlen durch eine einfallende Strecke auf die gesamte Sohle hob[36]. In den folgenden Jahren zeugten zahlreiche Beispiele vom erfolgreichen, unaufhaltsamen Einsatz des Elektromotors auf den Gruben der Bergwerksdirektion: 1894 wurde der Antrieb für zwei Schiebebühnen und einen Materialaufzugskasten auf Grube Göttelborn elektrifiziert[37]. 1895/96 folgte auf den Viktoriaschächten der Grube Gerhard bei Püttlingen die elektrische Kettenförderung von der sechsten zur ersten Sohle[38]. Im Jahre 1896

---

29 LA Sbr. 564/139, Entwicklung 1897/98.
30 Ab 1898 Name für Kreuzgräben, vgl. LA Sbr. 564/146, S. 222.
31 LA Sbr. 564/141, S. 223.
32 LA Sbr. 564/148, S. 38.
33 BMF 1900, S. 469.
34 LA Sbr. 564/147, Entwicklung 1884/85; vgl. auch S c h w a r z (1956), S. 17ff.; S c h w a r z verzeichnet „die Jahre 1895" als Beginn des Einsatzes von Fernsprechanlagen bei der Bergwerksdirektion (ebd., S. 17), zutreffend ist der Zeitraum zehn Jahre zuvor.
35 SBK 1901, S. 77.
36 BMF 1900, S. 469; ebf. H a s s l a c h e r (1912), S. 63; eine weitere Wasserkraft zur Stromerzeugung nutzte die Grubenverwaltung am Hafen in Malstatt, S c h l e g e l (1906), S. 463ff.
37 BMF 1900, S. 469; zur allgemeinen Entwicklung vgl. M a t t h i e / R e h m (1965), S. 24f.
38 BMF 1900, S. 469.

wurde auf Grube Heinitz die elektrische Kraftübertragung zum Betrieb der Pumpen im Weiherbachtal und auf Grube König zum Antrieb von Ventilatoren eingerichtet[39]. Ein Jahr später erhielt eine Schiebebühne auf dem Hafenamt Malstatt elektrischen Antrieb.

Während die bislang genannten Einrichtungen alle als Gleichstromanlagen ausgeführt wurden, wurde im Jahr 1895 die erste Drehstromkraftübertragung zwischen dem Rudolfschacht und der Ventilatorenanlage auf dem Rammelter Schacht des Steinkohlenbergwerks Gerhard durchgeführt[40]. Die wirtschaftlichen Erfahrungen, aber auch die Einfachheit und Sicherheit dieser Anlagen veranlaßten die Berginspektion, die bis 1897 mit Dampf betriebenen Ventilatoranlagen Seilschacht und östliches Beustflöz der Grube Gerhard für elektrischen Betrieb umzurüsten und zur Erzeugung der Betriebskraft im Luftkompressionsgebäude des Josephaschachtes eine Drehstromzentrale, bestehend aus einer Haupt- und einer Reservemaschine, zu erbauen. Noch im selben Jahr erhielt ein Capell-Ventilator auf dem Westschacht der Grube König elektrischen (Drehstrom-) Antrieb, 1899 auf dem gleichen Schacht ein Rateau-Ventilator und auf Göttelborn ein Pelzer-Ventilator[41].

Neben der inzwischen selbstverständlich gewordenen Beleuchtung und dem Telefon- und Telegraphenwesen fand die elektrische Energie auf den Gruben der Königlichen Bergwerksdirektion in der Hauptsache Verwendung beim Betrieb von Fördereinrichtungen und Ventilatoren. Die Wasserhaltung wurde dagegen teilweise noch von oberirdisch installierten Dampfmaschinen mit langen, schweren Pumpgestängen, teilweise von unterirdischen Dampfmaschinen geleistet. Kurz nach der Jahrhundertwende setzte sich dann aber auch auf diesem Gebiet — wie auch bei Pumpenanlagen zur Versorgung mit Betriebs- und Trinkwasser — der elektrische Antrieb verstärkt durch[42]. Der Anwendung von Elektromotoren unter Tage blieben wegen der Schlagwettergefahr Grenzen gesetzt, auch wenn Versuche mit elektrischen Gesteinsbohrmaschinen und elektrischen Förderhaspeln für horizontale und geneigte Streckenförderung positiv anliefen[43]. Die erste große elektrische Schachtfördermaschine wurde 1904 in Altenwald installiert, wobei deren Wirtschaftlichkeit erst mit einer gut ausgebauten zentralen Stromerzeugung gegenüber der Konkurrenz des Dampfmaschinenantriebes erwiesen werden konnte[44].

39 Ebd. und LA Sbr. 564/147, Entwicklung 1896.
40 BMF 1900, S. 469; vgl. auch LA Sbr. 564/142, S. 143, 146f. und 151.
41 BMF 1900, S. 469 und LA Sbr. 564/143, S. 39 und 564/142, S. 146f.
42 Ebd. und SBK 1901, S. 77ff.; Beschreibung Wasserhaltungsmaschine (1908), S. 52ff.; vgl. ebf. S l o t t a (1977), S. 356ff.; H a s s l a c h e r (1912), S. 62; G r a n d e (1962), S. 37f.; zur allgemeinen Entwicklung: P h i l i p p i (1928), S. 25ff; W o l f f (1965), S. 140ff.
43 Ein ausgedehntes Luftdrucknetz unter Tage war meist vorhanden und bedurfte, anders als die elektrischen Leitungen, keiner bergbehördlichen Genehmigung. Ab 1912 erleichterten einheitliche VDE-Vorschriften für elektrische Maschinen unter Tage deren Einsatz erheblich, vgl. O e s t e r l e i n (1953), S. 339ff.; H o f f m a n n (1906), S. 1399f.; P h i l i p p i (1928), S. 20; W e n z e l (1965), S. 34ff.
44 H a s s l a c h e r (1912), S. 63; H o f f m a n n (1906), S. 1402f.; Ergebnisse von Untersuchungen an Fördermaschinen (1910), S. 1379ff.; wichtigste technische Voraussetzungen waren der Ilgner-Umformer und die Leonard-Schaltung, vgl. P h i l i p p i (1921), S. 9ff.; ders. (1928), S. 30ff.; M a t t h i e / R e h m (1965), S. 25f.

Auch im nichtproduktiven Bereich fand die elektrische Energie immer häufiger Verwendung. Die Bergwerksdirektion Saarbrücken berichtete jährlich über ihre Versuche und Verbesserungen[45], die im Laufe eines Etatjahres auf den Gruben über und unter Tage durchgeführt worden waren. 1907 stand an vorderer Stelle ein Bericht über eine „electrische Putztücher-Waschmaschine"[46]: Pro Tag fielen zum Reinigen von Maschinen und anderen Geräten etwa 600, zumeist stark verölte Putztücher an, die bislang nach auswärts zur Wäsche gegeben wurden. Versuche mit einer elektrischen Waschmaschine, deren Wasser mit vorhandenem Abdampf erwärmt wurde, ergaben, daß bei einem Anschaffungspreis von 3.500.- Mark eine Ersparnis von 2.142.- Mark pro Jahr zu erwarten stand und zudem 6 Kg Öl pro 9-Stundenschicht wiedergewonnen werden konnten — ein frühes Beispiel für Recycling und Umweltschutz durch den Einsatz moderner Technologie!

Eine Aufstellung aus dem Jahre 1905 wies für die zwölf Berginspektionen der Bergwerksdirektion Saarbrücken insgesamt 34 Generatoren auf[47] (vgl. Tab. 1.a u. b), die überwiegend von Dampfmaschinen, auf den Gruben Burbachstollen und Heinitz auch von Gasmaschinen angetrieben wurden. 20 dieser Generatoren erzeugten Drehstrom, der Rest Gleichstrom. Die Primärspannung lag bei 110, 220, 330, 440, 500, 1000, 2000, 2100, 2200, 5200 und 5300 Volt. Eine solche Vielzahl von Systemen und Spannungen warf immer größere Schwierigkeiten auf, als sich die Wünsche der einzelnen Berginspektionen nach weitergehender Elektrifizierung häuften. Entweder reichten die Erzeugungskapazitäten nicht aus oder ein Austausch zwischen den einzelnen Gruben scheiterte an mangelnder Kompatibilität der Systeme und Spannungen[48]. Zudem errechnete die Bergwerksdirektion für die Erzeugung von 1 kWh an der Schiene Beträge zwischen 0,39 und 15 Pfennig an den einzelnen Standorten[49]. Die hohen Beträge entstanden vor allem dort, wo im Laufe der Zeit an einer ursprünglich nur zu Beleuchtungszwecken eingerichteten Anlage nach und nach Erweiterungen für den steigenden Kraftbedarf hinzutraten und sich dadurch die Unwirtschaftlichkeit vieler kleiner Erzeuger gegenüber einem großen Generator immer deutlicher bemerkbar machte.

---

45 Versuche und Verbesserungen beim Bergwerksbetriebe in Preußen während des Jahres . . ., in: ZBHS Jg. . . .; vgl. allg.: Übersicht über die Verwaltung der fiskalischen Bergwerke, Hütten und Salinen im Preußischen Staate während des Etatjahres . . . (bzw. Nachrichten von der Verwaltung der preußischen Staats-, Berg-, Hütten- und Salzwerke während des Etatjahres . . .), 1878/79-1908/09, in: Verhandlungen des Hauses der Abgeordneten, Sammlung sämtlicher Druckschriften des Hauses der Abgeordneten, Jgg. 1879-1911.
46 LA Sbr. 564/445, S. 97.
47 Vgl. Tab. 1a u. b im Anhang, Mellin (1906), S. 330ff.
48 Die Berichte zur Entwicklung der einzelnen Gruben von den Anfängen bis zur Übergabe unter französische Verwaltung zu Beginn des Jahres 1920 verzeichnen vor allem für die Zeit ab etwa 1902/03 jährlich neue Einsatzbereiche elektrisch betriebener Maschinen; vgl. für Grube König LA Sbr. 564/13, Grube Maybach ebd. 564/139, v.d. Heydt ebd. OBA Nr. 51 und 564/140, Grube Sulzbach und Altenwald ebd. 564/141, Grube Göttelborn ebd. 564/143, Grube Gerhard und Friedrichsthal ebd. 564/142, Grube Reden und Itzenplitz ebd. 564/145, Grube Camphausen und Grube Kreuzgräben-Brefeld ebd. 564/146, Grube Heinitz, wo der spätere Direktor der Kraft- und Wasserwerke, Mengelberg, ab 1899 wirkte, ebd. 564/147, Grube Velsen ebd. 564/148; zur quantitativen Entwicklung vgl. Grube König: 1896 2 Elektromotoren mit 40 PS, 1919 67 E-Motoren mit 5378 PS, ebd. 564/137, S. 300. Vgl. auch die laufenden Berichte über neue Anwendungsbereiche der elektrischen Energie in verschiedenen Zeitschriften: BMF Nr. 119 u. 121, 1900, ebd., Nr. 48-51, 1902, ZBHS 51 (1903), S. 264, ebd., 53 (1905), S. 134f, Zeitschrift für das gesamte Turbinenwesen 1906, S. 470.
49 Mellin (1906), S. 331, 333.

3. Zentrale Stromerzeugung in den Kraftwerken Heinitz und Luisenthal

Die Bemühungen der Bergwerksdirektion zielten in den folgenden Jahren aus den genannten Gründen darauf, die Krafterzeugung zu vereinheitlichen und dadurch zu verbilligen. Eine erhebliche Ersparnis an Betriebskosten brachte die Verwendung elektrischer Motoren als Ersatz von kleinen und älteren, mit hohem Dampfverbrauch arbeitenden Dampfmaschinen. Diese Erkenntnis setzte sich nach der Jahrhundertwende im gesamten deutschen Bergbau durch[50]. Der Geschäftsbericht der AEG stellte beispielsweise für das Geschäftsjahr 1905/06 fest, daß der Bergbau die Tätigkeit der Installationsabteilung der Firma inzwischen hauptsächlich in Anspruch nahm[51]. Auf der Planungsgrundlage großer, zentral gelegener Kraftwerke wollte die Bergwerksdirektion die Elektrifizierung auf folgenden Gebieten vorantreiben: Unterirdische Wasserhaltung, Ventilatoren, große und kleine Pumpwerke über Tage, Separationsanlagen, Kohlenwäschen, Werkstatt- und sonstige kleine Maschinen, die gesamte Beleuchtung sowie in absehbarer Zeit auch Hauptfördermaschinen[52]. Prognosen über den gesamten eigenen Kraftbedarf der Gruben ergaben für die Jahre 1907, 1908 und 1909 Werte von rund 6.400, 10.500 und 14.500 kW.

Die Pläne der Bergwerksdirektion stießen in der Presse auf großes Interesse, zumal immer wieder versichert wurde, daß die neuen Kraftwerke „mit den modernsten und leistungsfähigsten Maschinen ausgerüstet" würden, „die es ermöglichten, die Kosten der Stromerzeugung in außerordentlichem Maße zu vermindern . . ."[53]. Unter diesen Umständen sollte sich für die Gemeinden und industriellen Unternehmungen des Saarreviers die Möglichkeit eröffnen, den Bedarf an elektrischem Strom zur Beleuchtung und zum Betriebe von Straßenbahnen, Wasserwerken und Fabriken aus dem fiskalischen Verteilungsnetz zu beziehen. Aufgrund der geschätzten niedrigen Stromerzeugungskosten der großen staatlichen Elektrizitätswerke hoffte die Bergwerksdirektion, daß sich die Abnehmer wesentlich günstiger stehen würden, als wenn sie ihren Strombedarf in eigenen Werken herstellten. Eine Anzahl von Gemeinden und industriellen Unternehmen des Saarreviers war deshalb mit der königlichen Bergverwaltung wegen Abgabe von elektrischem Strom in Verhandlungen getreten. Die Bergwerksdirektion ging davon aus, daß diese Verhandlungen zu einem befriedigenden Abschluß kämen und so weiten Kreisen die Möglichkeit verschafften, aus den neuen Errungenschaften der Elektrotechnik Nutzen zu ziehen. Öffentliche Ankündigungen, teilweise Jahre vor Inbetriebnahme des ersten Kraftwerkes, weckten zusammen mit vielfach übertriebenen Zeitungsberichten in der Bevölkerung große Hoffnungen auf eine rasche Elektrifizierung. Andererseits riefen sie völlig falsche Vorstellungen über die finanzielle Seite der Einführung des elektrischen Stroms hervor. Manche Euphorie schlug in nüchternen Realismus um, wenn die ersten Angebote der Bergwerksdirektion an Private und Gemeinden zur Versorgung mit elektrischer Energie vorlagen (vgl. Kap. I.4.d).

---

50 Vgl. EKB 8 (1910), S. 1.
51 LA Sbr. 564/1537, S. 43ff.
52 Ebd., S. 59.
53 BMF 1906, Nr. 107.

Bei der Planung der Kraftwerke setzte sich innerhalb der Bergwerksdirektion Saarbrücken die ab etwa 1900 allgemein aufkommende technische Erkenntnis durch, daß beim Betrieb von Kokereien am wirtschaftlichsten die Erzielung eines möglichst großen Gasüberschusses und die Verwendung des Gases unmittelbar in Gaskraftmaschinen zur Elektrizitätserzeugung war. Zunächst wurde in den Jahren 1904/05 auf Grube Heinitz eine Kokerei von 30 Koppers-Öfen mit Gewinnung von Nebenprodukten errichtet[54]. Da vorerst lediglich eine 600 PS-Gasmaschine zur Verfügung stand, konnte der Gasüberschuß nur zu einem kleinen Teil direkt in elektrische Energie umgewandelt werden. 1906 folgten eine zweite, 1907 und 1908 eine dritte und vierte Koksofengruppe mit zusammen 90 Koppers-Öfen. Die Gasmaschinenzentrale wurde parallel dazu von etwa 500 auf knapp 7.000 kW bis einschließlich 1909 erweitert. Der ursprüngliche Plan, von der Heinitzer Gaszentrale aus nur die östlichen Gruben des Reviers mit elektrischer Energie zu versorgen, mußte allerdings rasch dahingehend erweitert werden, daß die Bergwerksdirektion „eine allgemeine Versorgung der bergfiskalischen Steinkohlenbergwerke an der Saar mit Elektrizität aus großen, modern angelegten Zentralen ins Auge faßte"[55].

Für das zweite Kraftwerk der Bergwerksdirektion wurde der Standort Luisenthal an der Saar gewählt, da zum einen ein erhöhter Bedarf an elektrischer Energie auch im westlichen Teil des Reviers vorauszusehen war; zum anderen bot der Platz an der Luisenthaler Kanalhalde den Vorteil, daß die Kühlwasserzufuhr und die Ableitung des warmen Wassers wegen der unmittelbaren Nähe der Saar denkbar einfach wurden; ferner konnte der Maschinenflur des Kraftwerkes so zum Saarwasserspiegel gelegt werden, daß die Hebung des Kondensationswassers nur wenig Kraftaufwand erforderte. Auch Kohlenzufuhr von der nahegelegenen Grube Gerhard und Aschenabfuhr ließen sich hier, teilweise unter Mitbenutzung der bestehenden Fördereinrichtungen der Kanalhalde, leicht bewerkstelligen[56]. Zudem war genügend Platz für eine Erweiterung der zunächst auf 9.000 kW geplanten Dampfturbinen-Aggregate vorhanden. Durchschlagende Erfolge des Einsatzes der Dampfturbine zur Stromproduktion und damit verbundene deutliche Kostensenkungen hatten die Bergwerksdirektion von ihren ursprünglichen Plänen abgebracht, auch in Luisenthal eine Gaszentrale zu errichten[57]. Eine größere Reserveleistung für die beiden Kraftwerke wurde zunächst nicht vorgesehen, da in den zahlreichen kleinen Zentralen auf den Gruben im ganzen 19 Generatoren mit einer Kapazität von rund 6.000 kW für Notfälle zur Verfügung standen.

Die Ausführung des Stromverteilungsnetzes wurde noch während der Planungen dem wachsenden Bedarf angepaßt und statt mit 5 in 10 kV Spannung ausgeführt (vgl. Karte 1). Aus heutiger Sicht mutet es erstaunlich an, daß die Bergwerksdirektion „bei dem

---

54 Vgl. im folgenden M e n g e l b e r g / P e u c k e r (1910), S. 1332ff. und: Die Elektrizitätswerke der Königlichen Bergwerksdirektion (1910), S. 29ff.; zum Kokereibetrieb vgl. K i p p e r (1909), S. 329ff.; S c h r o e d e r (1965), S. 63ff.; S i m m e r s b a c h (1905), S. 1347ff.; allgemein zur Kokereitechnik vgl. J o h a n n s e n (1939), S. 14ff.

55 M e n g e l b e r g / P e u c k e r (1910), S. 1334.

56 Saarbrücker Bergmannkalender 1910, S. 31.

57 Vgl. S c h u l t (1941), S. 20ff.; S p e n n e m a n n (1967), S. 20ff.; im Ruhrbergbau wurde die erste Dampfturbine (BBC, Baden/Schweiz) im Jahre 1903 von der Bergwerksgesellschaft Hibernia aufgestellt, L e n t (1955), S. 15; allg. vgl. R i e d l e r (1906), S. 415ff.; M a u e l (1975), S. 229ff.; S t r o b e l (1977), S. 442ff.; aus der Sicht der AEG L o y (1965), S. 14ff.; U t i k a t (1965), S. 198ff

Karte 2 Anfahrpunkte der staatlichen Saargruben mit Belegschaftszahlen (Stand 1910)

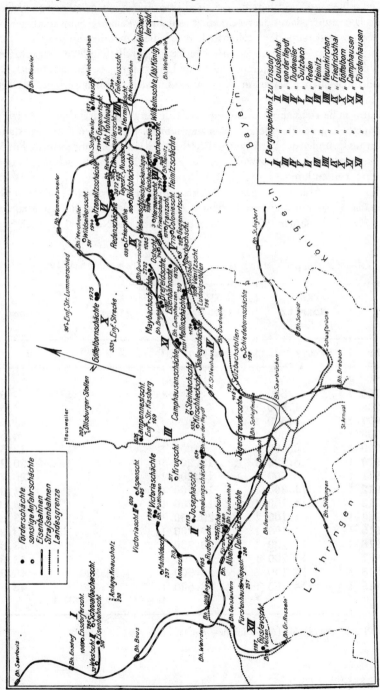

Quelle: Glückauf, Berg- und Hüttenmännische Zeitschrift 46, 1910, S. 1394

dichtbevölkerten und ziemlich gebirgigen Gelände, über das sich die Leitungen erstrecken sollten, von vornherein aus Sicherheitsgründen von dem Bau von Freileitungen absehen mußte, damit die regelmäßige und durch keinerlei Schwankungen beein-
flusste Stromversorgung der Gruben nicht durch die namentlich im Sommer zu erwartenden stärkeren Gewitterentladungen in Frage gestellt wurde"[58]. Zu erklären ist
diese Vorsichtsmaßnahme durch zeitgemäße Überspannungsschutzprobleme. Damalige Leistungsschalter waren in ihrer Wirksamkeit erheblich geringer als heutige
Ausführungen[59].

Nach einigen Betriebsjahren mußte aber auch die Bergwerksdirektion die Anfälligkeit
von Erdkabeln gegenüber Bergschäden anerkennen. Die meisten Entnahmestationen
wurden aus Gründen der Versorgungssicherheit in Ringleitung angeordnet, durch welche die elektrische Energie sowohl von der Zentrale Heinitz als auch von Luisenthal
zugeführt werden konnte.

Entgegen vielen Ankündigungen in der Presse und den hierdurch verstärkten Erwartungen der Bevölkerung gingen die beiden Zentralen Heinitz und Luisenthal erst im
April 1908 bzw. Februar 1909 mit größerer Leistung ans Netz (vgl. Tab. 2). Heinitz

Tabelle 2 Engpaßleistung der Grubenkraftwerke an der Saar 1905 - 1919

Jahr	KW Heinitz	KW Luisenthal	KW Weiher	Summe
	k W	k W	k W	k W
1905	500			500
1906	1.500			1.500
1907	1.500			1.500
1908	4.500			4.500
1909	8.500	9.000		17.500
1910	8.500	12.200		20.700
1911	8.500	12.200		20.700
1912	11.300	19.700		31.000
1913	14.100	19.700		33.800
1914	14.100	29.700		43.800
1915	14.100	29.700		43.800
1916	14.100	29.700		43.800
1917	14.100	29.700		43.800
1918	14.100	26.500	8.200	48.800
1919	14.100	26.500	8.200	48.800

Quelle: Saarbergwerke AG (Abt. Energiewirtschaft)

---

58 Mengelberg/Peucker (1910), S. 1345.
59 Allgemein vgl. Walter (1967), S. 61ff.

mußte übereilt in Betrieb gesetzt werden, da einige Gruben durch Störungen der eigenen Maschinenanlagen in Schwierigkeiten gekommen waren[60]; die Folgen waren häufige Ausfälle, die in erster Linie auf Montagefehler zurückgeführt wurden. Nach Aufnahme des Betriebes im Luisenthaler Werk konnte die Anzahl der Störungen auf durchschnittlich eine pro Monat gesenkt werden, so daß „den Abnehmern dabei die Spannung im Mittel nur etwa 10-15 Minuten entzogen" wurde[61].

Die wirtschaftlichen Ergebnisse des Etatjahres 1909, in dem die zentrale Kraftversorgung in größerem Umfang begann, waren erfolgversprechend: Gegenüber den bisherigen Einzelanlagen auf den verschiedenen Gruben, wo die Anlagekosten pro installiertem kW bei 700-800 Mark lagen, beliefen diese sich auf etwa 400 Mark pro kW bei den beiden Zentralen einschließlich Netz und Transformatoren[62]. Pro Kilowattstunde wurde eine Ersparnis zwischen 1 und 1,5 Pfennig durch die Stromerzeugung in den beiden Kraftwerken errechnet. Dies ergab für die gesamte Bergwerksdirektion Saarbrücken immerhin eine Einsparung von 400.000 bis 500.000 Mark im Jahr. Zum ersten Mal konnte auch ein Rückgang des Selbstverbrauches der Saargruben an Kohle im Verhältnis zur Förderung festgestellt werden, während dieser früher jährlich gestiegen war. Verbesserungsbedürftig schien der zum 01. Oktober 1907 eigens eingerichteten „Direktion der Kraft- und Wasserwerke"[63] in erster Linie die Tatsache, daß unter Berücksichtigung sämtlicher Verluste die Dampfzentrale Luisenthal nur 12,9 % der ihr zugeführten Wärme in Form von Elektrizität nutzbar zur Verfügung gestellt hatte; bei der Gaszentrale Heinitz war ein Wirkungsgrad von immerhin 22,5 % festzustellen[64]. Kennzeichnend für die Entwicklung bis zum Ausbruch des Ersten Weltkrieges war ein ständig steigender Bedarf an elektrischer Energie[65], dem der Ausbau von Erzeugungskapazitäten kaum nachkam: Mitte 1914 hatte das Kraftwerk Heinitz eine installierte Leistung von 14.100 kW, das Kraftwerk Luisenthal von 29.700 kW. Die rasante Steigerung der Stromproduktion besonders in den letzten Vorkriegsjahren verdeutlicht Tabelle 3[66].

---

60 Mengelberg/Peucker (1910), S. 1359.
61 Ebd.
62 Ebd., S. 1362.
63 Vgl. Denkschrift über die Ausgestaltung der Kraft- und Wasserwerke zu einer selbständigen Betriebsverwaltung vom 14.05. 1908, in: LA Sbr. 564/107, S. 44ff.; zusätzlich zur Betreuung der Kraftwerke Heinitz und Luisenthal kam die Verwaltung des neuen Wasserwerkes im Lauterbachtal, so daß sich die Bergwerksdirektion zur Einstufung der Kraft- und Wasserwerke als eigener Verwaltungszweig ab 01.04.1909 entschloß.
64 Mengelberg/Peucker (1910), S. 1363.
65 Vgl. Althaus (1904), S. 1209ff.; Philippi (1910), S. 466ff.; Elektrische Lokomotiven mit Akkumulatorenbetrieb, in: EKB 7 (1909), S. 276f.; Recktenwald I (1910), S. 46f.: Ab März 1910 ersetzten die Lokomotiven auf der IV. Sohle von Lampennest die Pferde in der Streckenförderung; vgl. ebf. Versuche und Verbesserungen (1906), S. 258: Elektrische Streckenförderung IV. Tiefbausohle Grube Heinitz; Weise (1912), S. 389ff. Einen guten Überblick über den steigenden Einsatz elektrisch angetriebener Maschinen geben auch die jährlichen Überblicke „Zusammenstellung der Unterhaltungskosten im Bezirke der Königlichen Bergwerksdirektion Saarbrücken im Jahre . . . betriebenen Dampfkessel-, Dampfmaschinen und sonstigen Motoren" (gedruckt).
66 LA Sbr. 564/2021, jährliche Zusammenstellung.

Tabelle 3 Stromerzeugung und -abgabe (kWh) der Königlichen Bergwerksdirektion Saarbrücken (1909 - 1919)

| Jahr | gesamte Erzeugung | Abgabe | | Eigenverbrauch der Kraftwerke | Verluste |
		Inland 1) (Preußen)	Pfalz, Elsaß-Lothringen		
1909	31.333.835	29.113.914	95.378	1.643.364	481.179
1910	56.260.750	52.263.184	200.432	2.445.918	1.351.216
1911	64.596.180	59.557.884	248.914	1.950.784	2.838.598
1912	86.768.059	80.317.286	298.490	2.161.172	3.991.111
1913	104.810.360	99.245.599	300.604	2.823.398	2.440.759
1914	108.548.710	101.651.624	1.038.630	3.330.067	2.528.389
1915	111.013.380	102.999.681	1.056.770	3.375.028	3.581.901
1916	131.588.560	120.985.770	2.042.923	3.967.234	4.592.633
1917	146.024.130	137.033.732	3.285.820	4.555.861	1.148.717
1918	157.477.368	148.842.840	1.849.679	5.617.185	1.167.664
1919	165.909.262	157.396.821	216.675	5.234.430	3.061.336

1) Einschließlich Abgabe für Grubenbetrieb
Quelle: Landesarchiv Saarbrücken, Bestand 564-2021

In einer zusammenfassenden Bewertung kann festgehalten werden, daß die Elektrifizierung des Grubenbetriebes über und unter Tage durch den Beschluß der Königlichen Bergwerksdirektion Saarbrücken zum Bau zentraler Kraftwerke entscheidene Anstöße erhalten hat. Auch konnte dadurch dem immer wieder erhobenen Vorwurf der geringen Rentabilität der fiskalischen Bergwerke der Hinweis auf den Einsatz modernster Technik entgegengesetzt werden[67]. Bei einem Vergleich mit anderen Kohlenrevieren darf allerdings nicht verkannt werden, daß diese Entwicklung unter dem starken Konkurrenzdruck der überwiegend privaten Zechen in Rheinland-Westfalen und in Oberschlesien schon einige Jahre früher eingesetzt hatte[68].

[67] Zum Vorwurf mangelnder Rentabilität vgl. bspw. die ausführliche zeitgenössische Diskussion: J ü n g s t , Rentabilität (1910), S. 1401ff., dagegen: H e r b i g , Frage der Rentabilität (1910), S. 1970ff. und noch einmal J ü n g s t , Anlagekapital (1910), S. 1974ff.; vgl. auch LA Sbr. 654-64, S. 7ff.: Bergwerksdirektor Flemming stellte Ende des ersten Jahrzehnts des 20. Jhs. in einer Rückschau über die vergangenen 30 Jahre die unternehmenspolitischen Ziele der Bergwerksdirektion wie folgt heraus: „ruhige, stetige Entwicklung", „nur einheimische Arbeiter", „so wenig Feierschichten und Entlassungen wie möglich". Auch die Handelskammer Saarbrücken klagte immer wieder über die Schwerfälligkeit des preußischen Bergfiskus, der sich beispielsweise nicht in der Lage sah, seine Förderung den konjunkturellen Anforderungen anzupassen, vgl. Jahresbericht der Handelskammer Saarbrücken für 1909; vgl. ebenfalls G o e r g e n (1920), S. 115f.
[68] Vgl. z.B. Die Entwickelung des Niederrheinisch-Westfälischen Steinkohlenbergbaues (1905), S. 417ff., 580ff.; G i l l e s (1909); K ö r f e r (1928); auch im benachbarten lothringischen Kohlenrevier erfolgte bereits frühzeitig die Ausstattung der Bergwerksanlagen mit elektrischer Energie, vgl. F l a k e (1931): Bergwerksgesellschaft de Wendel S. 89ff., Saar- und Mosel-Bergwerksgesellschaft S. 94ff., Bergwerksgesellschaft La Houve S. 106ff.; vgl. auch verschiedene ausführliche Berichte zur Elektrifizierung der lothringischen Gruben in den AD Moselle, Best. 15 AL 640, 641 und 643.

b) Die Entwicklung auf den Königlich-bayerischen und privaten Gruben des Saarreviers

1. Das bayerische Bergamt St. Ingbert

Auf den Gruben im bayerischen Gebietsteil des heutigen Saarlandes verlief die Entwicklung der Anwendung elektrischen Energie zeitlich etwa parallel zu derjenigen der
preußischen Bergwerke. Auch hier folgten auf die elektrische Beleuchtung Telegraph
und Telefon sowie Zug um Zug elektrische Motoren zum Antrieb von Ventilatoren,
Förderhaspeln und Pumpen[69]. Ab dem Jahre 1907 wurde die Streckenförderung auf
Stollen A des Bergwerkes St. Ingbert mit einer Gleichstromlokomotive aufgenommen[70]. Im Gegensatz zu den preußischen Gruben faßte das Königlich bayerische
Bergamt St. Ingbert allerdings nicht den Plan, große Kraftwerke zu errichten. Für den
eigenen Betrieb war dies aufgrund des geringeren Eigenbedarfs unnötig, und um die
öffentliche Versorgung kümmerte man sich (vorerst) nicht.

Mitte des Jahres 1906 stand die Erweiterung der vorhandenen Kraftanlagen durch eine
„150 kW-Gleichstromcentrale" auf der bayerischen Grube zur Diskussion. Da sich
diese Leistung bald als zu gering erwies, ersuchte das bayerische Bergamt die preußische
Bergverwaltung um Strombezug, als deren Kraftwerkspläne an die Öffentlichkeit ge-
drungen waren. Der frühestmögliche Liefertermin im Herbst 1907 kam dem Bergamt
allerdings zu spät und der Preis von 6 Pfennig pro kWh für 10 kV Drehstrom erschien
ihm zu hoch, so daß es den Bau einer eigenen kleinen Anlage vorzog[71]. Die steigende
Elektrifizierung des bergbaulichen Betriebes machte es aber bald wieder erforderlich,
entweder erneut die Eigenanlagen zu vergrößern oder Fremdstrom zu beziehen. Ein
fertiger Stromlieferungsvertrag mit den Saar-Elektricitätswerken war im Mai 1911 bereits abgeschlossen (vgl. Kap. II.2.) und bedurfte nur noch der Genehmigung der bayerischen Regierung in München. Diese jedoch wachte darüber, daß kein „preußischer
Strom" in die bayerische Pfalz fließen sollte. Schließlich plante der bayerische Staat die
einheitliche Versorgung seines linksrheinischen Gebietsteiles, so daß sich diese Bezugs-
möglichkeit dem Bergamt St. Ingbert verschloß[72].

Die erfolgreiche Stromerzeugung auf den preußischen Zentralen Heinitz und Luisenthal veranlaßte das Bergamt St. Ingbert im Februar 1913 erneut, sich an die Bergwerksdirektion Saarbrücken zu wenden. Das Bergamt hatte sich zum Bau einer „elektrischen
Centrale mit Dampfturbine von 1240 kW" entschlossen. Dieses Projekt wurde jedoch
von den neu gegründeten Pfalzwerken mit dem Argument der Unwirtschaftlichkeit
abgelehnt, weshalb die Direktion der Kraft- und Wasserwerke in Saarbrücken um ein
unabhängiges Gutachten gebeten wurde. Dieser Bitte kam der preußische Bergfiskus
nach und verwies auf seine früheren „großzügigen Angebote" und seine Beziehungen
zu den Pfalzwerken über eine vorläufige Belieferung der Städte Homburg, Zwei-

---

69 Seit Beginn der Elektrifizierung ab 1902 wurden außerhalb der grubeneigenen Kraftwerke
   keine Dampfmaschinen mehr angeschafft, sondern ausschließlich Elektromotoren eingesetzt, vgl. L o u i s (1912), S. 47; ders. (1913), S. 102.
70 K r ä m e r (1955), hier Band 2, S. 155; ders. (1930), S. 200f.
71 LA Sbr. 564/1358, S. 1ff.
72 Ebd., S. 6, 10f.

brücken und Ixheim[73]. Im Gegensatz zur Bergwerksdirektion Saarbrücken blieb die Stromerzeugung auf den bayerischen Gruben auf die Eigenversorgung beschränkt. Das Projekt der Überlandversorgung durch die Pfalzwerke mit einem eigenen, von Anfang an großzügig dimensionierten Kraftwerk besaß aus wirtschaftlichen und ordnungspolitischen Erwägungen heraus bei den zuständigen bayerischen Regierungsstellen den eindeutigen Vorrang (vgl. Kap. I.4.e).

2. Die privaten Gruben Frankenholz und Hostenbach

Die private Grube Frankenholz bei Bexbach modernisierte nach Ankauf des Grubenfeldes der Gewerkschaft „Konsolidiertes Nordfeld" nach der Jahrhundertwende ihre technischen Einrichtungen von Grund auf und errichtete ein großes Kraftwerk zur zentralen Stromversorgung der Betriebsanlagen sowie der benachbarten Ortschaften Frankenholz (1904), Ludwigsthal (1910), Oberbexbach (1911) und Höchen (1911)[74]. Der Betrieb der vergrößerten Zentrale ermöglichte die Verwertung fast der gesamten minderwertigen Kohle sowie des anfallenden Kohlenstaubes aus der Aufbereitung zur Stromerzeugung. Die zweite größere private Grube des Saarreviers in Hostenbach erhielt im Jahre 1912 eine moderne technische Ausstattung mit eigener Stromversorgung[75].

c) Der Einzug elektrischer Energie in der Industrie

1. Elektrische Beleuchtung und elektrisches Nachrichtenwesen

Wie bei den meisten technischen Neuentwicklungen stand auch bei der Erzeugung und Anwendung elektrischer Energie am Anfang die Privatinitiative und die Finanzierung durch privates Kapital. Öffentliche Auftraggeber, wie beispielsweise Kommunen oder der Staat, hielten sich durchweg zurück, bis nicht nur die Nützlichkeit, sondern auch die Wirtschaftlichkeit der neuen Technologie erwiesen waren. Das angeführte Beispiel der ersten Einführung von elektrischer Beleuchtung auf den staatlichen Gruben der Bergwerksdirektion Saarbrücken bildet insofern keine Ausnahme, da die Verwendung von Elektrizität über ein Vierteljahrhundert lang ausschließlich auf den Eigenbedarf beschränkt blieb.

Prädestiniert für die Eigenerzeugung von Elektrizität waren vor allem diejenigen gewerblichen Unternehmen, die im Produktionsablauf anfallende Mengen von Dampf oder Gas nutzen oder die Erzeugung notwendiger Prozeßwärme von Anfang an größer projektieren und diese Energie in elektrischen Strom umwandeln konnten. Im Saarrevier traf dies in erster Linie auf die großen Eisen- und Stahlwerke zu: Röchling in Völklingen, Burbacher Hütte, Neunkircher Eisenwerk, Halberger und Dillinger

---

73 Ebd., S. 15ff.
74 L o u i s / G e i b e r t (1910), S. 140f., 164ff.; G o e r g e n (1920), S. 56ff.; L o u i s (1912), S. 57; Saarbrücker Zeitung Ausgabe St. Wendel v. 14.1.1986 (Höchen) (SZ-RA).
75 G o e r g e n (1920), S. 16ff.

Hütte[76]. Auch in diesen Unternehmen folgten die Entwicklungsstufen der Anwendung elektrischer Energie wie im Bergbau aufeinander: Beleuchtung, Fernsprech- und Signalanlagen sowie Elektromotoren[77]; hinzu trat noch vor dem Ersten Weltkrieg die Wärmeanwendung von Elektrizität zur Erzeugung von Elektrostahl, um dessen Anfänge sich besonders die Röchlingwerke in Völklingen verdient machten.

Als erster Stromerzeuger auf der Völklinger Hütte wurde 1887 eine 80 PS-Helios-Lichtmaschine installiert. Sie bestand aus einer liegenden Zwillingsdampfmaschine von 120 Umdrehungen pro Minute, auf deren Welle ein Gleichstromdynamo für 65 Volt Spannung saß. Von diesem Dynamo wurden 70 Bogenlampen für die Beleuchtung der eigentlichen Fabrikanlagen sowie einige Glühlampen zur Erhellung der Büros gespeist. Verteilt wurde die elektrische Energie durch eine einzige Ringleitung, die auf Holzstützen montiert war und eine entsprechend geringe Sicherheit aufwies, so daß „die Hütte in mancher Nacht im Dunkeln lag"[78]. 1898 wurde diese Maschine verschrottet. Das 1891 neu errichtete Stahlwerk erhielt von Anfang an elektrische Beleuchtung durch 40 Bogenlampen. Eine vergleichbare Gasbeleuchtung hätte ein vielfaches an Lampen erfordert. Der Strom wurde von zwei 20 PS-Gleichstromdynamos mit 110 Volt Spannung erzeugt, die durch stehende Drillings-Schnelläufer-Dampfmaschinen mit 600 Touren, Bauart Westinghouse, direkt angetrieben waren. Die beiden Dampfmaschinen hatte das Unternehmen gebraucht gekauft; noch traute es offensichtlich der neuen Technologie nicht ganz und investierte deshalb möglichst wenig Kapital: Eine Fehlinvestition war dies tatsächlich, wie sich herausstellen sollte, denn nach dreivierteljährlichen vergeblichen Versuchen, die Dampfmaschinen zuverlässig in Gang zu halten, wurden sie verschrottet. Versagt hatte allerdings nicht die neue Technik der Stromerzeugungsaggregate, sondern diejenige der lange erprobten Dampfmaschinen. Hierauf erfolgte der Antrieb der Dynamos mittels Riemen von einer Rollgangsmaschine der stillgelegten Straße 5 des Eisenwerkes. Ein Telefonnetz wurde ab der Jahrhundertwende auf der Völklinger Hütte eingerichtet und noch kurz vor Ausbruch des Ersten Weltkrieges auf ein vollautomatisches System umgerüstet.

Auf der Burbacher Hütte erfolgte der übergang zur elektrischen Beleuchtung wie in Völklingen ab dem Jahre 1887[79]. Zunächst wurde die Hauptverladerampe künstlich erhellt, im folgenden Jahr kamen der obere Teil der Hütte mit 15 Bogenlampen sowie das Verwaltungsgebäude hinzu. Auch der damalige Generaldirektor des Unternehmens, Seebohm, wollte sich die Annehmlichkeiten des elektrischen Lichtes gegenüber

76 Vgl. allg. B i n k l e (1956), S. 26ff.; C a r t e l l i e r i , Eisenindustrie (1929), S. 223ff.; B o r c k (1930); K o l l m a n n (1911), B o r n (1919), K e u t h (1963/64), Handel und Industrie im Saargebiet (1924); H e l l w i g (1943), S. 402ff.; L a t z (1985); zur Zusammenarbeit der benachbarten Industr1ereviere vgl. auch P o h l (1979), S. 136ff. Zur Eigenerzeugung allgemein U r b a h n / R e u t l i n g e r (1913).
77 Diese einzelnen Entwicklungsschritte konnten auch für andere Unternehmen herausgearbeitet werden, vgl. H a t z f e l d (1978), S. 1ff., vor allem S. 9ff.; keinen entscheidenden Wandel brachte dagegen beispielsweise die Einführung der elektrischen Energie zu Antriebszwecken in der Drahtzieherei, vgl. S t a h l s c h m i d t (1975), S. 139ff., 249, 447.
78 50 Jahre Röchling (1931), S. 300ff.; zur Industriestadt Völklingen vgl. P a u l y (1975).
79 Burbacher Hütte bei Saarbrücken (1889),(1899); Die Burbacher Hütte 1856-1906. Denkschrift zur Feier des 50jährigen Bestehens der Hütte am 22.6.1906. S. 23ff. (Ms., Saarstahl Völklingen- Werksarchiv); vgl. auch die in erster Linie mit der Entwicklung der Burbacher Hütte befaßte Arbeit von M ü l l e r , Hermann (1935), besonders S. 39f., 82ff.

der Gasbeleuchtung, wie Gleichmäßigkeit ohne Flackern, Bequemlichkeit beim Ein- und Ausschalten, kein Sauerstoffentzug durch die Flamme usw., nicht vorenthalten und ließ sein Wohnhaus mit elektrischen Glühbirnen ausstatten. Anfang der 1890 Jahre kamen weitere externe Büros und Werkstätten in den Genuß des elektrischen Lichtes, so daß 1894 insgesamt sechs Stromerzeugungsanlagen mit zusammen 120 PS allein für die Beleuchtung sorgten. Bereits im Jahre 1890 erfolgte der Anschluß der Burbacher Hütte an das Fernsprechamt in Saarbrücken.

Das Neunkircher Eisenwerk führte die elektrische Beleuchtung ab 1890 ein und vergrößerte die Kapazität der dafür notwendigen Anlagen bis 1900 auf knapp 200 PS. Zu einer vollständigen Anwendung elektrischer Energie konnte sich der Leiter des Unternehmens, Karl Ferdinand Freiherr von Stumm-Halberg, aber nicht durchringen; er „stand den noch nicht völlig ausgereiften elektrischen Anlagen mit vielfach kostspieligen Versuchen kühl gegenüber"[80].

Die Halbergerhütte hatte 1872 eine Gasanstalt zu Beleuchtungszwecken erbaut, konnte sich 20 Jahre später allerdings der Überlegenheit der helleren elektrischen Bogenlampen im Fabrikbetrieb nicht mehr verschließen und errichtete eine „erste electrische Centrale"[81]. Auch auf der Dillinger Hütte dauerte es nach der Einführung der Gasbeleuchtung im Jahre 1863 noch fast ein Vierteljahrhundert, ehe hier das „elektrische Zeitalter" beginnen konnte[82]. Die beiden letztgenannten Unternehmen vertrauten offensichtlich vor allem aus wirtschaftlichen Gründen der bewährten Technologie der Gasbeleuchtung, da sie Leuchtgas im Nebenbetrieb der eigentlichen Eisen- und Stahlproduktion preiswert herstellen konnten.

Neben den großen Hüttenwerken hatte die allseits anerkannte elektrische Beleuchtung aber auch überall dort Einzug gehalten, wo es wenig Mühe und Kosten erforderte, beispielsweise über einen Treibriemen von einer vorhandenen Antriebsmaschine aus einen Generator anzutreiben. Der relativ geringe Lichtstrombedarf konnte in den meisten Unternehmen auf diesem Wege im Nebenbetrieb gedeckt werden. Das war auch der Fall in den für die Wirtschaftsstruktur des Saarreviers typischen Nachfolgeindustrien der Bergwerke und Hütten, wie Maschinenfabriken, Eisenwerke usw. Genannt seien stellvertretend die Unternehmen Ehrhardt & Sehmer (Saarbrücken-Schleifmühle)[83], Franz Méguin & Co (Dillingen), Gebrüder Heckel (Saarbrücken), Homburger Eisenwerk, St. Ingberter Eisenwerk[84], Dingler, Karcher & Co. (Saarbrücken-Schafbrücke)[85], Gesellschaft für Förderanlagen Ernst Heckel mbH (Saarbrücken), Mannesmann-Röhrenwerke Bous, Saarbrücker Gußstahlwerke (Burbach) und andere mehr[86]. Eigenerzeugung von elektrischem Strom wurde auch schon früh in den ver-

80 Fünf Vierteljahrhunderte Neunkircher Eisenwerk und Gebrüder Stumm (1935), S. 55ff.; vgl. ebf. Tille (1906); zu Neunkirchen vgl. Frühauf (1984), S. 199ff.
81 Kloevekorn (1958), S. 68.
82 Tille (1905), S. 23f.; vgl. ebf. Ham (1935).
83 Vgl. Lauer (1952), S. 71ff.; Handel und Industrie im Saargebiet (1924), S. 83ff.; Maschinenfabrik Ehrhardt & Sehmer AG (1926).
84 Vgl. Anm. 119.
85 Hundert Jahre Dingler (1927).
86 Vgl. 50 Jahre Gesellschaft für Förderanlagen Ernst Heckel (1926); zu Bous und Burbach vgl. Koch (1963), S. 15ff., 24f.

schiedenen Brauereien des Saarreviers und seiner Umgebung, auf den Glashütten und in den Holz be- und verarbeitenden Betrieben eingeführt, wo ebenfalls billiger Betriebsstoff anfiel: Vorhandene Prozeßwärme, Abfallstoffe wie Holz und Späne usw.[87].

2. Der Einsatz von Elektromotoren in der Produktion

Von wesentlich größerer Bedeutung als die Einführung der elektrischen Beleuchtung in den Fabrikationsstätten wurde die Anwendung elektrischer Kraft zum Antrieb von Arbeitsmaschinen aller Art oder im Transportwesen. Fortschritte im Hüttenmaschinenbau jener Zeit basierten in erster Linie auf dem Einsatz elektrischer Energie und trugen entscheidend dazu bei, daß vor allem die Stahlerzeugung seit Beginn des 20. Jahrhunderts um ein Vielfachen anwuchs[88]. Gebräuchlich waren in den 80er und 90er Jahren des vergangenen Jahrhunderts Gleichstrommotoren, die vorwiegend zum Antrieb von Aufzügen und Kränen eingesetzt wurden, da sich ihre Drehzahl leicht regulieren ließ. Andererseits waren diese Motoren technisch noch nicht völlig ausgereift und in ihrer Handhabung empfindlich. Einen wirklichen Durchbruch in der Kraftverwendung schaffte erst die robuste und leistungsstarke Ausführung des Drehstrommotors als Asynchron-Motor[89]. Damit war in Industrie und Gewerbe ein universell einsetzbarer und extrem belastungsfähiger Motor vorhanden, der einfach zu bedienen und fast wartungsfrei war.

Anfänglich fanden die Elektromotoren in der industriellen Produktion vor allem beim Gruppen- oder Werkstattantrieb Verwendung. Die Kraft konnte bei diesem Verfahren weiterhin wie gewohnt über die vorhandenen Transmissionen vom Motor zu den einzelnen Arbeitsmaschinen verteilt werden[90]. Gegenüber der bisherigen dampfmaschinengetriebenen Kraftübertragung hatte dies den Vorteil, daß der Strom aus einer zentral errichteten Kraftstation zu den Standorten der einzelnen Sammelantriebe geführt werden konnte. So war es möglich, ohne große betriebsorganisatorische Veränderungen die Produktion bei gleichzeitiger Kostensenkung fortzuführen. Bei neu zu errichtenden Fabriken oder bei genereller Umstellung auf elektrischen Antrieb bestand aber die Möglichkeit, den Elektromotor zum Einzelantrieb einer Arbeitsmaschine oder einer Teilfunktion derselben einzusetzen[91]. Erst mit Hilfe dieser Konzeption gelang

---

87 Vgl. z.B. Bayerische Brauerei AG vorm. Schmidt & Guttenberger, die ab 1900 die Gemeinde Gersheim mit elektrischem Licht versorgte, LA Sbr. Best. Landratsamt St. Ingbert, Nr. 1068, 15.12.1900; Bierbrauerei Gebr. Becker, St. Ingbert, in: Handel und Industrie im Saargebiet (1924), S. 298; Hundert Jahre Becker (1977), S. 12f., 31, 35, 50; Neufang-Jaenisch Brauerei AG, Saarbrücken, in: Handel und Industrie (1924), S. 202f.; Actienbrauerei Saarlouis, in: ebd., S. 264f.; Actienbrauerei Merzig, in: ebd., S. 278ff.; allg. zum Brauereiwesen: Kloevekorn/Neufang (1953).
88 Johannsen (1939), S. 13.
89 Vgl. Heintzenberg (1941), S. 33ff.; Köttgen (1907), S. 5f.; Schmitt (1965), S. 256ff.; Richter (1978), S. 284ff.
90 Vgl. als Beispiele: Lehmann-Richter (1909), S. 171ff.; Philippi (1901), S. 2ff.; zur Konkurrenz des Elektromotors für die Riementriebe vgl. Schulze-Pillot (1939), S. 40f.
91 Vgl. Lasche (1900), S. 1189ff., die Gegenreaktion von Fränkel (ebd., S. 1591f.) sowie die Erwiderung von Lasche (ebd., S. 1592); Kübler (1908), S. 130ff.; Köttgen (1924), S. 289ff.

es, den Produktionsablauf immer rationeller und systematischer zu gestalten. Nicht das zu bearbeitende Werkstück mußte zur entsprechenden Arbeitsmaschine gebracht werden, sondern diese konnte variabel den Bedürfnissen einer kontinuierlichen, reibungslosen Herstellung angepaßt werden. Diese Entwicklung führte noch vor dem Ersten Weltkrieg in den USA zur Einführung der Fließbandproduktion bei Ford und wurde im Deutschen Reich vor allem von den Betrieben der Elektroindustrie mit Erfolg praktiziert[92].

Besonders wirkungsvoll konnten sich Elektromotoren auf dem Feld des innerbetrieblichen Transports von Anfang an selbst in solchen Unternehmen durchsetzen, die ein auf Dampfmaschinenbasis ruhendes, über Wellen, Transmissionen, Vorgelege, Riemen usw. verteiltes, relativ gut eingespieltes Kraftübertragungssystem zählen konnten. Der aufgelöste elektrische Antrieb revolutionierte geradezu die Technik der Lastenförderung[93]. Während bislang beispielsweise Kräne fest auf einem Fundament montiert standen, bestenfalls drehbar und mit komplizierten maschinellen Umschalteinrichtungen oder hydraulischen Hubwerken ausgerüstet waren, gelang es jetzt, für jede der Kranbewegungen einen besonderen Antrieb mit Elektromotor einzusetzen. Das Hauptproblem, die Transporte von oben zu bewältigen, war damit gelöst. Für die Hüttenwerke brachte die Neuschaffung des elektrischen Kranes die langersehnte Befreiung der Hüttenflure von den Kransäulen der Drehkräne. In kurzer Zeit fanden alle Ausführungen ihren Verwendungszweck: Hochofenhilfskräne, Mischer- und Gießkräne, Chargier-, Zangen-, Stripper- und Tiefofenkräne. Aber auch in den Walzwerken setzte sich der Elektromotor über Rollgänge bis hin zum gesamten elektrischen Walzwerkantrieb kontinuierlich durch[94].

a) Elektrische Kraft- und Wärmeanwendung in der Eisen- und Stahlindustrie an der Saar

Die Einführung des elektrischen Kraftbetriebes datierte in den fünf großen Hütten des Saarreviers auf das letzte Jahrzehnt vor der Jahrhundertwende[95]. Sie wurde — wie in anderen Schwerindustrierevieren auch — begünstigt durch die aus wärmewirtschaftli-

---

92 Vgl. Elektrischer Einzelantrieb (1899); R u b y (1980); S c h a r l l (1965), S. 176ff.; K i n k e l / F e i l l (1965), S.301f.; H e n n i g e r (1980), passim. Der Elektromotor war gegenüber anderen Kleinkraftmaschinen bequem aufzustellen und leicht zu handhaben, erforderte einen geringen Bedienungs- und Wartungsaufwand, konnte leicht ein- und ausgeschaltet sowie bequem in der Drehzahl reguliert werden und verursachte zudem wenig Lärm. Weitere Vorteile lagen in einer großen Überlastungsfähigkeit (besonders beim Gleichstrommotor), in den geringen Leerlaufverlusten und in der großen Anpassungsfähigkeit an die entsprechenden Arbeitsmaschienen. Letzteres zog beim Einzelantrieb den Wegfall der Transmissionen nach sich und bedeutete für die mit oder an der Maschine arbeitenden Personen eine verringerte Unfallgefahr bei der Bedienung, ein Argument, das in zeitgenössischen Abhandlungen und Berichten immer wieder herausgestrichen wurde, vgl. z.B. D e t t m a r (1913), S. 554, 588f. und 590f.; B r ä t e r (1914), vor allem S. 20f.

93 K a m m e r e r (1907); ders. (1908), S. 423ff., 454ff., 476ff., 499ff.; H e r m a n n (1910), S. 613ff.; E n k e (1953), S. 378ff.; R e n k e r (1965), S. 166ff.

94 B e r t s c h , Wilhelm, Die Elektrizität im Aufgabenkreis unseres Werkes, in: Du und Dein Werk (Röchling-Werkzeitschrift) 2 (1953), S. 80ff. (Saarstahl Völklingen-Werksarchiv).

95 Röchling 1893, Dillinger Hütte 1896, Halberger Hütte 1892, Burbacher Hütte 1895, Neunkircher Eisenwerk 1900. Zur technischen Entwicklung vgl. ebenfalls J o h a n n s e n (1939), S. 17ff.; H e y m a n n / Z i n k e r n a g e l (1965), S. 7ff.

chen Erwägungen unternommen, um 1900 erfolgreich abgeschlossenen Versuche der Ausnutzung überschüssiger Hochofen- und Kokereigase zum Zwecke der Elektrizitäts- und Gaserzeugung[96]. Selbst die hinsichtlich der Elektrizitätsanwendung skeptische Unternehmungsführung des Neunkircher Eisenwerkes gelangte zu der Beurteilung, es könne kaum ein Zweifel bestehen, „daß die elektrische Kraftübertragung schon in absehbarer Zeit auch auf dem Neunkircher Eisenwerk eine viel größere Rolle spielen wird als bisher"[97]. Die rationelle Verbrennung der Gichtgase aus den Hochöfen und der Abgase aus den Koksöfen in mächtigen Gaskraftmaschinen stelle solche Energiemengen zur Verfügung, daß die gesamte Werksanlage, einschließlich der großen Gebläsemaschinen, direkt oder durch Vermittlung der elektrischen Kraftübertragung von diesen Gaskraftmaschinen aus ohne irgend ein weiteres Brennmaterial betrieben werden könne und noch elektrische Energie für andere Zwecke reichlich übrig bleibe. Die Firmenleitung des Neunkircher Eisenwerkes sollte nicht enttäuscht werden. Elektrische Energie zum Antrieb von Arbeitsmaschinen kam hier wie in den anderen Eisenhütten des Saarreviers — in unterschiedlicher Zeit und Intensität — zum Einsatz, wie wir im folgenden feststellen können.

Röchlingsche Eisen- und Stahlwerke Völklingen

Nach den Transportanlagen, die in der Regel zuerst mit Elektromotoren versehen wurden, begann die Elektrifizierung der Walzwerke bei den sogenannten Hilfsantrieben, wie Rollgänge oder Schlepper, die das Walzgut von den Öfen zum Walzwerk, zwischen den einzelnen Walzgerüsten und schließlich zur Adjustage bewegten. Sämtliche Elektromotoren der ab 1893 in der Kokerei Altenwald, ab 1897 im Werk Völklingen eingeführten elektrischen Kraftübertragung arbeiteten mit Drehstrom unterschiedlicher Spannung. Verschiedene kleinere Motoren der Ausdrück- und Hilfsmaschinen, ein großer Motor der Kohlenschleudern, ein 90 PS-Motor für die Werkstätte im Stahlwerk, der 60 PS-Motor der Richtpresse V, ein 80 PS-Motor der Adjustage, die Elektromotoren verschiedener Kräne nach der Umstellung von Dampf- auf elektrischen Antrieb sowie eine 200 PS-Druckwasserpumpe mußten mit elektrischer Energie versorgt werden. Nach kurzer Zeit wurde eine Vergrößerung der Generatoren nötig, die von inzwischen mit Erfolg im Dauerbetrieb laufenden Großgaskraftmaschinen angetrieben wurden.

Die Völklinger Hütte übernahm beim Einsatz dieser Antriebsmaschinen von Generatoren die Pionierrolle im Saarrevier. Ab April 1898 wurde zunächst mit einem 16 PS-Leuchtgasmotor (Bauart Otto) der Gasmotorenfabrik Deutz[98], später mit der ersten Gasmaschine, die MAN in Nürnberg gebaut hatte[99], experimentiert, bis endlich das Hauptproblem der Reinigung des Gases gelöst war. Weitere dieser Maschinen von

---

96 Vgl. Beck (1901-03), S. 518ff.
97 Vgl. Illustrierte Zeitung, Stumm-Nr. Jg. 1900, S. XVII. (Saarstahl Völklingen-Werksarchiv, Abt. Neunkirchen).
98 Vgl. hierzu und im folgenden 50 Jahre Röchling (1931), S. 301ff.
99 Matschoß (1913), S. 286f.

MAN direkt bzw. von Ehrhardt & Sehmer, die Lizenzausführungen herstellten[100], kamen in Völklingen zum Einsatz. Die Unternehmensleitung der Völklinger Hütte erkannte bald den schnell steigenden Bedarf an elektrischer Energie und entschloß sich — wie später die Bergwerksdirektion — zur Zentralisierung der Stromerzeugung. 1904 wurde das Kraftwerk I mit einem BBC/Parsons-Turbogenerator von 550 kW Leistung in Betrieb gesetzt und in den folgenden Jahren bis Ende 1908 durch Gaskraftmaschinen auf eine Leistung von knapp 9.000 kW aufgestockt.

Unter dem Schlagwort der „Nutzbarmachung elektrischer Triebkraft" wurden nach der Jahrhundertwende allen Interessenten Einzelheiten der erfolgreichen Umrüstung von Werksanlagen auf elektromotorischen Antrieb bekanntgemacht. Beispielsweise veröffentlichten zeitgenössische technische Fachzeitschriften wie „Elektrische Kraftbetriebe und Bahnen" in regelmäßiger Folge einschlägige Artikel über den Einsatz elektrischer Maschinen in größeren Industriebetrieben, da es für die Ingenieure und Techniker der Unternehmen von großem Interesse war, „aufmerksam beobachtend zu verfolgen", welche Art Antriebe in größeren Werken benutzt wurden und welche Verhältnisse sich bezüglich der Anzahl und Leistung der für bestimmte Betriebszweige benötigten Motoren ergaben[101]. Die Röchlingschen Eisen- und Stahlwerke eröffneten diese Serie mit einer detaillierten Aufstellung der insgesamt 428 Motoren von zusammen 13.083 PS sowie der 575 Bogen- und 4.800 Glühlampen, die auf der Hütte Ende des Jahres 1908 im Einsatz standen.

Auch bei einem Unternehmen wie der Völklinger Hütte, die zu günstigen Bedingungen elektrische Energie selbst erzeugen konnte, bestand aber durchaus Interesse an Fremdstrombezug. Ende 1906 trat Röchling mit dem Wunsch an die Bergwerksdirektion heran, elektrische Energie für einige Elektromotoren der Kokerei Altenwald zu beziehen, die Dampfmaschinen ersetzen sollten. Da diese Motoren für überwiegenden Tag- und Nacht-Dauerbetrieb geplant waren, hätte sich die Stromlieferung für den Bergfiskus auch finanziell gelohnt. Die Schwerfälligkeit der Bergverwaltung, die erst mehrmals um Genehmigung zur Stromlieferung beim zuständigen Minister nachsuchen mußte, dauerte Röchling zu lange, so daß er auch in Altenwald die Eigenerzeugung ausbaute. Er betonte allerdings ausdrücklich, daß sein Unternehmen den Strombezug von der Bergwerksdirektion vorgezogen hätte[102]. Alle Anlagen zur eigenen Stromerzeugung und -verteilung legten Kapital fest, das in anderen Produktionsbereichen effektiver eingesetzt werden konnte.

Kurz vor dem Ersten Weltkrieg fiel in der Völklinger Unternehmensleitung der Entschluß zum Bau eines großen Hüttenkraftwerkes, des Kraftwerkes Wehrden[103]. Der elektrische Strombedarf war für das alte Kraftwerk I mit seinen Gaskraftmaschinen zu groß geworden: Die vorgesehene Elektrifizierung von Walzstraßen und deren Hilfsmaschinen ließ sich mit der vorhandenen Leistung ebensowenig verwirklichen wie die

---

100 Vgl. Großgasmaschinen Bauart Ehrhardt & Sehmer AG (o.J.); Maschinen dieses Unternehmens fanden ebenfalls ihren Einsatz im Kraftwerk Heinitz der Bergwerksdirektion, auf der Dillinger und auf der Halberger Hütte (vgl. ebd., S. 4f., 21).
101 Vgl. EKB 7 (1909), S. 170f.
102 LA Sbr. 564/1360, S. 1ff. Zum Zusammenhang zwischen Stromkosten und Benutzungsdauer vgl. Dettmar (1908), S. 141ff.
103 50 Jahre Röchling (1931), S. 309f.

Erweiterung der gerade begonnenen Elektro-Stahlerzeugung, für die 1906 das kaiserliche Patent auf den Röchling-Rodenhauser-Ofen erworben worden war[104]. Die Vorteile einer Zentralisierung der Energieversorgung waren allgemein anerkannt: Sie ermöglichte beispielsweise den Ausgleich von Belastungsschwankungen; eine gleichmäßige Belastung führte wiederum zu einer Erhöhung des Gesamtwirkungsgrades. Die Verteilung elektrischer Energie von einer Zentralstelle aus war wirtschaftlicher als die Versorgung vieler kleiner Energieerzeuger mit Dampf über ein verzweigtes Rohrleitungssystem, das größere Verluste einbrachte. Ein zentrales Kraftwerk sparte folglich Betriebskosten und Personal. Gaskraftmaschinen zur Stromerzeugung waren für einen rentablen Betrieb auf den ausreichenden Anfall von Gicht- oder Kokereigasen angewiesen; wurde die Produktion letzterer aus konjunkturellen oder betriebstechnischen Gründen zurückgenommen, mußte das notwendige Gas aus höherwertiger Kohle gewonnen werden, um eine sichere Stromversorgung zu gewährleisten. Hierdurch verteuerte sich die Eigenversorgung mit elektrischer Energie entsprechend. Aus diesem Grund sollten im Kraftwerk Wehrden billige Abfallbrennstoffe, insbesondere Kohlenschlamm, genutzt werden.

Als Bauplatz wählte das Unternehmen ein Gelände auf dem linken Saarufer unterhalb des Dorfes Wehrden. Dort war reichlich Kühlwasser vorhanden, zudem lag der Platz transportgünstig für die Kohlenzufuhr von der betriebseigenen Grube Hostenbach. Die Kesselasche konnte bequem durch die Hostenbacher Haldenbahn abgefahren werden, die direkt am Kesselhaus vorbeiführte. Das Kraftwerk Wehrden bestand zunächst aus dem Kesselhaus mit sechs Dampfkesseln, System Babcock, von je 300 qm Heizfläche, 208 qm Vorwärmeheizfläche und 120 qm Überhitzerheizfläche, die Dampf von 15 atü Druck und 350 Grad Celsius lieferten. In der quer zum Kesselhaus angeordneten Turbinenhalle stand anfänglich eine von der Firma BBC gelieferte Turbine von 5.000 kW Leistung und 1.500 Umdrehungen pro Minute, die am 01.08.1914 in Betrieb kam und noch während des Krieges durch eine in Nordfrankreich beschlagnahmte Turbine ergänzt wurde. Auch die Kesselanlage wurde bis 1919 durch acht weitere Kessel gleicher Bauart erweitert[105].

Die Elektrostahlerzeugung war eine besondere Spezialität der Völklinger Hütte und diente vor allem der Schmelzung von Schrott und der Herstellung von hochwertigem Stahl und Eisen[106]. Obwohl dieser Produktionszweig noch vor dem Ersten Weltkrieg auch in den Hütten von Burbach, Dillingen, Neunkirchen sowie im Gußstahlwerk Saarbrücken aufgenommen wurde, erreichte die Elektrostahlerzeugung 1913 erst 13.649 t. Dies entsprach etwas über einem Prozent der gesamten Rohstahlgewinnung im Saarrevier und stellte für längere Zeit den Höchststand dar[107]. Voraussetzungen für eine dauerhafte Elektrostahlproduktion waren in erster Linie ein relativ hoher

104 D.R.P. 199354 (Original der Patentschrift im Saarstahl Völklingen-Werksarchiv); vgl. auch Juliusburger (1910), S. 308ff., 643ff.; Rodenhauser (1911), S. 381ff., ders. (1913), S. 561ff.
105 50 Jahre Röchling (1931), S. 31, 309.
106 Vgl. Beck (1901-03), S. 402ff., 575f.; Johannsen (1939), S. 24f.
107 Hasslacher (1912), S. 132f.; Cartellieri, Eisenindustrie (1929), S. 231, 254.

Kohlepreis, der den Einsatz elektrischer Energie konkurrenzfähig machte, der Anfall größerer Mengen von wiederverwertbarem Schrott oder aber der Bedarf an hochwertigen Stahlqualitäten[108].

Burbacher Hütte

Die preiswerte Erzeugung elektrischer Energie durch Gichtgase der Hochöfen hatte auch auf der Burbacher Hütte die Verwendung der Elektrizität als Antriebskraft gefördert[109]. 1895 begann die Einführung des elektrischen Stromes zu Kraftzwecken mit der Umstellung der alten Hand- und Seilkräne auf elektrischen Antrieb. Ein Jahr später erfolgte der Einsatz der ersten elektrischen Gleichstromlokomotive für den Kokstransport zu den Koks-Hochöfen, deren Bestand im Laufe der nächsten Jahre um weitere zehn Exemplare erweitert wurde. 1897 wurde ein erstes Kraftwerk von 260 PS Leistung erbaut und 1900 bis 1902 durch Gaskraftmaschinen mit einer Kapazität von 1.200 PS erweitert. Schon 1903 mußte dieses Werk erneut durch eine Gasmaschine von 600 PS vergrößert werden. Auch die Steigerung im Jahre 1905 auf eine Leistungsfähigkeit von insgesamt 3.000 PS erwies sich schon im selben Jahr als ungenügend. Aus Platzgründen wurde 1906 eine 1.200 PS-Dampfturbine statt neuer Gasmaschinen installiert, deren direkt angetriebene Generatoren zusammen 840 kW bei 2 x 340 Volt Spannung (Gleichstrom) leisteten. Auch in dem im Jahre 1908 erbauten zweiten Kraftwerk erzeugten drei Gasmaschinen weiterhin Gleichstrom, erst 1912 kam ein Generator für 5 kV-Drehstrom hinzu.

Die Ersetzung des bislang ausschließlich verwendeten Dampfmaschinenantriebes durch Elektromotoren für die eigentlichen Walzwerke erschien der Unternehmensleitung in den Anfangsjahren als größeres Risiko. Deshalb wurden zunächst die sogenannten Feinstraßen umgestellt, da sie nur in einer Drehrichtung arbeiteten und nicht zu hohe Leistungsanforderungen stellten. Die Burbacher Hütte war indes eines der ersten Walzwerke im Deutschen Reich, das im August 1908 den elektrischen Antrieb bei ständig laufenden Walzenstraßen einführte. Der Antriebsmotor der Feineisenwalzenstraße leistete 410 PS im Dauerbetrieb, konnte aber kurzfristig bis zu 800 PS belastet werden, um kurze Stöße, die im Walzwerksbetrieb sehr oft vorkamen, zu überwinden. Mit Rücksicht auf das umfangreiche Walzenprogramm wurde eine größere Veränderbarkeit der Walzengeschwindigkeit und damit der Drehzahl erforderlich, wofür sich der Gleichstrommotor besonders eignete. Schleppzüge und Rollgänge in diesem Universaleisenwalzwerk erfuhren ebenfalls noch im ersten Jahrzehnt des 20. Jahrhunderts eine vollständige Umstellung auf elektromotorischen Antrieb. Das zur Burbacher Hütte — seit 1911 im ARBED-Konzern — gehörende Kalkwerk Bübingen erhielt seine notwendige elektrische Energie durch Eigenerzeugung mit Hilfe einer kleinen Dampfmaschine bis zur Übernahme der Stromversorgung durch die Stromvertriebsgesellschaft Saarbrücken im Jahre 1913 (vgl. Kap. II.1.).

---

108 Zur Schrottverwertung: Sick (1922).
109 EKB 5 (1907), S. 401ff.; Burbacher Hütte 1856-1906, Kapitel 1891-1906, S. 12ff. (Saarstahl Völklingen-Werksarchiv); Heymann/Zinkernagel (1965), S. 7f.; vgl. auch den Abschnitt über die Halberger Hütte.

Dillinger Hütte

Auf den Dillinger Hüttenwerken wurde im Jahre 1897 das erste Feinblechwalzwerk des europäischen Kontinents mit elektrischem Antrieb eingerichtet[110]. Hergestellt wurden Schwarzbleche, Bleche zum Verzinken und Verbleien, für Haushaltsgeschirr sowie Dynamobleche. Elektromotoren mit einer Gesamtleistung von rund 4.500 PS (228 Stück) trieben Hilfsmaschinen wie Blechscheren, Blechtrennmaschinen, Richt-, Strich- und Spannmaschinen, ebenso wie sämtliche Kräne und die Nebenwerkstätten mit ihren Drehbänken, Bohr-, Hobel-, Shaping-Maschinen u.a.m. an.

In den Jahren 1910-1914 erfolgte die Einrichtung von fünf Walzstraßen, die alle mit Elektromotoren angetrieben wurden: Feinblechwalzwerk I, Universalstraße, 2,5 m-Grobblechstraße, 1,8 m -Mittelblechstraße und Feinblechwalzwerk IV. 1915 begann die Stahlerzeugung in einem Elektrostahlofen des Thomas-Stahlwerkes. Elektrischer Strom wurde bis 1905 in vier Zentralen produziert, in denen kleinere Dampfmaschinen acht Gleichstromdynamos von zusammen 1.530 kW antrieben, wobei die Spannung einheitlich 300 Volt betrug. Neben den Motoren wurden 312 Bogen- und 3.600 Glühlampen zur Beleuchtung der Hüttenwerke sowie eine über die gesamten Fabrikationsstätten verteilte „electrische Centraluhranlage" gespeist.

Als einziges der Hüttenwerke an der Saar übernahm die Dillinger Hütte 1897 die öffentliche Straßenbeleuchtung der Gemeinde Dillingen für eine vorübergehende Zeit. Für die Saargegend bedeutete dies eine Ausnahme, während im benachbarten Lothringen und in anderen Teilen des Deutschen Reiches die Versorgung einzelner Gemeinden durch Unternehmen der Eisen- und Stahlindustrie häufiger vorkam[111].

Halbergerhütte

Wie das Neunkircher Eisenwerk hatte sich die Halbergerhütte bei der Anwendung des elektrischen Stromes längere Zeit auf die Beleuchtung beschränkt, beteiligte sich aber rege an den Versuchen, Großgasmaschinen mit Hochofengichtgasen anzutreiben[112]. Das Hauptproblem hierbei war der Anfall großer Staubmengen. Durch eine erste trockene Reinigung mit Hilfe einer Art Staubsack war zwar das Gas zum Betrieb von Winderhitzern und zum Heizen von Dampfkesseln geeignet, doch ermöglichte erst die erfolgreiche Einführung einer zweiten Naßreinigung die Verwendung der Gichtgase zum störungsfreien Betrieb von Großgaskraftmaschinen und damit zur kostengünstigen Erzeugung großer Mengen elektrischer Energie. Zunächst fand der elektrische Strom seinen Einsatz auf der Halbergerhütte zur Kraftübertragung beim innerbetrieblichen Transport. Die 1896 erbaute Kleinbahn von einem Meter Spurbreite, die Leichtgüter zu den Produktions- und Werkstätten transportierte, wurde ab 1903 elektrifiziert. Erst im Jahre 1911 wurde die Rohrformerei VI für stehenden Guß mit neuzeitlichen elektrischen Maschinen und Werkzeugen errichtet. Kurz vor dem Ersten

---

110 Tille (1905), S. 23ff.; einer der dort verwendeten Gleichstrommotoren der AEG ist heute im Elektro-Museum der VSE in Illingen zu besichtigen.
111 Loewe (1931), S. 235; Flake (1931), S. 94ff. Vgl. auch AD Moselle 15 AL 636 u. 637, Kreisdirektor von Metz v. 04.01.1911: Die Rombacher Hüttenwerke versorgten z.B. Hauconcourt und Maizières; vgl. ebd., Verzeichnis der Starkstromanlagen in Lothringen v. 14.09.1911.
112 Vgl. z.B. Kollmann (1911), S. 41.

Weltkrieg besaß die elektrische Zentrale der Halbergerhütte zum Antrieb der Generatoren sechs Gichtgasmaschinen von zusammen 4.100 PS sowie drei Dampfmaschinen mit 450 PS.

Auf der Halbergerhütte dominierte beim Einsatz von Energie aufgrund der erwähnten eigenen technischen Verbesserungen lange Zeit das Gas die Elektrizität. Das Unternehmen hatte nach der Jahrhundertwende moderne Gaskraftmaschinen im Produktionsprozeß eingesetzt. Diese Investitionen sollten sich zunächst einmal rentieren, ehe eine Ablösung durch Elektromotoren anstand. Zudem bestritten die Befürworter eines gut eingespielten Gaskraft- oder Dampfmaschinenantriebes gerade bei größeren Leistungen die Überlegenheit des Elektromotors entschieden[113]. Die Erweiterung der Kokerei auf der Halbergerhütte im Jahre 1903 führte sogar ab 1907 zur Abgabe von Leuchtgas an Brebach, Neufechingen[114] und Neugüdingen, 1910 an die Stadt Saarbrücken und 1914 in einer ersten Ferngasleitung von Brebach aus an die Stadt Saargemünd[115].

Neunkircher Eisenwerk

Die verzögerte Einführung elektrischer Energie auf den Stummschen Betrieben in Neunkirchen hatte einen unbeabsichtigten positiven Nebeneffekt. Nach dem Tode des Freiherrn von Stumm-Halberg im Jahre 1901 konnte der Übergang zu weitgehendstem elektrischem Antrieb im gesamten Werk auf großzügig dimensionierter Erzeugungsgrundlage vorgenommen werden[116]. Bis 1905 waren fünf kleinere, dampfbetriebene Kraftzentralen von zusammen 250 kW über das Werk verstreut, die die elektrischen Hämmer der Kokerei-Stampfe, die Beschick- und Ausstoßmaschinen und elektrische Kräne betrieben sowie für die Beleuchtung sorgten. Am 5. Juni 1905 ging die erste Maschine des seit 1904 im Bau befindlichen zentralen Hüttenkraftwerkes in Betrieb. Auch hier war die Überlegenheit der zentralen Stromerzeugung gegenüber zahlreichen unwirtschaftlich arbeitenden Nebenaggregaten erkannt worden. Eine Zwillings-Tandem-Dampfmaschine der Firma Dingler trieb zwei Generatoren (690 kW) zur Drehstromerzeugung an. Bis 1914 wurde diese Leistung auf knapp 10.000 kW gesteigert. Für die etwa 2.700 kW betragende Gleichstrom-Generatorkapazität sorgten sieben mit Gicht- und Kokereigas betriebene Gaskraftmaschinen von zusammen 11.600 PS.

Verwendung fand der elektrische Strom im Antrieb zweier Triostraßen mit je einem Dreh- und einem Gleichstrommotor. Ein 1.000 PS-Drehstrom- und ein halb so starker Gleichstrommotor waren im Fertigwalzwerk für die Herstellung von Rund- und Qua-

113 Vgl. Z o e p f l (1903), passim; N e u b e r g (1903), S. 145ff. und (1904), S. 43ff. sowie die zeitgenössischen Auseinandersetzungen in Stahl und Eisen 31 (1911), S. 993ff., 1085ff., 1130ff., 2088ff., ebd. 32 (1912), S. 744ff., 784ff., 2050ff. Eine Abgrenzung des Einsatzes von Gaskraftmaschinen und Elektromotoren auf verschiedene Anwendungsgebiete kristallisierte sich in der Beschränkung ersterer auf besonders große Einheiten heraus, während das Feld der kleineren Motoren rasch eine Domäne des Elektromotors wurde (vgl. Gasmotorenindustrie und Elektrotechnik, in: EKB 8 (1910), S. 54f.).

114 V i e l e r (1936), S. 701ff.; L i t h a r d t (1973), S. 628.

115 Die Lieferung von Gas aus der Halberger Hütte über Großblittersdorf nach Saargemünd erfolgte bis zum 01.04.1933, dann wurde die Leitung gekappt (vgl. AD Moselle 10 S 83, Sous-Préfecture Sarreguémines v. 05.07.1935).

116 K o l l m a n n (1911), S. 24ff.; ein detaillierter Bericht über die Elektrohängebahn findet sich in: StE Nr. 49, 1901.

drateisen installiert. Zwischen 1910 und 1914 wurde die vorhandene 260er Walzstraße auf elektrischen Antrieb umgerüstet und der Neubau der 260er, 450er und der Bandeisenstraße von vorneherein für Elektromotoren vorbereitet. Erwähnung verdient auch eine ab 1906 eingerichtete Elektro-Hängebahn für den Erztransport der Begichtungsanlage der Hochöfen. Die Schmelzung von Stahl in Elektroöfen kam in Neunkirchen erst unter den Bedingungen des Ersten Weltkrieges zum Einsatz, als ein erhöhter Stahlbedarf zur vermehrten Heranziehung von Schrott als Grundlage führte. Kurz nach dem Krieg wurde der Neunkircher Elektroofen wieder, wie in fast allen anderen Hütten an der Saar, außer Betrieb gesetzt.

In den fünf großen Hütten des Saarreviers war 1913 eine Stromerzeugungskapazität von rund 55.000 kW installiert[117]. Bei Neuanlagen oder Erweiterungen vorhandener Produktionseinrichtungen erfolgte etwa ab 1905 in der Regel ausschließlich der Einsatz elektrisch betriebener Maschinen. Ausgenommen hiervon blieben sehr hohe Leistungen, wie sie etwa zum Antrieb großer Walzstraßen erforderlich waren. Hier konnte sich der bewährte und durch den Konkurrenzdruck des Elektromotors verbesserte Dampfmaschinen- oder Gaskraftmaschinenantrieb noch längere Zeit behaupten.

b) Die Anwendung elektrischer Energie in der übrigen Industrie

Die meisten Unternehmungen des Maschinenbaus, der Glasherstellung oder der Metallverarbeitung setzten ebenfalls mit Erfolg Elektromotoren in der Produktion ein[118]. Da eine ausreichende öffentliche Elektrizitätsversorgung noch nicht vorhanden war, waren diese Firmen auf Eigenerzeugung angewiesen, obwohl hierfür die Voraussetzungen — technisch und von der Kapazität her — ungünstiger als bei den großen Hütten waren.

Im Eisenwerk St. Ingbert wurde beispielsweise der elektrische Betrieb ab 1907 unter dem Ingenieur Rudolf Kröll, dem späteren technischen Direktor des Werkes, eingerichtet: Die Zahl der unwirtschaftlichen kleinen Generatoren wurde von 1907-1913 von zwölf auf fünf reduziert bei einer gleichzeitigen Leistungssteigerung der Kapazität von 360 auf 8.250 kW; die Zahl der im Betrieb eingesetzten Elektromotore stieg von 22 auf 236 im gleichen Zeitraum, die Leistung von 250 auf 8.800 PS[119]. Aufgrund einer für die damalige Zeit häufig festzustellenden Ursache erfolgte im Eisenwerk Mariahütte an der Prims die Anwendung elektrischer Energie. Die Unternehmensleitung nutzte umfangreiche Umbauarbeiten anläßlich der Modernisierung ihrer Fabrikationsstätten kurz vor der Jahrhundertwende zur Stromerzeugung für den Eigenbedarf[120].

117 Saarwirtschaftsstatistik Heft 6, 1932, S. 37.
118 Eigenerzeugung betrieben z.B. die Aktienglashütte St. Ingbert (vgl. LA Sbr. Best. Landratsamt St. Ingbert, Nr. 5866, 27.05.1909), die Schrauben- und Kleineisenzeugfabrik Fr. Karcher, C. Roth & Cie. GmbH, Beckingen an der Saar (vgl. Handel und Industrie, 1924, S. 276f.; 100 Jahre Karcher Schraubenfabrik, 1969, S.17). Auf elektrischen Antrieb stellte auch die Saarbrücker Maschinenfabrik Adolf Fitze um (vgl. Handel und Industrie, 1924, S. 89f.).
119 Krämer (1955), Bd. 2, S. 167f.; ders. (1933), S. 138f.; LA Sbr. Best. Landratsamt St. Ingbert, Nr. 5866, 07.10.1907, 15.04.1908 u.ö.; Kröll (1914).
120 Aus der Geschichte der Eisengewinnung in der südlichen Rheinprovinz (1925), S. 189.

Ein anschauliches Bild der Elektrizitätsversorgung eines mittelständischen Unternehmens bot die Entwicklung bei der Firma Adt, die in Ensheim und weiteren Orten der Pfalz und Lothringens Dosen- und Papierlackwaren sowie elektrotechnische Artikel herstellte[121]. 1891 stand das Unternehmen vor der Frage einer Vergrößerung der vorhandenen Beleuchtungsanlage, da der Gasometer technisch veraltet, oft defekt und von seiner Kapazität her unzureichend war. Ein erster Beschluß der Gesellschafterversammlung zur Anschaffung „einer kleinen electrischen Anlage von 50 Glühlampen und 2 Bogenlampen" für 5000 bis 9000 Mark — je nach Anzahl der „Accumulatoren" — wurde wieder verworfen, denn Eduard Adt schlug am 20.04.1891 den Kauf einer Mühle an der Blies vor und begründete dies „mit der in sicherer Aussicht stehenden vortheilhaften Kraftübertragung durch den electrischen Strom. Sobald dieses Factum allgemein bekannt werde, würden alle Wasserkräfte bedeutend im Werth steigen". Der technisch interessierte Adt spielte hier auf die Vorbereitungs- und Erprobungsphase der bedeutenden Drehstromübertragung von Lauffen nach Frankfurt anläßlich der Internationalen Elektrizitätsausstellung desselben Jahres an. Seine Bemühungen um die Ausnutzung der Wasserkraft an der Blies erfolgten nicht aus Spekulationsgründen, sondern wurzelten in dem großen Vertrauen, das Adt als Unternehmer in den neuen Energieträger Elektrizität setzte. Sicherheitshalber erwarb die Firma zur größeren Kraftreserve drei nacheinander liegende Bliesmühlen für zusammen 62.000 Mark[122], beauftragte einen Wasserbauingenieur mit dem Projekt und erkundete über den eigenen Bedarf hinausgehende Absatzmöglichkeiten nach Forbach, Saargemünd, Blittersdorf und selbst in das weiter entfernte Saarbrücken.

Am 7.10.1892 gründeten die Gebrüder Adt die „Blies-Elektrizitätswerke Blies-Schweyen GmbH". Ende 1894/Anfang 1895 erfolgte nach verschiedenen behördlichen Auflagen die erste Stromlieferung mit 5 kV Spannung nach Ensheim und später nach Forbach[123]. Die Beschäftigung mit dem Kraftwerksprojekt ließ unternehmerischen Weitblick spüren: Zum einen fiel in diese Zeit bei Adt die Aufnahme der Produktion elektrotechnischer Artikel, zum anderen wurden nicht einfach die bestehenden Dampfmaschinen in der Ensheimer Fabrik gegen entsprechende große Elektromotoren ausgewechselt, die die Kraft über das herkömmliche Transmissionssystem übertragen sollten; Berechnungen hatten ergeben, daß bei Verwendung von elektrischem Einzelantrieb durch mehrere kleine Motoren eine Einsparung von 15 bis 25 PS möglich war, weshalb das Unternehmen entsprechend projektierte. Ein Rentabilitätsberechnung

---

121 Göhler (1926); Hasslacher (1912), S. 167ff.; LA Sbr. Best. Landratsamt St. Ingbert Nr. 5852, div. 1894, LA Sbr. Best. Fa. Adt: Protokollbuch der Fa. Gebr. Adt, Gesellschafterversammlungen vom 03.04., 20.04., 12.10., 20.10. 1891, 07.10. 1892, 29.03.1893. Zu Adt allg. vgl. Wilmin (1979); ders. (1963), S. 227ff.; Adt (1978); Gebr. Adt AG, Ensheim, in: Handel und Gewerbe (1924), S. 113f.; zu den Anfängen der Familie vgl. Herrmann (1969).

122 Der Gemeinderat von Bliesschweyen erklärte sich mit dem Verkauf an die Gebr. Adt unter der Bedingung einverstanden, daß durch den Bau der Wasserkraftanlagen die Gefahr des jährlich auftretenden Hochwassers der Blies gebannt werde, vgl. AD Moselle 16 Z 159, Gemeinderatsbeschluß vom 16.11.1891 und Eingabe mehrerer Bürger v. 04.12.1887 über das Hochwasserproblem; zum Bau des Kraftwerkes vgl. ebf. LA Sbr. Dep. Landratsamt St. Ingbert, Nr. 5737.

123 AD Moselle 16 Z 159, endgültige Genehmigung des Bezirkspräsidenten von Metz v. 17.02.1893.

ergab für den elektrischen Betrieb rund 6 Pfennig pro Stunde und PS, für die Dampf-kraft dagegen rund 14 Pfennig pro Stunde und PS — ein klares Votum für die Gesamtin-vestition von 32.000 Mark für Leitung, Trafos und E-Motoren[124]. Dieses Beispiel ver-deutlicht, daß auch bei mittelständischen Unternehmen der elektrische Einzelantrieb schon relativ früh zum Einsatz kommen konnte, wenn günstige Erzeugungsgrundla-gen, wie hier die Wasserkraft, vorhanden waren. Seine eigentliche Verbreitung fand der Einzelantrieb in der deutschen Industrie allgemein erst in den zwanziger Jahren. Der Betrieb gestaltete sich so gut, daß sowohl mehrere „Beamtenwohnhäuser" der Firma Adt in Ensheim, ein Metzgermeister, das Kalkwerk Ensheim und die „Mechani-sche Schuhfabrik mit Kraftbetrieb" Ludwig Mangold & Co. an das Elektrizitätswerk angeschlossen wurden. Auch die Gemeinde Ensheim selbst bezog ab 1907 ihren Strom vom Kraftwerk an der Blies[125].

3. Folgen der fehlenden Stromversorgung

Die weitgehende Selbstversorgung größerer Industrieunternehmen und teilweise Ab-gabe von elektrischer Energie an interessierte gewerbliche und private Abnehmer mußte zwangsläufig Auswirkungen auf die Absatzmöglichkeiten öffentlicher Versor-gungsunternehmen haben. Es war aber durchaus ein noch stark ansteigender Bedarf bei Unternehmen vorhanden, die größenmäßig für eine Selbstversorgung nicht in Frage kamen oder die nur aufgrund fehlender öffentlicher Strombezugsmöglichkeiten elek-trische Energie selbst erzeugten[126]. Dies zeigt die Fülle einschlägiger Anfragen an die königliche Bergwerksdirektion, als deren Pläne zur Elektrizitätserzeugung in den Kraftwerken Heinitz und Luisenthal der Öffentlichkeit bekannt wurden.
Noch vor Inbetriebnahme der Kraftwerke meldeten beispielsweise die Glashütten Chevandier & Vopelius in Sulzbach und die Vereinigte Vopeliussche Glashütte in Friedrichsthal Bedarf an elektrischer Energie an. Die Mühlenwerke Strauß & Horn aus Großblittersdorf bekundeten ihr Interesse ebenso wie die Dinglersche Maschinen-fabrik in Zweibrücken, die Dudweiler Eisenbau-Anstalt GmbH, die Maschinenfabrik Röper & Wüstenhöfer in Malstatt, die Süddeutschen Zementwerke in Neunkirchen, die Eisen- und Metallgießerei Gebrüder Hawener in Fraulautern[127]. Auch Unterneh-men des tertiären Sektors zeigten Interesse an den Vorteilen des neuen Energieträgers und beantragten die Stromversorgung durch die Bergwerksdirektion, beispielsweise

124 LA Sbr. Best. Fa. Adt: „Circular an die Herren Gesellschafter der Fa. Gebr. Adt: Einrich-tung der electrischen Kraftübertragung von den Electricitätswerken Blies-Schweyen nach der Fabrik in Ensheim betreffend" vom 12.04.1894.
125 LA Sbr. Best. Landratsamt St. Ingbert Nr. 5866, 1902, März 1903, 03.12.1905.
126 F r a n k (1933, S. 22f.) sah allgemein in den mangelhaften Versorgungsmöglichkeiten durch öffentliche Versorgungsunternehmen dieser frühen Zeit eine psychologische Abwehrhal-tung, die die deutsche Industrie — im internationalen Vergleich — lange an der Eigenerzeu-gung festhalten ließ; vgl. ebenfalls: Die deutsche Elektrizitätswirtschaft (Enquêteaus-schuß)(1930), S. 9.; Das deutsche Handwerk (Generalbericht)(1930), S. 189ff.
127 LA Sbr. 564/1365, S. 1ff., 564/1355, S. 1f.; zu Hawener vgl. Handel und Industrie (1924), S. 270f.

die „Frucht- und Mehlhandlung und Dampfmühle" Louis Braun aus Malstatt oder der Consum-Verein Heinitz, der seine Auslagen „electrisch beleuchten" wollte[128]. Andere Unternehmen mit überwiegender Selbstversorgung wie etwa die Fenner Glashütte[129], die Saarbrücker Gußstahlwerke[130] oder das Mannesmann Röhrenwerk in Bous[131], die Portlandzementfabrik Böcking & Dietzsch in Malstatt[132] oder die Gesellschaft für Förderanlagen Ernst Heckel (für ihre Produktionsstätte Rohrbach)[133], stellten die Stillegung der Eigenerzeugung in Aussicht, wenn die Bergwerksdirektion günstige Strompreise bieten würde. Oft standen Betriebe auch vor der Entscheidung, entweder die Eigenkapazitäten zu vergrößern oder Fremdstrombezug anzustreben[134], bzw. von Dampf- auf elektrischen Antrieb umzustellen[135].

Die Meldungen über den billigen Strom aus den bergfiskalischen Kraftwerken veranlaßten auch chemische bzw. elektrochemische Unternehmen wie die Deutsche Oxhydric GmbH, Düsseldorf, und die Firma Dynamit AG vormals Alfred Nobel & Cie., den Bau von Produktionsstätten an der Saar ins Auge zu fassen, wo im Tag- und Nachtbetrieb große Mengen Strom abgenommen werden sollten[136]. In den Bemühungen dieser Unternehmen, den Standortvorteil an der Saar auf der Grundlage preisgünstiger Stromerzeugung zu suchen, kann eine Parallele zur entsprechenden Niederlassung von elektrochemischen und -metallurgischen Werken mit stromintensiver Produktion gesehen werden, die sich auf der Basis von billiger Wasserkraft kurz vor und nach 1900 am Hochrhein zwischen Basel und Schaffhausen ansiedelten und zu einer deutlichen Veränderung der Industriestruktur jener Region führten[137]. Steinkohle konnte diese niedrigen Stromerzeugungsbedingungen allerdings nicht bieten, weshalb sich die Standortschwerpunkte elektrochemischer Unternehmen während und nach dem Ersten Weltkrieg auf der rheinischen und mitteldeutschen Braunkohle und an den oberbayerischen Wasserkräften herauskristallisierten[138]. Die Bergwerksdirektion hatte in ihren Ankündigungen vergeblich den Anschein erweckt, vergleichbare Voraussetzungen bieten zu können[139].

Die überwiegende Anzahl der Firmen im Saarrevier vergrößerte letztlich ihre Eigenanlagen, blieb beim Dampfmaschinenbetrieb bzw. siedelte sich nicht in der Region an. Mehrere Ursachen waren hierfür ausschlaggebend: Zumeist war es auf die Schwierigkeiten der Bergwerksdirektion zurückzuführen, als staatliche Verwaltung flexibel und

128 LA Sbr. 564/1537, S. 50ff., 70, 75, 88, 111f., 137, 351.
129 LA Sbr. 564/1354, S. 1, 16, 19, 23.
130 Cartellieri, Eisenindustrie (1929), S. 228.
131 LA Sbr. 564/1359, S. 1, 27ff., 53ff., vgl. ebd. 564/1357, 564/1750.
132 LA Sbr. 564/1361, S. 1ff., 21f.
133 Heckel, vgl. LA Sbr. 564/1357, S. 1, 4, 8, 12ff., 74ff.
134 Lederfabrik Simon, Kirn, ebd. 564/407, 19.07.1910; Karcher & Cie, Beckingen, 564/1537, S. 135; Ehrhardt & Sehmer, Saarbrücken-Schleifmühle, 564/1749, S. 1ff.
135 Böcking & Dietzsch, LA Sbr. 564/1361, S. 1ff., 21f.
136 LA Sbr. 564/1537, S. 153ff. Die Fa. Dynamit Nobel AG, vorm. A. Nobel & Co. ließ sich 1909 in Saarwellingen nieder (vgl. Hasslacher, 1912, S. 167).
137 Vgl. Horster (1922).
138 Vgl. Kniehase (1937), S. 118ff.; Hellberg (1967), S. 29ff.
139 Durch die günstige Stromerzeugung auf Wasserkraft- und Braunkohlebasis wurde das bislang dominierende „Standortmonopol der Steinkohlenlager" gebrochen, vgl. Salin (1963), S. 144.; vgl. ebenfalls Müller, J.H., Auswirkungen (1967), S. 23f.

in angemessener Zeit zu reagieren. Gescheitert waren viele Verhandlungen nicht am reinen Arbeitspreis mit seiner nach Dauer der Entnahme gestaffelten Ermäßigung, zu dem später noch ein fester Grundpreis pro maximal abgegebenes Kilowatt trat, sondern an den zusätzlichen Kosten, die für den einzelnen Abnehmer hinzukamen. Die Bergwerksdirektion war grundsätzlich nur bereit, Strom ab Kraftwerk oder einer ihrer Unterstationen in 5 oder 10 kV abzugeben. Leitungsbau und Errichtung von Transformatoren zur Gewinnung der Gebrauchsspannung wurden dem jeweiligen Unternehmen aufgebürdet. Genehmigungsverfahren und Bau der Leitungen erforderten bereits längere Zeit, zusätzlich zu den Wochen und Monaten, die verstrichen, bis ein fertiger Stromlieferungsvertrag zustande gekommen war. Fast jeder Vertragsentwurf und jede Änderung eines Vertrages mußten vom zuständigen Minister für Handel und Gewerbe in Berlin genehmigt werden. Dieses bürokratische Verfahren, das die meisten Firmen aus Zeitgründen vom Strombezug abschreckte, war auch innerhalb der Bergbehörden umstritten, wie die Kritik der betroffenen Direktion der Kraft- und Wasserwerke verdeutlichte[140].

Es war wohl eine nicht zu unterschätzende Leistung, daß die Bergwerksdirektion Saarbrücken Kraftwerke errichtete und vorausschauend die Elektrifizierung des Grubenbetriebes plante und durchführte. Die Aufnahme der Abgabe von elektrischem Strom über den eigenen Bedarf hinaus war ebenfalls grundsätzlich zu begrüßen. Die umständliche Art und Weise, wie dies geschah, hatte jedoch viele industrielle Abnehmer auf längere Zeit für den Bezug aus dem öffentlichen Netz abgehalten, und sie vergrößerten lieber die eigenen Erzeugungskapazitäten oder optimierten ihre mechanischen Kraftübertragungsanlagen. Für den Aufbau einer wirtschaftlich tragfähigen öffentlichen Versorgung wirkte es sich ebenfalls negativ aus, daß sich die Bergwerksdirektion, wenn sie beispielsweise an Gemeinden zum Weiterverkauf lieferte, alle Großkunden über 250.000 kWh/a zur direkten Versorgung vorbehielt. Dieses „Herauspicken der Rosinen" aus dem Kuchen der Stromversorgung trug zwar zur Verbesserung der finanziellen Ergebnisse des Fiskus bei, erschwerte aber die Bereitschaft von Elektrounternehmen, sich für eine öffentliche Versorgung an der Saar zu engagieren (vgl. Kap. II.2.). Den Hütten mit ihren kostengünstigen Eigenerzeugungsanlagen konnte diese Entwicklung relativ gleich sein, sie schlossen teilweise mit der Bergwerksverwaltung Aushilfs- und Reserveverträge, um im Falle eines technischen Defektes abgesichert zu sein[141].

---

140 So z.B. in einem Gespräch mit dem Oberberghauptmann vom 27.8.1908 (LA Sbr. 564/107, S. 72ff.) oder in einer Denkschrift des Bergwerksdirektors Flemming über die Entwicklung der staatlichen Bergwerke an der Saar (LA Sbr. 564/64, S. 7ff.). Auch Klagen der Handelskammer Saarbrücken über die Schwerfälligkeit des preußischen Bergfiskus als „typischer Staatsbetrieb" waren öfters zu vernehmen, z.B. im Jahresbericht der Handelskammer Saarbrücken für 1909, S. I 13ff.

141 1908/09 (LA Sbr. 564/1537, S. 129ff.). Röchling führte als positiven Effekt auch die Garantie einer Lieferung durch die eigenen Kraftwerke an, falls die Bergwerksdirektion wegen Streiks nicht produzieren könne. Verhandlungen mit den übrigen Hütten scheiterten, da deren Aushilfsleistung maximal 2000 kW betragen hätte und Kabelanschlüsse sehr teuer waren (LA Sbr. 564/407, S. 250ff.). Im Falle des Neunkircher Eisenwerkes hatte das Kraftwerk Heinitz kurz vor Kriegsbeginn keine Reservekapazitäten mehr frei (ebd., S. 410ff., 419). Alle Gaszentralen auf den Hütten hatten den Nachteil, daß bei Betriebseinschränkungen, beispielsweise wenn der Hochofenbetrieb aus konjunkturellen Gründen zurückgefahren werden mußte, die vom Vollbetrieb der Zentrale abhängige Licht- und Kraftversorgung unter Umständen gefährdet war (vgl. Müller, Hermann, 1935, S. 82ff.).

Die Nachteile der geschilderten Entwicklung trugen in erster Linie die kleinen Gewerbetreibenden und Handwerker. Die fehlende geeignete Antriebskraft für das Handwerk vor der Anwendung elektrischer Energie war eine der Hauptursachen für die Rückständigkeit der handwerklichen Produktionsweise gegenüber der maschinellen Großproduktion der Fabrikbetriebe, die Dampf- oder Gasmaschinen zur Verfügung hatten[142]. Das Fehlen einer notwendigen umfassenden technischen Betriebseinrichtung mit modernen Arbeits- und Antriebsmaschinen hatte sowohl einen Rückgang der handwerklichen Produktion wie auch des Handwerks selbst zur Folge. Immer größere Teile der Herstellung verlagerten sich auf die Großunternehmen zuungunsten der mittleren und kleinen gewerblichen Betriebe. Innerhalb der Gesamtwirtschaft sanken Anteil und Einfluß des Handwerks so bedenklich, daß in weiten Kreisen mit einem langsamen, aber sicheren Niedergang des Handwerks gerechnet wurde[143]. Dieser negativen Entwicklungstendenz setzte vor allem die Einführung des Elektromotors im Kleingewerbe ein Ende. Die aufgezeigten Vorteile der elektrischen Energie kamen im Elektromotor als Kleinbetriebskraft den Handwerksunternehmungen entgegen, da sich Elektromotoren aufgrund ihrer Leistung, Bauart und Bedienung besonders für die Kraftbedürfnisse des Handwerkers eigneten. Das Kleingewerbe konnte durch die motorische Verwendung des neuen Energieträgers Elektrizität seine Arbeitstechnik und seinen Produktionsapparat verbessern, seine Arbeitsproduktivität steigern und dadurch seine Stellung innerhalb der Gesamtwirtschaft wieder festigen[144].

Voraussetzung für den wirtschaftlichen Einsatz des Elektromotors im Handwerk war allerdings eine vorhandene öffentliche Elektrizitätsversorgung, da zwar auch die Eigenerzeugung alle genannten Vorteile der neuen Betriebskraft erbrachte, für den kleinen Gewerbetreibenden aber in der Regel viel zu kostspielig war[145]. Tabelle 4 weist die kurz vor dem Ersten Weltkrieg in der aufstrebenden Kleinstadt Merzig vorhandenen Anlagen zur Eigenerzeugung von elektrischer Energie auf[146]. Neben einigen kleinen Fabriken nutzten vor allem Gaststätten und Hotels den Strom für die hohes Prestige ausstrahlende elektrische Beleuchtung (vgl. auch Kap. I.4.b.c). Für reine Handwerksbetriebe war der neue Energieträger zur eigenen Herstellung offensichtlich zu teuer. War dagegen eine öffentliche Elektrizitätsversorgung vorhanden, rüsteten viele Handwerker trotz anfängliche hoher Strombezugspreise ihre Maschinen auf elektrischen Antrieb um und sicherten damit häufig die Existenz ihrer Betriebe[147]. Bevorzugt waren anfangs vor allem die Kleingewerbetreibenden der Städte, da hier die

---

142 Vgl. Wilderer (1937), S. 12; Eswein (1910), S. 121ff.; Raps (1914), S. 76f.; Sand (1926), S. 33f.; Bucerius (1936), S. 9ff.; Henniger (1980), passim, vor allem S. 147ff. Auch im nordamerikanischen Handwerk spielte der Elektromotor eine große Rolle, vgl. Netschert (1967), S. 247.
143 Fischer (1976), S. 560f.
144 Ebd., S. 539; Historische Energiestatistik von Deutschland, Band I (1986), S. Vff.; vgl. auch Hammel (1910) mit ausführlichen und zahlreichen Anwendungs- und Berechnungsbeispielen; Bucerius (1936), S. 1; Das deutsche Handwerk (Generalbericht)(1930), S. 191.
145 Bucerius (1926), S. 99f.
146 Vgl. zu Merzig: Laubenthal (1971), S. 16ff.; Diwersy (1971), S. 133f.
147 Vgl. beispielsweise „Kunsthandlung und Einrahmungsgeschäft" J. Schmidt in Saarbrücken, der 1902, acht Jahre nach Eröffnung des Betriebes, die Produktionsstätten elektrifizierte (Handel und Industrie, 1924, S. 226); vgl. ebd., S. 225f., Juweliergeschäft Friedrich Kraemer Saarbrücken (vgl. auch Kap. I.4.b u. c).

Tabelle 4 Eigenerzeugungsanlagen in der Stadt Merzig (Stand Mitte 1912)

	Errichtung der Anlage	Anschluß (Anzahl)	
		Glühlampen	E–Motoren
Actienbrauerei	1894	250	–
Seifenfabrik	1903	100	–
Düngerfabrik	1907	50	–
Gymnasium	1907	5	–
Treibriemenfabrik	1909	100	12
Kreisspar- und			Lampen im
Darlehenskasse	1909	3	Tresor
Fabrik für			
landwirtschaftl.			
Maschinen	1910	20	–
Maschinenfabrik	1910	20	–
Schlachthof	1911	20	–
Hotel Kaiserhof	1911	300	–
Restaurant Gambrinus	1911	30	–
Gastwirtschaft	1912	20	1
Tabakfabrik	1912	100	8
Mühle	1912	20	–
Villeroy & Boch	(keine Angaben)		
Terracottafabrik			

Quelle: Landesarchiv Saarbrücken, Dep. Stadt Merzig Nr. 690,
Zusammenstellung vom 28. November 1912

Stromversorgung rascher voranschritt (vgl. Kap. I.4.a-c). Die Handwerkskammer Saarbrücken bemühte sich dagegen beispielsweise vergeblich, im Zusammenschluß zu einem Strombezugskonsortium möglichst viele Handwerker in den Genuß elektrischer Antriebskraft zu bringen. Für den Aufbau eines Verteilungsnetzes ab jeweiliger Unterstation der Bergwerksdirektion Saarbrücken reichten die finanziellen Mittel bei weitem nicht aus[148].

Der neu aufkommende Berufszweig der Elektroinstallateure profitierte von der überwiegenden Elektrizitätsanwendung in größeren Industrieunternehmen relativ langsam. Für Überholungs- und kleinere Reparaturarbeiten richteten diese eigene Installationsabteilungen ein, umfangreichere Aufträge gingen an die großen Elektrokonzerne, die nach und nach Zweigniederlassungen im Saarrevier errichteten (s.u.). Das Arbeitsfeld kleinerer niedergelassener Elektroinstallateure konnte sich erst dann über das ganze Saartal, einen Teil der Mosel, nach Birkenfeld sowie in das Reichsland Elsaß-

---

148 Vgl. die wiederholten Bemühungen der Handwerkskammer Saarbrücken um die Lieferung elektrischer Energie für mehrere Handwerksbetriebe in der Form eines Strombezugskonsortiums, in: LA Sbr. 564/1537, S. 229f., ebd. 564/1730, S. 22ff.; auch die Fa. Dingler, Karcher & Co. faßte den (vergeblichen) Plan, mit vier weiteren Unternehmen eine solche Bezugsgemeinschaft zu bilden, um die notwendige Abnahmehöhe zu erreichen, LA Sbr. 564/1748, S. 1, 4ff., 42, 54, 105ff.

Lothringen erstrecken[149], als die öffentliche Versorgung in der Saarregion stärker Fuß gefaßt hatte.

Eine positive Konsequenz der zunehmenden Elektrifizierung im Saarrevier war die Niederlassung verschiedener Nachfolgeindustrien der Elektrobranche. In den Jahren 1893/94 wurde eine AEG-Filiale in Saarbrücken eröffnet. 1899 gründeten verschiedene saarländische Industrielle zusammen mit der Gebr. Röchling-Bank die Saarbrücker Elektrizitäts-AG[150]. Dieses Unternehmen hatte jedoch zunächst große Schwierigkeiten, sich zu behaupten. Entsprechend der einseitig ausgerichteten Industriestruktur des Saarreviers fehlte jeglicher für die Feinindustrie geschulte Arbeiterstamm. Dies war eine der vorrangigen Ursachen dafür, daß die Saarbrücker Elektrizitäts-AG bereits wenige Jahre später ihr vielleicht auch etwas zu breit ausgerichtetes Herstellungsprogramm von kleinsten Elektromotoren bis zu 2.000 PS-Maschinen einstellen mußte und in Konkurs ging. Ab 1906 wurde das Unternehmen reorganisiert, wozu zunächst eine systematische Heranbildung von Feinindustriefacharbeitern notwendig war. Im Oktober 1910 übernahm schließlich die BBC-Mannheim das Unternehmen. Seit Ende 1908 unterhielt der neben der AEG bedeutendste Elektrokonzern des Deutschen Reiches, die Siemens & Halske AG, eine Zweigniederlassung in Saarbrücken[151]. Im selben Jahr ließ sich auch die Baugesellschaft für elektrische Anlagen mbH in Saarbrücken nieder, um die inzwischen durch das Voranschreiten der öffentlichen Versorgung günstige Konjunktur der Elektrifizierung zu nutzen[152]. Andere Unternehmen, wie die Saarbrücker Hebezeugfabrik Kaufmann & Weinberg GmbH, gegründet 1902 in Stahlhammer bei Saarbrücken, nahmen den Bau elektrotechnischer Spezialartikel auf[153]. Weitere in der Region ansässige Firmen vergrößerten ihre Produktionspalette um entsprechende Geräte und Waren[154]. Fortschreitende Anwendung elektrischer Energie in der Industrie, später vor allem aber die Ausbreitung der öffentlichen Versorgung hatten hierfür Bedarf geschaffen.

4. Die Entwicklung der öffentlichen Elektrizitätsversorgung

a) Anfänge der Elektrizitätsversorgung auf Gemeindeebene

Welche Voraussetzungen und Bedingungen hatte unter den geschilderten Umständen die Errichtung einer flächendeckenden Elektrizitätsversorgung? Die Gruben und die großen Hüttenwerke blieben außer Betracht, die meisten sonstigen Betriebe versorgten sich selbst, waren aber durchaus bereit, auf Fremdstrombezug bei entsprechend günstigen Preisen überzugehen, da ihre relativ kleinen Erzeugungsanlagen auf ungün-

---

149 R e u t l e r (1924), S. 48; Handel und Industrie (1924), S. 110.
150 Zur AEG vgl. Handel und Industrie (1924), S. 101ff.; 25 Jahre Saar Brown, Boveri AG (1935), S. 99f.; ebf. Handel und Industrie (1924), S. 105f.
151 Vgl. LA Sbr. Dep. Stadt Merzig 690, Schreiben von Siemens & Halske v. 05.11.1908.
152 Handel und Industrie (1924), S. 107f.
153 Ebd., S. 100.
154 Wie beispielsweise die Fa. Gebr. Adt, Ensheim, vgl. Anm. 121.

stiger Kostenbasis arbeiteten. Die Reservekapazitäten mußten hoch ausgelegt sein, die Auslastung der Maschinen war in den meisten Fällen ungleichmäßig, billige Brennstoffe wie Abfallkohle, Hochofen- oder Koksofengase standen in der Regel nicht zur Verfügung. Als mögliche Abnehmer elektrischer Energie boten sich für ein regionales Energieversorgungsunternehmen in erster Linie Städte und Gemeinden an. Die preiswerten Erzeugungsbedingungen für Gas auf kostengünstiger heimischer Steinkohlebasis hatten allerdings dazu geführt, daß die Licht- und Kraftgasversorgung im Saarrevier im Vergleich zu weiten Teilen des Deutschen Reiches bereits überschnittlich weit voran geschritten war: 1857 hatte das erste Gaswerk in St. Johann seinen Betrieb eröffnet, eine ganze Reihe weiterer, meist kleinerer Werke folgte. Gegen diese Gasanstalten mußten die öffentlichen Elektrizitätswerke konkurrieren.

Geschäftsleute und Unternehmer, die den Aufbau der öffentlichen Elektrizitätsversorgung nicht abwarten wollten, hatten damit begonnen, sogenannte Blockzentralen zu errichten. Diese versorgten entweder ein einzelnes Gebäude oder einen ganzen Straßenblock mit elektrischer Energie[155]. Auf der technischen Seite schränkte der anfangs fast ausschließlich verwendete Gleichstrom die räumliche Ausdehnungsfähigkeit der Versorgungsgebiete auf einen Radius von lediglich etwa drei Kilometern ein. Bei überwiegendem Lichtbedarf hatte dieses System einerseits den Vorteil, daß elektrische Energie in großen Akkumulatoren gespeichert werden konnte und somit eine Reservekapazität für die morgendlichen und abendlichen Lichtspitzen brachte. Die einmal getroffene Festlegung auf das Gleichstromsystem barg andererseits die Gefahr, bei einer aufgrund höherer Nachfrage notwendigen Ausdehnung des Versorgungsgebietes rasch auf technisch vorgegebene Grenzen zu stoßen. Sie ermöglichte folglich nur Erweiterungen des Netzes in geringem Umfang[156].

Die Betreiber kleinerer, oft in ländlichen Regionen angesiedelter Elektrizitätswerke standen in den Anfängen ihrer Versorgungstätigkeit aber auch vor Problemen, wie sie Georg von Siemens im nachhinein schilderte: „Nun ist aber der Lichtverbrauch die ungünstigste Belastung, die sich das Elektrizitätswerk wünschen kann; er beschränkt sich im Winter auf wenige Abend- und Morgenstunden und verflüchtigt sich im Sommer auf dem Lande praktisch zur Null. Außerdem fehlten in den kleinen Städten und Dörfern die großen Lichtverbraucher. Wie man es damals drastisch ausdrückte: Um den Stallmägden im Winter des Morgens und Abends für eine halbe Stunde den Melkeimer zu beleuchten, konnte man kein Elektrizitätswerk bauen"[157]. Innerhalb dieses von technischer Entwicklung und ökonomischen Zwängen gesetzten Rahmens vollzog sich auch in der Saargegend der im folgenden aufgezeigte Aufbau der öffentlichen Elektrizitätsversorgung auf vorwiegend lokaler Ebene.

155 Vgl. z.B. in Saarbrücken das Textilkaufhaus S.A. Israel & Co. GmbH, das 1892 auf der Bahnhofsstraße als erste Firma seine Geschäfts- und Büroräume mit elektrischer Beleuchtung ausstattete (vgl. Handel und Industrie, 1924, S. 146; zu Blockanlagen allgemein vgl. Thierbach, 1929, S. 8f.; Miller, 1936, S. 111ff.; Wissell, 1967, S. 9f.)
156 Zu Straßburg und Mülhausen vgl. z.B. Ott (1975), S. 255ff.
157 Siemens (1961), S. 276.

b) Das Beispiel der Stadt Saarbrücken

Die ersten bedeutenderen Elektrizitätswerke von Kommunen in der Saarregion gingen 1895 und 1896 in Alt-Saarbrücken und in St. Johann in Betrieb[158]. Ein Projekt zur elektrischen Straßenbeleuchtung von 1890 im benachbarten Malstatt-Burbach kam nicht zur Durchführung, obwohl die Bewohner sich dort aus lokaler Rivalität gefreut hatten, daß „St. Johann und Saarbrücken in dieser Beziehung überflügelt würden"[159]. Beide Werke von 1895/96 wurden mit Dampf betrieben und erzeugten Gleichstrom von 110/220 Volt Spannung. Das St. Johanner Werk lag auf dem Grundstück des alten Gaswerkes in der Dudweiler Straße und hatte eine Leistung von 150 kW. Das Alt-Saarbrücker Kraftwerk hinter dem Saalbau erreichte eine Höchstleistung von 130 kW. Verteilt wurde der Strom in St. Johann durch Erdkabel, während man in Alt-Saarbrücken ein Freileitungsnetz bevorzugte, welches auf den Häusern befestigt war. Über die anfänglich positiven wirtschaftlichen Ergebnisse des unter der Leitung von Hugo Tormin, später Direktor der Vereinigten Stadtwerke und der Stromvertriebsgesellschaft Saarbrücken (vgl. Kap. II.), stehenden St. Johanner Werkes für die ersten Betriebsjahre gibt Tabelle 5 Auskunft. Das St. Johanner Werk wurde von Anfang an unter städtischer Regie betrieben, während Saarbrücken sein Werk an die Rheinische Schuckert - Gesellschaft für elektrische Industrie AG, Mannheim, bis zum 31.12.1907 verpachtete[160].

In der Anfangszeit mußten die Elektrizitätswerke gezielt um Kunden werben[161]. Aber auch für bereits angeschlossene Konsumenten war eine nutzbringende Anwendung von Elektrizität noch so neuartig. daß die Versorgungsunternehmen Hilfe hierfür anboten. Alle Abnehmer des St. Johanner Werkes erhielten beispielsweise ein Merkblatt mit „Erfahrungszahlen für elektrische Inneneinrichtungen", das eine zweckmäßige Ausstattung mit Glühlampen empfahl: Für „Wohnräume bei reicher Ausstattung" genügten für einen Salon pro qm „vier bis fünf Normalkerzen", Schlafzimmer kamen mit „ein bis eineinhalb Normalkerzen" aus. In Wohnräumen bei einfacher Ausstattung reichte im Schlafzimmer schon eine Beleuchtung von „einer halben bis einer Normalkerze". . . „Bei Ersatz von Gasbeleuchtung ist zu setzen anstelle von einer offenen Gasflamme eine Glühlampe von 10 Kerzen, eines Argandbrenners eine Glühlampe von 16 Kerzen und eines Auerglühlichts 2 Glühlampen von 16 Kerzen"[162]. Diese Werbemaßnahmen waren auch wegen der recht hohen Preise für Elektrizität notwendig. Die Brennstunde einer 10kerzigen Glühlampe kostete 2,6 Pfg.; eine

---

158 Historische Energiestatistik Band I (1986). Als Bearbeiter dieser Statistik standen dem Verfasser auch die Daten zu den einzelnen saarländischen Elektrizitätswerken zur Verfügung, die im folgenden eingebracht wurden.
159 25 Jahre Stadt Saarbrücken (1934), S. 9.; V o l z (1934), S. 110f., S c h n e i d e r (1959), S. 86ff., v.a. S. 88ff., vgl. ebf. SZ-RA, Saarbrücker Zeitung v. 15.03.1974.
160 EKB 7 (1909), S. 17.
161 Vgl. W i k a n d e r (1909), S. 461f., 935f.; zu diesem Thema fand eine eingehende zeitgenössische Diskussion in der ETZ 30 (1909) statt: S. 580ff., 612f., 626f., 653f., 678, 706f., 726f., 753ff.; vgl. auch D e t t m a r (1911), passim; S i e g e l (1917), S. 50ff.
162 Vgl. SZ-RA, Saarbrücker Zeitung v. 18.10.1896. Eine Kerze entsprach etwa 3-3,5 Watt, K a l i s c h e r (1967), S. 167; allg. vgl. auch R u m p f (1920), S. 18ff.

16kerzige Lampe, die anfangs die Norm war, verbrauchte für 3,5 Pfg. Strom pro Brennstunde. Für zeitgenössische Verhältnisse bedeutete dies eine beträchtliche Summe, beispielsweise wenn man sich vor Augen hält, daß der Durchschnittslohn aller Grubenarbeiter im Jahre 1895 etwa 40 Reichspfennig pro Stunde ausmachte[163]. Reichte der Stundenlohn damals bei einer 16kerzigen Birne (ca. 50 Watt) für knapp zwölf Stunden elektrische Beleuchtung, so könnte heutzutage ein Bergarbeiter eine vergleichbare Glühbirne für seinen Stundenlohn rund 1.800 Stunden lang brennen lassen[164]. Der Anschaffungspreis von Elektromotoren lag für den kleinsten mit 1/30 PS bei 150,- Mark, der stärkste, 10 PS leistende Motor kostete 2.000,- Mark.

In der lokalen Presse wurden die Vorteile der neuen Beleuchtung unter zeitgenössisch geprägten Gesichtspunkten voller Stolz herausgestellt: „Am Freitagabend erstrahlte zum ersten Male der Neufangsche Saal in elektrischem Licht. Der Saal war taghell erleuchtet, das Licht ruhig und angenehm, was auf eine gute Installation sowohl der elektrischen Centrale wie auch der komplizierten Arbeiten im Saale und auf der Bühne schließen läßt. Es muß noch bemerkt werden, daß die Fortlassung der Bogenlampen und deren Ersatz durch eine entsprechende Anzahl von Glühlampen sich als sehr vorteilhaft für den Gesamteindruck bewährt hat. Das Licht der Glühlampen ist ohne Zweifel dem Auge angenehmer, weniger Schwankungen ausgesetzt und kam bei der Neufangschen Anlage besonders durch geschickte Ausnutzung der schon vorhandenen Kronleuchter schön zur Geltung . . .“[165].

Im Jahre 1906 war der Lichtstrompreis des EW St. Johann auf 60 Pfg./kWh, der Kraftstrompreis auf 25 Pfg. gestiegen. Die elektrische Beleuchtung kostete damit fast doppelt so viel wie das Gaslicht, obwohl technische Verbesserungen wie Nernstlampen und später Osmium-, Tantal- und vor allem Wolframlampen eine deutliche Reduzierung des Stromverbrauchs brachten[166]. Trotz rasch steigender Anschlußwerte waren die Überschüsse des Werkes inzwischen auf 14.000 Mark im Jahr gesunken. Die „Südwestdeutsche Wirtschaftszeitung" empfahl den zwei Saarstädten Saarbrücken und St. Johann als Ausweg, ihre teure Eigenerzeugung einzustellen und stattdessen — zusammen mit Malstatt-Burbach, wo noch kein Elektrizitätswerk bestand — „als neues Bindemittel für die Saarstädte" den gemeinsamen Strombezug zu günstigeren Konditionen von den neuen Kraftwerken der Bergwerksdirektion[167].

Rivalitäten der Städte untereinander, aber auch schwierige Verhandlungen mit dem Bergfiskus, führten erst Anfang des Jahres 1908 zu einem Vertragsabschluß[168]. Übergabestation war das Hafenamt Malstatt, von wo Hochspannungskabel zu den beiden alten Kraftwerken gelegt wurden und über Gleichrichter der gelieferte Drehstrom in Gleichstrom umgewandelt wurde. Malstatt-Burbach konnte dagegen sofort zur Drehstromversorgung übergehen, da noch keine elektrischen Anlagen existierten. Die bei-

---

163 Eichhorst (1901), S. 27f.
164 Angenommen wurden DM 22.- Schichtarbeiterlohn eines Bergmannes pro Stunde und ein Strompreis von DM 0,20/kWh.
165 SZ-RA, Saarbrücker Zeitung v. 18.10.1896; zur weitverbreiteten Identifizierung von Elektrizität mit elektrischem Licht vgl. Arnold (1986), S. 33ff.
166 Vgl. EKB 11 (1913), S. 184f., 392f., 609ff., 701f., ebd. 12 (1914), S. 271; Kollmann (1912), S. 273ff.; Gross (1933), S. 72ff.; Lindner (1985), S. 211ff.
167 Südwestdeutsche Wirtschaftszeitung 11 (1906), S. 280 (Bibliothek der IHK Saarbrücken).
168 LA Sbr. 564/626, S. 236ff. vom 30.01.1908.

den bestehenden Dampfkraftwerke wurden ebenso wie die vorhandenen Pufferbatterien als Reserve vor allem für die täglichen Leistungsspitzen verwendet. Der Bergfiskus behielt sich im Stromlieferungsvertrag mit den drei Saarstädten die großen Abnehmer, z.B. die Maschinenfabrik Ehrhardt & Sehmer, das Gußstahlwerk Burbach und andere Firmen zur Direktbelieferung vor, so daß die Städte bei einem reinen Einkaufspreis von 5 Pfg./kWh — ohne Grundpreis — keine lukrativen Abschlüsse tätigen konnten. § 4 des Vertrages enthielt zudem die Bestimmung, daß bei Betriebsstörungen, „die es dem Bergfiskus unmöglich machen, nach Deckung des zum eigenen Betriebe notwendigen Bedarfes noch Strom abzugeben, der Bergfiskus für die Dauer dieses Zustandes von der Verpflichtung der Stromlieferung entbunden" ist[169]; gleiches galt auch für den Streikfall auf den Gruben. Die Vertragsgestaltung war für die Kommunen insgesamt gesehen äußerst ungünstig.

Fortwährende Klagen der Saarstädte belegen, daß die Versorgung nicht gerade zuverlässig war, es kam andauernd zu Stromunterbrechungen und Spannungsschwankungen; eine Überspannung am Samstag, den 9. Oktober 1909, trat ausgerechnet zur Hauptgeschäftszeit ein, so daß die meisten Geschäfte schließen mußten, da zahllose Glühbirnen geplatzt waren. Ein Regreßanspruch ließ sich aus vertraglichen Gründen nicht durchsetzen[170]. Die erhoffte Versorgungsverbesserung durch den Strombezug vom Bergfiskus trat auf längere Sicht nicht ein. Die Bedingung der vorrangigen Versorgungssicherheit des Grubenbetriebes vor der zuverlässigen Abgabe an Dritte war vom zuständigen preußischen Minister für Handel und Gewerbe in allen Stromlieferungsverträgen verankert worden. Aus eigener Sicht erschien diese Vorsorgemaßnahme einleuchtend, für alle Kunden des Bergfiskus aber bedeutete sie einen Mißstand, da die kostspielige Haltung einer Reserve notwendig wurde. Symptomatisch war diese Regelung für die Probleme, die der bergfiskalischen Verwaltung aus dem Anspruch entstanden, sowohl die eigenen Betriebe elektrisch zu versorgen als auch die öffentliche Stromversorgung für Gemeinden oder private Abnehmer zu gewährleisten. Dieser Aufgabe zeigte sich die Bergwerksdirektion bei steigender Abgabe über den Eigenbedarf hinaus an Dritte offensichtlich immer weniger gewachsen.

Auch der Bergfiskus war mit dem Saarbrücker Vertrag von 1908 unzufrieden, da er den seit 1909 zu einer einzigen Gemeinde zusammengeschlossenen drei Saarstädten eine Eigenerzeugungskapazität von bis zu 1.000 kW beließ. Jährliche Verluste für den Fiskus brachten auch die niedrigen Benutzungsstunden der Stadt, die dadurch hervorgerufen wurden, daß sich aus Preisgründen nur kleinere Gewerbetreibende und Handwerker an die Stadtwerke anschlossen. Die dem Bergfiskus zustehenden Großabnehmer glichen zwar diese Verluste teilweise aus, auf Dauer konnte aber nur ein neuer Vertrag aus dieser unglücklichen Konstellation heraushelfen[171]. Am 13.03.1912 wurde unter Aufhebung des alten Vertrages ein neuer Stromlieferungsvertrag geschlossen, der beiden Seiten entgegenkam. Ein Strompreis, der sich aus Leistungs- und Arbeitspreis zusammensetzte, ermöglichte auch der Stadt Saarbrücken eine vernünftige Tarifpolitik. Die Beschränkung auf kleinere Abnehmer entfiel; die Stadt mußte sich sogar verpflichten, ihren Aktionsradius in der Stromversorgung erheblich in die umliegenden Kreise

---

169 StadtA Sbr. BG 2514, Abriß der Stromversorgung Saarbrückens, o.D.
170 LA Sbr. 564/626, S. 320f., 329f.
171 LA Sbr. 564/1736, S. 113f.

auszudehnen. Die besonderen Bedingungen zur Versorgung dieses Gebietes, vor allem die Abgrenzung der Interessenbereiche, wurden in einem Vertrag vom 30. Juni 1913 festgehalten. Für die Strompreisverrechnung wurde erstmalig der Benutzungsdauertarif mit gestaffelten Sätzen für die Höchstentnahme zugrunde gelegt[172]. Rechte und Pflichten aus letzterem Vertrag übertrug die Stadt später an die Stromvertriebsgesellschaft Saarbrücken[173].

c) Ausbreitung der Elektrizitätsversorgung im „Inselbetrieb"

Abseits vom eigentlichen Kohlenrevier vollzogen sich die Anfänge der öffentlichen Elektrizitätsversorgung auf einer anderen Energiebasis: Wasserkraft der oberen Saar trieb gegen Ende des 19. Jahrhunderts die anstelle von alten Wasserrädern eingebauten leistungfähigeren Turbinen der Mühlen in Großblittersdorf und Wölferdingen an. Mühlen waren besonders für kleinere Orte als Ausgangsbasis zur Stromerzeugung geeignet, da sie schon über eine ausgebaute Wasserkraftanlage und die notwendigen Wasserrechte verfügten[174]. Die Firma Scheidt & Witziche aus Großblittersdorf hatte der gegenüberliegenden Gemeinde Kleinblittersdorf im Jahre 1895 ein Angebot zur Stromlieferung vorgelegt, bei dem jede Glühlampe mit 25 Kerzenstärke pro Jahr 30 Mark kosten sollte, für damalige Verhältnisse ein stattlicher Betrag[175]. Der Gemeinderat sah folglich von der Einführung einer allgemeinen Straßenbeleuchtung mit Elektrizität ab, genehmigte sich aber auf Antrag seines Vorsitzenden die Installation von elektrischem Licht im Gemeindehaus, denn der Prestigewert elektrischer Beleuchtung war unbestritten höher als der von Gaslicht. Im Juni desselben Jahres entschloß sich der Gemeinderat dann aber doch noch zur Einführung der elektrischen Straßenbeleuchtung mit 18 Glühlampen von je 25 Normalkerzen für eine jährliche Entschädigung von 500 Mark. Die Gemeindevertreter hatten sich offensichtlich einerseits von den Annehmlichkeiten der neuen Energie überzeugen lassen, andererseits aber auch erkannt, daß das Ansehen ihrer Gemeinde durch die elektrische Straßenbeleuchtung entschieden verbessert wurde: Die Fortschrittlichkeit der Bürger von Kleinblittersdorf konnte durch die Zurschaustellung technischer Neuheiten dokumentiert werden. Die „Elektrizitäts- und Thomasschlackenmühle, vormals Karl Witziche GmbH" aus Großblittersdorf bemühte sich 1907 auch darum, die Gemeinde Auersmacher „zu erleuchten", unterlag aber dem Angebot der Konkurrenz der Gebrüder Göpp aus Wölferdingen, die kurz vor dem Krieg auch noch die Versorgung von Rilchingen-Hanweiler übernahmen[176]. Diese Beispiele für die Stromversorgung mit Hilfe von Wasserkraft ließen sich fast beliebig fortsetzen: Nach dem geschilderten Schema lief die Versorgung kleiner Orte oder Ortsteile überall ab, wo ein Fluß oder Bach zum Antrieb von Turbinen genutzt werden konnte. Der Strombedarf zu Lichtzwecken konn-

---

172 StadtA Sbr. BG 2514.
173 Vgl Kap. II.2.
174 Vgl. Ott / Allgeier / Fehrenbach / Herzig (1981), S. 345f., Anm. 68 mit weiterführender Literatur; speziell zur Wasserturbine vgl. auch Constant (1983), S. 185ff.
175 Vgl. SZ-RA, Saarbrücker Zeitung v. 26.06. 1982.
176 Ebd.; bereits am 01.08.1908 hatten die Gebr. Goepp den Wunsch geäußerst, Hanweiler-Rilchingen zu versorgen (vgl. AD Moselle 15 AL 642, Schreiben des Kreisdirektors von Saargemünd).

te auch bei unregelmäßiger Wasserführung ausreichend gedeckt werden, Gleichstromerzeugung ermöglichte die Aufspeicherung in Batterien. Erst steigender Einsatz von Elektromotoren und sonstigen elektrischen Geräten veranlaßte manchen Wasserkraftwerksbetreiber, zur Ergänzung eine kleine Dampfmaschine oder einen Dieselmotor aufzustellen bzw. sich um Fremdstrombezug von einem größeren Kraftwerk zu bemühen.

Auf Wasserkraftbasis erfolgte beispielsweise auch die Versorgung der Straßenlampen von Gersheim und Walsheim ab 1898 durch die am Ort ansässige Bayerische Brauerei AG. Die Generatoren leisteten 57 kW und waren von Anfang an auf Drehstromerzeugung eingerichtet. Im Stromlieferungsvertrag von 1900 behielt sich die Brauerei allerdings das Recht vor, „daß die Beleuchtung bloß im Winter vom 15. Oktober - 15. März zu funktionieren braucht, da im Sommer die Kraft nicht ausreicht"[177]. Vertragliche Einschränkungen dieser Art waren bei unsteter Wasserführung häufig. In Saarhölzbach betrieb die Gemeinde ab 1900 ein Wasserkraftwerk von 10 kW Leistung zur Versorgung des Gleichstromnetzes[178]. In Lebach unterhielt der Ingenieur F. H. Gehring ab 1902 ein privates Elektrizitätswerk auf Wasserkraftbasis, das zusammen mit einer Gasmaschine für 33 kW Gleichstrom sorgte[179]. Im selben Jahr eröffnete auch das private EW I. Meyers in Nunkirchen den Betrieb (Wasserkraft, Leistung 15 kW, Gleichstrom)[180]. Die Firma Klein & Haupenthal folgte ein Jahr später in Wadern (28 kW, Gleichstrom) und installierte zur Reserve einen Gasmotor[181].

1897/98 erbaute die Firma Helios aus Köln im Auftrag der Aktiengesellschaft für Elektrizitätsanlagen, Berlin, ein kleines Dampfkraftwerk in Ottweiler, das Gleichstrom erzeugte. Die AG für Elektrizitätsanlagen war eine Tochterfirma der AEG, die sich auf den Bau und Betrieb von Elektrizitätswerken spezialisierte. Vertraglich sicherte sich die Betreiberfirma das ausschließliche Recht zur Belieferung von elektrischem Strom für Kraft- und Beleuchtungszwecke bis zum Jahre 1933. Die neue Technologie war noch so jung, daß für sie von den am Absatz ihrer Produkte interessierten Elektrizitätsfirmen — vor allen anderen seien AEG sowie Siemens & Halske genannt — erst Bedarf geweckt werden mußte. Dieses Ziel konnte am schnellsten erreicht werden, wenn die Elektrizitätsversorgung, mit Unterstützung bedeutender Werbekampagnen und über das sogenannte Unternehmergeschäft[182], möglichst weit vorangetrieben wurde. Da die Elektrofirmen gewinnorientiert arbeiteten, suchten sie sich als Objekte ihrer Betätigung nur solche Orte aus, wo ein entsprechender Absatz die aufwendigen Kosten für die Errichtung der Erzeugungs- und Verteilungsanlagen auch wieder hereinbrachte. Das flache Land gehörte deshalb noch lange zu den weißen Flecken auf den Karten der Elektrizitätsversorgung (vgl. Kap. I.3.e).

---

177 Historische Energiestatistik Band I (1986), vgl. Anm. 158; LA Sbr. Best. Landratsamt St. Ingbert Nr. 1068, Stromlieferungsvertrag v. 15.12.1900).
178 Historische Energiestatistik Band I (1986), vgl. Anm. 158.
179 Ebd.
180 Ebd.; StadtA Sbr. BG 7195, 21.01.1930.
181 LA Sbr. Best. Landratsamt Merzig Nr. 50; Vertrag v. 26.08.1904 (hier zitiert nach einem Gerichtsurteil vom 05.07.1927, ebd.).
182 Emil R a t h e n a u , Begründer der AEG, prägte hierfür den Begriff des „Unternehmergeschäftes", vgl. ETZ 18 (1897), S. 518f.; zu R a t h e n a u vgl. S c h u l i n (1976), S. 115ff.; zu den Finanzierungs- und Beteiligungsgesellschaften der Großunternehmen cf. L i e f m a n n (1913) und öfters.

Wurden die Absatzchancen elektrischer Energie seitens der Elektrokonzerne als unzureichend angesehen, waren die Bewohner eines solchen Ortes von anderen Initiativen abhängig. In Quierschied gründete am 4. September 1904 beispielsweise der Metzger Peter Bost ein Elektrizitätswerk[183]. Sein Elektromeister Wilhelm Claß hatte die Errungenschaften des neuen Energieträgers seit 1903 auf der Vopelius-Glashütte in Quierschied kennen und schätzen gelernt und Peter Bost, bei dem er in Logis wohnte, auf diese Technik aufmerksam gemacht. Den Bedarf an elektrischer Energie in Quierschied hatte der Unternehmer durch Umfragen erhoben; erste Abnehmer waren die Metzgerei und das Gasthaus von Peter Bost in der Marienstraße sowie die Bäckerei Wilhelm Martin am Alten Markt. Betrug der Stromabsatz im ersten Betriebsjahr noch knapp 100 kWh, so steigerte er sich bald kontinuierlich durch den Anschluß weiterer Abnehmer. Der erste Generator des Elektrizitätswerkes leistete 50 kW und wurde von einem Sauggasmotor angetrieben. Der Dynamo, als Elektromotor geschaltet, wurde gespeist von einer Pufferbatterie mit 240 bis 250 Zellen, um den Sauggasmotor mit einem Schwungrad von 105 Zentnern auf die erforderliche Drehzahl zu bringen. Danach wurde der Sauggasmotor gezündet und der Motor als Dynamo geschaltet. Dies ergab Gleichstrom von 220 Volt für Licht und 440 Volt für Kraftzwecke. Das Schwungrad sorgte für gleichmäßigen Lauf, so daß ein Flackern des Lichtes vermieden wurde. Ein Lederriemen, 16 m lang und 30 cm breit, trieb das Schwungrad an. Überschüssigen Strom speicherte Bost in Batterien und gab ihn in Zeiten hoher Nachfrage ins Netz ab.

Das Quierschieder und das Ottweiler Beispiel waren ebenfalls typisch für die Anfänge der öffentlichen Elektrizitätsversorgung: In der Regel waren es private Kapitalgeber, die das Risiko nicht scheuten und ihr Geld in der neuen Technologie anlegten. In den meisten Fällen hatten sie Erfolg. Gemeinden dagegen gingen dieses Risiko ungern ein: Da sie häufig ein Gaswerk betrieben, war ihnen zum Teil die Konkurrenz unlieb. Erst als sie erkannt hatten, daß auch die Elektrizitätswerke Gewinn abwarfen, beteiligten sich immer mehr Kommunen an den Gesellschaften oder übernahmen die Werke ganz in gemeindliche Regie[184]. In Saarlouis begann die Stromversorgung beispielsweise 1897 durch das private Unternehmen Schönen & Robens mit einer Dampfmaschine, die einen Generator von 40 kW zur Gleichstromerzeugung antrieb[185]. Im benachbarten Roden hatte die Gemeinde 1895 auf Dampfkraft- und Gleichstrombasis angefangen, übertrug den Betrieb des Werkes aber schon bald an die erfahrenere Firma Schönen & Robens[186]. Eine Ausnahme bildete auch die Stadt Homburg, die 1897/98 ein eigenes Elektrizitätswerk erbaute, dessen Stromerzeugungsanlagen 1913/14 nach Vollendung des Großkraftwerkes am selben Ort allerdings wieder stillegte[187] (vgl. auch Kap. I.4.e).

---

183 Vgl. im folgenden: Quierschieder Hefte 4 (1983), H. 6, S. 405ff.
184 G r ö n e r (1975), S. 50f. und Anm. 20-23 ebd.
185 Historische Energiestatistik Band I (1986), vgl. Anm. 158.; 1901 bat Schönen den Stadtrat von Saarlouis, das Netz in der Stadt erweitern zu dürfen, da besonders Wirte mit elektrischen Orgeln an ihn wg. Stromlieferung herangetreten seien (vgl. StadtA SLS, Fach 60 Nr. 12, 08.11.1901).
186 Historische Energiestatistik Band I (1986), vgl. Anm. 158; K r e t s c h m e r (1982), S. 399; B a l z e r (1964), S. 41ff.
187 Historische Energiestatistik Band I (1986), vgl. Anm. 158.

Die fortgeschrittene Gasversorgung des Saarreviers, aber auch eine gezielte Gegenpropaganda von Gaswerksbetreibern und -herstellern bremste die Errichtung von öffentlichen Elektrizitätswerken auf Eigenerzeugungsbasis deutlich[188]. Häufig wurde deshalb auch der Bezug von vorhandenen Eigenanlagen der Industrie gewählt. Tholey erhielt ab 19. Mai 1905 den Strom von der dortigen Firma Klein & Haupenthal, die ein privates kleines Kraftwerk zur Versorgung ihrer Produktionsstätten besaß[189]; Friedrichsthal betrieb seit Mitte 1906 ein gemeindeeigenes Werk mit einem 160 PS-Gasmotor, stellte aber bereits 1908 auf Strombezug vom Bergfiskus um, als man die eigenen Kapazitäten hätte erweitern müssen[190]. Die Gemeinde Dillingen erhielt ihren Beleuchtungsstrom bis 1901 von der Dillinger Hütte, stellte dann eine Dampfmaschine und einen Sauggasmotor zur Versorgung auf[191], bezog aber ab 1903 wieder zusätzlichen Strom von der Hütte[192]. Die Gemeinde Wallerfangen wurde durch die Steingutfabrik der Firma Villeroy & Boch mit Gleichstrom von 110 Volt Spannung versorgt[193]. In Bliesransbach erfolgte ab 1909 der Strombezug durch das E-Werk der Firma Adt in Ensheim, da die Eigenerzeugung (seit 1904) mit Hilfe einer Dampfmaschine unrentabel wurde[194]. In Hilbringen, Losheim und Mettlach entstanden ebenfalls noch vor Ersten Weltkrieg kleine Elektrizitätswerke[195]. Die Gemeinde Ensheim schloß 1907 mit der Firma Gebrüder Adt einen Vertrag über die Lieferung von 115 V-Gleichstrom unter jeglicher Ausschlußhaftung von Adt bei Streiks, Maschinenschäden usw. Für Reparaturen war eine Stromausfallzeit von 24 Stunden vereinbart worden. Motoren durften nur zwischen 7-12 Uhr und von 13-18 Uhr angeschlossen werden, da besonders in den frühen Morgen- und späten Abendstunden die Stromerzeugung zu Beleuchtungszwecken die Kraftwerkskapazitäten voll beanspruchte. Die Kilowattstunde kostete die Gemeinde 18 Pfg., darüberhinaus garantierte sie der Fa. Adt eine Mindesteinnahme von 4.000,- Mark/Jahr[196].

In der Saargegend bemühte sich lediglich das Unternehmen „Elektrizitäts- und Wasserwerke AG", Blieskastel, 1902 gegründet[197], auf der Basis von Wasserkraft und Fremdstrombezug um die Versorgung über den eigenen Ort hinaus auch von Lautzkirchen, Kirkel-Neuhäusel und Webenheim. Die wirtschaftliche Basis des Unternehmens

---

188 Vgl. hierzu ausführlich: LA Sbr. Dep. Illingen Nr. 706; vgl. ebf. LHA Koblenz 442/9957, p. 353ff.; im allgemeinen wurde durch die Konkurrenz eines Elektrizitätswerkes am selben Ort weniger die Gasbeleuchtung als vielmehr der Kraftgasabsatz zurückgedrängt, vgl. Dettmar (1910), S. 578f., ETZ 32 (1911), S. 257.

189 Historische Energiestatistik Band I (1986), vgl. Anm. 158; ASV Sbr. GS-31, 06.02.1930.

190 Historische Energiestatistik Band I (1986), vgl. Anm. 158; LA Sbr. 564/1344, S. 1, 8f., 21ff.

191 Historische Energiestatistik Band I (1986), vgl. Anm. 158; LA Sbr. 564/1537, S. 276; vgl. auch Lehnert (1971), S. 258, 589f.

192 Die Dillinger Hütte lieferte Gleichstrom von 2150 V für Beleuchtung und Motorenbetrieb bis zu 5 PS gleichzeitig und pro Jahr maximal 100.000 kWh, wobei eine kWh selbst als Großabnehmerpreis stolze 12 Pfg. kostete (vgl. LA Sbr. Dep. Berus-Bisten Nr. 16, Vertrag v. 15.08.1907, gültig ab 01.01.1903).

193 ASV Sbr. GS-29, 24.11.1938.

194 LA Sbr. 564/349, S.21ff.

195 Ebd., S. 22; Conrath (1960), S. 17.

196 LA Sbr. Best. Landratsamt St. Ingbert Nr. 5852, 21./27.03.1907; vgl. hierzu ebf. StadtA Sbr. Best. Bürgermeisterei Ensheim Nr. 272 u. 278.

197 LA Sbr. Best. Landratsamt St. Ingbert 2311/9, 1902.

schien allerdings nicht sehr vertrauenerweckend gewesen zu sein, denn eine von der Bergwerksdirektion Saarbrücken geforderte Kaution von 3.000,- Mark wegen rückständiger Stromzahlungen beschied die Firma abschlägig: „Wir können diese Summe nicht in Baar hinterlegen und Bankverbindungen haben wir auch nicht"[198]. Auf die als Gegenwert angebotenen drei Aktien des Unternehmens verzichtete die Bergverwaltung und hielt die Firma lediglich noch eine Zeitlang durch Stundung von fälligen Zahlungen am Leben, da sie nach Konkurs des Werkes einen Einbruch der Pfalzwerke in das pfälzische Versorgungsgebiet um Blieskastel befürchtete. Dieses Beispiel verdeutlicht, welche Risiken ein Unternehmen auf dem Gebiet der Überlandversorgung eingehen konnte, wenn die Abnehmerstruktur zu einseitig auf Kunden aus landwirtschaftlich geprägten Gemeinden ausgerichtet war wie in Blieskastel und Umgebung.

Verschiedentlich kamen die Bemühungen um die Errichtung eines Gemeindeelektrizitätswerkes nicht über das Projektstadium hinaus. In Wehrden forderten beispielsweise mehrere Hausbesitzer die Aufstellung von Gaslaternen. Um nicht in die Abhängigkeit des benachbarten, größeren Gaswerkes der Gemeinde Völklingen zu kommen, beschloß der Gemeinderat von Wehrden die Einführung der elektrischen Beleuchtung. Hierzu wollte er sich entweder an das Kraftwerk einer Brauerei in Geislautern anschließen oder ein eigenes Werk errichten. Kostenvoranschläge der Rheinischen Schuckert-Gesellschaft über rund 95.000,- Mark für ein Projekt zur Eigenversorgung ließen die Pläne schnell wieder in Vergessenheit geraten[199]. Unübliche Wege in der Elektrizitätsversorgung betraten die Gemeindeoberen in Bisten. Ein Gemeinderatsbeschluß vom 12.12.1901 verpflichtete den Mühlenbesitzer Johann Peter Rupp zur Beleuchtung der Straßen des Ortes mit elektrischem Licht. Als der Landeshauptmann der Rheinprovinz jedoch den Antrag der Gemeinde auf Übernahme der Kosten für die öffentliche Beleuchtung durch die Provinzialverwaltung ablehnte, nutzte die Gemeindeverwaltung die starke Konkurrenz unter den Anbietern von Gas-, Benzin-, Kerosin- und elektrischem Licht und betrieb mehrere Jahre lang die öffentliche Straßenbeleuchtung auf Kosten der interessierten Firmen. Rund 20 Unternehmen installierten in dieser Zeit Probelampen in Bisten. Die Gemeinde hatte dabei ihre Verträge so geschickt ausgehandelt, daß sie keinerlei Gebühren zahlen mußte, was manche der Beleuchtungsfirmen zum (vergeblichen) Gang vor Gericht veranlaßte[200].

d) Öffentliche Versorgung durch die Bergwerksdirektion

Alle nicht aufgeführten Städte und Gemeinden des heutigen Saarlandes hatten bis um die Mitte des ersten Jahrzehnts im neuen Jahrhundert keine Stromversorgung, darunter aufstrebende Industriegemeinden wie Völklingen oder Neunkirchen. Erst Zeitungsberichte über die Kraftwerkspläne der Bergwerksdirektion ließen ein wahres „Elektrizitätsfieber" an Saar, Mosel und Nahe aufkommen. Ab 1906 häuften sich Anfragen von Gemeinden an die Bergwerksverwaltung nach Lieferung von elektrischer

198 Vgl. LA Sbr. 564/1364, S. 125; ebd. 564/407, S. 447ff.
199 StadtA VK Best. 11/36, 06.11.1905, 11./12.12.1905, 13./24.02.1906, passim.
200 LA Sbr. Dep. Berus-Bisten Nr. 12, 12.11.1901, 10.01.1902, passim.

Energie. Offensichtlich veranlaßten die in der regionalen Presse ausführlich dargestellten Absichten der Bergwerksdirektion, Strom an Dritte abzugeben, auch zurückhaltende Gemeindevertreter, sich mit der neuen Technik zu befassen.

In die anhaltende Diskussion um die Einführung moderner Technologien für die öffentliche Beleuchtung schaltete sich auch die Kreisverwaltung Saarbrücken ein. Der Landrat warnte die Gemeindeverwaltungen davor, den Betrieb eines Elektrizitäts- oder Gaswerkes fremden Unternehmen zu überlassen. Er empfahl in Zweifelsfällen den Eigenbetrieb, besser aber noch die „baldige billigste Abgabe" von der Bergverwaltung[201]. Als erster Gemeinde gelang Neunkirchen im Herbst 1906 der Abschluß eines Stromlieferungsvertrages. Dessen rasches Zustandekommen lag im Interesse der Bergwerksdirektion, da mit dem Strom auch die Bahn Neunkirchen - Wiebelskirchen versorgt wurde, die stark von Bergleuten frequentiert war[202]. Neunkirchen erhielt Drehstrom von 10 kV ab Grube Heinitz zu 6 Pfg./kWh und mußte selbst für die erforderlichen Anlagen zur Umformung in Gleichstrom aufkommen. Der Strompreis belastete die Ergebnisse der Straßenbahn finanziell sehr stark, lediglich die steigende Abgabe von Licht- und Kraftstrom an andere Verbraucher schuf hier einen Ausgleich. In einem neuen Vertrag von 1910 kam der Bergfiskus der Gemeinde dann mit einer Senkung der Strompreise entgegen, verpflichtete sie aber in einer Art Kompensationsgeschäft zum weiteren Ausbau der Straßenbahn nach Heinitz und Spiesen-Elversberg.

Als nächste größere Gemeinde kam Völklingen Anfang 1909 nach über zweijährigen Verhandlungen zum Vertragsabschluß mit der Bergverwaltung. Auch hier profitierte die Gemeinde vom Interesse des Bergfiskus an der Straßenbahn Völklingen - Ludweiler - Großrosseln. An einer allgemeinen Einführung elektrischer Energie im Stadtgebiet hatten die „Ortseingesessenen" mit Rücksicht auf das bestehende eigene Gaswerk noch kein Interesse. Lediglich die Kühlanlagen des städtischen Schlachthauses, das bislang einen eigenen Generator hatte, wurden auf Fremdstrombezug umgestellt[203].

Auch für die Versorgung von Güchenbach und Riegelsberg wirkte sich ein Bahnprojekt positiv aus. Ab 1907/1908 lieferte die Bergverwaltung ab Grube Lampennest Drehstrom von 5 kV, der nach Umformung in Gleichstrom in erster Linie der Beförderung von Bergleuten auf der Straßenbahn Heusweiler - Riegelsberg diente[204]. Die Dominanz des Beleuchtungsstromes am Gesamtverbrauch in jener Zeit verdeutlicht die Ausgestaltung des Stromlieferungsvertrages der Gemeinde Güchenbach mit der Berg-

201 Vgl. StadtA VK Best. 11/36, Schreiben v. 08.05.1906; vgl. ebf. LA Sbr. Dep. Sulzbach, Fach 36 Nr. 1.
202 LA Sbr. 564/1537, S. 73, 564/802, S. 7f., 13f.
203 LA Sbr. 564/1370, S. 14ff., 564/1349, S. 21ff., 564/446, S. 336; StadtA VK Best. 13e/9, Vertrag v. 12.06.1909; wegen des bestehenden Gaswerksvertrages konnten in einem späteren Plan zur elektrischen Lichtversorgung lediglich 35 Watt pro Einwohner kalkuliert werden (ebd., 19.12.1912). Mit diesem von der Betreibergesellschaft des Gaswerkes ausgehandelten Wert konnte die öffentliche elektrische Beleuchtung nicht zur Konkurrenz des Gaslichtes werden.
204 LA Sbr. Dep. Riegelsberg Abt. VII, Sektion V Nr. 12 spez.: Stromlieferungsvertrag v. 15./21.05.1912. Die Brauerei W. Groß, die 1898 elektrische Energie in ihrem Betrieb eingeführt hatte, gab diese auch an einige wenige umliegende Privatpersonen ab (vgl. Handel und Industrie, 1924, S. 206).

werksdirektion. Sie setzte in diesem Vertrag von 1912 durch, daß „das am Sylvester-abend und am Kirmestage auftretende Maximum bei der Berechnung der Strompreise nicht berücksichtigt werde"[205]. Besonders an Festtagen präsentierten die Bürger gerne ihre neue Beleuchtung, während sie alltags aufgrund der hohen Strompreise sparsam mit dem elektrischen Licht umgingen.

Püttlingen verzichtete im Stromlieferungsvertrag vom Jahre 1907 ausdrücklich auf das Projekt einer eigenen Gasversorgung und erhielt als Entgegenkommen von der Berg-werksverwaltung einen Ausnahmepreis von 5 Pfg./kWh, obwohl kein großer Strom-absatz möglich war. Über die Sicherheit der Versorgung aus den bergfiskalischen Kraft-werken gibt ein erboster Brief des Bürgermeisters von Püttlingen an die Bergwerks-direktion auf offene Weise Auskunft, aus dem, da er repräsentativ für die Anfänge der Versorgung durch die Gruben steht, auszugsweise zitiert werden soll. Im Püttlinger Elektrizitätswerk, das von den bergfiskalischen Zentralen in Luisenthal und Heinitz mit Strom versorgt wurde, traten bereits seit Beginn der Stromlieferung ständig Stö-rungen auf, die nach Äußerungen von Sachverständigen, welche die Anlage geprüft hatten, zum großen Teil durch die bergfiskalischen Betriebe veranlaßt wurden. Durch diese Störungen erlitten die Gemeinde und ihre Abnehmer immer wieder Schädigun-gen. „So wurde beispielsweise am Fastnachtssonntag vorigen Jahres abends, während die Wirtschaften voller Gäste waren und überall Tanzmusik stattfand, durch Versa-gung der Stromzufuhr in Folge aufgetretener Störungen der ganze Ort mit Ritterstraße mehrere Stunden hindurch vollständig dunkel. Hierdurch wurden die Wirte empfind-lich geschädigt, da viele Gäste, hauptsächlich jedoch Masken, die Lokale verließen, ohne Zahlung geleistet zu haben . . ."[206]. Die Störungen traten meistens an Sonntagen zwischen 19.00 und 23.00 Uhr auf, so daß sowohl Püttlingen wie auch der Ortsteil Rit-terstraße mehrere Stunden lang dunkel blieben. Nur durch besonders dazu beauftragte Beamte der Bergverwaltung durfte der ausgelöste Ölschalter wieder eingesetzt werden. Nach Ansicht des Bürgermeisters war selten einer der zuständigen Beamten in Stö-rungsfällen zu erreichen, besonders an Sonntagen, „wo es hauptsächlich darauf an-kommt, daß die Beleuchtungsanlage funktioniert . . ." — wiederum Ausdruck der Rolle des elektrischen Lichtes als „Festbeleuchtung".

In Sulzbach und Altenwald begann die Stromlieferung durch die Bergwerksdirektion am 01.10.1908 von der Unterstation Mellinschacht für Sulzbach und vom Gegenort-schacht für Altenwald. Elektrische Energie sollte in erster Linie zu Beleuchtungs-zwecken sowie für den städtischen Schlachthof und die Pumpstation Scheidt verwen-det werden. Die Belieferung der Bergarbeitersiedlungen und des Knappschaftskran-kenhauses in Sulzbach behielt sich der Bergfiskus selbst vor[207]. Im Jahr der Stromaufnahme erfolgte bereits die Gründung der Gemeindebetriebswerke Sulzbach, Abt. Elektrizitätswerk. Die Warndtgemeinde Ludweiler versuchte in ihren Verhand-lungen mit der Bergwerksdirektion vergeblich, ein Stromlieferungsangebot der loth-ringischen Saar-Mosel-Bergwerksgesellschaft, Karlingen (vgl. Kap. I.4.e), zu nutzen, um den Bergfiskus zu einer rascheren Stromlieferung und günstigeren Konditionen zu bewegen. So erfolgte hier die Versorgung erst 1912 durch Anschluß an die Grube

205 LA Sbr. Best. Landratsamt Saarbrücken Kr-R/41, 08.01.1912.
206 LA Sbr. 564/1343, S. 171ff.
207 LA Sbr. 564/1363, S. 17f.

Velsen[208]. Im selben Jahr erhielten die Köllertalgemeinden Engelfangen, Etzenhofen, Kölln, Rittenhofen, Sellerbach und Walpershofen einen Stromlieferungsvertrag ab Aspenschacht (Drehstrom 2000 Volt)[209]. In Ensdorf-Lisdorf gelang der Abschluß eines Stromlieferungsvertrages mit dem Bergfiskus im Jahre 1912 erst, als die Gasanstalts-Betriebsgesellschaft mbH auf ihre Vorrechte der Elektrizitätsversorgung verzichtete. Die Stromlieferung erfolgte auch hier direkt ab Grube Griesborn[210]. Verschiedene Angebote der Königlichen Bergwerksdirektion an die Stadt Saarlouis scheiterten an den Konkurrenzofferten der Eisenbahn-Baugesellschaft Becker, Berlin[211] (vgl. Kap. I.4.e).

Zahlreiche weitere Gemeinden des Reviers meldeten ihre Wünsche nach Elektrizitätsversorgung in den Jahren vor dem Weltkrieg an. Meistens scheiterte die Verwirklichung daran, daß die Bergwerksdirektion nur bereit war, hochgespannten Drehstrom ab Unterstation der jeweils nächstgelegenen Grube anzubieten und die notwendigen Trafos, Umformer und Zuleitungen zu den Gemeinden sowie die Ortsnetze den Abnehmern überließ. Addierte ein Sachverständiger diese zusätzlichen Kosten dem auf den ersten Blick sehr günstig erscheinenden Kilowattstundenpreis des Bergfiskus hinzu, folgte meist der Verzicht auf das Projekt: Hierzu waren die Finanzmittel der kleinen Gemeinden nicht ausreichend[212]. Größere Abnehmer wurden immer wieder durch die Sorge der Bergwerksdirektion hingehalten, die Kapazitäten der Kraftwerke könnten den eigenen Anforderungen nicht genügen. Diese Begründung verhinderte beispielsweise ein Projekt des gemeinsamen Strombezuges von sieben Gemeinden der Bürgermeisterei Illingen[213]. Mangelnde Abstimmung innerhalb der Bergwerksverwaltung ließ andererseits auch Pannen wie die folgende zu: Der Kreisausschuß Ottweiler hatte nach ausdrücklicher Befürwortung durch die Bergwerksdirektion im Mai 1909 den Bau eines „Centralgaswerkes" für die Bürgermeisterei Uchtelfangen beschlossen. Die für den Stromabsatz zuständige Direktion der Kraft- und Wasserwerke war stillschweigend übergangen worden. Nachträgliche Bemühungen, den Schaden wiedergutzumachen, scheiterten schließlich in mehreren Verhandlungen. Der als Sachverständiger des Kreises auftretende Kreisbaumeister sah zwar die elektrische Energie gegenüber dem Gas als die fortschrittlichere an, hielt aber den Strompreis des Bergfiskus für überhöht[214].

Der Versorgung der Stadt Merzig mit elektrischer Energie durch die Bergwerksdirektion stand die langfristige Bindung an einen Vertrag mit dem privaten Gaswerk am Ort entgegen[215]. Trotzdem holte die Stadtverwaltung einen Kostenvoranschlag für eine

208 LA Sbr. 564/148, S. 1O1,103; 564/407, S. 438ff.; vgl. ebf. Kap. II.2.
209 LA Sbr. 564/1738, S. 2; ASV Sbr. GS-21, 29.01.1929; LA Sbr. Dep. Riegelsberg Abt. IV. Sektion IXa, Nr. 28: vorausgegangen waren verschiedene Angebote der AEG für die Erstellung des Ortsnetzes (z.B. v. 20.01., 03.05.1912), wonach das Netz rund 100.000.- M für die sieben Gemeinden kosten sollte.
210 LA Sbr. 564/1739, S. 2, 6; 564/1537, S. 113f.
211 KreisA SLS Best. IV/c-7, 28.10.1912.
212 Bisten, Rehlingen, Gersweiler vgl. LA Sbr. 564/1537, S. 94, 258ff.; Roden LA Sbr. 564/1736, S. 33; Marpingen LA Sbr. 564/ 1537, S. 299.
213 Zu Illingen vgl. LA Sbr. 564/1348, S. 11.
214 LA Sbr. 564/1537, S. 251ff. Durch den Bau des zentralen Gaswerkes wurde auch die Einführung der elektrischen Beleuchtung in Hirzweiler um anderthalb Jahrzehnte hinausgeschoben, vgl. Bettinger (1973), S. 92f.
215 LA Sbr. 564/1370, S. 14ff.; 564/1349, S. 22; vgl. auch Keil (1958), S. 370f.

„Wasserkraft- und Straßenbeleuchtungsanlage" ein, wobei die Wasserkraft der unteren Mühle am Seffersbach genutzt werden sollte[216]. Bereits 1910 hatte der Schlachthofdirektor von Merzig darum gebeten, eine kleine Dynamomaschine aufstellen zu dürfen; von dieser Beleuchtungsanlage versprach er sich eine Ersparnis von 2-300,- Mark gegenüber dem Gaslicht[217]. Die Inbetriebnahme des Schlachthof-Generators nahmen die Betreiber des Gaswerkes, die Actien-Gesellschaft für Gas und Elektrizität in Köln, sofort zum Anlaß, die Stadtverwaltung anzumahnen, nicht über den Schlachthof hinaus elektrisches Licht zu verbreiten, sondern beim Gaslicht zu bleiben. Trotz dieser Abmahnung wurde das Monopol des Gaswerkes immer wieder durch befristete Genehmigungen zur Aufstellung elektrischer Beleuchtungskörper aufgeweicht[218]. Auch in Gersweiler, Heusweiler[219], Dudweiler und Altenkessel-Rockershausen-Neudorf[220] standen der Einführung elektrischer Energie von der Bergverwaltung vorhandene Gaswerke aus vertraglichen Gründen entgegen. Eine Ausnahme von der allgemein großen Nachfrage nach elektrischer Energie bildete die Stadt St. Wendel: Sie stellte die Stromversorgung vor dem Ersten Weltkrieg wegen mangelnder Rentabilität zurück. Einerseits hatten sich zu wenige Interessenten bei einer Umfrage für die Verwendung elektrischen Stromes finden lassen[221]; andererseits wurde das desolate Gaswerk der Stadt von 1889 aufgrund eines günstigen Konkurrenzangebotes der Berlin-Anhaltischen-Maschinenfabrik-AG erneuert und der Betrieb an die im Saarrevier überaus rege Gasanstalts-Betriebsgesellschaft mbh, Berlin, verpachtet[222] (vgl. Kap. II.).

In der damaligen bayerischen Pfalz, den Bezirksämtern St. Ingbert und Homburg, gelang es der preußischen Bergverwaltung nur in Rohrbach, Fuß zu fassen[223], obwohl nach 1906 auch hier großes Interesse bei den Städten Homburg, Pirmasens, Zweibrücken, Kaiserslautern und St. Ingbert bestand[224]. Die drei erstgenannten Städte, die alle erweiterungsbedürftige Elektrizitätswerke betrieben, hatten sich zu einem Strombezugskonsortium zusammengeschlossen und Anfang 1908 einen Vertrag mit der Bergwerksdirektion über den Bezug von max. 1.500 kW mit einer Option auf weitere 6.000 kW zu einem Preis von 4 Pfg./kWh unterzeichnet, wobei die Bergverwaltung aus rechtlichen Gründen die Übergabestation an der bayerisch-preußischen Grenze festlegte. Der preußische Minister für Handel und Gewerbe versagte diesem Vertrag jedoch seine Zustimmung; zum einen, da den drei Saarstädten Alt-Saarbrücken, St. Johann und Malstatt-Burbach der höhere Preis von 5 Pfg./kWh abverlangt worden war, grundsätzlich aber, da er zum wiederholten Male befürchtete, die Leistung der bergfis-

---

216 LA Sbr. Dep. Stadt Merzig Nr. 690, 07.07.1911.
217 Ebd. Nr. 690, 13.01.1910 und passim für das folgende.
218 Vgl. ebd. Nr. 690, z.B. für den Zeitraum der Kirmes, 06.12.1913.
219 LA Sbr. 564/1370, S. 14ff.
220 ASV Sbr. GS-37, 1911, o.D.
221 LA Sbr. 564/1370, S. 14ff., 66, 85; ebf. LHA Koblenz 442/9957, p. 47ff.; vgl. auch K r ä m e r (1968), S. 250; K r ä m e r führt irrtümlicherweise die Einführung der elektrischen Beleuchtung in St. Wendel für das Ende des 19. Jahrhunderts an.
222 LA Sbr. 564/446, S. 287; M ü l l e r (1927), S. 467.
223 LA Sbr. 564/1345, S. 36, 46; LA Sbr. Best. Landratsamt St. Ingbert Nr. 5866, 1908/09.
224 Zweibrücken LA Sbr. 564/1737, S. 34ff.; Pirmasens 564/1352, S. 1ff.; Kaiserslautern 564/1537, S. 80ff.; St. Ingbert LA Sbr. Best. Landratsamt St. Ingbert Nr. 2311/25.

kalischen Kraftwerke für den Grubenbetrieb werde dadurch gefährdet. So erweiterten die genannten Städte notgedrungen ihre eigenen Anlagen.

1911 trat die Bergwerksdirektion wiederum wegen Stromlieferung an die pfälzischen Städte heran, kam aber mit ihrem Angebot zu spät. Während die bayerischen Behörden noch im Februar 1911 die Genehmigung zur Stromlieferung durch die preußische Bergverwaltung nach St. Ingbert gegeben hatten, verweigerten sie nur einen Monat später die Zustimmung zu jeglichen Vertragsabschlüssen, da inzwischen das Projekt einer eigenen pfälzischen Überlandzentrale konkretere Formen annahm. Ersatzweise versuchte die Bergwerksverwaltung das verlorene Absatzgebiet über eine Belieferung der Rheinischen Schuckert-Gesellschaft, die das pfälzische Überlandprojekt bearbeitete, zurückzugewinnen, scheiterte aber erneut am Einspruch der bayerischen Behörden. Das Königlich-bayerische Innen- und das Finanzministerium lehnten den preußischen Strom ab, da sie eine Beeinträchtigung der bayerischen Bergwerke befürchteten. Nicht einmal ein Gebietsabgrenzungsvertrag, der die Rheinische Schuckert-Gesellschaft — und damit die späteren Pfalzwerke — auf das Gebiet östlich der Blies beschränken sollte, kam mehr zum Zuge[225]. Als letzte Abfindung konnte die Bergwerksdirektion einen Stromlieferungsvertrag mit der Regierung der Pfalz von Anfang 1912 für die Zeit bis zur Inbetriebnahme des Kraftwerkes Homburg abschließen.

e) Pläne und Projekte zur Überlandversorgung

Die Entwicklung der öffentlichen Versorgung mit elektrischer Energie auf Stadt- und Gemeindeebene wies eine entscheidende Gemeinsamkeit auf: Alle Versorgungsnetze waren auf den lokalen Rahmen beschränkt und standen untereinander nicht in Verbindung. Dies hatte verschiedenen Nachteile für einen wirtschaftlichen Betrieb der Erzeugungsanlagen zur Folge. Zum einen war die Versorgungssicherheit, wie aufgezeigt, unzureichend gewährleistet; darüber hinaus bedingten die fehlenden Verbundleitungen[226] zu anderen Kraftwerken hohe Reservekapazitäten zur Deckung bei Störfällen der Maschinen und Reparaturzeiten. Auf der anderen Seite mußte die Generatorenleistung dem Maximalbedarf angepaßt sein, der in der Regel in kurzfristigen Lichtspitzen morgens und abends auftrat, während in den übrigen Zeiten nur eine geringe Auslastung gegeben war. Besonders in ländlichen Gebieten führte diese Entwicklung dazu, daß die Elektrizitätsversorgung nur langsam voranschritt. Hier reichte der Stromabsatz für einen rentablen Betrieb nicht aus. Technischerseits waren die Voraussetzungen für weiträumige Übertragungen seit der Drehstromübertragung Lauffen am Neckar - Frankfurt a.M. im Jahre 1891 längst geschaffen worden[227].

---

225 LA Sbr. 564/1744, S. 1ff., 57f.; frühere Verhandlungen 564/407, S. 367ff. Das Projekt der pfälzischen Überlandzentrale genoß unbedingten Vorrang, weshalb auch die Stadtmühle Gebr. Diener in St. Ingbert auf die Lieferung elektrischer Energie vom Kraftwerk des Eisenwerkes St. Ingbert verzichten mußte, LA Sbr. Best. Landratsamt St. Ingbert, Nr. 5866, 12.07.1913.

226 Der Begriff Verbundwirtschaft findet erst seit 1929 in der deutschsprachigen Literatur Verwendung, vgl. Schmelcher (1951), S. 25.

227 Petersen (1930), S. 108f.; ausführlich: Boll (1969); Callies (1967), S. 15ff.

Die genannten Probleme veranlaßten schon in den ersten Jahren nach der Jahrhundertwende einige Energieversorgungsunternehmen im Grenzgebiet zwischen Baden und der Schweiz, ihre Netze zusammenzuschließen[228]. Dadurch konnte sowohl eine höhere Versorgungssicherheit gewährleistet wie auch eine bessere Auslastung der Erzeugungskapazitäten über eine günstigere Durchmischung der Verbraucher aus Stadt und Land erreicht werden. Auch die rasche Ausdehnung des Versorgungsgebietes des Rheinisch-Westfälischen Elektrizitätswerkes im ersten Jahrzehnt des 19. Jahrhunderts basierte auf diesem Prinzip, das den Verbrauchern schon bald günstigere Strombezugsbedingungen einbrachte[229]. Dennoch verstärkte sich in den Jahren nach 1905 die Ansicht, daß ohne staatliche Mitwirkung eine flächendeckende Versorgung vor allem der noch wenig von der Industrialisierung erfaßten Regionen in absehbarer Zeit durch private Versorgungsunternehmen nicht zu erreichen war. Die Regierungen der Länder Baden, Bayern und Sachsen entschlossen sich deshalb wenige Jahre vor und während des Ersten Weltkrieges, regelnd in die Entwicklung der Elektrizitätsversorgung einzugreifen, indem sie staatliche Versorgungsunternehmen ins Leben riefen[230].

Der bayerische Staat ging bei seinen Versorgungsplänen von dem Gedanken aus, daß der elektrische Strom „Gemeingut aller werden, daß insbesondere das platte Land hiervon Nutzen haben sollte"[231]. Wie im rechtsrheinischen Bayern die Wasserkräfte, so wollte die bayerische Regierung in der Pfalz die staatlichen Kohlegruben in den Dienst der Allgemeinheit stellen. Nach einem Mitte 1911 veröffentlichten, von Oskar von Miller, einem der Pioniere der deutschen Elektrizitätsversorgung, erarbeiteten Plan sollte das Kraftwerk Homburg zum Eckpfeiler in der Stromerzeugung der späteren Pfalzwerke AG, Ludwigshafen, werden. 1912 erfolgte der Baubeginn, am 1. April 1914 die Inbetriebsetzung des ersten Ausbaus von zwei Turbogeneratoren mit je 5.000 kW Leistung. Die Wahl war auf Homburg gefallen, weil man sich hier in Nähe der bayerischen Gruben Bexbach und St. Ingbert befand und genügend Wasser für Kondensationszwecke zur Verfügung stand. Ferner fand sich die Stadt Homburg zur unentgeltlichen Überlassung des erforderlichen Baugeländes bereit[232]. Eine 100 kV-Hauptleitung sollte die Kraftwerke Homburg und Ludwigshafen verbinden, der Kriegsausbruch ermöglichte 1914 allerdings nur eine Inbetriebnahme mit 20 kV. Diese Stromversorgungspläne lösten im damals bayerischen Teil des Saarlandes große Begeisterung und weitere Wünsche nach elektrischen Anschlüssen aus. Anfang 1914 schlossen z.B. Ensheim, Heckendalheim, Ommersheim und Oberwürzbach Stromlieferungsverträge mit den Pfalzwerken ab[233]. Die Regierung der Pfalz sah sich aufgrund dieses „Elektrizitätsfiebers" veranlaßt, darauf einzuwirken, daß kleine Gemeinden Ortsnetze nicht auf eigene Kosten erstellen ließen, da Verwaltung und Instandhaltung aufwendiger und teurer als die Versorgung durch Elektrizitätsgesellschaften zu stehen kämen und „er-

---

228 Ott/Herzig (1981).
229 RWE-AHV: Buderath (1982), Band I, S. 41ff.
230 Ott/Herzig (1981); Blaich (1981), Niemann (1978).
231 LA Sbr. Best. Landratsamt St. Ingbert Nr. 5855, Protokoll der Verhandlungen der Studienkommission für die Elektrizitätsversorgung v. 16.08.1910; vgl. auch Eckardt (1976), S. 52; Pack (1912); Heys (1931), S. 648f.
232 25 Pfalzwerke AG (1937), S. 8.
233 LA Sbr. Best. Landratsamt St. Ingbert Nr. 5852, 07.07.1913; ebd. 5855, 18.02.1914.

fahrungsgemäß" mühsam erwirtschaftete Gewinne meist als erhöhte Honorare an die Verwaltungsbeamten abgeführt würden[234]! Dieses deutliche Votum gegen kleine Gemeindeversorgungsunternehmen muß auch vor dem Hintergrund gesehen werden, daß die bayerische Staatsregierung aus Sorge um die Rentabilität ihrer geplanten Überlandzentrale für die Pfalz nach Möglichkeit auf den Abschluß von direkten (B-) Stromversorgungsverträgen zwischen Gemeinden und der neuen Gesellschaft bedacht war. Die noch 1906/07 weitreichenden Pläne des preußischen Bergfiskus zur Elektrizitätsversorgung weiter Bereiche an Saar, Mosel und Nahe erlitten im Laufe der Jahre erhebliche Einschränkungen. In Lothringen hatte die Saar-Mosel-Bergwerksgesellschaft Karlingen, ein Tochterunternehmen des RWE-Hauptaktionärs Hugo Stinnes, ihre Kraftwerkskapazitäten etwa zur selben Zeit wie die preußische Bergwerksdirektion stark vergrößert, um nach RWE-Vorbild von einer Überlandzentrale aus die Umgebung in großem Umfang und in weitem Umkreis (Reichsland Elsaß-Lothringen, Pfalz) mit elektrischem Strom zu versorgen[235]. Ein erstes Stromlieferungsangebot an die drei Saarstädte lautete auf 5 Pfg./kWh mit einer erstaunlich langen Laufzeit des Vertrages von 30 Jahren sowie günstige Abgabe von Fettkohle zur Leuchtgaserzeugung. Dieses Angebot veranlaßte die Bergwerksdirektion zu einer schnellen Reaktion in Form eines Gegenvorschlags[236]. Bis 1913 versuchte die Saar-Mosel- Bergwerksgesellschaft immer wieder, durch Angebote an die Stadt Saarbrücken sowie an die Kreise Saarbrücken und Saarlouis in Konkurrenz zur preußischen Bergwerksdirektion zu treten. Erst der Ausbruch des Ersten Weltkrieges beendete diese Bemühungen. Inzwischen war in Lothringen ein zweiter, wiederum privater Konkurrent für die preußische Bergwerksverwaltung erwachsen: Am 25. März 1911 wurde die Überlandzentrale La Houve in Creutzwald mit dem Zweck gegründet, billige Kohle zu verwerten und den erzeugten Strom in Frankreich sowie in den lothringischen Kantonen Forbach und Saargemünd abzusetzen[237]. Dumping-Preise von 4,5 Pfg./kWh und Rabatte je nach Abnahmedauer zwischen 5 und 25 % veranlaßten die Bergwerksdirektion, mit La Houve noch am 01. Juli 1911 einen Gebietsabgrenzungsvertrag einzugehen: Die Bergwerksdirektion verzichtete auf das Eindringen in Lothringen, La Houve auf die Versorgung der preußischen Gebietsteile[238].

Im Norden und Westen erhoffte sich die Bergwerksverwaltung eine Ausdehnung ihrer Versorgungsbereiche auf die Kreise Saarbrücken, Ottweiler, St. Wendel, Saarlouis, Merzig, Saarburg, Trier-Land, Bernkastel-Kues, Meisenheim, Kreuznach, Simmern und das Fürstentum Birkenfeld[239]. In ihrer Euphorie über das erfolgreich verlaufene erste Betriebsjahr der neuen Kraftwerke bemühte sich die Bergverwaltung zudem um

---

234 Ebd. 5855, 29.04.1914.
235 Die südwestdeutsche Elektrizitätsfrage, in: Südwestdeutsche Wirtschaftszeitung 11 (1906), S. 233ff. (Bibliothek der IHK Saarbrücken); LA Sbr. 564/626, S. 40f., ebd. 564/1323, S. 3.
236 ASV Sbr. GS-37, 1911 u.ö.
237 Capot-Rey (1934), S. 342f.; Klein (1930), S. 47ff.; Loewe (1931), S. 235f.; Roth (1976), S. 343f.; Flake (1931), S. 109f.; vgl. ausführlich AD Moselle 15 AL 638, Kaiserlicher Bezirkspräsident Metz, 15.08.1910 und passim; La Houve mußte sich verpflichten, seine Strompreise nicht über denjenigen der AEG festzusetzen, ebd., 18.01.1911 (vgl. Kap. II.2.).
238 LA Sbr. 564/1742, S. 1ff., 18ff.
239 LA Sbr. 564/1370, S. 2ff.; ebd. 564/407, S. 400ff.; ebd. 564/1371, S. 74f.; ebd. 564/1337, S. 167ff.; ebd. 564/1730, S. 25ff.

die Versorgung auch entfernt liegender Landkreise der Regierungsbezirke Koblenz und Wiesbaden sowie der Stadt Koblenz, obwohl z.B. in fünf Landkreisen des Taunusgebietes nur eine Anzahl von maximal 250 - 300 Benutzungsstunden pro Jahr erwartet werden konnte[240]. Ein Gutachten der Elektrizitätsabteilung des Dampfkesselüberwachungsvereins, das der Regierungspräsident von Trier anfertigen ließ, schätzte das Projekt als sehr vage ein. Technisch durchaus realisierbar, seien die wirtschaftlichen Angaben der Bergwerksdirektion so wenig aussagefähig, daß Kostenvoranschläge fast unmöglich würden[241]. Als wichtigsten Ratschlag sah das Gutachten eine rechtzeitige „Propaganda" für die nicht zu bezweifelnden Vorteile der Anwendung elektrischer Energie und Erhebungen über den voraussichtlichen Bedarf an Licht- und Kraftstrom an. Letztere wurden im Sommer 1909 durchgeführt und brachten für die Bergwerksdirektion eine erhebliche Ernüchterung: Im engeren Bereich des Saarreviers bestand die große Konkurrenz des preiswerten Gases; die ländlichen Kreise sahen keine finanziellen Möglichkeiten, das kostspielige Verteilungsnetz selbst zu errichten. Teilbereiche wie etwa der nördliche Kreis St. Wendel wurden bereits von bestehenden Elektrizitätswerken versorgt[242], oder die Interessenten standen in Verhandlungen mit anderen Konkurrenten wie in den Kreisen Saarburg, Merzig und Saarlouis. Die Stadt Trier verfügte beispielsweise über ein gut ausgebautes Dampfkraftwerk und begann mit der Nutzung der Drohn-Wasserkräfte. In einem Gebietsabgrenzungsvertrag mit der Stadt von 1910 hatte die Bergwerksdirektion Saarbrücken zwar „vorerst auf das Gebiet westlich der Mosel" verzichtet, erhoffte sich aber noch die Versorgung der Landkreise Trier-Land, Saarburg und Bernkastel-Kues. Dieser Plan zerschlug sich kurze Zeit später durch Verträge der genannten Kreise mit dem städtischen Elektrizitätswerk Trier[243].

Im Kreis Saarlouis stand der Aufbau der Elektrizitätsversorgung eng mit dem Projekt eines ausgedehnten Netzes von elektrischen Straßenbahnen in Verbindung[244]. An dem Plan zur Elektrizitätsversorgung beteiligte sich später auch der Landkreis Merzig, nachdem die Versorgung durch die Bergverwaltung in weite Ferne gerückt war[245].

---

240 LA Sbr. 564/1732, 564/1737, S. 291, 313, 382.
241 LA Sbr. 564/1370, S. 21ff.; ebf. LHA Koblenz 442/9957, p. 323ff.
242 LA Sbr. 564/1370, S. 9ff.; ebd. 564/1371, S. 11ff.; ebd. 564/407, S. 274ff.
243 Trier: LA Sbr. 564/1730, S. 104; Saarburg: ebd. 564/1733, S. 15f., 60ff., 564/407, S. 242ff.; ebf. LHA Koblenz 442/6365, p. 242: im Frühjahr 1911 schloß das Elektrizitätswerk der Stadt Trier mit dem Kreis Saarburg und 65 Kreisgemeinden Verträge zur Belieferung mit elektrischer Energie ab. Die Gemeinde Beurig hatte beispielsweise in ihrem Vertrag dem Elektrizitätswerk Trier das alleinige und ausschließliche Wegebenutzungsrecht auf ihrer Gemarkung zugestanden, was zu einem langjährigen Rechtsstreit führte, da das vorhandene Elektrizitätswerk Saarburg-Beurig bereits seit dem Jahre 1900 die Genehmigung für die Benutzung öffentlicher Straßen und Plätze zur Verlegung von Stromleitungen innehatte (vgl. LHA Koblenz 442/11478). Ende 1911 wurden sich der Kreis Bitburg und das EW Trier ebenfalls in einem Stromlieferungsvertrag einig (vgl. ebd. 442/9960, p. 467ff.). Eineinhalb Jahre später ging das Dhronkraftwerk der Stadt Trier in Betrieb (vgl. ebd. 442/6365, p. 319 Rs.; Staab, 1969, S. 198f.).
244 Gosebruch (1915), S. 549ff.; zu diesem Projekt existiert eine großformatige Karte im StadtA SLS Fach 60 Nr. 18; ausführlich auch: KreisA SLS IV/B-1, 10, 11.
245 LA Sbr. Dep. Stadt Merzig Nr. 690, Schreiben des Landrates v. 04.04.1912.

Anfang 1912 schloß der Kreis Saarlouis mit der Eisenbahnbau-Gesellschaft Becker & Co. GmbH, Berlin, einen Bau- und Pachtvertrag ab, der vorsah, daß der Kreis Saarlouis das Baukapital aufbrachte, die Firma den Bau ausführte und auf 40 Jahre den Betrieb pachtete[246]. Ein Jahr später erfolgte der Abschluß eines gleichlautenden Vertrages zwischen dem Landkreis Merzig und der Firma Becker[247]. Um den Zuschlag zu diesen beiden Projekten hatte es heftige Auseinandersetzungen zwischen der AEG und der Becker-Gesellschaft gegeben[248]. Die Kernfrage — Bau eines eigenen Kraftwerkes oder Strombezug von der Bergwerksdirektion bzw. La Houve — war ebenfalls eingehend anhand mehrerer Gutachten und Gegengutachten erörtert worden, bis der Kreis sich schließlich zum Bau durchgerungen hatte[249].

Das Kraftwerk an der Lisdorfer Straße in Saarlouis umfaßte zwei Turbogeneratoren von BBC mit je 1.250 kW, 50 Hz, 6.600 V. Ein dritter Satz von 5.400 kW wurde noch während des Ersten Weltkrieges aufgestellt. Dem Betrieb der Straßenbahnen dienten drei Umformer für Gleichstrom von 750 V. Die Kesselanlage stammte von Babcock & Wilcox bzw. Steinmüller. Kühlwasser wurde für den ersten Ausbau einem Brunnen entnommen und in Kühltürmen rückgekühlt, für den zweiten Ausbau wurde ein Stichkanal zur Saar errichtet. Auch der Umweltschutz spielte damals schon eine Rolle: Zur Erzielung „größerer Rauchlosigkeit" wurde eine Saugzuganlage aufgestellt; ein gemauerter Kamin auf dem sumpfigen Baugrund hätte allerdings die Anlage erheblich verteuert. Die Leitungsnetze für die Kreise Merzig und Saarlouis wurden so ausgeführt, daß jedes auch unabhängig in Betrieb genommen werden konnte. In fünf Unterwerken in Rehlingen, Lebach, St. Gangolf, Merzig und Noswendel wurde die 25 kV-Spannung auf 6,3 kV-Ringleitungen herabtransformiert, das Niederspannungsnetz erhielt 220/380 Volt. An der Saarburger Kreisgrenze, zwischen Dreisbach und Orscholz, erfolgte die Verbindung mit dem Netz des städtischen Elektrizitätswerkes Trier zur gegenseitigen Aushilfe.

Besonders in den ländlichen Gebieten wurde intensiv für die Anwendung des elektrischen Stromes durch Verteilung von gedruckten Broschüren und Flugblättern geworben[250]. Zunehmende Probleme, auf dem Lande Arbeitskräfte zu erhalten, sollten durch den elektrischen Antrieb von landwirtschaftlichen Maschinen kompensiert werden; ebenso wurde versprochen, auf diesem Wege „den unerwünschten Zuzug ausländischer Landarbeiter fernzuhalten". Aus heutiger Sicht interessant erscheinen die damaligen Vorausberechnungen des Absatzes: Für die ersten drei bis fünf Jahre rechnete man mit einem Anschlußwert von 50 Watt pro Kopf der Bevölkerung, wobei 40 %

246 Vgl. StadtA SLS Fach 60 Nr. 18, Vertrag v. 15.02.1912.
247 Vgl. LA Sbr. MW 623, Vertrag v. 19./25.06.1913 (Abschrift). Dem Kreiselektrizitätswerk schlossen sich im Laufe der kommenden Jahre fast alle Kreisgemeinden an, z.B. Lockweiler-Krettnich am 18.12.1912 (vgl. 1000 Jahre Lockweiler-Krettnich, 1973, S. 96).
248 Vgl. KreisA SLS Abt. IV/B-12; ebf. LHA Koblenz 442/9960, p. 29ff.
249 LA Sbr. 564/1736, S. 1ff.; ebd. 564/407, S. 326ff., 587f.
250 Vgl. „Elektrizität auf dem Lande", „Allgemeine Bemerkungen über den Anschluß an die Elektrizitätsversorgung des Kreises Merzig" (jeweils im LA Sbr. Dep. Stadt Merzig Nr. 690) und „An den Landwirt" (StadtA SLS Fach 60 Nr. 18). Hersteller von Dampflokomobilen, wie z.B. die führende Fa. Lanz in Mannheim, antworteten mit entsprechenden Gegenschriften, da sie einen beträchtlichen Teil ihres bisherigen Absatzgebietes in der Landwirtschaft gefährdet sahen (vgl. z.B. „Elektromotor und Dampflokomobile", in: LHA Koblenz 442/9959, p. 133ff.); allgemein S i e g e l (1913), S. 237f.; P e t r i (1919), S. 561ff.

oder maximal 20 Watt gleichzeitig erwartet wurden. Nach 20 Jahren sollten als Höchstwert pro Person im Versorgungsgebiet rund 45 Watt (gesamter Anschlußwert pro Kopf 110 kW) erreicht werden, was einer durchschnittlichen Steigerung von 8 % pro Jahr entsprach. Diese Werte wurden nach dem Ersten Weltkrieg weit übertroffen. Die aufgezeigte Entwicklung verdeutlicht, daß sich die Voraussetzungen einer einheitlichen Elektrizitätsversorgung an der Saar, aufgebaut auf einer gut durchmischten Abnehmerstruktur, im Laufe der Jahre nach der Jahrhundertwende drastisch verschlechtert hatten. Der spätere Reichsbankpräsident und Wirtschaftminister des Deutschen Reiches, Hjalmar Schacht, sah denn auch das Saarrevier als Musterbeispiel für seine These des Gegensatzes von elektrotechnischer Produktion und der Verwendung elektrischer Energie an. Während erstere auf höchster Stufe stünde, herrschten bei der Stromerzeugung und -verteilung Zersplitterung sowie ein Durch- und Gegeneinander. Aus diesem Grunde begrüßte er ausdrücklich „das tatkräftige Vorgehen" der Königlichen Bergwerksdirektion Saarbrücken und forderte weitgehende staatliche Eingriffe in die Elektrizitätswirtschaft[251]. Für den Bereich der Erzeugung elektrischer Energie ist Schacht sicher zuzustimmen; die unwirtschaftliche Stromproduktion in Klein- und Kleinstkraftwerken war sehr verbesserungswürdig. Auf dem Gebiet der Verteilung war die Bergwerksverwaltung allerdings in ihrer eigenen bürokratischen Schwerfälligkeit gefesselt. Beamtengesetze, Disziplinar- und allgemeine staatliche Dienstordnungen waren für die Ausübung der staatlichen Hoheitsverwaltung geschaffen worden, nicht aber zur Führung eines Wirtschaftsbetriebes. Das strenge preußische Etatrecht entbehrte der für eine effektive Unternehmensleitung notwendigen Beweglichkeit. Die bürokratische Trägheit ihrer Arbeitsweise sahen auch die preußischen Beamten selbst ein, weshalb sie die Weiterverteilung über die Abgabestation hinaus ablehnten. Der Fiskus fühlte sich aber erst nach langwierigen Verhandlungen dazu veranlaßt, bei der Stromverteilung die Erfahrungen eines auf diesem Gebiet lange tätigen Unternehmens zu nutzen. Dieser Schritt erfolgte jedoch fast schon zu spät für den Aufbau einer regionalen Elektrizitätsversorgung, denn die unwirtschaftliche Zersplitterung hatte bereits einen hohen Grad erreicht (vgl. Kap. II.).

f) Die Bedeutung elektrischer Bahnen für die Stromversorgung

1881, zwei Jahre nach Vorstellung der ersten elektrischen Lokomotive durch Werner Siemens auf der Gewerbeausstellung in Berlin wurde die erste elektrische Straßenbahn der Welt zwischen dem Berliner Vorortbahnhof Lichterfelde und einer 2,5 km entfernten Kadettenanstalt eröffnet[252]. Zahlreiche Bahnlinien sollten vor allem ab den 90er Jahren des letzten Jahrhunderts folgen, denn die Leistungsfähigkeit der elektrischen Züge erwies sich gegenüber bisherigen Pferde- und Dampfbahnen als deutlich überle-

---

251 Schacht (1908), S. 84ff., vor allem S. 111ff.
252 Mueller, Herbert F. (1967), S. 141; vgl. zu Berlin ausführlich Buchmann (1910); zur Entwicklung und Konzipierung von Straßenbahnen in technischer und wirtschaftlicher Hinsicht existiert eine Fülle zeitgenössischer Literatur vgl. (Auswahl) Schiemann (1895), Boshart (1911); Trautvetter (1913), zur Entwicklung der Straßenbahnwagen vgl. Bombe (1913), besonders S. 225ff.

gen. Auch war schon frühzeitig erkannt worden, daß durch die Verbindung von Bahnstromerzeugung mit der allgemeinen Licht- und Kraftstromproduktion die Gestehungskosten eines Elektrizitätswerkes pro kWh aufgrund der besseren Auslastung erheblich gesenkt werden konnten[253].

Die erste Straßenbahn des Saarreviers fuhr — noch durch Dampfkraft angetrieben — seit dem Jahre 1890 von St. Johann (Uhlandstraße) nach Malstatt-Burbach und Luisenthal[254]. Wie beim Bau von Elektrizitätswerken in der frühen Zeit der Stromversorgung wurden auch beim Bahnbetrieb zunächst überwiegend private Kapitalgesellschaften im Gründungsgeschäft aktiv[255]. Die dichtbesiedelte Saarregion mit aufstrebender Industrie und florierendem Bergbau bot gute Voraussetzungen für die Anlegung eines ausgedehnten Straßenbahnnetzes. Auch der preußische Bergfiskus erhoffte sich hiervon die Möglichkeit der Ausbildung eines leistungsfähigen Arbeiterverkehrsmittels[256]. Im Jahr 1896 übernahm die AEG, Berlin, sämtliche Aktien der 1892 gegründeten Gesellschaft für Straßenbahnen im Saartal AG durch eine Tochtergesellschaft[257]. Kurze Zeit nach diesem Erwerb, im Jahre 1899, begann der großzügige Aufbau eines weitverzweigten elektrischen Straßenbahnnetzes, in den neben zahlreichen neuen Linien nach und nach auch die vorhandenen Strecken einbezogen wurden[258]. Die Stromversorgung für den elektrischen Betrieb der Saarbrücker Bahnen erfolgte lange Zeit in den beiden Kraftwerken am Betriebsbahnhof sowie in Jägersfreude. Erst der Bau der Kraftwerke Heinitz und Luisenthal durch die preußische Bergwerksdirektion ermöglichte günstigere Stromerzeugungsbedingungen und führte zu teilweisem Fremdstrombezug der Gesellschaft für Straßenbahnen im Saartal. Im Zuge der rasch fortschreitenden Streckenausweitungen stießen deren Kraftwerke bald an ihre Leistungsgrenzen[259].

Die Zusammenlegung der drei Saarstädte zur Großstadt Saarbrücken brachte einen erneuten Schub für die Entwicklung des öffentlichen elektrischen Nahverkehrs, da einerseits die Verkehrseinrichtungen der drei Städte aufeinander abgestimmt werden mußten, zum anderen der Urbanisierungsprozeß mit seiner Ausweitung der Siedlungen in die Umgebung und das Hinterland der Stadt eine Ausdehnung und Verbesserung der Verkehrslinien erforderte. Noch vor dem Ersten Weltkrieg nahm im Juli 1913 die Saar-

253 K a l l m a n n (1895), S. 793ff.; T h i e r b a c h (1909); ders. (1913); B ü g g e l n (1914), S. 354ff.
254 R u p p e r t (1929), S. 7; ausführlich: S o m m e r f e l d (1979), S. 245f.; 75 Jahre Gesellschaft für Straßenbahnen im Saartal (1967), S. 30ff.; L e n g e r k e (1934), S. 116ff.
255 B e c h t e l (1931), S. 231ff.
256 H e r b i g, Arbeiterersatz (1910), S. 1383ff.; M e r z (1958), S. 705; zu den Anfahrpunkten der Bergarbeiter vgl. Karte 2.
257 Allgemeine Local- und Straßenbahngesellschaft in Berlin, vgl. S o m m e r f e l d (1979), S. 247.
258 R u p p e r t (1929), S. 7: 10.02.1899 Luisenbrücke-Markt St. Arnual (elektrisch Neubau); 15.02.1899 Saarbrücker Straße-Alte Brücke (elektrisch Neubau); 16.03.1899 Trierer Straße-Luisenthal (elektrisch Umbau); 25.09.1899 Trierer Straße-Halberg (elektrisch Umbau); elektrisch Neubau: 01.11.1900 Halberg-Brebach; 01.12.1900 Reichsstraße-Hauptbahnhof; 08.09.1901 Luisenbrücke-Hauptbahnhof; 08.09.1901 Alte Brücke-Markt St. Johann; 18.11.1901 Discontobank-Sulzbach; 21.12.1901 Sulzbach-Friedrichsthal; 22.06.1907 Burbacher Straße-Burbacher Brücke; 01.08.1907 Halberg-Schafbrücke; 01.05.1908 Burbacher Brücke-Gersweiler; 06.06.1908 Markt St. Arnual-Forsthaus St. Arnual; 15.11.1908 Vorstadtstraße-Schanzenberg; 08.12.1913 Hauptpost-Parkstraße.
259 Vgl. LA Sbr. 564/1369, S. 1, 4, 14, 41, 58, 67f.

brücker Klein- und Straßenbahn AG — mit der Stadt Saarbrücken als Hauptaktionär — den elektrischen Bahnbetrieb auf der Strecke Saarbrücken (Hauptbahnhof)-Brebach-Fechingen-Eschringen mit Abzweigen nach Ensheim und Ormesheim auf. Die neue Bahn sollte den Bereich östlich der Stadt bis in die bayerische Saarpfalz besser erschließen und an den wirtschaftlichen Mittelpunkt Saarbrücken anbinden[260].

Nach 1905 griff auch die preußische Bergverwaltung aktiv in die Konzeptionierung und den Bau von elektrischen Bahnen ein, da nur durch ein ausreichendes Nahverkehrssystem genügend Bergarbeiter zur Steigerung der Förderleistungen von Kohle eingesetzt werden konnten. Im Jahre 1907 wurde die Straßenbahn St. Johann-Riegelsberg-Heusweiler als Zubringerlinie im Einflußbereich zwischen Saarbrücken und Heusweiler in Betrieb genommen. Der Bau wurde — mit maßgeblicher Unterstützung der Bergwerksdirektion — von der Gemeinde Güchenbach übernommen[261]. Auch in Neunkirchen, wo ebenfalls im Jahre 1907 nach mehreren vergeblichen Anläufen der elektrische Straßenbahnbetrieb aufgenommen worden war, unterstützte die Bergwerksdirektion das Projekt durch die Abgabe von elektrischer Energie aus ihrem Kraftwerk Heinitz, da zahlreiche Bergleute von der neuen Bahn profitierten[262]. In Völklingen erfolgte die Eröffnung der elektrischen Straßenbahn im Herbst 1909, nachdem die Ausrichtung des vorhandenen Nahverkehrsnetzes und der projektierten Linien der Region auf Saarbrücken hin für Völklingen deutliche Kaufkraftabwanderungen brachte. Zuvor hatte die Mehrheit der Bürger lange Zeit den von der Stadtverwaltung propagierten Bahnplänen reserviert gegenübergestanden[263]. Die Stromlieferung für den Betrieb der Straßenbahn erfolgte zu günstigen Konditionen vom bergfiskalischen Kraftwerke Luisenthal, da die Bergwerksdirektion großes Interesse an der von vielen Bergleuten benutzten Strecke Völklingen-Ludweiler-Großrosseln hatte[264].

Der rasch voranschreitende Ausbau des öffentlichen Nahverkehrsnetzes erhöhte die Mobilität der Industriearbeiter und Bergleute spürbar und führte beispielsweise auf der Berginspektion von der Heydt dazu, daß die staatlichen Schlafhäuser nach Einführung eines regelmäßigen Straßenbahnbetriebes nicht mehr benutzt wurden, sondern tägliches Pendeln zwischen Arbeits- und Wohnort zur Regel wurde[265]. Siedlungsausweitung und Ausbau des öffentlichen Nahverkehrsnetzes standen in einer Wechselwirkung: Einerseits folgten die neuen Strecken vorhandenen und teilweise geplanten baulichen Erweiterungen, auf der anderen Seite kristallisierten sich die vorhandenen Bahnlinien zu neuen Schwerpunkten der Industrie- und Bergarbeitersiedlungen heraus.

260 Sommerfeld (1979), S. 252; im selben Jahr übernahm die Stadt Saarbrücken rund 50% des Aktienkapitals der Gesellschaft für Straßenbahnen im Saartal AG und stockte diesen Besitz nach wirtschaftlichen Schwierigkeiten des Unternehmens in der Nachkriegszeit Ende 1920 auf 100% auf (ebd.).
261 Die elektrische Bahn St. Johann-Riegelsberg-Heusweiler (1908), S. 98ff. bzw. 728ff.; vgl. auch ausführlich (einschließlich der negativen Erprobungsphase durch zwei Motoromnibusse um 1900) LA Sbr. Best. Landratsamt Sbr. VW 11-13.
262 75 Jahre Neunkircher Verkehrs-AG (1982), S. 11ff.; Sommerfeld (1978), S. 113f.
263 75 Jahre Nahverkehr in Völklingen (1984), S. 19ff.
264 Vgl. Kap. I.4.d; allgemein auch Herbig, Arbeiterersatz (1910), S. 1383f.
265 Ebd., S. 1394.

Im Landkreis Saarlouis war der Aufbau der Elektrizitätsversorgung eng mit dem Projekt eines öffentlichen elektrischen Nahverkehrssystems gekoppelt[266]. Die Stadt war durch die Trassenführung des staatlichen Eisenbahnbaus im 19. Jahrhundert in eine verkehrsungünstige Randlage versetzt worden, deren negative wirtschaftliche Auswirkungen mit Hilfe einer Erschließung des engeren Kreisgebietes durch elektrische Kleinbahnen abgeschwächt werden sollten[267]. Die Kombination aus Bahnstrom- sowie Licht- und Kraftstromerzeugung konnte auch dem Kraftwerk Saarlouis zunächst eine gute Auslastung der Anlagenkapazität und damit zufriedenstellende wirtschaftliche Ergebnisse bringen. Erster Weltkrieg sowie politisch und wirtschaftlich schwierige Nachkriegsjahre ließen jedoch alle vor 1914 ausgearbeiteten Planungen zu Makulatur werden[268]. Das elektrische Straßen- und Kleinbahnnetz der gesamten Saarregion wurde in den 20er und teilweise auch noch 30er Jahren weiter ausgebaut. Auf Eigenstromerzeugung verzichteten im Laufe der Zeit alle Betriebsgesellschaften, da sich der Bezug aus zentralen Großkraftwerken als wesentlich kostengünstiger erwies. Die preußisch-hessischen Staatsbahnen des Saarreviers profitierten ebenfalls von der Stromerzeugung der bergfiskalischen Kraftwerke. Zwar bestanden von Seiten des Militärs damals nicht auszuräumende strategische Bedenken gegenüber Elektrifizierungsplänen für Vollbahnen, wie etwa der Verbindung Saarbrücken-Köln über die Eifel[269]. Bahnhöfe und andere Diensteinrichtungen der Königlichen Eisenbahndirektion Saarbrücken wurden jedoch nach und nach mit elektrischer Energie, in der Regel zunächst nur zu Beleuchtungszwecken, versorgt[270]. Die Lieferung von preisgünstigem elektrischem Strom bedeutete seitens der Bergwerksdirektion ein Entgegenkommen gegenüber der Eisenbahnverwaltung, das diese durch die Überlassung von bahnfiskalischem Gelände zur Verbindung der verschiedenen Gruben mit elektrischen Kabeln ausglich[271]. Die elektrische Beleuchtung wurde zunächst streng auf Diensträume und Bahnanlagen beschränkt, Privaträume der Bahnbediensteten waren zum größten Teil weiterhin auf Petroleumlicht angewiesen[272]. Von der Versorgung aus dem bergfiskalischen Stromnetz ausgenommen blieben die Bahnanlagen in der Nähe des im Jahre 1905 erbauten Bahnkraftwerkes am Rodenhof in Saarbrücken. In diesem ersten Heizkraftwerk der Stadt wurden sowohl elektrische Energie als auch Wärme zur Gebäude- und Zugvorheizung erzeugt.

---

266 Ipsen/Sommerfeld (1984), S. 97ff.
267 Latz (1930), S. 107f.
268 Vgl. Kap. IV.7.a.
269 Tille (1907), S. 32f.; LA Sbr. 564/446, S. 112; die preußische Staatsbahn nahm lediglich Versuche mit Akkumulatoren-Triebwagen, unter anderem im Raum Saarbrücken-Dillingen, vor, vgl. Triebwagenverkehr auf den preußisch-hessischen Staatsbahnen, in: EKB 7 (1909), S. 261ff., v.a. S. 264. Auch zu Untersuchungen in Tunnels, die im Bereich der Eisenbahndirektion Saarbrücken verbreitet waren, wurde elektrische Energie mit Erfolg zur Beleuchtung und zum Antrieb der Untersuchungswagen eingesetzt, Spiro (1909), S. 249ff.
270 Vgl. „Vereinbarung betr. die Lieferung elektrischer Energie zu Beleuchtungs- und Kraftübertragungszwecken für die Bahnhöfe des Saarreviers" zwischen Königlicher Bergwerks- und Eisenbahndirektion Saarbrücken vom Mai 1907 (Entwurf; vgl. LA Sbr. 564/1368, S. 10ff.) und endgültige Fassung vom Oktober 1907 (LA Sbr. 564/446, S. 133ff.).
271 LA Sbr. 564/446, S. 53, passim.
272 Freundliche Mitteilung von Herrn Dipl.-Ing. Behmann, Bundesbahndirektion Saarbrücken, v. 10.07.1986.

Die Zusammenarbeit zwischen Bergwerks- und Eisenbahndirektion Saarbrücken gestaltete sich in den Jahren vor dem Ersten Weltkrieg nicht einfach. Zum einen sorgten technische Probleme, wie etwa die schlechte Phasenverschiebung in den Kabeln der Bahn, für zahlreiche Stromausfälle in den bergfiskalischen Betrieben[273]; auf der anderen Seite führte die unerlaubte Weitergabe elektrischer Energie durch die Bahnverwaltung an Dritte zu Unstimmigkeiten[274]. Dennoch bedeutete die Einführung der elektrischen Beleuchtung der Bahnanlagen einen weiteren, wenn auch noch kleinen Schritt vorwärts auf dem Weg zur allgemeinen Stromversorgung des Saarreviers[275].

---

273 Vgl. 50 Jahre Eisenbahn-Ausbesserungswerk Saarbrücken-Burbach (1956), S. 17; LA Sbr. 564/801, S. 34f., 285f.
274 LA Sbr. 564/801, S. 366ff., 389ff., 437ff.
275 Ebd., S. 484ff., 493ff.

II. Die Entstehung des ersten regionalen Elektrizitätsversorgungsunternehmens an der Saar

1. Gründung der Elektricitäts- und Gas-Vertriebsgesellschaft Saarbrücken Actien-Gesellschaft (SVG) und Entwicklung bis zum Ausbruch des Ersten Weltkrieges

Trotz der dargelegten schwierigen Vorbedingungen (vgl. Kap. I.4.e) gelang es noch vor dem Ersten Weltkrieg, ein regionales Elektrizitätsversorgungsunternehmen an der Saar ins Leben zu rufen. Am Mittwoch, dem 20. Juni 1912, versammelten sich im Rathaus des Stadtteils St. Johann von Saarbrücken die Vertreter von Gemeinden, Privatunternehmen und einer Bank, um ihre Unterschrift zur Gründung der „Elektricitäts- und Gas-Vertriebsgesellschaft Saarbrücken Actien-Gesellschaft" zu leisten, als deren Aufgaben und Ziele in § 2 der Satzung vereinbart worden war:

a) Der kaufmännische Vertrieb von elektrischer Energie und von Leucht- und Kraftgas in der näheren und weiteren Umgebung von Saarbrücken.

b) Der Erwerb, Betrieb und die Finanzierung von Unternehmungen im Gebiete der angewandten Elektrotechnik und der Gasversorgung, insbesondere der Beleuchtung, Kraftübertragung und des Transportwesens. Die Gesellschaft ist zu diesem Zweck befugt, Konzessionen zur gewerblichen Ausnutzung von Elektrizität und Gas zu erwerben, sich bei staatlichen, kommunalen oder privaten Unternehmungen mit ähnlichen Zwecken zu beteiligen oder solche zu begründen, zu bauen, zu übernehmen, zu pachten oder zu finanzieren, ihnen Vorschüsse oder Darlehen zu bewilligen, Aktien, Obligationen oder sonstige derartige Unternehmungen, wie auch Forderungen derselben aus ihrem Geschäftsbetrieb gegen Dritte zu erwerben, zu beleihen, zu veräußern oder sonst zu verwerten[1].

Fast ein Jahr war vergangen, ehe es nach einem gescheiterten Versuch nunmehr gelang, eine regionale Elektrizitätsversorgungsgesellschaft aus der Taufe zu heben (vgl. Kap. II.2.). Pate standen hierbei die Stadt Saarbrücken mit 49 % Beteiligung am Grundkapital von 1 Mio Mark und die Bürgermeisterei Bischmisheim (später Brebach) mit 10 % als kommunale Aktionäre, die Allgemeine Elektrizitätsgesellschaft, Berlin (AEG), mit 31 %, die Berlin-Anhaltische-Maschinenfabrik AG mit 3 % sowie das Saarbrücker Bankhaus G.F. Grohé-Henrich & Cie.[2] mit 7 % als private Teilhaber (vgl. Abb. 1, Tab. 6-9). Die Aktien letzterer waren offensichtlich bei der erwähnten Bank für den Landkreis Saarbrücken vorübergehend „geparkt" worden. Am 25.06.1912 schrieb der Saarbrücker Oberbürgermeister Mangold an den Vorsitzenden der Königlichen Bergwerksdirektion, den Geheimen Oberbergrat Fuchs: „Trotz mehrfacher und langwieriger Verhandlungen über die Beteiligung des Landkreises an der inzwischen gegründe-

---

1 VSE-AHV, § 2 der Satzung, ebf. StadtA Sbr. BG 7156.

2 Grohé-Henrich hatte 1887 das Saarbrücker Bankhaus B. Schlachter übernommen und sich, ausgehend vom Stammhaus in Neustadt a.d.H., zu einer bedeutenden Privatbank in Südwestdeutschland entwickelt, an der als Kommanditisten u.a. die Rheinische Creditbank Mannheim und die Gebr. Stumm-Bank GmbH, Neunkirchen, beteiligt waren, vgl. Handel und Industrie (1924), S. 133.

Abb. 1 Elektricitäts- und Gasvertriebsgesellschaft Saarbrücken:
Gründungsaktionäre 20. Juni 1912

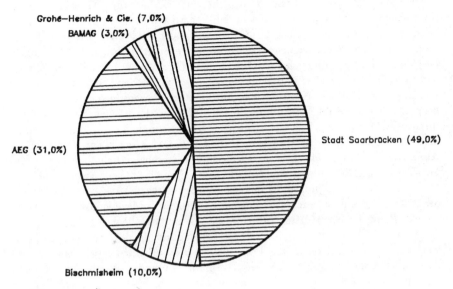

Grohé—Henrich & Cie. (7,0%)
BAMAG (3,0%)

AEG (31,0%)

Stadt Saarbrücken (49,0%)

Bischmisheim (10,0%)

Quelle: Tabelle 6

ten Elektrizitäts- und Gas-Vertriebsgesellschaft AG ist es bisher nicht gelungen, mit
dem Herrn Landrat von Miquel zu einem Einverständnis über das Wegebenutzungsrecht der Kreisstraßen zu gelangen"[3]. Mangold vermutete hinter dieser Verweige-
rung, daß von Miquel für den Landkreis mehr als nur 7 % des Grundkapitals und einen
Aufsichtsratssitz erreichen wollte. Zu Anfang des Jahres 1913 hatte sich der Landrat
dann offensichtlich mit dieser geringen Beteiligung abgefunden und den 7%-Anteil
übernommen[4].

Das Interesse der AEG einer Beteiligung war verständlich. Sie mußte zwar mit einem
kleineren Versorgungsgebiet als geplant vorliebnehmen (vgl. Kap. II.2.), sicherte sich
aber langfristige Bau-, Lieferungs- und Betriebsverträge[5]. Die Beteiligung der Berlin-
Anhaltischen-Maschinenfabrik AG (BAMAG) war aus der Tatsache zu erklären, daß
deren Tochtergesellschaft, die Gasanstalts-Betriebsgesellschaft mbH, Berlin (GBG),
das durch das Scheitern der Saar-Elektricitätswerke (vgl. Kap. II.2.) entstandene Vakuum genutzt und sich in zahlreichen Gemeinden weitgehende vertragliche Rechte für
die Aufnahme und Durchführung der Elektrizitäts- und Gasversorgung im Saarrevier
und in Lothringen gesichert hatte.

Die Eintragung der Stromvertriebsgesellschaft in das Handelsregister erfolgte am
20.09.1912, folglich dauerte das erste Geschäftsjahr lediglich knapp 3 1/2 Monate bis

---

3 LA Sbr. 564/1323, S. 138f.
4 VSE-AHV, vgl. Geschäftsbericht für 1913.
5 Die 1897 gegründete Elektrizitäts-Lieferungsgesellschaft (ELG) übernahm in der Regel für
   die AEG die Durchführung dieser Verträge, vgl. Mitteilungen der VdEW 21 (1922), S. 196.

zum 31.12. des Jahres 1912. Die ersten 25 % des Aktienkapitals wurden sofort einge-zahlt. Zum Vorstandsmitglied wurde als Technischer Vorstand der Direktor der Saar-brücker städtischen Gas-, Wasser- und Elektrizitätswerke, Hugo Tormin, bestellt[6]. Kaufmännischer Vorstand der SVG wurde Eberhard Wolff, vormals Leiter der AEG-Niederlassung Saarbrücken. Der erste Aufsichtsrat der SVG setzte sich wie folgt zu-sammen: Heinrich Schlosser, erster Beigeordneter der Stadt Saarbrücken als Vorsitzen-der; Paul Mamroth, Königlicher Kommerzienrat, Direktor der AEG, Berlin, als stell-vertretender Vorsitzender; Gustav Becker, Bürgermeister der Landbürgermeisterei Bischmisheim, Brebach; August Klein, Gutsbesitzer, Beigeordneter der Stadt Saar-brücken; Heinrich Köhl, Direktor der Burbacher Hütte, Saarbrücken; Karl Stille, Ritt-meister der Landwehr, Brauereidirektor, Saarbrücken; Ferdinand Metzger, Kauf-mann, Stadtverordneter Saarbrücken; Prof. Dr. Georg Klingenberg, Direktor der AEG; Kurt Loebinger, Direktor der Electricitäts-Lieferungs-Gesellschaft, Berlin und Georg Schmitt, Direktor des Bankhauses Grohé-Henrich & Cie., Saarbrücken[7].

Die Hauptaufgabe der jungen Stromversorgungsgesellschaft zur Anfangszeit waren der Ausbau der Anlagen zur Verteilung der Elektrizität — Mitte Januar 1913 erfolgte die erste Stromabgabe im Ortsnetz Bischmisheim — und vor allem die Sicherung weite-rer Absatzgebiete. Da der Weg hierzu nach Osten durch die neu entstandenen Pfalz-werke, die die gesamte bayerische Pfalz für sich beanspruchten, sowie nach Westen durch das Kreiselektrizitätswerk Saarlouis begrenzt war und die Kreise Ottweiler und St. Wendel — abgesehen von den Städten — wenig Abnehmer versprachen, erfolgte der erste Vorstoß nach Süden und Südwesten in das industriereiche Lothringen.

Bereits am 14./16.08.1912 wurde mit der Bergwerks-Aktiengesellschaft La Houve ein Vertrag abgeschlossen, der der SVG die Kantone Forbach, St. Avold und Saargemünd des Reichslandes Elsaß-Lothringen zur Stromversorgung übertrug. Voraussetzung war allerdings der ausschließliche Bezug von elektrischer Energie für dieses Gebiet vom Kraftwerk La Houve[8]. Damit hatte sich die SVG als reines Stromverteilungsunterneh-men ohne eigene Erzeugungsanlagen neben dem Bezug von der Bergwerksdirektion ein zweites Standbein gesichert. Spätestens bis zum 01.03.1913 sollte die SVG Strom von La Houve beziehen, doch verzögerten Schwierigkeiten beim Netzausbau — wie damals noch recht häufig — den Beginn der Stromlieferung auf den 24.07.1913[9]. La Houve hatte große Probleme bei der Entschädigung von Feldstücken, die für den Bau von Leitungsmasten bzw. für die Trassenführung benötigt wurden. Nachdem insbe-sondere den Hopfenbauern als Ausgleich dafür, daß sie unterhalb der Stromleitungen

6 Tormin blieb Beigeordneter der Stadt Saarbrücken und erhielt für seine Tätigkeit im Vor-stand der SVG 3600 M pro Jahr zuzüglich Tantiemen; vgl. Tab. 9.
7 VSE-AHV, Geschäftsbericht für 1913; vgl. Tab. 8.
8 Vorausgegangen waren bereits seit 1911 eingehende Erkundigungen des Bezirkspräsidenten von Metz über die Bedingungen, unter denen die Konzessionsverträge mit La Houve geneh-migt werden sollten, vgl. AD Moselle 15 AL 636, 637, Besuch von Schoder (SEWAG, vgl. Kap. II.2.) in Metz (14.03.1911), Anforderung der AEG-Verträge von 1911 (vgl. Kap. II.2.) vom Landrat des Kreises Saarbrücken (24.05.1911) und von Verträgen des EW Markirch-Kapellenmühle, die der Bezirkspräsident des Unterelsaß übersandte (03.07.1911).
9 Bauerlaubnis für die Leitung Püttlingen (Lothr.) - Saareinsmingen - Remelfingen (AD Moselle 15 AL 639, Metz 27.12.1912) und Püttlingen - Forbach - St. Avold (ebd., Metz 26.11.1913)

nur kürzere Stangen aufstellen durften, beträchtliche Geldsummen gezahlt worden waren, verfielen zahlreiche Bauern auf den Trick, genau auf den Leitungstrassen Hopfenfelder anzulegen, um mit der Entschädigungssumme ihren übrigen Anbau zu subventionieren. Der Bezirkspräsident in Metz erwog deshalb, um Entschädigungs- bzw. Enteignungsverfahren leichter durchführen zu können, eine Gemeinnützigkeitserklärung für die La Houve AG[10].

Konzessionsverträge, die der SVG das Recht der Lieferung und Verteilung von elektrischer Energie sicherten, wurden — unter Zustimmung des Kaiserlichen Bezirkspräsidenten in Metz — ebenfalls noch im ersten Geschäftsjahr mit den lothringischen Gemeinden Neunkirchen, Remelfingen, Saareinsmingen, Iplingen, Hundlingen und Folpersweiler abgeschlossen. Den ersten Ankauf eines Leitungsnetzes mit entsprechenden Konzessionen vollzog die SVG in Groß- und Kleinblittersdorf, wo die Willachschen Erben ein kleines Elektrizitätswerk betrieben hatten[11]. Ein Gebietsabgrenzungsvertrag gelang kurz vor Ende des Jahres 1912 mit dem Mühlenbesitzer Goepp, der die Gemeinden Wölferdingen und Hanweiler-Rilchingen aufgrund langfristiger Konzessionen von Wölferdingen aus versorgte. Von größerer Bedeutung war der Vertrag vom 07.11.1912 mit der Gasanstalts-Betriebsgesellschaft mbH, Berlin (GBG), die, wie erwähnt, weitgehende Rechte zur Versorgung mit Gas und Elektrizität in den umliegenden preußischen Kreisen und in Lothringen erworben hatte[12]. Für die Zukunft vereinbarten die beiden Gesellschaften eine grundsätzliche Trennung der Versorgungsaufgaben für Elektrizität und Gas und verpflichteten sich, auf dem dem anderen reservierten Gebiet keine Konkurrenz zu machen, sondern sich in der Durchführung ihrer Absichten gegenseitig auf das beste zu unterstützen. Ferner sicherte die Gasanstalts-Betriebsgesellschaft zu, „die Rechte und Vorzüge, welche sie in den von ihr bereits abgeschlossenen oder verabredeten Verträgen erworben hatte, im Interesse der SVG und deren Elektrizitätsbetrieb geltend zu machen und in Bezug auf den Abschluß dieser Verträge in deren Interesse tätig zu sein".

Die GBG hatte in den Gemeinden Saarlouis, Fraulautern, Völklingen, Wehrden, Fürstenhausen, Dudweiler und Fischbach Gaskonzessionsverträge abgeschlossen und sich ebenfalls das Vorrecht für die Elektrizitätsversorgung gesichert. In allen Gemeinden der Bürgermeisterei Schwalbach und in der Bürgermeisterei Differten in den Gemeinden Wadgassen, Schaffhausen und Hostenbach hatte die GBG die Gaslieferung vertraglich übernommen und für die Elektrizitätslieferung ein Monopol. In Saargemünd hatte die GBG das ausschließliche Recht zur Gasversorgung. Für die Elektrizitätsversorgung lag ein mündlich abgegebenes Versprechen der maßgeblichen Körperschaft vor, das ihr das Vorrecht der Lieferung sicherte. Die Bürgermeistereien in Gersweiler und Heusweiler hatten der GBG das ausschließliche Gaslieferungsrecht übertragen, die Elektrizitätslieferung war noch frei. In der Bürgermeisterei Bischmisheim hatte die SVG das Wegebenutzungsrecht und das ausschließliche Abgaberecht für Elektrizität und Gas.

---

10 AD Moselle 15 AL 636, 637, Metz 01.07.1913 und passim.
11 Ebd., für 1912. Vgl. auch Kap. I.4.c; in einem Zusatz vom 23.12.1912 verpflichtete sich die SVG, „im Falle eines öffentlichen Interesses (Festlichkeiten etc.) jedoch nicht mehr als an 8 Tagen im Jahr, die Straßenbeleuchtung während der ganzen Nacht brennen zu lassen, ohne daß der Gemeinde hierfür Kosten erwachsen", (vgl. LA Sbr. MW 624, Konzessionsvertrag v. 23.12.1912, Abschrift).
12 LA Sbr. 564/1747, S. 45ff.

In den vorgenannten Bürgermeistereien, Gemeinden und Städten sicherten sich beide Gesellschaften gegenseitig das freie Lieferungsrecht und das Wegebenutzungsrecht in ausgedehntestem Umfange zu, soweit sie nach Maßnahme der bestehenden Verträge darüber verfügen können. Die GBG übertrug in diesen Gebieten der SVG die ausschließliche Lieferung von Elektrizität, während die SVG der GBG in den von der GBG noch nicht mit Gas belieferten Gebieten die freie Lieferung mit Gas zusicherte, ausgenommen war die Bürgermeisterei Bischmisheim. Beim Erwerb der Konzession für die Abgabe von Elektrizität machte die GBG in diesen Bürgermeistereien, Gemeinden und Städten ihr Vorrecht zugunsten der SVG geltend und verpflichtete sich, die auf ähnlicher Grundlage wie die Gaslieferungsverträge für die Elektrizitätsversorgung zu erwerbenden Konzessionen in diesen Gebieten mit allen Rechten und Pflichten für die SVG zu erwerben und an diese kostenlos zu übertragen. In allen nicht genannten Bürgermeistereien, Gemeinden und Städten der aufgeführten Landkreise und Kantone wollten beide Gesellschaften unter gegenseitigem Einvernehmen die Belieferung mit Gas und Elektrizität selbständig vollziehen. Sie vereinbarten, sich gegenseitig zu unterstützen und andere Konkurrenz fernzuhalten. Dabei sollte in allen Fällen zum Arbeits- und Interessengebiet der SVG die Lieferung und Versorgung mit Elektrizität, zum Arbeitsfeld der GBG die Lieferung und Versorgung mit Gas gehören.

Dieser Vertrag mit der GBG bedeutete eine erhebliche Erleichterung der künftigen Expansionsbestrebungen der SVG. Es zeugte von Weitblick, daß die BAMAG als Muttergesellschaft der Gasanstalts-Betriebsgesellschaft an der Gründung der SVG mitbeteiligt wurde und so positiven Einfluß auf die Tochtergesellschaft nehmen konnte. Allerdings schien die Stadt Saarbrücken den Vertrag für die SVG unter dem Vorwand erreicht zu haben, daß sie einen neuen Stromlieferungsvertrag mit der Bergwerksdirektion als bereits abgeschlossen darstellte; aus diesem Grund nahm die BAMAG an, daß das Vorrecht der GBG auf Stromlieferung in den betreffenden Gemeinden wegen des Installations- und Stromlieferungsmonopols der Stadt Saarbrücken, das diese auf die SVG übertragen wollte, nichts mehr wert sei. Für die BAMAG kam eine Eigenerzeugung nicht in Frage[13].

Das Jahr 1913 — zum 01.07. waren die restlichen 75 % des Aktienkapitals einberufen worden — brachte weitere Vergrößerungen des Interessenbereiches der SVG. Mit den „Vereinigten Lothringer Licht- und Wasserwerken" wurde vertraglich die Belieferung der Städte Forbach und St. Avold als A-Gemeinden für die SVG gesichert. Die Bürgermeisterei Ludweiler schloß einen Konzessionsvertrag[14] für alle ihr zugehörigen Orte

---

13 Ebd., S. 56, Aktennotiz über ein vertrauliches Gespräch zwischen Direktor Peucker, Kraft- und Wasserwerke der Bergwerksdirektion, und Direktor Wolff, SVG.

14 Dieser Vertrag erforderte große Opfer seitens der SVG, da hier bereits die Saar- und Mosel-Bergwerksgesellschaft, Karlingen, ein Unternehmen des RWE-Hauptaktionärs Hugo Stinnes, einen Konzessionsvertrag geschlossen hatte, der vom Rat der Bürgermeisterei seine Zustimmung erhalten hatte. Mit Hilfe „tatkräftiger Unterstützung" des Saarbrücker Landrates von Miquel gelang es der SVG jedoch, in diesen Vertrag einzutreten. Allerdings mußte sie einen Strompreis von 16 Pfg./kWh für Kraft und von 35 Pfg./kWh für Licht zugestehen, was in dem schwach besiedelten Gebiet nur Verluste einbrachte; vgl. LA Sbr. 564/1747, S. 33. Zum Vertrag vgl. LA Sbr. MW 624, 05.02.1913 (Abschrift); vgl. ebf. Dunsbach/ Zieder (1970), S. 81; die Durchführung der elektrischen Beleuchtung erfolgte recht langsam, teilweise wurde auch 20 Jahre später noch Petroleumlicht benutzt.

(Carlsbrunn, Emmersweiler, Großrosseln, Lauterbach, Ludweiler, Naßweiler, St. Nikolaus), ebenso wie die lothringischen Gemeinden Neuscheuern, Wustweiler, Farschweiler, Pfarrebersweiler und Kochern (jeweils B-Verträge). Eine weitere Ausdehnung des Versorgungsgebietes der SVG bedeutete ein Vertrag zwischen der Stadt Saarbrücken und der Bergwerksdirektion, in dem die bereits bestehenden Stromlieferungsverträge des preußischen Fiskus mit den Gemeinden Ensdorf-Lisdorf, Püttlingen, Völklingen, Etzenhofen, Engelfangen, Kölln, Rittenhofen, Sellerbach, Walpershofen, Sulzbach, Friedrichsthal, Riegelsberg, Güchenbach, Hilschbach und Überhofen auf die Stadt übertragen wurden[15]. § 12 sah vor, daß die Rechte und Pflichten auf die SVG überwechseln konnten, was gegen Ende des Jahres geschah[16]. Bis Mitte 1914 folgten Konzessionsverträge mit den Gemeinden Fürstenhausen und Gersweiler. Der Stromlieferungsvertrag mit der Gemeinde Neunkirchen wurde neu abgeschlossen, und kurz vor dem Ersten Weltkrieg kam es noch zur Unterzeichnung eines Wegebenutzungsvertrages mit dem Landkreis Ottweiler[17].

In dem genannten Versorgungsgebiet stieg die Anzahl der angeschlossenen Glühlampen — es wurde noch nach Stück gezählt — seit Ende 1912 von 5.774 über 22.034 1913 auf 30.530 am 31.12.1914 an; die Vergleichswerte für Bogenlampen 1913/14: 23 und 111. 27 Elektromotoren waren 1912 angeschlossen, 1913 bereits 143 und Ende 1914 341 Motoren. An elektrischen Apparaten — hierzu gehörten Kochplatten, Bügeleisen usw. — zählte man ab 1912 8-17-222 Stück. Der gesamte Anschlußwert am SVG-Netz betrug Ende 1914 3.546 kW, wobei zu berücksichtigen war, daß die meisten Anschlüsse in diesem letzten Friedensjahr in den Monaten vor Ausbruch des Ersten Weltkrieges erfolgten (vgl. Tab. 10).

Tabelle 10 Anschlußwerte der SVG 1912 - 1920

Jahr	Glühlampen		Bogenlampen		Elektromotoren		Elektr. Apparate	
	Anzahl	kW	Anzahl	kW	Anzahl	kW	Anzahl	kW
1912	5.774	146			27	273	8	
1913	22.034	557	83	50	143	1.070	17	
1914	30.530	763	111	67	341	2.065	222	51
1915	36.006	900	150	90	378	2.212	260	52
1916	40.750	1.029	152	91	400	2.272	403	81
1917	42.709	1.078	152	91	418	2.381	480	96
1918	44.684	1.128	152	91	425	2.544	514	103
1919	49.628	1.258	157	94	460	2.660	529	106
1920	53.488	1.343	157	94	496	2.757	541	108

Quelle: Geschäftsberichte (VSE-AHV)

Die Strompreisbildung für die Verbraucher wurde folgendermaßen vorgenommen: Bei Aufnahme der Stromversorgung im Jahre 1912 berechnete die SVG die Energielieferungen an die Tarifabnehmer vorwiegend nach Licht- und Kraftstrompreisen. Zur

---

15 LA Sbr. 564/1747, S. 3ff.
16 Ebd., S. 58.
17 Ebd. Dep. Illingen Nr. 707, Januar 1914; vgl. ebf. LHA Koblenz 442/9962, p. 571ff.

Berechnung des Stromverbrauches wurden außer dem normalen Lichtstromtarif noch ein Grundgebührentarif und ein Pauschaltarif angewendet. Die Lichtstromabnehmer hatten die Möglichkeit, zwischen dem Lichtstromtarif und den beiden vorgenannten Tarifen zu wählen. Die Strompreise betrugen für Licht 40 Pfennig/kWh und für Kraft 20 Pfennig/kWh (vgl. Tab. 11). Der Grundgebührentarif setzte sich zusammen aus einem Arbeitspreis für jede abgenommene Kilowattstunde und einer Grundgebühr für jede Brennstelle, gestaffelt nach Normalkerzenstärke (NK). Der Arbeitspreis betrug 0,10 Pfennig/kWh. Die Grundgebühr steigerte sich von 20 Pfennig für jede 16 NK-Lampe auf 2,- Mark für jede 200 NK-Lampe, hinzu kamen pro Steckdose 25 Pfennig monatlich. Der Pauschaltarif sah für die Abnehmer folgende Beträge vor: Für jede 25 NK-Lampe 90 Pfennig/Monat, für jede 32 NK-Lampe 1,15 Mark/Monat, für jede 50 NK-Lampe 1,50 Mark/Monat und für jede Steckdose 3,00 Mark/Monat. Ein Vergleich mit den Durchschnittspreisen für Güter des täglichen Bedarfs verdeutlicht, daß die Verwendung elektrischen Lichtes immer noch exklusiv war: Für den Gegenwert einer Lichtstrom-Kilowattstunde erhielten die Bewohner des Saarreviers fast fünf Eier bzw. zwei Liter Milch (vgl. Tab. 12).

Am 31.12.1914 waren drei Städte und 26 Gemeinden mit rund 70.000 Einwohnern durch die SVG versorgt[18](vgl. ebf. Karte 3), eine zufriedenstellende Bilanz für die ersten Geschäftsjahre (vgl. Tab. 13). Die königliche Bergwerksdirektion war jedoch mit der Ausdehnung des Versorgungsgebietes für den von ihr gelieferten Strom völlig unzufrieden. Sie ließ über den preußischen Minister für Handel und Gewerbe bereits erfolgte Zustimmungen zu Verträgen mit der Stadt Saarbrücken zurückziehen[19], qualifizierte eine Erfolgsbeschreibung des SVG-Vorstandes für das erste Geschäftsjahr als völlig unzureichend ab[20] und meldete an den zuständigen Minister, „die SVG ist zu größerer Arbeitsfreudigkeit anzuhalten"[21]. Auch wenn die Vorwürfe der Bergwerksdirektion teilweise berechtigt waren, da die SVG sich bei ihrer Erfolgsdarstellung auch mit fremden Federn schmückte, so zeugte doch die Kritik der bergfiskalischen Beamten von einer gewissen eingeschränkten Sicht auf das eigene Geschäft der Stromerzeugung. Die Bergwerksdirektion hatte nie auch nur ein einziges Ortsnetz erstellen bzw. die entsprechenden Vorverhandlungen führen müssen, sondern ihre Anschlüsse immer am Ortsrand enden lassen und die restliche Arbeit den jeweiligen Abnehmern aufgebürdet.

Es waren keine allzu hoffnungsvollen Aussichten, unter denen die SVG den Kriegsausbruch erlebte. Hätte ihre gescheiterte Vorgängerin zu diesem Zeitpunkt besser dagestanden? Wir wissen es nicht; auf jeden Fall aber ermöglicht der Rückblick auf die Bemühungen der „Saar-Electricitätswerke AG" ein besseres Verständnis für die Schwierigkeiten und Rücksichtnahmen, die bereits auf die SVG zugekommen waren und die sich noch häufen sollten.

---

18 Da nach Kriegsausbruch im Juli/August 1914 zunächst kaum mehr Neuanschlüsse erfolgten, ist dieser Wert auch für Mitte 1914 noch repräsentativ (VSE-AHV, Geschäftsbericht für 1914).

19 LA Sbr. 564/1323, S. 181ff.

20 LA Sbr. 564/1347, S. 27ff.; Bericht des Vorstandes, am Rande handschriftlich die teilweise vernichtenden Kommentare des Direktors der Kraft- und Wasserwerke, Peucker.

21 Ebd., S. 102.

Tabelle 12 Durchschnittspreise für Güter des täglichen Bedarfs
im Saarrevier um 1910

Güter	Menge	Preis
Fleisch, Schinken, Speck	1 kg	1,59 Mark
Wurst	1 kg	1,44 Mark
Butter	1 kg	2,78 Mark
Kartoffeln	100 kg	6,91 Mark
Eier	Stück	8,3 Pf
Milch	Liter	20,9 Pf
1 Sonntagsanzug		45,— Mark
1 Arbeitsanzug		10,— Mark
1 Sonntagskleid		40,— Mark
1 Werktagskleid		10,— Mark
1 Paar Schuhe		12,— Mark

Quelle: Herbig (1912), S. 519, 556,
LA Saarbrücken Bestand 564/1232, S. 5

Karte 3 Versorgungsgebiet der SVG 1918

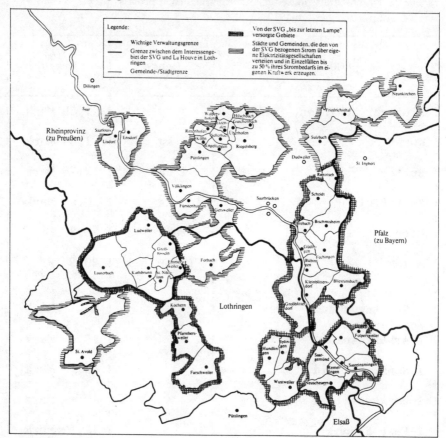

Quelle: VSE-AHV

2. Das Scheitern der Saar-Elektricitätswerke Actiengesellschaft (SEWAG)

Vorverhandlungen mit Landkreisen und Städten der südwestlichen preußischen Rheinprovinz und der westlichen bayerischen Pfalz erlaubten der Bergwerksdirektion Saarbrücken gegen Ende des ersten Jahrzehnts nach 1900, dem zuständigen Minister für Handel und Gewerbe in Berlin eine ausführliche Planung für die Elektrizitätsversorgung des genannten Gebietes vorzulegen[22]. Erste positive Betriebserfahrungen des Kraftwerkes Heinitz und Testläufe im Kraftwerk Luisenthal in den Jahren 1907/08 veranlaßten die Bergwerksdirektion Saarbrücken, in Kontakte mit der AEG zu treten, die ihrerseits bereits Projekte zur Elektrizitätsversorgung im Saarrevier betrieb (vgl. Kap. I.4.e). Es dauerte jedoch bis zur Mitte des Jahres 1910, ehe die elektrizitätswirtschaftlichen Vorstellungen der Bergwerksdirektion eine konkrete Ausformung erfuhren. Danach sollten die Landkreise Saarbrücken, Ottweiler und Saarlouis aus dem vorhandenen Kabelnetz der Bergwerksdirektion direkt versorgt werden, die Landkreise Merzig, Saarburg, Trier-Land, St. Wendel, Meisenheim, Kreuznach-Land, Simmern und das Fürstentum Birkenfeld gedachte man durch neu zu errichtende Fernleitungen anzuschließen[23], ebenso die pfälzischen Städte Homburg, Zweibrücken und Pirmasens sowie die lothringischen Gemeinden Forbach und Saargemünd.

Eile war bei den Plänen des preußischen Fiskus geboten, denn in der Pfalz nahmen die Studien zur Versorgung des linksrheinischen Bayerns mit elektrischer Energie immer konkretere Formen an. Von Norden stand ein Kraftwerksprojekt des Rheinisch-Westfälischen Elektrizitätswerkes in der Nähe von Neuwied bevor. Der Bergfiskus befürchtete vor allem den Verlust des Kohlenabsatzes in diesen Gebieten, denn es war „mit Sicherheit vorherzusehen, daß sämtliche pfälzische Elektrizitätswerke, die jetzt ihre Kohle vom preußischen Bergfiskus beziehen, in kurzer Zeit die eigene Stromerzeugung einstellen und nur von der geplanten Großzentrale in Mittelbexbach Strom beziehen" würden[24]. 200 km 50-KV-Leitung und 1.500 km 10-KV-Leitung waren allein für die Versorgung der Landkreise des Regierungsbezirkes Trier vorgesehen. In einem Vertragsentwurf hatte die Bergwerksdirektion folgende Preise wahlweise angeboten: Landwirtschaftliche Gebiete 14 Pfennig/kWh, industrielle oder bereits mit Elektrizitätswerken versehene Regionen 10 Pfg./kWh pauschal; ein zweiter Tarif sah eine Grundtaxe von 70 Mark pro maximal benutztes kW und einen Preis von 3,2 Pfennig/kWh vor abzüglich eines Rabattes bei über 1.000 Benutzungsstunden pro Jahr. Preisfragen waren es letztlich, die dazu führten, daß erneute Verhandlungen mit der AEG über die Versorgung der südwestlichen Rheinprovinzen und der angrenzenden Gebiete scheiterten: Der Bergfiskus verlangte 60 Mark pro maximal entnommenes Kilowatt und 2 Pfennig/kWh, die AEG war nach Mitteilung ihres Vorstandsmitgliedes Prof. Klingenberg bereit, höchstens 30 Mark/kW + 2 Pfennig/kWh zu zahlen.

---

22 LA Sbr. 564/1564, S. 3ff.; LHA Koblenz 442/9957, Bergwerksdirektion v. 10.07.1909; vgl. auch Kap. I.2.a), I.4.d) und e).

23 Vgl. LHA Koblenz 702/13205, Übersichtsplan: 50 kV-Leitung: Heinitz - Ottweiler - Idar-Oberstein; 10 kV-Leitungen: Idar-Oberstein - Bernkastel-Kues - Zell, Idar-Oberstein - Kirn - Sobernheim - Kreuznach, Idar-Oberstein - Birkenfeld - Bahnhof Türkismühle, Kraftwerk Luisenthal - Dillingen - Merzig.

24 Vgl. im folgenden LA Sbr. 564/1564, S. 8, 38.

Da die Verhandlungen in Saarbrücken endgültig ins Stocken geraten waren, trat die Bergwerksdirektion mit der Bitte an den preußischen Minister für Handel und Gewerbe heran, sich mit den Spitzen der AEG in Berlin selbst zu weiteren Beratungen zu treffen. Die Verhandlungsbasis und -richtung umriß die Bergwerksdirektion Saarbrücken in einer ausführlichen Stellungnahme wie folgt:

1. Die Beteiligung des Bergfiskus mit Kapital an einer solchen Gesellschaft sollte vorbehalten werden und zwar erschien es wünschenswert, daß die Gesellschaft etwa 40 %, die beteiligten Abnehmer (Städte und Kreise) 40 % und der Bergfiskus 20 % des Kapitals aufbrächten . . .

2. Die Stromvertriebsgesellschaft sollte sich verpflichten, denjenigen Kreisen, die sich nicht von Anfang an am Kapital beteiligen konnten, die Möglichkeit zu geben, auch später noch Anteile an der Gesellschaft zu erwerben. Eine angemessene Vertretung im Aufsichtsrat sollte auch diesen Kreisen eingeräumt werden.

3. Die Stromvertriebsgesellschaft sollte sich verpflichten, den Ausbau des Stromverteilungsnetzes in dem ihr zugewiesenen Bezirk nach bestimmten Grundsätzen und innerhalb bestimmter Zeiträume zu bewirken . . .

4. Darüberhinaus sollte sich die Stromvertriebsgesellschaft verpflichten, ohne Genehmigung der Königlichen Bergwerksdirektion keinen Strom von anderen Produzenten zu kaufen. Dagegen sollte es der SVG freistehen, bestehende Elektrizitätswerke in sich aufzunehmen und zu betreiben.

5. Der Vertriebsgesellschaft war ferner freizustellen, auch außerhalb des verabredeten Versorgungsbezirks Stromlieferungen zu übernehmen, wenn sich der Bergfiskus hiermit einverstanden erklärte[25].

In der Frage eines Entgegenkommens bei den Preisen hatte die Bergwerksdirektion Saarbrücken aufgrund von Selbstkostenberechnungen dem Ministerium als Untergrenze einen Verhandlungsspielraum von 42 Mark/kW + 2 Pfennig/kWh vorgeschlagen. Deutlich wurde in diesen Verhandlungsgrundlagen das Moment der Fürsorge des preußischen Staates für seine „Untertanen", eine Haltung, die der Bergfiskus schon immer zum Prinzip erhoben hatte und die beispielsweise auch im Siedlungswesen[26] oder beim Aufbau des elektrischen Nahverkehrs an der Saar für die Bergleute zu Tage trat (vgl. Kap. I.4.f).

Bemerkenswert erscheint auch die Konstruktion des gemischtwirtschaftlichen Unternehmens — mit überwiegender Beteiligung der Öffentlichen Hand —, eine Vorwegnahme der Verhältnisse bei Gründung der SVG. Gemischtwirtschaftliche Kapitalbeteiligungen waren in jener Zeit noch wenig verbreitet und letztlich zurückzuführen auf die Erfahrungen, die Gemeinden mit der sich ausbreitenden Elektrizitätsversorgung gemacht hatten. Die Kommunen hatten zwar das finanziell oftmals riskante Gründungsgeschäft den Privatunternehmungen gern überlassen, aber rasch Übernahmen und Beteiligungen an EVU angestrebt, als sich deren wirtschaftliche Rentabilität erwies und damit eine reichlich fließende Quelle für die Gemeindefinanzen erschlossen werden konnte[27]. Ermöglicht wurde die Beteiligung einer Gemeinde oder Gebiets-

---

25 Ebd., S. 11ff., 42ff.
26 Vgl. z.B. F e h n (1981), S. 24ff., besonders 263ff.
27 Vgl. H e i ß (1916), S. 841ff.; S c h m e l c h e r (1927), S. 846ff.; S c h w e p p e n h ä u s e r (1956), S. 43f.; A m b r o s i u s, Staat als Unternehmer (1984), S. 36f., 39f., 45ff.

körperschaft relativ leicht, da die Energieversorgungsunternehmen letztlich abhängig von der Konzessionsvergabe für den Bau von Leitungen waren (Wegerecht) und notgedrungen die Öffentliche Hand als Mitgesellschafter aufnahmen. Auf der anderen Seite waren fast nur die kapitalkräftigen privaten Unternehmen in der Lage, derart hohe Investitionen zu tätigen, wie sie der Aufbau von Stromerzeugungs- und -verteilungsanlagen erforderte.

Weitere Verhandlungsrunden zwischen der Bergwerksdirektion bzw. dem Preußischen Minister und der AEG führten schließlich am 08./12. Juli 1910 zu einem wichtigen Vertrag zur Bildung einer Stromverteilungsgesellschaft für das Saarindustrierevier, der damals aus Konkurrenzgründen streng geheim gehalten wurde[28]. In der Sitzung des preußischen Abgeordnetenhauses vom 24.03.1911 wurde dieser Vertrag vom Minister für Handel und Gewerbe folgendermaßen begründet: „Wie dem Hohen Hause bekannt ist, besitzt die Bergverwaltung zwei große Elektrizitätszentralen bei Saarbrücken, welche augenblicklich mehr Strom liefern können, als für den Bergbaubetrieb nötig ist. Sie geben davon auch Strom zu Beleuchtungs- und Kraftzwecken an Dritte, so auch an die Stadt Saarbrücken selbst ab. Nun hat sich die AEG vorgenommen, aus dem Saarbezirke nach verschiedenen Richtungen hin ein großes Gebiet mit Elektrizität zu versorgen. Daran kann die Bergverwaltung sie nicht hindern. Die Gesellschaft bedarf dazu nur der Zustimmung der Wegeunterhaltungspflichtigen und ist mit diesen in Verbindung getreten. Daraus ergab sich für die Bergverwaltung die Gefahr, daß erstens hier die weitere Ausnutzung der vorhandenen Zentrale zur Leitung von Licht und Kraft nach anderen Orten hin für die Zukunft entgehen und an die neue Gesellschaft übergehen möchte, daß zweitens aber auch insofern, als die Elektrizität zum Ersatze für Dampf benutzt wird, der Kohlenabsatz der Saarbrücker Gruben dadurch beeinträchtigt werden würde und daß demnach also direkt eine Schädigung des fiskalischen Bergbaues eintreten wurde ... Es kommt also darauf an, sich der neuen Gesellschaft gegenüber, deren Zustandekommen die Bergverwaltung nicht verhindern kann, dadurch zu sichern, daß die Gesellschaft Strom aus den vorhandenen Zentralen abnimmt und daß sie, soweit sie später eigene Anlagen nicht errichten will, sich verpflichtet, die Kohlen von den fiskalischen Gruben und nicht etwa ... von der Privatbergindustrie in Lothringen oder aber von der Ruhr her zu beziehen"[29]. Das Ministerium wollte nach Möglichkeit auch den öffentlichen Interessen gerecht zu werden. Der Vertrag zwischen dem Bergfiskus und den Anteilseignern der künftigen Gesellschaft sah vor, daß der Bergfiskus, soweit seine eigenen Kraftwerke ausreichten, den Strom unter für ihn günstigen Bedingungen der Betriebsgesellschaft lieferte. Ferner behielt er sich das Recht vor, wenn seine Zentralen ausgebaut würden, zusätzlichen Strom zu lie-

28 Passow (1923), S. 1O7f.; ders., (1916), S. 25. In einer Reichstagsdebatte vom 16.03.1911 über die Monopolbestimmungen in zahlreichen Stromlieferungsverträgen wurde die Vereinbarung zwischen Ministerium und AEG auch auf die lange Zeit zurückgeführt, die die Mittelbeantragung der Bergwerksdirektion zur Vergrößerung ihrer Kraftwerke in Anspruch nahm, vgl. Bericht über die Debatte in der Frankfurter Zeitung v. 26.03.1911, Nr. 85. Rund drei Jahre später gestand der preußische Minister für Handel und Gewerbe in einem vertraulichen Schreiben ein, daß sich der Staat gegenüber den Monopolbestrebungen der Elektrizitätsgesellschaften zu sehr zurückgehalten habe und kündigte eine schärfere Staatsaufsicht an (vgl. LHA Koblenz 442/11475, p. 317ff.).
29 Abgedruckt bei Passow (1923), S. 107f.

fern. Die neue Gesellschaft sollte auf keinen Fall ein Installationsmonopol ausüben dürfen. Zudem war im Vertrag vorbehalten, daß der Fiskus im Aufsichtsrat der neuen Gesellschaft Sitz und Stimme bekam und bis zu einem gewissen Prozentsatz am Aktienkapital beteiligt würde. Dieses Beteiligungsrecht war auch für beitrittswillige Gemeinden vorgesehen.

Im benachbarten Lothringen, das ebenfalls nur punktuell mit Strom versorgt war, befürchteten die um eine Stellungnahme zu diesem Vertrag gebeten Kreisdirektoren teilweise, daß der Kraftbedarf des Saarreviers so groß sei, daß für Lothringen „nichts mehr übrig bliebe". Da die Wasserkräfte von Saar und Zorn nicht ausreichten, schlug der Kreisdirektor von Saarburg (Sarrebourg) als Ausweg das Projekt einer „Dampftürbünenzentrale" (sic!) am Rhein-Marne-Kanal vor, wo die Möglichkeit billiger Kohlezufuhr auf dem Saar-Kohlen-Kanal (Saargemünd-Weiher von Gondrexange) gegeben war[30].

Die AEG verpflichtete sich in dem genannten Vertrag, bis spätestens zum 01. April 1911 eine entsprechende Gesellschaft zu bilden und sofort mit dem Bau eines Leitungsnetzes von mindestens 50 km zu beginnen, andernfalls konnte der Fiskus seine Zustimmung zur Bildung dieser Gesellschaft verweigern[31]. Als Strombezugspreis wurden zwischen AEG und Bergwerksdirektion anfangs 60 Mark/kW, nach spätestens drei Jahren 50 Mark/kW zuzüglich 2 Pfennig/kWh vereinbart. Ferner sollten die bereits bestehenden Stromlieferungsverträge zwischen Bergwerksdirektion und Gemeinden oder privaten Abnehmern auf die neue Gesellschaft übergehen. Am 03.04.1911 wurde die „Saar-Elektricitätswerke AG" (SEWAG) mit Sitz in Brebach durch notarielles Protokoll von der AEG errichtet[32]. Das Grundkapital wurde provisorisch nur mit 500.000 Mark bemessen, wovon 125.000 Mark bar einbezahlt wurden. Um die von der AEG übernommenen Verpflichtungen zu erfüllen, sowohl die für die Gesellschaft erforderlichen Mittel bereitzustellen, als auch der Bergbehörde und den kommunalen Verbänden die zugesicherten Beteiligungen zur Verfügung zu stellen, beabsichtigte die AEG, eine andere Gesellschaft, die im Laufe des Jahres 1911 ihren Besitz veräußern und dadurch zu flüssigen Mitteln in Höhe von 4 Mio Mark gelangen sollte, mit der SEWAG zu vereinigen[33]. In den Aufsichtsrat der SEWAG wurden als Vorsitzender das Vorstandsmitglied der AEG, Dr. Walter Rathenau, später deutscher Außenminister der Weimarer Republik, Prof. Dr. Klingenberg als stellvertretender Vorsitzender sowie die weiteren Direktoren der AEG Breuel, Löwe und Zander berufen, für den Bergfiskus sollte der Vorsitzende der Bergwerksdirektion eintreten. Als Vorstand der SEWAG wurde der Dipl.-Ing. Schoder bestellt[34].

Die Gründung der SEWAG stand unter keinem günstigen Stern. Im Deutschen Reich hatte die Vorherrschaft der beiden Elektrounternehmen AEG und Siemens-Schuckert

---

30 Vgl. AD Moselle 15 AL 636, 637, Kreisdirektor von Saarburg v. 19.10.1910.
31 Der erste Ausbau sollte Richtung Saarlouis-Merzig verlaufen, ein zweiter Strang Richtung Ottweiler-St. Wendel, LA Sbr. 564/804, S. 16.
32 LA Sbr. 564/1564, S. 328; als vorläufige Adresse galt allerdings die Karcherstr. 1 in Saarbrücken.
33 Ebd., S. 329.
34 Ebd.; Schoder hatte seine Tätigkeit, einem Schreiben der AEG an die Bergwerksdirektion zufolge, bereits Mitte Februar 1911 aufgenommen, ebd., S. 270.

gegen Ende des ersten Jahrzehnts im neuen Jahrhundert nahezu marktbeherrschende Positionen erreicht[35]. Über komplizierte und undurchsichtige Beteiligungsverhältnisse hatten sie auch großen Einfluß bei der direkten Elektrizitätsversorgung erworben, was zu immer stärkeren Anti-Monopol- bzw. Anti-Oligopol-Bewegungen in der Öffentlichkeit führte, die von Parteienvertretern auch in die Parlamente hineingetragen wurden[36]. Der preußische Regierungsbezirk Trier war zur Versorgung mit elektrischer Energie von den genannten Großunternehmen offensichtlich der AEG bzw. einem ihrer Tochterunternehmen zugewiesen worden. Im Saarrevier setzte durch den Verband der elektrotechnischen Installationsfirmen eine aufsehenerregende Pressekampagne gegen die von der SEWAG und der AEG angestrebten Konzessionsverträge mit den Landkreisen ein. Die Presseartikel der Saarbrücker Zeitung wurden noch im Jahre 1911 unter dem Titel „Die Monopolgefahr in der Elektrizitätsindustrie mit besonderer Berücksichtigung der Verhältnisse im Saarrevier" veröffentlicht[37]. Bezirks- und Gemeindeverwaltungen wurden von der „Vereinigung elektrotechnischer Spezialfabriken", die sich von den beiden Großunternehmen durch monopolartige Absprachen vom Markt gedrängt sah, vor den Gefahren von einseitigen Installations- und Lieferungsverträgen mit der AEG bzw. Siemens-Schuckert gewarnt[38].

So war es nicht verwunderlich, daß in der Sitzung des Kreistages des Landkreises Saarbrücken am 11.04.1911 der Konzessionsvertrag mit der AEG zunächst abgelehnt wurde. Die AEG hatte sämtlichen Kreisen der südlichen Rheinprovinz entsprechende Verträge vorgelegt; nachdem hierüber gemeinsam bereits im September 1910 verhandelt worden war, beauftragten die übrigen preußischen Saarkreise den Saarbrücker Landrat von Miquel, federführend die Gespräche fortzusetzen, „da die Verhältnisse hier besonders rasch auf einen Anschluß hindrängten"[39]. Dem Landkreis Saarbrücken kam insofern eine strategische Bedeutung zu, als die AEG den Strom, den sie aus dem Luisenthaler Kraftwerk entnehmen wollte, ohne Durchleitungsrecht des Kreises Saarbrücken nicht zu anderen Verteilungsgebieten absetzen konnte. Mit der Ablehnung — kritisiert wurden in erster Linie die Preise, die Bedingungen, unter denen die Landkreise und interessierten Gemeinden an der SEWAG beteiligt werden sollten, sowie die lange Laufzeit des Konzessionsvertrages, der der AEG auf 30 Jahre das ausschließliche Recht der Benutzung von öffentlichen Straßen, Wegen und Plätzen gestattete — schien die Gefahr vorüber, daß „die ganze südliche Rheinprovinz ein Monopol

35 Vgl. 109. Bericht der Kommission für die Petitionen, betr. Überlandzentralen, in: Verhandlungen des Reichstages, XII. Legislaturperiode, II. Session, Berlin 1911, S. 5207ff.; K o c h (1907), S. 37ff.; G o l d s t e i n (1911), S. 325ff.; N o e t h e r (1913); F a s o l t (1904), vor allem S. 32ff.; F a s o l t war später Syndikus der Vereinigung elektrotechnischer Spezialfabriken, die sich von den großen Elektrokonzernen bedrängt sah, vgl. Frankfurter Zeitung v. 11.09.1913, Nr. 252; vgl. auch RWE-AHV, B u d e r a t h (1982), Band I, S. 72f.
36 Vgl. z.B. die schon sehr frühen Auseinandersetzungen um die „monopolistische Ausbeutung der Rheinwasserkräfte" im badischen Landtag 1904, O t t (1979), S. 116f.
37 Erschienen Saarbrücken 1911; vgl. N o e t h e r (1913), S. 90f.
38 So wurden beispielsweise der Regierungspräsident von Trier und der Bezirkspräsident von Metz von der Vereinigung mehrfach eindringlich vor der Gefahr der Installations- und Materialmonopole bei Verträgen mit der AEG gewarnt (vgl. AD Moselle 15 AL 636, 637, 29.09., 26.11.1910; LA Sbr. Dep. Sulzbach Fach 97, Nr. 12, 20.07.1912). Auch eine Denkschrift zu den geplanten Verträgen mit der SEWAG, die der Bürgermeister von Völklingen anfertigen ließ, riet vom Strombezug von der SEWAG ab (vgl. StadtA VK 13e/12, 08.04.1911).
39 LA Sbr. 564/1564, S. 163ff.

eines Elektrizitätstrustes" werden sollte[40]. Doch schon wenig später, am 01.05.1911, stimmten die Abgeordneten zu: „Nach der ersten Ablehnung unseres Vertrages . . . sind fast alle Kreistagsabgeordneten von uns besucht worden und wir glauben sagen zu können, daß auch die bisherigen Gegner soweit bearbeitet worden sind, daß sie bei der nächsten Sitzung den Verträgen ihre Zustimmung geben würden," berichtete die SEWAG stolz an die Bergwerksdirektion[41]. Allerdings hatte das junge Unternehmen dafür auch erhebliche Zugeständnisse machen müssen. Die Preise für Kraftzwecke wurden zum Beispiel zwischen 10 und 16 % gesenkt, den Gemeinden mit bestehenden Verträgen wurden neue Stromlieferungsvereinbarungen zugestanden. Dieses Entgegenkommen gegenüber den Gemeinden versuchte die SEWAG beim Bergfiskus über Strompreissenkungen wieder auszugleichen, ohne Erfolg allerdings[42].

Das Klima zwischen SEWAG/AEG und Bergwerksdirektion verschlechterte sich zunehmend. Weder hatten Verhandlungen zwischen der Saar-Mosel-Bergwerksgesellschaft, Karlingen, und der AEG zu Gebietsabgrenzungen geführt — die Bergwerksdirektion war verständlicherweise an einem Stromlieferungskonkurrenten bei der SEWAG nicht interessiert[43] —, noch gelangen sonstige nennenswerte Erfolge beim Abschluß von Verträgen, sei es für private, sei es für öffentliche Abnehmer. Am Beispiel der Verhandlungen mit dem Landkreis Saarlouis vermutete die Bergwerksdirektion wohl nicht zu Unrecht, daß sich die Interessen von AEG und SEWAG gegenseitig blockierten: Da die AEG an der Übernahme der Ausführung eines elektrischen Straßenbahnnetzes im Kreis Saarlouis interessiert war, mußte sich die SEWAG mit Angeboten zunächst zurückhalten, denn die AEG wollte Bahn- und Stromversorgung in einer Hand behalten[44]. Als schließlich auch Gebietsabgrenzungsverhandlungen mit der Rheinischen Schuckert-Gesellschaft, Mannheim, über die Versorgung der Bereiche St. Ingbert-Homburg-Pirmasens-Zweibrücken durch Einspruch der bayerischen Staatsregierung gescheitert waren, resümierte die Bergwerksdirektion, die vor allem letzterer Fehlschlag tief getroffen hatte: „Im allgemeinen müssen wir leider die bedauerliche Tatsache feststellen, daß durch die Verbindung mit der AEG eine Verzögerung unseres Stromvertriebsgeschäftes eingetreten und daß uns der Vorsprung, den wir vor Jahresfrist noch vor aller Konkurrenz hatten, inzwischen verlorengegangen ist"[45].

In einem ausführlichen Schreiben vom 29.06.1911 nahm die AEG schließlich ihr vereinbartes Recht wahr, zum 01.07.1911 vom Vertrag mit der Bergwerksdirektion zurückzutreten und begründete dies wie folgt[46]: Die ursprünglich geplante Ausdehnung des Versorgungsgebietes sei unmöglich geworden. Das Elektrizitätswerk der Stadt Trier werde erheblich vergrößert, die Überlandzentrale Koblenz schaffe Konkurrenz, die Stromlieferung in die Pfalz werde aus politischen Gründen blockiert, der Kreis Saarlouis wolle ein eigenes Kraftwerk bauen und die Elektrizitätsversorgung der

---

40 Monopolgefahr (1911), S. 7.
41 LA Sbr. 564/1564, S. 387.
42 Ebd., S. 359.
43 Ebd., S. 293, 297ff., 303ff.; vgl. auch N o e t h e r (1913), S. 91.
44 LA Sbr. 564/1564, S. 387f., 392.
45 Ebd., S. 364.
46 LA Sbr. 564/804, S.2, 35ff.; vgl. ebf. die Gegenschrift der AEG zur Artikelserie „Monopolgefahr", die ab dem 22.02.1912 in einer Auflage von 10.000 Stück verteilt wurde, LA Sbr. 564/407, S. 552ff.

Eisenbahn-Baugesellschaft Becker übertragen und letztendlich seien die Strompreise der Bergwerksdirektion erheblich überhöht; selbst bei 25 Mark pro kW und 1,5 Pfennig/kWh könne „nur eine bescheidene Rente des zu investierenden Kapitals bei ganz minimalen Abschreibungen erzielt werden." Zudem verlangten die Kreise, auch Ortschaften mit ganz ungenügendem Stromabsatz anzuschließen. Diese Forderung gestalte in Verbindung mit den hohen Strompreisen den Betrieb einer Überlandzentrale unrentabel. Die Bergwerksdirektion ihrerseits nahm das Kündigungsschreiben sofort zum Anlaß, sich selbst wieder mit den umliegenden Landkreisen als Stromlieferant in Verbindung zu setzen[47]. Auf Seiten des Bergfiskus erblickte man ebenfalls in den Strompreisen den Hauptgrund für das Ausscheiden der AEG. Offensichtlich hatte diese aber auch wegen eines Formfehlers bei der Gründung der SEWAG diese gar nicht erst ins Handelsregister eintragen lassen[48].

Das Vakuum nach dem Scheitern der SEWAG versuchte auch das Rheinisch-Westfälische Elektrizitätswerk (RWE) zur Ausdehnung seines Versorgungsgebietes zu nutzen: Am 13. Januar 1912 unterbreitete das Essener Vorstandsmitglied Goldenberg dem Landrat von Miquel den Plan, daß Stadt- und Landkreis Saarbrücken zusammen mit der Karlinger Saar-Mosel-Bergwerksgesellschaft eine Stromvertriebsgesellschaft an der Saar gründen sollten. Da dem RWE wohlbekannt war, daß ohne Zustimmung der Bergwerksdirektion auf diesem Gebiet nichts zu erreichen war, schlug das Unternehmen eine jeweils 50%ige Stromlieferung seitens der Saar-Mosel-Bergwerksgesellschaft und des Bergfiskus vor; würde eine der stromliefernden Parteien auf eine Kapazitätserweiterung der Kraftwerke verzichten, so sollte die entsprechende Mehrlieferung automatisch auf die andere Partei übergehen. Tieferer Hintergrund dieses Angebotes war offensichtlich das seit mehreren Monaten festzustellende Bemühen der Saar-Mosel-Bergwerksgesellschaft, das in Interessengemeinschaft mit ihr stehende Eisenwerk St. Ingbert von Lothringen aus über eine Kabelleitung mit Strom zu beliefern. Alle betreffenden Anfragen wie auch das Angebot auf Gründung einer Stromvertriebsgesellschaft lehnte die Bergwerksdirektion jedoch kategorisch ab[49].

Der Aufbau der regionalen Elektrizitätsversorgung an der Saar gelang erst in der Verbindung von kommunalem und privatem Kapital, initiiert diesmal durch die Stadt Saarbrücken, die bei den SEWAG-Plänen noch ganz im Hintergrund gestanden hatte[50]. Die noch junge Großstadt, die erst am 01.04.1909 aus der Vereinigung von Alt-Saarbrücken, St. Johann und Malstatt-Burbach entstanden war und deren Stadtverwaltung eine Fülle kommunalpolitischer Aufgaben harrte, verfolgte unter ihrem Oberbürgermeister Mangold, dem Ersten Beigeordneten Schlosser und dem Direktor der städtischen Gas-, Wasser- und Elektrizitätswerke, Tormin, den Plan für eine Überlandzentrale und brachte ihn dieses Mal zu einem erfolgreichen Abschluß[51]. Die Stadt

---

47 LA Sbr. 564/804, S. 2.
48 Ebd., S. 7, 60ff.
49 LA Sbr. 564/1449, S. 268ff., 564/407, S. 269ff.
50 Aufgrund ihres wenig zufriedenstellenden Stromlieferungsvertrages mit der Bergwerksdirektion (vgl. Kap. I.4.b) sah sich die Stadt durch die Pläne des Fiskus eingekreist und forderte eine Beteiligung an den Verhandlungen mit der AEG. Der Regierungspräsident von Trier wies dieses Ansinnen jedoch energisch zurück, da die Interessen von Saarbrücken mit denjenigen der Landkreise kollidierten (vgl. LHA Koblenz 442/9958, p. 213f.).
51 EKB 11 (1913), S. 86f.

nutzte in ihren Verhandlungen mit der Bergdirektion deren — trotz aller Rückschläge immer noch bestehenden — Wunsch nach Stromlieferung in die umliegenden Gebiete aus, indem sie die Beratungen über einen neuen Stromlieferungsvertrag damit verknüpfte und zudem mit dem Bau eines eigenen, neuen und größeren Kraftwerks drohte. Nach mehreren Verhandlungsrunden wurden die Vertragspartner einig: Die Stadt erhielt bessere Lieferungs- und Verteilungsbedingungen und versicherte, „ernstlich die Absicht zu verfolgen," als ihr Interessegebiet für die Stromlieferung die Landkreise Saarbrücken, Saarlouis und Merzig anzusehen[52]. Uneigennützig war diese Absichtserklärung allerdings nicht: Die Stadt stand unter dem Druck eines möglichen Zustandekommens der erwähnten Stromleitung von Karlingen nach St. Ingbert, von der aus ebenfalls die umliegenden Gebiete günstig hätten versorgt werden können[53]. Die Bergwerksdirektion sah ihr ursprüngliches Ziel einer großflächigen Versorgung näherrücken und konnte die geplanten weiteren Investitionen in ihren Kraftwerken beruhigt vollziehen[54]. Die Auseinandersetzungen zwischen Stadt und Bergfiskus hatten bis dahin teilweise groteske Züge angenommen; so kritisierte die Stadtverwaltung beispielsweise „die unsinnige Konkurrenz um den Anschluß von Abnehmern für denselben, aus bergfiskalischen Zentralen stammenden Strom". In nur wenigen Metern Entfernung hatte die Stadt ein Kabel zur Saarbrücker Zweigniederlassung von BBC, die Bergwerksdirektion parallel dazu eine Leitung zur Firma Dingler, Karcher & Cie. gelegt[55].

Bei dem Plan, „bergfiscalische Electricität in größerem Umfang abzusetzen", war sich die Stadt im klaren darüber, daß dies in Form eines kommunalen Unternehmens mit seinen haushaltsrechtlichen Beschränkungen Schwierigkeiten aufwerfen würde. Man tendierte deshalb von Anfang an zur Unternehmensform einer Kapitalgesellschaft. In Anbetracht der geschilderten Widerstände gegen die Saar-Elektricitätswerke, der zahllosen Monopol-Vorwürfe an die AEG und der anhaltenden Pressekampagne wurde jetzt aus taktischen Gründen die Stadt Saarbrücken selbst als Träger des geplanten Vorhabens vorgeschoben. Bereits am 25.01.1912 hatte sie mit der Provinzialverwaltung der Rheinprovinz einen Vertrag über die „Benutzung der Provinzialstraßen für die Durchlegung von elektrischen Starkstromleitungen" abgeschlossen und erwarb mit dem Vertrag vom 13.03.1912 von der Bergwerksdirektion auch das Recht zur Benutzung der der Verfügung des Bergfiskus unterliegenden Wege, Straßen, Plätze und Ländereien zur Verlegung von Kabel- und anderen Leitungen. Am gleichen Tage noch trat die Stadt in einen weiteren Vertrag mit dem preußischen Bergfiskus ein, nach dem die Stromlieferungsverträge, die die Bergwerksdirektion mit privaten Gesellschaften oder Kommunen im Interessengebiet der geplanten SVG abgeschlossen hatte, frühestens am 01.01.1913 auf die Stadt Saarbrücken übertragen würden. Dabei hatte sich der Bergfiskus die Belieferung einiger bestimmter Großabnehmer weiterhin vorbehalten.

Der 20. Juni 1912 wurde seitens der Stadt Saarbrücken als Mittelpunkt eines komplizierten Vertragswerkes ausgewählt, als dessen Krönung schließlich die Gründung der

---

52 LA Sbr. 564/626, S. 421; ebd. 564/1323, S. 10ff., S. 128f.
53 LA Sbr. 564/1735, S. 75.
54 Die Aufstellung eines sechsten Turbodynamos von 7500 kW für das Kraftwerk Luisenthal war wegen des Scheiterns der SEWAG zurückgestellt worden; LA Sbr. 564/107, S. 144ff.
55 LA Sbr. 564/626, S. 429ff.

SVG erfolgen sollte. Zunächst schloß die Stadt Saarbrücken mit der Bürgermeisterei Bischmisheim einen Gesellschaftsvertrag, der — unter Benutzung der erwähnten Verträge mit dem Bergfiskus und der Provinzialverwaltung — „zur wirtschaftlichen Ausnutzung der vom Bergfiskus gelieferten Energie in dem Gebiete der Bürgermeisterei Bischmisheim und deren weiterer Umgebung" folgenden Beschluß enthielt: Es sollte eine Gesellschaft gegründet werden, die es sich zur Aufgabe machte, die vom Bergfiskus gelieferte elektrische Energie sowie von anderer Seite bezogenes Leucht- und Kraftgas im Gebiet der Bürgermeisterei Bischmisheim abzusetzen[56]. Bischmisheim war in die SVG einbezogen worden, da die Gemeinde höheren Stromabsatz versprach und als letzte größere Bürgermeisterei des Landkreises noch nicht durch Energielieferungsverträge gebunden war. § 2 des Vertrages legte die Beteiligung von Bischmisheim mit 10 % am Aktienkapital fest, während sich die Stadt Saarbrücken 49 % vorbehielt, gleichzeitig aber ausdrücklich auf die absolute Majorität im Aufsichtsrat verzichtete. Als Gegenleistung wurde ihr der erste Vorsitzende des Aufsichtsrates zugestanden. Wichtig war auch der Passus, daß „bei der Verteilung und Erhöhung des Aktienbesitzes den öffentlichen Körperschaften stets die Majorität gewahrt werden" mußte[57]. Durch Übernahme von Aktien sollte es sowohl anderen Gemeinden, öffentlichen Körperschaften, aber auch gewerblichen Unternehmungen der verschiedensten Art ermöglicht werden, in die neu zu gründende Gesellschaft einzutreten. Zunächst war für die Bürgermeisterei Bischmisheim die Versorgung mit elektrischer Energie vorgesehen, wobei die Stadt Saarbrücken ausdrücklich auf die Belieferung dort verzichtete. Nach § 13 brachte die Stadt Saarbrücken die ihr durch den Vertrag vom 13.03. d. Js. mit dem preußischen Bergfiskus übertragenen Rechte zum Bezug und Vertrieb des von diesem gelieferten elektrischen Stromes in die SVG ein. In § 6 verpflichtete sich die Stadt, einerseits dafür zu sorgen, daß die SVG mit der AEG einen bereits fertig vorliegenden Betriebsvertrag und einen ebenfalls formulierten Bau- und Lieferungsvertrag abschloß, andererseits selbst mit der SVG Verträge über die Stromlieferung an die Wasserwerksanlagen der Stadt im Scheidtertal und an die Saarbrücker Klein- und Straßenbahn AG zu vollziehen. Mit dem Bau- und Lieferungsvertrag war es der AEG gelungen, den Zuschlag für die betriebsfertige Herstellung sämtlicher Versorgungseinrichtungen, soweit sie für die Zwecke der SVG erforderlich waren, für den Zeitraum bis zum 30.09.1922 zu erhalten. Der Betriebsvertrag, der der SVG die Erfahrungen der AEG auf dem Gebiete der Einrichtung, des Betriebes und der Verwaltung von Elektrizitätsanlagen nutzbar machen sollte, hatte sogar eine Laufzeit bis zum 30.09.1942[58]. Damit hatte die AEG letztlich auch hier wieder ein Material- und Installationsmonopol erhalten, gegen das etwa ein Jahr zuvor die Öffentlichkeit Sturm gelaufen war[59].

Allen gegen die neuen Verträge zu erwartenden Protesten hatte die Stadt Saarbrücken durch geschickte Terminierung der Vertragsunterzeichnungen jetzt konsequent und

---

56 VSE-AHV, ebf. StadtA Sbr. BG 7156.
57 Ebd.
58 Ebd.
59 LA Sbr. 564/1735, S. 76f.; der Bezirksverein Saar und Mosel des Verbandes der elektrotechnischen Installationsfirmen Deutschlands versuchte vergebens durch eine Eingabe beim Regierungspräsidenten in Trier, den Vertrag mit der AEG zu Fall zu bringen (LHA Koblenz 442/9961, p. 253). Im Mai 1912 hatten 31 Firmen der Elektrobranche aus Saarbrücken ebenfalls vergeblich eine Resolution gegen das Monopol der AEG vorgelegt (vgl. ebd., p. 333).

erfolgreich vorgebeugt. Abschluß des gesamten Vertragskomplexes war ein Stromlieferungsvertrag der Stadt mit der neuen SVG, ebenfalls vom 20.06.1912, in dem die Stadt den von der Bergwerksdirektion bezogenen Strom (2,2 Pfennig/kWh, zwischen 41-45 Mark pro maximal entnommenes kW)[60] zu folgenden Bedingungen weiterlieferte: 2,4 Pfennig/kWh sowie „für jedes maximal gleichzeitig entnommene kW" jährlich eine Grundgebühr von 50 Mark[61]. Übergabestellen des „Drehstromes von Frequenz 50 und etwa 10.200 Volt Spannung" sollten noch vereinbart werden; eine Preisermäßigung des elektrischen Stromes seitens des Bergfiskus verpflichtete sich die Stadt allerdings lediglich zu 50 % (§ 4) an die SVG weiterzugeben. Die vorgenannten Verträge brachte die Stadtgemeinde Saarbrücken am 20.06.1912 entsprechend ihren vertraglichen Vereinbarungen mit der Bürgermeisterei Bischmisheim zur Gründung in die „Elektricitäts- und Gas-Vertriebsgesellschaft Saarbrücken Actiengesellschaft" ein: Der Weg in die Zukunft der ersten, über den begrenzten Raum einer einzelnen Stadt oder Gemeinde hinausgehenden Elektrizitätsversorgungsgesellschaft im Saarrevier war immer noch schwierig, aber nunmehr zumindest sicher abgesteckt.

---

60 LA Sbr. 564/1323, S. 36ff.
61 VSE-AHV, ebf. StadtA Sbr. BG 7156.

III. Einschnitt und Wegbereiter für die Elektrizitätsversorgung: Der Erste Weltkrieg 1914 - 1918

Der Einfluß des Kriegsausbruches machte sich zunächst in einer verlangsamten Entwicklung während der ersten Kriegsmonate bemerkbar[1](vgl. Tab. 10). Im Bereich der Bürgermeisterei Bischmisheim gelang es bis Ende des Jahres 1914 lediglich, noch 43 neue Abnehmer anzuschließen[2]. Im Geschäftsjahr 1915 der SVG mußte eine Ausdehnung der Elektrizitätsversorgung auf weitere Gemeinden infolge des Krieges vorerst ganz unterbleiben; allein der Anschluß des ältesten Sondervertragskunden der heutigen VSE, der Mannesmann Röhrenwerke in Bous, brachte einen Lichtblick[3]. Nicht besser erging es den im Versorgungsgebiet der Pfalzwerke liegenden Gemeinden, wo die bauausführende Rheinische Schuckert-Gesellschaft aufgrund kriegsbedingter Einschränkungen des Betriebes zahlreiche, bereits vor Kriegsausbruch abgeschlossene Stromlieferungsverträge zurückzog[4].

Die aufgezeigte Entwicklung veranlaßte die SVG, noch im Oktober 1914 die Bergwerksdirektion um eine Aussetzung verschiedener Auflagen über Neuanschlüsse von Gemeinden zu bitten, die in dem 1913 auf die SVG übergegangenen Vertrag zwischen der Stadt und dem Bergfiskus enthalten waren[5]. Damals war — voller Hoffnung auf eine weiter aufwärtsstrebende wirtschaftliche Entwicklung — festgelegt worden, daß bis zum 30. Juni 1915 mindestens 3.000 Neuabnehmer angeschlossen werden sollten, zu denen an jedem 30. Juni der folgenden vier Jahre weitere 300 neue Abnehmer hinzukommen sollten, so daß am 30. Juni 1919 insgesamt 4.600 neue Abnehmer vorgesehen waren. Für jeden fehlenden Abnehmer hatte die SVG eine Konventionalstrafe von 10 Mark/a zu zahlen[6]. Von dieser Strafe war die Gesellschaft lediglich befreit, wenn sie im Kreis St. Wendel mindestens in fünf Ortschaften ein Niederspannungsnetz angelegt hätte. Zusätzlich war vereinbart worden, daß bei einer Verhandlungsdauer über einen Stromlieferungsvertrag mit einer Gemeinde von länger als drei Monaten, bei Einzelabnehmern von länger als einem Monat, der Bergfiskus sofort das Recht hatte, selbst zu verhandeln und auch Strom zu liefern. Ausgenommen hiervon war das Gebiet der Kreise Ottweiler und St. Wendel für zwei Jahre. Auf die Bitte der SVG um Aussetzung dieser „unbilligen Härte" reagierte die Bergwerksdirektion nicht, sondern schrieb im Gegenteil ihrem zuständigen Minister, „daß es notwendig sei, die Gesellschaft zu veranlassen, ihre gegenwärtige Untätigkeit aufzugeben, da zu befürchten ist, daß andernfalls andere Elektrizitätswerke uns die Konsumgebiete entreißen könnten"[7]. Um sei-

1 VSE-AHV, Geschäftsbericht für 1914; zur Situation im Ersten Weltkrieg im Saarindustrierevier allgemein vgl. Jacoby/Laufer (1978), S. 311ff.; vgl. ebf. die Berichte des Regierungspräsidenten in Trier an den Kaiser, LHA Koblenz 403/9052 zum 01.02.1917 (erster Bericht nach dem 07.05.1914), ebd. 403/9053 zum 01.05., 01.11.1917 und für die Zeit vom 01.11.1917 bis Ende April 1918 (v. 28.04.1918).
2 StadtA Sbr. Best. Brebach Nr. 784, 10.12.1914.
3 VSE-AHV, Geschäftsbericht für 1915.
4 LA Sbr. Best. Landratsamt St. Ingbert Nr. 5855, 9.01.1915.
5 LA Sbr. 564/1747, S. 91ff.
6 Ebd., S. 3ff.; § 3 des Vertrages.
7 Ebd., S. 98ff.

ner Forderung Nachdruck zu verleihen, präsentierte der Bergfiskus im Juli 1915 folgende Rechnung: Am 30.06.1915 statt 3.000 nur 568 neue Abnehmer (353 Gemeinde Ludweiler, 215 Gemeinde Lauterbach), ergibt 2.432 fehlende Abnehmer je 10 Mark = 24.320 Mark Strafgeld![8] Hinweise des SVG-Vorstandes auf die diesem Vertrag zugrundeliegenden Friedensbedingungen fruchteten nichts. Erst mehrmalige Verhandlungen mit der Bergwerksdirektion, in die sich schließlich auch Saarbrückens Oberbürgermeister Mangold einschaltete, brachten einen Aufschub. Der Termin „30. Juli 1915" und die darauf beruhenden Nachfolgetermine wurden durch die Formulierung „ein Jahr nach Aufhebung des Kriegszustandes in der Rheinprovinz" ersetzt[9].

Die Direktion der bergfiskalischen Kraft- und Wasserwerke ging allerdings noch einen Schritt weiter, der leicht das Ende der SVG hätte bringen können. In einem Vorstoß bei der Bergwerksdirektion am 15. Januar 1917 ersuchte sie die vorgesetzte Behörde[10], den Vertrag mit der SVG von 1913 aufzukündigen, was letztlich den Verlust des Stromverteilungsrechtes in den Landkreisen Merzig, Saarlouis, Saarbrücken, Ottweiler und Teilen der Pfalz, also den Entzug der wirtschaftlichen Grundlage gebracht hätte. Zur Begründung führte sie aus, daß die Bergwerksdirektion „damals den Versprechungen glaubte, daß die S.V.G. eine große Tätigkeit entfalten und in verhältnismäßig kurzer Zeit das ganze Gebiet elektrisiert[11] haben würde. Die Hoffnung wurde enttäuscht. Es kann dahin gestellt bleiben, ob der Fehlschlag auf Personalverhältnisse oder auf die Zeitläufe zurückzuführen ist . . . und es ist sehr wahrscheinlich, daß sie (SVG) später selbst bei gutem Willen nicht mehr in der Lage sein werde, den Stromabsatz so durchzuführen, wie wir es annähernd dürften"[12].

Als vordringliche eigene Aufgabe sah es die Verwaltung der bergfiskalischen Kraft- und Wasserwerke an, in Zeiten vorherrschender Kohlen-, Benzin- und Petroleumknappheit und einer gesteigerten Nachfrage nach elektrischer Energie das eigene Absatzgebiet möglichst auszudehnen und einer Ausweitung der Versorgungsgebiete benachbarter Werke entgegenzutreten. Aus diesem Grund war sie bereits in direkte Verhandlungen über eine unmittelbare Belieferung des Kreises St. Wendel eingetreten. Die vorgesehene Übernahme sämtlicher Stromlieferungsverträge von der SVG durch die Bergwerksdirektion bei Kündigung des Vertrages von 1913 scheiterte schließlich einerseits an der Auffassung, daß aus rechtlichen Gründen keine Möglichkeit zum sofortigen Ausstieg aus dem Vertrag möglich war; zum anderen schoben sich mit fortwährender Kriegsdauer neue Probleme in den Vordergrund, so etwa die wichtige Frage einer Erhöhung der Strompreise. Vor dem Krieg enthielt kein einziger Stromlieferungsvertrag eine Kohleklausel, da angenommen wurde, daß innerhalb der Vertragszeit — auch wenn diese 10 bis 20 Jahre dauerte — „sicher die Gestehungskosten der Kohlen innerhalb der Grenzen bleiben würden, die den Stromverkauf zu den Bedingungen der genannten Verträge noch lohnend machen" würde[13]. Der Krieg hatte diese Vorausset-

---

8 Ebd., S. 172ff.
9 Ebd., S. 120ff., 138ff., 143, 145f.
10 Ebd., S. 215ff.
11 Zeitgenössische Bezeichnung für „elektrifiziert".
12 LA Sbr. 564/1747, S. 215f.
13 Ebd., S. 237.

zungen zunichte gemacht. Zusätzlich belastete die Bergwerksdirektion der 1914/15 begonnene Bau des Kraftwerkes Weiher bei Göttelborn wegen gestiegener Baukosten, Materiallieferungsproblemen und Einberufungen bei den Baufirmen immer stärker, weshalb anläßlich der Jahresbefahrung von 1916 der Einbau der dritten und vierten Turbine vorerst zurückgestellt werden mußte[14].

Am 23./25.09./08.10.1915 schlossen der Kreis Saarlouis und die SVG einen für die Fortentwicklung der Elektrizitätsversorgung wichtigen Vertrag — unter Zustimmung der damaligen Pächterin des Kreis-Elektrizitätswerkes in Saarlouis, der Eisenbau-Gesellschaft Becker & Cie GmbH, Berlin[15]. In diesem Vertrag wurde hinsichtlich der Gebietsabgrenzung festgelegt, daß sich die SVG verpflichtete, in den Kreisen Saarlouis und Merzig keine elektrische Energie abzugeben, mit den folgenden Einschränkungen: 1. Die Ausübung des Vertrages zwischen der königlichen Bergwerksdirektion Saarbrücken und der Gemeinde Ensdorf blieb zunächst der SVG vorbehalten, der Kreis Saarlouis erhielt jedoch bis zum 01.07.1917 eine Option auf Eintritt in diesen Vertrag. 2. Die SVG trat in den Vertrag zwischen der Gemeinde Fraulautern und der Gasanstalts-Betriebsgesellschaft Berlin ein. Der Kreis Saarlouis verpflichtete sich ferner, in den Kreisen Saarbrücken und Ottweiler keine elektrische Energie abzugeben und sich in der Bürgermeisterei Schwalbach in den Gemeinden Wadgassen, Schaffhausen und Hostenbach auf die Belieferung von Abnehmern zu beschränken, die unter Anrechnung ihrer eigenen Anlagen einen Anschlußwert von weniger als 25 kW hatten. In der Lieferung an seine eigenen Betriebe war Saarlouis durch vorstehende Verpflichtungen nicht eingeschränkt. Ferner wurde vereinbart, daß die SVG an den Kreis Saarlouis elektrische Energie liefern sollte, wobei Saarlouis eine jährliche Mindestabnahme von 2 Mio kWh und eine Mindestbelastung „im Durchschnitt der höchst belasteten Viertelstunde eines jeden Jahres" von 400 kW garantierte. Der Strombezug sollte zehn Monate nach Beendigung des gegenwärtig in der Rheinprovinz bestehenden Kriegszustandes beginnen. Gleichzeitig bereinigten SVG und GBG ihr Vertragsverhältnis, indem der Vertrag vom November 1912 für aufgehoben erklärt wurde. Lediglich für die Stadt Saargemünd getroffene Vereinbarungen blieben bestehen. Die GBG entließ die SVG ausdrücklich aus allen vertraglichen Verpflichtungen gegenüber den im Kreis Saarlouis abzutretenden Gemeinden und übertrug hier ihre Stromlieferungsrechte. Mit diesem Vertrag bewahrte sich die SVG die Versorgung der Großabnehmer Mannesmann-Röhrenwerke Bous und Blechwalzwerk Hostenbach, während Saarlouis sein Gebiet im östlichen Kreisteil abrunden konnte. Die vereinbarte Stromlieferung an den Kreis Saarlouis sollte später noch zu langjährigen Auseinandersetzungen führen.

Die von 1915 auf 1916 um über 90 % gesteigerte nutzbare Stromabgabe der SVG war fast ausschließlich auf Großverbraucher, in erster Linie die Mannesmann-Röhrenwerke, zurückzuführen (vgl. Tab. 14).

Der Kleinverbrauch wies trotz zunehmender Neuanschlüsse nur geringe Zuwachsraten auf, „in Folge der einschneidenden Wirkung der Sommerzeit" und weitreichender Einschränkungen der Straßen- und Bahnhofsbeleuchtung[16]. Ungeachtet der mit zu-

---

14 Vgl. zum Bau des Kraftwerkes Weiher LA Sbr. 564/191, 564/107, S. 255ff.
15 LA Sbr. 564/1747, S. 74ff.
16 VSE-AHV, Geschäftsbericht für 1916.

Tabelle 14 Nutzbare Abgabe der SVG 1912 - 1920 in kWh

Jahr	Nutzbare Abgabe in kWh
1912	0
1913	1.324.933
1914	3.538.581
1915	8.776.186
1916	16.975.818
1917	16.785.183
1918	14.327.576
1919	16.747.303
1920	16.604.277

Quelle: Geschäftsberichte (VSE-AHV)

nehmender Kriegsdauer erschwerten Netzausbaubedingungen — im Rahmen des Hindenburgprogrammes von 1916/17 mußte beispielsweise ein großer Teil der Kupfer- durch Eisenleitungen ersetzt werden — konnte die Anzahl der angeschlossenen Kleinabnehmer von 4.738 (Ende 1914) auf 7.907 (Ende 1918) gesteigert werden (vgl. Tab. 13). Die gezielte Werbung der SVG wurde entscheidend durch die akute Verknappung von Petroleum, des noch immer wichtigsten Beleuchtungsmittels der privaten Haushalte, unterstützt.

Zu den von der Petroleumknappheit betroffenen Gemeinden zählte das überwiegend von Bergarbeitern bewohnte Fürstenhausen. Mit ausdrücklicher Genehmigung der Elektrizitätswirtschaftsstelle in Berlin konnte die SVG den durch den Ausbruch des Krieges unterbrochenen Ausbau des Ortsnetzes Anfang 1917 wieder aufnehmen[17]. Die gleiche Begründung erlaubte es auch der Gemeinde Wellesweiler, sich zur Versorgung des Ortes mit elektrischer Beleuchtung an das Elektrizitätswerk Neunkirchen anzuschließen, so daß kurz vor Weihnachten 1917 die Stromlieferung beginnen konnte[18]. Die Petroleumnot veranlaßte auch den Bürgermeister von Ensheim, sich um einen Elektrizitätsanschluß zu bemühen, da die Kapazitäten des Kraftwerkes der Gebrüder Adt ihre oberste Grenze einschließlich der Reserven erreicht hatten und die Pfalzwerke sich außerstande sahen, den 1913 abgeschlossenen Stromlieferungsvertrag

17 Ebd., für 1918.
18 LA Sbr. 564/1740, S. 54.

zu erfüllen[19]. In Gronig und Bliesen (Kreis St. Wendel) konnten mit der SVG abgeschlossene bzw. vorbereitete Verträge bis Kriegsende nicht mehr verwirklicht werden[20].

Die Pläne der Bergverwaltung, den Kreis St. Wendel direkt mit Strom zu versorgen, erlitten im Laufe des Krieges weitere Rückschläge. Zunächst hatte die Oberstein-Idarer-Elektrizitäts-AG 1917 einen Stromlieferungsvertrag für die damals noch zum Kreis gehörenden Gemeinden Weiersbach, Nahbollenbach, Mittelbollenbach, Kirchenbollenbach, Hammerstein und Frauenberg abgeschlossen[21]. Ferner hielt der Preußische Minister für Handel und Gewerbe die Bergwerksdirektion an, „vorsichtig-zurückhaltend" gegenüber der Versorgung des ländlichen Kreises St. Wendel zu taktieren, da „davon in erster Linie der Kreis, nicht aber der Staat profitiere, der angesichts des Krieges vorsichtig wirtschaften muß"[22]. Schließlich fand der doch noch zustande gekommene Lieferungsvertrag keine Zustimmung des Kreistages, sondern wurde auf die Zeit nach dem Kriege verschoben[23]. Das Angebot des Müllers Karl Folz aus Niederlinxweiler, mit Hilfe seiner Wasserkraft Linxweiler und Umgebung mit elektrischem Licht zu versorgen, konnte nicht mehr realisiert werden[24], Kriegsjahre und die nachfolgenden Zeiten ungewisser Zukunft verhinderten vorerst die Versorgung der größten Teile der Kreise St. Wendel und Ottweiler mit elektrischer Energie.

Der aufgeführte Mangel an Petroleum, das als Treibstoff in der Landwirtschaft, in Industriebetrieben, für den Einsatz von Marine und Heer, für Eisenbahnen und Behörden dringend benötigt wurde, führte entgegen allen Material- und Arbeitskräfteproblemen[25] in weiten Teilen des Saarreviers und seiner Umgebung zu erhöhten Anstrengungen für eine Ausdehnung der Elektrizitätsversorgung. Das preußische Innenministerium wies beispielsweise im Herbst 1916 die Gemeindeverwaltungen an, „mit größter Beschleunigung Einrichtungen für elektrische Beleuchtung zu treffen", namentlich der Ausbau der elektrischen Überlandzentralen sei mit allem Nachdruck zu

19 LA Sbr. Best. Landratsamt St. Ingbert Nr. 2311/a, 19.09.1918.
20 Vgl. Wagner (1984), S. 253; Klein (1973), S. 171.
21 LA Sbr. Best. Landratsamt St. Wendel Nr. 454, 17.04.1917.
22 LA Sbr. 564/1731, S. 1ff.
23 Ebd., S. 5.
24 LA Sbr. Best. Landratsamt St. Wendel Nr. 454, 19.07.1918.
25 Vgl. z.B. StadtA VK 13e/8 ausführlich zu diesen Problemen; der Regierungspräsident in Trier setzte sich wiederholt für elektrische Beleuchtung aufgrund der Petroleumnot ein (vgl. LHA Koblenz 442/11476, p. 167, hier v. 01.12.1916).

betreiben[26]. So gelang es der Stadt Merzig nach schwierigen Verhandlungen mit der Pächtergesellschaft des Gaswerkes, einen noch vor Kriegsausbruch abgeschlossenen Konzessionsvertrag mit dem Kreis Merzig über die Stromversorgung der Stadt im Jahre 1917 in die Tat umzusetzen[27]. Probleme bereitete allerdings der Ausbau des Ortsnetzes in der Stadt, da die statt Kupfer- zur Verfügung stehenden Eisenleitungen vielfach zu schwer für normale Dachgestänge waren; die ursprünglich geplanten Erd-kabel waren unter den bestehenden Umständen nicht zu erhalten[28]. Der in den Krei-sen Saarlouis und Merzig tätigen Becker-Gesellschaft gelang es, in Alt- und Neufor-weiler[29] sowie in 24 Ortschaften des Kreises Merzig die Ortsnetze während des Krie-ges fertigzustellen[30]. In Lebach wurde das Elektrizitätswerk von Franz Xaver Gehring durch die Becker-Gesellschaft übernommen und das Netz noch 1915 von Gleichstrom auf Drehstrom umgebaut, wodurch die Abnehmerzahl von 110 auf 212 Konsumenten gesteigert werden konnte[31]. Parallelen der aufgezeigten Anschlußbewegung im Saar-revier waren auch im benachbarten Reichsland Elsaß-Lothringen festzustellen[32].

Auch in den saarländischen und lothringischen Industriebetrieben nahm die Verwen-dung elektrischer Energie, abgesehen von einer kurzen Unterbrechung nach Kriegs-ausbruch, als Ersatzenergieträger vor allem für Petroleum einen stetigen Auf-schwung[33]. Die einzige Mühle in der Stadt Saarbrücken stellte nach einem Brand

26 Minister des Innern v. 11.09.1916 (Runderlaß), vgl. LA Sbr. Dep. Stadt Merzig Nr. 1947; die Initiative des preußischen Innenministers muß in größerem Zusammenhang gesehen wer-den: Die unzureichende Energieversorgung im Krieg hatte zu weitreichenden Reorganisa-tionsplänen in der deutschen Elektrizitätswirtschaft geführt und die bereits vor dem Krieg begonnene öffentliche Diskussion um das Für und Wider eines Reichselektrizitätsmonopo-les erneut aufleben lassen, vgl. S i e g e l (1915), S. 423ff.; Die Zentralisierungsbestrebungen in der Elektrizitätsversorgung, in: ETZ 37 (1916), S. 709ff.; S c h i f f (1916), S. 478ff.; K l i n g e n b e r g (1916), passim; dazu Reaktionen in der ETZ 37 (1916), S. 409, 486, 577, 605, 714 und 38 (1917), S. 127, 229ff.; A s c h o f f (1917); F i s c h e r (1916); T h i e r b a c h (1917); G r u n e n b e r g (1917); H a r t m a n n (1917); J u n g (1918), vor allem S. 21ff.; G o t h e i n (1918), S. 323ff.; J o n g h a u s (1935), S. 37ff., 43ff.; B r u c h e (1977), S. 55ff.; zur Bewertung aus marxistischer Sicht vgl. N u ß b a u m (1968), S. 166ff. Als Folge der geäußerten Kritik an den unzureichenden Eingriffsmöglichkeiten des Staates in der Energieversorgung erschie-nen die Bekanntmachung des Reichskanzlers über Elektrizität, Gas, Dampf, Druckluft, Heiß- und Leitungswasser vom 21.06.1917 sowie die Bekanntmachung vom 03.10.1917, die die Befugnisse des Reichskanzlers auf diesem Gebiet an den Reichskommissar für die Kohlen-verteilung übertrug. Im Gegensatz zum Reichselektrizitätsmonopol wurden die Auswir-kungen eines Reichspetroleummonopols als wesentlich geringer erachtet, da durch die er-hoffte und erwartete Ausbreitung der Elektrizitätsversorgung das Petroleum als Brennstoff rasch zurückgedrängt würde (T r e n k h o r s t, 1913, S. 85ff.). Die stündlichen Lichtkosten für eine 25kerzige Lampe betrugen bei Petroleum 2,0 Rpfg., bei Gas 0,5 Rpfg. und bei elektri-schem Strom 0,75 Rpfg. (Petroleummonopolfrage, 1914, S. 426).
27 Vertrag mit dem Gaswerk vom 30.03./15.04.1914 (LA Sbr. Dep. Stadt Merzig Nr. 689); ge-genüber der Gasbeleuchtung brachten die elektrischen Straßenlampen nach einer Vorausbe-rechnung vom 28.02.1914 eine Ersparnis von rund 27.000.- M pro Jahr (vgl. ebd. Nr. 690); Vertrag mit dem Kreis vom 12./23.06.1914 (ebd.).
28 Vgl. LA Sbr. Dep. Stadt Merzig Nr. 1947, Landrat von Merzig v. 01.08./.10.08.1917.
29 Ebd. Dep. Berus-Bisten Nr. 16, 06.12.1915, 25.05.1916.
30 Ebd. Best. Landratsamt Merzig Nr. 49, Betriebsabrechnung für 1917.
31 KreisA SLS IV/c-8, Becker-Gesellschaft v. 09.06.1913, 27.12.1916.
32 L o e w e (1931), S. 245.
33 Vgl. allg. S i m m e r s b a c h (1915), S. 580ff.

ihren gesamten Betrieb im Jahre 1915 auf Elektrizität um[34]. Auch die Zusammenfassung der sieben wichtigsten Fensterglashütten an der Saar zur „Vereinigten Vopeliusschen und Wentzelschen Glashütte mbH" an einer Betriebsstätte in St. Ingbert erfolgte 1914-18 unter weitreichendem Vorrang des Einsatzes elektrischer Energie[35]. Ebenfalls unter Kriegsbedingungen erreichte die „Rümelinger und St. Ingberter Hochöfen- und Stahlwerke AG", St. Ingbert, die langersehnte Bauerlaubnis für die Stromleitung Freyming (Lothringen)-St. Ingbert zur Versorgung durch die Saar-Mosel-Bergwerksgesellschaft Karlingen[36]. Die vor dem Krieg von der preußischen Bergwerksdirektion Saarbrücken vehement bekämpfte Leitung (vgl. Kap. II.2.) wurde genehmigt, da das ganz auf Kriegsproduktion umgestellte Werk St. Ingbert eine mangelhafte Kraftversorgung aufwies. Das Kriegsende vereitelte schließlich die Durchführung des Vorhabens. In den Betrieben der Röchlingschen Eisen- und Stahlwerke führte der verstärkte Einsatz elektrischer Energie zu Engpässen in der Versorgung mit Elektromotoren, so daß aus dem besetzten Industriegebiet Nordfrankreichs entsprechende Maschinen requiriert und in den lothringischen und saarländischen Werken des Unternehmens installiert wurden[37].

Unter den Rahmenbedingungen der Energieknappheit während des Krieges sind auch die Projekte zu werten, um die sich die unter der Führung der Stadt Trier 1917 ins Leben gerufene „Kraftversorgung südliche Rheinprovinz" bemühte[38]. Die Wasserkraft der Regierungsbezirke Koblenz und Trier sollte von dieser Vereinigung öffentlicher Körperschaften durch den Ausbau von Kraftwerken genutzt und die Verbindung der einzelnen Elektrizitätswerke mittels einer 100 kV-Leitung untereinander hergestellt werden. Aufgrund verschiedener, aus der Vorkriegszeit herrührender Differenzen blieb der an sich sinnvolle Verbund mit der preußischen Bergwerksdirektion in Saarbrücken ausgeschaltet[39].

Gegen Ende des Jahres 1917 lastete das Problem steigender Verluste der durch langjährige Verträge gebundenen Elektrizitätswerke auf der gesamten deutschen Elektrizitätswirtschaft so stark, daß schließlich das Kriegsamt in Berlin in einer öffentlichen Erklärung es als erwünscht und gerechtfertigt ansah, den Elektrizitätswerken trotz bestehender Verträge höhere Preise zu bezahlen[40]. Die SVG war von dieser Entwicklung weniger betroffen (vgl. Tab. 15); die Ursache hierfür lag im steigenden Absatz an ganz auf Kriegsproduktion umgestellte Industriebetriebe, die das Unternehmen ver-

---

34 Mühle L. Braun (Handel und Industrie, 1924, S. 177f.).
35 Ebd., S. 294ff.
36 AD Moselle 15 AL 639, Metz 20.07.1918.
37 50 Jahre Röchling (1931), S. 31.
38 LA Sbr. Best. Landratsamt Merzig Nr. 69, 21.07.1917: Beteiligt waren die Städte Trier, Bingen und Kreuznach, die Landkreise Saarlouis und Neuwied sowie die Elektrizitätswerke des Kreises Mayen (Rauschermühle) und des Fürstentums Birkenfeld (Idar-Oberstein).
39 Unter anderem sollte die Versorgung der Landkreise St. Wendel und Ottweiler von Idar-Oberstein und nicht von den Kraftwerken der Bergwerksdirektion aus erfolgen.
40 LA Sbr. 564/1747, S. 237. Um eine ausreichende Elektrizitätsversorgung Deutschlands entsprechend dem steigenden Bedarf zu gewährleisten, wurde im Frühjahr 1917 als organisatorische Maßnahme bei der Kriegsrohstoffabteilung eine Sektion Elektrizität (KRA El) und im Zusammenhang damit die Elektrizitätswirtschaftsstelle (EWs) gegründet, vgl. ETZ 38 (1917), S. 129.

sorgte[41]. Der Rückgang der Anlagenzugänge verdeutlicht andererseits die bescheidene Ausweitung der Versorgungsanlagen, die die SVG während der Kriegsjahre erreichte. Am 01.02.1918 traten neue Verträge mit der SVG und der Stadt Saarbrücken in Kraft, die dem Bergfiskus um rund 1,25 Pfennig höhere Erlöse pro kWh und 5 Mark mehr pro maximal abgegebenes Kilowatt einbrachten und eine Kohleklausel festschrieben. Wichtigstes Zugeständnis für die SVG war der Verzicht der Bergwerksdirektion auf die nach Kriegsende fällig werdende Konventionalstrafe, unter dem Strich aber gewann mit den neuen Verträgen eindeutig der preußische Bergfiskus[42].

Auch die Überlandzentrale La Houve in Creutzwald, inzwischen von der Deutschen Armee verwaltet und im Rahmen der Germanisierungsbestrebungen seit April 1915 „Huf" genannt[43], erhöhte ihre Stromlieferungspreise[44]. Die SVG entschloß sich deshalb ebenfalls zu Preiserhöhungen[45], konnte diese aber nicht in erhofftem Umfang durchsetzen[46]. Im Kraftwerk Creutzwald der La Houve war am 8.8.1916 ein Turbogenerator verbrannt, weshalb die dringend notwendige Revision eines weiteren Aggregats zurückgestellt werden mußte. Dies führte bei diesem zweiten Stromlieferanten der SVG immer wieder zu Einschränkungen, so daß nach einer Klage des Kriegsrohstoffamtes über den unzulänglichen Betrieb das Kraftwerk unter militärische Verwaltung gestellt wurde[47].

Vom Kriegsgeschehen wurde das Saarland — abgesehen von alliierten Luftangriffen auf Ziele im Industrierevier seit Sommer 1915 — im Ersten Weltkrieg nicht beeinträchtigt[48]. Die Begeisterung zu Anfang des Krieges und die Hoffnung auf einen baldigen Sieg waren jedoch zerronnen und später in ungewisse Erwartungen über die Folgen des verlorenen Krieges und den Versailler Frieden umgeschlagen. Vor allem die Ernährungsprobleme im dichter bevölkerten Industriegebiet waren hier größer und führten gegen Ende des Krieges zu ausgedehntem „Schleichhandel" zwischen Städtern und Landbevölkerung[49]. Streikbewegungen wie beispielsweise auf der Dillinger Hütte wurden vom Regierungspräsidenten in Trier deutlich heruntergespielt, kündigten jedoch, auch wenn sie in ihrer Intensität nie das Ausmaß anderer Industriestädte erreich-

---

41 Seit dem Frühjahr 1915 waren nicht nur die gesamte Eisenindustrie, sondern auch Glashütten, keramische Werkstätten und das Kleingewerbe ganz auf die Produktion für den Heeresbedarf umgestellt worden; in der Saarindustrie arbeiteten im Jahr 1916 nach Einschätzung des Regierungspräsidenten beispielsweise 2/3 zusätzliche Arbeiter gegenüber den Friedenzeiten (LHA Koblenz 403/9052, p. 807).
42 LA Sbr. 564/1747, S. 239f.
43 Das Kraftwerk La Houve wurde am 19./20.07.1917 von der Etappen-Inspektion der Armee, Abt. C, requiriert, LA Sbr. 564/1742, S. 65ff.; R o t h (1976), S. 612, nennt den Oktober 1917.
44 LA Sbr. Dep. Sulzbach Fach 36, Nr. 2, Bürgermeister von Saargemünd v. 09.11.1917.
45 VSE-AHV, Geschäftsbericht für 1917.
46 Ebd., für 1918; auch die Gemeinden im Versorgungsgebiet der Pfalzwerke blieben von Strompreiserhöhungen um rund 25% (1917), so z.B. die Gemeinde Wörschweiler, nicht verschont; vgl. LA Sbr. Best. Landratsamt St. Ingbert Nr. 5856, 09.07.1917.
47 Vgl. AD Moselle 15 AL 638-II, „Huf, Aktiengesellschaft für Bergbau und Elektrizität", 08.12.1916. Ebd., Kriegsrohstoffabteilung, Berlin 06.06.1917.
48 H ä b e r l e (1916), S. 26ff.; vgl. ebf. LHA Koblenz 403/9053, Immediatberichte zum 01.05. und 01.11.1917, p. 4, 18, 32.
49 LHA Koblenz 403/9052, p. 796; Pfalz, Lothringen und Luxemburg hatten seit 1915 ihre Grenzen für die Ausfuhr von Nahrungsmitteln geschlossen (ebd., p. 799); vgl. ebd. 403/9053, p. 10, 13.

ten, einen Umbruch an[50]. Unter den Unternehmen der Energieversorgung war von den Folgen des Krieges besonders die SVG betroffen, da ein beachtlicher Teil ihres Versorgungsgebietes in Lothringen lag, das Frankreich nach dem Sieg wieder für sich beanspruchte.

Trotz der aufgezeigten großen Probleme, die unter den Bedingungen des Krieges bei der Ausbreitung der Elektrizitätsversorgung und der Deckung des gesteigerten Strombedarfs der Industrie entstanden, hatte dieser Zeitraum für die künftige Verbreitung und Anwendung des Energieträgers Elektrizität eine Art Katalysatorwirkung. Sowohl in der gewerblichen wie in der privaten Verwendung wurden in der Zwangssituation des Krieges letzte Zweifel an der Überlegenheit von elektrischem Licht und elektrischer Kraft ausgeräumt, so daß für eine weite Verbreitung und Anwendung nach dem Kriege alle Wege geebnet waren[51].

---

50 LHA Koblenz 403/9053, p. 3.
51 Vgl. Dehne, Großkraftversorgung (1928), S. 13f., 45ff.; Die deutsche Elektrizitätswirtschaft (Enquêteausschuß)(1930), S. 10; RWE-AHV, Buderath (1982), Band I, S. 104, 111;
   zu den ähnlich gelagerten Bemühungen um eine fortschreitende Elektrifizierung noch während des Krieges in Baden: Schäfer (1983), besonders S. 268, 277f., 303f., 368.

IV. Die Zeit unter dem Völkerbund

1. Der Versailler Vertrag und seine Folgen

Der Waffenstillstandsvertrag und der Versailler Friedensvertrag trafen das Saarrevier besonders hart[1]. Die alte deutsch-französische Grenze wurde in ihrem Verlauf vor 1870 wiederhergestellt, Elsaß-Lothringen an Frankreich zurückgegeben. Die Saarwirtschaft wurde erneut Grenzlandwirtschaft und teilte damit beispielsweise das Schicksal des ehemaligen Großherzogtums Baden. Während letzteres aber im Verband des Deutschen Reiches verblieb, trennten die Siegermächte das Industriegebiet an der mittleren Saar von Deutschland ab, faßten es politisch zu einer Einheit zusammen und unterstellten es für die Dauer von 15 Jahren einem Sonderregime des Völkerbundes.

Das Statut für das Saarindustrierevier (= Teil III, Abschnitt 4 (Artikel 45-50) des Versailler Vertrages) regelte die Grundzüge der neuen politischen und wirtschaftlichen Lage des jetzt „Saargebiet" genannten Landes[2]. Das Eigentum an den Kohlengruben an der Saar mußte mit dem ausschließlichen Ausbeutungsrecht an Frankreich abgetreten werden, Reparation des Deutschen Reiches als Ersatz für die Zerstörungen der Kohlengruben Nordfrankreichs und Anzahlung auf die völlige Wiedergutmachung der Kriegsschäden, wie es im Vertrag ausdrücklich festgehalten wurde[3]. Mit dem Inkrafttreten des Versailler Vertrages am 10. Januar 1920 übernahmen die Mines Domaniales Françaises de la Sarre (MDF) die Verwaltung der Saargruben in der Form eines reinen Staatsbetriebes[4]. § 48 des Versailler Vertrages regelte den Umfang des neuen Saargebietes („Saarbeckengebiet"): Es umfaßte danach die ehemals preußischen Kreise Saarbrücken Stadt und Land, Ottweiler und Saarlouis, Teile der Kreise Merzig und St. Wendel, das bayerische Bezirksamt St. Ingbert und Teile der Bezirksämter Homburg und Zweibrücken[5], zusammen ein Gebiet von 1.922,6 qkm[6].

Der Völkerbundsrat ernannte für das Saargebiet eine Regierungskommission von fünf Mitgliedern, die aus einem Franzosen, einem aus dem Saargebiet stammenden und dort ansässigen Nichtfranzosen und drei weiteren Mitgliedern bestand, die weder Deutsche noch Franzosen sein durften[7]. Geltende Gesetze und Verordnungen blieben in Kraft[8].

---

1 Vgl. Herrmann (1972), S. 30ff., 63ff.; Zenner (1966), Das Saargebiet (1929); Solemacher (1925); Hirsch (1954); Schwabe (1985), S. 17ff.
2 Das Saarstatut (1934) (vgl. ebf. Anm. 3).
3 „Als Ersatz für die Zerstörung der Kohlengruben in Nordfrankreich und als Anzahlung auf die von Deutschland geschuldete völlige Wiedergutmachung der Kriegsschäden tritt Deutschland das volle und unbeschränkte, völlig schulden- und lastenfreie Eigentum an den Kohlengruben im Saargebiet, wie es in Art. 48 begrenzt ist, mit dem ausschließlichen Ausbeutungsrecht an Frankreich ab" (Art. 45 Versailler Vertrag). Grundsätzlich sollte das Saarstatut in einer späteren, berichtigten Übersetzung herangezogen werden, da die amtliche Fassung (RGBl 1919, S. 687ff.) einige sinnentstellende Fehler aufweist, vgl. Das Saarstatut in neuer, berichtigter Übersetzung (1934), S. 363ff.
4 Vgl. Herrmann (1974), S. 75; Cartellieri, Saargruben (1929), S. 21ff.
5 Vgl. Saarpfalz (1922), S. 434ff.; Pöhlmann (1929), S. 121ff.; Jacob (1926), S. 40ff.; Häberle (1927).
6 Wirtschaft und Statistik 5 (1925), S. 72.
7 Saarstatut, Kap. II (§§ 16-33), Regierung des Saarbeckengebiets.
8 Ebd., § 23.

Die Regierungskommission hatte alle Befugnisse, die früher dem Deutschen Reich, Bayern und Preußen zustanden. Nach 15 Jahren sollte die Bevölkerung sich in einer Volksabstimmung entweder für den Status quo, d. h. die Völkerbundsverwaltung, für eine Rückkehr zu Deutschland oder aber für einen Anschluß an Frankreich entscheiden. Das Saargebiet wurde dem französischen Zollsystem angegliedert, jedoch blieb für eine fünfjährige Übergangszeit (1920-1925) der zollfreie Warenaustausch mit Deutschland möglich[9].

Grundlegende Veränderungen brachten die Auswirkungen des Ersten Weltkrieges für eine Reihe von Jahren auch in den Unternehmens- und Kapitalverflechtungen[10]. Während vom Saarrevier vor dem Ersten Weltkrieg wirtschaftliche Expansionskräfte ausgingen, die enge Verbindungen mit den benachbarten Regionen, besonders mit Lothringen, dem Oberrhein, aber auch mit dem Ruhrgebiet nach sich zogen, verlor es nach 1919/20 alle Beteiligungen, Betriebsstätten und Niederlassungen in Elsaß-Lothringen und im übrigen Frankreich. Eine Verlagerung der wirtschaftlichen Interessen nach Deutschland gelang nicht immer, hemmend wirkte sich vor allem die drohende Zollabschnürung vom Deutschen Reich aus. Aufbauend auf der Herrschaft über die Saarkohle und über die lothringische Erzbasis gelang es dagegen französischen Wirtschaftskreisen unter massivem Druck eines durch die MDF angedrohten Lieferstopps von Kohle, nach und nach bei angestammten Firmen des Saarreviers kapitalmäßig Fuß zu fassen. Diese sogenannte finanzielle Überfremdung betraf bis auf Röchling alle namhaften Unternehmen der Eisen- und Stahlbranche, darüber hinaus auch mittlere Betriebe der Kalk- und Zementgewinnung, der Glasherstellung und nicht zuletzt der Energieversorgung[11].

Nach außen sichtbar wurden die veränderten politischen Verhältnisse für die Bevölkerung zunächst durch den Einmarsch französischer Truppen und die Besetzung des Saargebiets ab dem 22. November 1918. General Joseph Andlauer wurde Chef der besonderen Militärverwaltung, die für die preußischen Landkreise Saarbrücken, Saarlouis, Ottweiler, Merzig und St. Wendel eingesetzt wurde[12]. Das Bekanntwerden der im Friedensvertrag vorgesehenen Regelungen löste an der Saar heftige Proteste der Bevölkerung aus, die die Militärregierung mit fortgesetzten Ausweisungen beantwortete. Die politische Stimmung wurde immer gespannter, verschlechterte sich zusehends und eskalierte schließlich am 07. Oktober 1919 in einem Generalstreik mit erheblichen Tumulten und Plünderungen[13]. Nach der Verhängung des Belagerungszustandes mit weitreichenden Ausgangssperren und nachfolgenden Kriegsgerichtsprozessen gelang zwar eine Beilegung des Streiks unter Vermittlung des Saarbrücker Landrates Karl v.

9 Vgl. Wiegand (1929); Barth (1924/25); Christmann (1924).
10 Vgl. Herrmann (1972), S. 66; Speyer (1922), Schleifenbaum (1927/28); Müller (1922); Mertens (1924); Stamm (1923); Metzger (1926); Das deutsche Saargebiet (1921), S. 155ff., Die wirtschaftliche Verflechtung der besetzten Gebiete (1923), S. 34ff., 133ff.
11 Vgl. Latz (1985), S. 110ff.; Keuth (1966), S. 115ff.; Das Saargebiet (1929); Korst (1926); Lauer (1922); ders. (1925), S. 226ff.; Herly (1926); Savelkouls (1922); Rauecker (1937); Hau (1937); Tuckermann (1922), S. 217ff.; Schneider (1952); Metzger (1934).
12 Vgl. Herrmann (1972), S. 32f.
13 Vgl. LA Sbr. 564/148, S. 155, 159, 172, 178.

Halfern. Eine Beruhigung der konfliktträchtigen Situation kam aber erst zustande, als am 26. Februar 1920 die Regierungskommission im Namen des Völkerbundes die treuhänderische Verwaltung des Saargebietes übernahm und die Militärregierung ablöste. Die politischen und wirtschaftlichen Interessen Frankreichs im Saargebiet wurden sowohl durch die überwiegend stark frankophil ausgerichteten Mitglieder der Regierungskommission wie auch durch den Übergang der Kohlengruben in französischen Staatsbesitz gewahrt bzw. ausgebaut.

Der Zeitabschnitt 1920-1935 erfährt eine ausführlichere Betrachtung, da hier eine für die Geschichte der Elektrizitätsversorgung der Saarregion entscheidende Etappe bewältigt wurde. In diesem Zeitraum kristallisierte sich einerseits die räumliche Versorgungsstruktur für die kommenden drei Jahrzehnte heraus, andererseits gelang es der noch unbedeutenden SVG, trotz großer innerer Schwierigkeiten und äußerer Einwirkungen, die Grundlagen zu schaffen für die spätere Entwicklung zu einem regionalen Elektrizitätsversorgungsunternehmen.

2. Verlust des lothringischen Versorgungsgebietes, französische Kapitalmehrheit und neuer Name: Saarland-Lothringen Elektrizitäts-AG (SLE)

Die Folgen des Versailler Vertrages trafen auch die im Aufbau begriffenen öffentlichen Elektrizitätsversorgungsunternehmen. Im Gegensatz zur Entwicklung im übrigen Deutschland kam es im Saargebiet allerdings zu keinem Zeitpunkt zu einer Diskussion über eine Sozialisierung der Elektrizitätswirtschaft, geschweige denn zu einer entsprechenden gesetzlichen Grundlage[14]. Die Abtrennung der bayrischen Gebietsteile des Saargebietes und damit die Abschnürung der Pfalzwerke von ihrer wichtigsten Stromerzeugungsstätte in Homburg führten 1923 zur Gründung der Kraftwerk Homburg AG unter maßgeblicher Beteiligung französischen Kapitals. Nur so konnte sowohl die Stillegung des Kraftwerkes, die wegen politisch motivierter Kohlenblockade durch die MDF drohte, vermieden als auch einer Beschlagnahme des Werkes vorgebeugt werden[15].

---

14 Vgl. Gröner (1975), S. 243ff.
15 25 Jahre Pfalzwerke (1937), S. 16ff.; van Heys (1931), S. 650; die Gründung erfolgte am 22. 01. 1923, Aktionäre des 1 Mio FF betragenden Aktienkapitals waren kurze Zeit nach der Gründung zu je 50% die Pfalzwerke sowie die in französischem Mehrheitsbesitz befindliche Grube Frankenholz; der Handelsregistereintrag vom 05.12.1922 wies noch die Pfalzwerke mit 99,6% des Aktienkapitals aus (LA Speyer H 3 Nr. 10669). Am 16.03.1925 wurde der Anteil der Grube Frankenholz am inzwischen 1,5 Mio FF betragenden Kapital auf 52% erhöht (vgl. Die Elektrizitätswirtschaft im Deutschen Reich (1938), S. 512). Die Probleme des Kraftwerkes Homburg veranlaßten die Regierung der Pfalz — nach dem Vorbild des rechtsrheinischen Bayern, dort allerdings wegen akutem Kohlemangel —, eine Erhebung über die mögliche Nutzung von Kleinwasserkräften zur Elektrizitätserzeugung anzustellen (LA Sbr. Best. Landratsamt St, Ingbert, Nr. 5850, 1920, passim). Teilweise speisten kleine Wasserkraftwerke daraufhin in das öffentliche Netz ein, bis in den meisten Fällen die Abnehmer so wenig zahlten, daß sich der Betrieb nicht mehr rentierte (vgl. Herbitzheimer Mühle a.d. Blies, LA Sbr. Best. Landratsmat St. Ingbert, Nr. 5858, 1920/29). Vgl. ebf. Lehr (1921).

Die Belastungen für die junge SVG allerdings wogen ungleich schwerer. Es war zwar zu Beginn des Jahres 1919 noch die Abgabe elektrischen Stromes in Fürstenhausen aufgenommen, ferner auf Wunsch des Landkreises Saarbrücken mit der Gemeinde Auersmacher ein Konzessionsvertrag abgeschlossen und die Versorgung im selben Jahre begonnen worden. „Eine weitere Ausdehnung des Versorgungsgebietes mußten wir jedoch einstweilen zurückstellen, da sich der Einfluß der Änderung der politischen Verhältnisse auf unser Unternehmen nicht übersehen läßt. Unsere Leitungsanlagen in Lothringen stehen seit Anfang März 1919 unter Zwangsverwaltung"[16]. Im lothringischen Teil der SVG lagen rund 50 km von insgesamt etwa 80 km des gesamten Hochspannungsnetzes der Gesellschaft sowie die Ortsnetze von 11 Gemeinden mit rund 30 km Niederspannungsleitungen und 20 Transformatorenstationen[17]. Ein Vergleich des Verhältnisses von Einwohnern und Abnehmern zeigt, daß die Anschlußentwicklung im saarländischen gegenüber dem lothringischen Versorgungsteil weiter fortgeschritten war (vgl. Tab. 16). Für die Zeit nach dem Ersten Weltkrieg deutete sich jenseits der Grenze ein entsprechender Nachholbedarf an, den die SVG allerdings nicht mehr befriedigen konnte. Der Sequesterverwaltung des lothringischen Netzes folgte Anfang des Jahres 1920 die Liquidation[18] unter M. Voisenat, dem Liquidateur der SVG[19]. Vorausgegangen waren zahllose Bemühungen, das lothringische Netz noch zu sichern. Im September 1919 hatte der oberste Militärverwalter, General Andlauer, den Aufsichtsratsmitgliedern der SVG und dem Bürgermeister der Stadt Saarbrücken zu verstehen gegeben, daß die französische Grubenverwaltung die noch mit der preußischen Bergwerksdirektion abgeschlossenen Stromlieferungsverträge und Lieferverpflichtungen für Kohlen als dingliche Lasten der Grubenverwaltung ansähe, die nach dem Friedensvertrag nicht von den MDF übernommen würden. Damit war der größte Teil der Stromlieferungen an die SVG seiner vertraglichen Grundlagen enthoben; zudem schloß General Andlauer jegliche neue Stromlieferungsverträge zwischen den MDF und der SVG sowie der Stadt Saarbrücken für den Zeitraum aus, solange noch Berliner Kapital an der SVG beteiligt sei[20].

Anfang 1920 führten Bürgermeister Klein für die Stadt Saarbrücken — Oberbürgermeister Mangold war des Saargebiets verwiesen worden — und Direktor Tormin von der SVG in Paris Verhandlungen mit der Militärregierung, der Grubenverwaltung sowie Vertretern des französischen Schwerindustrieunternehmens Schneider-Creusot und der französischen Tochterfirma des US-Elektrokonzerns General Electric über eine Beteiligung letzterer Firmen an der SVG. Die Pariser Unternehmen hatten den Plan, auf der Saarkohle ein gewaltiges Energiezentrum zur Versorgung der nordfranzösischen Industriegebiete mit elektrischem Strom aufzubauen[21]. Zusätzlich war vorgesehen, auf dem Canal des Houillères de la Sarre (Saarkohlenkanal), der von der Staats-

---

16 VSE-AHV, Geschäftsbericht für 1919.
17 StadtA Sbr. BG 7141, 23.05.1921.
18 Ebd.; zur Sequesterverwaltung und Liquidation von deutschem Vermögen in Elsaß-Lothringen vgl. Emmrich (1931), S. 62ff.
19 StadtA Sbr. BG 2609, 13.10.1920; Voisenat war „Liquidateur des Biens Allemands en Alsace-Lorraine" mit Sitz zunächst in Haguenau, später in Dijon (AD Moselle 10 S 236, Dijon 17./29.12.1921).
20 StadtA Sbr. BG 2630, 03.04.1924.
21 Ebd.

grenze bei Saargemünd bis zum Weiher von Gondrexange ausgebaut war, die elektrische Treidelei einzuführen; den hierfür notwendigen Strom sollte die SVG liefern[22]. Die genannten Pläne zerschlugen sich allerdings aufgrund der unsicheren politischen Zukunft des Saargebiets. Die Versorgung des Erzbeckens von Briey mit elektrischer Energie wurde beispielsweise statt aus den Kraftwerken der MDF durch den Bau einer Hochspannungsleitung von den schweizerischen Wasserkraftwerken an der Aare über Basel-Mulhouse-Saverne-Nancy verstärkt[23].

Um die Investitionen in Lothringen in Höhe von rund einer Million Mark für die SVG zu retten, sollte die Stadt Saargemünd nach dem Scheitern der Beteiligung von Pariser Firmen mit einem bestimmten Kapitalanteil in die SVG aufgenommen werden. Auf diesem Wege hofften die Aktionäre, daß ihre Ansprüche als lothringisch-saarländische Gruppe anerkannt würden[24]. In weiteren Verhandlungen forderte die französische Gruppe dann allerdings 74 % des Aktienkapitals der SVG, mußte sich aber schließlich nach zähem Ringen mit 70 % zufriedengeben. Direktor Tormin hatte inzwischen sein Amt als Vorstandsmitglied vorübergehend niedergelegt und war von der Stadt Saarbrücken und der Stadtverordnetenversammlung als am besten mit der Sachlage Vertrauter beauftragt worden, die komplizierte Aktienneuverteilung durchzuführen.

Mit der Berlin-Anhaltischen Maschinenbau-AG, die 1915 die Hälfte ihrer Aktien (15 Stück) an die Stettiner Chamotte Fabrik, vormals Didier, veräußert hatte[25], war Tormin relativ schnell übereingekommen. Anfang 1920 wechselten 30 Aktien ihren Besitzer und gingen zum Nennwert (zuzüglich Dividende für 1919 und pro rata temporis für 1920) an die Städtischen Betriebswerke Saarbrücken über[26]. Diese veräußerten sie sofort für denselben Betrag an die Stadt Saargemünd zur Wahrung der SVG-Interessen weiter[27]. Die AEG dagegen wollte ihre Aktien nicht so günstig hergeben und forderte zunächst 7.000,- M pro Stück, da sie den Wert der SVG trotz der Verluste in Lothringen erheblich höher schätzte. Im Dezember 1920 erfolgte schließlich der Verkauf von 310 AEG-Aktien zu je 3.000,- M an die Städtischen Betriebswerke als Treuhänder der saarländischen Interessen. 70 Aktien davon gingen noch Ende des Jahres an die Stadt Saargemünd, allerdings nur zum Nominalwert von je 1.000,- M[28]. Der Kauf der Berliner Aktienanteile gelang nach Angaben von Tormin aus der Vordividende für 1920 so gut, daß „kein Mitglied der Saargruppe für diese 340 Aktien irgend etwas bezahlt" hatte[29]. Begünstigt wurden die aufgeführten Transaktionen auch durch den zunehmenden Verfall der deutschen Währung; beispielsweise konnten die Verluste beim Verkauf des

---

22 Ebd. BG 2559, 23.03.1920. Auch für das Projekt der elektrischen Treidelei durch den Tunnel von Archviller des Canal de la Marne-au-Rhin war die SVG zur Stromlieferung vorgesehen (vgl. AD Moselle 15 AL 638-II, Präfektur Straßburg v. 02.04.1919).
23 StadtA Sbr. BG 2630, 03.04.1924.
24 Der Sequester über die Forces Electriques Lorraines S.A., Metz, wurde beispielsweise am 01.12.1920 aufgehoben, nachdem der bisherige Hauptaktionär, die Motor AG für angewandte Elektrizität, Baden/Schweiz, den größten Teil seines Aktienanteiles an die SALEC verkauft hatte (AD Moselle 10 S 236, Metz 03.01.1921).
25 StadtA Sbr. BG 2607, 4/1915.
26 Ebd. BG 2630, Übersicht über Aktientausch, o.D.
27 VSE-AHV, Ordner „Übernahme 70% Kapital auf französische Gruppe".
28 StadtA Sbr. BG 2609, Erläuterungsbericht zum Aktienübergang, o.D.
29 Tormin in einem Schreiben an Neikes, StadtA Sbr. BG 2630, 03.04.1924.

zweiten Paketes Saargemünder Aktien durch Umwechseln in französische Francs zum Tageskurs wettgemacht werden[30].

In der ordentlichen Generalversammlung der SVG vom 04. April 1921 war bereits vor Übernahme durch die französische Gruppe die Umwandlung des Grundkapitals von einer Million Mark zum Vorkriegskurs in 1.250.000,- französische Francs (vgl. Tab. 7) sowie die Änderung des Firmennamens in „Saarland-Lothringen Elektrizitäts-AG (Société Anonyme d'Electricité Sarre-Lorraine)" beschlossen worden (abgekürzt: SLE). Vertreten waren 900 Aktien — die Anteilseigner der Stadt Saargemünd nahmen nicht teil: Saarbrücken mit 490, Direktor Tormin als Treuhänder mit 240, Bürgermeister Becker der Bürgermeisterei Bischmisheim mit 100 und der Landrat des Kreises Saarbrücken, Dr. Vogeler, mit 70 Aktien[31]. Am 14. Juli 1921 wurde die künftige Kapitalbeteiligung vertraglich festgelegt (vgl. Abb. 2, Tab. 17). Die Stadt Saarbrücken, der

Abb. 2 Saarland-Lothringen Elektrizitäts-AG: Aktionäre 1921/22 - 1927

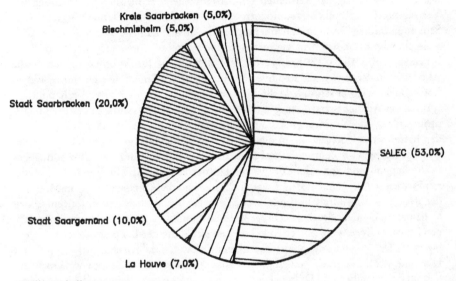

Quelle: Tabelle 17

Landkreis Saarbrücken und die Bürgermeisterei Bischmisheim als „Saargruppe" vereinbarten mit der „französischen Gruppe", bestehend aus der Stadt Saargemünd, der Société Alsacienne et Lorraine de l'Electricité, Strasbourg[32], und der La Houve Socié-

---

30 Wie Anm. 26.
31 VSE-AHV, Protokoll o. HV. Ab 04.04.1921 führte Tormin die Vorstandsgeschäfte der SLE alleine, da Eberhard Wolff aus der Gesellschaft ausgeschieden war (vgl. LA Sbr. Best. Einzelstücke Nr. 152).
32 Die SALEC wurde 1919 in Straßburg gegründet mit Unterstützung der Cie. Française pour l'Exploitation des Procédés Thomson Houston, der Société Alsacienne des Constructions Mécaniques sowie elsässischer und lothringischer Banken (vgl. AD Moselle 10 S 236, Emissionspapier v. 06.01.1922).

té Anonyme de Mines et de l'Electricité, Strasbourg[33], den Verkauf von 700 Aktien an die französische Gruppe zum Preis von 1.050,- Francs pro Aktie.

§ 2 des Vertrages legte fest, daß die französische Gruppe zu Gunsten der früheren Aktionäre auf alle Ansprüche verzichtete, die aus einer möglichen Entschädigung des Deutschen Reiches für den Verlust des in Lothringen liegenden und vom französischen Staate liquidierten Besitzteils der ehemaligen SVG entstehen könnten. Ferner verpflichtete sich die französische Gruppe, „auf den in Lothringen sequestrierten Besitzteil zu submittieren und denselben, im Falle eines Zuschlages an die französische Gruppe, gemäß den von den französischen Behörden erlassenen Bestimmungen sowie gemäß den in Frankreich gültigen gesetzlichen Vorschriften als Aktivum in die Gesellschaft einzubringen"[34]. § 3 regelte die Zusammensetzung von Aufsichtsrat und Vorstand: Im Aufsichtsrat stellte die französische Gruppe sieben von zehn Mitgliedern und ernannte den Vorsitzenden, der Stellvertreter wurde von der saarländischen Gruppe bestimmt. Mitglied des zweiköpfigen Vorstandes sollte stets ein von der Stadt Saarbrücken vorgeschlagener Saarländer sein. Absatz 4 legte schließlich fest, daß sich alle Vertragsparteien verpflichteten einzutreten: 1. für weitgehendste Unterstützung in der Schaffung billiger Bezugsmöglichkeiten für das ausschließliche Versorgungsrecht in weitgehendsten Gebieten in der näheren und weiteren Umgebung der Stadt Saarbrücken, 2. für die Gewährung von Vorzugsrechten für Strombezug durch die Aktionäre in deren eigenen Stromversorgungsgebieten. Eine Folge der französischen Kapitalmehrheit war schon bald die Einführung des Französischen als Verhandlungssprache der Aufsichtsratssitzungen und die französische Abfassung der Aufsichtsratsprotokolle, wobei als Entgegenkommen diejenigen Mitglieder, die nicht alles verstanden hatten, eine Übersetzung in die deutsche Sprache verlangen konnten.[35]

Der Übergang von deutschem auf französisches Kapital und die Umstellung des Grundkapitals auf französische Francs erfolgte bei der SVG/SLE im Vergleich zu anderen Firmen schon recht bald[36]. Er war zum einen auf die Abhängigkeit vom Monopol der Stromlieferung durch die französische Bergverwaltung zurückzuführen; eine zweite, damals noch nicht deutlich sichtbar werdende und sicherlich auch etwas überzeichnete, aber im Kern wohl zutreffende Ursache schilderte der Landrat des Kreises Saarbrückens, Dr. Vogeler, der städtische Eigeninteressen Saarbrückens argwöhnte: Der Übergang der Aktienmehrheit an die französisch-lothringische Gruppe sei ausschließlich auf das Betreiben und Drängen der Stadt Saarbrücken eingeleitet und durchgeführt worden. Der Beauftragte und ständige Vertreter der Stadt in diesen Verhandlungen, Tormin, habe sich in den Verhandlungen „zu den übelsten Drohungen" gegen Vogeler

---

33 Ziel der beiden französischen Gesellschafter war anfangs eine Verknüpfung des Netzes der Electricité de Strasbourg mit den benachbarten Netzen, vgl. Mitteilungen der VdEW 21 (1922), S. 139.

34 VSE-AHV, Vertrag vom 14.06.1921. Letzterer Passus war im Grunde nur Formsache: Sämtliche Liquidationsverfahren wurden unter verschiedenen Vorwänden immer weiter verschleppt, so daß die Hoffnungen auf eine Wiedereinbringung in weite Ferne rückten (vgl. AD Moselle 10 S 236, Commissariat Général, Strasbourg 06.09.1921); ähnlich verliefen die Verfahren für Gas- und Elektrizitätswerke sowie die elektrischen Straßenbahnen in der Gegend von Thionville (vgl. AD Moselle 7 S 73, Thionville 12.11.1020, passim; ebd. 7 S 74 zur Straßenbahn von Fentsch).

35 VSE-AHV, Aufsichtsratssitzung v. 27.12.1921.

36 Vgl. L a t z (1985), S. 110ff.; S p e y e r (1922), R a u e c k e r (1937), S. 159ff.

verstiegen, indem er ihm eines Tages gesagt habe, daß er in der bevorstehenden Nacht nach Paris fahren würde und es sehr bedauere, am anderen Morgen dem französischen Finanzminister erzählen zu müssen, „daß der Widerstand gegen den Übergang der Aktienmehrheit an die französisch-lothringische Gruppe nur noch bei dem Landrat des Kreises Saarbrücken beruhe"[37].

Die Rolle Tormins in den genannten Verhandlungen war in der Tat zwiespältig. Er hatte neben seiner Direktorenstelle bei der SVG weiterhin den Posten eines Beigeordneten der Stadt Saarbrücken behalten und ganz offensichtlich seine Geschäftstätigkeiten häufig vermischt. Auch der spätere Oberbürgermeister von Saarbrücken, Neikes[38], verübelte ihm diese Verquickung seiner Ämter[39]. In den undurchsichtigen Tätigkeiten Tormins wurde letztlich der Keim gelegt für die späteren gegensätzlichen, teilweise unversöhnlichen Standpunkte der städtischen und „ländlichen" Aktionäre der SLE[40]. Die Vertreter der Landgebiete fanden viele Jahre lang kein Vertrauen mehr in die Handlungen der Stadt Saarbrücken. Geprellt sah sich vom Vorgehen Tormins auch die französische Kapitalgruppe. Sie mutmaßte wohl nicht zu Unrecht, daß Tormin bei seinen verschiedenen Transaktionen nicht unbeträchtliche Summen in die eigene Tasche gewirtschaftet hatte. Aufklären ließen sich diese Vorwürfe nicht mehr, unter anderem auch dadurch bedingt, daß Tormin, der nach einem Schlaganfall 1923/24 seinen Ruhestand in Freiburg verbrachte, sowohl städtische wie auch SVG/SLE-Akten dorthin mitgenommen hatte[41].

Die französische Gruppe — allen voran die Stadt Saargemünd — sah im Verhalten Tormins aber auch einen Vorwand, sich nur halbherzig um die Verhinderung der Enteignung der lothringischen SVG-Anlagen zu bemühen[42]. Im Juli 1922 erfolgte der Verkauf des lothringischen Netzes an die SALEC und an Saargemünd, wobei der Zuschlagsbeschluß des Liquidators die Wiedereinbringung in die SLE ausdrücklich untersagte[43]. In der Gewinn- und Verlustrechnung von 1921 wurde die vollständige Tilgung des in der Bilanz für 1920 enthaltenen lothringischen Netzes vorgenommen[44]. Den endgültigen Abschluß der Bemühungen um das lothringische Netz stellte eine Entschädigung in Höhe von gerade noch 16.000,- RM dar, die der Präsident des Reichsentschädigungsamtes in Berlin, das für die Kriegsschäden zuständig war, zu Anfang des Jahres 1930 der SLE zubilligte[45].

Größeren Ausschlag beim Kapitalübergang auf die französische Gruppe als die stark auf die städtischen Interessen Saarbrückens gerichteten Aktivitäten Tormins dürfte die Monopolstellung gegeben haben, die die französische Verwaltung der Saargruben hin-

37 ASV Sbr. GS-22, 10.10. 1926.
38 Zu Neikes vgl. Jacoby (1971), S. 497ff.; Klein (1971), S. 527f.
39 StadtA Sbr. BG 2630, verschiedene Schreiben v. Neikes 1923/24.
40 Mitte des Jahres 1922 übernahm der Landkreis Saarbrücken von der Bürgermeisterei Bischmisheim 18 von 68 Aktien der SLE, so daß beide Aktionäre je 5% = 50 Aktien des Kapitals besaßen (VSE-AHV, o. HV v. 30.06.1922).
41 StadtA Sbr. BG 2630, 1923/24.
42 Ebd., 17.01.1921.
43 SZ-RA, Saarbrücker Zeitung v. 30.07.1922; die ehemals von der SVG versorgten Gemeinden schlossen neue Stromlieferungsverträge mit der SALEC ab (vgl. AD Moselle 10 S 109, Farrebersviller, Apach, Cocheren; ebd. 10 S 112 Remelfing, Sarreguémines).
44 VSE-AHV, Geschäftsbericht für 1921.
45 StadtA Sbr. Best. Bürgermeisterei Brebach Nr. 784, 19. u. 31.01. 1930.

sichtlich der Stromlieferung innehatte. Die MDF hatten seit der Übernahme der Gruben vom preußischen Staat keinen Stromlieferungsvertrag mit der SVG/SLE abgeschlossen, sondern lediglich eine Vereinbarung getroffen, daß der Vertrag zwischen SVG und preußischer Bergwerksdirektion vom 11./13.02.1918 am 28. Juni 1919, dem Tag der Unterzeichnung des Versailler Vertrages, ungültig würde. Nach dieser Zeit erfolgte die Stromlieferung auf der Grundlage eines vorläufigen Abkommens vom 28.04.1920, das bis Ende desselben Jahres währte und die gleiche Strompreisberechnung wie beim alten preußischen Vertrag vorsah[46]. Ab 01.01.1921 wurde die SVG von der französischen Bergverwaltung lediglich als normaler Großabnehmer behandelt, sie verlor ihre Vorrangstellung in der Verteilung elektrischer Energie in dem vor dem Krieg festgelegten Umfang. Sie lebte ständig in der Sorge, daß die MDF sich Großabnehmer zur direkten Belieferung vorbehielten, hatte teilweise höhere Preise als die Pfalzwerke zu akzeptieren und erhielt keine Gewähr einer regelmäßigen Versorgung. Unterbrechungen durch Streiks oder Naturkatastrophen fielen zu Lasten der SVG[47]. Erst am 20. April 1922 wurde ein regulärer Stromlieferungsvertrag zwischen MDF und SLE geschlossen. Seine Unterzeichnung erfolgte allerdings durch den Aufsichtsrat, nicht durch den Vorstand der SLE, ein deutliches Indiz für den weitgehenden Einfluß, den die französische Kapitalgruppe auf die Unternehmenspolitik zu Beginn der zwanziger Jahre nahm[48]. Mit diesem Vertrag war zwar eine bessere Rechtsgrundlage hergestellt worden, die praktische Verwirklichung der Stromlieferung ließ aber noch oft Wünsche offen.

3. Inflation und endgültige Franken - Eröffnungsbilanz

Eine zusätzliche Erschwernis zu den der SLE aufgezwungenen ungünstigen Strombezugsbedingungen von den MDF brachte die immer stärkere Inflation der Markwährung und die beginnende Einführung des französischen Franc im Saargebiet. Die Inflation war ein verspätetes Erbe von 1918/19: Kriegsniederlage sowie politischer und wirtschaftlicher Umbruch sorgten für den Sturz der Reichsmark. Die französische Bergverwaltung hatte bereits am 01. Juli 1920 damit begonnen, ihre Arbeiter in französischer Währung zu bezahlen. Andere Unternehmen, an erster Stelle die von französischem Kapital majorisierten Firmen, zogen nach[49]. Während der Franc relativ stabil blieb, verschlechterte sich der Kurs der Mark von Woche zu Woche, bald von Tag zu Tag[50]. Im Saargebiet entstand eine Zwei-Klassen-Gesellschaft, von der diejenigen pro-

---

46 StadtA Sbr. BG 7130.
47 Ebd., 27.10.1922.
48 VSE-AHV, Aufsichtsratssitzung v. 25.04.1922.
49 Am 01.12.1920 eisenschaffende Industrie, am 01.05.1921 Bahn- und Postbedienstete, am 01.08.1921 sonstige Staatsbeamte, ab 01.10.1921 folgten langsam die Gemeindebediensteten; vgl. L a t z (1985), S. 49ff.; H e r l y (1926), S. 44ff., 71ff.; S a v e l k o u l s (1922), S. 35ff., 55ff., 79ff.; L ü p k e (1924), passim; B e h r e n s (1925), S. 14ff.
50 In der Elektroindustrie des Saargebiets erfolgten nach einer Schätzung der Handelskammer Saarbrücken rund 50% der Einkäufe lediglich zu Spekulationszwecken. Ein Preiszusammenbruch im Frühjahr 1920 führte zur völligen Geschäftsstockung, vgl. Bericht der Handelskammer Saarbrücken über das Wirtschaftsjahr 1920, in: Saar-Wirtschaftszeitung Nr. 6-9 v. 26.02.1921, S. 96f., 106.

fitierten, die bereits in harten Francs entlohnt wurden, während die übrigen Verdienst wie Ersparnisse rasch zerrinnen sahen[51]. Für drei Jahre stand das Saargebiet im Zeichen eines gefährlichen Währungsdualismus zwischen dem relativ gesunden Franken und der todkranken Mark[52]. Einen Eindruck des Preisverfalls vermitteln die Monatsmittelkurse des FF in Tabelle 18[53](vgl. ebf. Tab. 19 u. 20). Betroffen waren auch die Strombezieher. Bereits 1921 verlangten die MDF von der SLE die Bezahlung der Stromlieferung in Franken, was auf größere Schwierigkeiten stieß, da verschiedene Gemeinden sich aus politischer Opposition gegen die herrschenden Verhältnisse weigerten, den Strom in Francs zu bezahlen. Die galoppierende Inflation der Mark bescherte der SLE trotz laufend angehobener Strompreise erhebliche Verluste. 1919 erfolgten vier Preiserhöhungen, 1920 sechs, 1921 und 1922 jeweils fünf Tarifanhebungen, so daß am 01. Dezember 1922 ein Licht- und Kraftstrompreis von 250,- Mark pro kWh zur Verrechnung kam[54](vgl. auch Tab. 11).

Die Bezahlung von Gehältern und Löhnen bereitete ebenfalls immer größere Schwierigkeiten. Obwohl im Herbst 1922 beispielsweise die Gehälter für die Angestellten um 700 % und die Löhne der Arbeiter über 500 % erhöht worden waren, sank die reale Kaufkraft der SLE-Mitarbeiter bedrohlich. Eine Umstellung auf solidere Frankenbasis kam für die Firmenleitung noch nicht in Betracht, da zu wenig Einnahmen der SLE schon in Francs entrichtet wurden. Zu Anfang des Jahres 1923 erklärten sich als letzte Gemeinden Sulzbach, Ensdorf, Püttlingen, Etzenhofen und Güchenbach zur Frankenbezahlung bereit. Eine Ausnahme blieb noch für einige Zeit Friedrichsthal, das kurzerhand den Lieferungsvertrag mit der SLE kündigte und eigene Dieselmotoren zur Selbstversorgung aufstellte[55]. Tabelle 21 verdeutlicht die Diskrepanz, die zwischen dem nominalen Anlagenzugang der SLE und dem tatsächlichen Wertzuwachs, ausgedrückt in stabilen Schweizer Franken, nach 1920 herrschte.

In welche Schwierigkeiten einzelne Gemeinden durch die inflationäre Geldentwertung kommen konnten, zeigt das Beispiel der Gemeinde Winterbach im Kreis St. Wendel. Dort hatte der Gemeinderat 1921 allen Einwohnern zugesagt, die Einführung des elektrischen Stromes durch Erstellung der Zuleitung zum Haus und Anschluß von drei Brennstellen auf Gemeindekosten zu erleichtern. Durch einen außerordentlichen Holzhieb sollte die entsprechende Summe aufgebracht werden. Die Erlöse hieraus wurden jedoch durch die Markinflation rasch entwertet und führten zu hoher Verschuldung. Der Beschluß wurde folglich teilweise wieder rückgängig gemacht und die Bewohner mußten einen Teil der Kosten selbst übernehmen. Hiervon profitierten besonders die bereits in französischen Francs entlohnten Einwohner. So verringert sich in einem Fall beispielsweise die 3.000,- Mark-Zahlung eines Winterbacher Bürgers durch den Tageskurs von 1 Franc = 862.500,- Mark auf rund 1/3 Centime — ein billiger

51 Tab. 19 und 20 verdeutlichen den rapiden Kaufkraftschwund, den die Mark-Empfänger hinnehmen mußten; erst ab Mitte 1922 stellten sich die Reichsbewohner schlechter als die Bevölkerung des Saargebietes.
52 K e u t h (1963/64), S. 110.
53 Quelle: StadtA Sbr. BG 2609.
54 In Blickweiler betrug der Lichtstrompreis zum selben Zeitpunkt 440.- M/kWh und erhöhte sich im Februar 1923 auf 1.600.- M/kWh, vgl. 1000 Jahre Blickweiler (1972), S. 98.
55 VSE-AHV, Aufsichtsratssitzungen v. 28.09.1922, 15.01. und 24.03.1923.

Tabelle 21 Anlagenzugang SVG/SLE 1914 - 1924

Jahr	Anlagenzugang in Mark/FF 1)	Kurs des Schweizer Franken am 31.12.	Anlagenzugang in Schweizer Franken
1914	994.051,93	123,000	1.242.564,91
1915	264.386,36	100,200	264.915,12
1916	57.886,97	84,800	49.088,15
1917	9.140,13	86,000	7.860,51
1918	15.091,80	60,250	9.092,81
1919	123.450,12	11,500	14.169,76
1920	190.342,67	9,100	17.321,18
1921	480.643,62	2,825	13.578,18
1922	47.406,35	2,605	18.198,20
1923	246.946,31	3,410	43.092,00
1924	890.216,30	3,390	247.971,10

1) ab 1922 in FF

Quelle: Aufsichtsratssitzung v. 16.3.1925 (VSE-AHV)

Stromanschluß[56]! In der später zum Saarland gehörenden Gemeinde Freisen war die Durchführung eines Gemeinderatsbeschlusses von 1921 zum Bau eines Ortsnetzes immer wieder verschoben worden, da die veranschlagte Summe von 366.000,- Mark zu hoch erschien. Bald hätten jedoch schon über eine Million Mark aufgebracht werden müssen, weshalb das Projekt auf Eis gelegt wurde[57].

Erst die Verordnung der Regierungskommission vom 18.05.1923, durch die der Franc offiziell ab 01.06.1923 als einziges gesetzliches Zahlungsmittel eingeführt wurde, brachte Ruhe in die zerrütteten Währungsverhältnisse an der Saar[58]. Damit bestand wieder die Möglichkeit, auf einem soliden Geschäftsgebaren aufzubauen, erlöst von unvorhersehbaren Kursschwankungen und hektischen Gegenmaßnahmen[59]. Der Durchschnittskurs des Franc erreichte im Mai 1923, kurz vor seiner Einführung als gesetzliches Zahlungsmittel, mit 2974,22 Mark seinen höchsten Wert[60]. Die endgültige Einführung des Franc bewahrte das Saargebiet davor, den letzten Absturz der Mark mitzumachen. Am 01.06.1923 betrug die Notierung für einen Franc 4.875,- Mark und stieg bis zur Einführung der Rentenmark im Deutschen Reich am 15.11.1923 noch auf 138 Milliarden Mark[61]!

---

56 LA Sbr. Best. Landratsamt St. Wendel, Nr. 454, 22.11.1923; Holzeinschläge zur Finanzierung der Ortsnetzanlagen waren auch in der Saarpfalz nach dem Krieg eine gängige Einnahmequelle der Gemeinden (vgl. LA Sbr. Best. Landratsamt St. Ingbert, Nr. 2311/a); vgl. ebf. Berschweiler: Wagner (1983), S. 175.
57 Vgl. Jung (1973), S. 247ff.
58 Die Währungsverordnung und die Umstellungsbestimmungen für das Saargebiet (1923).
59 Herly (1926), S. 184ff.
60 Köster (1948), S. 4.
61 Keuth (1963/64), S. 112; Zahlen zur Geldentwertung in Deutschland (1925).

In die Zeit der vorübergehenden Währungsstabilisierung fiel auch die endgültige Eintragung der Umstellung des Aktienkapitals der SLE von Mark auf französische Francs am 25.04.1923[62]. Zwei Jahre zuvor war hierüber in der Generalversammlung zwar beschlossen worden, doch sowohl der damals beantragte Eintrag in das Handelsregister wie auch ein zweiter Versuch Mitte 1922 wurden vom zuständigen Registergericht in erster und zweiter Instanz abgelehnt. Die Satzung der SLE war nicht so geändert worden, daß sie der Umwertung des Mark-Kapitals in französische Francs Rechnung trug. Erst eine Verordnung der Regierungskommission des Saargebiets vom 08.12.1922[63], nach der die Umstellung des Aktienkapitals von Mark in Francs zum Kurs des Tages der ersten Eintragung, im Falle der SLE/SVG also von 1912, auf gesetzliche Grundlage gestellt wurde, brachte die Möglichkeit, die früheren Generalversammlungsbeschlüsse wiederaufleben zu lassen, und führte zur nachträglichen Eröffnungsbilanz in französischer Währung vom 01.01.1922.

Dem Saargebiet war nur für kurze Zeit ein stabiler Kurs des FF beschert: Die Frankeninflation führte ab Oktober 1923 zu einer stürmischen Hochkonjunktur, die der Industrie nach der Markstabilisierung in Deutschland zu günstigen Exportmöglichkeiten verhalf[64]. Für weite Teile der Bevölkerung bedeutete diese Entwicklung jedoch eine Entwertung der Realwerte von Löhnen, Gehältern und Renten auf der einen sowie eine nominelle Steigerung der Preise auf der anderen Seite[65]. Erst im Verlauf des Jahres 1925 beruhigte sich die Kursentwicklung des Franc. Der Index der Lebenshaltungskosten im Saargebiet für die folgenden Jahre verdeutlicht die zunehmende Stabilisierung (vgl. Tab. 22), wobei die Preise für Strom neben den Aufwendungen für Wohnen im Vergleich zur Vorkriegszeit die geringsten Steigerungen aufwiesen. Das Gesamtpreisniveau war im Saargebiet gegenüber dem Deutschen Reich allerdings deutlich höher: Bei Lichtstrom lag der saarländische kWh-Preis viermal, bei Kraftstrom etwa dreimal so hoch[66].

4. Die Versorgung der Stadt Saarbrücken mit elektrischer Energie

Gegen alle wirtschaftlichen und politischen Schwierigkeiten der Zeit gelang der SLE allmählich eine Ausdehnung ihres Versorgungsgebietes. 1920/21 erfolgte gegen den anfänglichen Widerstand der Pfalzwerke der Anschluß von Bliesmengen-Bolchen, ein Jahr später derjenige von Habkirchen, Ormesheim, Eschringen, Altenkessel, Klaren-

---

62 Handelsregistereintrag vom 02.05. und 16.10.1923, Abschrift (StadtA Sbr. BG 7196).
63 Amtsblatt der Regierungskommission des Saargebiets Nr. 26 v. 15.12. 1922; Die Währungsverordnung und die Umstellungsbestimmungen für das Saargebiet (1923).
64 Vgl. Lehmann (1925), S. 64; ebf.: Die Auswirkungen der Frankenentwertung (1924).
65 Vgl. Erklärungen der einzelnen Fraktionen des Landesrates des Saargebiets zur Notlage breiter Volksschichten, Sitzung des Landesrates vom 07.01.1925 (LA Sbr. Amtsdrucksachen: Stenographische Berichte des Landesrates, p. 35ff.).
66 Vgl. Ambrosius, Die öffentliche Wirtschaft (1984), S. 142, Tab. 29.

thal, Ottenhausen und Gersweiler[67]. Die gesamte Stromabgabe konnte nach einer Stagnation in den ersten Nachkriegsjahren und einem Rückgang 1921 von knapp 15 Millionen auf über 35 Millionen Kilowattstunden 1922 gesteigert werden (vgl. Tab. 23). Lediglich sechs Millionen kWh des Zuwachses kamen durch die Vergrößerungen

Tabelle 23 Nutzbare Abgabe der SVG/SLE/VSE 1920 - 1935 in kWh

Jahr	Nutzbare Abgabe in kWh	Bezug Mannesmann von La Houve in kWh	Abgabe an Sbr./RWE in kWh	eigenes Versorgungs- gebiet in kWh
1920	16.604.277			16.604.277
1921	14.892.730			14.892.730
1922	35.048.094		14.417.500 1)	20.630.594
1923	33.637.763		22.185.400 1)	11.452.363
1924	42.062.492		30.702.300 1)	11.360.192
1925	21.095.740	7.208.835		13.886.905
1926	28.729.106	13.011.237		15.717.869
1927	29.773.894	11.786.526		17.987.368
1928	36.556.511	15.183.845		21.372.666
1929	44.356.995	16.902.628		27.454.367 3)
1930	49.500.070	10.755.495		38.744.575 4)
1931	57.912.155	10.587.276		47.324.879
1932	68.915.947	9.017.877		59.898.070
1933	74.356.349	10.026.916	5.332.857 2)	58.996.576
1934	74.113.846	9.346.875	2.527.598 2)	62.239.373
1935	80.038.079	13.671.256 5)	1.321.275 2)	65.045.548

1) Abgabe an die Stadt Saarbrücken
2) Abgabe an das RWE, Betriebsverwaltung Saargebiet, Eppelborn
3) Übernahme der Versorgung Kreis St. Wendel
4) Übernahme der Versorgung Kreis Saarlouis (Kravag)
5) 1936: Durchleitung von rd. 20,7 Mio kWh für La Houve an Mannesmann, Bous, ab 1937 wieder Direktlieferung durch VSE
Quellen: Geschäftsberichte, Aufsichtsratsprotokolle (VSE-AHV)

---

67 Zu Bliesmengen-Bolchen vgl. StadtA Sbr. BG 7196, 30.11.1931. Auf der Sitzung des Bezirks-tages des Amtes St. Ingbert wurde unter Punkt 8 der Tagesordnung mitgeteilt, daß die Pfalzwerke der SVG/SLE für den früheren Distrikt Blieskastel die Genehmigung zur Benut-zung von Distrikteigentum für die elektrische Leitung nach Bliesmengen-Bolchen erteilt hat-ten (LA Sbr. Best. Landratsamt St. Ingbert Nr. 2311/a, 28.07.1921). Die Pfalzwerke sahen sich allerdings durch die SVG „vor vollendete Tatsachen gestellt" (vgl. ebd. Nr. 5865, 09.07.1921); zum Vertrag der SLE mit der Gemeinde Ensheim vgl. auch StadtA Sbr. Best. Bürgermeisterei Ensheim, Nr. 289. Am 07.07.1919 verzichteten die Pfalzwerke auf die Belie-ferung der Gemeinden Ensheim, Ommersheim, Heckendahlheim und Oberwürzbach zu-gunsten der SVG, da sie sich außerstande sahen, eine Leitung von der Stadt St. Ingbert aus zu legen (vgl. LA Sbr. Best. Landratsamt St. Ingbert, Nr. 5852). Zu Habkirchen usw. vgl. VSE-AHV, Geschäftsbericht für 1922.

des Versorgungsgebietes und den Anschluß neuer Abnehmer zustande, der größere Teil von 14,4 Millionen Kilowattstunden entfiel auf die Stromlieferung an die Stadt Saarbrücken[68].

Die Versorgung der Stadt mit elektrischer Energie erfolgte bis dahin auf Eigenerzeugungsbasis und Bezug des darüber hinausgehenden Bedarfs von den Mines Domaniales Françaises (MDF). Nachdem bei der SLE französische Kapitalgeber das Sagen hatten, drängten diese die französische Bergverwaltung, ihrerseits die Stadt Saarbrücken zum Strombezug von der SLE anzuhalten, da hierdurch die wirtschaftliche Stärke des Unternehmens gefestigt würde. Druck übten die MDF insofern auf die Stadt aus, als sie ihr nur kurzfristige Verträge anboten, die Saarbrücken keine Gewähr für eine ordnungsgemäße Versorgung boten. Zudem verschärfte die französische Bergverwaltung die Lieferungsbedingungen durch eine geplante Direktbelieferung der Großabnehmer im Stadtgebiet und durch hohe Strompreise. Verhandlungen zu Beginn des Jahres 1922 führten zu einem Stromlieferungsvertrag zwischen Stadt und SLE, dessen Annahme ohne grundsätzliche Abänderungen seitens der Stadt die MDF dadurch „erleichterten", daß sie von der Berechnung des Blindstromes für Saarbrücken in den ersten 10 Monaten des Jahres 1921 Abstand nahmen. Lediglich Artikel II, § 5 des Vertrages erfuhr eine Abänderung, die später noch Folgen haben sollte: „Das Recht zur Selbstversorgung der Stadt in bisherigem Umfange bis zu einer Maximalleistung von 1.500 kW bleibt bestehen; diese Maximalleistung kann auf 3.000 kW erhöht werden, falls die Stadt sich selbst an einem Stromerzeugungsunternehmen mit mindestens 30 % beteiligt und die von diesem Stromerzeugungsunternehmen hergestellte Energie billiger geliefert werden kann als von der SLE"[69].

Während der Verhandlungen wurde auf Wunsch der Stadt Saarbrücken auch der Gedanke einer Beteiligung der SLE am Kraftwerk Homburg ins Auge gefaßt und Verhandlungen mit den Pfalzwerken in Erwägung gezogen, um die Sicherheit der Versorgung zu vergrößern. Die Stadt Saarbrücken, mit Oberbürgermeister Neikes an der Spitze, der sich offensichtlich als Statthalter der preußischen Interessen für das Saargebiet fühlte, mißtraute im innersten der französischen Bergverwaltung. Am 10. Juni 1922 wurde schließlich der Stromlieferungsvertrag (Dauer 12 Jahre) mit der Stadt Saarbrücken unterzeichnet. Im Gegenzug hatte sich die Stadt drei Mitglieder im Aufsichtsrat der SLE ausbedungen. Um die Vorherrschaft der französischen Mitglieder im Aufsichtsrat zu behalten, wurde deren Gesamtzahl von 10 auf 15 erhöht[70]. Die Stromlieferung an die Stadt hatte bereits am 01. März 1922 begonnen. Um die Versorgung sicherzustellen, hatte die SLE am 20.06.1922 einen Zusatzvertrag mit den MDF geschlossen, der eine Maximalleistung von 10.500 kW statt 3.500 kW, wie zuvor vereinbart, gewährleistete. Da die bisherigen Übergabestellen der Stadt bestehen blieben, liefen praktisch nur die Rechnungen über die SLE.

---

68 Eine Aufschlüsselung der Stromabgabe von rund 14,9 Mio kWh für 1921 zeigt ein Mißverhältnis zwischen Groß- und Kleinabnehmern. Lediglich 530 000 kWh wurden an letztere geliefert, ca. 96 % an die Großabnehmer, wozu allerdings auch einige A-Gemeinden (Wiederverkäufer) zählten (vgl. VSE-AHV, zusammengestellt nach verschiedenen Vorlagen zu Aufsichtsratssitzungen); zu Saarbrücken vgl. V o l z (1934), S. 110f.
69 VSE-AHV, Aufsichtsratssitzung v. 31.05.1922.
70 Ebd., v. 09.06.1922, o. HV v. 30.06.1922.

Eine tiefe Zäsur in die Stromlieferung an die Stadt brachte der 100-tägige Streik der Bergarbeiter am 05. Februar 1923. Der Ausstand war aus Lohnforderungen der Bergleute entstanden und wurde von der französischen Grubenverwaltung mit Entlassungen und Wohnungskündigungen beantwortet[71]. Der Directeur Général der MDF, Défline, legte fest, daß ab 10. Februar die Stromlieferung an sämtliche Abnehmer eingestellt wurde mit Ausnahme der Krankenhäuser, Wasserwerke und Bahnhöfe. Nur mühsam gelang es, wenigstens die Stromlieferung für die öffentliche Beleuchtung der Stadt Saarbrücken ab 16. März, zum Betrieb einer lebenswichtigen Mühle und für Reparaturarbeiten an einer Brücke wiederaufzunehmen[72]. Die MDF nahmen für sich das Recht in Anspruch, Saarbrücken über die Verwendung der Strommengen, die sie ihr über die SLE zur Verfügung stellten, bis ins einzelne gehende Vorschriften zu machen. Abbildung 3 und Tabelle 24 verdeutlichen die einzelnen Phasen der einge-

Abb. 3: Strombezug der Stadt Saarbrücken von der SLE 1922/23

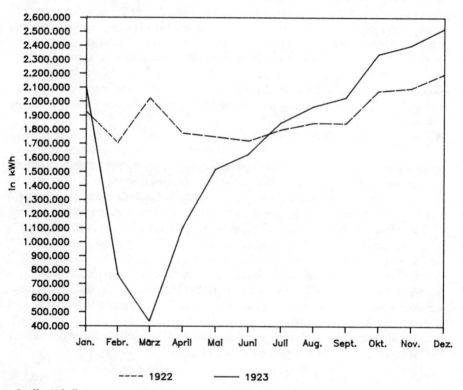

Quelle: Tabelle 24

---

71 Vgl. Zenner (1966), S. 74; Bungert/Mallmann (1978), S. 336.
72 VSE-AHV, Aufsichtsratssitzung v. 24.03.1923.

schränkten Stromabgabe und der gelieferten Strommenge bis zum Ende des Streikes am 15. Mai 1923 im Vergleich zum Vorjahr. Straßenbahnen mußten beispielsweise stillgelegt und die Presse vom Strombezug abgeschnitten werden. Elektrische Arbeit durfte nur noch an Abnehmer weitergegeben werden, die die MDF bestimmten. Diese ganz offensichtlich politisch motivierten Maßnahmen mußten auf eine entsprechende Verbitterung seitens der Saarbevölkerung stoßen und das angeschlagene, gespannte Verhältnis zwischen Regierungskommission und Bevölkerung verschlechtern[73]. Oberbürgermeister Neikes wies der SLE die alleinige Schuld am Ausfall der Stromlieferung für Saarbrücken zu[74], da die Stadt bei Abschluß des Stromlieferungsvertrages mit der SLE ausdrücklich die Bedingung gestellt habe, daß die SLE in ihrem Vertrag mit den MDF die gleichen Garantien fordere, die in den alten Stromlieferungsverträgen zwischen Stadt und preußischem Bergfiskus, besonders was die Regelmäßigkeit der Stromversorgung anbelangte, gegeben worden seien. In verschiedenen Aufsichtsratsitzungen legte Neikes seinen Protest schriftlich nieder „gegen das Stillschweigen des SLE-Vorstandes", der ihn nicht davon benachrichtigt habe, daß die Garantie der Strombelieferung in Form von „contre-séing" (Gegenzeichnung) seitens der MDF im Vertrag Stadt/SLE nicht verwirklicht worden war[75]. Hier argumentierte Neikes wohl wissentlich falsch, denn in allen Verträgen, die die Stadt in den Jahren 1908-1918 mit dem preußischen Bergfiskus abgeschlossen hatte, war eine Vorbehaltsklausel eingebaut, daß bei Störungen der Kraftwerke — ausdrücklich waren Streiks und Aussperrungen miteinbezogen — zunächst die eigenen Bedürfnisse des Grubenbetriebes gedeckt werden mußten und der Bergfiskus von der Verpflichtung zur Stromlieferung entbunden war[76].

Unbestritten war der Zustand der Stromversorgung während des Bergarbeiterstreikes nicht tragbar. Der Streik stellte den Gipfel der jahrelangen Störungen — auch schon zu preußischen Zeiten — in der Elektrizitätsbelieferung Saarbrückens dar. Ebenso offensichtlich zeigte sich aber auch das Bemühen der Stadtverwaltung, aus dem ihr unliebsamen Vertrag möglichst ungeschoren herauszukommen. Darüber hinaus bezifferte Neikes Schadensersatzansprüche der Stadt gegen die SLE wegen Verlusten durch eine Minderung der vorausberechneten Absatzsteigerung, durch die schlechte Benutzungsdauer und schließlich durch Ausfall der Einnahmen des Straßenbahnbetriebes auf eine Gesamthöhe von 1.424.000 FF[77]. Die genannten Forderungen wurden seitens der SLE sämtlich abgelehnt unter Hinweis auf die Rechtsgültigkeit des Stromlieferungsvertrages mit der Stadt, der unter maßgeblicher Beteiligung von Tormin, damals in Personalunion Direktor sowohl der SLE wie auch der technischen Werke der Stadt Saarbrücken, zustande gekommen war[78].

---

73 In einer gemeinsamen Erklärung der Fraktionen des Landesrates prangerten die Parteienvertreter beispielsweise einstimmig die rechtliche Haltlosigkeit der Notverordnung der Regierungskommission vom 07.03.1923 betr. Aufrechterhaltung der Ordnung und Sicherheit im Saargebiet an, da diese sich auf eine entsprechende Anwendung des deutschen Reichsgesetzes zum Schutze der Republik vom 21.07.1922 stützte (vgl. LA Sbr. Amtsdrucksachen: Stenographische Berichte, Sitzung v. 15.03.1923, p. 18ff.).
74 Vgl. „Die Neuregelung der Stromversorgung der Stadt Saarbrücken", Presseartikel von Neikes (LA Sbr. Einzelstücke Nr. 152 v. März 1924).
75 VSE-AHV, Aufsichtsratssitzung v. 18.06.1923 und Korrektur.
76 StadtA Sbr. BG 2514, Abriß Elektrizitätsversorgung Saarbrücken o.D.
77 Ebd. BG 7154, Berechnung der Schadenersatzansprüche der Stadt (o.D.).
78 VSE-AHV, Aufsichtsratssitzung v. 18.06.1923.

Während des Stromausfalles waren die Monteure der Stadt wie auch der SLE in erster Linie mit Ausbesserungs- und Reparaturarbeiten beschäftigt. Beispielsweise wurden die Ortsnetze in Bliesransbach und Eschringen von Eisen- in Kupferleitungen umgerüstet. Auch nach Ende des Bergarbeiterstreikes konnten die MDF nicht sofort die erforderlichen Mengen elektrischer Arbeit zur Verfügung stellen, da verschiedene Koksöfen des Kraftwerkes Heinitz durch den langen Stillstand schwer beschädigt waren und fast gänzlich erneuert werden mußten[79]. Erst am 04. Juli 1923 erreichte die SLE wieder die normale tägliche Strommenge, mußte jedoch die Abnehmer auffordern, den Strombezug zwischen 09.00 Uhr und 11.00 Uhr vormittags möglichst einzuschränken, da in dieser Zeit bei den Gruben die höchste Belastungsspitze auftrat.

Die Stadtverwaltung nahm aufgrund der Erfahrungen der Streikwochen Verhandlungen mit der ortsansässigen, Eigenstrom erzeugenden Industrie wie auch mit benachbarten Kraftwerken auf. Am 12.06.1923 unterrichtete Oberbürgermeister Neikes die SLE von dem Plan der Stadt, ein eigenes Kraftwerk zu errichten oder sich an einem anderen Kraftwerk zu beteiligen und lediglich Spitzenstrom von der SLE zu beziehen. Die Stadt sehe ihren Einfluß auf die SLE auf ein Minimum reduziert und habe, unter anderem auf Grund der rein französischen Verhandlungsführung, kein Vertrauen mehr. Unter dem Gesichtspunkt, „Wirtschaftlichkeit ist zweitrangig, Sicherheit ist wichtiger", war der Entschluß zum Bau eines 6.000 kW-Kraftwerkes gereift, wovon 3.000 kW als Reserve vorgesehen waren, um den Stromlieferungsvertrag mit der SLE nicht zu verletzen. Die SLE versuchte mit verschiedenen Gegenrechnungen, unter anderem einer gedruckten Broschüre „Stromversorgung der Stadt Saarbrücken", die den Stadtverordneten überreicht wurde, zu beweisen, daß die Eigenerzeugung unverhältnismäßig teuer komme[80].

Die Forderungen von Neikes, der inzwischen offensichtlich mit den Röchlingschen Eisen- und Stahlwerken in Völklingen Kontakt wegen Stromlieferung aufgenommen hatte, gipfelten im Herbst 1923 in der Feststellung, die Stadt könne ihre Stromversorgung nur als gesichert ansehen, wenn 1. die Stadt Saarbrücken die Mehrheit des Kapitals bei der SLE habe, 2. Verträge über Stromlieferung im Notfall direkt mit der Stadt abgeschlossen würden und 3. eine wesentliche Ermäßigung der Strompreise des Vertrages vom 20. Juni 1922 erfolge[81]. Die Stadt pokerte hoch, war es doch den MDF laut § 8, Kapitel 2 der Anlage zu Artikel 45 und 50 des Versailler Vertrages erlaubt, ihre Leitungen überall zu verlegen. Allein der Verlust der zehn größten Abnehmer der Stadt an die MDF hätte 50 % der Stromabgabe ausgemacht; der Einsatz aber gelang: Die SLE kam der Stadt nach Rücksprache mit ihren Aktionären weitestgehend entgegen — nur die Kapitalbeteiligung bis zur Mehrheit war natürlich ausgeschlossen. Saarbrücken wurden drei weitere Aufsichtsratmitglieder zugestanden und die Forderung nach direkten Zusatzverträgen mit den Kraftwerken La Houve, Saarlouis und Homburg sowie eine Reservekapazität von 3.000 kW anerkannt. Auch bei den Preisen wollte die SLE nachgeben. Am 07. November 1923 trat die Stadt Saarbrücken gleichwohl vom Stromlieferungsvertrag mit Wirkung vom 07. November 1924 zurück; am 26. Februar 1924 stimmte die Stadtverordnetenversammlung dem Stromlieferungsvertrag mit

79 Ebd., Vorlage zur Aufsichtsratssitzung v. 18.06.1923.
80 Die Broschüre befindet sich im StadtA Sbr. BG 7127, September 1923.
81 StadtA Sbr. BG 7127, 11.10.1923.

Röchling zu, nachdem Vertraulichkeit der Vorlage festgestellt worden war[82]. Diese Entscheidung bedeutete einen herben Schlag für die SLE, verlor sie doch mit der Stadt Saarbrücken den größten Abnehmer und wurde auf dem Weg, eine einheitliche Elektrizitätsversorgung an der Saar mit einem Kern aus Stadt- und Landkreis Saarbrücken aufzubauen, wieder zurückgeworfen. Die Möglichkeit der Stromversorgung vom Kraftwerk Homburg hatte die Stadt Saarbrücken bald verworfen, nachdem dort im Juni 1923 „einer der üblichen plötzlichen Streiks" ausbrach[83] und Landeskrankenhaus, Bahnhöfe und viele Industrieunternehmen ohne Strom waren, ehe das Homburger Eisenwerk die provisorische Belieferung übernahm[84].

Mit den Röchlingschen Eisen- und Stahlwerken hatte sich Saarbrücken einen Lieferanten ausersehen, der zu den erbittertsten Gegnern der französischen Interessen im Saargebiet zählte. Zudem hatte Hermann Röchling der Stadt schon einmal Strom aus seinem Kraftwerk angeboten, als Verhandlungen zwischen Saarbrücken und MDF gescheitert waren. Er hatte deshalb „einen ziemlichen Stein im Brett", wie er in seinen Erinnerungen schrieb[85]. Für die Erweiterung des Kraftwerkes Wehrden standen höchsten sieben bis acht Monate zur Verfügung, zusätzlich fehlten sowohl der Stadt Saarbrücken wie auch Röchling die notwendigen flüssigen Mittel. Höher jedoch als diese Schwierigkeiten bewertete Röchling selbst „die Gefahr eines großen politischen Mißerfolges, wenn die Stadt der Grubenverwaltung gegenüber reuig zu Kreuze kriechen müßte"[86].

Der zeitliche Termin für die Kraftwerkserweiterung wurde durch die Schließung des französischen Zollgürtels gegen Deutschland am 10.01.1925 gesetzt, an dem die fünfjährige zollfreie Ein- und Ausfuhr mit Deutschland nach dem Versailler Vertrag aufhörte[87]. Regierungskommission und französische Zollverwaltung versuchten bereits ein Jahr zuvor, Einfuhren aus dem Reich mit der Begründung zu unterbinden, daß „die zollfreie Einfuhr nur für den örtlichen Bedarf, nicht aber für die Versorgung der Bevölkerung für die Zeit nach dem 10. Januar 1925 bestimmt sei"[88]. Röchling gelang aber auch hier dank seiner politischen Beziehungen zum Auswärtigen Amt, daß diese Frage auf Grund einer deutschen Intervention beim Völkerbund auf der Ratstagung vom 17. Juli 1924 einigermaßen zufriedenstellend für Röchling und damit für die Stadt Saarbrücken gelöst wurde. Andernfalls wäre eine Anzahl von Dampfkesseln für das Kraftwerk nicht mehr rechtzeitig oder nur mit hohen Zöllen belastet in das Saarland hereingekommen[89]. Für die Bestellung der Dampfturbinen glückte der Erhalt eines

---

82 Ebd., 26.02. 1924.
83 SZ-RA, Saarbrücker Zeitung v. 25.06.1923; ab 20. Juni stand das Kraftwerk still, wodurch große Teile der Pfalz ohne Strom blieben, Mitteilungen der VdEW 1923, S. 295.
84 Im Herbst 1924 schloß die Stadt dann doch noch einen Vertrag über Zusatzstromlieferung mit dem Kraftwerk Homburg über 1500 kW ab Station Rentrisch ab (VSE-AHV, Aufsichtsratssitzung v. 18.10.1924); vgl. ebf. StadtA Sbr. BG 2354, Verhandlungen der Stadt mit dem Kraftwerk Homburg.
85 Röchling (1934), S. 104f.; zur Rolle Röchlings gegenüber dem französischen Einfluß im Saargebiet und zur Rückgliederung vgl. Jacoby (1973), S. 35f.
86 Röchling (1934), S. 105.
87 Vgl. Martini (1929), S. 14ff.
88 Röchling (1934), S. 105.
89 Es handelte sich um sieben Sektional-Kessel der Fa. Babcock, zwei Steilrohrkessel der Fa. Büttner sowie einen Steilrohrkessel der Fa. Humboldt, vgl. 50 Jahre Kraftwerk Wehrden (1963), S. 6.

langfristigen Schweizer Kredites unter der Bedingung, daß die Firma Escher & Wyss in Winterthur (Schweiz) den Auftrag bekam.

Saarbrücken hatte mit Beginn der Stromlieferung von Röchling am 27. Dezember 1924 seine Ziele erreicht[90]: Lösung von der aus politischen Gründen mißliebigen und technisch unsicheren Bezugsverpflichtung von den MDF und damit auch stärker von der SLE, in der man offensichtlich die städtischen Interessen zu wenig durchsetzen konnte. Nach dem Ausscheiden von Tormin aus dem SLE-Vorstand Mitte 1923 aus Krankheitsgründen konnte Neikes z.B. keinen ihm genehmen Kandidaten plazieren. Andererseits darf nicht verkannt werden, daß die Loslösung von der Belieferung durch die Gruben ein erster Schritt der öffentlichen Elektrizitätsversorgung an der Saar war, sich vom Monopol, das die jeweiligen Grubenverwaltung bis dahin auf diesem Gebiet hatte, langsam zu lösen und eigene Erzeugungsstätten anzustreben.

5. Der innere Ausbau des Versorgungsgebietes

Das Jahr 1924 brachte der SLE neben dem Verlust von Saarbrücken einen zweiten Rückschlag. Die im Jahre 1915 gegenüber dem Kreis Saarlouis eingegangene Verpflichtung, nach Beendigung des Kriegszustandes jährlich mindestens zwei Millionen Kilowattstunden zu liefern, konnte seitens der SLE nicht mehr aufrechterhalten werden. Die geplante Lieferung vom Kraftwerk Luisenthal — die preußische Grubenverwaltung war damals dem Stromlieferungsvertrag beigetreten — war nicht mehr zu verwirklichen, da die Bergwerke gemäß den Bestimmungen des Versailler Vertrages frei von allen Lasten und Verpflichtungen an die französische Grubenverwaltung übergeben werden mußten. In einem Nachtragsvertrag vom 17.12.1923 zwischen SLE und Kreis Saarlouis wurden die Abnahmepflichtung von zwei Millionen Kilowattstunden erneut festgelegt und neue Preise vereinbart. Um dieser Vertragsverpflichtung gerecht zu werden, schloß die SLE am 09. April 1924 mit der Gesellschaft La Houve einen Vertrag ab, der bestimmte, daß der Strom an Saarlouis vom Kraftwerk Creutzwald der La Houve zu beziehen sei[91].

Die SLE war einerseits aus technischen Gründen veranlaßt, Strom von La Houve zu beziehen, denn die MDF konnten mit ihren beiden älteren Kraftwerken und dem Kraftwerk Weiher — Fenne war noch im Bau[92] — den zusätzlichen Bedarf nicht sicher bereitstellen. Die zusätzliche Lieferung nach Saarlouis war mit der bereits durch die Versorgung der Mannesmann Röhrenwerke in Bous völlig überlasteten Kabelleitung nicht möglich. Andererseits waren SALEC und La Houve zusammen Mehrheitsaktionäre der SLE und das Werk in Bous firmierte seit 1920 ebenfalls unter französischem Kapital als „Aciéries et Usines à Tubes de la Sarre"[93]. Es erstaunt folglich nicht, daß in den Dreiecksverhandlungen zwischen SLE, La Houve und Bous die SLE als Gegenleistung für die Lieferung an den Kreis Saarlouis die Versorgung des Röhrenwerkes ab-

---

90 Vgl. Presseartikel von Neikes: Die Neuregelung der Stromversorgung der Stadt Saarbrücken, März 1924 (LA Sbr. Best. Einzelstücke Nr. 152).
91 StadtA Sbr. BG 2542, 23.12.1933.
92 Vgl. Das Kraftwerk Fenne (1928), S. 59ff.; 50 Jahre Kraftwerk Fenne (1974), S. 15ff.
93 Emmrich (1931), S. 76; Koch (1963), S. 25f.

treten mußte, lediglich eine Durchleitungsgebühr stand ihr noch zu. Kennzeichnend für die Verhältnisse war es, daß der SLE zusätzlich auch der Bau einer 35 kV-Leitung von Creutzwald nach Bous aufgebürdet wurde[94]. Der Vertrag mit La Houve trat am 01.04.1925 in Kraft und hatte eine Laufzeit von 12 Jahren.

Die Aussichten für das kommende Jahr 1925, in dem der Verlust der beiden Großabnehmer sich erstmals voll auswirken sollte (vgl. Tab. 23), schienen zunächst nicht sehr hoffnungsvoll, lediglich das rege Installationsgeschäft brachte „nennenswerte Ergebnisse", unter anderem eine Folge tariflicher Vergünstigungen für Kleinkraftabnehmer[95]. Allgemein waren die Preise für Tarifabnehmer seit Umstellung auf französische Franc ab 01.01.1923 kräftig in die Höhe geschnellt (vgl. Tab. 25). Die Installa-

Tabelle 25 Tarifpreise der SLE/VSE vom 1.1.1923 - 28.2.1935

	Lichtstrom	Kraftstrom
	FF/kWh	FF/kWh
ab 01.01.1923	0,50	0,50
ab 01.02.1923	0,75	0,75
ab 01.03.1923	0,85	0,85
ab 01.06.1923	0,95	0,95
ab 01.07.1923	1,00	1,00
ab 01.08.1923	1,10	0,95
ab 01.10.1923	1,25	1,25
ab 01.04.1924	1,40	1,40
ab 01.04.1926	1,70	0,90
ab 01.11.1926	2,10	1,10
ab 01.07.1927 – 1935	2,00	1,00

Aufhebung Grundgebührentarif ab 1.8.1922
Aufhebung Pauschaltarif ab 1.7.1923
Haushaltstarif ab 1930 (vgl. Kap. V.6)
Quelle: NlK (VSE-AHV)

tionsabteilung der SLE und der 1923 begonnene Verkauf von elektrischen Materialien sollten sich in den folgenden Jahren als eine wichtige wirtschaftliche Stütze der Firma erweisen, nachdem die Erlöse aus dem Stromverkauf weniger befriedigend blieben[96]. In den zwanziger Jahren setzte eine Nachfrage nach elektrischen Anschlüssen auf brei-

---

94 VSE-AHV, Aufsichtsratssitzung v. 24.03.1923, 18.02.1924.
95 Ebd., Geschäftsbericht für 1924.
96 Vgl. LA Sbr. Dep. Heusweiler Fach 52 Nr. 2, Denkschrift SLE (o.D.), Eingang Heusweiler 24.08.1927.

ter Ebene ein, so daß die Installationsabteilung der SLE personell verstärkt wurde und im gesamten Saargebiet einschließlich der Stadt Saarbrücken in Konkurrenz zu den freien Unternehmen arbeitete. Die SLE erreichte hierdurch erstmals über 100 Mitarbeiter (vgl. Tab. 26). In Gemeinden, die aus finanziellen Gründen nicht in der Lage waren, einen Zuschuß zum Ortsnetz zu geben, ließ sich die SLE für einen bestimmten Zeitraum ein Installationsmonopol zusichern, wie beispielsweise in Schiffweiler 1923/24 für 18 Monate[97].

Eine wichtige Aufgabe der frühen 20er Jahre war der Aufbau eines sicheren Versorgungsnetzes, das — immer noch ohne Zusammenschluß — in erster Linie aus Übergabestellen der Bergverwaltung gespeist wurde (vgl. Karte 4). Die östlich von Saarbrücken gelegenen Bezirke erhielten den Strom über die Eschbergstation der Stadt, geregelt durch zwei Verträge vom April 1920 und einen Nachtragsvertrag von 1924[98]. Um dieses Gebiet sicherer zu versorgen, wurden 1923 eine 10 kV-Leitung von Auersmacher nach Hanweiler und eine Kabelverbindung über die Saar mit Saargemünd erstellt, die über die Umspannstation Puttlange (Lothringen) den Anschluß an das Kraftwerk Creutzwald der La Houve sichern sollte. Gleichfalls diente langfristig der Betriebssicherheit des Netzes die 35 kV-Leitung von Creutzwald nach Bous, obwohl vorerst nur zur Versorgung der Röhrenwerke errichtet. Die Auswechslung von älteren Ortsnetzen bzw. solchen, die mit Kriegsmaterial hergestellt waren, konnte 1924 abgeschlossen werden, so daß in jenem Jahr „die Periode der großen Reparaturen nach dem Krieg als beendigt betrachtet werden konnte"[99].

Im engeren Industrierevier an der Saar begann nach den ersten Wirren der Nachkriegszeit eine intensive Nachfrage nach elektrischer Energie. Die Überlegenheit gegenüber der Gasbeleuchtung war allseits anerkannt worden, obwohl weiterhin teilweise Gaswerke als direkte Konkurrenz am Ort bestanden. Viele Gemeinde- und Stadtverwaltungen erhofften sich auch vom Verkauf elektrischer Energie beträchtliche Einnahmen für ihre kommunalen Finanzen und gründeten deshalb gemeindeeigene Verteilungswerke. 1922 übernahm die Stadt Ottweiler das bislang private Elektrizitätswerk in städtische Regie, betrieb bis 1925 Eigenerzeugung auf Gleichstrombasis weiter, stellte dann das Ortsnetz auf Drehstrom um und bezog ausschließlich Fremdstrom von der SLE[100]. Mit der Stadt St. Ingbert wäre beinahe ein Stromlieferungsvertrag geglückt: Die Pfalzwerke konnten sich durch Abschluß eines Vertrages 1922 aber knapp vor der SLE behaupten[101], eine Parallele zur Entwicklung von Dudweiler desselben Jahres. Letztere Gemeinde hatte sich vertraglich von den Pfalzwerken allerdings dieselben Preise, wie sie die SLE verlangte, gesichert[102]. Gemeindeeigene Verteilerwerke gründeten 1923 Gersweiler und Klarenthal, beide bezogen ihren Strom von der SLE[103].

---

97 VSE-AHV, Aufsichtsratssitzung v. 18.10.1924; am 08.11.1924 brannte in Schiffweiler erstmals elektrisches Licht, vgl. Z e w e (1930), S.74.
98 VSE-AHV, Aufsichtsratssitzung v. 18.10.1924.
99 Ebd., v. 24.03.1923, 18.02.1924, 18.10.1924.
100 Die städtischen Betriebswerke Ottweiler, in: Saarland (1936), S. 613.
101 Die städtischen Betriebswerke St. Ingbert, in: ebd., S. 235; Krämer (1955), S. 203, 212; 150 Jahre Stadt St. Ingbert (1979), S. 67.
102 LA Sbr. Best. Landratsamt Sbr., Kr-Du/30, S. 4ff.; H a r t m a n n (1977), S. 44f.; Die Elektrizitätswirtschaft im Deutschen Reich (1938), S. 301.
103 Ebd., S. 356f., 462f.

Karte 4 Versorgungsgebiet der SLE 1926

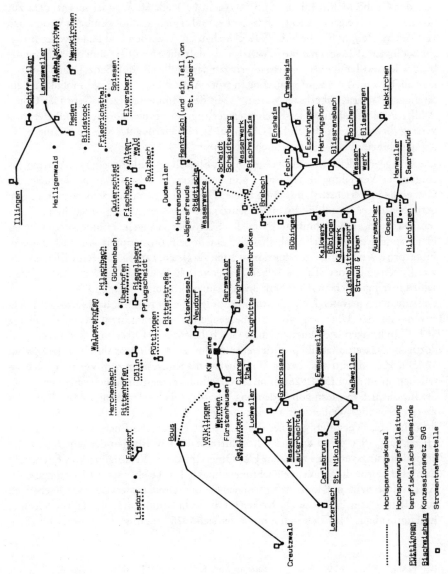

Quelle: ASV Sbr. GS-22, o. D.

Mit der Gemeinde Sulzbach schloß die SLE einen Nachtragsvertrag (1923), indem sie in den alten Vertrag der preußischen Bergwerksdirektion eintrat; Strombezug erfolgte von der Grube Mellin für die SLE[104]. Auch die Stadt St. Wendel schritt 1923 zur Gründung eines eigenen Elektrizitätswerkes und erhielt den notwendigen Strom dazu von Grube Heinitz für die SLE[105]. Rockershausen, Wehrden und Landsweiler hingegen schlossen 1923 sogenannte B-Verträge ab, d. h. die SLE übernahm die Versorgung bis zur letzten Lampe[106]. In Geislautern gab der Müller Rudolf Senzig seine Konzession ab, da seine Erzeugungskapazitäten trotz Aufstellung einer Lokomobile und zusätzlicher Batterien überlastet waren[107]. Mit den Mühlenbesitzern Gebrüder Göpp, Wölferdingen, die Hanweiler-Rilchingen versorgten, wurde 1926 ein Stromlieferungsvertrag abgeschlossen, der ab 10.11.1926 zur Stromlieferung der SLE im Ortsnetz Rilchingen führte, Hanweiler verblieb bei Göpp[108].

Die 1925 gegründeten Betriebswerke Spiesen-Elversberg erhielten einen A-Vertrag, besorgten die Verteilung also selbst[109]. Nur von kurzer Dauer waren die Versuche der Gemeinde Friedrichsthal, mit Hilfe zweier Dieselaggregate reine Selbstversorgung zu betreiben. Bereits im Herbst 1924 wurde die Eigenerzeugung weitgehend eingeschränkt und zum Strombezug von der SLE übergegangen. Hinter vorgehaltener Hand sprach man in Friedrichsthal von einem Selbstkostenpreis von knapp einem Franc pro kWh bei Eigenproduktion — zum Vergleich: Der Endpreis für Kleinabnehmer (!) betrug bei der SLE zur selben Zeit etwa 1,40 Franc pro kWh[110]! Auch Quierschied beteiligte sich an der Kommunalisierungswelle und erwarb 1924 50 % am Aktienkapital des privaten EW. Gleichzeitig erfolgte die Umstellung des Netzes auf Drehstrom und der Übergang von Eigenerzeugung auf Fremdstrombezug durch die SLE[111]. In Illingen, wo lediglich einige Geschäftsleute des Ortes vom Strombezug der dortigen Zigarettenfabrik profitierten, erteilte die Gemeinde durch Vertrag vom 12.5.1923 der „Elektrizitätswerk AG Illingen" die Konzession zum Vertrieb von elektrischen Strom. Am 15.1.1926 schloß die Gesellschaft einen Stromlieferungsvertrag ab, der für die SLE insofern von Bedeutung war, als es dadurch gelang, in das Gebiet des Zweckverbandes Weiherzentrale einzudringen[112](vgl. Kap. IV.7.a). Letzte Gemeinde im damaligen Versorgungsgebiet der SLE ohne elektrische Energie war Fischbach. Hier gelang 1926 gegen erbitterte Konkurrenz des EW Illingen der Abschluß eines Stromlieferungsvertrages mit dem EW Quierschied zur Versorgung von Fischbach. Zunächst wurde die Straßenbeleuchtung allmählich auf elektrisches Licht umgestellt. Als Baukostenzuschuß für den elektrischen Hausanschluß leistete das EW Quierschied einen Beitrag von 75 Francs. Die Kosten für die Installation von fünf Brennstellen eines Einfamilienhauses in Fischbach summierten sich 1926 einschließlich Material und Bau-

104 Ebd., S. 696; LA Sbr. Best. Landratsamt Sbr. Kr-S/28, 15.11.1923 u. Anlage 4.
105 Die Elektrizitätswirtschaft im Deutschen Reich (1938), S. 661f.
106 VSE-AHV, Geschäftsbericht für 1923; Z e w e (1930), S. 128.
107 StadtA Sbr. BG 7128, 02.05.1921.
108 VSE-AHV, Aufsichtsratssitzung v. 21.04.1927.
109 Ebd., v. 20.04.1926.
110 Ebd., v. 18.10.1924, 20.04.1926.
111 LA Sbr. Best. Landratsamt Sbr. Kr-Q/27, 01.08.1927.
112 VSE-AHV, Aufsichtsratssitzung v. 20.04.1926; Handbuch der deutschen Aktiengesellschaften (1935), S. 2808, 2810; Illinger Ortschronik (1982), S. 196f.

kostenzuschuß beispielsweise auf 418 Francs, was etwa dem Monatslohn eines einfachen Arbeiters entsprach. Für die Monteurstunde berechnete das EW Quierschied 7,50 Francs, für die Hilfsarbeiterstunde 2,50 Franc. Diese Summen sind ein Erklärung dafür, daß nur über langwährende Ratenzahlungen die Einführung des elektrischen Stromes flächendeckend vorankam[113].

Die Tarifpreisentwicklung für Kleinabnehmer verdeutlicht Tabelle 25. Ein 25 Jahre alter Monteur der SLE, bezahlt nach den Tarifen des Arbeitgeberverbandes im Baugewerbe, verdiente 1925 im Jahresdurchschnitt 5,30 Francs pro Stunde, abzüglich Steuern und Versicherungen[114]. Er mußte folglich für drei Kilowattstunden rund eine Stunde arbeiten. Dieses Beispiel verdeutlicht ebenfalls, warum im privaten Bereich die elektrische Energie fast ausschließlich zu Beleuchtungszwecken verwendet wurde und auch dort nur mit äußerster Sparsamkeit. Zudem belasteten die täglichen Beleuchtungsspitzen vor allem abends die Elektrizitätswerke ungünstig; hohe Gewinne konnten aus dem privaten Konsum damals nicht gezogen werden. Die Neuanschlüsse waren für vorwiegend regional tätige Energieversorgungsunternehmen in der Regel eine Investition für die Zukunft.

Wichtiger für die Versorgungsunternehmen waren Stromlieferungsverträge mit gewerblichen Abnehmern, die wesentlich höhere Abnahmezeiten als die privaten Konsumenten garantierten und damit zu billigerer Stromerzeugung und -verteilung beitrugen. Für Gewerbe und Industrie waren auch die relativ hohen Investitionen für die Anschlüsse zum Bezug elektrischen Stromes leichter zu verkraften, da sich der elektromotorische Antrieb in den 20er Jahren auf allen Ebenen — ob Klein-, Mittel- oder Großbetrieb — endgültig die Vorherrschaft eroberte[115]. Den Durchbruch beim Einsatz des Elektromotores in der gewerblichen Produktion verdeutlichen zahlreiche Firmenbeschreibungen aus der ersten Hälfte der zwanziger Jahre[116]. Fast durchgängig wurde hier auf entsprechende grundlegende Veränderungen in der technischen Ausstattung der Betriebe verwiesen: „Die durchaus moderne elektrische Apparatur ermöglicht bei bedeutender Zeitersparnis ein gleichmäßiges Arbeiten und peinlichste Sauberkeit", pries beispielsweise ein Unternehmen der Nahrungs- und Genußmittelindustrie seine nach dem Kriege umgerüsteten Produktionsstätten an[117]. Vor allem Firmen dieser Branche traten in auffallend großer Anzahl mit Umbauten oder Erweiterungen und der damit verbundenen Einführung des elektromotorischen Antriebs auf[118]. Aber

---

113 S c h u l e r (1978), S. 195.
114 VSE-AHV, Aufsichtsratssitzung v. 21.04.1927.
115 Vgl. K i n d (1935), S. 17f.; K ö t t g e n (1924), S. 294ff. Zu den Einsatzmöglichkeiten des Elektromotors in den verschiedenen Handwerkszweigen vgl. B u c e r i u s (1924), S. 82ff., 134ff.; H o t z (1933), S. 1106f.
116 Vgl. Handel und Gewerbe (1924).
117 Likörfabrik Louis Pistorius, gegr. 1874, in: ebd., S. 198f.
118 Hierzu zählte beispielsweise die gesamte Zigarettenproduktion, während die Zigarrenfertigung weitgehend noch auf manuelle Verarbeitung angewiesen war. Zulieferer wie etwa die Kistenmacherei waren dagegen weitgehend mechanisiert (vgl. ebd., S. 303f., passim). Auch Fleischwerke nutzten zahlreiche elektrisch betriebene Arbeitsmaschinen, während für Koch- und Heizzwecke weiterhin die bewährte Dampfkraft eingesetzt wurde (vgl. ebd., S. 265). Bäckereien hatten bereits vor dem Krieg begonnen, Teigknet- und diverse andere elektrisch betriebene Maschinen einzusetzen; diese Tendenz setzte sich nach 1918/19 verstärkt fort: bspw. stellte die Saarbrücker Backofen- und Bäckereimaschinenfabrik Wilhelm Schneider nur noch elektrisch angetriebene Kettenöfen und sonstige Bäckereimaschinen her (ebd., S. 92ff.)

auch Textilunternehmen, Buch- und Zeitungsdruckereien[119], Großhandlungen und Lagerhäuser[120] setzten für den Antrieb ihrer Fertigungsmaschinen auf den Elektromotor. Begünstigt wurde diese Entwicklung vor allem für kleinere Firmen durch die aufgezeigte, rasch fortschreitende Ausbreitung der öffentlichen Elektrizitätsversorgung im Saargebiet. Hiervon profitierten besonders auch die Elektroinstallateure, deren Arbeitsfeld nach dem Ersten Weltkrieg räumlich zwangsweise auf das Saargebiet beschränkt blieb[121]. Anfängliche wirtschaftliche Probleme dieses Berufszweiges wurden durch die Elektrifizierungsbewegung ausgeglichen. Dem gesteigerten Bedarf an elektrotechnischen Artikeln passten sich diverse Firmen durch Niederlassung besonders in den Gebieten an, wo die Elektrifizierung später eingesetzt hatte[122]. Die Maschinenfabrik Schettle mbH aus Merzig hatte beispielsweise beobachtet, „daß durch die Ausbreitung elektrischer Energie die Landwirtschaft mehr und mehr zur Verwendung von Maschinen übergehen werde" und deshalb den Bau landwirtschaftlicher, elektrisch betriebener Maschinen aufgenommen[123].

Energieversorgungsunternehmen wie die SLE förderten diese Entwicklung auch bei kleinen Gewerbetreibenden und Handwerkern, indem sie Senkungen der Tarife für Kraftstrom vornahmen (vgl. Tab. 25). Diese Preisermäßigungen stießen allerdings bald auf ihre Grenzen, da erstens der Anteil der Maschinenarbeitskosten an den Gesamtgestehungskosten im Handwerk relativ niedrig war und zweitens wiederum der Anteil der Elektrizitätskosten an den Maschinenbetriebskosten nur geringe Werte erreichte[124]. Die dargelegte Entwicklung beschränkte sich keineswegs auf das Saargebiet, auch wenn sich hier, bedingt durch die politische und wirtschaftliche Trennung von Deutschland, überdurchschnittlich viele neue Firmen nach dem Krieg niederließen und ihre Betriebsstätten von Anfang an mit moderner Technik ausstatten konnten. Sie war eine allgemeine Erscheinung. Die elektromotorische Leistung in Gewerbe und Industrie steigerte sich in Deutschland zwischen 1907 und 1925 beispielsweise beinahe um das achtfache[125]. Bei der SLE hatten die Großabnehmer[126] einschließlich der wiederverkaufenden Gemeindewerke einen Anteil von rund 80 % in den 20er Jahren, obwohl die Hüttenindustrie nach wie vor den Strom selbst erzeugte. Die Kohlennot hatte im Saarrevier nach dem Weltkrieg trotz restriktiver Maßnahmen der MDF längst nicht das Ausmaß erreicht wie im übrigen Deutschland, wo die Wärmewirtschaft der Unternehmen deshalb größte Bedeutung erlangt hatte. Kennzeichnend hierfür waren zum einen die Elektrifizierung des Kraftbetriebs, zum anderen der verstärkte Anschluß

119 Ebd., S. 188, 263.
120 Ebd., S. 218f., 286.
121 R e u t l e r (1924), S. 48.
122 Bspw. Köhne & Merziger GmbH, Saarlouis; Weber & Seiffert GmbH, Saarlouis, in: Handel und Industrie (1924), S. 262f., 267.
123 Ebd., S. 287.
124 Vgl. W i l d e r e r (1937), S. 25f., 30f., 99; vgl. auch allgemein: Das deutsche Handwerk (Generalbericht)(1930), S. 193ff.
125 ETZ 51 (1930), S. 206.
126 Wenn auch der Begriff Großabnehmer im Vergleich zu heute, gemessen an Anschlußwert und Anzahl der abgenommenen kWh, übertrieben erscheint, war (und ist) doch diese Abnehmergruppe von entscheidender Bedeutung für die Wirtschaftlichkeit eines Energieversorgungsunternehmens.

auch großer Industriebetriebe an das öffentliche Netz, der im Saargebiet zeitverzögert folgte[127](vgl. auch Kap. IV.10.c).

Neben vielen Mittel- und Kleinbetrieben des verarbeitenden Gewerbes schlossen sich aber auch zahlreiche öffentliche Unternehmen, besonders Wasserwerke und Straßenbahnen, der SLE an[128] oder verlängerten ihre bestehenden Stromlieferungsverträge. Diese Abnehmergruppen trugen dazu bei, daß trotz schwieriger wirtschaftlicher und politischer Lage und interner Unstimmigkeiten von 1922 bis 1929 eine Dividende von 20 % pro Jahr gezahlt werden konnte (vgl. Tab. 27). Die SLE hatte um die Mitte der 20er Jahre ihr engeres Gebiet flächendeckend versorgt. Neue Aufgaben sah das Unternehmen in einer Ausdehnung der Elektrizitätsversorgung in die benachbarten Kreise. Zunächst jedoch galt es, die Probleme, die sich aus der französischen Kapitalmehrheit ergaben, zu bewältigen.

6. Rückkauf des französischen Kapitals — SLE wieder in saarländischer Hand

Die wirtschaftliche Gesamtlage im Saargebiet tendierte nach einem kurzen, teilweise inflationsbedingten Nachkriegsaufschwung zunehmend zum schlechteren hin. Zahllose Versuche massiver Einflußnahme seitens der französischen Regierung, die über die MDF durch das Druckmittel der Kohlelieferung bzw. der Kohlenpreise für die Industrieunternehmen systematisch eine französische Kapitalmehrheit bei den Schlüsselindustrien an der Saar durchsetzen konnte, hatten zusammen mit anderen Maßnahmen der Regierungskommission, beispielsweise der Zulassung werkseigener Schulen der MDF, in deren Lehrplan ein starkes Gewicht auf die Vermittlung französischer Sprache und Kultur gelegt wurde[129], zu einem ungesunden, von gegenseitigem Mißtrauen belasteten politischen und wirtschaftlichen Klima geführt. Zusätzlich machte sich in der Bevölkerung die Furcht vor Realeinkommensverlusten breit (vgl. Tab. 22), denn die Währungsstabilität des französischen Franc hatte sich in ihr Gegenteil verkehrt. Während die Goldmark im Deutschen Reich ab 1924 einen stabilen Kurs aufwies, verschlechterte sich der französische Franc zusehends. Bekam man im letzten Friedensjahr 1913 für eine Mark noch 1,23 FF, 1921 dagegen für 1 Franc 771 Reichsmark, so sank die Kaufkraft des Franc zusehends: 1925 1 RM = 5,05 FF, 1926 1 RM = 7,45 FF[130].

Das ungünstige politische Klima zeigte auch Auswirkungen auf die SLE, es begann zunehmend unter den Aktionären französischer und saarländischer Provenienz zu kriseln. Die Saargruppe fühlte sich von der französischen Gruppe hintergangen: Ihre Vorschläge für die Tagesordnung von Aufsichtsratssitzungen blieben öfters unberücksichtigt, die Fronten verhärteten sich. Der Nachtragsvertrag mit dem Landkreis Saarlouis konnte z. B. noch nicht in Kraft treten, da die dortige Kreisversammlung ihre Zustimmung von der Aufnahme eines Kreistagsmitgliedes in den Aufsichtsrat der SLE abhängig gemacht hatte. Dieser stimmte prinzipiell für eine Aufnahme des Landrates von

---

127 Vgl. Die deutsche Kohlenwirtschaft (Enquêteausschuß) (1929), S. 276f., 282f.
128 Bspw. Schiffweiler 1926, vgl. VSE-AHV, Aufsichtsratssitzung v. 21.04.1927.
129 Zu den Domanialschulen Z e n n e r (1966), S. 100ff.
130 E m m r i c h (1931), S. 128ff.

Saarlouis, weder die französische noch die saarländische Gruppe wollten jedoch dafür einen Sitz hergeben.

Schwierigkeiten traten ferner zwischen den beiden Gruppierungen im Zusammenhang mit der Vorstandsbesetzung auf. Der Saarbrücker Oberbürgermeister Neikes versuchte nach dem Ausscheiden von Tormin, unbedingt wieder einen Mann seines Vertrauens in die Vorstandsposition neben den seit 1922 amtierenden Franzosen Massing zu bringen und schlug deshalb den städtischen Beigeordneten Armbrüster vor. Die französische Gruppe war nicht gegen dessen Person als solche gestimmt, sah aber einen möglichen Interessenkonflikt zwischen dem städtischen und dem SLE-Amt, vor allem angesichts der zu Beginn des Jahres 1924 schwebenden Verhandlungen über eine Änderung des bestehenden Stromlieferungsvertrages[131]. Neikes konnte sich jedoch durchsetzen, so daß Armbrüster ab 18.02.1924 zunächst unter Vorbehalt eingestellt wurde. Um künftige Schwierigkeiten dieser Art auszuschalten, beschloß die ordentliche Generalversammlung vom 07.04.1924 einstimmig die Aufteilung der Aktien in 700 Stück der Gruppe A, deren Eigentümer die französischen Aktionäre waren und in 300 der Gruppe B, der Saargruppe. Die neuen §§ 8, 9 und 10 des Gesellschaftsvertrages wiesen aus, daß Zweck dieser genauen Festlegung war, jeder Gruppe unter allen Umständen möglichst weitgehend ihre Rechte bei der Besetzung des Vorstandes und bei seinen Vollmachten, als auch bei der Zusammensetzung des Aufsichtsrates und der Bestellung des Vorsitzenden des Aufsichtsrates sowie seines Stellvertreters zu sichern. § 8 legte beispielsweise bis ins letzte fest, wie der Vorstand zusammengesetzt werden sollte: „Der Vorstand besteht aus einer Person oder aus mehreren Mitgliedern. Er wird durch den Aufsichtsrat bestellt und abberufen. Die Bestellung nur einer Person zum Vorstand kann nur mit Zustimmung der Gruppe B des Aufsichtsrats erfolgen. Auf Verlangen der Gruppe B müssen mehrere Vorstandsmitglieder bestellt werden. Soll der Vorstand aus mehreren Personen bestehen, so hat die Gruppe B stets das Recht, ebenso viele Mitglieder zu bestellen wie die Gruppe A. Jede Gruppe hat das Recht, für jedes von ihr bestelltes Mitglied ein stellvertretendes Mitglied zu bestellen. Sind mehrere Vorstandsmitglieder bestellt, so wird die Gesellschaft durch zwei Mitglieder in Gemeinschaft, von denen das eine von der Gruppe A, das andere von der Gruppe B bestellt sein muß, vertreten. Der Bestellungsbeschluß und die Anmeldung zum Handelsregister muß diesen Erfordernissen entsprechend angeben, welche Personen zu je 2 zusammen zur Vertretung ermächtigt sind..." Eine weitergehendere Festlegung erscheint kaum noch möglich. Auch die Wahl der Aufsichtsratsmitglieder wurde genauestens vorgeschrieben: „... im ersten Wahlgang werden die 10 Mitglieder der Gruppe A (französische Aktionäre), im zweiten Wahlgang die 5 Mitglieder der Gruppe B (Saargruppe) gewählt. Im ersten Wahlgang hat jede der vertretenen Aktie der Gattung A, im zweiten Wahlgang jede vertretende Aktie der Gattung B das 10fache Stimmrecht ..."[132].

Die saarländische Gruppe bekräftigte zusätzlich ihren Anspruch, zur Sicherung ihrer Rechte aus dem Vertrag von 1921 die Vinkulierung sämtlicher Aktien zu verlangen und gab in der Aufsichtsratssitzung vom 07.04.1924 folgende Erklärung ab: „Trotzdem die saarländische Gruppe die in der Generalversammlung vom 07.04.1924 beschlossenen Satzungsänderungen angenommen hat, behält sie sich das Recht vor, die Ausfüh-

---

131 VSE-AHV, Aufsichtsratssitzung v. 18.02.1924.
132 Ebd., § 9.

rung des Vertrages vom 14.07.1920, d.h. — ohne daß die Genehmigung des Aufsichtsrates für die Übertragung der Aktien erforderlich ist — die Einbringung des lothringischen Netzes durch die französische Gruppe zu fordern. Da diese Einbringung in Folge der zur Zeit geltenden französischen Verfügungen nicht möglich ist, nimmt die saarländische Gruppe an, daß eine gütliche Vereinbarung zwischen den beiden Gruppen in dem Sinne getroffen werden könnte, daß die französische Gruppe die von ihr gekauften SLE-Aktien der saarländischen Gruppe zurückerstattet, wobei die saarländische Gruppe auf Einbringung des lothringischen Netzes verzichtet"[133]. Damit war die Frage des Rückkaufs der in französischer Hand befindlichen Aktien aufgeworfen worden.

Die Ereignisse bei der SLE müssen vor einem allgemeinpolitischen Hintergrund gesehen werden. Der Sieg der französischen Linken bei den Kammerwahlen vom 11.05.1924 war ein erstes Indiz für eine schrittweise Abkehr der starren, stark nationalistisch geprägten Haltung Frankreichs in der Saarfrage. Ein zweites Zeichen setzte der Vertrag von Locarno vom Oktober 1925, in dem Deutschland die Westgrenzen anerkannte; die Alliierten begannen danach die Räumung der besetzten deutschen Gebiete. Der Vertrag ebnete aber auch den Weg Deutschlands in den Völkerbund im Jahre 1926. Der deutsche Außenminister Gustav Stresemann, zusammen mit seinem französischen Kollegen Briand als Verständigungspolitiker gefeiert[134] und maßgeblich am Zustandekommen von Locarno beteiligt, schilderte in seinem Nachlaß die Situation Mitte der 20er Jahre an der Saar: „Vor 14 Tagen erhielt ich die Nachricht, daß die Franzosen ihre Beteiligung an den maßgebenden deutschen Werken im Saargebiet aufgeben, sie haben sie zum Kauf angeboten, sie werden von deutscher Seite gekauft werden so oder so. Aber das politisch wichtige ist, daß die Männer, die in dem einen Fall ihre 60% Beteiligung, im anderen Fall ihre 40% Beteiligung uns anboten, erklärten, sie hätten vor diesem Angebot mit Herrn Briand gesprochen und Herr Briand habe ihren Entschluß gebilligt, die Werke wieder in deutsche Hand zu geben. Das ist der wirtschaftliche Rückzug Frankreichs aus dem Saargebiet"[135].

Der französischen Regierung war klar geworden, daß sich die Saarländer nur an das Deutsche Reich anschließen würden. Ihre Hoffnungen auf eine „Umerziehung" hatten sich nicht erfüllt[136], die französischen Kapitaleigner zogen sich zurück[137]. Die Einbringung des sequestrierten Besitzes in Lothringen in die SLE war, wie erwähnt, gescheitert. Im Nachgang zur Erklärung der saarländischen Aktionäre vom 07.04.1924 fanden intensive Verhandlungen statt, die zunächst zu einem Abgrenzungsvertrag zwischen SLE und La Houve vom 23.07.1926[138] und am 27.07. d.J. zu einem Vertrag der Stadt Saarbrücken und der Gesellschaften La Houve und SALEC über eine Rückübertragung von 500 Aktien der SLE an die Stadt Saarbrücken führten[139]. Letzterer Vertrag beinhaltete zwar den Kapitalrückzug von La Houve und SALEC aus der SLE, be-

---

133 VSE-AHV.
134 Z e n n e r (1966), S. 320; L e m p e r t (1985), S. 80ff.
135 S t r e s e m a n n (1932), S. 241f.
136 Z e n n e r (1966), S. 319.
137 Vgl. zur allgemeinen Entwicklung C a r t e l l i e r i, Eisenindustrie (1929), S. 241ff.
138 StadtA Sbr. BG 2514, 23.07.1926.
139 Ebd. BG 2542, 23.12.1933.

ließ ihr aber zwei Aufsichtsratsmitglieder und das Vorschlagsrecht für eines der beiden Vorstandsmitglieder[140]. Als Gegenleistung für den Aktienrückkauf verzichteten die Stadt Saarbrücken und die SLE endgültig auf den sequestrierten lothringischen Besitz und auf eine direkte oder indirekte Lieferung nach Frankreich ohne Zustimmung von La Houve.

Im Zusammenhang mit diesem Vertrag traf die Stadt Saarbrücken mit dem preußischen Staat am 9.10.1926 eine Abmachung, nach der sich Preußen und die Stadt Saarbrücken in gleicher Höhe an der SLE beteiligen wollten. Der preußische Staat zeigte aus zweierlei Gründen Interesse an einer Beteiligung an der SLE: Zum einen wollte er sich, da nach Locarno der Rückfall der Saarkohlegruben an den preußischen Fiskus nach 1935 sicher schien, durch Anteile an einer Stromvertriebsgesellschaft die notwendige Gewährleistung des Absatzes der zu verstromenden Kohle sichern. Zum anderen stellte das Engagement bei der SLE einen Baustein in den neuen elektrizitätswirtschaftlichen Interessen des preußischen Staates dar (vgl. Kap. 7.b). Als Gegenleistung stellte Preußen Mittel zum Ankauf der französischen Aktien auf Darlehensbasis zur Verfügung. Die Verhandlungen mit La Houve und SALEC hatten die Vertreter der Stadt stillschweigend ohne Beteiligung von Landkreis oder Bürgermeisterei Bischmisheim geführt und lediglich Kenntnis davon gegeben, daß die französische Gruppe „an sich eine 100%ige Pflicht zur kostenlosen Rückgabe" habe[141]. Von der Abmachung mit Preußen wurde beispielsweise der Landrat des Kreises Saarbrücken als Mitaktionär völlig überrascht. Erst die Drohung, die zur Aktienübertragung notwendigen Satzungsänderungen platzen zu lassen, führten zu einer Erklärung des Oberbürgermeisters Neikes gegenüber Landrat Vogeler, die Gewähr bot, daß die SLE nicht zu einem Tochterunternehmen der Stadtwerke Saarbrücken degradiert wurde: Hiernach verpflichtete sich die Stadt Saarbrücken, entsprechend § 5 des zwischen Saarbrücken und dem preußischen Staat am 09.10.1926 abgeschlossenen Beteiligungsvertrages die Beteiligung der Landgebiete im Saargebiet und dessen nähere Umgebung an der SLE mit insgesamt 48% innerhalb zweier Jahre von der Rückgabe der Saargruben an Preußen angerechnet durchzuführen, sofern die in dem obenerwähnten Vertrage vorgesehene Zustimmung von Preußen dazu zu erreichen war. Solange die Aktien von La Houve und Saargemünd noch nicht zurückerworben waren, sollte anstelle von 48% ein Anteil von 28% eingesetzt werden. Saarbrücken erklärte sich ferner damit einverstanden, daß die Verwaltung der von der Stadt an Preußen angebotenen halben Aktienbeteiligung bis zur Ausübung der Option durch einen von Preußen zu bestellenden Treuhänder erfolgen sollte. Bürgermeister Neikes verpflichtete sich in der Erklärung, mit allen Kräften für die Annahme dieser Abmachung durch die Stadtverordnetenversammlung einzutreten"[142].

Damit war der Weg frei für die Aufhebung der 1924 getroffenen Festlegungen über die Rechte der deutschen und französischen Gruppe. Die umständlichen Verfahren für Abstimmungen, bei der Vorstandswahl etc. wurden normalisiert[143]. Nachdem auch

140 VSE-AHV, Satzungsänderung, beschlossen in der HV v. 17.09.1926.
141 ASV Sbr. Best. GS-22, 10.10.1926.
142 StadtA Sbr. BG 2514, 12.10.1926.
143 VSE-AHV, ao. HV v. 12.10. u. 19.11.1926.

die Stadt Saargemünd ihre 100 Aktien zurückgegeben hatte, stellte sich die Zusammensetzung des Aktienkapitals der SLE wie folgt dar: Stadt Saarbrücken 700 Aktien, Landkreis Saarbrücken 50, Bürgermeisterei Bischmisheim 50, Landkreis Ottweiler 50, Stadt Neunkirchen 50 und La Houve 100 Aktien (vgl. Tab. 28). Ottweiler und Neunkirchen waren aufgenommen worden, um eine Ausdehnung des Versorgungsgebietes in den Landkreis Ottweiler hinein vorzubereiten. 1927 übertrug schließlich La Houve die restlichen 100 Aktien an die Stadt Saarbrücken, so daß die Gesellschaft wieder vollständig in saarländischer Hand war. Die Stadt Saarbrücken hielt damit vorübergehend 80% des Aktienkapitals der SLE; auch wenn davon ein Teil treuhänderisch für Preußen verwaltet wurde, bot diese mächtige Stellung genug Zündstoff für Konflikte, die nicht ausbleiben sollten.

7. Der „Elektrokampf" an der Saar

a) Der Stand der Elektrizitätsversorgung

Die zweite Hälfte der zwanziger Jahre brachte dem Saargebiet ein erbittertes Ringen um Gebietsanteile in der Elektrizitätsversorgung. Die Auseinandersetzungen wurden mit äußerster Härte und Verbissenheit, in der Presse polemisch und agitatorisch, bis in höchste politische Ebenen geführt. Folgender Stand in der Elektrizitätsversorgung bot sich Mitte der 20er Jahre im Saargebiet und Umgebung dar: Die Entwicklung der SLE. war — wie aufgezeigt — zwar aufwärts verlaufen, immer wieder aber von Rückschlägen unterbrochen worden. Hauptproblem blieb, nachdem gesicherte Kapitalverhältnisse wiederhergestellt waren, das zersplitterte Versorgungsgebiet, das sich in einen westlichen Teil vom Warndt bis in den Raum Neunkirchen und in einen östlichen Teil entlang der oberen Saar aufteilte. Weiter nach Osten anschließend lag der Einflußbereich des Kraftwerkes Homburg und damit der Pfalzwerke[144], mit denen die SLE mehrfach Verhandlungen über Gebietsabgrenzungen, eine eventuelle Übernahme des Kraftwerkes Homburg durch die SLE und andere strittige Punkte ohne wesentlichen Erfolg geführt hatte.
Im Norden wurde der Kreis St. Wendel von der Grubenverwaltung auf zwei Wegen mit elektrischer Arbeit versorgt[145]. Die Stadt St. Wendel und die Gemeinde Niederlinxweiler, einzige Weiterverteiler im Kreis, erhielten vom 1923 gegründeten Kreiselektrizitätsamt St. Wendel Strom, der von den MDF über ein Zuleitungskabel der Eisenbahnverwaltung vom Follenius-Schacht bei Neunkirchen geliefert wurde. Die restlichen Gemeinden des Kreises erhielten ihre elektrische Energie ebenfalls vom Kreiselektrizitätsamt, das mit dem Zweckverband Weiherzentrale in Eppelborn einen Stromlieferungsvertrag abgeschlossen hatte, nach dem der Strom vom Kraftwerk Weiher bis zur Übergabestation Mainzweiler des Landkreises St. Wendel mit 10 kV gelie-

144 Ende 1926 war das Kraftwerk Homburg wieder in 100%igen Besitz der Pfalzwerke übergegangen, 25 Jahre Pfalzwerke (1937), S. 24; ETZ 47 (1926), S. 1529.
145 StadtA Sbr. BG 2514, Übersicht Entwicklung St. Wendel, o.D. (1926).

fert und von dort an die angeschlossenen 18 Ortschaften verteilt wurde. Das Projekt einer Kreisversorgung war „wegen Leuchtmittelnot" schon in den letzten Kriegsjahren entwickelt worden, konnte aber in der Nachkriegszeit wegen Streiks der Elektrohandwerker und der Bauarbeiter, später aufgrund der Inflation, nicht im vorgesehenen Tempo fortgeführt werden[146]. Klagen über mangelhafte Stromzulieferung waren an der Tagesordnung. Der stark landwirtschaftlich geprägte Kreis St. Wendel wies für 1925 — ohne die Stadt selbst und ohne Niederlinxweiler — einen pro-Kopf-Verbrauch von 12 kWh im Jahr (!) auf[147], der gesamte Jahreskonsum des Kreises betrug rund 1 Million Kilowattstunden. Der restliche Teil des früheren Gesamtkreises St. Wendel, nach 1919 zum Kreis Baumholder geschlagen, wurde vom Oberstein-Idarer Elektrizitätswerk versorgt.

Westlich an St. Wendel anschließend lag das Versorgungsgebiet des Zweckverbandes Weiherzentrale, der Teile des genannten Kreises sowie der Landkreise Ottweiler und Saarbrücken umfasste[148]. Im Frühjahr 1921 hatten 12 Gemeinden der Bürgermeisterei Eppelborn-Dirmingen, sechs Gemeinden der Bürgermeisterei Tholey und drei Gemeinden der Bürgermeisterei Heusweiler unter Führung des Landrates des Kreises Ottweiler zur Sicherstellung der Elektrizitätsversorgung den Zweckverband gegründet[149], nachdem Verhandlungen mit der SLE scheiterten[150]. Weitere Gemeinden schlossen sich dem Verband an[151]; im Herbst 1922 erfolgte die erste Stromlieferung[152]. Der Zweckverband erbaute die Ortsnetze seiner Mitgliedsgemeinden, die Fernleitungen und die notwendigen Netzanlagen sowie Trafostationen. Die Gemeinden waren aufgrund der schwierigen Nachkriegsjahre nicht in der Lage, dem Zweckverband die notwendigen finanziellen Mittel zur Verfügung zu stellen. Zu außerordentlichen Holzeinhieben oder Entnahmen aus dem ordentlichen Haushalt konnte man sich nicht durchringen, weshalb der Zweckverband die Finanzierung der Ortsnetze auf dem Darlehenswege sichern mußte[153]. Die Verschuldung nahm zunächst durch die Inflation der Mark bedrohliche Ausmaße an, eine halbwegs geordnete Finanzwirt-

---

146 LA Sbr. Best. Landratsamt St. Wendel, Nr. 454, 10.04.1922.
147 Ebd., Bericht über die Entwicklung des Kreiselektrizitätsamtes 01.01.1924-31.03.1925.
148 Ausgangspunkt für die Idee der Einrichtung eines Zweckverbandes waren Verhandlungen zwischen den MDF und der Gemeinde Wiesbach über eine Stromlieferung vom KW Weiher. Alle von dieser Leitung berührten Gemeinden zeigten ebenfalls Interesse an der Stromversorgung (LA Sbr. Dep. Heusweiler, Fach 52 Nr.1, Bürgermeister von Eppelborn, 23.12.1920).
149 Eppelborn, Habach, Bubach-Calmesweiler, Macherbach, Aschbach, Thalexweiler, Steinbach, Dörsdorf, Dirmingen, Berschweiler, Humes, Hierscheid, Hasborn, Scheuern, Lindscheid, Überroth-Niederhofen, Sotzweiler, Theley, Kutzhof, Wahlschied und Ummerschied, vgl. § 1 der Satzung des Zweckverbandes (LA Sbr. Dep. Heusweiler Fach 52 Nr. 1); am 01.03.1921 nahm der Verband seine Arbeit auf.
150 Vgl. ebd., SVG Saarbrücken, 30.05.1919, 10.05.1920, 14.04.1921, 03.08.1921, 17.02.1922.
151 Am 21.08. 1921 trat die Gemeinde Uchtelfangen dem Verband bei (LA Sbr. Dep. Illingen Nr. 711); im April 1922 folgten Dilsburg, Holz, Rittershof, Heusweiler und Bietschied (LA Sbr. Dep. Heusweiler, Fach 52 Nr.1, 19.04.1922); im Mai desselben Jahres Obersalbach (ebd., 28.05.1922) und im September Curhof und Niedersalbach (ebd., 09.09.1923). Zuletzt umfaßte der Zweckverband neun Großgemeinden: Eppelborn, Heusweiler, Lebach, Marpingen, Merchweiler, Quierschied, zu denen 1954 noch Illingen stieß (zusammen 36 Ortsteile).
152 LA Sbr. Dep. Illingen 709, Zweckverband v. 20.10.1922.
153 VSE-AHV, Best. Zweckverband, unsigniert.

schaft wurde letztlich ganz vereitelt, als die zunehmende Frankeninflation ab der zweiten Jahreshälfte 1924 Verzinsung und Tilgung der aufgenommenen Dollaranleihe praktisch unmöglich machte. Stromlieferungsverträge mit größeren Abnehmern als Ausweg aus der wirtschaftlichen Misere, wie z.B. mit dem EW Illingen, der Stadt Ottweiler und der Kravag kamen nicht zustande, scheiterten nach kurzer Zeit oder waren rechtswidrig[154]. Unruhe unter den Verbandsmitgliedern löste auch folgender Streit aus: Die sogenannten Ursprungsgemeinden von 1921 hielten die Strompreise für überhöht, da ihre Ortsnetze aufgrund der herrschenden Inflation den Zweckverband nur wenig gekostet hätten. Diese Vorwürfe konnten zwar zurückgewiesen werden, schürten aber die Unzufriedenheit der Mitgliedsgemeinden mit der augenblicklichen Vertragssituation[155]. So stand der Zweckverband 1926 vor der Wahl, seine Anleiheschuld ganz oder teilweise auf die Mitgliedsgemeinden abzustoßen, was deren schlechte Finanzlage kaum zuließ, oder aber die Annäherung an ein benachbartes Energieversorgungsunternehmen mit dem Ziel eines Zusammenschlusses oder einer entsprechenden zweckdienlichen Regelung zu suchen. Als erste Notmaßnahme hatte der Verband eine Festsetzung der Strompreise auf 48 Goldpfennig pro kWh beschlossen, um zumindestens hier eine wertbeständige Grundlage zu haben. Der Gesamtjahresverbrauch des Zweckverbandes lag bei ca. 1,3 Millionen Kilowattstunden.

Wenig erfolgreich verliefen die Bemühungen der „Kraftversorgung der südlichen Rheinprovinz und angrenzender Gebiete GmbH", die unter tatkräftiger Führung der Vertreter des städtischen Elektrizitätswerkes Trier nach dem Krieg die Wasserkräfte von Mosel und Saar sowie der Hunsrück- und östlichen Eifelzuflüsse ausbauen wollte[156]. Einerseits waren die Interessen von Rhein, Mosel und Saar nur schwer zu vereinen, auf der anderen Seite verlor die Kraftversorgung durch die gezielte Ausbreitung des RWE-Versorgungsgebietes nach Süden (vgl. Kap. IV.7.b) immer mehr Mitglieder und ging 1931 schließlich in Konkurs[157].

Im Westen des Saargebietes war der Stand der Elektrizitätsversorgung wie folgt: Am 31.10.1922 wurden die Kraft- und Verkehrswerke AG Saarlouis (Kravag) gegründet[158], in die der Kreis Saarlouis das Kreiselektrizitätswerk und den Kleinbahnbetrieb einbrachte. Weitere Aktionäre waren neben dem Landkreis die Stadt Saarlouis, die Eisenbahnbau-Gesellschaft Becker & Cie., Berlin, Rechtsanwalt Franz Levacher und

---

154 LA Sbr. Dep. Heusweiler Fach 52 Nr. 1, 25.04.1925, passim; zur Kravag vgl. unten.
155 Vgl. ebd., 29.01.1927.
156 Vgl. ebd. Best. Landratsamt Merzig Nr. 69, Protokoll v. 14.05., 09.07.1920 (vgl. ebf. Kap. III.); beteiligt waren die Stadt Trier, der Landkreis Trier, das EW Rauschermühle (Kreis Mayen), die Kreise Bernkastel-Kues, Saarburg, Neuwied, Wittlich, Kreuznach, Mayen, Merzig sowie die EW Idar-Oberstein und Bingen; später stieß noch der Landkreis Saarlouis hinzu (1925).
157 Vgl. LA Sbr. Best. Landratsamt Merzig Nr. 69, Versammlung v. 25.01.1924; ebd. Nr. 49, Konkurs Anfang 1931. Kurz zuvor hatte das RWE die Anteile der Stadt Trier an der Kraftversorgung übernommen und offensichtlich wenig Interesse an einer Fortführung gezeigt, nachdem es seine Betriebsverwaltung Trier errichtet hatte (LA Sbr. Landratsamt Merzig Nr. 69, RWE Essen, 02.02.1929).
158 Ursprünglich war eine „Saarländische Elektrizitäts-Lieferungs-Aktiengesellschaft" (SELAG) geplant, an der die Kreise Saarlouis und Merzig jeweils 27%, die Städte Saarlouis und Merzig jeweils 10% und die Eisenbahn-Baugesellschaft Becker 26% der Anteile halten sollten (LA Sbr. Dep. Stadt Merzig Nr. 1947, o.D. Ende 1922).

Studienrat Peter Becker, beide Saarlouis. Für die Übertragung der mit der Becker-Gesellschaft abgeschlossenen Stromlieferungsverträge hatte sich diese eine Abgabe für die jeweilige Laufzeit der Verträge gesichert, die auch noch Bestand hatte[159], als sich die Mehrheitsverhältnisse bei der Kravag 1923 wie folgt änderten: Landkreis Saarlouis 49%, Stadt Saarlouis 21%, AG für Energiewirtschaft, Berlin, 30%[160]. An das Netz der Kravag waren 1924 66 Ortschaften des Kreises Saarlouis und diverse Industriebetriebe sowie die „Kraftversorgung GmbH Merzig" angeschlossen. Letztere Gesellschaft ging aus der Kreiselektrizitätsversorgung, Pächterin Eisenbahnbau-Gesellschaft Becker und Cie., Berlin, hervor und wurde am 04. April 1923 als gemischtwirtschaftliches Unternehmen gegründet, an dem Stadt und Kreis Merzig sowie die Becker-Gesellschaft beteiligt waren[161]. Die Kraftversorgung GmbH belieferte den Kreis Merzig und den Restkreis Wadern sowie die ansässige Industrie und betätigte sich im Installationsgeschäft. 1924 waren von den 73 Ortschaften des Kreises 71 an das Netz angeschlossen. Eine Reservestromquelle bestand durch eine 25 kV-Leitung von St. Gangolf zum Elektrizitätswerk der Stadt Trier.

Mitte der zwanziger Jahre geriet das Kraftwerk Saarlouis in eine schwere Krise. Die maximale Auslastung des Werkes betrug bei einer Leistungsfähigkeit von 17.900 kW nur etwas über 4.000 kW, entsprechend teuer wurde die Stromerzeugung[162]. Zusätzlich drückte die Abnahmeverpflichtung von der SLE in Höhe von 2 Millionen kWh pro Jahr ebenso auf die Kosten wie ein Geheimvertrag zwischen dem Kraftwerk Saarlouis und der Grube La Houve, wodurch jenes nicht nur zum Bezug von französischer Kohle, sondern auch von 1,5 Millionen Kilowattstunden jährlich gezwungen war[163]. Außerdem warf man der unter französischer Einflußnahme eingesetzten Kraftwerksleitung in der Öffentlichkeit Mißwirtschaft, Bilanzfälschung und Korruption vor[164].

Als Ergänzung zum Kraftwerk in Saarlouis projektierten die Landkreise Saarlouis und Merzig ab 1919 den Bau des Wasserkraftwerkes Mettlach. Ein Erläuterungsbericht aus dem Jahre 1920 erklärte die Anlage und deren Aufgabe: „In dem Bestreben, die Licht- und Kraftversorgung der Kreise Saarlouis und Merzig von der Kohle nach Möglichkeit unabhängig zu machen, haben sich die beiden Kreise die Aufgabe gestellt, eine Wasserkraftanlage bei Mettlach zu erbauen. Die Wasserkraftanlage wird das Kreis-Elektrizitätswerk in Saarlouis, das zur Erzeugung elektrischer Energie heute ausschließlich Kohle notwendig hat, von dem Bezuge der Kohle unabhängiger machen. Die Saar, die bis zum Orte Ponten-Besseringen ein ausgesprochener Flachlandfluß ist, bekommt von da ab fast den Charakter eines Gebirgsflusses; sie windet sich durch das tief eingeschnittene enge Tal und kann in verhältnismäßig einfacher Weise durch in das Flußbett

159 VSE-AHV, Best. Saarlouis, vgl. Vertrag mit der Bürgermeisterei Lisdorf.
160 Handel und Industrie im Saargebiet (1924), S. 260.
161 Ebd., S. 281; Gründungskapital 100.000.- FF, davon Landkreis Merzig 49%, Stadt Merzig 10%, Becker-Gesellschaft 30%, Villeroy & Boch, Mettlach, 11%; vgl. StadtA Sbr. BG 7195, Auszug aus Handelsreg. Amtsgericht Merzig; zur Entwicklung im Restkreis Wadern ebd., 21.01.1930.
162 VSE-AHV, A h l e n , Gutachten über den gegenwärtigen Stand und die zukünftige Gestaltung der Elektro-Wirtschaft im Saargebiet, o.O. (Köln) o.J. (1928), S. 5; ebf. im ASV Sbr. GS-21.
163 LA Sbr. 564/2300, S. 15f.
164 Ebd., S. 16; StadtA Sbr. BG 7152, 17.10.1926, ebd. BG 2649, 18.11.1927.

errichtete Stauanlagen zur Kraftgewinnung genutzt werden"[165]. Am 11. Oktober 1923 erteilte die Regierungskommission des Saargebietes der Saarkraftwerke GmbH, Merzig (gegründet 14.10.1920), die Genehmigung, die Saar oberhalb Mettlach aufzustauen und das Kraftwerk zu bauen. Seit Mitte des Jahres 1921 lagen der Kommission die Pläne zum Kraftwerksprojekt vor; offensichtlich mit Rücksicht auf die Interessen der Stromabgabe der MDF verzögerte sich jedoch die Baugenehmigung[166]. Beginn der Bauarbeiten war Frühjahr 1925, und bereits rund ein Jahr später konnte das Werk in Betrieb genommen werden[167]. Das Kraftwerk besaß drei regulierbare Francis-Spiralturbinen mit stehender Welle für ein Nutzgefälle von 8,5-9,5 m und eine Schluckfähigkeit von 26 cbm pro Sekunde; die maximale Leistungsfähigkeit betrug 2.700 PS. Die elektromechanische Ausrüstung bestand aus 3 Drehstromgeneratoren (AEG) von je 2.280 kVA mit einem Wirkungsgrad von 0,8 bei 125 U/Min[168].

Der tatsächliche Baubeginn des Kraftwerkes hatte sich lange verzögert, da sich die Kreise Merzig und Saarlouis nicht über die Verwendung des elektrischen Stromes einigen konnten. Offensichtlich blockierte vor allem Saarlouis den Bau, da bei voller Ausnutzung der Wasserkraftanlage Mettlach das Kreiselektrizitätswerk Saarlouis statt 8% nur noch 3% Gewinn abgeworfen hätte[169]. Der Kreis Merzig wiederum war zu Recht empört, daß er inzwischen an die Kravag, mit der er vertraglich bis 1932 gebunden war, im Jahresdurchschnitt einen Strompreis von 11,5 Pf/kWh (1925) zahlen mußte, während an die Becker-Gesellschaft früher nur rund 5 Pfennig pro kWh zu entrichten waren. In dieser Situation griff der preußische Staat helfend in die Finanzierung des Kraftwerkbaues ein, „um eine einheitliche Versorgung des Saargebietes und eine Verständigung zwischen den Kreisen Merzig und Saarlouis über eine gemeinsame und unabhängige Stromversorgung zu erreichen"[170]. Da Preußen sich aus politischen Gründen im Saargebiet nicht direkt beteiligen konnte, übernahmen der Industrielle von Boch, der Rechtsanwalt Franz Levacher[171] sowie die Landräte Dr. Klein (Merzig) und Dr. Arweiler (Saarlouis) je 25% Gesellschaftsanteile an der Saarkraftwerke GmbH, mit der ausdrücklichen „moralischen Verpflichtung, später die Anteile an den preußischen Staat abzutreten bzw. die preußischen Interessen in der Gesellschaft zu vertreten"[172].

Neben dem Engagement beim Kraftwerk Mettlach galt das spezielle Interesse des preußischen Staates am Saargebiet auf dem Gebiet der Elektrizitätsversorgung vor allem der Sorge des preußischen Fiskus, nach der von niemandem in den zwanziger und frühen dreißiger Jahren bezweifelten Rückgliederung des Saargebietes in das Deutsche Reich im Jahre 1935 für die grubeneigenen Kraftwerke unzureichende Absatzmöglichkeiten vorzufinden. Der französischen Grubenverwaltung wurde nicht ganz zu Unrecht unterstellt, daß sie aufgrund ihrer nur vorübergehenden, zeitlich absehbaren Verwal-

165 Abgedruckt bei: S l o t t a (1977), S. 119.
166 LA Sbr. Best. Landratsamt Merzig Nr. 69, Prot. v. 27.06.1922.
167 H e i d e (1965), S. 82f.; vgl. auch K r e u z k a m (1928), S. 682f.
168 S l o t t a (1977), S. 123f.; H e i d e (1965), S. 82; Das Saarkraftwerk bei Mettlach, in: Das Saarland (1936), S. 176.
169 StadtA Sbr. BG 7151, 5/1926.
170 Ebd., 26.06. 1926.
171 Dr. Franz Levacher gehörte zu den renommiertesten Zentrumspolitikern des Saargebiets in den zwanziger Jahren.
172 StadtA Sbr. BG 7151, 01.06.1926.

tungsperiode das Maximum aus dem Saar-Kohlenrevier herausholen wollte und in erster Linie die wertvollen Kohlensorten abbauen würde. Der preußische Bergfiskus würde ab 1935 folglich gezwungen, große Mengen von Ballastkohle zu verfeuern, deren wirtschaftliche Verwertung einzig in der Verstromung lag. Die französische Grubenverwaltung hatte gerade noch Investitionen für den Bau des Kraftwerkes Fenne und für den Ausbau eines 100 kV-Netzes freigegeben (vgl. Tab. 29), den Einstieg in die

Tabelle 29 Engpaßleistung der Grubenkraftwerke an der Saar 1919 - 1935

	KW Heinitz	KW Luisenthal	KW Weiher	KW Fenne	Summe
Jahr	k W	k W	k W	k W	k W
1919	14.100	26.500	8.200		48.800
1920	14.100	26.500	8.200		48.800
1921	14.100	26.500	15.200		55.800
1922	14.100	26.500	22.200		62.800
1923	14.100	26.500	22.200		62.800
1924	14.100	38.500	22.200		74.800
1925	14.100	38.500	22.200		74.800
1926	13.100	38.500	22.200	30.000	103.800
1927	13.100	38.500	22.200	61.000	134.800
1928	13.100	38.500	22.200	61.000	134.800
1929	13.100	38.500	22.200	61.000	134.800
1930	13.100	38.500	22.200	61.000	134.800
1931	13.100	38.500	22.200	61.000	134.800
1932	13.100	38.500	22.200	61.000	134.800
1933	13.100	38.500	22.200	61.000	134.800
1934	13.100	38.500	22.200	61.000	134.800
1935	13.100	38.500	22.200	61.000	134.800

Quelle: Saarbergwerke AG (Abt. Energiewirtschaft)

notwendigen hohen Investitionen zur großtechnischen Energieerzeugung auf Steinkohlebasis dagegen nicht gewagt, da die Amtszeit sowohl von Grubenleitung wie Regierungskommission zeitlich begrenzt war[173]. Die Saarkohle sollte im Verbund mit dem geplanten preußischen Braunkohle-Kraftwerk im Rheinland (Zukunft AG) stehen und auch die Wasserkräfte von Saar und Mosel einschließen. Der Ausbau des südlichen Rheinlandes und des Saargebiets als „Kraftzentren" zur Erzeugung von Exportstrom war Ziel der preußischen Politik[174].

173 Latz (1985), S. 111f.
174 So der preußische Ministerialdirektor Walter Jacques vom Handelsministerium (1926), S. 1160f.; vgl. ebf. ETZ 47 (1926), S. 482; Schreiber (Preuß. Minister für Handel und Gewerbe) (1926), S. 1391ff.; Kirchmann (1928), S. 158f.

b) „Privatkapital gegen Staatssozialismus": RWE contra Preußische Elektrizitäts-AG

Der Freistaat Preußen hatte sich erst spät dazu entschlossen, seine elektrizitätspolitischen Zielsetzungen in die eigene Hand zu nehmen und staatlich tätig zu werden, lange nachdem beispielsweise die Länder Baden, Bayern oder Sachsen während und kurz nach dem Ersten Weltkrieg die weitere privatwirtschaftliche Ausdehnung der Elektrizitätsversorgung durch ordnungspolitische Eingriffe abgeschwächt oder ganz unterbunden hatten[175]. Diesem Vorbild wollte sich die preußische, SPD-geführte Regierung nicht verschließen. Da sie ihre Aktivitäten aber erst sehr spät entfaltete, mußte es auf dem bereits zu großen Teilen abgesteckten Feld der Elektrizitätsversorgung zu Spannungen und Abgrenzungsstreitigkeiten mit bereits etablierten Energieversorgungsunternehmen kommen.

Damals schon größtes Unternehmen dieser Art war das RWE, dessen Versorgungsgebiet weit über den ursprünglichen Kernbereich, das rheinisch-westfälische Industriegebiet hinausreichte und große Teile der Provinz Hessen-Nassau und im Nordosten Teile der Provinz Hannover umfaßte[176]. Ziel der elektrizitätswirtschaftlichen Betätigung des RWE war es im Laufe seiner Entwicklung seit etwa 1900, in den nach und nach erworbenen Gebieten durch Verbindung von Kraftwerken untereinander ein Verteilungssystem zu schaffen, das eine Verwertung der Leistungen dort ermöglichte, wo es am wirtschaftlichsten geschehen konnte. Vor dem Ersten Weltkrieg entstand dadurch ein Verbundsystem vor allem auf Steinkohle- und Braunkohlebasis. Nach 1918 erfolgten ein starker Ausbau der Braunkohlenkraftwerke und die Einbeziehung der „weißen Kohle", der süddeutschen Wasserkräfte, in dieses Verbundsystem. Kommunalverbände, Kreise und Gemeinden erhielten Stromlieferungsverträge und wurden zu Mitaktionären des RWE[177]. Im Jahre 1922/23 erwarb das RWE die maßgebliche Kontrolle über den Lahmeyer-Konzern und die AG für Energiewirtschaft und sicherte sich über diese beiden Finanzierungsgesellschaften entscheidende Einflußnahme auf eine Reihe von Elektrizitätswerken im Rhein-Mosel-Saar-Gebiet. Der Ankauf von Aktien der Rhein-Nahe-Kraftversorgungs-AG, Bad Kreuznach, des Kraftwerkes Bingen und des Netzes des Kreises Meisenheim, des Verteilungsnetzes des Kreises Cochem, der Rauschermühle AG (Kreis Mayen), der Erwerb der Aktien der Licht- und Kraftwerke der Moselkreise AG in Bernkastel-Kues und der Oberstein-Idarer-Elektrizitäts-AG sowie die Abkommen mit den drei Kreisen Trier-Land, Wittlich und Saarburg zur Be-

175 Vgl. Siegel (1930): zu Preußen S. 119ff., 167ff; zu Baden vgl. ebd., S. 297ff.; Ott/ Herzig (1981); zu Bayern vgl. Ott (1984), S. 367ff.; Blaich (1981), Siegel (1930), S. 172ff.; zu Sachsen Siegel (1930), S. 243ff., Niemann (1978) und Büchner/ Bittmann (1981), S. 25ff. Allgemein zu den Aktivitäten des preußischen Staates: Winkler (1965), S. 128f.
176 Die deutsche Elektrizitätswirtschaft (Enquêteausschuß) (1930), S. 102f.; RWE-AHV, Buderath (1982), Band I, S. 131ff.
177 Vgl. ETZ 47 (1926), S. 65ff., 104ff.; Deutsche Elektrizitätsversorgung (1927), S. 94ff.; Thierbach (1927), S. 239ff.; Dehne, Elektrowirtschaft im Saargebiet (1928), S. 399f.; ders., Elektrizitätswirtschaft (1928), S. 1205f.; Asriel (1930), S. 38ff.; Koepchen (1930); Begemann (1935), S. 55ff.; Schmelcher (1954); Boll (1967), S. 79f.; Hughes (1983), S. 407ff.; RWE-AHV, Buderath (1982), Band 1, S. 151ff.

lieferung nach Ablauf ihrer Stromlieferungsverträge mit der Stadt Trier hatten das RWE bis unmittelbar an die westliche und nördliche Grenze des Saargebietes gebracht[178].

Im Saargebiet selbst hatte das RWE über die AG für Energiewirtschaft mit 30% bei der Kravag in Saarlouis Fuß gefaßt[179]. Wichtiger noch war ein Vertrag mit Hermann Röchling, der dem RWE im Februar 1926 75% des Gesellschaftskapitals der neu zu gründenden Kraftwerk Wehrden GmbH sicherte; die restlichen 25% wollte Röchling selbst behalten[180]. Als zusätzlich in der Öffentlichkeit durchsickerte, daß das RWE Verhandlungen mit dem Kreis Merzig und verschiedenen Gesellschaftern der Saarkraftwerke GmbH seit Dezember 1925, ab Januar 1926 auch mit den Landkreisen St. Wendel und Saarlouis, mit dem Zweckverband Weiherzentrale sowie mit den Städten Saarlouis, Völklingen, Püttlingen und Dillingen aufgenommen und kurz darauf Angebote zur Stromlieferung bzw. Übernahme der Elektrizitätsversorgung abgegeben hatte, brach im Saargebiet und seiner Umgebung ein Sturm der Entrüstung los[181]. Auch der preußische Staat sah durch das RWE seine Pläne bedroht. Mit staatlichem Machtanspruch brachte er zunächst den noch nicht notariell geschlossenen Vertrag zwischen RWE und Röchling zu Fall und setzte sich selbst mit 37,5% beim Kraftwerk Wehrden ein, ebenfalls 37,5% sollten beim RWE verbleiben, 25% bei Röchling. Weitere Verhandlungen zwischen RWE und Röchling vom 26. Februar 1926[182] kamen dem Saarbrücker Oberbürgermeister Neikes zu Gehör, der sofort in einem Telegramm an das preußische Handelsministerium eine Beteiligung des RWE an Wehrden generell für unannehmbar erklärte. Dies war der Beginn einer Periode schärfsten Widerstandes gegen sämtliche RWE-Pläne, wobei sich der Saarbrücker Oberbürgermeister Neikes zum Vorkämpfer entwickelte. Dem vereinten Bemühen von Vertretern des preußischen Handelsministeriums und Neikes nach ausführlichen Verhandlungen vom 01.-08. April 1926 in Kassel und Berlin[183] war es letztlich zuzuschreiben, daß Röchling am 09.04.1926 dem Aufsichtsratsvorsitzenden des RWE, Vögler, eine endgültige Absage für die geplante Beteiligung am Kraftwerk Wehrden gab[184]. Tatsächlich wurde die Wehrdener Gesellschaft mit Sitz in Trier einige Zeit später, am 26. April 1926, von den Anteilseignern Stadt Trier (37,5%), Stadt Saarbrücken (37,5%) und Röchlingsche Eisen- und Stahlwerke AG, Völklingen (25%) mit einem Stammkapital von 6.000,- RM gegründet und übernahm für eine Verkaufssumme von 10 Millionen Reichsmark am 01. Mai 1926 das Kraftwerk vom Röchlingschen Unternehmen[185]. Der Einfluß des

178 Asriel (1930), S. 39; RWE-Geschäftsbericht 1925/26, in: ETZ 47 (1926), S. 1270f.; Henke (1948), S. 39ff.; RWE-AHV, Buderath (1982), Band I, S. 135ff., 155ff.
179 Kravag, in: Handel und Industrie (1924), S. 260.
180 StadtA Sbr. BG 2649, 18.11.1927. RWE-AHV: Die Unterlagen über die Stellung des R.W.E. in der Saarelektrizitätsfrage. Nur zum persönlichen und vertraulichen Gebrauch, hektographiert 43 S., o.O. o.J. (1928), S. 1 (im folgenden zitiert als: Weißbuch RWE); als Abschrift ebenfalls vorhanden im StadtA Sbr. BG 2603.
181 RWE-AHV, Weißbuch RWE, S. 1f.
182 StadtA Sbr. BG 2649, 02.12.1927.
183 Ebd. BG 2543.
184 RWE-AHV, Weißbuch RWE, S. 2f.
185 25 Jahre Kraftwerk Wehrden (1951), S. 10; 50 Jahre Kraftwerk Wehrden (1963), S. 6f.; vgl. LA Sbr. Best. Einzelstücke Nr. 152, 26.06.1926.

preußischen Staates wurde dadurch gewahrt, daß sich Saarbrücken und Trier verpflichteten, zu gegebener Zeit jeweils 12,5% ihres Anteil an den preußischen Fiskus abzutreten.

Eine vorläufige Bereinigung der preußischen und RWE-Interessen erfolgte nach langwierigen Verhandlungen am 23./27. Juni 1927 in einem Demarkationsabkommen, das in den das Saargebiet betreffenden Passagen folgenden Inhalt hatte: „... Linksrheinisch wird als Interessengebiet des RWE das Gebiet nördlich der Pfalzwerke AG bis an das Saargebiet angesehen. Das Saargebiet gehört zum Interessengebiet des Fiskus. Zum Interessengebiet des Fiskus soll jedoch das Gebiet des Zweckverbandes Weiherzentrale und des Kreises St. Wendel nur dann gehören, wenn die vom RWE bisher eingegangenen bindenden Verpflichtungen gegenüber diesem Gebiet nicht von den zuständigen Organen dieses Gebietes endgültig genehmigt werden, bzw. das RWE aus diesen Verpflichtungen entlassen wird. Bleibt das Gebiet beim RWE, so wird der Strom hierfür vom Fiskus entnommen werden, ebenso für den Kreis Merzig, der beim RWE verbleibt. Über die Höhe der Strompreise für diese Gebiete ... hat noch eine Verständigung zu erfolgen, wobei als Grundlage dienen soll, daß das RWE meistbegünstigt ist und keinesfalls mehr als Selbstkosten plus 10% zu zahlen hat. Das RWE wird sich dafür einsetzen, daß die Becker-Gesellschaft ihren Anteil an der Kraft- und Verkehrswerke AG, Saarlouis, an den Fiskus, bzw. an die von dem Fiskus bezeichnete Stelle abtritt. Der Fiskus ist unterrichtet, daß dazu die Zustimmung der beteiligten Kommunalverbände erforderlich ist. Das RWE wird seine Angebote an die Stadt Saarlouis, den Kreis Saarlouis und die Städte Dillingen, Völklingen und Püttlingen zurückziehen. Das RWE wird die von dem Fiskus für den Aufbau des Kraftwerkes Mettlach gewährten Darlehen alsbald zurückzahlen. Der Fiskus wird dahin wirken, daß die gegen die Inbetriebnahme des Kraftwerkes Mettlach erwirkten einstweiligen Verfügungen gegenstandslos werden, wogegen das RWE für die Eifelkraftwerke sich bereit erklärt, keine Schadenersatzansprüche aus diesen einstweiligen Verfügungen herzuleiten"[186].

Mit dieser Demarkation war der Streit im Saargebiet allerdings noch längst nicht beendet. Details des Abkommens und ein vermuteter geheimer Zusatz[187] wurden in der Öffentlichkeit lediglich gerüchteweise bekannt und boten guten Nährboden für Spekulationen, Halbwahrheiten und Unterstellungen. Die SLE beispielsweise trat dem Abkommen auch auf mehrfache Aufforderungen des RWE hin nicht bei, treibende Kraft war wiederum der Aufsichtsratsvorsitzende Neikes. An seiner Person scheiterten letztlich auch die verschiedenen Verhandlungen des Jahres 1926, in denen eine Kompromißlösung der anstehenden Probleme gesucht wurde[188]. Das RWE anerkannte durchaus die Schwierigkeiten, die die große Menge anfallender Abfallkohle in der Zukunft für das Saargebiet bringen würde, und bot die Abnahme von 50 Millionen Kilowattstunden Saarstrom an. Andererseits war man sich in Essen seiner guten Ver-

---

186 RWE-AHV, Weißbuch RWE, S. 4; zum Konflikt RWE-Preußen vgl. auch Dehne (1926), S. 1026f.; Heck (1927), S. 241f.; Dehne, Großkraftversorgung (1928), S. 59ff., 93ff.; ETZ 48 (1927), S. 778f.; Henke (RWE), Die Industrie und die Organisation der öffentlichen Elektrizitätswirtschaft, in: Deutsche Wirtschaftszeitung Bd. 23, 1926, S. 757; Wolff (1931), S. 117; Henke (1948), S. 45; Ludewig (1950), S. 10f.; RWE-AHV, Buderath (1982), Band I, S. 161ff.
187 LA Sbr. 564/2300, S. 14.
188 StadtA Sbr. BG 7152 und BG 7153: 14.05. u. 01.06. Berlin, 09./16./21.07. Trier.

handlungsposition bewußt, denn alle sonstigen Stromabsatzpläne scheiterten an der Aufnahmefähigkeit der jeweiligen Partner. Der von der preußischen Regierung favorisierte Gedanke einer großen Dachgesellschaft für das südliche Rheinland einschließlich des Saargebietes kam nicht zustande, da Neikes — zusammen mit dem Trierer Oberbürgermeister von Bruchhausen — ultimativ auf einem Rückzug des RWE in diesem Gebiet beharrte[189], das RWE andererseits mindestens 50% Kapitalbeteiligung sowie eine Stillegung der veralteten Saarkraftwerke forderte und „mit der Stadt Saarbrücken nichts zu tun haben wollte" (Koepchen)[190].

Nachdem auf oberer Ebene keine Einigung zu erreichen war, wurden die Auseinandersetzungen im kleinen fortgeführt, wobei das RWE erste Erfolge verbuchen konnte. Am 27.07./18.08.1926 wurde ein A-Vertrag mit dem Landkreis Merzig, am 27.07.1926 ein auf 30 Jahre angelegter Vertrag mit dem Saarkraftwerk Mettlach abgeschlossen, das seine gesamte Erzeugung in das Netz des RWE einspeisen sollte[191]. Angebote auf Stromlieferung an den Zweckverband Weiherzentrale und den Kreisausschuß St. Wendel wurden von diesen zunächst positiv beschieden[192], wobei der Vorsitzende des Zweckverbandes gegenüber dem preußischen Handelsministeriums energisch darauf aufmerksam machte, daß man sich notfalls auf gerichtlichem Wege die bereits eingegangenen vertraglichen Pflichten des RWE einklagen werde[193]. Treibende Kräfte hinter den Bemühungen der SLE, ebenfalls im Zweckverbandsgebiet sowie in den Landkreisen St. Wendel und Baumholder Fuß zu fassen, waren Oberbürgermeister Neikes als Aufsichtsratsvorsitzender, der Beigeordnete der Stadt und Vorstandsmitglied der SLE, Armbrüster, die Vertreter aller Fraktionen des Stadtrates von Saarbrücken — nicht jedoch der Landgebiete — sowie die Gewerkschaften. In der Öffentlichkeit setzte sich die SPD mit ihren Parteiorganen „Volksstimme" unter Chefredakteur Max Braun[194] und der überregionalen Parteizeitung „Vorwärts" an die Spitze im Kampf gegen die „Ruhrbarone des RWE". Saarbrücker Zentrumsfraktion und Vertreter der christlichen Gewerkschaften lancierten in der Öffentlichkeit unter anderem die Behauptung, daß das RWE nur evangelische Arbeiter und Angestellte einstelle, weshalb in Eppelborn eine evangelische Kirche und Schule gebaut werden müßten. Zum Beweis des Gegenteils verwies das RWE auf die Quote von 132 Katholiken zu 20 Protestanten, die beim Zweckverband beschäftigt bzw. zur Einstellung vorgesehen waren[195]. Die Abstimmungsberechtigten des Zweckverbandes Weiherzentrale wurden massiv bearbeitet: Durch „Aufklärungsgespräche" von Mitgliedern der Preußischen Elektrizitäts-AG, auf schriftlichem Wege von Vertretern des preußischen Handelsministeriums, durch persönliche Briefe verschiedener (Saarbrücker) Parteivorsit-

189 KreisA SLS IV/c-18, Trier, 26.09.1926.
190 StadtA Sbr. BG 7151, 21.07.1926.
191 LA Sbr. Best. Landratsamt Merzig Nr. 49: Der Vertrag wurde mit der 100%igen Tochtergesellschaft des RWE, der Eifelkraftwerke AG, abgeschlossen. Im Spätherbst 1927 (24.11./07.12.) folgte ein Mantelvertrag zwischen RWE und Restkreis Merzig-Wadern (vgl. LA MW 623, Abschrift); RWE-AHV, B u d e r a t h (1982), Band I, S. 157, 159f.
192 RWE-AHV, Weißbuch RWE, S. 3.
193 Ebd.
194 Zu Max Braun vgl. S c h n e i d e r (1984), S. 307ff.
195 LA Sbr. Dep. Heusweiler Fach 52 Nr. 2, 06.06.1927

zender[196]. Das RWE bemühte sich in Presseerklärungen, die emotional aufgeladene Diskussion zu versachlichen, erreichte damit allerdings überwiegend nur die Leser in den Landgebieten, denn die Saarbrücker Zeitungen verschwiegen diese Meldungen häufig. Am 26.08.1927 stimmten die Zweckverbandsmitglieder mit überzeugenden 228 : 11 Stimmen für das RWE[197]. Die Ablehnung des SLE-Angebotes, das ungefähr demjenigen des RWE entsprach[198], erfolgte nicht aus einem grundsätzlichen Mißtrauen gegen die SLE als Unternehmen, sondern, wie es der Zweckverbandsvorsitzende Roth ausdrückte, aus der Abneigung der Landgebiete gegen den beherrschenden Einfluß der Stadt Saarbrücken in der SLE[199]. Am 06./26.09. 1927 wurde der Vertrag mit dem RWE geschlossen[200].

Die unterlegenen Anhänger einer saarinternen Lösung des Zweckverbandsanschlusses hoben die ganze Angelegenheit daraufhin endgültig auf die politische Ebene, vor allem die Saar-SPD, der auch der Saarbrücker Beigeordnete Armbrüster angehörte, unterstützt aber auch von dem ganz auf Kollisionskurs mit dem RWE eingeschwenkten Hermann Röchling. In der angesehenen, überregionalen Kölnischen Zeitung führte er beispielsweise aus: „Die Zeit, in der das Saargebiet unschuldig in politischer Untersuchungshaft sitzt und vom Mutterland abgeschnitten ist, benutzt das RWE, um in unsere natürlichsten Absatzgebiete einzudringen und damit unseren Kohlenabsatz noch weiter zu unterbinden . . .“[201]. Röchling schürte mit seinen verschiedenen Äußerungen offensichtlich bewußt wieder die alten Ressentiments des Saarreviers gegen das Ruhrgebiet, die vor allem aus der Zeit vor dem Ersten Weltkrieg herrührten, als die Ruhrindustriellen die Mosel- und Saarkanalisierung verhindert hatten[202]. Der preußische Ministerpräsident Otto Braun (SPD) appellierte an den Aufsichtsratsvorsitzenden des RWE, Vögler, den „Zweckverband aus politischen Gründen freizugeben“[203]. Stadtverordnete Saarbrückens verschärften die Stimmung in mehreren Besuchen bei der preußischen Regierung in Berlin. Die Saardelegation setzte sich in Genf beim Völkerbund für eine verstärkte Verstromung von Saarkohlen ein[204]. Schließlich erfuhr

196 RWE-AHV, Weißbuch RWE, S. 5f.; StadtA Sbr. BG 2648, 18.08.1927; zu den elektrizitätswirtschaftlichen Vorstellungen von Braun und Neikes vgl. B r a u n (1929), S. 81ff., N e i k e s (1933), S. 834ff.
197 LA Sbr. Dep. Heusweiler Fach 52 Nr. 3, Prot. Zweckverband v. 11.03.1936.
198 Ebd. Fach 52 Nr. 2, Ausschußsitzung v. 27.06., 18.07., 10.08., 26.08.1927.
199 StadtA Sbr. BG 2648, 17./18.08.1927. Kurz vor Abschluß des Vertrages hatte der preußische Handelsminister Schreiber in einer Besprechung in Berlin vom Vertreter des Zweckverbandes, Roth, ultimativ verlangt, der Verband dürfe den Vertrag nicht unterschreiben. Auf den Vorwurf von Roth, die Stadt Saarbrücken habe die Landkreise in der SLE immer nur dann gebraucht, wenn es ohne sie nicht mehr ging und „im übrigen stets nur an sich gedacht“, versprach der Minister, Einfluß auf die inneren Strukturen der SLE zu nehmen, um den Zweckverband doch noch diesem Unternehmen zuführen zu können (vgl. LA Sbr. Dep. Heusweiler Fach 52 Nr. 2, Prot. v. 22.09.1927).
200 LA Sbr. MW 628, Abschrift.
201 StadtA Sbr. BG 2648, Ausgabe v. 11.09.1927.
202 Vgl. P o r r (1922); M i l k e r e i t (1967), S. 232ff., 273f.
203 RWE-AHV, Weißbuch RWE, S. 6; das RWE beharrte in seiner Antwort auf dem Standpunkt, daß sich der Zweckverband freiwillig zum RWE bekannt habe. Ferner sei das RWE ausdrücklich bereit, nur Saarstrom im Zweckverbandsgebiet zu liefern und darüber hinaus weiteren Strom aus Saarkohle abzunehmen.
204 StadtA Sbr. BG 2648, 14.09.1927.

auch die Regierungskommission des Saargebietes aus der Presse (!) von den Streitigkeiten und ordnete an, daß vor ihrer Prüfung keine Entscheidung gefällt werden dürfe. In einem Verordnungsentwurf vom 21.11.1927 schränkte sie alle Rechte zur Benutzung von Gemeinde-, Kreis-, Bezirksstraßen und -wegen durch ihre Genehmigungspflicht ein[205].

Die Sitzungsprotokolle der Regierungskommission zu diesem Thema verdeutlichen die Hilflosigkeit, Entscheidungsschwäche und Uneinigkeit, mit der sie dieser Frage gegenüberstand[206]. M. Morize, der französische Vertreter, beklagte die im Vergleich zu den Nachbarländern fehlende gesetzliche Grundlage der Elektrizitätsversorgung des Saargebiets und hob die Vorzüge des deutschen Gesetzes zur Sozialisierung der Elektrizitätswirtschaft hervor, obwohl dieses nie Gesetzeskraft erlangt hatte. Uneinigkeit herrschte zwischen den Kommissionsmitgliedern über die Frage, wer die Kontrolle über die Elektrizitätsversorgung im Saargebiet ausüben sollte: Während Morize diese am besten bei der ausschließlich mit französischen Beamten versehenen Contrôle des Mines vertreten sah, wünschte das saarländische Mitglied Koßmann eine stärkere Beteiligung des Département de l'Intérieur (Direktion des Innern). Im Frühjahr 1928 präsentierte die Regierungskommission schließlich einen Verordnungsentwurf, der vom Landesrat einstimmig abgelehnt wurde[207], da er als unzulässiger Eingriff in das Selbstverwaltungsrecht der Kommunen angesehen wurde. Zuvor hatte sich der Landesrat bereits in einer vom Zentrum, der Sozialdemokratischen Partei und der Deutsch-Saarländischen Volkspartei getragenen Erklärung gegen die Zersplitterung der Elektrizitätsversorgung des Saargebietes und für einen verstärkten Einsatz von Saarkohlen zur Stromerzeugung ausgesprochen. Die KP-Fraktion des Landesrates schloß sich dieser Resolution nicht an, da sie im Elektrokampf an der Saar eine Auseinandersetzung der „Interessengruppen des katholischen Kapitals des Ruhrgebietes und der Interessengruppen des evangelischen Kapitals des Saargebiets und der Grubenverwaltung sah"[208]. So blieb der Status quo erhalten, was die Mitglieder der Regierungskommission bereits in der ersten Sitzung zu diesem Thema als vordringlichste Aufgabe angesehen hatten — der Elektrokampf ging weiter.

„Die Anarchie in der saarländischen Elektrizitätswirtschaft", wie das Blatt der Kommunistischen Partei Saar formulierte, konnte durch die geschilderten Aktivitäten der Regierungskommission ebensowenig wie mit Hilfe der „Duisburger Abmachungen" zwischen RWE, SLE, Zweckverband und Preußen beendet werden[209], da die SLE sich durch die große Publizität auch über die Saargegend hinaus in ihren Ansprüchen bestärkt fühlte und das RWE in einem Flugblatt beispielsweise als „Machtinstrument der Ruhrkohle" betitelte, worauf das Essener Unternehmen ebenso konterte und von den „Lügen der SLE, der sozialistischen Presse und der Stadt Saarbrücken" sprach[210]. Es

205 Ebd., Schreiben an OB Neikes und an die Bezirksämter v. 27.09.1927; Verordnungsentwurf v. 21.11.1927 (vgl. StadtA Sbr. BG 2649).
206 LA Sbr. Nachlaß Koßmann, Procès-Verbaux des séances de la Commission du Gouvernement de la Sarre v. 05.10.1927 (S. 543f.), 16.11.1927 (S. 620ff.), 30.11.1927 (S. 654ff.), 02.12.1927 (S. 675), 07.12.1927 (S. 695f.), 14.12.1927 (S. 719ff.), 21.03.1928 (S. 154).
207 LA Sbr. Amtsdrucksachen, Stenographische Berichte, Sitzung v. 03.03.1928 (S. 124).
208 Ebd., Sitzung v. 31.10.1927, Erklärung p. 207, KP-Vertreter Reinhard p. 222.
209 Duisburger Abmachungen vgl. StadtA Sbr. BG 2648, 18.10.1927.
210 RWE-AHV, Weißbuch RWE, S. 12, 26ff., Flugblatt v. 19.01.1928.

verging kaum eine politische Versammlung — vor allem die Bergarbeiter fühlten sich angesprochen —, in der nicht das Thema „Elektrizitätswirtschaft des Saargebietes" auf der Tagesordnung stand[211]. Der am 06.02.1928 in Saarbrücken abgehaltene SPD-Parteitag forderte in einer Resolution „umgehend Reichs- und Staatshilfe gegen das RWE"[212], eingestimmt durch Zeitungsberichte über die „brutale Rücksichtslosigkeit und den Annektionswillen des RWE im Auftrag seiner kapitalistischen Kohlenbarone und Schwerindustrieritter"[213]. Die genannte Resolution mündete in eine Große Anfrage der SPD-Fraktion im preußischen Abgeordnetenhaus vom 14. Februar[214], in der das Vorgehen des RWE scharf gegeißelt wurde. Bereits zwei Tage danach antwortete der zuständige Handelsminister Schreiber (SPD), daß „die Auseinandersetzungen . . . die gesamte Öffentlichkeit des Saargebietes aufs stärkste erregt hätten . . ." und die preußische Staatsregierung „von den Beteiligten, insbesondere aber von dem RWE bestimmt erwarte, daß sie sich ihrer nationalen Verantwortlichkeit nicht entziehen"[215]. Die ausführliche Presseerklärung des RWE hierauf blieb den Saarbrücker Zeitungslesern wiederum vorenthalten[216].

Aus heutiger Sicht erstaunt die Hartnäckigkeit, mit der um die jährlichen rund 1,3 Millionen Kilowattstunden des Zweckverbandes Weiherzentrale gerungen wurde: Im Verhältnis zur SLE-Stromabgabe bedeutete dies 5%, das RWE setzte sogar pro Jahr rund 1,5 Milliarden Kilowattstunden ab. Eine Versachlichung der zeitgenössischen Diskussion erfolgte erst auf der Grundlage zweier Gutachten. Das erste, von Generaldirektor Ahlen „Über den gegenwärtigen Stand und die zukünftige Gestaltung der Elektro-Wirtschaft im Saargebiet"[217] verfaßt, war von den Anhängern einer saarländischen Lösung in Auftrag gegeben worden, das zweite des Geheimen Baurates Erich Block „Die Electrizitätswirtschaft im Saargebiet"[218] hatte das RWE veranlaßt (vgl. zu diesem Komplex Tab. 30-34). Beiden Gutachten gemeinsam war eine düstere Kennzeichnung der aktuellen Lage, in der sich die Elektrizitätswirtschaft an der Saar befand. Die maximale Jahresbelastung der sieben saarländischen Kraftwerke stand im Gegen-

---

211 Vgl. z.B. Herbstkonferenz des christlichen Bergarbeitervereins in Eppelborn, Oktober 1927 (SZ-RA, Saarbrücker Zeitung v. 31.10.1927); Versammlung der Zentrumspartei in Saarbrücken November 1927, Versammlung der Saarbrücker politischen Parteien am 07.11.1928, Versammlung der Bergarbeitergemeinderäte des Zweckverbandes in Illingen (RWE-AHV, Weißbuch RWE, passim).
212 RWE-AHV, Weißbuch RWE, S. 34.
213 StadtA Sbr. BG 2643, Volksstimme v. 30.01.1928.
214 Anfrage Nr. 252, vgl. Kirchmann (1928), S. 159.
215 RWE-AHV, Weißbuch RWE, S. 35.
216 Ebd., S. 14f.
217 Ahlen war Leiter der städtischen Betriebswerke Köln, vgl. Aufsichtsratssitzung v. 19.04.1928 (VSE-AHV). Die Kosten des Gutachtens gingen, sollte die Zusammenfassung der saarländischen Elektrizitätswirtschaft gelingen, zu Lasten der SLE, andernfalls übernahm die Preußenelektra die Summe (ASV Sbr. GS-24, 24.03.1928).
218 Berlin, Oktober 1928, LA Sbr. Dep. Heusweiler Fach 52 Nr 2; ebenfalls im StadtA Sbr. BG 7152 (Abschrift).

satz zu deren Leistungsfähigkeit (vgl. Tab. 35); sie arbeiteten „vollständig unabhängig, man kann ruhig sagen, planlos nebeneinander", stellte Ahlen fest[219]. Trotz des Übermaßes an Gesamtleistung litten besonders die auf direkten Bezug von den Grubenkraftwerken angewiesenen Orte unter großer Betriebsunsicherheit ihrer Versorgung und teilweise völligem Strommangel, da bei den MDF die Stromabgabe nur als Nebengeschäft angesehen wurde.

Tabelle 35 Leistungsfähigkeit und Ausnutzung der Kraftwerke im Saargebiet im Jahre 1927

Kraftwerk	Leistungsfähigkeit in kW	höchste Jahresbelastung in kW	in %
Fenne	61.000	13.000	21,3
Louisenthal	38.500	22.000	57,1
Heinitz	13.100	9.000	68,7
Weiher	22.200	13.000	58,6
Wehrden	42.500	22.500	52,9
Saarlouis	17.900	4.500	25,1
Homburg	20.000	6.000	30,0
Summe	215.200	90.000	41,8

Quelle: Ahlen (1927), S. 4; Tab. 29

Ahlen schlug als Ausweg aus den zersplitterten Versorgungsverhältnissen — entsprechend den Wünschen seiner Auftraggeber — eine saarländische Lösung vor: Die Neuorganisation und der Aufbau der Elektrowirtschaft des Saargebietes sollten danach im Wesentlichen drei Hauptziele verfolgen:
1. Entwicklung des Stromabsatzes durch gesicherte, ausreichende und preiswerte Belieferung der Bevölkerung, des Gewerbes und der gesamten Industrie.
2. Verwertung der in den Gruben und Hüttenwerken anfallenden Abfallenergien sowie die Unterstützung der Gruben- und Hütten-Zentralen durch Zusatzstrom nach Bedarf.
3. Eine richtige Eingliederung des Saargebietes in die gesamte Energiewirtschaft im Interesse einer möglichst großen Stromausfuhr.
Als Voraussetzungen zur Lösung dieser Aufgaben kamen nach Ahlen nur in Frage:
1. Die rationelle Gestaltung der Stromerzeugung:
   a) durch vollständige Verschmelzung der vorhandenen öffentlichen Kraftzentralen;

---

219 VSE-AHV, Ahlen (1928), S. 4f.

b) durch Zusammenarbeiten und technisch einwandfreie Verkupplung der öffentlichen Zentralen mit den Gruben- und Hüttenwerken unter gegenseitiger Bindung mit langfristigen Verträgen für die Übernahme der Abfallenergie und die Zusatzbelieferung;

c) durch den Bau einer 100.000 V-Station am Schwerpunkt der Krafterzeugung und die Herstellung von 100.000 V-Leitungen von dieser Zentralstation nach der einen Seite bis Homburg und nach der anderen Seite bis Mettlach, um Strom auszuführen.

2. Die rationelle Gestaltung der Stromverteilung:

a) durch Zusammenfassung der gesamten Verteilungsanlagen, insbesondere der Hochspannungsanlagen in einer Hand, planmäßige Umgestaltung und schrittweisen Ausbau des gesamten Hochspannungsnetzes nach einem einheitlichen Konzept unter Umwandlung der verschiedenen Hoch- und Mittelspannungen in eine einheitliche Hochspannung und eine einheitliche Mittelspannung für das ganze Gebiet, um eine einwandfreie und genügend sichere Belieferung aller Konsumenten, vor allem aber der Großverbraucher zu gewährleisten;

b) durch Schaffung einer zentralen Verwaltung und Betriebsführung, die allen Anforderungen gewachsen sein sollte;

c) durch Anschluß möglichst aller gewerblicher und industrieller Betriebe an das öffentliche Stromverteilungsunternehmen;

d) durch Einführung günstiger und einheitlicher Tarife für das ganze Versorgungsgebiet[220].

Der Plan Ahlens wurde insbesondere im Netzausbau später von der SLE teilweise verwirklicht[221]. Weitergehende Vorstellungen des Gutachtens sollten immer wieder daran scheitern, daß jedes der benachbarten größeren Energieversorgungsunternehmen auf seinem Versorgungsgebiet beharrte. Lediglich der Bereich der Stromerzeugung konnte, wie später noch zu zeigen sein wird, Fortschritte aufweisen.

Das Gutachten von Block sprach, hier ebenfalls den Intentionen des Auftraggebers folgend, dem Saargebiet überhaupt die Möglichkeit zur Bildung eines Elektrizitätswirtschaftsbezirkes ab, da bei einem Gesamtjahresverbrauch im Saargebiet von rund 730 Millionen Kilowattstunden ca. 600 Millionen Kilowattstunden auf die Schwerindustrie sowie die Bergwerke und von den 130 Millionen für den öffentlichen Bedarf über 40 Millionen Kilowattstunden auf die Stadt Saarbrücken und 22 Millionen Kilowattstunden auf die Pfalzwerke entfielen[222]. Bezeichnenderweise fand die SLE mit einer Abgabe von rund 30 Millionen Kilowattstunden hier gar keine Erwähnung! Als unzureichend informierter Kenner der regionalen Situation zeigte sich Block mit der Feststellung, daß die französische Grenze „eine Stromausfuhr und einen Austausch behin-

---

220 Ebd., S. 3f.
221 Vgl. SZ-RA, Saarbrücker Zeitung v. 26.08.1928 mit einer Karte über das Stromnetz des Saargebietes.
222 LA Sbr. Dep. Heusweiler Fach 52 Nr. 2, B l o c k (1928), S. 2f.; vgl. Tab. 29, 31 - 34.

dert oder unmöglich macht"[223]. Heftige Kritik übte Block an den Aktivitäten des preußischen Bergfiskus in der Elektrizitätswirtschaft vor dem Kriege und dessen Folgen: „Der Staat hat diese Aufgabe nicht nur nicht erfüllt, sondern selbst eine Tätigkeit ausgeübt, die einer planmäßigen Entwicklung der Elektrizitätswirtschaft direkt zum Schaden gereicht hat"[224], denn die besten Objekte der Versorgung hatte sich die Bergverwaltung selbst herausgesucht, so daß für den Aufbau einer soliden Elektrizitätswirtschaft unzureichende Grundlagen bestanden. Block sah trotzdem gute Aussichten für einen Ausbau des Saargebietes zu einem Stromexportland, da von einer Jahresförderung von rund 12 Millionen Tonnen Steinkohle etwa 1,5 Millionen Tonnen aus sogenannten Abfallkohlen bestanden, deren günstigste Verwertung die Befeuerung der Dampfkessel von Großkraftwerken darstellte, mit denen 1.200 Mill. Kilowattstunden hergestellt werden könnten. Da die süddeutschen Länder dank ihrer ausgebauten oder im Ausbau begriffenen leistungsfähigen Wasserkraftwerke als Abnehmer nicht in Frage kämen und eine Verwertung im Saargebiet „natürlich gänzlich ausgeschlossen" sei, blieb nach Block lediglich das RWE übrig, das so große Mengen in seinem großen Versorgungsgebiet unterbringen könne, „wenn der Saarkohlenstrom entsprechend billig geliefert" werde[225]. Ein Interesse an einer Stromabnahme aus dem Saargebiet könnten RWE und Pfalzwerke aber nur haben, „wenn sie an der Saarelektrizitätswirtschaft maßgebend und dauernd beteiligt" wären[226].

Schließlich gelangte Block zu dem Vorschlag, die Zustände wie vor dem Krieg wiederherzustellen, „den pfälzischen Teil bei den Pfalzwerken zu belassen und den preußischen der südwestdeutschen Rheinprovinz anzugliedern, der heute durch das RWE versorgt wird"[227]. Den umgekehrten Weg, wie ihn Ahlen vorgeschlagen hatte, den ehemals pfälzischen und preußischen Teil des Saargebietes zu einem einheitlichen Versorgungsgebiet zusammenzufassen, lehnte er strikt ab, da dadurch „die letzten Möglichkeiten einer Stromausfuhr begraben würden." Abgesehen von der Charakterisie-

223 LA Sbr. Dep. Heusweiler Fach 52 Nr. 2, B l o c k (1928), S. 3; tatsächlich bestanden bis 1935 folgende Verbindungen zum Stromaustausch mit Frankreich: 40 kV-Leitung Creutzwald - Bous; 10 kV-Leitung Rosbruck - Emmersweiler/Naßweiler (Warndt); 5 kV-Kabel Burbach (ARBED) - Stiring; 3 kV-Leitung Welferding (Goepp) - Hanweiler; 10 kV-Kabel Saargemünd - Hanweiler; zwei 2kV-Kabel EW Veching - Fabrik Veching (Fayencerie Sarreguémines) sowie verschiedene 220/380 V-Leitungen zur Versorgung kleiner grenznaher Anwesen und Ortsteile; bspw. versorgte die VSE vier Häuser eines Teiles von Simbach der Gemeinde Grosblidrestroff (Großblittersdorf), AD Moselle 10 S 83, Préfet Metz v. 07.10.35.
224 LA Sbr. Dep. Heusweiler Fach 52 Nr. 2, B l o c k (1928), S. 4.
225 Ebd., S. 6ff.; zu ähnlich pessimistischen Exportaussichten gelangte auch C a p o t - R e y (1934), S. 340ff. Interessant wäre das Saargebiet als Stromlieferant für Nordfrankreich gewesen: Mit 890 Mio kWh hätte das Saargebiet auf dem ersten Platz aller französischen Départements gestanden, noch vor Moselle mit 881 Mio kWh. Grubenverwaltung und Regierungskommission scheuten allerdings wegen der zeitlich begrenzten Verwaltungstätigkeit die notwendigen Investitionen für ein entsprechendes Energiezentrum, vgl. L a t z (1985), S. 111f.
226 LA Sbr. Dep. Heusweiler Fach 52 Nr. 2, B l o c k (1928), S. 21.
227 Ebd.

rung der SLE als „vollkommen überflüssiger Zwischenhändler"[228] und seiner unter damaligen politischen Verhältnissen völlig illusorischen Schlußfolgerung einer großräumigen Vereinheitlichung der Versorgungsgebiete, beinhaltete auch das Gutachten Blocks einige Vorschläge und Korrekturen an der Expertise von Ahlen, die für die künftige Elektrizitätsversorgung des Saargebietes angenommen wurden:

1. Abbau von direkt nebeneinander verlaufenden Leitungen verschiedener Energieversorgungsunternehmen, die hohe Kosten und dennoch keine Betriebssicherheit bedeuteten;
2. Zusammenschluß bzw. gemeinsame Betriebsführung der Kraftwerke Wehrden und Saarlouis[229];
3. Rückzug von der starken Abhängigkeit vom Strombezug aus den zu sehr auf Eigenbedarf ausgerichteten Grubenkraftwerken.

Gab es Gewinner oder Verlierer im „Elektrokampf" an der Saar? Die SLE hatte zwar den Zweckverband nicht für sich erwerben können, dafür gelang ihr die Versorgung des Landkreises St. Wendel, wenn auch unter hohen finanziellen Opfern. Zudem war mit dem Gutachten von Ahlen eine wichtige Grundlage für die Planung des Ausbaus der kommenden Jahre geschaffen worden. Welchen Stellenwert die Auseinandersetzungen um den Zweckverband für das RWE einnahmen, verdeutlichte dessen Direktor Arthur Koepchen in einem vertraulichen Gespräch mit Vertretern des Saargebietes, nachdem der Streit Ende 1929/Anfang 1930 erneut — allerdings in abgeschwächter Form — aufgeflammt war: Der Zweckverband habe weder mit dem Saargrubenproblem noch mit dem Saarelektroproblem etwas zu tun, betonte Koepchen, wenn die SLE ihre Ringleitung durch das Zweckverbandsgebiet bauen wolle, so werde das RWE dem Ausbau des SLE-Netzes sicher nichts in den Weg stellen[230]. Gemünzt auf die Rolle Preußens, fuhr Koepchen fort: Der Kampf um den Zweckverband sei letztlich nichts anderes als eine Machtprobe zwischen den Vertretern der Staatswirtschaft und einem gemeinwirtschaftlichen Unternehmen, gegen das der Staatssozialismus alle Mittel einsetze. Der Zweckverband sei ein Exponent dieses Kampfes und das RWE werde aus grundsätzlichen Erwägungen heraus nicht davor zurückschrecken, an diesem Schulbeispiel die ganze Problematik des Gegensatzes zwischen Staats- und Privatwirtschaft aufzurollen. Gebe man im Zweckverbandsgebiet nach, dann schaffe man einen Präzedenzfall, dann sehe man nicht, wo das Ende dieses Nachgebens liege[231]!

Der kleine Zweckverband Weiherzentrale war zum Austragungsort eines Konfliktes zwischen RWE und dem preußischen Staat geworden, dessen Ursachen viel tiefer lagen. Das Festhalten am Zweckverband war die Antwort des RWE auf zahlreiche Verhaltensweisen Preußens im Vorfeld des Demarkationsabkommens, die die Geschäftsinteressen des RWE erheblich beeinträchtigten. Den Tod des größten RWE-Einzel-

---

228 Ebd., S. 15.
229 Diese Fusion wurde auch von Neikes befürwortet (vgl. LA Sbr. Einzelstücke Nr. 152, 18.11.1927); sie scheiterte letztlich am Widerstand von Röchling, dem der Kapitaldienst aus der Fusion zu hoch war (vgl. ebd. Nr. 152, Vermerk Minister für Handel und Gewerbe, Berlin v. 23.08.1927).
230 StadtA Sbr. BG 2649, 06.03.1930.
231 Ebd.

aktionärs Hugo Stinnes im Jahre 1924 hatte der preußische Staat genutzt, um aus der Liquidationsmasse für 12 Millionen Reichsmark RWE-Aktien zu erwerben[232]. Offizielle Begründung war eine für das Wirtschaftsleben Deutschlands ungefährliche Abwicklung der Verpflichtungen der Fa. Stinnes und die erwünschte Einflußnahme auf den größten Energieversorger Preußens. In Wirklichkeit plante Preußen nach bayerischem und badischem Vorbild ein einheitliches Landesversorgungsunternehmen, ein „Preußenwerk", und wollte zu diesem Zweck Einfluß auf das RWE nehmen. So verhinderte beispielsweise der preußische Staat lange Zeit die geplante Nord-Süd-Verbindung des RWE von den Braunkohlenkraftwerken zu den Wasserkräften Süddeutschlands, da er den Verlust von Frankfurt an das RWE befürchtete. Erst als diese Stadt mit Preußen einen langfristigen Lieferungsvertrag für elektrische Energie aus dem Kraftwerk Borken abgeschlossen hatte, erhielt das RWE das Enteignungsrecht für die Leitung — ein Vorgehen, das als Mißbrauch staatlicher Macht zu Recht mißbilligt und gegen das sogar Reichshilfe gefordert worden war. Sozusagen im Rücken des RWE erkaufte sich Preußen dann die Majorität der Braunkohle-Industrie Zukunft AG in Weisweiler (Biag), die durch das Tochterunternehmen Elektrizitätswerk „Zukunft AG" einen größeren Teil der Provinz Rheinland längs der belgischen Grenze versorgte[233]. Zusammen mit dem Saargebiet sollte hier die Grundlage der Stromerzeugung der Preußenelektra liegen, eine etwas fadenscheinige Begründung, da die übrigen Versorgungsgebiete Preußens weit entfernt waren. Der Kauf der Biag war allerdings auch Antwort auf den RWE-Erwerb von Teilen der Braunschweigischen Kohlenbergwerke AG, Helmstedt, die im Herzen der preußischen Interessen lagen. Beide Seiten sicherten sich vor den unter dem Druck der öffentlichen Meinung unausbleiblichen Vergleichsverhandlungen möglichst viele Trümpfe.

Im Demarkationsabkommen von 1927 erfolgte schließlich auch wieder der Tausch Biag-Braunkohlewerke AG; zudem erreichte Preußen durch die Entsendung zweier Aufsichtsratsmitglieder, von denen eines dem Präsidium des RWE angehören mußte, eine gewisse Kontrolle über die Aktivitäten des Essener Unternehmens. Das RWE wiederum schloß durch den Biag-Erwerb sein linksrheinisches Versorgungsgebiet mit dem Aufkauf kleinerer Energieversorgungsunternehmen — unter anderem Elektrizitätswerk Illingen AG — immer weiter zusammen. Gekrönt wurde diese mit größter Konsequenz durchgeführte Konzentration durch den Ankauf des Elektrizitätswerkes Trier um die Mitte des Jahres 1928[234], dem das RWE durch Stromlieferungsverträge mit den

---

232 Vgl. zum folgenden A s r i e l (1930), S. 40ff.; zur Preußenelektra-Gründung vgl. J a c q u e s (1927), S. 1764f., ders. (1952), S. 21ff.

233 ETZ 47 (1926), S. 314, 482; H e n k e (1948), S. 45; RWE-AHV, B u d e r a t h (1982), Band I, S. 165.

234 A s r i e l (1930), S. 45; Die Stadt Trier leistete zwar erbitterten Widerstand gegen die Einkreisung durch das RWE (vgl. z.B. LA Sbr. Einzelstücke Nr. 152, Schreiben von Oberbürgermeister v. Bruchhausen an den preußischen Innenminister v. 14.06.1926), konnte sich aber auf Dauer nicht halten. Im Frühjahr 1926 notierte der spätere Betriebsdirektor des RWE-Trier, Blechmann, damals noch Leiter des städtischen EW Trier, folgenden, die Schärfe der Auseinandersetzungen um die Versorgungsgebiete deutlich charakterisierenden Ausspruch des RWE-Vorstandsmitgliedes Arthur Koepchen, den Direktor Rosenbusch vom EW Kreuznach übermittelte: „Grüßen Sie unseren Kollegen, Herrn Direktor Blechmann in Trier, und sagen Sie ihm, daß, nachdem ich mit der Rhein-Nahe-Kraftversorgung fertig bin, nunmehr Trier an die Aufteilung kommt, weil es die ihm seinerzeit vom RWE gemachten Vorschläge nicht angenommen hat" (LA Sbr. Einzelstücke Nr. 152, o.D., kurz nach dem 20.02.1926).

umliegenden Landkreisen bereits sein natürliches Absatzgebiet entzogen hatte[235]. Am 25.06.1930 schloß das RWE mit der Stadt Merzig einen B-Vertrag und kaufte die Versorgungsanlagen für 165.000,- RM[236]. Im Herbst desselben Jahres unterzeichnete der Landkreis Merzig unter Aufhebung des alten A-Vertrages von 1926 einen neuen B-Vertrag mit Wirkung vom 1.7.1930[237]. Gegen die preußischen Interessen veräußerten die Gesellschafter der Saarkraftwerke GmbH (vgl. Kap. IV.7.a) ihre Anteile im Jahre 1931 an das RWE[238]. Die Erklärungen Arthur Koepchens und das Festhalten des RWE am Zweckverband Weiherzentrale im Elektrokampf werden vor dem skizzierten Hintergrund deutlicher[239].

8. Konflikte im Kleinen: Stadt Saarbrücken gegen Landgebiete

Neben den großen grundsätzlichen Auseinandersetzungen spielten im Kampf um den Zweckverband Weiherzentrale auf unterer Ebene aber auch gegensätzliche Momente hinein, die bei der schon geschilderten Entwicklung der SLE angedeutet wurden. Der Saarbrücker Oberbürgermeister und spätere Aufsichtsratsvorsitzende Neikes hatte durch sein Verhalten immer wieder gezeigt, daß er in der SLE eher ein ihm genehmes Tochterunternehmen der Stadt als eine eigenständige Gesellschaft sah. Kam es zu einem Konflikt, hatte er immer die Interessen der Stadt durchzusetzen gewußt[240], einerseits über seine Funktion als Aufsichtsratmitglied bzw. -vorsitzender, zum anderen über den städtischen Beigeordneten Armbrüster als Vorstandsmitglied, so daß schon über die „Saarbrücker und S.L.E.-Gesellschaft" gespottet wurde[241]. Unter dem Deckmantel der vorgeblichen Sicherung der nationalen Interessen war dies von den übrigen saarländischen Aktionären während der Zeit der französischen Kapitalmehrheit meistens — wenn auch widerstrebend — geduldet worden.

---

235 RWE-B-Vertrag mit dem Landkreis Trier v. 08./20.11.1928 (Abschrift LA Sbr. MW 628), mit Saarburg v. 08.11.1928/10.04.1929 (Abschrift LA Sbr. MW 623); Staab (1969), S. 199ff.; RWE-Trier, 40 Jahre Betriebsverwaltung Trier (1968).
236 Vgl. Keil (1958), S. 370f.
237 Abschrift LA Sbr. MW 623 v. 28.10./06.11.1930; 800.000.- RM betrug die Verkaufssumme für die Versorgungsanlagen.
238 LA Sbr. Best. Landratsamt Merzig, 10.04.1931; Verkaufssumme 281.000.- RM.
239 Noch im Jahre 1951 beklagte sich Koepchen rückblickend über das Verhalten des Preußischen Staates, der, nachdem das Eindringen des RWE in das Saargebiet nicht verhindert werden konnte, das Enteignungsrecht für die 220 kV-Leitung des RWE von Koblenz über Trier nach Mettlach verweigerte, so daß die Leitung durch Einzelverhandlungen mit jedem Bauern „unter sehr großen materiellen und zeitlichen Opfern für das RWE erstellt" wurde. (vgl. Koepchen, 1951, S. 22f.). Erst 1935 konnte die Leitung, die an der Landesgrenze endete, bis Merzig geführt werden, vgl. BA R 12 II/118, RWE Essen v. 28.03. u. 11.04.1935, vgl. ebf. RWE-Niederlassung Merzig, in: Keil (1958), S. 184.
240 Vgl. Kap. IV.4.; ein weiteres Beispiel war der Streit um die Versorgung der Bürgermeisterei Brebach mit Gas. Dort hatte an sich die SLE aufgrund des Gründungsvertrages von 1912 ein Monopolrecht zur Belieferung, das Neikes aber nicht anerkennen wollte, um die Versorgung von Brebach der Stadt Saarbrücken zu sichern, vgl. VSE-AHV Aufsichtsratssitzung v. 18.02.1924.
241 RWE-AHV, Weißbuch RWE, S. 15.

Der nahezu ohne Beteiligung der Landgebiete erfolgte Rückkauf der französischen Aktien und die gescheiterte Übernahme des Zweckverbandes durch die SLE, wo nur „Großstadtmänner Einfluß und das Land nichts mehr zu sagen hat"[242], hatten den Landrat des Kreises Saarbrücken, Dr. Vogeler, energisch auf den Plan gerufen. Erst die Drohung, er werde „sämtliche Stromabnehmer der SLE, soweit irgend mein Einfluß reicht, der Konkurrenz zuführen"[243] und die Einholung eines Versorgungsangebotes durch das RWE[244] hatten Neikes zu einem Zugeständnis bei der Aktienverteilung bewogen[245]. Doch reichte Vogeler dieser Schritt nicht aus, denn er hatte aus dem Rückzug der Stadt Saarbrücken von der Stromversorgung durch die SLE gelernt, daß diese Gesellschaft sich nur zu einem leistungsfähigen Versorgungsunternehmen würde entwickeln können, wenn die benachbarten Landkreise und interessierten Gemeinden als Anteilseigner aufgenommen würden. In diesem Sinne machte Dr. Vogeler namens der bereits vertretenen Aktionäre Landkreis Ottweiler, Stadt Neunkirchen, Bürgermeisterei Bischmisheim und Landkreis Saarbrücken sowie der in Verhandlung stehenden Landkreise St. Wendel und Saarlouis am 02.01.1928 Neikes verschiedene Vorschläge als „Mindestbedingungen", von deren Erfüllung die saarländischen Aktionäre ihre weitere Mitarbeit an der SLE sowie die Landkreise Saarlouis und St. Wendel einen möglichen Anschluß an das Unternehmen abhängig machten[246]. Auf Vorschlag des preußischen Handelsministers führte Regierungspräsident Dr. Saassen, Trier, Vermittlungsgespräche, die einen für die künftige Gestaltung der Arbeit der SLE wichtigen Konsortialvertrag zwischen Stadt Saarbrücken, den Landgebieten und der Preußenelektra brachten: Im Interesse der Vereinheitlichung der Elektrowirtschaft im preußischen Teile des Saargebietes verpflichteten sich die Vorgenannten, die SLE wie folgt umzugestalten:

1) An der SLE sollten in Zukunft beteiligt sein: Die Preußenelektra mit 25%, die Stadt Saarbrücken mit 25%, die Landgebiete mit zusammen 50%.

2) Zum Zwecke der Durchführung dieser Kapitalverteilung verpflichtete sich die Stadt Saarbrücken, 30% des Gesamtkapitals und zwar 15% aus ihrem eigenen Anteil und 15% aus dem Anteil der Preußenelektra Landrat Vogeler als Treuhänder der Landgebiete zu übergeben. Diese Aktien waren für die Beteiligung weiterer kommunaler Verbände an der SLE bestimmt, insbesondere des Kreises Saarlouis, des Kreises St. Wendel und des Zweckverbandes Weiherzentrale.

3) Die Beteiligten verpflichteten sich, zum Vorsitzenden des Aufsichtsrates der SLE die von der Stadt Saarbrücken aus der Zahl ihrer Aufsichtsratsmitglieder vorgeschlagene Person zu wählen.

4) Außer dem Vorsitzenden des Aufsichtsrates sollten drei stellvertretende Vorsitzende des Aufsichtsrates bestellt werden, und zwar verpflichteten sich die Beteiligten, den 1. und 3. Stellvertreter auf Vorschlag der Landgebiete, den 2. Stellvertreter auf Vorschlag der Preußenelektra zu wählen.

5) Zur Unterstützung des Vorsitzenden des Aufsichtsrates wurde ein Präsidium aus dem Vorsitzenden des Aufsichtsrates und den 3 Stellvertretern gebildet.

---

242 Ebd., S. 22: Neunkircher Zeitung v. 16.01.1928.
243 ASV Sbr. GS-22, Aktennotiz von Landrat Vogeler o.D.
244 Ebd. GS-45, 23./24.11.1926.
245 Vgl. Kap. IV.6.
246 ASV Sbr. GS-22, 06.01.1928.

6) Die Vorstandsmitglieder wurden vom Aufsichtsrat bestellt. Die Beteiligten einigten sich darüber, daß die durch das Ausscheiden des Beigeordneten Armbrüster freiwerdende Stelle im Vorstand der SLE auf Grund einer Ausschreibung durch eine nicht im Dienste eines der Aktionäre stehende Persönlichkeit besetzt werden mußte.

7) Die Umgestaltung der SLE erfolgte ausdrücklich in der Erwartung des Anschlusses des Kreises St. Wendel und des Zweckverbandes Weiherzentrale an die SLE. Wenn der Anschluß des letzteren nicht bis zum 01. April 1929 erfolgen würde, so hatte der Treuhänder Vogeler an die Stadt Saarbrücken und die Preußenelektra je 1% des Aktienkapitals zurückzuübertragen.

8) Die auf den von der Stadt Saarbrücken als Treuhänder verwalteten Aktienbesitz der Preußenelektra entfallenden Stimmen sollten durch die Preußenelektra selbst geführt werden.

9) Die Beteiligten erwarteten, daß die Strompreise im ganzen Gebiet der SLE möglichst bald einheitlich gestaltet würden.

10) Die Durchführung der unter 1) bis 7) aufgeführten Verpflichtungen sollte bis zum 01. April 1928 erfolgen.

„Im Interesse der gesamten Bevölkerung des Saargebietes" hofften die Beteiligten, daß durch die Durchführung der genannten Abmachungen die Grundlage für eine „gedeihliche Weiterentwicklung der Elektrowirtschaft" geschaffen werde[247]. Mit dieser Vereinbarung waren zwar anscheinend ausreichend formulierte Abmachungen festgelegt worden, in der Praxis kehrte aber vorerst keine Ruhe ein. Oberbürgermeister Neikes gestand zwar eine Rücknahme des Kapitalanteils der Stadt von 26 auf 25% zu, sah aber insgesamt gesehen die Landgebiete in ihren Forderungen stärker geschwächt[248]. Zunächst versuchte er, den durch das vereinbarte Ausscheiden des Beigeordneten Armbrüster aus dem Vorstand der SLE erlittenen Machtverlust durch dessen Benennung als Vertreter der Preußenelektra-Aktien im Aufsichtsrat auszugleichen[249]. Als dies mißlang, erprobte er ein finanzielles Druckmittel gegen die Gesellschaft: Selbst kurzfristige Anleihen und kleinere Bankkredite der SLE sollten von der schriftlichen Zustimmung der Stadt Saarbrücken abhängig gemacht werden. Eine solche „Fesselung und Einengung der SLE, eine derartige Beschränkung, ja Aufhebung jeder wirtschaftlichen Bewegungsfreiheit für unsere Gesellschaft", empörte sich darauf Landrat Vogeler zu Recht, könne nicht akzeptiert werden[250]. Fast flehentlich erbat Vogeler von der Preußenelektra endlich die Entsendung eines Vertreters in den Aufsichtsrat der SLE und konnte nach der erstmaligen Teilnahme von Generaldirektor Frank der Preußenelektra in einem Dankschreiben feststellen, daß Oberbürgermeister Neikes noch nie so „verständig und einsichtsvoll, auch äußerlich rücksichtsvoll und maßvoll" gewesen

---

247 Ebd. 19.01.1928. Am 12.03.1928 trat der Landkreis St. Wendel der Abmachung bei (ebd., v. 12.03.1928).
248 Besprechung mit den Fraktionsführern der Stadtverordnetenversammlung v. 30.01.1928 (StadtA Sbr. BG 7152).
249 ASV Sbr. GS-22, 09.03.1928.
250 Ebd., 07.03.1928.

sei wie bei dieser Sitzung[251]. Auch die Bildung des Präsidiums mit dem Zweck, den von allen Landgebieten beklagten übermächtigen Einfluß des Vorsitzenden des Aufsichtsrates einzuschränken[252], trug zu einer Versachlichung der gegensätzlichen Standpunkte bei, vor allem nachdem ab der Aufsichtsratssitzung vom 19.04.1928 ständig Vertreter der Preußenelektra sowohl im Aufsichtsrat wie im Präsidium an den Sitzungen teilnahmen.

Einige Zeit später kam es zu größeren Auseinandersetzungen — kleine Streitigkeiten blieben an der Tagesordnung —, als der Versuch der Stadt durchsickerte, ihre Aktien mit denen der Preußenelektra in einen Pool zu werfen und gemeinsam zu stimmen[253], was eine einfache Mehrheit gegenüber den Landgebieten gebracht hätte. Zu Recht verärgert waren die Vertreter der Landkreise auch über die Anweisung von Oberbürgermeister Neikes an den Vorstand der SLE, die monatliche Bilanz des Unternehmens nur an ihn selbst sowie an die Preußenelektra-Vertreter Frank und Römer zu schicken, nicht aber an die Vertreter der Landgebiete, da diese „nicht alle Unterlagen bekommen dürften und zudem Interessenten seien"[254]. Wenn auch Neikes seinen Beigeordneten Armbrüster noch bis zum 31. Mai 1929 als Vorstandsmitglied der SLE halten konnte[255], so gelang es doch durch das tatkräftige Vorgehen des Landrates Dr. Vogeler, das latente Mißtrauen der Landgebiete gegen die Elektrizitätspolitik der Stadt Saarbrücken, das bis zur „Einheitsfront von Kommunisten und Zentrumsleuten" führte[256], Stück für Stück abzubauen und sie in die SLE zu integrieren.

Ausdruck dieses Bemühens war z. B. die Abstellung des Völklinger Betriebsdirektors Vogel in nebenamtlicher Tätigkeit als Berater des Landkreises Saarbrücken, um die noch nicht von SLE oder RWE versorgten Teile des Kreises zusammenzufassen und der SLE zuzuführen. In einer umfangreichen Erhebung über die bestehenden Versorgungsverhältnisse in den Bürgermeistereien Dudweiler, Sulzbach, Friedrichsthal, Quierschied, Riegelsberg, Püttlingen und Gersweiler stellte Vogel fest, daß die Elektrizitätswerke der Gemeinden durchweg unwirtschaftlich arbeiteten und seit Jahren — wie in Friedrichsthal und Riegelsberg — Fehlbeträge erwirtschafteten[257]. Die Ursachen sah Vogel darin, daß in der Spitze der Werke nie ein Fachmann, sondern meistens der Gemeindebaumeister stehe, der von der Elektrizitätsversorgung „garnichts verstehe". Monteure und Arbeiter würden fast nie nach Eignung, sondern nach Beziehungen zu den Gemeinderatsmitgliedern und Parteien ausgesucht. Die Friedrichsthaler und Riegelsberger Straßenbahnen z.B. seien „lange Zeit nicht mehr gewesen als Versor-

---

251 Ebd., 17. und 21.03.1928; ebd. GS-23, 21.04.1928.
252 Vogeler an Neikes (ASV Sbr. GS-22, 17.03.1928); die ao. HV v. 19.03.1928 beschloß die Änderung des § 10 zur Bildung eines Präsidiums aus dem Aufsichtsratsvorsitzenden sowie seinen drei Stellvertretern (VSE-AHV).
253 ASV Sbr. GS-25, 28.05.1931.
254 Schreiben des ehemaligen Vorstandsmitgliedes Mandres an das Landgericht Saarbrücken v. 05.12.1934 über seine Tätigkeit im Vorstand der SLE/VSE (ASV Sbr. GS-27).
255 Länger konnte ihn Neikes schließlich nicht mehr stützen, in der Öffentlichkeit machte sich zunehmend Unmut breit; so schrieb bspw. die Arbeiterzeitung am 18.01.1929 über die Aufwandsentschädigungen von Armbrüster: „Demnach wird sogar die SLE im Interesse der Stadt Saarbrücken auf Kosten der übrigen Arbeitergemeinden des Saargebietes als melkende Kuh benutzt, ohne daß die Stadt selbst ein einziges kW Strom aus dieser Gesellschaft bezieht." (StadtA Sbr. BG 7223).
256 So z.B. im Mai 1928 im Kreistag von Saarlouis (ASV Sbr. GS-21).
257 Ebd. GS-44, 25.07.1928.

gungsanstalten für irgendwelche Günstlinge der Gemeindevertretung" und folglich zu 50 bis 100% übersetzt. Die Netze der Gemeinden würden durchweg „stückweise angeflickt" und stünden in Insellage ohne Verbindung zu Nachbargemeinden. Ein hartes Urteil, das aber die Notwendigkeit einer sinnvollen Neuorganisation aufzeigte. Gerade noch rechtzeitig hatte Landrat Vogeler das Ruder im Aufsichtsrat der SLE herumreißen können, um die Gesellschaft für die Landgebiete wieder aktzeptabel zu gestalten und den Verlust von Städten und Kreisen, der vom Rand des Versorgungsgebietes her drohte, zu stoppen. Für den Zweckverband Weiherzentrale war es zu spät, doch die Landkreise St. Wendel und Saarlouis, die Gemeinden Dillingen, Neunkirchen und andere konnten neu gewonnen werden.

9. Vereint unter neuem Namen: Vereinigte Saar-Elektrizitäts-AG (VSE)

a) Anschluß der Kreise St. Wendel und Saarlouis

Die sinngebende Bedeutung von Firmennamen verdeutlicht das Beispiel der SLE. Bereits im August 1927, mitten im Kampf um den Zweckverband Weiherzentrale, gab der Landrat Rech des betroffenen Kreises Ottweiler zu verstehen, daß sich die Bevölkerung des Zweckverbandes unter anderem auch am Namen Saarland-Lothringen Elektrizitäts-AG störe, obwohl kein französisches Kapital mehr beteiligt sei, und riet, „die Firma würde gut tun, ihren Namen baldigst zu ändern"[258]. Es sollte allerdings noch etwas über zwei Jahre dauern, ehe die Umbenennung schließlich erfolgte. Ausgelöst wurde diese durch erneut aufgenommene Verhandlungen mit dem Zweckverband 1929, indem eine der Bedingungen zum Abschluß an die SLE lautete: „Dem Saar-Elektrounternehmen ist ein Name zu geben, der die Zusammenfassung der Saar-Elektrowirtschaft zum Ausdruck bringt"[259]. In der Forderung nach einer Auslöschung des Namens „Lothringen" bei der SLE spiegelte sich auch die große Enttäuschung und „die nationale Erregung gegenüber Frankreich" darüber wieder, daß die Verhandlungen über eine vorzeitige Rückgliederung des Saargebietes in das Deutsche Reich 1929 zu scheitern drohten[260]. Präsidium und Aufsichtsrat der SLE beschlossen die Namensänderung am 22.10.1929, die außerordentliche Generalversammlung änderte den § 1 des Gesellschaftsvertrages am 02.04.1930, der Handelsregistereintrag vom 15.04.1930 hielt fest: „Die Firma ist geändert und lautet jetzt: Vereinigte Saar-Elektrizitäts-AG."

Gerechtfertigt wurde das Vertrauen in den neuen Namen durch folgende Ereignisse: Am 28.02.1928 konnten die Versorgungsanlagen des Landkreises St. Wendel für die SLE vertraglich gesichert werden, am 01.04.1929 erfolgte die Übernahme des Netzes[261]. Nach jahrelangem Rechtsstreit mit der Kravag in Saarlouis ging das Kraft-

258 Ebd. GS-22, 05.08.1927.
259 VSE-AHV, Präsidiumssitzung v. 22.10.1929.
260 Z e n n e r (1966), S. 320.
261 StadtA Sbr. BG 2517, 28.02.1928; VSE-AHV, Vertrag Nr. 239.

werk des Kreises Saarlouis einschließlich verschiedener Grundstücke am 04.04.1930 für 2,7 Millionen Reichsmark käuflich an die VSE über[262], und das Verteilungsnetz wurde ab 01.04.1930 auf 30 Jahre gepachtet, wodurch die Versorgung des Landkreises Saarlouis und der Großverbraucher des Landkreises Merzig, die bislang durch die Kravag erfolgte, zur VSE wechselte. Nach einer Abstimmung der Gemeinden des Zweckverbandes Weiherzentrale am 17.02.1930 zu Gunsten der VSE[263] keimten auf Grund erneut aufgenommener Verhandlungen mit dem RWE noch einmal Hoffnungen auf, durch Übernahme des Zweckverbandsgebietes das Versorgungsgebiet erheblich erweitern und abrunden zu können. Nicht zuletzt gelangen Stromlieferungsverträge mit einer Reihe namhafter Großabnehmer. „Der langandauernde Streit um die Richtungstendenz der saarländischen Elektrowirtschaft" schien „zu Gunsten der Meinung derer entschieden, die der Aufrichtung und dem Ausbau einer eigenen saarländischen Elektrobasis das Wort redeten", kommentierte die Saarbrücker Zeitung hoffnungsvoll[264]. Die Übernahme der Anlagen im Landkreis St. Wendel gelang durch Überbietung des RWE-Angebotes relativ leicht[265]. Um eine sichere Versorgung zu gewährleisten, verpflichtete sich die VSE, ein Umspannwerk in St. Wendel, eine 35 kV-Leitung von Heinitz nach St. Wendel, eine 20 kV-Hilfsleitung zur Übergabestelle des Kraftwerkes Homburg in Waldmohr bis St. Wendel zu bauen und die bisherige 10 kV-Leitung Göttelborn-St. Wendel als Reserve stehen zu lassen. Lediglich der Kampfpreis, den man den Gemeinden des Kreises trotz der dünnen Besiedlung zugesichert hatte, wurde vom Vertreter des wesentlich mehr Abnahme versprechenden Landkreises Saarbrücken, Dr. Vogeler, „schweren Herzens akzeptiert". Er nahm den Kauf zum Anlaß, auf eine Vereinheitlichung der Strompreise im SLE-Versorgungsgebiet einzuwirken[266]. In der Tat mußte die SLE zur Finanzierung des Vorhabens Anfang 1928 eine Guldenanleihe, lange Zeit als sogenannte Vogeler-Anleihe bekannt, in Höhe von 1,2 Millionen hfl. aufnehmen, in der damaligen Zeit auch im Deutschen Reich auf Grund des latenten Kapitalmangels eine häufig getroffene Finanzierungsmaßnahme[267]. Zur Wahrung seiner Interessen und als Gegenleistung für den Verkauf seiner Anlagen wurde der Landkreis St. Wendel mit 100 Aktien am Aktienkapital der SLE beteiligt und erhielt einen Sitz im Aufsichtsrat.

Schwieriger gestaltete sich die Angliederung des Versorgungsgebietes der Kravag. Seit Ende 1925 stand das Saarlouiser Unternehmen in Gerichtsstreitigkeiten mit der SLE, die erst in letzter Instanz am 13. Februar 1929 vom Obersten Gerichtshof des Saargebie-

262 Ebd., Vertrag Nr. 345.
263 Vgl. La Sbr. Dep. Heusweiler Fach 52 Nr. 2, Versammlung v. 17.01.1930.
264 SZ-RA, Saarbrücker Zeitung v.1931; vgl. auch die ähnlichen Einschätzungen von Overbeck (1934), S. 81; Schmitt (1935), S. 68.
265 Es handelte sich um das Hochspannungsnetz des Kreises sowie die Ortsnetze der Bürgermeistereien Alsweiler, St. Wendel-Land und Namborn (VSE-AHV, Verträge Nr. 254-274) und um die Abnehmer des Kreiselektrizitätsamtes St. Wendel (Eisenbahnhauptwerkstätte und Stadt St. Wendel, Gemeinde Ober- und Niederlinxweiler, Gruppenwasserwerk Alsweiler, vgl. VSE-AHV, Verträge Nr. 279, 287, 348).
266 StadtA Sbr. BG 2516, 04.04.1928. Der Kreis bezahlte 190 US-Dollar pro Aktie, vgl. LA Sbr. MW 628, Abschrift.
267 ASV Sbr. GS-24, S. 2; der Zinssatz betrug 6% bei einem Auszahlungskurs von 89 1/8%, die Tilgung sollte bis zum 01.10.1953 dauern (vgl. StadtA Sbr. BG 2517, Bericht über den Geschäftsgang 1928).

tes zu Gunsten der SLE entschieden wurden[268]. Mehrfache Verletzungen des Demarkationsabkommens zwischen SVG/SLE und Kravag vom Jahre 1915 (vgl. Kapitel III) konnten nur auf gerichtlichem Wege geklärt werden. Ende 1925 schloß die Kravag zum Beispiel einen Notstromlieferungsvertrag mit dem Zweckverband Weiherzentrale ab und lieferte damit vertragswidrig Strom in das der SLE zugesprochene Gebiet. Ende 1926, als die Stadt Völklingen in Verhandlungen mit der SLE über einen Stromlieferungsvertrag stand, bot die Kravag Völklingen Strom für einen Strompreis an, der laut Gutachten 10 Centimes pro kWh unter dem Gestehungspreis des Kraftwerkes Saarlouis lag, zuzüglich des Baues einer Zuführungsleitung nach Völklingen im Werte von 1,2 Millionen FF, und schloß schließlich einen entsprechenden Vertrag mit Wirkung vom 01.07.1928[269]. Ein jährlicher Verlust von 500.000 FF für die Kravag war bei dieser Verzweiflungstat vorprogrammiert. Auf eine einstweilige Verfügung hin bezog Völklingen seinen Strom aus einer anderen Quelle, der durchschnittlich 8 Centimes pro kWh teurer war. Bei 3,6 Millionen kWh pro Jahr machte dies fast 290.000 FF/a aus, die von der Kravag an die Stadt Völklingen als Entschädigung zu zahlen waren — dies bei einer Laufzeit des Vertrages von 10 Jahren[270]! Auch der Gemeinde Dillingen war gegen ein SLE-Angebot ein Verkaufspreis von 0,32 FF pro kWh geboten worden, während beispielsweise die Gemeinde Wallerfangen ihren Strom von Saarlouis für 2,00 FF pro kWh beziehen mußte und darauf öffentlich die „Wucherpreise der Kravag" angriff. Verschiedene andere größere Abnehmer im Kreisgebiet hatten ebenfalls statt der Abnahme teurer Kilowattstunden vom Kreiselektrizitätswerk wieder Dieselmotoren zur Eigenerzeugung aufgestellt.

Nach dem Urteil des Obersten Gerichtshofes wurde die Kravag verpflichtet, rückwirkend ab 1927 jährlich zwei Millionen Kilowattstunden von der SLE abzunehmen, was sich 1927 bis 1929 auf sechs Millionen Kilowattstunden summierte. Da die Kravag nur etwa 13 Millionen kWh im Jahr produzierte und ferner an den Bezug von 1,5 Millionen kWh jährlich von der Gesellschaft La Houve gebunden war, mußte das Kraftwerk um mehr als die Hälfte gedrosselt werden. Bei einer theoretisch möglichen Leistungsfähigkeit des Werkes von 30 Millionen kWh pro Jahr war keine Wirtschaftlichkeit mehr gegeben, und das Urteil des Gerichtes kam fast einem Stillegungsbeschluß des Kraftwerkes gleich. Offen blieben zusätzlich Schadenersatzforderungen aus dem Vertrag mit dem Zweckverband Weiherzentrale wie auch die Vergütung der Verluste aus der vertragswidrigen Stromlieferung an den genannten Verband, die der SLE entstanden waren. Als Krönung der miserablen Lage standen der Kravag schließlich noch die Prozeßkosten von rund 250.000 FF ins Haus! Die Kravag stand buchstäblich mit dem Rücken zur Wand: Ein Verkauf des Kraftwerkes an das RWE zur Sanierung der wirtschaftlichen Lage konnte auf Grund des Demarkationsabkommens zwischen Preußen

---

268 Stromlieferungsvertrag mit dem Zweckverband v. 19./27.08.1925 (StadtA Sbr. BG 7196); vgl. verschiedene Berichte und das Urteil selbst: LA Sbr. Best. Landratsamt St. Wendel Nr. 449, 18.02.1929; ASV Sbr. GS-23; StadtA Sbr. BG 2649, 18.11.1927, ebd. BG 2518, offener Brief 1928.
269 Vgl. StadtA VK Kr-Vö/12, Bericht Bürgermeister v. 14.02.1930 über den Vertrag mit der Kravag v. 11.07.1927 und die Vorverhandlungen.
270 Vgl. ebd.: Am 28.10.1936 kam ein Vergleich zwischen dem Kreis Saarlouis (als Rechtsnachfolger für die Kravag) und der Stadt Völklingen zustande, demzufolge der Kreis 110.000.- RM als Entschädigung zahlen mußte.

und RWE nicht mehr stattfinden, neue Großabnehmer waren wegen der höchsten Stromerzeugungskosten im Saargebiet nicht zu gewinnen, und so verblieben als Alternativen lediglich der Anschluß an das Kraftwerk Wehrden oder die SLE, wobei jedesmal die Stillegung des Kraftwerkes drohte, da beide Gesellschaften über günstigere Stromproduktions- bzw. -bezugskosten verfügten.

Der Erwerb des Kreiselektrizitätswerkes und die Verpachtung des Kreisnetzes für 300.000 RM pro Jahr gelangen der SLE unter den gegebenen Umständen schließlich relativ leicht. Allerdings sollten die ersten beiden Jahre, einem Gutachten über Wert und Zukunftsaussichten nach, rund 200.000,- RM Verluste bringen und erst ab dem vierten Jahr allmählich ein Gewinn möglich sein. Trotzdem stimmte selbst der skeptische Landrat Vogeler dem Kauf zu, da langfristig in dem elektrizitätswirtschaftlich gesehen wenig genutzten Kreisgebiet durch eine Intensivierung des Stromabsatzes positive Zukunftsaussichten erwartet werden konnten[271]. Denn mit Ausnahme der Firma Villeroy & Boch, die vom Kraftwerk Mettlach direkt versorgt wurde, war die Versorgung aller Abnehmer des Landkreises Saarlouis auf lange Zeit und des Landkreises Merzig zumindest für einen bestimmten Zeitraum gesichert. Der Landkreis Saarlouis erhielt aus dem Treuhandpaket 150 Stück Aktien der VSE und für je 5% am Aktienkapital ein Aufsichtsratsmitglied[272].

Weitere Erwerbungen, die den neuen Namen im nachhinein symbolisch rechtfertigten und der VSE eine breitere wirtschaftliche Basis sicherten, waren Stromlieferungsverträge mit der Gemeinde Dillingen, die als Gegenleistung 5% = 50 Aktien aus dem Treuhänderpaket des Landrates Vogeler erhielt[273], mit der Burbacher Hütte für das Blechwalzwerk in Hostenbach und verschiedenen anderen gewerblichen Großabnehmern. Mit der Gemeinde Güchenbach gelang der Abschluß eines Vertrages zur Versorgung der Straßenbahn Saarbrücken-Heusweiler (einschließlich Bau einer Gleichrichteranlage) ebenso wie mit den Ostertalgemeinden Münchwies, Fürth, Lautenbach, Hangard und Remmesfürth, die bislang von der Grube Frankenholz mit elektrischer Energie versorgt worden waren[274].

Auch der Plan, zur vollständigen Abrundung eines geschlossenen Versorgungsgebietes noch den Zweckverband Weiherzentrale in die Versorgung einzubeziehen, war nach der erwähnten Abstimmung pro VSE wieder näher gerückt. Zunächst hatte die SLE 1929 mit der Stadt Ottweiler, deren Vertrag mit dem Zweckverband 1932 ablief, einen Stromlieferungsvertrag abgeschlossen. Positiven Einfluß auf die Zweckverbands-Mitglieder erhoffte man sich auch vom „behutsamen Vorgehen" des Landrates Dr. Rech vom Kreis Ottweiler. Ein großer Teil der Verhandlungen wurde schließlich direkt zwischen RWE und den Preußenelektra-Vertretern der SLE/VSE geführt, wobei dem RWE für den Verkauf des Zweckverbandsgebietes zwischen 3,8 bis 4,3 Millionen

---

271 ASV Sbr. GS-24, Gutachten v. 01.04.1930, Vogeler v. 05.04.1930.
272 Der Kaufpreis betrug 50 Aktien zu je 190 US-Dollar, 100 Aktien zu je 225 US-Dollar (VSE-AHV, Schreiben an Landrat Arweiler v. 13.03.1930).
273 Vertrag v. 21.05.1928 (StadtA Sbr. BG 2516); VSE-AHV, Verträge Nr. 275, 329, 330. Noch im April 1928 hatte die Gemeinde Dillingen einen Stromlieferungsvertrag mit dem Kreis Saarlouis abgeschlossen, da Bürgermeister Nicola mit der SLE „nichts zu tun haben" wollte, vgl. KreisA SLS IV/c-9, 27.04., 14.05., 24.05. 1928.
274 VSE-AHV, Geschäftsberichte 1927-1930, Verträge Nr. 235, 237, 248, 219, 229, 236, 252, 343, 337-339, 365, 358.

Reichsmark und für die Abnahme von Strom eine Option auf 10% Beteiligung am Aktienkapital der VSE für die Zeit nach der Rückgliederung geboten wurde. Das RWE hingegen forderte eine 26%ige Beteiligung, wozu noch ein 10%-Anteil des Zweckverbandes kommen sollte. Dies lehnten die saarländischen Aktionäre und die Preußenelektra einhellig ab[275]. Gegenseitige Vorwürfe schürten die Stimmung. Eine vereinbarte Besprechung beim RWE sagte Oberbürgermeister Neikes kurzerhand unter fadenscheinigen Begründungen ab, so daß sich der RWE-Generaldirektor Koepchen zu der Erklärung bemüßigt fühlte, „daß er in seiner Position schon verlangen dürfe, nicht den Narren des Herrn Dr. Neikes zu machen"[276]. Bald war man wieder auf dem Niveau der Auseinandersetzung von 1926/27 angelangt: Abstimmungsergebnisse pro RWE zweifelten die saarländisch-preußischen Parteinehmer grundsätzlich auf ihr rechtmäßiges Zustandekommen an, die Zustimmung zur VSE sei mit „Bouillon und Freibier" erkauft worden, konterte die Gegenseite[277]. Als dünnes Ergebnis der über vier Jahre währenden Auseinandersetzungen blieb ein Abkommen zwischen RWE und VSE übrig, nach dem sich das RWE zur Abnahme von mindestens 17,5 Millionen kWh für die Versorgung des Zweckverbandsgebietes, des Kreises Wadern sowie von Stadt und Kreis Merzig für die Zeit von 01.07.30 bis 30.08.33 verpflichtete[278]. Obwohl nach dieser Richtung für über 30 Jahre feste Grenzen abgesteckt blieben, ist die Zeit der späten zwanziger Jahre als Durchbruch für die SLE/VSE anzusehen, da es ihr gelang, ihre unverbunden nebeneinanderliegenden Versorgungsteile durch die Übernahme von Saarlouis und St. Wendel zusammenzuschließen und den inneren Ausbau voranzutreiben.

b) Abgrenzungsprobleme zu den Pfalzwerken — Beteiligung der VSE gescheitert

Nachdem der VSE eine erste Ausdehnung und Abrundung des Versorgungsbezirkes geglückt war und sich im Norden und Westen des neuen Interessenbereiches gegenüber dem RWE die Verhältnisse langsam normalisierten, rückten die östlich anschließenden Absatzgebiete der Pfalzwerke (Kraftwerk Homburg) wieder verstärkt in das Interesse der Geschäftspolitik, zumal die Preußenelektra durch Kapitalbeteiligung und Entsendung ihres Generaldirektors Frank als Aufsichtsrats- und Präsidiumsmitglied der VSE für eine deutliche Stärkung des Unternehmens im besonderen und der saarländischen Elektrizitätsinteressen im allgemeinen gesorgt hatte (vgl. Kap. IV.10.a). Für die Preußenelektra war die Mitsprache in der Geschäftsführung der VSE unter dem Gesichtspunkt der Rückgliederung der Saargruben nach 1935 und den damit verbundenen Problemen des Absatzes der anfallenden großen Mengen von Abfallkohle von hervorragender Bedeutung. Unterstützt wurde Frank hierbei tatkräftig vom Saarbrücker

---

275 Vgl. ASV Sbr. GS-25, 31.03.1930, Präsidiumsbeschluß des RWE über eine mögliche Abgabe des Zweckverbandes; StadtA Sbr. BG 7196, 10.05.1930, 06.05., 16.06., 07.12.1931.
276 ASV Sbr. GS-24, 18.12.1929.
277 Ebd. GS-21, 21.06.1929, StadtA Sbr. BG 2649, 22.02.1930.
278 Ebd. BG 7195 und 7196; Vertrag v. 07.07.1930 und Nachtrag v. 06.08.1931, in dem die Übergabestationen Merzig, St. Gangolf und Jabach festgelegt wurden; vgl. ebf. S c h e u r e n, H., in: Saargebiet (1933), S. 910.

Oberbürgermeister und Aufsichtsratsvorsitzenden Neikes, wie es die Auseinandersetzungen mit dem RWE verdeutlicht hatten.

Vor dem Ersten Weltkrieg hatte die Bayerische Staatsregierung durch ihren energischen Einspruch verhindert, daß „preußischer Strom" in größerem Umfang über die Landesgrenzen geliefert wurde. Nach 1918 verzichteten die Pfalzwerke notgedrungen auf die Belieferung einiger in der westlichen Saarpfalz gelegenen Gemeinden, da sie sich im Gefolge der unsicheren Nachkriegszeit außerstande sahen, die Orte rasch anzuschließen (vgl.Kap.IV.2. und 4.). Andererseits empfand die VSE die Belieferung der Gemeinde Dudweiler durch die Pfalzwerke als besonders störend, da Dudweiler gewissermaßen einen Vorposten im Kerngebiet der VSE bildete. Auch die Bereiche westlich von St. Ingbert und Mittelbexbach harrten einer endgültigen Abgrenzung, bis nach verschiedenen Verhandlungen ein erstes Demarkationsabkommen vom 15./23.04.1924 vereinbart wurde, das allerdings lediglich Neuweiler, Reichenbrunn und Wiebelskirchen dem Kraftwerk Homburg sowie Spiesen und Elversberg der SLE zur Belieferung vorbehielt[279].

Größere Hoffnung auf die Abgabe elektrischer Energie in das Gebiet der Pfalzwerke kam 1927 auf, als am 29.03.d.J. die Stillegung des seit Anfang d.J. wieder ganz im Besitz der Pfalzwerke befindlichen Kraftwerkes Homburg angekündigt wurde. Da die Anlagen total heruntergewirtschaftet waren, wurde fast der gesamten Belegschaft gekündigt; letzteres erwies sich allerdings auch als eine unternehmenspolitische Maßnahme, um „mißliebige Arbeiter des Kraftwerkes auszuschalten", denn der Betrieb des Werkes war oft durch Streiks und Unruhen unterbrochen oder zumindestens eingeschränkt worden[280]. Die Gestehungskosten des Kraftwerkes Homburg hatten fast doppelt so hoch wie diejenigen des Großkraftwerkes Mannheim oder des Kraftwerkes Fenne gelegen, weshalb die Pfalzwerke unter Einsatz erheblicher finanzieller Mittel schließlich das Werk modernisierten. Zusätzlich beteiligten sie sich an der Erweiterung des Großkraftwerkes Mannheim, wodurch die Absatzmöglichkeiten für Saarstrom erheblich eingeschränkt wurden.

Trotzdem rissen die Bemühungen der VSE, allen voran Oberbürgermeister Neikes und Direktor Frank (Preußenelektra), nicht ab, eine Absatzmöglichkeit für Saarkohlenstrom östlich des Saargebietes zu finden. Die Pfalzwerke waren dagegen eher an einer eindeutigen Gebietsabgrenzung interessiert. Ein zwischen den Vorständen Ende 1929 ausgehandeltes zweites Demarkationsabkommen sah vor, daß die Demarkationslinie entlang der preußisch-bayerischen Grenze verlief mit Ausnahme der südlichen Teile. Diese Gebiete mit den Ortschaften Ensheim, Ormesheim, Bliesmengen-Bolchen, Habkirchen, Eschringen usw., die bisher von der SLE versorgt wurden, sollten auch für die Zukunft der SLE verbleiben. Die Pfalzwerke wollten dem Entwurf des Abkommens zufolge an die SLE die Versorgung der Gemeinde Dudweiler abtreten. Ferner erklärten sich die Pfalzwerke mit dem Übergang der Strombelieferung der fünf Gemeinden Münchwies, Hangard, Fürth, Remmesfürth und Lautenbach von der Grube Frankenholz an die SLE einverstanden. Die Pfalzwerke verpflichteten sich zudem, für die Zukunft den Mehrbedarf an Strom möglichst von der Saar zu

---

279 VSE-AHV, Vertrag Nr. 135.
280 LA Speyer H 3 Nr 10664, 29.03., 28.06. 1927.

beziehen[281]. Die förmliche Unterzeichnung dieses Abkommens scheiterte letztlich daran, daß sich die Pfalzwerke aufgrund der Erneuerung des Kraftwerkes Homburg nicht zu einer verbindlichen Stromabnahme von der Saar entschließen wollten. Oberbürgermeister Neikes versuchte daraufhin, teilweise gemeinsam mit dem Vorstand der VSE, in Verhandlungen mit Vertretern der Reichsbahn-Generaldirektion, des Preußischen Handelsministeriums und des Auswärtigen Amtes in Berlin, der Reichsbahndirektion Karlsruhe, des Badenwerkes und der Stadt Stuttgart die Möglichkeiten und Bedingungen für die Lieferung von Saarkohlenstrom zur Versorgung der zur Elektrifizierung vorgesehenen bzw. im Bau befindlichen Strecken München-Stuttgart-Mannheim, Frankfurt-Basel und des Vorortbahnverkehrs von Stuttgart auszuloten[282]. Die Bedingungen für Neikes Pläne erwiesen sich jedoch als fast aussichtslos: Reichsbahndirektion und Handelsministerium legten zwar einerseits ihre grundsätzliche befürwortende Einstellung dar, und der angesprochene Legationsrat des Auswärtigen Amtes versprach eine eventuell notwendige Mobilisierung der politischen Parteienvertreter in der Angelegenheit. Andererseits war an eine Durchführung der Elektrifizierung aufgrund der defizitären Finanzlage der Reichsbahn vorerst kaum zu denken. Über die Strecke Basel-Mannheim bestanden zudem Differenzen zwischen den Ländern Preußen und Baden. Letzteres wollte zur rascheren Verwirklichung des Vorhabens Kapital und Stromlieferungen aus der Schweiz einbeziehen, wogegen sich Preußen sperrte. Das Badenwerk zeigte kein Interesse an Saarkohlenstrom, da dadurch die eigenen Wasserkraftwerke geschädigt würden. Lediglich die Stadt Stuttgart signalisierte eine eventuelle Abnahme, allerdings ebenfalls nicht zur direkten Bahnbelieferung, denn diese hatten sich die Technischen Werke der Stadt im Umkreis selbst gesichert. Da auch die Möglichkeit, unter Umgehung der Leitungen der Pfalzwerke den Strom von der Saar auf bahneigenem Gelände per Kabel durch die Pfalz zu liefern, kaum realisierbar schien, wandte sich die VSE wieder direkten Verhandlungen mit den Pfalzwerken zu.

Am 29.08.1931 besprachen sich seitens der VSE die Aufsichtsratsmitglieder Frank und Armbrüster mit dem Aufsichtsratsvorsitzenden der Pfalzwerke, Geheimer Rat Mahla, sowie weiteren Aufsichtsrats- und Vorstandsmitgliedern in Ludwigshafen. Die Verhandlungen fanden in einem ruhigen, sachlichen Klima statt, zu dem nicht zuletzt die urlaubsbedingte Abwesenheit von Oberbürgermeister Neikes beitrug, und führten zu folgendem Ergebnis: Nach Abschluß eines endgültigen Demarkationsabkommens zeigten sich die Pfalzwerke bereit, in weiteren Gesprächen der VSE bei der Durchleitung von Saarkohlenstrom in den Bereich östlich des Rheins, der Abnahme einer bestimmten Strommenge sowie den Austausch von Aktien der beiden Gesellschaften entgegenzukommen. Beruhigt konnte Mahla dem Staatsminister des Innern in München berichten, diese Vorschläge ließen die Befürchtung, daß die Pfalzwerke in eine weitgehende Abhängigkeit gerieten, zurücktreten. „Das Vorgehen der VSE und der Preußenelektra verfolgt zugestandenermaßen zwei Ziele: Einmal Arbeitsbeschaffung für die

---

281 VSE-AHV, Präsidiumssitzung v. 06.12.1929; Aufsichtsratssitzung v. 02.04.1930; StadtA Sbr. BG 2536, 07.02.1931. Die Versorgung der Ostertalgemeinden mit elektrischem Licht war zwischen 1921-23 erfolgt, vgl. Saal im Ostertal (1983), S. 180f.
282 StadtA Sbr. BG 7216, 03.07. Berlin, 02. u. 14.07. Karlsruhe, 01.07. Stuttgart; zur Versorgung der Stuttgarter Bahnen vgl. auch H a e b e r l e (1983), S. 66ff.

Bergleute nach Rückgliederung des Saargebietes dadurch, daß die große Menge anfallender minderwertiger Kohle über die Stromerzeugung verwertet werden kann; und sodann eine Stärkung gegenüber dem RWE"[283]. Eine Beteiligung der VSE am Aktienkapital der Pfalzwerke und Dr. Frank im Aufsichtsrat sah Mahla durchaus positiv als Gegengewicht zu dem Einfluß, „den das RWE über die Rheinelektra und Dr. Koepchen im Aufsichtsrat zu nehmen in der Lage ist." Auch müßten die Pfalzwerke eine Beteiligung der VSE unter dem Gesichtspunkt betrachten, ob auf diesem Wege ihren schweren finanziellen Sorgen begegnet werden könne.

Die Pfalzwerke standen finanziell damals unter großem Druck. 1926 hatten sie zusammen mit dem Großkraftwerk Mannheim eine 3 Mio US-Dollar-Anleihe aufgenommen, wovon 5,25 Mio RM auf die Pfalzwerke entfielen. Zum Rückkauf der Aktien und zur Wiederinstandsetzung „des unter französischer Herrschaft heruntergewirtschafteten Kraftwerkes Homburg" mußten sie bis Ende 1929 allein 3,6 Mio RM aufwenden, hinzu traten 1,435 Mio RM für die Beteiligung am Großkraftwerk Mannheim[284]. Für den weiteren Ausbau waren die Pfalzwerke auf kurzfristige Auslandsanleihen angewiesen, da im Inland keine Gelder mehr zu bekommen waren. Ferner war es unsicher, ob sie mit allen ihren kurzfristigen Schulden unter ein allseits erwartetes Stillhalteabkommen der Gläubiger fallen würden. Der Minderheitsaktionär der Pfalzwerke, die Rheinelektra, war zudem von deren Aufsichtsrat angewiesen worden, „bei den unsicheren Verhältnissen keinerlei Verbindlichkeiten gegenüber den Pfalzwerken einzugehen"[285]. In dieser schwierigen Situation wäre den Aktionärsvertretern der öffentlichen Hand bei den Pfalzwerken eine Beteiligung der VSE durchaus entgegengekommen.

Die Voraussetzungen für das Treffen in Ludwigshafen waren allerdings nicht sehr günstig gewesen. Ende 1930 hatte die VSE einen Stromlieferungsvertrag mit dem Eisenwerk HADIR in St. Ingbert (8-10 Mio kWh/a) abgeschlossen, obwohl das Werk in dem den Pfalzwerken zugesprochenen Gebiet lag. Ebenfalls noch vor dem Ludwigshafener Treffen gelang durch den Abschluß mit der Falzziegelei Mittelbexbach ein weiterer Einbruch in den benachbarten Versorgungsbereich[286]. Mitte Juli 1931 war dann dem Vorstand der VSE bekannt geworden, daß die Pfalzwerke im Gegenzug entgegen der früheren Absprache die Versorgung von Dudweiler nicht abgeben wollten und ein sehr günstiges Lieferungsangebot stellten, weshalb eine sofortige Strombelieferung des Ortes durch die VSE trotz bestehenden Vertrages ins Auge gefaßt wurde[287]. Als dies mißlang, sicherte sich die VSE zumindest die Versorgung der Firma Heckel, Nachfolger der Eisenbauanstalt Dudweiler, obwohl die dortigen Betriebswerke alles unternah-

283 LA Speyer H 3 Nr. 10670, 05.09.1931, S. 16ff.
284 Ebd. T 21 Nr. 156, 01.07.1930; allgemein vgl. K i n g m a (1936), S. 92ff.; zum Großkraftwerk Mannheim cf. M a r g u e r r e / L i e b e n s t e i n (1931), S. 614ff.
285 LA Speyer H 3 Nr. 10670, 05.09.1931.
286 VSE-AHV, Verträge Nr. 375, 396; das KW Homburg hatte sich den Unmut der HADIR-Geschäftsleitung allerdings auch teilweise selbst zuzuschreiben, da nach Kündigung des Stromliefervertrages von 1926 durch das Kraftwerk ein vertragsloser Zustand herrschte und die Belieferung nur unter großen Leitungsverlusten sowie zu einem Preis erfolgte, daß HADIR wieder die Eigenerzeugung erwog (LA Sbr. Landratsamt St. Ingbert Nr. 5855, 06.08.1931).
287 StadtA Sbr. BG 7196, 15.07.1931; ebd. Best. Bürgermeisterei Dudweiler Nr. 634 und 635.

men, eine Zulieferung zu verhindern. Zum einem vereinbarten sie mit der Eisenbahndirektion des Saargebietes, daß diese ihre Bahngleise nicht zur Kabelverlegung hergebe, zum anderen wurden Wachposten aufgestellt, um die Benutzung von Gemeindeeigentum zu verhindern. Die VSE hatte inzwischen jedoch insgeheim eine Vereinbarung mit den MDF geschlossen und deren Stromkabel Jägersfreude-Hirschbach zur Versorgung der Fa. Heckel „angeschnitten". Proteste der Gemeinde Dudweiler, daß dieses Kabel auch über Gemeindeeigentum führe, fruchteten nichts: Die französische Grubenverwaltung nahm den Schutz des Versailler Vertrages, Anlage 2, Artikel 5, für sich in Anspruch, der ihr in den §§ 8 und 10 das uneingeschränkte Wegebenutzungsrecht im gesamten Saargebiet zuwies[288]. Den Pfalzwerken war überdies bekannt geworden, daß sich die VSE an die Regierungskommission des Saargebiets gewandt hatte, um die Stromlieferung an die Eisenwerke Neunkirchen und Homburg aufzunehmen. Ersteres betrieb Eigenerzeugung, letzteres bezog Strom vom Kraftwerk Homburg. Als „Köder" stellte man die „großen Absatzgebiete für Grubenstrom" heraus. Um die Versorgungsrechte der Pfalzwerke zu umgehen, war geplant, die ebenfalls durch den Versailler Vertrag bevorrechtigten Bahnkörper der Eisenbahndirektion des Saargebiets zur Zulieferung zu benutzen und zugleich den Bahnhof Homburg zu versorgen[289].

Diese Pläne — wären sie geglückt — hätten natürlich einen Präzedenzfall geschaffen. Es wäre der VSE möglich gewesen, unter dem Schutz der Regierungskommission des Saargebietes überall dort in das Versorgungsgebiet der Pfalzwerke einzudringen, wo man über die Bahntrasse die besten Abnehmer fand, in erster Linie also Industriebetriebe mit eigenem Gleisanschluß. Entsprechend fielen die Reaktionen auf Pfälzer Seite aus: „ Empörend ist, daß ein unter deutscher Leitung stehendes Unternehmen die Regierungskommission, eine dem Lande fremde Verwaltung, angeht, um die den Pfalzwerken vom Bayerischen Staat eingeräumten Rechte illusorisch zu machen — allgemeiner Zuruf: Sehr richtig!", lautete die betreffende Passage des Aufsichtsratsprotokolls der Pfalzwerke[290].

Der Abschluß von Stromlieferungsverträgen auf dem Gebiet der Pfalzwerke hatte Frank offensichtlich völlig überrascht und lief seinen langfristig ausgerichteten Plänen der Absatzsicherung von Saarkohle zuwider. Noch in der Besprechung vom 29.08.1931 in Ludwigshafen signalisierte er den Vertretern der Pfalzwerke Entgegenkommen und versprach, sich dafür einzusetzen, daß das zuständige VSE-Vorstandsmitglied, Schramm, sofort entlassen und durch einen den Pfalzwerken genehmen Direktor ersetzt werde[291]. Zunächst jedoch fand eine Klärung der grundsätzlichen Standpunkte auf politischer Ebene statt. Am 03.12.1931 trafen sich in Würzburg Vertreter der bayerischen und preußischen Regierung zu Verhandlungen. Als diese ergebnislos abgebrochen werden sollten, legte der anwesende Oberbürgermeister Neikes einen

288 ASV Sbr. GS-31, 07.06.1932, GS-21, 16.01.1933; zur unterschiedlichen Interpretation der beiden Parteien vgl. LA Sbr. Best. Landratsamt St. Ingbert 5850, 09./10.02.1932.
289 StadtA Sbr. BG 7196, 04.08., 16.11.1931.
290 Aufsichtsratssitzung der Pfalzwerke vom 07.01.1932, LA Speyer H 3 Nr. 10670, S. 61f.
291 Ebd., 31.08.1931; vgl. ebf. LA Sbr. Einzelstücke Nr. 152: Frank befürchtete, daß das Vorgehen der VSE-Führung die Pfalzwerke in die Hände des RWE treibe (Brief an Neikes v. 28.09.1931).

4-Punkte-Plan auf den Tisch, nach dem Demarkation, Strombezug der Pfalzwerke von der VSE, Durchleitungsrecht für die VSE sowie gegenseitige Kapitalbeteiligung miteinander verknüpft wurden. Mangelnde Abstimmung mit Dr. Frank (oder anders gelagerte Zielsetzungen?) führten zunächst zu einer generellen Ablehnung durch die pfälzischen Vertreter, denn Frank hatte zugesichert, daß zuerst das Demarkationsabkommen geschlossen und dann die übrigen Punkte besprochen werden sollten, da er sich gegen jegliche Verhandlungen unter Druck wehrte[292]. Nach getrennten Beratungen erklärten die Pfalzwerke-Vertreter sich schließlich bereit, die Belieferung von HADIR und des Falzziegelwerkes Mittelbexbach zu dulden. Sie sahen sich aber außerstande, 6 Mio kWh von der VSE — als Gegenleistung für den Verzicht weiterer Abschlüsse in der Saarpfalz — abzunehmen, da im Zeichen der drohenden Weltwirtschaftskrise bei sinkendem Stromabsatz die Verpflichtungen gegenüber der Grube Frankenholz, die das Kraftwerk Homburg mit Kohle belieferte, und gegenüber dem Großkraftwerk Mannheim nicht mehr gehalten werden konnten[293]. Gegen ein Durchleitungsrecht der VSE ohne Stromabgabe in der Pfalz hatten sie grundsätzlich nichts einzuwenden, über einen Aktienaustausch bestand Verhandlungsbereitschaft. Ein Beschluß der Kommission des Aufsichtsrates der Pfalzwerke hielt fest, daß die Pfalzwerke zu ihrem Teil bereit seien, „dazu mitzuwirken, daß die Schwierigkeiten des Saargebietes, die für die Kohlenverwertung nach dessen Rückgliederung zu befürchten sind, behoben oder gemildert werden. Die Pfalzwerke müssen aber mit Entschiedenheit zurückweisen, daß sie zum Dank für ihr Entgegenkommen Opfer bringen sollten, um Einbrüche der VSE in das Absatzgebiet der Pfalzwerke fernzuhalten"[294].

Neikes lehnte Verhandlungen über Einzelfragen ab und bemühte sich, einerseits durch Gewerkschafts- und Parteienvertreter des Saargebietes Einfluß über deren Kollegen im pfälzischen Kreisausschuß auf den Aufsichtsrat der Pfalzwerke zu nehmen, andererseits die angestrebten Ziele über eine finanzielle Beteiligung an den Pfalzwerken doch noch zu erreichen. Ende 1931 waren die Pfalzwerke mit 10,26 Mio RM kurzfristigen Verbindlichkeiten belastet, wovon 8,565 Mio fällig waren, die nur durch neue Kredite abgedeckt bzw. prolongiert werden konnten. Hierzu war eine Kapitalerhöhung um 5 Mio geplant, um notwendigste produktive Erweiterungen zu ermöglichen. Kennzeichnend für die finanzielle Lage waren die Ausführungen des Vorstandsmitgliedes Bayer: „... auch die Ortsnetzinstallationen müssen scharf gedrosselt werden, weil die verdienten Abschreibungen zur Tilgung der Schulden verwendet werden müssen"[295]. Die Pfalzwerke bemühten sich, unter allen Umständen Mittel für die notwendige Kapitalerhöhung aufzutreiben, u.a. auch bei der Bank für elektrische Unternehmungen in Zürich. Die Bayerische Staatsbank sollte hierfür die Rückbürgschaft übernehmen, wie das Zürcher Bankhaus in einem vertraulichen Schreiben an die VSE weitergab[296]. Kurz

292 LA Speyer H 3 Nr. 10670, 10.12.1931; ASV Sbr. GS-25, 07.12.1931.
293 Staatlicherseits wurde vor allem darauf abgehoben, daß das KW Homburg gerade deshalb gebaut worden war, um den Bergarbeitern der bayerischen Kohlegruben Arbeit zu verschaffen. Durch den Strombezug von der VSE hätte Homburg stillgelegt werden müssen, so daß das Beschäftigungsproblem der Bergarbeiter von den preußischen auf die bayerischen Gruben abgewälzt worden wäre (vgl. LA Speyer H 3 Nr. 10670, 19.02.1932).
294 LA Speyer H 3 Nr. 10670, S. 66.
295 Ebd.
296 Ebd., 12.02.1932.

zuvor hatte die VSE, vertreten durch Dr. Neikes und verschiedene Partei- und Gewerkschaftsmitglieder, in einer Besprechung in München dem Geheimen Rat Jolas der bayerischen Staatsregierung mitgeteilt, daß die VSE bereit sei, einen von einer Schweizer Bankengruppe zugesagten Kredit in Höhe von 5 Mio Schweizer Franken den Pfalzwerken, teilweise als Darlehen, teilweise gegen Überlassung von Pfalzwerke-Aktien weiterzugeben. Einzige Bedingung war der Verzicht auf die Vergrößerung des Kraftwerkes Homburg und Überlassung derjenigen Abnehmer der Saarpfalz, die von den Pfalzwerken nicht beliefert werden konnten[297]. Neikes notierte nach diesem Gespräch, daß der Aufsichtsratsvorsitzende der Pfalzwerke, Mahla, objektiv gegenüber der VSE sei, die Vorstandsmitglieder Hergt und Bayer dagegen „entschiedene Freunde der Rheinelektra und des RWE und sonach Gegner der VSE".

Mit dieser Einschätzung lag Neikes wohl richtig. Am 09.12.1931 hatte Bayer vor dem pfälzischen Kreisausschuß verkündet, daß dieser sich sofort zu einer Kapitalerhöhung um 5 Mio RM entschließen müsse, um den entsprechenden Auslandsverpflichtungen der Pfalzwerke gerecht werden zu können. Geld sei aber nur von der Rheinelektra zu bekommen, die ihrerseits die Bedingung stellte, die Aktienkapitalerhöhung nur mitzumachen, wenn sie der Verpflichtung zur Rückgabe ihres Aktienpaketes enthoben würde, wie es der Gründungsvertrag der Pfalzwerke ausdrücklich festgehalten hatte. Die Möglichkeit, Geld von der Saar zu erhalten, verneinte Bayer bzw. tat dies als zu unsicher ab[298]. In der (pfälzischen) Öffentlichkeit keimte daraufhin immer stärker der Verdacht auf, daß „bei diesem Vorgehen sich wieder Einflüsse des hinter der Rheinelektra stehenden RWE abzuzeichnen beginnen, das den Ring der elektrowirtschaftlichen Abschnürung der Saar, die ihm teilweise gelungen ist, nun vollständig zu schließen anscheinend beabsichtigt"[299]. Verdachtsmomente in dieser Richtung waren in der Tat festzustellen: So führte RWE-Direktor Koepchen im Aufsichtsrat der Pfalzwerke beispielsweise aus, daß das geschilderte Vorgehen der VSE den Pfalzwerken gegenüber das genaue Gegenstück der Ereignisse sei, wie sie im Versorgungsgebiet im RWE stattgefunden hatten. Den Kampf der VSE gegen das RWE habe seine Gesellschaft seit etwa einem Jahr hinter sich. Das RWE habe genau dasselbe erlebt, was hier zum Ausdruck gekommen sei. Obwohl ein Demarkationsabkommen abgeschlossen war, habe die VSE dagegen gehandelt. Er warnte davor zu glauben, „daß wenn die Vertreter der Preußischen Regierung oder der Herr Generaldirektor Frank Erklärungen abgeben, daß diese auf die VSE irgendwelchen Eindruck machen ... Die Vermengung der nationalen mit wirtschaftlichen Fragen durch die VSE ist unerträglich. Unerträglich ist es auch, daß man diejenigen Leute, die nicht mit beiden Beinen hineinspringen, als antinational hinstellt ... Die Hilfe für die Saar ist auch Sache des Reiches und nicht der benachbarten Elektrizitätswerke. Wir wollen allein die Kosten für diese das ganze Reich angehende Sache nicht tragen. Wir haben auch keine Veranlassung, die den eige-

---

297 Ebd., 13.01.1932.
298 Ebd. T 21 Nr. 156, 09.12.1931.
299 Neue Pfälzische Landeszeitung v. 20.01.1932, LA Speyer H 3 Nr. 10670; Koepchen war gegen den Willen von Pfalzwerken und Kreis vom RWE in den Aufsichtsrat delegiert worden, „wodurch man mit der Rheinelektra und dem RWE nunmehr verheiratet sei", wie ein Mitglied des Kreisausschusses feststellte (LA Speyer T 21 Nr. 156, 09.12.1931).

nen Interessen der VSE dienenden Bestrebungen zu unterstützen, die unter dem Mantel der nationalen Sache zu verwirklichen gesucht werden"[300].

Nach ausführlicher Debatte stimmte der Kreisausschuß am 09.12.1931 schließlich einstimmig dem Vertrag mit der Rheinelektra zu. Eindringlich und eindeutig hatte Bayer die negative wirtschaftliche Situation der Pfalzwerke einerseits und die VSE-Aktivitäten andererseits geschildert. Damit war eine Vorentscheidung gegen die VSE gefallen, denn die beiden vertragschließenden Parteien verpflichteten sich, „sich dafür einzusetzen, daß bei etwaigen künftigen Kapitalerhöhungen der Pfalzwerke beiden Vertragsteilen neue Aktien mindestens im Verhältnis ihres seitherigen Aktienbesitzes auf Verlangen zugeteilt werden . . ."[301]. Die freiwillige Einräumung eines Aktienkapitalanteils für die VSE durch die RWE-Tochter Rheinelektra (27% Anteil an den Pfalzwerken) war kaum zu erwarten. In einer weiteren außerordentlichen Kreisausschußsitzung vom 27.12.1932 verzichtete der pfälzische Kreis auf die Ausübung des Vorkaufsrecht auf die Pfalzwerke-Aktien, nachdem sowohl der Kreis wie der bayerische Staat sich außerstande gezeigt hatten, die notwendigen 4 Mio RM aufzubringen. Die VSE hatte erneut Interesse an einer Zusammenarbeit bekundet und ein Darlehen an den Kreis in der gewünschten Höhe angeboten. Daran knüpfte dieser allerdings am 27.12.1932, am Tage der notwendigen Beschlußfassung also, zwölf teilweise ultimative Bedingungen, so daß die VSE sich zeitlich und sachlich nicht mehr in der Lage sah, darauf einzugehen: Die Würfel waren zugunsten der Übernahme des Rheinelektra-Paketes durch das RWE gefallen[302].

Es wäre einseitig, allein dem RWE und seinen Partnern die verpaßte Chance für die VSE anzulasten; sicherlich trugen diese aber maßgeblich dazu bei, daß die VSE nicht bei den Pfalzwerken beteiligt wurde. Überzeugender für viele Kreisausschußmitglieder in ihrer Abstimmung pro RWE war das unbesonnene Verhalten des VSE-Vorstandes Schramm sowie des Aufsichtsratsvorsitzenden Neikes, das in weiten Teilen wenig taktisches Geschick verspüren und in der entscheidenden Phase durch kurzfristige Erfolge des Abschlusses von Stromlieferungsverträgen die langfristigen Ziele des sicheren Absatzes von Saarkohlenstrom platzen ließ. Darüber hinaus darf in der ganzen Auseinandersetzung nicht das latente Mißtrauen des Bayerischen Staates gegenüber dem mächtigen Preußen unterschätzt werden. In einer Notiz über die Verhandlungen mit Neikes und anderen führte der Geheime Rat Jolas an die bayerische Staatsregierung aus: „Endlich nötigt zur Vorsicht auch die Tatsache, daß die Preußenelektra mit einem Viertel des Aktienkapitals an der VSE beteiligt ist. Die sämtlichen Aktien der Preußenelektra gehören dem Preußischen Staat . . . So ist damit zu rechnen, daß die Preußenelektra in der VSE überragenden Einfluß gewinnt und mit Hilfe der VSE ihre unitaristischen Bestrebungen auch bei den Pfalzwerken geltend macht. Solche Bestrebungen würden sich natürlich letztendlich gegen die bayerische Staatsregierung richten"[303].

---

300 Ebd. H 3 Nr. 10670, 07.01.1932, S. 69f.

301 Ebd. T 21 Nr. 156, Auszug v. 01.12.1937; zur unterschiedlichen Interpretation vgl. Anm. 299.

302 Vgl. Schreiben der Regierung der Pfalz v. 28.12.1932 an die VSE und Antwort der VSE v. 29.12.1932 (LA Sbr. Einzelstücke Nr. 152); LA Speyer T 21 Nr. 156: Volk und Wirtschaft v. 31.12.1932, ebd., Protokoll der Kreisausschußsitzung vom 27.12.1932.

303 Ebd. H 3 Nr. 10670, 19.02.1932, S. 105.

10. Jahre der Festigung unter neuer Führung

a) Entwicklung der Kapitalverhältnisse —
Beteiligung der Preußischen Elektrizitäts-AG

Nach Angliederung des Kreises Saarlouis und Namensänderung trat erstmals die Preußische Elektrizitäts-AG offiziell als Mitaktionär der VSE auf. In der ordentlichen Generalversammlung vom 06.06.1930[304] wurde die Zustimmung dazu erteilt, daß die Stadt Saarbrücken 150 Aktien an den Landkreis Saarlouis und 250 Aktien an die Preußenelektra übertrug (Treuhänder Landrat Dr. Vogeler seit 17.03.1928). Gleichzeitig erhöhte die VSE ihr Grundkapital um den Betrag von 36 Mio FF auf 37.250.000 FF durch Ausgabe von 6.000 neuen, auf den Inhaber lautenden Aktien zum Nennbetrag von je 6.000 FF, wobei jede neue Aktie eine Stimme gewährte (vgl. Tab. 7). Die neuen Aktien wurden der Preußenelektra mit der Verpflichtung überlassen, die Hälfte mit einer Frist von 4 Wochen zum Kurs von 120% den bisherigen Aktionären im Verhältnis ihrer bisherigen Beteiligung zum vorzugsweisen Bezug anzubieten. Danach verteilte sich das Aktienkapital von 1.000 Aktien zu 1.250 FF und 3.000 zu 6.000 FF wie folgt: Stadt Saarbrücken 250 Aktien zu 1.250 FF, 750 Aktien zu 6.000 FF, Preußenelektra 250/750, Kreis Saarlouis 150/450, Kreis St. Wendel 100/300, Landkreis Saarbrücken, Kreis Ottweiler, Bügermeisterei Bischmisheim, Stadt Neunkirchen und Gemeinde Dillingen jeweils 50/150. Die restlichen 3.000 Aktien a 6.000 FF verblieben zu treuen Händen bei der Preußenelektra. Am 01.04.1931 gingen 150 neue Aktien vom Kreis St. Wendel auf den durch die verschiedenen Angliederungen inzwischen völlig unterrepräsentierten Landkreis Saarbrücken über. Zum gleichen Zeitpunkt wurde bestimmt, daß die Aktien zu 1.250 FF und zu 6.000 FF gleiches Stimmrecht erhalten sollten, da die Einzahlung auf die 1.250 FF-Aktie 1.000 Goldmark betragen hatte und unter Annahme eines Umrechnungskurses von 1 Reichsmark gleich 6 FF eine neue Aktie von 6.000 FF ebenfalls 1.000 Goldmark gleichgesetzt wurde. Eine weitere Stärkung seiner Position bei der VSE erfuhr der Landkreis Saarbrücken Ende 1933, als die Gemeinde Dillingen aus finanziellen Gründen ihre 50 Aktien zu 1.250 FF und 150 Aktien zu 6.000 FF auf den Kreis übertrug, so daß dieser mit 100/450 Aktien knapp den Anteil des Kreises Saarlouis erreichte. Am 21.03. 1932 wurde der Preußenelektra die Genehmigung erteilt, ihre 250 Aktien zu je 1.250 FF auf die Continentale Elektrizitäts-Union AG, Basel (Continel), zu übertragen, wobei die Preußenelektra sich verpflichtete, als Generalbevollmächtigte der Continel bei der VSE aufzutreten.
Die Continel wurde von der Preußenelektra als Instrument einer besseren Auslandsfinanzierung gegründet, da als Folge der politischen und wirtschaftlichen Verhältnisse in Deutschland und der Krise der öffentlichen Finanzwirtschaft die meisten Unternehmen von den internationalen Finanzmärkten abgeschnitten waren. Für die öffentlichen Energieversorgungsunternehmen war diese Situation besonders hart, da laufende Erweiterungen vor allem im Netzbereich unumgänglich waren. Die Banken zeigten sich aber nur bereit, Kredite zu geben, wenn private Anteilseigner an den Unterneh-

---

304 Zur folgenden Darstellung vgl. verschiedene Archivalien im VSE-AHV, unsigniert.

men beteiligt waren, was gewissermaßen einer „kalten Privatisierung" gleichkam[305]. Erleichtert wurde die Gründung der Continel, da die Saarinteressen der Preußenelektra eindeutig internationalen Charakter trugen und die Saar-Elektrizitätswirtschaft nach dem Ende der Auseinandersetzungen mit dem RWE als ausbau- und förderungswürdig galt. 52% des zunächst 10 Mio Schweizer Franken betragenden Kapitals der Continel lagen bei der Preußenelektra. Da diese nach Schweizer Obligationenrecht aber nur 25% der in der Generalversammlung vertretenen Stimmrechte auf sich vereinigen durfte, wurden die VSE, die Kraftwerk Wehrden GmbH und die Nordwestdeutschen Kraftwerke AG ebenfalls an der Continel beteiligt. Konsortialverträge gewährleisteten, daß die drei Unternehmen immer zusammen mit der Preußenelektra stimmten.

Im Laufe des Jahres 1932 wurde der Preußenelektra-Anteil an der VSE um 40 Aktien zu 6.000 FF auf knapp 26% erhöht, eine Folge der Aktionärsvereinbarung vom 19.01. 1928 (vgl. Abb. 4, Tab. 36). Landrat Vogeler war es nicht gelungen, den Zweckverband Weiherzentrale für die VSE zu gewinnen. Einer Erhöhung des Anteiles der Stadt Saar-

Abb. 4 Vereinigte Saar-Elektrizitäts-AG: Aktionäre im Jahr 1932

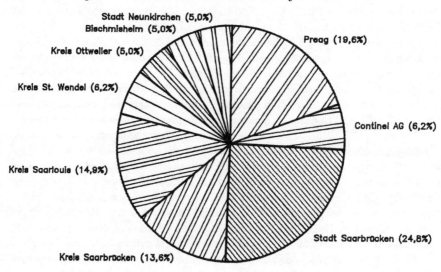

Quelle: Tabelle 36

brücken auf ebenfalls 26% verweigerten die übrigen Aktionäre allerdings ihre Zustimmung. Mit dem Eintritt des preußischen Staates bei der VSE über die Preußenelektra erfuhr deren Stellung in der saarländischen Elektrizitätswirtschaft eine starke Aufwertung. Hinter den preußischen Bemühungen stand der Wille, eine einheitliche Versor-

---

305 Magazin der Wirtschaft v. 24.10.1930, S. 1991; Frankfurter Zeitung v. 23.10.1930; Wirtschaftliche Mitteilungen der Deutschen Bank und Disconto-Gesellschaft Berlin v. 27.02.1931, Nr. 2; Schreiben der Preußenelektra an die VSE v. 12.11.1930 (ASV Sbr. GS-35); vgl. auch K i n g m a (1936), S. 88f., 108f., 128.

gung im Saargebiet gegen äußere Bedrohungen durchzusetzen, wozu einerseits die Beschaffung notwendiger finanzieller Mittel gehörte; zum anderen verstärkte die Preußenelektra zur Erreichung dieser Ziele auch ihren Einfluß auf die Geschäftsführung der VSE, die in den unruhigen 20er Jahren durch manche rein politisch motivierte Besetzung gekennzeichnet war.

b) Vorstandsprobleme

Eine solide, an langfristigen Zielen ausgerichtete Unternehmensführung erlitt bei der VSE, bedingt durch die wechselnden Kapitalverhältnisse, immer wieder Rückschläge[306]. Auf den AEG-Vertreter Wolff[307] folgte ab 11.07.1921 offiziell der Straßburger Ingenieur Paul Petitjean für die SALEC (vgl. Tab. 9). Er trat sein Amt allerdings nie an. Für ihn sprang gemäß § 248 HGB Alexandre Laucagne ein, „Directeur de la Centrale Electrique de la Houve, S.A. de Mines et de l'Electricité de Creutzwald". Dessen Nachfolger ab 01.10.1922 wurde Henri Massing von der SALEC, der seine Tätigkeit vom 01.10.1925 bis 31.12.1926 nur im Nebenamt ausübte. Hauptberuflich arbeitete und wohnte er in Paris und kam lediglich zweimal im Monat nach Saarbrücken[308]. Am 01.01.1927 trat der Dipl.-Ing. Franz Mandres, der die luxemburgische Staatsangehörigkeit besaß, als Vorstand in die SLE ein, nachdem er seit 1922 im Unternehmen tätig war. Alle aufgeführten Vorstandsmitglieder außer Mandres waren französische Staatsbürger und aufgrund des Vorschlagsrechtes der französischen Kapitaleigner ernannt worden.

Auf städtischen Vorschlag — anders lassen sich die Machtverhältnisse in der SLE in der zweiten Hälfte der 20er Jahre nicht charakterisieren — folgte auf Hugo Tormin von den Stadtwerken Saarbrücken der ebenfalls in städtischen Diensten stehende Beigeordnete Willi Armbrüster am 18.02.1924. Wegen der häufigen Abwesenheit von Massing ernannte ihn sein oberster Dienstherr, Oberbürgermeister Neikes, in seiner Eigenschaft als stellvertretender Aufsichtsratsvorsitzender ab 01.10.1925 zum „Hauptdirektor der SLE"[309]. Erst auf mehrfachen Wunsch und schließlich Druck der Landgebiete schied Armbrüster am 31.05.1929 aus dem Vorstand aus und wechselte nach anfänglichem Widerstand von Landrat Vogeler in den Aufsichtsrat. Der Protest von Vogeler erfolgte unter dem Eindruck, daß der Zweckverband Weiherzentrale die „Zugehörigkeit des Herrn Armbrüster zum Vorstand der SLE als eine unmögliche und untragbare Belastung bezeichnete, die jede Verhandlung im Keime zum Scheitern bringen mußte, ... so lange Armbrüster, das ist der Vertreter der Stadt und ihr unmittelbarer Beauftragter im Vorstand selbst", tätig war[310](vgl. Kap. IV.8.).

---

306 Vgl. diverse Geschäftsberichte und Aufsichtsratssitzungen (VSE-AHV).
307 Wolff war zum 04.04.1921 ausgeschieden, weshalb Tormin vorübergehend alleine vertretungsberechtigt war (vgl. LA Sbr. Einzelstücke Nr. 152 o.D., ca. 04.04.1921); vgl. ebf. Kap. IV.2.
308 ASV Sbr. GS-22, 31.10.1925.
309 Ebd.
310 Ebd. GS-28, 13.04.1928; vgl. auch Kapitel IV.8.

Inzwischen hatten Preußenelektra-Vertreter Einfluß auf die SLE genommen und als Nachfolger Armbrüsters überregional die Stelle „eines erstklassigen Fachmanns auf dem Gebiet der Elektrizitätswirtschaft" ausgeschrieben, der die Probleme einer Vereinheitlichung der Elektrizitätsversorgung an der Saar meistern sollte[311]. Die Preußenelektra wußte um die zu erwartenden Schwierigkeiten, konnte aber zu Anfang des Jahres 1929 den Leiter der Mannheimer Stadtwerke, Abteilung Elektrizität, Oberingenieur Schraeder, mit 13:5 Stimmen im Aufsichtsrat der SLE durchbringen. Die Vertreter der politischen Parteien, Steegmann (Zentrum), Braun (SPD), Schmoll (Mittelstandspartei/Deutsche Wirtschaftspartei) und Reichard (DNVP) legten daraufhin Schraeder in einem offenen Brief nahe, mit Rücksicht auf eine gedeihliche Zusammenarbeit mit ihnen die Bewerbung zurückzunehmen. In den entsprechenden Presseorganen der Parteien wurde dieser Druck unter Hinweis auf sein Alter (51 Jahre), seine Gehalts- und Pensionswünsche sowie durch Kritik an seiner fachlichen Qualifikation verschärft, so daß Schraeder — gegen den ausdrücklichen Willen der Preußenelektra — im Februar 1929 resignierte[312]. Seinen Rückzug begründete er sowohl mit der starken politischen Ablehnung als auch mit der schlechten Position der SLE zwischen RWE im Norden und Pfalzwerken im Osten. Die Strombezugskosten hielt er ferner für eine positive Geschäftsentwicklung zu hoch. Die Gewinne der Stromverteilung erschienen ihm dagegen zu niedrig, da sie zu 85% aus dem Installations- und Verkaufsgeschäft stammten.

Weitere Kandidaten lehnten die Vorstandsposition ebenfalls mit der Begründung ab, daß „die Verhältnisse im Saargebiet so geartet seien, daß selbst der tüchtigste Fachmann nicht in der Lage wäre, etwas vernünftiges daraus zu machen"[313]. Die Hauptschwierigkeit sahen die meisten darin, daß die Divergenzen zwischen Oberbürgermeister Neikes und Landrat Vogeler sowie zwischen den Vertretern der politischen Parteien einerseits und den leitenden Beamten (Landräte) andererseits auf dem Rücken der jeweiligen SLE-Vorstandsmitglieder ausgetragen würden. Da die Zeit jedoch drängte, fiel die Wahl Mitte des Jahres 1929 auf Dr.-Ing. e.h. Walter Schramm, der seine letzte Stellung in Mitteldeutschland in gegenseitigem Zerwürfnis verlassen hatte und von allen Aktionären der SLE als Kompromißkandidat angesehen wurde[314].

Die Probleme sollten auch nicht lange auf sich warten lassen. Zunächst gestaltete sich die Zusammenarbeit zwischen Mandres und Schramm äußerst schwierig, gegenseitiges Mißtrauen war an der Tagesordnung. Die Abwesenheit von Schramm in Berlin nutzte beispielsweise Mandres, um einen Sack aus der Firma mit zunächst unbekanntem Inhalt in der Saar versenken zu lassen. Zwei Ingenieure des Unternehmens beobachteten die Szene und berichteten Schramm nach dessen Rückkehr. Da Mandres früher bereits hatte Akten heimlich im Keller verbrennen lassen, lag der Verdacht nahe, etwas ähnliches könnte sich in dem versenkten Sack befunden haben. Eine Tauchergruppe des

---

311 Vgl. ETZ 49 (1928), H. 33, Beilage.
312 ASV Sbr. GS-23, verschiedene Zeitungen v. 08.01.1929, Brief der politischen Parteienvertreter v. 28.01.1929 (ebd.), Rücknahme der Bewerbung v. 07.02.1929 und weitere Unterlagen v. 30.01., 05./07./12.02.1929 im StadtA Sbr. BG 2526 und LA Sbr. Einzelstücke Nr. 152, passim.
313 StadtA Sbr. BG 2526 15.04.1929.
314 Ebd. BG 7112, 7113: Personalakte Walter Schramm; VSE-AHV, Aufsichtsratssitzung v. 06.05.1929.

Schwimmvereins Saarbrücken, mit der Bergung beauftragt, stellte schließlich fest, daß nur alte Schlüssel versenkt worden waren. Da einer der Taucher allerdings Redakteur der Saarbrücker Zeitung war, gelangte die ganze Angelegenheit rasch an die Öffentlichkeit. Die SPD-Stadtratsfraktion verlangte Aufklärung vom Aufsichtsratsvorsitzenden Neikes über das Gerücht, „daß Akten der SLE in der Saar versenkt worden seien"[315]! Aktionen dieser Art verbesserten nicht unbedingt die Glaubwürdigkeit der SLE als Unternehmen in den damaligen Verhandlungen mit dem Zweckverband und der Kravag. Aber auch intern gab es größere Probleme. Auswirkungen der sich verschlechternden wirtschaftlichen Gesamtlage[316] schlugen sich auch auf die SLE nieder, weshalb Schramm eigenmächtig Ende 1929 die sofortige Entlassung von 21 Monteuren verfügte, ohne den Vertrauensmann des Unternehmens benachrichtigt zu haben. Auf Einspruch der Gewerkschaften über Oberbürgermeister Neikes mußte diese Maßnahme zwar rückgängig gemacht werden, von der Belegschaft wurde Schramm aber deutlich „als ein Mussolini" charakterisiert[317]. Zu Anfang des kommenden Jahres hatte sich der Zustand soweit gebessert, daß, wie Landrat Vogeler formulierte, „Schramm und Mandres zwar nicht mehr gegeneinander, jetzt aber nebeneinanderher arbeiten"[318]. Ende des Jahres 1931 allerdings war das Maß voll: Nachdem Schramm durch Abschluß von Stromlieferungsverträgen mit Abnehmern in der Saarpfalz die mühsam angebahnten Verhandlungen mit den Pfalzwerken fast zum Scheitern gebracht hatte (vgl. Kap. IV.9.b), legte Generaldirektor Frank sein Aufsichtsratsmandat am 09.11.1931 nieder, als er zusätzliche Einzelheiten des Revisionsberichtes der Preußenelektra über die Lage der VSE erfuhr. Dieser sei so katastrophal, „daß ich es nicht verantworten kann, das Unternehmen mit dieser Besetzung weiterarbeiten zu lassen . . . Dr. Schramm ist seinem Platze in keiner Weise gewachsen"[319]! In der Aufsichtsratssitzung vom 23.11.1931 machte der Preußenelektra-Vertreter, Ministerialrat Roemer, ein weiteres Verbleiben seiner Gesellschaft in der VSE von der sofortigen Abberufung Schramms aus dem Vorstand abhängig. Die Landgebiete schlossen sich dem „wegen der unmöglichen Verhandlungsführung" mit dem Zweckverband an. Nach einem Abfindungsgespräch mit Neikes wurde Schramm ab 01.12.1931 beurlaubt und schied aus dem Unternehmen aus.

Als vorübergehenden Nachfolger setzte Oberbürgermeister Neikes zum zweiten Mal den städtischen Beigeordneten Armbrüster durch, worauf in der KP-Presse wiederum vom „SPD-Geschiebe bei der VSE", von „Tausenden von Kilometern Privatfahrten auf Kosten der VSE des Herrn Armbrüster in zarter Begleitung" und vom Einfluß der „politischen Freunde bei der Preußenelektra" zu lesen war. Die Deutsch-Saarländische Volkspartei dagegen rügte, „ein Deutscher soll gehen, ein Ausländer (Mandres) soll

315 ASV Sbr. GS-24, 08./09.10.1929; StadtA Sbr. BG 2517, 07.10.1929.
316 Zur Vermeidung von Entlassungen wurde ab dem 07.12.1931 bei der VSE die 40-Stunden-Woche eingeführt, ab 06.06.1933 zum selben Zweck das Krümpersystem angeordnet, wonach je 25 Mitarbeiter abwechselnd für zwei Wochen entlassen und danach wieder eingestellt wurden; auch Notstandsarbeiten sollten die Arbeitslosigkeit lindern helfen (VSE-AHV, Vermerke des Vorstandes v. 10.12.1931, 11.06.1932, 06.06.1933).
317 ASV Sbr. Sbr. GS-24, 07.10.1929; zu Schwierigkeiten von Mandres mit der Belegschaft vgl. StadtA Sbr. BG 2517, 17.10.1929.
318 Vgl. ASV Sbr. GS-24, 07.10.1929.
319 StadtA Sbr. BG 7113, 09./11.11.1931; VSE-AHV, Aufsichtsratssitzung v. 23.11.1931.

bleiben" und prangerte die „Ersetzung der bewährten Kraft des Dr. Schramm durch den Sozialisten Armbrüster" an[320]. Schramm engagierte sich nach einer verabredeten Stillhaltefrist später noch als Berater in Elektrofragen bei diversen Gemeinden im Saargebiet und der benachbarten Pfalz und nutzte hierzu häufig seine Kenntnisse gegen die VSE aus[321]. „Es ist wahrscheinlich einer der größten Nachteile öffentlicher Wirtschaftsführung, daß ihre entscheidenden Maßnahmen sofort die breite Öffentlichkeit in Bewegung setzen, wo das Für und Wider selten unter rein wirtschaftlichen, unter rein sachlichen Gesichtspunkten erörtert wird", kommentierte die regionale Presse die Vorgänge bei der VSE treffend[322].

Die Preußenelektra wollte nach diesen mehrmaligen Mißerfolgen jetzt sichergehen und legte eindeutig fest, welche Anforderungen an die Unternehmensleitung der VSE zu stellen waren: Der neue Mann sollte im Stande sein, „die Geschäfte des Vorstandes in vollem Umfang zu führen" und gewährleisten, „daß der Aufsichtsrat dann auch tatsächlich in der Lage ist, lediglich das zu tun, was dem Aufsichtsrat zusteht, nämlich die Geschäftsführung zu beaufsichtigen"[323]. Bisher sei die Sache so gehandhabt worden, daß Herr Oberbürgermeister Dr. Neikes mehr als der Vorstand dessen Anträge in den Aufsichtsratssitzungen vorgetragen und vertreten habe . . . Der neue Mann müsse ein Format haben, daß ihn befähige, alle Verhandlungen allein zu führen, so daß der Aufsichtsrat lediglich dort einzugreifen habe, wo seitens des Vorstandes die Mitwirkung des Aufsichtsrats ausdrücklich gewünscht werde . . . Mit Kurt Keßler konnte schließlich eine Persönlichkeit mit den geforderten Qualifikationen gefunden werden. Keßler leitete vorher die Abteilung Elektrizitätsversorgung der Gas-, Wasser- und Elektrizitätswerke der Stadt Essen und wurde ab dem 01. April 1933 zum Vorstandsmitglied der VSE bestellt[324]. Mit ihm stand ein Mann an der Spitze, der für rund ein Drittel Jahrhundert die Geschichte des Unternehmens entscheidend prägen sollte. Er vermochte sich vor allem gegen den übermächtigen Einfluß von Oberbürgermeister Neikes durchzusetzen, indem er ihm verdeutlichte, daß „eine sinnvolle Tätigkeit als Vorstand der VSE nur gegeben sei, wenn er bis ins Detail informiert werde"[325]. Anlaß dieses Schreibens waren Verhandlungen über einen Stromlieferungsvertrag zwischen VSE, Stadt Saarbrücken und Kraftwerk Wehrden, die Neikes wieder einmal persönlich führte und zu denen er lediglich seinen Beigeordneten Armbrüster zuzog.

Die „Entfernung" des zweiten Vorstandsmitgliedes noch aus der „französischen Zeit" fiel in die beginnenden politischen Auseinandersetzungen um die Rückgliederung des Saargebietes in das Deutsche Reich. Mit zunehmender Anpassung an die inzwischen erfolgte nationalsozialistische Machtübernahme in Deutschland versuchte Neikes, wohl um seine pro-deutsche Gesinnung auch hier zum Ausdruck zu bringen, im Laufe des Jahres 1933 den Luxemburger Franz Mandres zur frühzeitigen Auflösung seines langjährigen Vertrages zu drängen[326]. Eine Möglichkeit hierzu sah Neikes gekom-

---

320 StadtA Sbr. BG 7113: Saarländische Volksstimme v. 28.11.1931, Deutsch-Saarländische Volkspartei v. 24.11.1931.
321 Ebd. BG 7113, 24.02.1932, 01.03.1932.; BG 7114, 01.08.1934.
322 SZ-RA, Saarbrücker Zeitung v. 24.01.1932.
323 Frank an Vogeler v. 25.11.1931 (ASV Sbr. GS-25).
324 Ebd. GS-26, 10.01., 23.04.1932, 28.04.1933; StadtA Sbr. BG 7116, 01.04.1932, 20.01.1933.
325 Ebd. BG 7115, 28.11.1934.
326 Ebd. BG 7111 Personalakte Mandres; ASV Sbr. GS-26, diverse Schriftwechsel; VSE-AHV, Aufsichtsratssitzung v. 12.12.1933, Vorbesprechung zur und ao. HV vom 12.12.1933.

men, als Mandres sich weigerte, seine Unterschrift unter verschiedene Beschlüsse der außerordentlichen Generalversammlung vom 12.12.1933 zu setzen. Diese Unterschrift war notwendig, um schnellstmöglichst den Eintrag ins Handelsregister vollziehen zu können. Eile schien Neikes geboten, denn Ende Dezember 1933 waren Pläne der Regierungskommission des Saargebietes in der Öffentlichkeit bekanntgeworden, die eine bevorstehende „Verordnung, betreffend lebenswichtige Betriebe (Elektrizität, Gas und Wasser)" vorsahen[327].

Den Ausschlag für diese Verordnung gaben die Änderungen der Satzung der VSE mit ihren Konsequenzen für die Zusammensetzung von Vorstand und Aufsichtsrat, über die die Regierungskommission weder durch Neikes noch durch die im Aufsichtsrat der VSE vertretenen Landräte unterrichtet worden war. Der Präsident der Kommission unterstellte ihnen aus diesem Grunde unloyales Verhalten und wollte deshalb die Staatsaufsicht durch einen Kommissar verschärfen. Die Regierungskommission behielt sich darin vor, durch ihren Beschluß die betroffenen Unternehmen unter staatliche Aufsicht zu stellen, die sich auf den gesamten Geschäftsbereich erstreckte: Einsichtnahme in alle Geschäftsangelegenheiten, Veranlassung von Nachprüfungen, Teilnahme- und Mitspracherecht in allen Generalversammlungen, sonstigen Mitgliederversammlungen und an den Sitzungen der Verwaltungsorgane einschließlich des Rechtes, die genannten Versammlungen einzuberufen; auch die Preisfestsetzung lag nach diesen Plänen bei der Regierungskommission. Beschlüsse der genannten Organe sollten der staatlichen Aufsichtsbehörde angezeigt werden; diese war berechtigt, die Beschlüsse innerhalb von drei Tagen unter aufschiebender Wirkung zu beanstanden. In einer zugehörigen Denkschrift berief sich die Regierungskommission auf das Recht des Staates, bei der „tief in das Wirtschaftsleben eingreifenden Bedeutung der monopolartigen lebenswichtigen Versorgungsbetriebe für die ganze Bevölkerung . . . die Möglichkeit kontrollierender Maßregeln solcher Betriebe vorzusehen"[328]. Die Verordnung sah vor allem eine Verhinderung des Importes von elektrischer Energie aus dem Reich in das Saargebiet vor. Begründet wurde diese Maßnahme mit der Wahrung der wirtschaftlichen und finanziellen Interessen im Saargebiet. Angesichts der zeitgleichen Diskussion um die Abgabe von Überschußstrom aus dem Saargebiet in das Deutsche Reich[329] erscheint diese, zu den seltenen Eingriffen der Regierungskommission zählende Verordnung unverständlich. Da der Zeitpunkt des Inkrafttretens der Verordnung noch nicht bekannt war, versuchte Neikes für alle Fälle, die Beschlüsse der Generalversammlung vom 12. Dezember 1933 vor einer möglichen Anfechtung durch die Regierungskommission zu schützen.

Welche bedeutsamen Änderungen der VSE-Satzung veranlaßten Neikes zu dieser Eile? Mit der neuen Fassung von § 8,2 und § 9,1 entfiel das Recht der La Houve S.A., Straßburg, ein Vorstandsmitglied zu benennen bzw. zwei Vertreter in den Aufsichtsrat zu entsenden. Dadurch war die letzte Möglichkeit der Einflußnahme des früheren Aktionärs auf die VSE beendet. Ferner verminderte § 9,1 die Anzahl der Aufsichtsratsmit-

---

327 LA Sbr. Nachlaß Koßmann, Procès-Verbal, Bd. 21, Sitzung v. 14.12.1933, S. 810f.; vgl. zum folgenden: Sitzung v. 18.12.1933, S. 816ff. und v. 12.01.1934, S. 57.
328 ASV Sbr. GS-26, Verordnung und Denkschrift zur Verordnung, o.D. (Abschrift). Die Verordnung trat am 12.01.1934 in Kraft, die zugehörigen Ausführungsbestimmungen wurden im April d.Js. veröffentlicht.
329 Vgl. Tab. 30, 31; LA Sbr. 564/2300, S. 85.

glieder von mittlerweile 24 auf 12 und beinhaltete nicht mehr die Schaffung eines Präsidiums. Auch die in der Zwischenzeit eingerichteten Bau- und Personalkommissionen sowie der Arbeitsausschuß wurden nach der neuen Satzung hinfällig. Alle genannten Einrichtungen waren geschaffen wurden, um den vergrößerten Aufsichtsrat arbeitsfähig erhalten zu können. § 8,2 bestimmte in seiner neuen Fassung, daß der Vorstand aus zwei oder mehr Mitgliedern bestehen sollte gegenüber der früheren Beschränkung auf zwei Personen. Hinter dieser Formulierung stand die Notwendigkeit, nach vorausgegangenen Fusionsverhandlungen mit Vertretern der Kraftwerk Wehrden GmbH deren Geschäftsführer eine Direktorenstelle bei der VSE einzuräumen.

In der geplanten Satzungsänderung und ihren Folgen sah die Regierungskommission eine Gefährdung der Interessen von La Houve, den MDF sowie der Bevölkerung der Landkreise Saarbrücken, Saarlouis und St. Wendel, die sie durch deren Landräte unzureichend vertreten sah. Zugleich befürchtete sie, daß die genannten Änderungen bei der VSE dazu dienten, die Versorgung des gesamten Saargebietes unter den Einfluß von Röchling zu bringen[330]. Im Landesrat fanden die Verordnungen der Regierungskommission einhellige Ablehnung bei der Deutschen Front, während KP und SP vehement ein scharfes Eingreifen der Regierungskommission forderten, „um den Privatinteressen von Röchling bei der VSE Einhalt zu gebieten"[331]. Mit der Anmeldung zum Handelsregister kam die Satzungsänderung der VSE jedoch noch rechtzeitig. Dieser Eintrag war allerdings nach damals im Saargebiet geltendem Aktienrecht zumindest umstritten, denn die fehlende Unterschrift von Mandres leistete für ihn Dr. Rodenhauser vom Kraftwerk Wehrden, der nach der Satzungsänderung vom 12.12.1933 noch am selben Tage vom Aufsichtsrat zum dritten Vorstandsmitglied bestellt worden war. Neikes erteilte Mandres wegen seiner Unterschriftsverweigerung Hausverbot und erwirkte eine einstweilige Verfügung auf Herausgabe von Akten, Verträgen und Schriften der VSE, die noch in seinem Besitz waren. Einige Zeit später erfolgte eine Einigung auf Abfindungsbasis. Das Verhalten des Aufsichtsratsvorsitzenden Oberbürgermeister Neikes gegenüber Mandres erscheint nachträglich in keinem sehr guten Licht. Er verleugnete beispielsweise eine frühere mündliche Absprache über das vorzeitige Ausscheiden und eine entsprechende Abfindung rundweg, als er die Möglichkeit erkannte, Mandres Irrtum bezüglich der Anmeldung der Satzungsänderung zum Handelsregister für eine sofortige Beurlaubung und nachfolgende Schritte auszunutzen.

Auch diese Auseinandersetzung sollte noch einmal in der Öffentlichkeit für Wirbel sorgen. Im Abstimmungskampf breitete Mandres, Gegner der Rückgliederung, in offenen Briefen an Oberbürgermeister Neikes in der sozialdemokratischen Saarbrücker Stadtzeitung Einzelheiten seiner Tätigkeit bei der VSE und der Auseinandersetzungen mit Neikes vor der Öffentlichkeit aus[332]. Die Besetzung der vakanten Vorstandsposition wurde ebenfalls durch die im Vorfeld des Abstimmungskampfes um die Rückgliederung verschärften Ausweisungsmaßnahmen der Regierungskommissionen des Saargebietes beeinträchtigt. Der vorgesehene Prokurist Nebel wurde wegen NSDAP-Mitgliedschaft und Aufbau der NSBO-Betriebszellen zum 15.07.1933 zum Verlassen

---

330 LA Sbr. Nachlaß Koßmann, Procès-Verbal, Sitzung v. 14.12.1933, Präsident Knox.
331 LA Sbr. Amtsdrucksachen, Stenographische Berichte, Sitzung v. 11.01.1934 (p. 7ff. u. 24ff., Abg. Becker, Deutsche Front), p. 13ff. (Abg. Lorenz, KP) und p. 19ff. (Abg. Petri, SP), Zitat Petri p. 22.
332 StadtA Sbr. BG 7111, 30.12.1934 (früher Volksstimme).

des Saargebietes aufgefordert[333]. Nebel besaß nicht die sogenannte „Saareinwohner-schaft"; mit diesem Terminus konnte die Frage der Staatsangehörigkeit umgangen und leichter zu Ausweisungen geschritten werden. Einem von der Preußenelektra ausge-wählten Nachfolger aus Oldenburg drohte wegen Parteimitgliedschaft ebenfalls die Ausweisung. So kam ebenfalls über die Preußenelektra der politisch unbelastete Dr. Werner Berger ab Mitte Februar 1935 als Prokurist zur VSE und wurde mit Wirkung vom 9. April 1936 zum stellvertretenden Vorstandsmitglied berufen[334]. Mit der Be-stellung der Direktoren Keßler und Berger kehrte nach den dargelegten äußeren Aus-einandersetzungen und den durch die häufigen Vorstandswechsel aufgeworfenen Pro-blemen endlich auch im Innern des Unternehmens die notwendige Ruhe ein, um den Ausbau der Elektrizitätsversorgung im Saargebiet fortzusetzen.

c) Ausbau zur sicheren Versorgung

Den Vorschlägen des Gutachtens von Ahlen folgend, hatte die VSE ab dem Jahre 1930 begonnen, eine 35 kV-Ringleitung aufzubauen, die den Parallelbetrieb der Kraftwerke Saarlouis, Wehrden und Fenne ermöglichen und eine einheitliche und sichere Versor-gung der bislang getrennt belieferten Teile des Saargebietes gewährleisten sollte[335]. Zusätzlich zu den bestehenden Teilstrecken Heinitz-St. Wendel und Bous/Schaff-hausen-Dillingen waren die Trassen Dillingen Jabach-St. Wendel sowie Heinitz-St. Ingbert-Eschbergstation-Bous/Schaffhausen für die 35 kV-Spannung vorgesehen. Der Strombezug der VSE erfolgte um 1930 noch aus fünf verschiedenen Quellen: MDF, Kraftwerke Saarlouis und Wehrden, La Houve und — zu geringen Teilen — Stadt Saar-brücken. Diese zahlreichen Strombezugsquellen waren sowohl vom wirtschaftlichen wie vom betriebstechnischen Standpunkt aus sehr nachteilig. Als beste Lösung wurde — ebenfalls dem Gutachten Ahlen folgend — der Bau eines zentralen Umspannwerkes in Geislautern vorgesehen, auf das alle Kraftwerke hin arbeiten sollten und von dem der gesamte Strom bezogen werden konnte. Das Umspannwerk Geislautern wurde Anfang des Jahres 1934 in Betrieb genommen[336]. Ab Herbst desselben Jahres erfolgte nach Überwindung einiger technischer Schwierigkeiten die tatsächliche Parallelarbeit der Kraftwerke Wehrden und Fenne, nachdem mit der französischen Grubenverwal-tung eine neuer Stromlieferungsvertrag zur Klärung der vertraglichen Grundlagen der Parallelarbeit geschlossen werden konnte.

Entgegen der Entwicklung des allgemeinen Stromverbrauchs im Saargebiet wie auch im Deutschen Reich verzeichnete die SLE/VSE in der Weltwirtschaftskrise keinen Ab-satzrückgang, sondern erreichte von 1928 bis 1932 eine Steigerung um rund 88%. In der Stromerzeugung der Gruben-, Hütten- und sonstigen Kraftwerke war dagegen spä-testens ab 1930 ein erheblicher, konjunkturell bedingter Rückgang festzustellen[337].

---

333 Ebd. BG 7116, Schreiben v. 07.06.1933.
334 Ebd. BG 7111, 21.02.1934; ASV Sbr. GS-27, 15.04.1936.
335 Vgl. zur Entwicklung VSE-AHV, verschiedene Geschäftsberichte 1930-34, Aufsichtsrats-sitzungen dieser Jahre und Vorlagen hierzu.
336 Zum Bau von Geislautern vgl. LA Sbr. Best. Landratsamt Sbr. Kr-Vö/57.
337 Vgl. Tab. 23, 32, 34, 37; zur negativeren Entwicklung bspw. beim RWE vgl. RWE-AHV, Buderath (1984), S. 81, 84.

Tabelle 37 Eigenerzeugung, Verbrauch und Bezug aus dem öffentlichen
Netz der Halbergerhütte (Brebach) 1921 - 1944 (in MWh)

| | Halberger Hütte | | | |
| | Eigen-erzeugung | Verbrauch | Fremdbezug | |
Jahr	MWh	MWh	MWh	%
1921	12.048	12.048		
1922	13.668	13.668		
1923	11.820	11.820		
1924	16.404	16.404		
1925	16.620	16.620		
1926	19.380	19.380		
1927	23.820	23.820		
1928	24.900	24.900		
1929	26.700	26.700		
1930	24.900	24.900		
1931	22.800	22.800		
1932	14.700	14.700		
1933	19.596	19.596		
1934	25.104	25.104		
1935	26.496	26.496		
1936	29.124	29.124		
1937	30.576	30.576		
1938	31.644	31.644		
1939	32.892	32.892		
1940	15.000	15.133	133	0,9
1941	25.980	25.980		
1942	26.436	26.436		
1943	28.548	30.270	1.722	5,7
1944	22.380	26.722	4.342	16,2

Quelle: Halbergerhütte GmbH (TAW)

Ausschlaggebend für die positive Entwicklung bei der VSE war in erster Linie die Vergrößerung des Versorgungsgebietes. Aber auch nach Bereinigung dieser Sonderfaktoren wiesen die Abgabewerte der VSE in den genannten Jahren steigende Tendenz auf. Das war vor allem auf den Anschluß einer Reihe von Großabnehmern zurückzuführen, die ihre Produktionsabläufe in der zweiten Hälfte der 20er Jahre und später nach Überwindung der Weltwirtschaftskrise intensiv rationalisierten[338] und, wie beispiels-

---

338 Rationalisierungstendenzen in der Industrie führten und führen bis heute zu einem immer höheren Einsatz von Sekundärenergieträgern, in diesem Falle elektrischer Energie, vgl. Schreiber (1961), S. 34f.

weise die Burbacher Hütte, alte Blockstraßen mit Dampfantrieb durch moderne, leistungsfähige Straßen mit elektrischem Antrieb ersetzten[339]. Indem diese Maßnahmen im Saargebiet etwas zeitverzögert gegenüber dem Reich erfolgten, wo bereits sei Beginn der zwanziger Jahre intensive Rationalisierungsbestrebungen einsetzten[340], erklären sich die schwächeren konjunkturellen Auswirkungen auf den Stromverbrauch. Ziel war eine rationellere Eigenerzeugung und Verwendung elektrischer Energie. Um die großen, ungleichmäßig auftretenden Schwankungen des Verbrauchs im Hüttenbetrieb auszugleichen, der viel Reserven erforderte, die Durchschnittsbelastung der Kraftwerke herabsetzte und eine teure Stromerzeugung verursachte, wurde der Plan gefaßt, einzelne Hüttenkraftwerke miteinander zu verbinden bzw. den Anschluß an das öffentliche Netz anzustreben, damit die Schwankungen für das jeweilige Werk nicht mehr so fühlbar waren[341]. So schloß die VSE beispielsweise Verträge mit der Dillinger Hütte, HADIR in St. Ingbert, dem Eisenwerk Fraulautern, der Firma Ernst Heckel in Saarbrücken sowie mit dem Walzwerk Hostenbach. Außer der Dillinger Hütte stellten die aufgeführten Firmen ihre Eigenerzeugung ganz oder zumindest weitgehend ein[342]. Welche Absatzmöglichkeiten dadurch für die VSE verbunden waren, zeigt die Tatsache, daß das Eisenwerk HADIR zu Beginn seiner Stromabnahme am 01.01.1932 fast zwei Drittel des Verbrauchs aller Einzelgroßabnehmer der VSE auf sich vereinte.

Zügig schritt ebenfalls die Versorgung der kleinen und mittelständischen Unternehmen voran; zu nennen sind Stromlieferungsverträge mit der Falzziegelei Mittelbexbach, der Eisfabrik Hofbräu AG Dillingen, der Mühle Abel in Differten, den Fleischwerken Saarland oder der Geflügelfarm Kleinblittersdorf. Auch Wasserwerke stellten zunehmend auf elektrisch betriebene Pumpen im Dauerbetrieb um, die günstige kWh-Preise ermöglichten: Das Gruppenwasserwerk Sprengen, das Wasserwerk Scheidter Berg und der Wasserversorgungszweckverband Büren-Itzbach-Siersdorf gehörten z.B. in den Jahren um 1930 zu dieser Abnehmergruppe.

Größere Schwierigkeiten waren zu beseitigen, ehe die Eisenbahnen des Saargebietes Strom von der VSE geliefert erhielten. Die Eisenbahndirektion betrieb am Saarbrücker Hauptbahnhof ihr veraltetes kleines Elektrizitätswerk und strebte statt einer aufwendigen Modernisierung und Erweiterung der Anlage den Strombezug von der VSE an[343]. Am 09.April/02. Mai 1931 erfolgte die Unterzeichnung eines Stromlieferungsvertrages über 4 Mio kWh pro Jahr. Die Eisenbahndirektion behielt sich vertraglich eine Lieferung von Strom aus den Kraftwerken der MDF vor, da diese der größte Kunde der Bahn waren. Da das Umspannwerk Geislautern noch nicht fertiggestellt

---

339 W a g e n e r (1929), S. 67; ders. (1937), S. 29ff.; zur Entwicklung im Saargebiet vgl. auch K l o e v e k o r n (1958), S. 34f.; Ms. zum Schwerindustrieraum Saar-Lothringen-Luxemburg (o.V.), in: BA R 3/1910, p. 64f.

340 Die deutsche eisenerzeugende Industrie (Enquêteausschuß)(1930), S. 151ff., besonders S. 157; R i c h t e r (1984), S. 236ff.

341 Zur Eigenerzeugung vgl. H i l g e r s (1934), S. 82ff., vor allem S. 84.

342 Vgl. VSE-AHV, Geschäftsberichte für 1930-1934.

343 ASV Sbr. GS-25, 28.01.1931; StadtA Sbr. BG 7197, 26.10.1932, BG 7198, 31.01./03.02.1933, BG 7154, 14.10.1932. Das Kraftwerk der Eisenbahndirektion leistete 1.500 kW und diente neben der Stromerzeugung vor allem der Gebäude- und Zugvorheizung sowie zur Erzeugung von Arbeitsdampf, vgl. LA Sbr. Best. Eisenbahndirektion des Saargebiets Nr. 20, passim, und Kap. I.4.f., Anm. 272f.

war, belieferte die VSE die Eisenbahndirektion über die Leitung Wehrden-St. Ingbert. Bahn und Grubenverwaltung nahmen dies sofort zum Anlaß, Vertragsstrafen gegen den Strom vom Kraftwerk Wehrden anzukündigen bzw. Schadenersatz zu fordern, denn sie unterstellten der VSE „arglistige Täuschung, wenn nicht Betrug!" Hinter dem ausdrücklichen Beharren der Bahndirektion auf „MDF-Strom" standen in erster Linie politische Gründe, denn die Eisenbahndirektion des Saargebietes unterstand der Regierungskommission, und bei dieser lag die Genehmigung des Stromlieferungsvertrages. Aus ihrer Abneigung gegen ein von der Stadt Saarbrücken beherrschtes Unternehmen versagte sie folglich dem Vertrag ihre Zustimmung. Auch dieses Beispiel verdeutlicht die weitreichenden politischen Einflüsse im Saargebiet unter der Völkerbundsverwaltung, die das öffentliche und wirtschaftliche Leben bestimmten und einer Konsolidierung der Verhältnisse abträglich waren.

Ein Teil der steigenden Stromabgabe der VSE konnte aus dem Kraftwerk Saarlouis gedeckt werden (vgl. Tab. 38). Durch eine Reihe von Verbesserungen, wie beispielsweise der Verfeuerung von Schlamm statt hochwertiger Kohle und durch sonstige Betriebs-

Tabelle 38 Eigenerzeugung der VSE im Kraftwerk Saarlouis 1930 - 1935

Jahr	kWh
1930	10.849.905
1931	19.673.091
1932	19.683.823
1933	15.774.521
1934	13.920.755
1935 1)	5.575.712

1) am 17.6.1935 stillgelegt
Quelle: Aufsichtsratsprotokolle (VSE-AHV)

maßnahmen war es nach der Übernahme 1930 anfangs gelungen, die Erzeugungskosten im Kraftwerk deutlich zu senken. Bald jedoch traten größere Probleme auf, die zum Teil durch Stromregulierungsarbeiten der Saar bedingt waren und mangels Kühlwasserzufuhr eine teilweise Stillegung im Jahr 1933 nach sich zogen. Grundsätzlich erwies sich aber auch der Betrieb des Kraftwerkes in Folge seiner Lage und seines Aufbaues als zu teuer[344]. Die 5.000 kW-Turbine war völlig unbrauchbar, die 2 x 1.250 kW-Turbinen hatten einen zu hohen Dampfverbrauch. Auch die 10 MW-Turbine arbeitete

---

344 Zum Kraftwerk Saarlouis vgl. verschiedene Geschäftsberichte 1930-1935 (VSE-AHV), ASV Sbr. GS-26, 16.05.1934, Bericht Keßler-Rodenhauser über eine Fusion.

wegen des großen Dampfverbrauchs im Schnitt nur mit 2,5 bis 3,5 MW. Schalteranlagen waren teilweise völlig veraltet und stellten eine Gefährdung der Arbeiter dar. Eine umfassende Revision des Kraftwerkes und damit verbundene bessere Auslastung hätte kostspielige mechanische Hilfsmittel zur Aschenabfuhr sowie Grund und Boden für eine Aschenhalde erfordert; bislang war der geringe Aschenanfall durch kostenlose Abgabe zum Auffüllen von Wegen usw. abgegeben worden. Auch der Brennstofflagerplatz erwies sich für eine bessere Ausnutzung als unzulänglich, so daß der Bericht der Direktoren Keßler und Rodenhauser über eine mögliche Fusion von VSE und Kraftwerk Wehrden bezüglich des Kraftwerkes Saarlouis zu dem Schluß kam, bei mindestens 2,3 Mio FF Erneuerungskosten rentiere sich der Betrieb des Kraftwerkes nur noch bis 1935[345]. Am 17. Juni des genannten Jahres wurde das Kraftwerk schließlich stillgelegt, als sich an der 10 MW-Turbine Fundamentrisse zeigten. Die noch intakte Turbine wurde später im Kraftwerk Wehrden aufgestellt und dort für Rechnung der VSE betrieben[346].

Mit der Kraftwerk Wehrden GmbH war 1931 ein Stromlieferungsvertrag über eine jährliche Abnahme von 15 Mio kWh und maximal 5 MW/a auf die Dauer von mindestens 6 Jahren abgeschlossen worden. Der Strombezug war zwar anfangs teurer als von den Gruben, stellte aber einen weiteren Markstein in der Zusammenführung der Saar-Elektrizitätswirtschaft dar, da er die Abhängigkeit der öffentlichen Elektrizitätswirtschaft von den MDF minderte. Vertreter des preußischen staatlichen Bergbaues protestierten in verschiedenen Verhandlungen vor der Rückgliederung des Saargebietes gegen diesen sowie einen zwischen der Stadt Saarbrücken und dem Kraftwerk Wehrden geschlossenen Stromlieferungsvertrag, da sie sich in der Lage glaubten, sofort nach Übernahme der Gruben in deutsche Hand im Jahre 1935 diese Lieferungen übernehmen zu können. Auch der Netzausbau der VSE sollte zugunsten grubeneigener Leitungen deutlich zurückgeschraubt werden[347]. Von einer Fusion VSE/Wehrden wurde nach mehreren Sitzungen einer eigens eingerichteten Verständigungskommission wieder Abstand genommen, da man sich nicht über die jeweiligen Kapitalbeteiligungen einigen konnte. Stattdessen kam es ab 12.12.1933 zu einer Personalgemeinschaft der Vorstände. Keßler wurde in die Geschäftsführung nach Wehrden entsandt, Dr. Rodenhauser in den Vorstand der VSE bestellt. Von dieser Maßnahme erhofften sich die Aufsichtsräte eine Erleichterung der Vorbereitung einer Fusion. Röchlings Vorschlag, zur

---

345 VSE-AHV, Sitzung der Verständigungskommission v. 06.11.1933, Aufsichtsratssitzung v. 23.05.1934; die Kapitalbeteiligungsverhältnisse bei der Kraftwerk Wehrden GmbH stellten sich zu diesem Zeitpunkt wie folgt dar: Röchlingsche Eisen- und Stahlwerke 25%, Landkreis Saarbrücken 25%, Stadt Saarbrücken 15%, Preußenelektra 15% und Landkreis Saarlouis 20%.

346 Ab 20.09.1937 lief die 10 MW-Turbine aus Saarlouis in Wehrden im Dauerbetrieb (vgl. ASV Sbr. GS-29, Prot. Arbeitsausschuß Kraftwerk Wehrden v. 15.12.1937).

347 Z.B. in Berlin, 04.09.1934 (LA Sbr. Einzelstücke Nr. 152), Brief von Neikes v. 02.11.1934 (ebd.). Tab. 39 verdeutlicht den vorübergehenden Rückgang der kW-Leistung der Grubenkraftwerke nach 1935 und unterstreicht somit die berechtigten Befürchtungen von VSE und Stadt Saarbrücken, daß es dem preußischen Fiskus nach der Rückgliederung nicht sofort gelingen würde, neue Kapazitäten zu errichten.

Senkung der Kosten des Kraftwerkes sollte die Stadt Saarbrücken ihren Strom über die VSE beziehen und damit langfristig zur Verbilligung des Strombezuges kommen, wurde immer wieder vertagt, bis er in Vergessenheit geriet.

In der Presse jedoch verursachten die Absichten von Röchling, die wohl durch ein Aufsichtsratsmitglied in die Öffentlichkeit getragen worden waren, vor allem in den kommunistischen und der SPD nahestehenden Zeitungen großen Wirbel. Auch hier wiederum spielte der in voller Härte tobende Abstimmungskampf herein. Unter der Überschrift „Herunter mit den Strompreisen" wurden massive Vorwürfe gegen das RWE wegen angeblicher Nichteinhaltung seiner 50 Mio kWh-Zusage auf der einen und besonders gegen Hermann Röchling auf der anderen Seite erhoben. Über seine vorübergehende Mitgliedschaft im Aufsichtsrat der VSE habe er seinen Generaldirektor Dr. Rodenhauser zuerst in das Kraftwerk Wehrden und anschließend auch in die VSE eingebracht, obwohl seine Beteiligung bei ersterer Gesellschaft lediglich 25%, bei letzterer gar 0% betrüge. Die politische Stoßrichtung vor der Abstimmung wurde durch die Röchling unterstellte Ablehnung des „französischen Grubenstromes" aus „vorgeblich nationalen Motiven" deutlich[348]. Der Artikel griff aber auch die Benachteiligung der von der VSE versorgten sogenannten „bergfiskalischen" Gemeinden an. Diese Gemeinden waren ursprünglich vom preußischen Bergfiskus versorgt worden und hatten in ihren Verträgen festgeschrieben, daß Strompreissenkungen des Fiskus bzw. der MDF in voller Höhe an sie weitergegeben werden mußten. Derartige Senkungen in Höhe von rund 30% hatten Mandres und Schramm 1929 und 1930 gegenüber der französischen Grubenverwaltung durchgesetzt und ihren Angaben zufolge auch den Aufsichtsratsvorsitzenden Neikes auf den notwendigen Nachlaß für die betroffenen Gemeinden hingewiesen. Neikes hingegen bestritt dies energisch und setzte im Aufsichtsrat der VSE nachträglich eine Klage wegen Betruges im Strafprozeßwege gegen die ehemaligen Vorstandsmitglieder durch, da die VSE rund 5,5 Mio FF im Laufe der Jahre zuviel einbehalten hatte. Das Verfahren zerschlug sich allerdings bald. Weder konnte Neikes ein Verschulden von Schramm und Mandres nachweisen, noch war eine bewußte Täuschung der Vertreter der Landgebiete im Aufsichtsrat durch Neikes feststellbar. Der Streit mit den bergfiskalischen Gemeinden konnte schließlich nach langfristigen Auseinandersetzungen, Gutachten und Gegengutachten durch einen Vergleich 1935 beendet werden[349].

Die Zeit der Völkerbundsverwaltung nahte ihrem Ende: Vor der entscheidenden Abstimmung wurden in einem überhitzten innenpolitischen Klima noch einmal Ressentiments und Vorwürfe jeglicher Art geschürt, welche auch die unter Beteiligung der öffentlichen Hand geführten Unternehmen miteinbezogen. Die Fronten hatten sich in-

348 Vgl. bspw. Saarbrücker Stadtzeitung v. 15.05.1934.
349 Betroffen waren die bergfiskalischen Gemeinden Püttlingen, Friedrichsthal, Sulzbach-Altenwald, Fischbach, Güchenbach, die fünf Köllertalgemeinden, Walpershofen, Teile der Bürgermeisterei Riegelsberg, Ensdorf-Lisdorf, Quierschied und Völklingen, das sich einen entsprechenden Passus im Vertrag gesichert hatte (vgl. VSE-AHV, Aufsichtsratssitzung v. 21.06.1934; ASV Sbr. GS-30, 16.08.1934, GS-27, 05.12.1934, 26.03.1935, 01.04.1935, 07.04.1935, GS-35, Aufstellung der MDF-Preise seit 1922, o.D.; StadtA Sbr. BG 7111, 30.01., 21.08.1934).

zwischen so verhärtet, daß der einen Seite der bewußte Anschluß an den Nationalsozialismus unterstellt und Vertreter der anderen Richtung als „vaterlandslose Gesellen" bezichtigt wurden. Auch die VSE konnte sich hiervon nicht freimachen: Politische Rücksichtnahme leitete die Entscheidung des Vorstandes, daß nach Aufgabe der Installationsabteilung der VSE eine Reihe entbehrlicher Monteure nicht entlassen, sondern bis in die Zeit nach der Abstimmung Anfang 1935 weiterbeschäftigt wurden[350].

---

350 Vorstand und Aufsichtsrat der SLE/VSE waren im Zeichen steigender Arbeitslosigkeit wiederholt vom Verband der Elektrotechnischen Installationsfirmen und von den Parteienvertretern aufgefordert worden, die entsprechende Abteilung der SLE/VSE zugunsten der freien Installateure aufzulösen. Diese Appelle blieben ohne Erfolg, da das Unternehmen bis zur Vergrößerung des Versorgungsgebietes beträchtliche Gewinne aus dem Installationsgeschäft gezogen hatte (vgl. ASV Sbr. GS-24, 27.02.1930; StadtA Sbr. BG 2536, 19.05.1932; LA Sbr. Dep. Sulzbach Fach 101, Nr. 7 19.03., 01.04., 12.02.1930. Die Konkurrenz zwischen freien Installateuren und den entsprechenden Abteilungen der EVU gab in dieser Zeit häufig Anlaß zu Auseinandersetzungen, vgl. z.B. Das deutsche Handwerk (1930), Bd. 4, S. 452ff., 469ff.

V. „Heim ins Reich" — die Zeit nach dem 13. Januar 1935

1. Volksabstimmung im Saargebiet und Rückkehr in das Deutsche Reich

Am 13. Januar 1935 entschieden sich 477.119 saarländische Abstimmungsberechtigte
(= 90,76% der abgegebenen Stimmen) für die Rückkehr des Saargebietes zum Deutschen Reich[1]. Aus Furcht vor einem möglichen nationalsozialistischen Putsch fand
die Abstimmung unter dem Schutz britischer, niederländischer, schwedischer und ita-
lienischer Truppenkontingente statt und verlief ohne nennenswerte Zwischenfälle.
Vier Gründe können zur Erklärung des eindeutig ausgefallenen Abstimmungsergeb-
nisses herangezogen werden, obwohl sich nach der nationalsozialistischen Machtübernahme im Reich 1933 erheblicher Widerstand an der Saar gegen eine sofortige Rückkehr in das Dritte Reich erhoben hatte:
1. Die patriotisch-nationale Grundeinstellung der saarländischen Bevölkerung.
2. Die starken Einwirkungen aus dem Reich auf alle Bereiche des gesellschaftlichen
   und politischen Lebens im Saargebiet.
3. Die Schwierigkeit, ein Konzept gegen die Rückgliederung zu entwickeln und zu
   propagieren.
4. Die unzulängliche Unterstützung durch andere Gegner des Nationalsozialismus[2].
Bereits am 18. Januar beschloß der Völkerbundsrat die Vereinigung des gesamten Saargebiets mit dem Deutschen Reich mit Wirkung ab 01.03.1935. An diesem Tage ging
das Eigentum an den Saargruben und den früheren elsaß-lothringischen Eisenbahnen
zwischen der französisch-saarländischen Grenze und der Saar an das Deutsche Reich
zu einem Kaufpreis von 900 Mio FF über. Ferner wurden die Steinkohlenfelder Karls-
brunn und Großrosseln im Warndt auf fünf Jahre an französische Gesellschaften verpachtet. Die Einnahmen aus der Verpachtung, unentgeltliche Kohlenlieferungen für
die Dauer von fünf Jahren und die Abzweigung von 95% des Gesamtbetrages der im
Saargebiet umlaufenden französischen Banknoten und anderer ausländischer Zahlungsmittel bildeten die Summe der genannten 900 Mio FF. Grundlage der Übertragungen war das römische Abkommen vom 03.12.1934 zwischen der französischen und
der deutschen Regierung. Die nähere Durchführung erfolgte durch das Neapeler Abkommen vom 18.02.1935[3].
Größere wirtschaftliche Probleme bereitete in der Übergangszeit die Drosselung des
saarländisch-französischen Handelsvolumens auf 6% seines bisherigen Umfanges. Bereits am 18.02.1935 kehrte das Saargebiet unter die deutsche Zollhoheit zurück. Am
selben Tag begann der Umtausch des FF in Reichsmark mit einem Umrechnungskurs

---

1 Zur Wahl standen drei Möglichkeiten: 1. Vereinigung mit dem Deutschen Reich, 2. Vereinigung mit Frankreich, 3. Beibehaltung des bisherigen Status, vgl. H e r r m a n n (1972),
  S. 38ff.; M ü h l e n (1979), S. 222ff.; J a c o b y (1973), S. 83ff.; Z e n n e r (1966), S. 288ff.;
  P a u l (1984), S. 92ff., 356ff.; Heft 1-2/1985 der Saarheimat ist ebf. diesem Thema gewidmet.
2 H e r r m a n n , Volksabstimmung (1985), S. 21. Die Rückkehr in das Deutsche Reich lehnten
  die SPS und die KP-Saar sowie ein Teil des Zentrums unter Johannes Hoffmann ab, während
  sich die übrigen Parteien als Befürworter der Rückkehr in der Deutschen Front zusammengeschlossen hatten, vgl. L e m p e r t (1985), S. 95ff., 491ff.
3 H e r r m a n n (1972), S. 67; K e u t h (1963/64), S. 127ff.

von 1 FF = 0,1645 RM. Eine Vielzahl von Verordnungen zur Einführung des Reichsrechts im Saargebiet folgte bis zur völligen Rechtsangliederung am 01.10.1936. Am 01.03.1935 übergaben die Vertreter des Völkerbundes das Saargebiet offiziell an das Deutsche Reich, das durch seinen Reichsminister des Innern, Wilhelm Frick, vertreten wurde. Noch am Nachmittag desselben Tages reiste Hitler nach Saarbrücken und nahm den Aufmarsch der Deutschen Front ab[4]. Mit dem „Gesetz über die vorläufige Verwaltung des Saarlandes" vom 30.01.1935[5] wurde das Saargebiet unter der Bezeichnung „Saarland" dem Reichskommissar und Gauleiter der NSDAP, Bürckel[6], unterstellt und damit endgültig die Zugehörigkeit zu Preußen und Bayern beendet. Politisches Ziel war die Schaffung des ersten neuen Reichslandes, das deckungsgleich mit dem NSDAP-Gau Saar-Pfalz sein sollte. Die Verwirklichung dieses Vorhabens erfolgte bis Kriegsausbruch allerdings nicht mehr[7].

2. Das „Saaropfer" der deutschen Elektrizitätswirtschaft

Die Gruben des Saarlandes unterstanden in einer Übergangszeit als Sondervermögen dem Reich, ehe sie ab 30.11.1936 in die Form einer von etatrechtlichen Vorschriften befreiten, flexiblen Aktiengesellschaft als „Saargruben AG" überführt wurden, deren Aktienbesitz das Reich zu 100% hielt. Während der Völkerbundzeit war der größte Teil des Kohlenabsatzes nach Frankreich erfolgt. Der vor dem Ersten Weltkrieg 47,6% betragende Versorgungsanteil der Saarkohle auf den süddeutschen Märkten war auf 10% zur Zeit der Rückgliederung gefallen[8]. Die Wiedereingliederung des Saarbergbaus in die deutsche Wirtschaft sollte auf der Grundlage eines sogenannten „Saaropfers" erfolgen, d.h., der übrige deutsche Steinkohlenbergbau verzichtete zugunsten der Saar auf Teile seiner bisherigen Versorgungsgebiete. Ein wichtiger Schritt hierzu war die Übernahme des Kohlenabsatzes der Saargruben durch das Rheinisch-Westfälische Kohlensyndikat. Ein weiterer Teil der Saarkohlen wurde zur Gaserzeugung verwendet und der im Ausbau begriffenen Ferngasversorgung zugeführt. Beispielsweise übernahm die 1937 aus der Fusion Ferngas GmbH/Pfälzische Gas AG entstandene Saar-Ferngas AG größere Mengen Gas und verteilte sie bis in weite Bereiche der Pfalz[9].

4 Herrmann (1972), S. 40f. und im folgenden S. 67f.
5 RGBl I 1935, S. 66ff.
6 Vgl. zu Bürckel: Herrmann (1968), S. 103f.; Hofmann (1974), S. 386f.; Wolfanger (1977), S. 16ff.
7 Herrmann, Pfalz und Saarland (1985), S. 321ff.; Schwierigkeiten bereitete v.a. die bayerische Staatsregierung, die ihre Einflußnahme in der Pfalz gefährdet sah, so beispielsweise auch beim Aufbau der Landesplanungsgemeinschaft Saar-Pfalz (vgl. BA R 113/1185, p. 4, 22, passim; ebd. R 113/421 ausführlich zum Aufbau der Landesplanungsgemeinschaft).
8 Dietrich (1930), S. 32f.
9 Bereits 1929 einigten sich preußische Bergverwaltung, Ferngas-Saar GmbH und Ruhrgas AG über die Aufteilung der Versorgungsgebiete; Ferngas-Saar erhielt die Pfalz und den Raum Mannheim zugesprochen (vgl. LA Sbr. Einzelstücke Nr. 152, Prot. v. 16.07.1929, Bonn); vgl. ebf. Vieler (1936), S. 701ff.; 25 Jahre Saar-Ferngas AG (1954); 50 Jahre Saar-Ferngas AG (1979), S. 15ff.; Kreutz (1929), S. 85ff., ders. (1933), S. 840ff.; ders. (1934).

Neben dem übrigen deutschen Bergbau und der Gasversorgung sollte auch die deutsche Elektrizitätswirtschaft die Rückgliederung des Saargebietes in das Deutsche Reich durch ein „Saaropfer" ermöglichen und erleichtern. Bereits im März 1934 machte der preußische Minister für Wirtschaft und Arbeit der AG für Deutsche Elektrizitätswirtschaft (ADE), ein Zusammenschluß größerer Energieversorgungsunternehmen[10], den Vorschlag, die wirtschaftliche Wiedereingliederung des Saargebietes durch die Abnahme von rund 400 Mio kWh/a Saarstrom zu unterstützen. Der Minister ging hierbei davon aus, daß bei einer jährlichen Fördermenge von 12 Mio t Kohle rund 10% als Abfallkohle anfielen, die aufgrund ihrer Konsistenz nicht transportfähig und somit nicht außerhalb des Saarlandes verwertbar waren. 600.000 t davon sollten an Ort und Stelle verbraucht, 200.000 t zur Ferngaserzeugung verwendet und 400.000 t verstromt werden. Bei einem angenommenen Verbrauch von 1 kg Abfallkohle für die Erzeugung einer kWh ergaben sich folglich 400 Mio kWh/a[11]. Obwohl die Energieversorgungsunternehmen noch unter den Folgen der Weltwirtschaftskrise litten (beim RWE hatte z. B. der Rückgang 1933 gegenüber 1929 rund 20% der nutzbar abgegebenen kWh betragen), hatte der Aufsichtsrat der AG für deutsche Elektrizitätswirtschaft aus „vaterländischem Interesse" am 11.05.1934 folgenden Beschluß gefaßt: „In der Erkenntnis, daß die Förderung der Elektrizitätswirtschaft im Saargebiet für dessen wirtschaftliches Gedeihen von nicht geringer Bedeutung ist, erklären sich die der Aktiengesellschaft für Deutsche Elektrizitätswirtschaft angehörenden Unternehmungen bereit, nach Kräften den Absatz der Elektrizität aus dem Saargebiet zu fördern und verpflichten sich schon jetzt, mindestens 400 Mio kWh von den Elektrizitätswerken der Saargruben abzunehmen"[12].

Die Abnahme des Saarstromes sollte über das von der ADE geförderte Verbundnetz erfolgen, das sich aus drei Hauptteilen zusammensetzte: Zum einen das Westnetz, bestehend aus den Leitungen des RWE, der Vereinigten Elektrizitätswerke Westfalen und des Badenwerkes, ferner das mitteldeutsche Netz von Preußenelektra und Bayernwerk sowie das Ostnetz der Elektrowerke AG, der AG Sächsische Werke, des EW Sachsen-Anhalt und des Märkischen EW. Die Verbindung zum Saarland war gedacht einerseits über die RWE-Leitungen Koblenz-Trier-Mettlach (220 kV) und Koblenz-Idar-Oberstein-Mettlach (110 kV), wobei letzteres Teilstück noch fehlte, zum anderen über eine geplante neue 110 kV-Leitung Göttelborn-Frankfurt. Verhandlungen waren in erster Linie mit der Saargrubenverwaltung geführt worden, die zur Verstromung der anfallenden Abfallkohle das Kraftwerk Weiher um 40 MW und das Kraftwerk Fenne um 20 MW erweitern wollte. Um die 400.000 t Kohle so wirtschaftlich wie möglich verstromen zu können, sollten die genannten Saarkraftwerke im Grundlastbereich fahren, wobei folgende Rechnung aufgestellt wurde: Bei 8.000 Stunden pro Jahr Benutzungsdauer und 400 Mio kW Kohle benötigte man eine kW-Leistung von 50.000,

10 B o l l (1967), S. 80; ders. (1969), S. 85.
11 Vgl. hierzu: M e n g e (1935), S. 604ff.; fälschlicherweise wird in Menges Aufsatz vom Kraftwerk Saarlouis der Bergverwaltung gesprochen, gemeint ist das Kraftwerk Fenne; S c h u m a c h e r (1935), S. 83ff.; R ö c h l i n g (1935), S. 599ff. Zum Abfallkohlenproblem vgl. auch H a r d t (1935), S. 610ff., K o c h (1934), S. 409f.; T h i e r b a c h (1934), S. 385; ETZ 56 (1935), S. 90; H e r g t (1935), S.73f.
12 Vgl. BA R 4/507, 11.05.1934.

einschließlich Reserve ergaben sich die genannten Kapazitätserweiterungen. In der Durchführung dieser Vorhaben übernahm sich die Saargruben AG offensichtlich, denn der Bau neuer Kraftwerkskapazitäten ging nur schleppend voran[13](vgl. Tab. 39). Als Abnehmer des Saarkohlenstromes waren 45 Energieversorgungsunternehmen vorgesehen, die alle im Stichjahr 1932 eine Eigenerzeugung von mindestens 50 Mio

Tabelle 39 Engpaßleistung der Grubenkraftwerke an der Saar 1935 - 1945

Jahr	KW Heinitz	KW Luisenthal	KW Weiher	KW Fenne	Summe
	k W	k W	k W	k W	k W
1935	13.100	38.500	22.200	61.000	134.800
1936	11.600	32.500	22.200	61.000	127.300
1937	10.600	58.100	22.200	61.000	151.900
1938	9.600	58.100	22.200	61.000	150.900
1939	9.600	58.100	22.200	61.000	150.900
1940	9.600	58.100	22.200	61.000	150.900
1941	9.600	32.500	22.200	61.000	125.300
1942	9.600	32.500	22.200	61.000	125.300
1943	9.600	20.500	46.000	61.000	137.100
1944	9.600	20.500	71.000	61.000	162.100
1945	9.600	20.500	71.000	55.000	156.100

Quelle: Saarbergwerke AG (Abt. Energiewirtschaft)

kWh hatten. Es zeigte sich aber, daß eine anteilmäßige Aufteilung auf unüberwindbare Schwierigkeiten stoßen würde. Energieversorgungsunternehmen auf Dampfkraftbasis zeigten sich allgemein in der Lage, die Grundlast von der Saar aufzunehmen. Anders sah es bei Unternehmen mit Wasserkraftwerken aus, die gemäß dem im Rahmen der Autarkiepolitik des Dritten Reiches aufgestellten Grundsatz „kein Kubikmeter Wasser ungenutzt über die Wehre" bei guten Wasserverhältnissen keinen Saarkohlenstrom verwerten konnten; in wasserknappen Zeiten dagegen bedeutete der Strom von der Saar für diese Energieversorgungsunternehmen nicht Grundlast, sondern hochwertige Zusatzenergie. Aber auch dieses Problem ließ sich in der zentralverwalteten Wirtschaft des Dritten Reiches (theoretisch) lösen: Zur Abnahme wurden die großen Energieversorgungsunternehmen RWE, Preußenelektra und Elektrowerke verpflichtet; da diese selbst den Strom billiger erzeugen konnten als die von der Saar aufzunehmende Energie, mußte jedes der übrigen, über 50 Mio kWh pro Jahr produzierenden Unternehmen einen anteiligen Differenzbetrag übernehmen. Dabei ging man von schätzungsweise 5.500 RM pro Jahr auf die Dauer von 10 Jahren bei einer Stadt aus, die 55 Mio kWh selbst erzeugt hatte. Für die Elektrowerke AG hätte sich ein Betrag von rund 150.000 Reichsmark pro Jahr als „Saaropfer" ergeben.

---

13 Ebd., Entwurf eines Stromlieferungsvertrages zwischen Saargruben AG und ADE v. 02.01.1936.

Diese „Lösung ist technisch klar, verwaltungsmäßig leicht durchführbar und wird dem Opfergedanken gerecht", verkündete Landesbaurat Menge stolz auf der WEV-Tagung in Saarbrücken (vgl. Kap. V.3.). Doch auch die genannten Überlegungen stellten nur einen der zahlreichen Pläne dar, die in erwartungsvoller Hoffnung auf eine „neue Wirtschaft" nach 1933 geschmiedet worden waren. Noch drei Jahre später, 1938 bereits, stellte das Reichskuratorium für Wirtschaftlichkeit in einer Studie über die Wirtschaft des Saarlandes bei der Besprechung der Abnahmeverpflichtung der deutschen Elektrizitätswirtschaft fest: „Eine Einigung, in welcher Weise diese Übernahme vor sich gehen soll, ist demnächst zu erwarten"[14], — eben diese Worte hatte Menge schon 1935 verkündet. Die Energieversorgungsunternehmen an der Saar blieben mit ihren Problemen auf sich selbst gestellt oder auf die Zusammenarbeit mit benachbarten Versorgungsunternehmen angewiesen.

3. Erste öffentliche Ankündigung des Energiewirtschaftsgesetzes in Saarbrücken

Neben dem „Saaropfer" der deutschen Elektrizitätswirtschaft zeigte die Wirtschaftsgruppe Elektrizitätsversorgung (WEV) ihre Verbundenheit mit dem „befreiten Saarland" auch durch die Wahl des Tagungsortes Saarbrücken für ihre 44. Jahresversammlung vom 26. bis 28.09.1935. Es war die erste Tagung der WEV, die nach dem „Gesetz zur Vorbereitung des organischen Aufbaues der deutschen Wirtschaft"[15] damals die einzige Organisation darstellte, in der alle deutschen öffentlichen Elektrizitätsversorgungsunternehmen von den größten bis zu den kleinsten zusammengefaßt waren, gleichgültig in wessen Besitz sie sich befanden[16]. Um die Verbindung und Zusammenarbeit mit den ausländischen Mitgliedern der ehemaligen VdEW (jetzt Reichsgruppe Elektrizitätsversorgung — REV) zu ermöglichen, wurden die Versammlungen der beiden Gruppierungen in einer Tagung zusammengefaßt. Neben den zahlreichen deutschen Teilnehmern kamen auch Mitglieder aus Dänemark, Finnland, Frankreich, den Niederlanden, Norwegen, Österreich, Schweden, der Schweiz und der Tschechoslowakei nach Saarbrücken[17].

---

14 Die Wirtschaft des Saarlandes (1938), S. 22. In einem Programm für die endgültige Regelung des Saarkohlenproblems (BA R 4/507, 23.07.1937) sollten zur Vereinfachung der Durchführung die Saargrubenverwaltung auf der einen und das RWE als leistungsfähigstes EVU auf der anderen Seite als einzige Vertragspartner auftreten; auch dieses Programm wurde Makulatur.

15 RGBl I 1934, S. 185; K r e c k e (1937), S. 393ff.

16 Die Reichsgruppe Energiewirtschaft (RGEW) war am 05.06.1934 zunächst als Hauptgruppe 13 der gewerblichen Wirtschaft gegründet worden und umfaßte die Wirtschaftsgruppe Elektrizitätsversorgung (WEV; Satzung v. 07.06.1935) und die Wirtschaftsgruppe Gas und Wasserversorgung (WGW) (vgl. BA R 13 XVI/12). Wie in den anderen Wirtschaftsgruppen war die Tätigkeit der WEV in der Anfangsphase durch Personal-, Kompetenz- und Richtungsstreitigkeiten bestimmt (vgl. BA R 12 II/1).

17 Vgl. die ausführliche Berichterstattung in: EW 34 (1935), S. 145f., 593ff., 618ff., 655ff., eine kurze Zusammenfassung in ETZ 56 (1935), S. 1129f., 1181ff. und vom Standpunkt der kommunalen Betriebe in: Zeitschrift für öffentliche Wirtschaft 2 (1935), S. 308, 325ff., 337, 375f.; vgl. ebf. Der deutsche Volkswirt 10 (1935/36), S. 3.

Zur Überraschung aller Teilnehmer kündigte Reichswirtschaftsminister Hjalmar Schacht außerhalb der vorgesehenen Tagesordnung das „Gesetz zur Förderung der Energiewirtschaft" an. Das Energiewirtschaftsgesetz war im Ministerium Schachts konzipiert und mehrfach aufgrund verschiedener Gutachten und Interventionen betroffener Interessengruppen abgeändert worden[18]. In diesem Gesetz wurden Forderungen und Meinungen berücksichtigt, die teilweise bereits Jahre vor der Machtergreifung 1933 aufgestellt bzw. geäußert worden waren[19]. Gemeinsamer Wille aller Beteiligten war es, die Frage des Konzepts für eine staatliche Marktpolitik in der Elektrizitätswirtschaft zu lösen, nachdem Ende der 20er, Anfang der 30er Jahre die Versorgungsgebiete weitgehend demarkiert waren[20]. Die Gegner des Energiewirtschaftsgesetzes aus den Reihen der Kommunalunternehmen befürchteten vor allem, daß sie bei einem Zusammenspiel von Reichswirtschaftsministerium, Generalbevollmächtigtem für die Energiewirtschaft, Reichsgruppe Energiewirtschaft und den großen Versorgungsunternehmen hoffnungslos unterlegen sein würden[21]. Diese Sorge bestand sicher nicht zu Unrecht, denn bereits die deutsche Gemeindeordnung vom 30. Januar 1935 hatte klar ausgesprochen, daß die Gemeinden wirtschaftliche Unternehmungen nicht errichten und erweitern sollten, wenn der Zweck des Unternehmens besser oder wirtschaftlicher durch einen Dritten erfüllt würde oder werden konnte[22]. In ihrer Ablehnung gegen das Energiewirtschaftsgesetz verstiegen sich die Gemeindevertreter allerdings zu dem Vorwurf, das Gesetz entspräche nur unzureichend den nationalsozialistischen Vorstellungen und Ideen!

18 In einer Besprechung vom 23.05.1933 zwischen Vertretern der Elektrizitätswirtschaft, des Reichswirtschaftsministeriums (RWM) und der NSDAP über die Zukunft der deutschen Elektrizitätsversorgung war von Seiten ersterer die Konzessionspflicht der Errichtung und Erweiterung von Elektrizitätswerken, die alleinige Zuständigkeit des RWM und eine Beendigung der Finanzierung von Gemeindehaushalten durch den Strompreis gefordert worden. Die NSDAP-Vertreter verlangten in erster Linie eine Verbilligung des Stromes für Kleinverbraucher sowie die Verteilung durch die öffentliche Hand (BA R 43 II/343, p. 43). Vgl. ebf. Hobrecker (1936), S. 47ff.; Matzerath (1970), S. 392ff.; Melchinger (1967), S. 185ff.; Gröner (1975), S. 321ff. (mit ausführlichen Literaturangaben) und Anm. 806, S. 324f; aus dem Blickwinkel der Gemeindebetriebe, Strölin (1935), S. 298f.; Lawaczek (1936); zu letzterem Ludwig (1984), bes. S. 392ff. Das gespannte Verhältnis zwischen den Vertretern der kommunalen Betriebe einerseits und der privaten sowie gemischtwirtschaftlichen Unternehmungen auf der anderen Seite offenbarte sich auch in der tieferstehen Bewertung verschiedener Spottgedichte und scherzhafter Artikel des Fachheftes „Elektrohumor", das die Teilnehmer der Saarbrücker Tagung überreicht bekamen, durch die Schriftleitung der Zeitschrift für öffentliche Wirtschaft, die sich offensichtlich verunglimpft fühlte, vgl. ebd. 2 (1935), S. 337; dazu wiederum die Gegenreaktion in der Elektrizitätswirtschaft 34 (1935), S. 657. Spottverse der WEV-Bierzeitung wie „Der Apfelkuchen schmeckt nach Zwiebel, die A-Gemeinde ist von Übel" spielten selbst in die Auseinandersetzungen zwischen RWM und Reichsminister des Innern (RMdI) um das Energiewirtschaftsgesetz hinein (vgl. BA R 43 II/343, p. 116).
19 Vgl. Eiser/Riederer/Siedler (1961), Allgemeine Vorbemerkungen zum EnWG I, S. 18; Heesemann (1964), S. 63; Ludwig (1984), S. 436; zur Vorgeschichte Boll (1969), S. 67ff.; Hellige (1986), S. 125f.
20 Gröner (1975), S. 322.
21 Hellige (1986), S. 127f. In diese Auseinandersetzungen wurde aufgrund seiner Größe und seines Einflusses vor allem das RWE miteinbezogen, vgl. diverse Schriften von Koepchen (RWE) und verschiedenen kommunalen Kontrahenten (BA R 4/209a).
22 Die Rede von Hjalmar Schacht ist veröffentlicht in: EW 34 (1935), S. 622ff, hier S. 623. Vgl. auch Friedrich (1936), S. 84.

Hinter den kommunalen Interessen stand der Reichs- und Preußische Innenminister Frick, der in der Konzeptionsphase des Gesetzes einen folgenreichen Erlaß herausgab[23]. Da seiner Einschätzung nach die großen Energieversorgungsunternehmen begannen, Gemeindewerke zu übernehmen, um ihre Position vor dem Inkrafttreten des Energiewirtschaftsgesetzes zu stärken, forderte er die Gemeinden in seiner Eigenschaft als oberste Kommunalaufsicht zu äußerster Zurückhaltung bei Vertragsverhandlungen auf[24]. Vor dem Abschluß von Konzessions- oder sonstigen Verträgen mit längerer Laufzeit mußten die Gemeinden beim Deutschen Gemeindetag zunächst generell um Sachverständigenbeistand anfragen und sich in Einzelfällen zusätzlich der Zustimmung des Reichsinnenministeriums versichern. Lief ein Konzessionsvertrag beispielsweise ab, zog sich der Abschluß eines neuen Vertrages in der Folgezeit oft jahrelang dahin. Dieser vertragslose Zustand, der „die Weiterentwicklung der Energiewirtschaft praktisch lahmlegte", wie Reichswirtschaftsminister Schacht befürchtete[25], verhinderte auf Grund der ungewissen Zukunftsaussichten größere Investitionen der Versorgungsunternehmen. Obwohl Schacht in diesem Erlaß eine „andauernde Durchkreuzung meiner Energiepolitik unter dem Deckmantel der Kommunalaufsicht" erblickte[26], wurde der Runderlaß Fricks auch nach Verkündung des Energiewirtschaftsgesetzes nicht aufgehoben und bot Anlaß für fortwährende Streitigkeiten[27]. Im Versorgungsgebiet der VSE zeitigte dieses Kompetenzgerangel beispielsweise Auswirkungen auf die Stromlieferungsverträge des Unternehmens mit den Städten Neunkirchen und Saarlouis, die nach 1936 bis in den Krieg hinein teilweise ohne vertragliche Grundlage, dafür mit entsprechenden Schwierigkeiten beliefert werden mußten[28].

Schacht stellte in seiner Saarbrücker Rede die bis heute gültigen Grundprinzipien des kommenden Energiewirtschaftsgesetzes heraus: „Der eine ist die möglichste Billigkeit und der andere die möglichste Sicherheit der Versorgung mit elektrischer Energie"[29]. Im Zeichen des gerade verabschiedeten zweiten Vierjahresplanes, der ganz der Kriegsvorbereitung der deutschen Wirtschaft dienen sollte, rückte Schacht zunächst die Sicherheit der Versorgung in den Mittelpunkt seiner Ausführungen[30]. Ein Zusammenarbeiten und Ineinanderarbeiten der verschiedenen Energiequellen unter zentraler Aufsicht propagierte Schacht zur Erreichung dieses Versorgungszieles. Die „Billigkeit der Energieversorgung" sollte den Zweck haben, Industrie, Gewerbe und Landwirtschaft zu solchen Preisen mit Energie zu versorgen, daß sie „im Kampf der Ernährung des deutschen Volkes" sowie im Wettbewerb auf den Auslandsmärkten Unterstützung

23 Runderlaß v. 15.08.1935, MBliV, S. 1035.
24 BA R 43 II/343, p. 103ff.
25 Ebd. R 43 II/ 346, p. 77ff.
26 Ebd., p. 90.
27 Hauptsächlichste Kontrahenten waren RWM, WEV, REV und das Amt für Technik der NSDAP auf der einen und das RMdI, der Deutsche Gemeindetag und das Amt für Kommunalpolitik der NSDAP auf der anderen Seite; vgl. auch L u d w i g (1984), S. 437.
28 BA R 12 II/358, VSE v. 09.11.1938, Aktenvermerk v. 20.10.1938, passim; BA R 12 II/403, VSE v. 07.12.1941, 25.09.1942; BA R 4/210, Gutachten v. 26.01.1939.
29 Vgl. EW 34 (1935), S. 622. Zumindest bis zur Regierungserklärung des saarländischen Ministerpräsidenten Oskar Lafontaine am 09.04.1985 vor dem Landtag schien der Grundsatz der Preiswürdigkeit unumstritten, seither sind auch hier Zweifel erlaubt, vgl. Regierungsprogramm 1985, hrsg. v. SPD-Landesverband Saar, S. 27f.
30 Vgl. EW 34 (1935), S. 622; F ö r s t e r (1935/36), S. 1647ff.

finden sollten und auch kleinen Betrieben weitestgehend geholfen werden konnte. Eine der Hauptursachen für den staatlichen Eingriff in die Energiewirtschaft stellte Schacht in seiner Kritik am Finanzgebaren der Gemeinden heraus: Durch Errichtung selbständiger Energiewerke suchten sich die Gemeinden Einfluß und Prestigegewinn oder willkommene Einnahmequellen zu verschaffen und stünden dadurch sowohl den sozialen wie den wehrpolitischen Zwecken des Reiches im Wege. Schärfer noch als Schacht griff der Leiter des Amtes für Technik bei der Reichsleitung der NSDAP, Seebauer, ebenfalls auf der Saarbrücker Tagung, den seiner Meinung nach bestehenden Totalitätsanspruch der Gemeinden auf dem Gebiet der Gas- und Elektrizitätsversorgung an[31].

Am 13.12.1935 trat das Energiewirtschaftsgesetz durch Veröffentlichung im Reichsgesetzblatt in Kraft[32]. Nach seiner Präambel sollte Aufgabe des Gesetzes sein, eine ausreichende, sichere und billige Energieversorgung im Rahmen des möglichen zu gewährleisten. Wesentlicher Bestandteil des Gesetzes war (und ist) die Anzeige- und Genehmigungspflicht, einschließlich des Untersuchungsrechtes, für den Bau, die Erneuerung, Erweiterung oder Stillegung von Energieanlagen. Das Gesetz schuf den einheitlichen Begriff der öffentlich bekanntzugebenden „Allgemeinen Tarifbedingungen" und betonte hierbei die Unterscheidung zwischen Tarif- und Sonderabnehmern. Die staatliche Aufsicht für die geplante Energieversorgung wurde durch die den zustän-

---

31 S c h a c h t , in: EW 34 (1935), S. 622; S e e b a u e r , in: ebd., S. 624ff., v.a. S. 626f.; entgegen der Ansicht von L u d w i g (1984, S. 437) wurde die Rede Seebauers veröffentlicht.
32 RGBl I 1935, S. 1451; vgl. ebf. den zeitgenössischen Kommentar D a r g e / M e l c h i n g e r / R u m p f (1936/38); regional: R o d e n h a u s e r (1936), S. 467f.
Vorausgegangen war ein erfolgreicher Versuch der kommunalen Interessengruppe, die geplante Kabinettsvorlage von Schacht zu verhindern. Hitler selbst ordnete den vorläufigen Aufschub der Einbringung an (BA R 43 II/343, p. 121). Frick und Heß hatten der Behandlung der Vorlage widersprochen, Darré und der Reichskriegsminister eine rasche Verabschiedung gefordert (ebd., p. 112). Nachdem letzte Zweifel ausgeräumt waren, wurde das Gesetz am 13.12.1935 einstimmig verabschiedet (ebd. R 43 II/346, p. 46, Abschrift); vgl. auch H e l l i g e (1986), S. 135f. Gemeinsamer Nenner für eine beschleunigte Inkraftsetzung waren die Kriegsvorbereitungspläne des Reiches: Die Erläuterung zu § 13 wurde geheim behandelt und nicht veröffentlicht: „Das Gesetz dient insbesondere durch den § 13 der Wehrhaftmachung der deutschen Energiewirtschaft. Es ist der Wille der Reichsregierung, daß dieses Ziel bei der Durchführung des Gesetzes allen übrigen Bedenken vorgeht." (ebd., p. 17, 46); vgl. auch L u d w i g (1984), S. 438f.
Die Geheimhaltung des Erläuterungsbeschlusses war vom Reichsfinanzminister beantragt worden, damit der Reichskasse keine finanziellen Lasten erwachsen sollten. Eingriffe in die Lastverteilung, wie sie in der Folge mehrfach vom RWM angeordnet wurden, führten teilweise zu Entschädigungsansprüchen an die Reichskasse, wenn über das wirtschaftlich zumutbare hinaus Auflagen an die betroffenen EVU gemacht wurden (vgl. BA R 2/21.481, RWM v. 31.01.1938).
Ein Ende der Streitigkeiten zwischen RWM und RMdI trat bis zum Kriegsausbruch nicht mehr ein (vgl. R 43 II/346 nach p. 48, ohne Paginierung und p. 50ff.). Umstritten war vor allem das Einvernehmen des RMdI durch den RWM, wenn Belange der kommunalen Energieversorgung berührt wurden. Probleme bereiteten aber auch Abgrenzungsstreitigkeiten zwischen RWM und Landesplanungsgemeinschaften (R 113/1705, p. 10, 93); zu den Streitigkeiten vgl. auch M a t z e r a t h (1970), S. 399ff.; L u d w i g (1978), S. 46f.

digen Staatsstellen eingeräumte Investitions- und Preiskontrolle gewährleistet und bildete die Grundlage für die von Schacht angestrebte Lenkung der Energiewirtschaft[33](vgl. auch Kap. VI.2.).

4. Auswirkungen der Rückgliederung auf die VSE

a) Personelle Folgen

Die politische Rückgliederung in das Deutsche Reich brachte für die VSE wie für alle anderen Gesellschaften, an denen die öffentliche Hand beteiligt war, auch personelle Veränderungen mit sich. Mitte des Monats Mai legte Dr. Neikes sein Mandat als Aufsichtsratsvorsitzender der VSE nieder. Kurz zuvor hatte er von seinem Amt als Oberbürgermeister der Stadt Saarbrücken zurücktreten müssen. Es war Neikes nicht gelungen, sich das Vertrauen der NSDAP in solchem Maße zu erwerben, daß er weiterhin Führungspositionen bekleiden konnte. Seine zeitweiligen Anbiederungsversuche an die NSDAP hatten sich eher ins Gegenteil verkehrt. Der ehrenamtliche Beigeordnete der Stadt Saarbrücken und stellvertretende Landesführer der NSDAP-Saar, Carl Eckert, hatte Neikes noch vor dem 13.01.1935 zum Beispiel vorgeworfen, er wolle sich durch sein Verhalten „bloß ein braunes Röckchen verdienen"[34]. Nachfolger von Neikes im Aufsichtsrat der VSE wurde der neue Oberbürgermeister von Saarbrücken und Kreisleiter der NSDAP, Ernst Dürrfeld[35]. Seine einseitig politisch ausgerichteten Interessen führten zu einer Vernachlässigung des Aufsichtsratsmandates, weshalb er bereits 1937 durch den stellvertretenden Leiter des NSDAP-Gaues Saar-Pfalz, Ernst Ludwig Leyser, abgelöst wurde[36].

Eine Bewertung der langjährigen Tätigkeit von Neikes im Aufsichtsrat der VSE fällt zwiespältig aus. Einerseits ist ihm positiv anzurechnen, daß er sich in seiner Rolle als Statthalter der preußischen Interessen im Saargebiet immer und überall mit großer Tatkraft für die saarländischen Belange eingesetzt hatte. Seine Pläne einer starken einheitli-

---

33 Zur immer wiederkehrenden Auseinandersetzung um das Energiewirtschaftsgesetz vgl. Gröner (1975), S. 319ff.; Hellige (1986), S. 146f.; zur Stützung „moderner" alternativer Energiekonzepte werden heutzutage mitunter unhaltbare Thesen und Meinungen hervorgebracht, vgl. z.B. Eckardt/Meinerzhagen/Jochimsen (1985), hierzu Hellige (1986), S. 148, Anm. 3.
    Eine Mitteilungspflicht der EVU an den „Führer der Energiewirtschaft" oder nachgeordnete Stellen war durch Verordnung des Reichswirtschaftsministers vom 30.07.1934 bereits knapp anderthalb Jahre zuvor verfügt worden (vgl. RGBl I v. 04.08.1934).
34 ASV Sbr. GS-26, 30.12.1934.
35 Zu Dürrfeld vgl. Klein (1971), S. 527f.
36 Das geringe Interesse (oder die mangelnde fachliche Kompetenz) Dürrfelds in seiner Tätigkeit als Vorsitzender des Aufsichtsrates der VSE belegen die seit seinem Amtsantritt wörtlich geführten Protokolle der Aufsichtsratssitzungen, in denen er — wenn überhaupt anwesend —, wenig Sachkenntnis durchscheinen ließ. Der Unterschied zwischen A- und B-Gemeinden wurde ihm beispielsweise offensichtlich nie klar (vgl. VSE-AHV, verschiedene Aufsichtsratssitzungen). Neben Neikes mußten aus politischem Druck hin auch das Zentrumsmitglied Rechtsanwalt Steegmann sowie die Gewerkschaftssekretäre Ruffing und Michely ihre Aufsichtsratsmandate niederlegen (vgl. VSE-AHV, Schreiben zur ao. HV vom 18.09.1935); zu Leyser vgl. Faber (1974), S. 37f., S. 53f. und besonders Anm. 138.

chen Saar-Elektrizitätswirtschaft waren aber immer wieder daran gescheitert, daß er in seinen Bemühungen weit über das Ziel hinausschoß und dadurch die möglichen Partner, beispielsweise RWE und Pfalzwerke, vor den Kopf stieß. Ferner waren seine gesamten energiewirtschaftlichen Zielsetzungen eindeutig darauf ausgerichtet, daß die Stadt Saarbrücken hier eine dominierende Rolle spielen sollte, was ihm die Landgebiete verständlicherweise verübelten. Erfolg war Neikes immer dann beschieden, wenn tatsächlich gemeinsame Saar-Interessen durchzusetzen waren, wie der Rückerwerb der französischen Aktien der SLE gezeigt hatte. Alle anderen Aktivitäten des Saarbrücker Oberbürgermeisters stießen meist auf Mißtrauen der restlichen Aktionäre. Mit Neikes als Aufsichtsratsvorsitzendem und seinem Beigeordneten Armbrüster als Vorstandsmitglied der VSE war die Verquickung von öffentlichen Ämtern und wirtschaftlichen Interessen ins Unerträgliche gesteigert worden.

Auch der Vorstand der VSE geriet nach der Rückgliederung nochmals unter Druck. Treibende Kräfte waren allerdings nicht Parteifunktionäre der NSDAP, sondern die ehemaligen Vorstandsmitglieder Mandres und Schramm, die aus ganz offensichtlich eigennützigen Interessen heraus verschiedene Versuche unternahmen, Keßler und Rodenhauser bei den neuen Machthabern in Mißkredit zu bringen. Mandres beschuldigte Keßler in einem Brief an den neuen Aufsichtsratsvorsitzenden Dürrfeld, daß er über den Vorsitzenden der saarländischen Zentrumspartei, Rechtsanwalt Steegmann, zu seiner Stelle bei der VSE gekommen sei. Zudem habe Keßler vertraulich versichert, selbst wenn er einmal wegen seiner Position gezwungen sein sollte, in die NSDAP einzutreten, bleibe er „in seinem Herzen katholischer Verbindungsmann"[37]. Dieser Versuch stieß jedoch ins Leere; aus heutiger Sicht ist der Vorwurf von Mandres ein positiver Ausdruck der Haltung Keßlers, die sich nicht an vordergründigen politischen Veränderungen orientierte. Schramm hatte sich als Berater der sogenannten bergfiskalischen Gemeinden vertraglich zusichern lassen, daß er bis zu 25% der von der VSE zu zahlenden Entschädigungssumme erhalten sollte und griff den Vorstand der VSE in verschiedenen Gutachten und Stellungnahmen immer wieder scharf an[38]. Alle Versuche, auch auf Vorstandsebene Anpassungen an die veränderten politischen Machtverhältnisse vorzunehmen, scheiterten letztlich. Keßler war erst wenige Jahre bei der VSE im Amt und somit nicht für die vergangenen Vorgänge haftbar zu machen. Dr. Rodenhauser galt in seinem Hauptamt als Generaldirektor der Röchling-Werke als enger Vertrauter Hermann Röchlings, der auch unter den neuen Machthabern als politisch zuverlässig angesehen wurde. Für die praktische Vorstandsarbeit der VSE war durch die Veränderungen im Aufsichtsrat der Weg freigeworden für eine langfristig geplante Unternehmenspolitik, die nicht mehr wie früher durch Eingriffe des Aufsichtsratsvorsitzenden einseitig zugunsten der Stadt Saarbrücken ausgerichtet wurde.

37 StadtA Sbr. BG 7217, 29.07.1935.
38 ASV Sbr. GS-30, 12.04.1934; StadtA Sbr. BG 7199, 10.11.1933; VSE-AHV, verschiedene Schreiben zur Aufsichtsratssitzung vom 29.05. 1935 betr. Schramm. Vgl. auch die undurchsichtigen Umstände der Zusammenarbeit von Schramm mit dem Aufsichtsratsmitglied Eckert anläßlich der Umstellung des Blechwalzwerkes Hostenbach auf vollelektrischen Antrieb, als neben dem VSE-Stromlieferungsangebot plötzlich auch ein solches der Grubenverwaltung auftauchte (StadtA Sbr. BG 7114).

b) Reichsmark - Eröffnungsbilanz und Veränderungen der Beteiligungsverhältnisse

Größere Schwierigkeiten für die VSE brachte die Verordnung der Reichsregierung über Reichsmarkbilanzen im Saarland vom 19.03.1935 mit sich. Unterschiedliche Auffassungen innerhalb der Aktionärsvertreter bestanden vor allem hinsichtlich der Notwendigkeit, in der Reichsmark-Eröffnungsbilanz das Kraftwerk Saarlouis ganz abzuschreiben und verschiedene Vertragsrechte durch vollständige Abschreibung in Fortfall zu bringen. Außerdem gab es das Problem einer eventuellen Einziehung des von der Preußenelektra treuhänderisch gehaltenen Aktienpaketes[39]. Am 10.08.1935 wurde das Grundkapital der VSE von 37.250.000 FF durch Einziehung von 1.628 Aktien zu je 6.000 FF um 9.768.000 FF auf 27.482.000 FF herabgesetzt. Gleichzeitig genehmigte der Aufsichtsrat gegen die entschiedenen Bedenken von Landrat Vogeler und anderen die Umstellung des Grundkapitals auf 2,7 Mio Reichsmark. Dieser Betrag wurde zur Abrundung nicht in 7.000 abzüglich 1.628 = 5.372 Aktien, sondern in 5.400 Aktien zu je 500 RM eingeteilt. Von den durch die Umstellung zusätzlich geschaffenen 28 Aktien von je 500 RM wurden 20 Stück kostenlos an die bisherigen Aktionäre verteilt, während die restlichen 8 Aktien zum Treuhandpaket der Preußenelektra zugefügt wurden. Bereits am 14.05.1936 wurde die Kapitalausstattung der VSE erneut geändert und das Grundkapital auf jetzt 4 Mio RM in einer neuen Eröffnungsbilanz festgesetzt. Bei der Feststellung des Vermögens verfuhr der Vorstand bezüglich der Wertfestsetzung des Anlagevermögens außerordentlich vorsichtig. Sämtliche Frankenwerte wurden bei der Umstellung als Papierfranken eingesetzt, so daß infolge der Wertunterschiede zwischen der Entstehung des Franken-Aktienkapitals und dem Wert bei der Umstellung ein nicht unbedeutender Kapitalschnitt für die Aktionäre eintrat. Aus steuerlichen Gründen wurde die Preußenelektra von den übrigen Aktionären veranlaßt, die von der VSE noch gehaltenen Aktien der Continentale Elektrizitätsunion AG, Basel, zurückzuerwerben[40]. Ebenfalls in der Generalversammlung vom 10.11.1936 wurde die volle Einberufung des Aktienkapitals zum 01. Mai 1937 beschlossen. Die Aktionäre übernahmen die Treuhänderaktien der Preußenelektra entsprechend ihrer bisherigen Beteiligung am Aktienkapital[41].

In der Generalversammlung vom 18.05.1938 schied die Stadt Neunkirchen als Aktionär der VSE aus, ihre Anteile gingen auf die Landkreise Saarbrücken, Saarlouis, Ottweiler sowie die Stadt Saarbrücken über. Die hochverschuldete Stadt hatte sich finanziell außer Stande gesehen, den ihr zustehenden Treuhänderanteil zu übernehmen und stattdessen ihre Aktien zum Verkauf an die kommunalen Aktionäre der VSE

---

39 VSE-AHV, Protokolle der Arbeitsausschußsitzungen vom 28.05., 18.06. 1935 und der Aufsichtsratssitzungen vom 29.05., 19.06., 10.08. 1935; Schreiben Preußenelektra an VSE vom 04.06.1935, Erläuterungsbericht zur Reichsmark-Eröffnungsbilanz vom 18.06.1935; Protokolle der ao. HV vom 10.08. und 19.06. 1935.

40 Dieser Rückerwerb bedeutete eine große Devisenbelastung für die Preußenelektra, da im Rahmen der Autarkiebestrebungen des Deutschen Reiches eine weitgehende Abschottung zum Ausland angestrebt war (vgl. ausführlich zum Streit zwischen Preußenelektra und Continel BA R 4/219, 220).

41 ASV Sbr. GS-28, 09.03.1937; die VSE-Aktien der Continel, Basel, wurden am 12.12. 1937 wieder von der Preußenelektra übernommen (vgl. ebd.); Erläuterungsbericht zur Eröffnungsbilanz vom 09.04.1936, Protokolle der o. HV vom 10.11.1936, 31.03.1937, 18.05.1938 (VSE-AHV).

angeboten[42]. Erschwert wurde der Übergang des entsprechenden Anteils der Neunkircher Aktien an die Stadt Saarbrücken durch die Befürchtungen der Landgebiete, daß die Stadt damit mehr als 25% des Aktienkapitals und somit eine Sperrminorität halte. Eine Lösung kam erst zustande, als sich Saarbrücken bereit erklärte, nur insoweit von den aus dem Vertrag mit dem preußischen Fiskus herrührenden Rechten Gebrauch zu machen, als sie im gleichen Umfang auch den Landgemeinden eingeräumt wurden. Eine letzte Änderung der Kapitalverhältnisse vor dem Zweiten Weltkrieg erfolgte aufgrund des § 6 des Aktiengesetzes vom 30.01.1937. Die Aktien zu je RM 20 wurden in Aktien zu je RM 100 umgewandelt, so daß sich eine neue Aktienverteilung ergab (vgl. Abb. 5, Tab. 40).

Abb. 5 Vereinigte Saar-Elektrizitäts-AG: Aktionäre im Jahr 1938

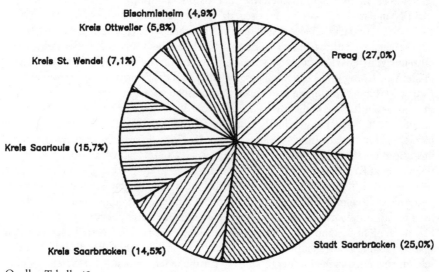

Bischmisheim (4,9%)
Kreis Ottweiler (5,8%)
Kreis St. Wendel (7,1%)
Preag (27,0%)
Kreis Saarlouis (15,7%)
Kreis Saarbrücken (14,5%)
Stadt Saarbrücken (25,0%)

Quelle: Tabelle 40

Mit Abschluß der genannten Veränderungen blieb die prozentuale Zusammensetzung der VSE-Aktionäre für eine Reihe von Jahren gleich. Die finanzschwachen Teilhaber Dillingen und Neunkirchen waren ausgeschieden; als „Relikt" aus der Gründungszeit verblieb lediglich noch das Amt Brebach (früher Bürgermeisterei Bischmisheim) mit knapp 5% Anteilen. Entsprechend ihrer Größe und wirtschaftlichen Bedeutung rangierten nach der Preußenelektra als größte Kreisaktionäre die Landkreise Saarbrücken und Saarlouis. Als problematisch wurde von den übrigen Aktionären weiterhin die relativ hohe Beteiligung der Stadt Saarbrücken angesehen. Als einzige bezog sie — abgesehen vom Sonderfall Preußenelektra — ihren benötigten Strom nicht über die VSE und beschied alle diesbezüglichen Wünsche und Aufforderungen der Kreise abschlägig. Die Stadt wollte ihre Unabhängigkeit wahren, verhinderte dadurch aber auch eine Stär-

---

42 VSE-AHV, Arbeitsausschußsitzung v. 09.07.1937, Aufsichtsratssitzungen v. 31.03.1937 u. 26.04.1938, o. HV v. 18.05.1938, vgl. ebf. ASV Sbr. GS-29, 12.05.1938.

kung des Unternehmens. So waren auch weiterhin Konfliktmöglichkeiten aufgrund der unterschiedlich gearteten Interessen von Stadt- und Landgebiet gegeben, auch wenn das Ausscheiden von Dr. Neikes aus dem Aufsichtsrat eine deutliche Entschärfung der Lage gebracht hatte.

c) Die „Gefolgschaft" der VSE

Aus politischen Gründen hatte das Unternehmen vor der Abstimmung über die Rückgliederung am 13.01.1935 keine Entlassungen mehr vorgenommen (vgl. Tab. 26, Kap. IV.10.b) und allein im Jahre 1934 an Löhnen und Gehältern rund 650.000 FF für die sogenannten „überzähligen Beschäftigten" gezahlt[43]. Nach der Rückgliederung schien es ebenfalls aus politischer Rücksichtnahme nicht opportun, die 45 Monteure und 18 Angestellten sofort zu entlassen, da der Saarbevölkerung für die Zeit nach dem 13.01.1935 wirtschaftlicher Aufschwung versprochen worden war. Als Ausweg boten sich Arbeitsbeschaffungsmaßnahmen an. Mit Hilfe eines von der Preußenelektra vermittelten günstigen Kredites wurden die Unterabnahmestellen der Grubenverwaltung in Heinitz, König und Luisenthal ausgeschaltet und die Abnahme von Strom auf das Kraftwerk Fenne konzentriert sowie der Netzausbau vorangetrieben. Als die bereitgestellten Geldmittel verbraucht waren, entließ der Vorstand eine Anzahl von Arbeitern im Jahre 1936. Soweit es sich hierbei um ehemalige Beschäftigte der Kravag, Saarlouis, handelte, konnten alle ihre Arbeitsplätze auf dem Gerichtswege wieder einklagen, da ihre „beamtenähnlichen" Arbeitsverträge von der VSE im Pacht- und Konzessionsvertrag mit dem Kreis Saarlouis 1930 in ihrem uneingeschränkten Fortbestand garantiert worden waren[44]. Auch die Pensionsansprüche der ehemaligen Saarlouiser Arbeiter und Angestellten mußten von der VSE in vollem Umfang befriedigt werden. Dies führte zu Unstimmigkeiten in der VSE-Belegschaft, da eine solche Versorgungseinrichtung hier noch nicht bestand. Ein Auftrag des Aufsichtsrates an den Vorstand sah vor, daß spätestens zum 25jährigen Bestehen des Unternehmens im Jahre 1937 als Jubiläumsgeschenk eine entsprechende Vergünstigung für die „Gefolgschaft" bereitstehen sollte. Verhandlungen mit verschiedenen Versicherungsgesellschaften und diverse Gutachten zur Gleichbehandlung aller Mitarbeiter verzögerten den Abschluß eines Rückversicherungsvertrages allerdings bis 1940, ehe der Vorstand verkünden konnte, daß „nun im Rahmen der Ruhegehaltsbestimmungen allen Gefolgschaftsmitgliedern sowie deren Angehörigen ein sorgenfreier Lebensabend gesichert ist"[45].

Am 30.09.1936 erhielt die VSE eine Betriebsordnung in Anpassung an die reichsgesetzlichen Bestimmungen[46]. „Der Zusammenhalt aller im Betriebe Tätigen in Arbeit und Freizeit wurde weiterhin gefördert, durch Gemeinschaftsveranstaltungen des Betriebes wurde die kameradschaftliche Verbundenheit vertieft", verkündete der Geschäfts-

43 VSE-AHV, Aufsichtsratssitzungen v. 29.05. u. 10.08.1935.
44 StadtA Sbr. BG 7198, 10./11.01., 19.05. 1933, ebd. BG 7219, 30.09., 02.10. 1937.
45 VSE-AHV, Geschäftsbericht für 1938; der Vertrag galt rückwirkend ab 01.01.1938; zur Entwicklung ebd., Aufsichtsratssitzungen vom 12.12.1935, 08.04.1936; ASV Sbr. GS-29, 03.10.1936.
46 Gesetz zur Ordnung der nationalen Arbeit vom 20.01.1934 (RGBl I, S. 45) und 5. Verordnung zur Überleitung des Arbeitsrechtes im Saarland vom 17.04.1936 (RGBl I, S. 373).

bericht für 1936. Der Bereich der „sozialen Fürsorge" wurde entscheidend ausgebaut durch Wirtschaftsbeihilfen zu Weihnachten, die anfangs 60%, später mindestens 75% des Lohnes oder Gehaltes ausmachten, durch Ehestandsbeihilfen für weibliche Beschäftigte beim Ausscheiden durch Heirat, durch Vorschüsse zur Beschaffung von Kohlen und Kleidung, Weiterzahlung von Löhnen und Gehältern bei Einberufungen zu Schulungskursen der Partei und zu militärischen Übungen sowie durch Förderung des Baues von Eigenheimen mit Hilfe zinsgünstiger Arbeitgeberdarlehen. Kampagnen wie „Schönheit der Arbeit" sollten der Verbesserung der Arbeitsbedingungen dienen, Freizeitprogramme der „NS-Gemeinschaft Kraft durch Freude" (KdF) hatten den Zweck, auch bei den Beschäftigten der VSE das Gefühl einer Verbesserung der wirtschaftlichen Lage nach der Rückgliederung ins Deutsche Reich zu verstärken.

Die genannten sozialen Maßnahmen wurden geschickt unterstützt durch den propagandistischen Apparat der NSDAP und ihrer Unterorganisationen und versperrten vielen Menschen den Blick auf die spätestens seit 1936 offen auf einen Angriffskrieg ausgerichteten wirtschaftlichen Aktivitäten Hitlers. So verdrängte ein allgemeiner Lohn- und Preisstop ab 26. November 1936 auch im Bewußtsein der Bevölkerung die Tatsache, daß die Löhne auf Jahre hinaus eingefroren blieben. Knapp 60 Pfg./h betrug z. B. der Ecklohn für einen Monteur von 1936 bis 1945[47]. Verbesserungen in Form von Zuschlägen stellten sich erst mit den Auswirkungen der durch den Westwallbau einsetzenden Sonderkonjunktur ab 1938 und später aufgrund kriegsbedingter wirtschaftlicher Expansion ein.

d) Die VSE im letzten Friedensjahr 1938

Die Bestrebungen zur Vereinheitlichung der Elektrizitätsversorgung im Gau Saar-Pfalz führten wiederholt zu umfangreichen Untersuchungen über die betroffenen Unternehmen (vgl. Kap. V.5.). Einer solchen Erhebung verdanken wir eine recht genaue Beschreibung der Versorgungstätigkeit und -anlagen der VSE Ende des Jahres 1938[48]. Letztmals vor dem Beginn des Zweiten Weltkrieges wurde das Unternehmen umfassend dokumentiert, worauf ausführlicher eingegangen werden soll.

Das Versorgungsgebiet der VSE hatte 1938 einen Flächeninhalt von 1.055,63 qkm und eine Einwohnerzahl von 457.933. Die Abnahme verteilte sich auf den Betriebsbezirk Saarbrücken mit 32 A-Gemeinden (221.772 Einwohner) und 52 B-Gemeinden (89.225 Einwohner) sowie den Betriebsbezirk Saarlouis mit drei A-Gemeinden (50.284 Einwohner) und 70 B-Gemeinden (96.652 Einwohner). In der Langemarckstr. 19 in Saarbrücken befand sich das Hauptverwaltungsgebäude, in dem neben der kaufmännischen die technische Verwaltung eingerichtet war. Außerdem war in Saarbrücken die Bauabteilung untergebracht, die alle Neuanlagen im gesamten Versorgungsgebiet der VSE projektierte und ihren Bau beaufsichtigte. Nach Fertigstellung gingen die von der Bauabteilung erstellten Anlagen in die Verantwortung der Betriebsbezirke über. Ebenfalls in Saarbrücken befand sich die Abnahmeabteilung, die mit ihrem Personal einmal die Abnahme sämtlicher neuer Hausinstallationen vornahm und zum anderen eine Re-

---

47 Tarifordnung für die Angestelltengefolgschaft und für die Monteurgefolgschaft der VSE ab 01.04.1935 (VSE-AHV).
48 Vgl. VSE-AHV, o.D., unsigniert.

vision der gesamten im VSE-Gebiet vorhandenen Kleinabnehmeranlagen in einem regelmäßigen Turnus durchführte. Um eine einwandfreie Betriebsführung zu ermöglichen, war das gesamte VSE Gebiet in zwei Betriebsbezirke eingeteilt und zwar in: 1. Den Betriebsbezirk Saarbrücken, umfassend das VSE-Gebiet des Landkreises Saarbrücken, eines Teiles des Bezirkes St. Ingbert und des Landkreises Ottweiler sowie des Landkreises St. Wendel mit insgesamt 22 547 Klein- und 71 Großabnehmern. 2. Den Betriebsbezirk Saarlouis, umfassend das Gebiet des Kreises Saarlouis mit 24 650 Kleinabnehmern und 81 Großabnehmern.

In Saarlouis befand sich das Hauptlager der VSE, von dem aus die in den einzelnen Obermonteurbezirken befindlichen Unterlager beliefert wurden. Die VSE besaß 2 Lastkraftwagen, 6 Personenwagen, ein Störungswagen sowie 12 Motorräder, von denen 2 mit Anhängern ausgerüstet waren. Mit diesen Fahrzeugen wurde der gesamte notwendige Verkehr bewältigt. Untergebracht waren die Kraftwagen teilweise in Saarbrücken und teilweise in Saarlouis. Die Motorräder befanden sich bei dem mit ihnen ausgerüsteten Personal. Dem Leiter des Betriebsbezirkes Saarbrücken war das Umspannwerk Geislautern unterstellt. Die übrigen Umspannwerke und Transformatorenstationen gehörten zum jeweiligen Betriebsbezirk, in dem sie lagen. Grundsätzlich waren die beiden Betriebsbezirke in Obermonteurbezirke aufgeteilt. Jedem Obermonteur oblag die Beaufsichtigung des in seinem Bezirk befindlichen Leitungsnetzes der VSE sowie der Abnehmeranlagen, wozu ihm eine bestimmte Anzahl von Monteuren zugeteilt war. Der Sitz des jeweiligen Obermonteurs mit Werkstatt, Lager und Aufenthaltsraum des Monteurpersonals war in den einzelnen Obermonteurbezirken räumlich so festgelegt worden, daß eine einwandfreie Bearbeitung sämtlicher Versorgungsangelegenheiten, die durch das zum Obermonteurbezirk gehörenden Personal zu erledigen waren, gewährleistet war. Die Monteure in den einzelnen Obermonteurbezirken waren angewiesen, ihre Wohnung so zu wählen, daß die Hauptversorgungspunkte für sie leicht erreichbar waren, um eine möglichst immer vorhandene Betriebsbereitschaft zu garantieren.

Die Energieverteilung im VSE-Versorgungsgebiet setzte sich wie folgt zusammen: Von den Kraftwerken Wehrden und Fenne her bestanden Kabelverbindungen zum Umspannwerk Geislautern, dem zentralen Umspannwerk der VSE, von dem aus die Verteilung in 35 kV und 10 kV erfolgte. Eine 35 kV-Ringleitung war die Hauptleitung für die Großverteilung der elektrischen Energie. Von ihr war 1938 die Strecke Dillingen-Saarlouis-Schaffhausen-Geislautern-Rodenhof-Eschberg- Hadir/St. Ingbert und Heinitz bis St. Wendel fertiggestellt[49]. Die gesamte Länge dieser in Gittermasten ausgebauten Leitungen betrug 70,8 km. Von der 35 kV-Ringleitung gingen als Stichleitungen ab die Strecke Schaffhausen-Blechwalzwerk Hostenbach mit 2,4 km Länge sowie die gleichlange Leitung Schaffhausen-Mannesmann (Bous). Die Unterverteilung elektrischer Energie geschah im Versorgungsgebiet in den Kreisen Saarbrücken-Land, St. Wendel, Ottweiler und in Teilen des Bezirkes St. Ingbert in 10 kV, im Kreis Saarlouis mit 6 kV. Die 10 kV- und 6 kV-Leitungen waren teilweise mit Eisengittermasten und

---

49 Der Abzweig HADIR/St. Ingbert - Heinitz von der Strecke St. Wendel - Heinitz konnte erst auf dem Wege der Verleihung des Enteigungsrechtes an die VSE erbaut werden. Die Stadt St. Ingbert hatte sich gegen diese Trassenführung wegen „starker Beeinträchtigung der landschaftlichen Schönheit der St. Ingberter Umgebung" vehement zur Wehr gesetzt (vgl. LA Sbr. Best. Landratsamt St. Ingbert Nr. 5866, 28.07.1936, passim).

teilweise mit Holzmasten ausgerüstet und sämtlich mit Kupfer belegt. Telefon- und Signalverbindungen auf dem 35 kV-Ring und teilweise auf den 10 kV-Strecken waren zum Teil durchgeführt, zum Teil in Arbeit.

Die Spannung im 35 kV-Netz konnte durch zwei 20/40 MVA-Trafos in Wehrden und in Geislautern weitgehend unabhängig von der Lieferspannung der Kraftwerke Wehrden und Fenne auf einem konstanten Wert gehalten werden, so daß der Betrieb sich der Belastung anpaßte. Die Regelung der Spannung auf der 35 kV Seite erfolgte von Geislautern aus, wodurch die dem Betrieb angepaßte Verteilung der bezogenen Energie entsprechend den Betriebserfordernissen möglich war. In Geislautern wurde die elektrische Energie in einem 3.000 kVA-Regeltrafo von 35 kV auf 10 kV herabtransformiert und in 10 kV weitergeleitet. Acht weitere Umspannwerke (UW) waren auf dem 35 kV-Ring für die Großverteilung vorhanden: UW Rodenhof (Versorgung der Reichsbahn), UW St. Ingbert (Versorgung Eisenwerk Hadir; Versorgung Friedrichsthal, Gleichrichterstation der Straßenbahn Friedrichsthal-Elversberg-Spiesen, Landsweiler-Illingen, Elversberg-Spiesen, Wasserwerk Spieser Mühle, Neunkirchen und weitere B-Gemeinden), UW St. Wendel (Versorgung 10 kV-Netz Kreis St. Wendel), UW Lebach (1938 projektiert), UW Dillingen (Versorgung von Dillingen, Dillinger Hütte), UW Saarlouis (Versorgung Kreisgebiet Saarlouis mit 6,5 kV, Stadt Saarlouis, Gleichrichteranlage der Straßenbahn des Kreises). Außer von den Kraftwerken Wehrden und Fenne direkt entnahm die VSE noch an einigen zusätzlichen Stellen Energie für ihre Verteilung:

1. Von der Stadt Saarbrücken in der Übernahmestation Eschberg (Verteilung in 10 kV für die A-Gemeinde Ensheim, verschiedene B-Gemeinden und diverse Großabnehmer) und in Rockershausen (Versorgung der A-Gemeinde Altenkessel und der B-Gemeinde Rockershausen).

2. Von der Saargruben AG in der Schnittstation Heckel (10 kV-Versorgung Eisenbauwerkstätte Dudweiler) und in der Übernahmestation Grube Griesborn (Versorgung von Ensdorf und Lisdorf in 2 kV).

Das Niederspannungsverteilungsnetz setzte sich wie folgt zusammen: Im Betriebsbezirk Saarbrücken bestanden 5 Schaltstationen, 52 Ortstrafostationen, 29 Übergabestationen für Großabnehmer und Großabnehmergemeinden, 25 Meßgruppen, die in Trafostationen bei Großabnehmern eingebaut waren. Im Betriebsbezirk Saarlouis standen 73 Ortstrafostationen, 3 Übergabestationen für Großabnehmer und A-Gemeinden und 31 Meßgruppen. Sämtliche Ortsnetze und Trafostationen sollten auf Grund eines 1938 aufgestellten Generalüberholungsplanes in den folgenden Jahren überholt, verstärkt und als 4-Leiternetz ausgebaut werden, so daß sie in der Lage waren, den Beanspruchungen, die die künftige Entwicklung der Elektrizitätsversorgung mit sich bringen würde, voll und ganz zu genügen. Insbesondere das elektrische Kochen sollte bis zum letzten Abnehmer gewährleistet werden (vgl. Kap. V.6.). Die vorhandenen Ortsnetze der VSE waren zum damaligen Zeitpunkt alle in Kupfer ausgebaut. Die neuen Ortsnetze wiesen für die Hauptverteilung Aluminiumkabel auf, während die Abzweigleitungen in Kupfer ausgeführt waren. Alle Ortsnetze waren vermascht, wobei die Maschen durch Trennschalter auftrennbar waren, um bei Störungen und Reparaturen möglichst wenig Abnehmer in Mitleidenschaft zu ziehen. Die Verteilungsspannung in sämtlichen Ortsnetzen der VSE betrug 380/220 V, wobei die Herdanschlüsse in 380 V angelegt wurden, um eine einwandfreie Spannungshaltung der zahlreichen Neuanschlüsse zu ermöglichen (vgl. Kap. V.6.).

5. Bestrebungen zur Vereinheitlichung der Elektrizitätsversorgung im Gau Saar - Pfalz
Interessengemeinschaft VSE - Pfalzwerke
VSE - Beteiligung an der Kraftwerk Wehrden GmbH

Nach der Rückgliederung des Saargebietes in das Deutsche Reich wurden Saarland und Pfalz zur gemeinsamen Bezirksgruppe Saar-Pfalz der Wirtschaftsgruppe Elektrizitätsversorgung (WEV) zusammengefaßt. Erster Leiter dieser Bezirksgruppe war das Vorstandsmitglied von VSE und Kraftwerk Wehrden, Dr. Wilhelm Rodenhauser. Der Zusammenschluß war in Verbindung mit den Plänen zu sehen, deckungsgleich zum Parteigau der NSDAP ein neues Reichsland zu schaffen, da beide Gebiete „stammesmäßig, kulturell, landschaftlich und wirtschaftlich weitgehend eine Einheit bildeten"[50]. Tatsächlich wiesen Saarland und Pfalz sowohl hinsichtlich der Bevölkerungsdichte (430 : 195) wie in der Stromverbrauchsdichte wesentliche Unterschiede auf. Dem hochindustrialisierten Saarland stand lediglich im Osten der Pfalz eine annähernd gleichwertige Region am Rhein gegenüber. Entsprechend unterschiedlich strukturiert stellten sich auch die beiden großen Elektrizitätsversorgungsunternehmen des genannten Bezirkes, VSE und Pfalzwerke, dar. Während das VSE-Versorgungsgebiet durch die starke Bevölkerungsdichte und den außerordentlich hoch entwickelten industriellen Energiebedarf neben Rheinland, Sachsen und Westfalen zu den Bezirken mit der höchsten Stromverbrauchsdichte gehörte, war der Versorgungsbereich der Pfalzwerke in weiten Teilen durch bevölkerungsarme und industrieferne Gebiete gekennzeichnet. Geringere Stromabsatzmöglichkeiten und ein weiträumiges, aufwendiges Verteilungsnetz waren für die Pfalzwerke mit entsprechend höheren finanziellen Aufwendungen verbunden und hatten Anfang der dreißiger Jahre zu einer Liquiditätskrise (vgl. Kap. IV.9.b) geführt.

Größere Unterschiede zwischen VSE und Pfalzwerke AG bestanden auch in der Anzahl der direkt versorgten B-Gemeinden, die bei der VSE verhältnismäßig hoch war. Dagegen lag bei den Pfalzwerken der Anteil der weiterverteilenden A-Gemeinden deutlich über dem Reichsdurchschnitt und drückte folglich auf die Kostenstruktur. Letzte echte Selbstversorger waren in der Pfalz die Stadt Pirmasens und im Saarland die Gemeinde Saarhölzbach[51], alle übrigen Gemeinden hatten entweder (wie Ludwigshafen, Zweibrücken, Völklingen und andere) gar keine oder (wie Saarbrücken, Neunkirchen und Landau usw.) nur verhältnismäßig geringe Erzeugungsziffern aufzuweisen. Setzte man das Aktienkapital der beiden Unternehmen nominell jeweils mit 100% gleich, so betrug bei den Pfalzwerken das Verhältnis zwischen Verbindlichkeiten und Grundkapital 112%, bei der VSE dagegen rund 72%[52]. Schließlich wiesen auch die Tarifpreise der VSE, die etwa denen des RWE entsprachen, erheblich niedrigere Werte auf als die relativ hohen Preise der Pfalzwerke. Ein Blick auf die Beteiligungsver-

---

50 Vgl. Heutiger Stand der Elektrizitätswirtschaft (1935), S. 595ff.
51 S c h u m a c h e r (1935), S. 84; am 02./03.11.1936 schloß die Gemeinde Saarhölzbach mit dem RWE einen B-Vertrag und gab die Eigenerzeugung endgültig auf (vgl. LA Sbr. MW 623, Bericht Landrat Merzig v. 15.11.1951).
52 V o l k e , J., Elektrobasis Saarland-Pfalz, in: NSZ-Rheinfront v. 27.09.1935. Das hier angenommene Grundkapital der VSE von 6,2 Mio RM wurde auf die tatsächlichen 4 Mio RM nach der RM-Eröffnungsbilanz reduziert.

hältnisse der Stromversorgungsgesellschaften im Gebiet der Bezirksgruppe Saarland-Pfalz verdeutlicht, daß alle wichtigen Energieversorgungsunternehmen des Bezirkes sich zum überwiegenden Teil im Besitz öffentlicher Körperschaften befanden. Die Kapitalmehrheit der beiden größten unmittelbaren Versorger des Bezirkes, VSE und PW, lag weitgehend in den Händen der angeschlossenen Städte und Kreise. Auf der Stromerzeugungsseite stand im Elektrizitätsbezirk einer Kapazität der öffentlichen und Grubenkraftwerke von rund 244 MW auch im Jahre 1934 noch lediglich eine Auslastung von 136 MW gegenüber. Der größte Teil der installierten Leistung stand auf saarländischem Gebiet in der Nähe der Kohlegruben. Eine beachtliche Stütze der pfälzischen Stromversorgung war neben dem Kraftwerk Homburg der Strombezug aus dem Großkraftwerk Mannheim, an dem die Pfalzwerke finanziell beteiligt waren.

Die geschilderte Lage der Saar-Pfälzischen Elektrizitätswirtschaft veranlasste Gauleiter Bürckel, VSE und Pfalzwerke zu beauftragen, Verhandlungen aufzunehmen zur Schaffung eines einheitlichen Energieversorgungsunternehmens durch Fusion der beiden Firmen[53]. Durch das neue größere Versorgungsunternehmen erhofften sich die von beiden Gesellschaften zur Vorbereitung der Fusion ernannten Kommissionsmitglieder auch einen größeren Verhandlungsspielraum gegenüber der Saargrubenverwaltung und dem RWE. Am 18.09.1935 beschlossen die Aufsichtsräte der beiden Unternehmungen die Aufnahme von Verhandlungen. Wenige Wochen später vereinbarten die Vorstände von VSE und Pfalzwerke, daß künftig keine Entscheidungen mehr ohne Absprache mit dem Partner der geplanten Interessengemeinschaft getroffen werden dürften, die eine Verschmelzung beeinträchtigen könnten. Am 06.11.1935/14.04.1936 erfolgte schließlich die Unterzeichnung eines Vertrages über die Bildung einer Interessengemeinschaft zwischen VSE, Pfalzwerke und Kraftwerk Homburg AG[54]. Der Zweck der Interessengemeinschaft sollte die Vereinheitlichung und Erzielung günstigster Stromversorgung im Gebiet Saar-Pfalz und die Erweiterung des Absatzes der Saarkohle sein, wobei angestrebt war, das Gaugebiet ausschließlich mit aus Saarkohle erzeugter Elektrizität zu versorgen. Jegliche Stromimporte, beispielsweise aus Baden, wie sie das Großkraftwerk Mannheim sofort anbot, sollten untersagt bleiben[55]. Ferner sollte geprüft werden, welche Möglichkeiten bestanden, um die dem Großkraftwerk Mannheim gegenüber bestehenden Verpflichtungen der Pfalzwerke dieser Forderung anzupassen, ohne daß letztere geschädigt würden. Darüberhinaus hatte die Interessengemeinschaft folgende Aufgaben:

1. Kupplung der Netze der Vertragsteilnehmer zur gegenseitigen Aushilfslieferung zu noch näher zu vereinbarenden Bedingungen.
2. Allmähliche Angleichung der Stromlieferungsbedingungen an noch näher zu vereinbarende einheitliche Richtlinien, die den beteiligten Gesellschaften wirtschaftlich gerecht wurden.

---

53 VSE-AHV, Aufsichtsratssitzung v. 18.09.1935.
54 PW-AHV.
55 StadtA Sbr. BG 7217, 01.11.1935. Welche Bedeutung dem geplanten neuen Unternehmen bei den benachbarten EVU beigemessen wurden, verdeutlicht auch das folgende Angebot des Großkraftwerkes Mannheim. Es erklärte die Errichtung von Kraftwerkskapazitäten an der Saar für entbehrlich, da es in der Lage und bereit sei, zur Unterstützung der saarländischen Bergarbeiter Saarkohle zur Verstromung beizumischen und Strom in das Versorgungsgebiet des neuen Unternehmens zu liefern (vgl. ebd.).

3. Laufende gegenseitige Verständigung über alle wichtigeren geschäftlichen Vorkommnisse und Pläne, z. B. Bauprogramme.
4. Austausch der Betriebsberichte, Jahresvoranschläge, Bilanzen und Erläuterungen hierzu, die nach einheitlichen Richtlinien aufgestellt werden sollten.
5. Möglichste Vereinheitlichung der Werbung und Finanzierung des Verkaufs von Stromverbrauchsapparaten.
6. Zur Vorbereitung der Verschmelzung sollten die Kapital- und Anlagewerte sowie die Wirtschaftlichkeit der Gesellschaften gegebenenfalls unter Zuziehung eines neutralen Sachverständigen genau geprüft und in einer Denkschrift festgelegt werden.

Eine weitere wichtige Bestimmung bestand darin, daß Wettbewerbsmaßnahmen jeglicher Art zwischen den Vertragsteilnehmern zu unterlassen waren und daß die bisherigen Versorgungsgebiete gewahrt blieben. Bei Meinungsverschiedenheiten über die Auslegung und Durchführung des Interessengemeinschaftsvertrages sollte der erwähnte gemeinschaftliche Ausschuß eine Einigung herbeiführen. Gelang diese nicht, würde der Gauleiter die Angelegenheit durch Einholung eines Sachverständigen-Gutachtens prüfen. Seine Entscheidung konnte den Parteien allerdings lediglich zur Annahme empfohlen werden.

Die Durchsetzung der genannten Bestimmungen des IG-Vertrages stieß auf große Schwierigkeiten. Während die Punkte 1., 3. und 5. größtenteils durchgeführt werden konnten und die Wahrung der gegenseitigen Versorgungsgebiete eingehalten wurde, brachte die Vorbereitung der Fusion unendlich lange Auseinandersetzungen, vor allem hinsichtlich der Feststellung der Werte der beiden Gesellschaften. Auch der Verzicht beider Parteien auf die Maßnahmen, die die Verschmelzung stören könnten, wurde von VSE und Pfalzwerken fortwährend unterlaufen. Auf Seiten der Pfalzwerke wurde das Vorstandsmitglied Bayer zum allein entscheidungsberechtigten Generaldirektor des Unternehmens und der inzwischen aufgelösten AG Kraftwerk Homburg ernannt sowie ein neues Vorstandsmitglied ohne Absprache mit der VSE bestellt[56]. Ferner beanstandete der VSE-Aufsichtsratsvorsitzende Dürrfeld in einem Schreiben an das NSDAP-Gaugericht Saar-Pfalz den Abschluß eines Stromlieferungsvertrages über 7,5 Millionen kWh pro Jahr zwischen Pfalzwerke und RWE[57] und verlangte den Ausschluß des Vorstandsmitgliedes Bayer von den Fusionsverhandlungen, da „dieser gerne mit dem RWE arbeite"[58]. Auch die VSE versuchte bis zur Fusion, den hierzu maßgeblichen inneren Wert zu erhöhen. Unter Hinweis auf die Schwierigkeiten des Zusammenschlusses VSE-PW wurde deshalb zunächst eine engere Bindung zwischen VSE und Wehrden angestrebt. Durch Beschluß der Gesellschafterversammlung der Kraftwerk Wehrden GmbH gelang bereits Anfang 1939 die grundsätzliche Einigung, daß die VSE mit 51% am Aktienkapital von Wehrden beteiligt werden sollte. Voraussetzung war eine Beteiligung der Röchlingschen Eisen- und Stahlwerke, Völklingen, und

---

56 ASV Sbr. GS-27, Schreiben von Wolter (Preußenelektra) an den Aufsichtsratsvorsitzenden der VSE, OB Dürrfdeld, o.D.; vgl. LA Sbr. Best. Landratsamt St. Ingbert 5855, 30.12.1936.
57 Abschrift des Vertrages v. 29.01.1936 im BA R 12 II/119. Gegen den Vertrag protestierten das Großkraftwerk Mannheim und die dortigen Stadtwerke erfolglos beim REV, da sie eine wirtschaftliche Beeinträchtigung des Großkraftwerkes aufgrund verminderter Stromabgabe befürchteten (vgl. ebd., passim).
58 StadtA Sbr. BG 7218, 24.08.1936.

der Stadt Saarbrücken als strombeziehende Gesellschafter mit weiterhin 25% bzw. 15%, während die Preußenelektra ihre gesamten 15%, der Landkreis Saarbrücken 20% von 25% und der Kreis Saarlouis 16% der 20% seiner Anteile an die VSE übertragen wollten[59]. Auch die Neufestsetzung des Anlagevermögens der VSE zum 01.01.1938 auf Grund eines Runderlasses des Reichsministers der Finanzen vom 20.08.1938, die eine Erhöhung um rund 2 Millionen RM ergab, stärkte das Reinvermögen der VSE und erschwerte zusammen mit der Beteiligung an Wehrden eine von beiden Parteien akzeptierte Bewertung des Vermögens. Der Versuch der Pfalzwerke, die Fusion unter Anrechnung des jeweiligen Aktienkapitals im Verhältnis 1:2 (VSE 4 Millionen RM, PW 8 Millionen RM) durchzusetzen, war dadurch zum Scheitern verurteilt[60].

Ein weiteres großes Hindernis auf dem Wege zu einer Vereinigung der beiden Unternehmen waren die erheblich niedrigeren Strompreise der VSE. Sollten diese im Versorgungsgebiet der Pfalzwerke zwecks Tarifangleichung eingeführt werden, erwartete deren Aufsichtsratsvorsitzender, der stellvertretende Gauleiter Leyser, nicht nur einen Einnahmeausfall von rund 1 Million RM bei der Belieferung der B-Gemeinden, sondern auch ernste finanzielle Folgen für die A-Gemeinden. Diesen müssten einerseits niedrigere Bezugspreise zugestanden werden, zum anderen wären die Wiederverkäufer gezwungen, ihre Tarife mit entsprechenden Verlusten von 1,6 Mill. RM zu senken[61]. Aus diesem Grund plante Leyser die Zuweisung einer größeren Anzahl A-Gemeinden zur direkten Belieferung durch die Pfalzwerke, denn „die besten Gemeinden nehmen ihre Stromverteilung an die Kleinabnehmer selbst vor und wir müssen eine Reihe unrentabler Gemeinden mit Verlust selbst versorgen."[62]

In ihren Geschäftsberichten gaben sich die beiden Unternehmen optimistisch bezüglich des IG-Vertrages. Sie berichteten von „ersprießlicher Zusammenarbeit", „freundschaftlicher, gemeinsamer Beratung, gegenseitigem Austausch von Erfahrungen" und der Hoffnung, daß sich „die Interessengemeinschaft auch weiterhin zum Nutzen und Vorteil der Strombezieher im Gau Saar-Pfalz bewähren" werde. Einziges konkretes Ergebnis der Verhandlungen blieb vorerst ein Vertrag über Stromaustausch und gegenseitige Störungshilfe vom 06./11.11.1937[63]. Der auffallende Widerspruch zwischen den nach außen getragenen Erfolgsmeldungen und den tatsächlichen großen Schwierigkeiten der Fusionsverhandlungen, die ab Mitte 1939 fast zum Erliegen gekommen waren, zeigt einerseits den Widerstand der VSE — in abgeschwächter Form auch der Pfalzwerke — gegen den rein politisch motivierten Zusammenschluß[64]. Anderseits wird deutlich, daß zwischen den vollmundigen Absichtserklärungen der NS-Gau-

---

59 VSE-AHV, Aufsichtsratssitzungen vom 28.06.1938, 08.03.1939, Gesellschafterversammlung Kraftwerk Wehrden GmbH v. 28.06.1938; vgl. ebf. StadtA Sbr. Best. Brebach 784, 09.05.1939.
60 VSE-AHV, Aufsichtsratssitzung v. 24.11.1938.
61 Ebd.
62 ASV Sbr. GS-34, 01.11.1938.
63 Geschäftsberichte der Pfalzwerke AG für die Jahre 1936-1938 (PW-AHV); Geschäftsberichte der VSE für die Jahre 1936-1939 (VSE-AHV).
64 Zufrieden über die fehlgeschlagene Fusion zeigte sich das RWE, da es sonst sein „Schachtelprivileg bei den Pfalzwerken verloren hätte" (BA R 4/Anh./4 Nr. 4054, RWE Essen v. 25.02.1939). Das gleiche Privileg hätte natürlich auch die Preußenelektra bei der VSE verloren, weshalb sie ebenfalls nicht hinter der Fusion stand.

größen und ihrer Umsetzung in die Wirklichkeit deutliche Diskrepanzen bestanden, auch wenn Bürckel den „Wunsch" nach einer Fusion inzwischen zu einer „Forderung" erhoben hatte[65]. Erst die Besetzung von Elsaß-Lothringen durch deutsche Truppen und die Ausdehnung von Bürckels Machtbereich auf das bisherige Département Moselle brachte die Fusion von Pfalzwerken und VSE in nun schärferer Form wieder stärker in den Vordergrund (vgl. Kap. VI.2).

6. Elektrisches Kochen — die Gewinnung neuer Abnehmer im Haushalt

Seit Beginn ihrer Tätigkeit standen die Unternehmen der öffentlichen Elektrizitätsversorgung vor dem Kernproblem wirtschaftlicher Stromerzeugung, die Auffüllung von Belastungstälern zu ermöglichen. Eine erste Chance war im verstärkten Anschluß von Elektromotoren gesehen worden, die — weitgehend im Dauerbetrieb — in Gewerbe- und Industrieunternehmungen, in Wasserwerken und vor allem auch in Straßenbahnen eine gleichmäßigere Auslastung der Kraftwerke ermöglichen und dadurch die täglich auftretenden Lichtspitzen mindern sollten. Kurz vor dem Ersten Weltkrieg, im Jahre 1911, wurde die Geschäftsstelle für Elektrizitätsanwendung von der Vereinigung der Elektrizitätswerke, dem Verein Deutscher Elektrotechniker, dem Reichskuratorium für Wirtschaftlichkeit und einzelnen Elektrizitätswerken in Berlin gegründet. Ihre Aufgabe bestand in der Durchführung planmäßiger Propaganda für die Anwendung elektrischer Energie, in der örtlichen Unterstützung und Beratung von Elektrizitätsversorgungsunternehmen und in der Abwehr von Angriffen, mit denen die der Gasverwendung verbundenen Unternehmen die allgemeinen Interessen der Elektrizität zu schädigen suchten[66]. Nachdem sich der Elektromotor dem Gasmotor eindeutig überlegen erwiesen hatte und auch die elektrische Beleuchtung gegenüber den Gaslaternen stark an Boden gewann, befürchteten die Gaswerke die elektrische Konkurrenz auch im Wärmebereich und setzen ihrerseits eine massive Gegenkampagne in Gang. Im Ersten Weltkrieg erfolgte, wie wir auch bei der SVG sehen konnten, eine gezielte Werbung für die Verwendung elektrischen Lichtes auf dem Lande, um die Ausgaben für das kriegswichtige Petroleum zu ersparen. Nach der Markstabilisierung Ende 1923 konnte anhand statistischer Auswertungen im Deutschen Reich erstmals nachgewiesen werden, daß im gesamten Stromverbrauch zwar Stockungen auftraten, andererseits der Haushaltsstromabsatz sich jedoch als krisenfest erwies und weiterhin durch Aufwärtstendenzen gekennzeichnet war. Das Beispiel der vom Ersten Weltkrieg wirtschaftlich nur wenig gestörten USA vor Augen, erkannten führende Vertreter der VdEW, daß eine betriebswirtschaftlich gesteuerte und gelenkte Werbung für die Abnahmestruktur der Elektrizitätswirtschaft sehr erfolgreich sein konnte. So gründete die VdEW im Februar 1925 eine eigene Werbeabteilung. Die Einführung der Elektrowärme kennzeichnete jene Entwicklungsphase. Begonnen wurde die Arbeit mit einer

---

65 VSE-AHV, Aufsichtsratssitzung v. 21.06.1938, Prot. der Gesellschafterbesprechung Kraftwerk Wehrden GmbH v. 27.06.1938.
66 Vgl. zum folgenden: 40 Jahre Elektrizitätsberatung, in: EW 49 (1950), S. 220; M e y e r (1962), S. 6ff.; Abnehmerberatung für industrielle und gewerbliche Elektrowärme, in: EW 49 (1950), S. 94f.

breitgestreuten Werbung für die Nachtstrom verwendenden Futterdämpfer. Sie wurde mit einer Heißwasserspeicher-Werbung ausgeweitet und führte schließlich auch zur intensiven Propagierung des elektrischen Kochens im Haushalt[67]. Die Elektroindustrie hatte ihre Produkte zu einer gewissen Reife gebracht, und es galt nun, den technischen Fortschritt der Hauswirtschaft an die Frau und an den Mann zu bringen. 1934 erfolgte im Zuge der Neuorganisation der deutschen Elektrizitätswirtschaft die Gründung der „Arbeitsgemeinschaft zur Förderung der Elektrowirtschaft" (AFE), die aus dem Zusammenschluß der Werbeabteilung der VdEW und der 1928 gegründeten „Arbeitsgemeinschaft zur Förderung des Elektro-, Installateur- und Beleuchtungsgewerbes" (AFI) hervorging. Dieser war die Aufgabe gestellt worden, neuzeitliche Licht- und Installationstechnik von Beleuchtungsanlagen dem Handwerk zu vermitteln[68]. Die in der Elektrizitätsversorgung des Saargebiets tätigen Unternehmen griffen die Initiativen der VdEW-Abteilung bald auf. Im Jahre 1930 führte die VSE einen Heiz- und Kochtarif von 0,55 FF pro kWh ein und rechnete Lichtstrom bei einer garantierten Heizstromabnahme von über 100 kWh pro Monat zum Kraftstrompreis ab. Die regulären Tarife lagen damals für Lichtstrom bei 2 FF pro kWh, Kraftstrom kostete 1 FF pro kWh. Um den Haushaltsstromverbrauch zu steigern, wurden zusätzlich ausgedehnte Werbevorträge veranstaltet[69]. Der Zeitpunkt der Einführung der Haushaltsstromtarife erwies sich allerdings aufgrund der sich verschlechternden Wirtschaftslage und steigender Arbeitslosigkeit als ungünstig. Der neue Tarif entsprach trotz starker Werbetätigkeit nicht den Erwartungen. Eine weitere Ursache war auch in der beruflichen Schichtung der Abnehmer der VSE zu sehen, die, zum großen Teil Bergleute, als Bezieher von Deputatkohle für die Abnahme von Koch- und Heizstrom weniger in Betracht kamen. Erschwerend trat hinzu, daß die VSE in den auf Grund von Großabnehmerverträgen belieferten Ortschaften keinen Einfluß auf die Einführung des Haushaltstarifes hatte. In der Regel zeigten A-Gemeinden weniger Interesse, sondern warteten die Erfahrungen der Energieversorgungsunternehmen auf dem neu propagierten Anwendungszweig ab. Ungünstige Bedingungen des Haushaltstarifes von 1930 trugen ebenfalls dazu bei, daß nicht der erhoffte Erfolg eintrat. Koch- und Heizstrom wurde abgegeben, wenn ein Koch- oder Heizapparat mit einem Anschlußwert von mindestens 900 Watt vorhanden war. Der Anschluß sonstiger Haushaltsgeräte war gestattet. Diese Vorschrift hatte dazu geführt, daß Abnehmer bei der Inbetriebnahme des gesonderten Haushaltsstromzählers zwar ein entsprechendes Koch- und/oder Heizgerät besaßen, in der Folgezeit aber wenig benutzten. Dagegen wurde der Strom für Nebenapparate wie Bügeleisen, Radios usw., der bisher dem Lichtzähler entnommen und nach dem Lichtstrompreis berechnet worden war, nunmehr zum Haushaltstarif bezogen. Mit diesem Problem stand die VSE im Saargebiet allerdings nicht allein. Auch das RWE stellte für den Versorgungsbereich Zweckverband Weiherzentrale und Landkreis Mer-

67 Vgl. allgemein Kratochwil (1927); Ritter (1928); Prowe-Bachus (1933), S. 18f., 37ff.; Dencker (1933), S. 20ff.; Masukowitz (1935), S. 499ff.; Zschintzsch (1935), S. 357ff.; Reinhart (1935), S. 44ff.; Mehr Elektrizität für die Landwirtschaft, in: Wirtschaft, Technik, Verkehr 14 (1938), Nr. 9, S. 29ff.; Mueller, Herbert F. (1935), S. 62ff.; ders. (1938), S. 58ff.; ders. (1942), S. 169ff., 179ff.; ders. (1967), S. 139ff.; Löchner (1954); Fischer/Beil (1967), S. 155ff.
68 Mueller (1932), S. 50f.; Mörtzsch (1932), S. 40ff.
69 Geschäftsberichte für 1930/31 (VSE-AHV).

zig fest, daß die meisten Abnehmer die Lichtstromverbilligung als Hauptziel ansahen und nur soviel Haushaltsstrom entnahmen, daß sie eine bestimmte Mindestabnahme erreichten. Auch hier wurde der Haushaltstarif für Bügelstrom und andere Zwecke „mißbraucht", so daß sich das RWE zu einer Neuregelung der Haushaltstarife mit erhöhter Kontrollmöglichkeit entschloß[70]. Diese Erfahrungen machen deutlich, wie stark die privaten Verbraucher die Verwendung elektrischen Stromes noch mit reinen Beleuchtungszwecken identifizierten und wie notwendig Werbemaßnahmen zur Aufklärung über weitergehende Verwendungsbereiche von elektrischer Energie waren. Um die Abgabe von Haushaltsstrom in gewünschtem Umfang steigern zu können, beschritt die VSE zwei Wege. Zunächst wurde ab 1934 der Haushaltstarif so geändert, daß tatsächlich nur demjenigen der Tarif gewährt wurde, der nachweisbar dauernd elektrisch kochte. In dieser „Stufe 1" betrug der Koch- und Heizstrompreis 0,50 FF pro kWh und der Lichtstrompreis 2 FF pro kWh bei einem Maximalverbrauch von Kochstrom unter 100 kWh pro Monat. In Stufe 2, die neu geschaffen wurde, kostete die kWh Kochstrom ebenfalls 0,50 FF, die kWh Lichtstrom dagegen nur noch 1 FF, wenn der Kochstrom über 100 kWh im Monat erreichte. In Stufe 3, dem „vollelektrischen Haushalt", kostete grundsätzlich jede kWh 0,50 FF. Voraussetzungen waren neben dem Elektroherd ein zusätzlicher Heißwasserspeicher und ein gestaffelter Verbrauch an Koch- und Heizstrom von über 110 kWh bei drei Personen, über 130 kWh bei vier Personen und über 150 kWh im Monat bei mehr als vier Personen pro Haushalt. Überschritt der Verbrauch eine ebenfalls nach Anzahl der Personen gestaffelte Höchstgrenze, kostete die kWh Mehrverbrauch nur noch 0,35 FF[71].

Nach der politischen Rückgliederung des Saargebiets in das Deutsche Reich wurden die Strompreise der VSE auf Grund der gesetzlichen Umrechnungsbestimmungen umgestellt: Lichtstrom von 2 FF auf RM 0,33, Kraftstrom von 1 FF auf RM 0,16, Haushaltsstrom von 0,5 FF auf 0,08 RM und Haushaltsstrommehrverbrauch von 0,35 FF auf 0,05 RM pro kWh. Ab 01.07.1936 erfolgte eine erneute Senkung des Licht- und Kraftstrompreises um 3 bzw. 2 Pfennig pro kWh und die Einführung eines zusätzlichen Kühlstromtarifes, bei dem der gebräuchliche 60 Liter-Kühlschrank ohne Steckdose fest angeschlossen war[72]. Als weitere Maßnahme zur Steigerung des Stromabsatzes wurde ab 1934 die Werbung intensiviert und zusammen mit den Installateuren im Versorgungsgebiet eine „Elektrogemeinschaft" ins Leben gerufen. So führte die VSE allein im Jahre 1936 35 größere Werbeveranstaltungen durch, die von über 8.000 Personen besucht wurden. Über eine neu eingeführte Absatzfinanzierung, die sogenannte „Elthilfe", konnten die Kunden ihre durch die Installateure vermittelten Geräte und die notwendigen elektrischen Installationen auf Ratenbasis in bis zu 20 Monaten abzahlen[73]. Auch die Einführung einer Kundenzeitschrift der VSE ab 1937, deren Mantel von der Preußenelektra herausgegeben wurde, behandelte in zahlreichen Berichten ausführlich die Anwendungsmöglichkeiten elektrischer Energie im Haushalt, für den Handwerker, in der Landwirtschaft usw. Besonders die in comic-artiger Form gehalte-

---

70 LA Sbr. Best. Depositum Stadt Merzig 689, 01.12.1931; zur Entwicklung beim RWE: RWE-AHV, Buderath (1982), Band I, S. 190ff., 208ff.
71 Vorlage zur Aufsichtsratssitzung v. 24.05.1934 (VSE-AHV).
72 VSE-AHV, unsigniert.
73 Zur allgemein üblichen Durchführung der Teilzahlungsgeschäfte vgl. Absatzfinanzierung bei den Elektrizitätswerken, in: Zeitschrift für öffentliche Wirtschaft 2 (1935), S. 229f.

nen Gegenüberstellungen von Handarbeit und Einsatz von Elektrogeräten sollten den Leser von Schnelligkeit, Annehmlichkeit und Leichtigkeit der Arbeit mit Hilfe elektrischer Apparate und Geräte überzeugen.

Die getroffenen Maßnahmen zeigten schließlich die gewünschte Wirkung, wie die Tabellen 41 und 42 beweisen. Nicht nur die Zahl der Haushaltsstromabnehmer stieg ab

Tabelle 42 Verkauf von elektrischen Haushaltsgeräten durch die VSE 1935 - 1942

Jahr	Elektroherde Anzahl	Tauchsieder Anzahl	Boiler Anzahl	Bügeleisen Anzahl	Rundfunkgeräte Anzahl	Kühlschränke Anzahl
1935	305	381	13	2.341	389	
1936	1.795	684	57	1.196	2.481	21
1937	1.018	471	32	1.784	1.452	41
1938	1.601	1.205	44	1.411	798	21
1939	1.324	934	37	1.012	654	22
1940	553					24
1941	531					
1942	361					

Quellen: VSE-AHV, VSE (EW-VZ)

1935 bis zum Kriegsausbruch im Herbst 1939 durchweg mit hohen Zuwachsraten. Auch die Anzahl der verkauften Elektrogeräte steigerte sich sprunghaft. Der 1935 begonnene Verkauf von „Volksempfängern" erfuhr eine zusätzliche Belebung durch die Olympischen Spiele im Jahre 1936 in Berlin[74]. Entsprechend den Tarifsenkungen reduzierte sich auch der Erlös pro kWh nach 1935 (vgl. Tab. 43). Die spürbare Steigerung des Stromabsatzes (vgl. Abb. 6, Tab. 44) glich diese Entwicklung jedoch deutlich aus, wie die wirtschaftlichen Ergebnisse des Unternehmens beweisen (Tab. 45).

Tabelle 43 Erlöse der VSE pro kWh 1935 - 1945

Jahr	Tarif- abnehmer Rpfg.	Sonder- abnehmer Rpfg.	Weiter- verteiler Rpfg.	eigenes Versorgungs- gebiet Rpfg.	E d F Rpfg.	Nachbar- gebiete Rpfg.	Gesamt- abgabe 1) Rpfg.
1935	26,05	4,16	5,38	6,20		0,05	5,15
1936	23,81	4,09	5,27	5,81		0,04	4,69
1937	21,57	3,68	5,24	5,28			5,28
1938	20,67	3,69	5,21	5,34			5,34
1939	19,57	4,02	5,17	5,75			5,75
1940	18,60	5,54	5,12	6,63		5,00	6,62
1941	18,86	4,37	5,09			5,00	6,14
1942	18,10	3,86	4,91	5,73		5,05	5,73
1943	17,05	3,32	4,82	4,93		3,02	4,72
1944	17,12	3,64	4,78	5,10		2,74	4,69
1945	17,43	4,80	5,23	7,82	2,25	3,37	5,04

1) ohne Eigenbedarf und Verluste
Quelle: VSE (EW-VZ)

---

74 Schon im Jahre 1931 machte der „Saar-Radio-Club e.V.", Saarbrücken, auf den erhöhten Stromverbrauch durch die rund 20.000 Radiohörer im Saargebiet aufmerksam, der weniger durch den direkten Stromverbrauch der Rundfunkgeräte, sondern durch den erheblich gesteigerten Lichtstrombedarf entstünde, da die Rundfunksendungen weitgehend abends ausgestrahlt würden (vgl. LA Sbr. Dep. Stadt Merzig Nr. 689, 31.07.1931).

Im Gebiet des Zweckverbandes Weiherzentrale und im Landkreis Merzig bemühte sich das RWE ebenfalls seit mehreren Jahren mit Erfolg um eine deutliche Hebung des Haushaltsstromverbrauches. Auch hier fanden zahlreiche Werbeausstellungen und Aufklärungsveranstaltungen über „praktische Fragen der Stromversorgung" statt[75]. In Saarbrücken richtete die Niederlassung der AEG 1935 eine ständige Ausstellung mit dem Schwerpunkt „elektrische Haushaltsmaschinen und -apparate" ein und hob in einem Bericht den guten Absatz vor allem von Elektroherden hervor, da VSE und RWE den Strom zu günstigen Bedingungen abgäben[76]. Die Einführung eines „Volkskühlschrankes", der nach ähnlichen Grundsätzen wie der „Volksempfänger" und der KdF-Wagen durch eine „Volkskühlschrankforschung GmbH" konzipiert werden sollte, ließ sich vor dem Krieg nicht mehr verwirklichen. Verfrühte Ankündigungen dieser Art durch die Wirtschaftsgruppe Elektrizitätsversorgung mußten vom „Reichsbeauftragten für den Volkskühlschrank", Dipl.-Ing. Seebauer, immer wieder dementiert werden[77].

Indirekte Auswirkungen gingen von den genannten Tarifmaßnahmen aber auch auf das Elektroinstallationshandwerk aus. Es stand seit 1933 in stetiger Aufwärtsentwicklung und profitierte sowohl von den zahlreichen Neuanschlüssen wie auch vom sprunghaften Anstieg des Verkaufs von Elektrogeräten. Von 1933 bis 1937 erreichte das Elektrohandwerk eine Umsatzsteigerung von rund 100%, was besonders unter den Gesichtspunkt eingefrorener Preise und Löhne beachtlich war[78]. Lediglich das Friseurhandwerk beklagte sich über die zunehmende Elektrifizierung der Haushalte. Machte dieser Berufszweig Ende der 20er Jahre dank Kurzhaarmode noch ein gutes Geschäft, so führte die Elektroindustrie mit ihren Produkten, z. B. Dauerwellenapparaten, die Frauen nur noch alle sechs Monate statt alle zwei Wochen zum Friseur. Eine Überbesetzung dieses Berufsstandes war die Folge[79].

Ein Vergleich der Stromabgabe der VSE an Tarifabnehmer und an Weiterverteiler zeigt (vgl. Abb. 6, Tab. 44), daß erstere wesentlich höhere Zuwachsraten aufwies. Dies ist als Indiz dafür anzusehen, wie durch eine intensive Werbung und entsprechende Tarifgestaltung der Absatz gesteigert werden konnte. Die meisten A-Gemeinden nutzten diese Möglichkeit weniger. Im Organ der Kommunen, der „Zeitschrift für öffentliche Wirtschaft", wurden die Bemühungen der EVU um Steigerung des Stromabsatzes im Haushalt fast durchweg kritisch, teilweise ablehnend kommentiert. Als Ursache hierfür läßt sich der Eindruck nicht vermeiden, daß vorwiegend die Vertreter von Gaswerken gegen die unliebsame Konkurrenz der Elektrizität auf dem Wärmemarkt zu argumentieren versuchten[80].

---

75 ASV Sbr. GS-33, 24.07.1936, 02.04.1937; vgl. LA Sbr. Dep. Illingen Nr. 710, 23.04.1929; ebd. Dep. Stadt Merzig Nr. 689, 01.12.1931; zum RWE vgl. RWE-AHV, Buderath (1982), Band I, S. 247ff.
76 Deutsche Wirtschaft 3 (1936), S. 25f.
77 Vgl. BA R 13 V/219 Wirtschaftsgruppe Elektroindustrie (WEI) Berlin, 14.10.1937; ebd. R 13 V/212 WEI Berlin, 12.07.1938; R 13 V/16 WEI Berlin, 17.10.1938; zum Volkskühlschrank: Seebauer (1938), S. 82ff.
78 Die Wirtschaft des Saarlandes (1938), S. 119.
79 Ebd., S. 129f.
80 Vgl. z.B. Zeitschrift für öffentliche Wirtschaft 2 (1935), S. 145ff., 289ff., 304f., 306f., 417ff.

Abb. 6 Stromabgabe im eigenen Versorgungsgebiet 1935 - 1945

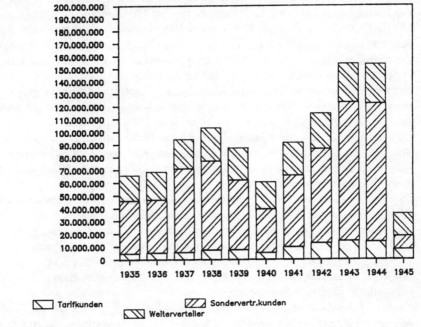

Quelle: Tabelle 44

Eine nicht zu unterschätzende Unterstützung erfuhren die Bemühungen der EVU um verstärkten Absatz von Haushaltsstrom indirekt auch durch den Kleinsiedlungsbau, der von der NS-Regierung zur Behebung der unzureichenden Wohnsituation propagiert wurde, gleichzeitig aber auch — wie der Reichsautobahnbau — die Arbeitslosigkeit bekämpfen sollte[81]. Nach Anschluß des Saargebietes an das Deutsche Reich entstanden auch hier zahlreiche Kleinsiedlungen und trugen zur Belebung der Baukonjunktur bei. Als Beispiele im Versorgungsgebiet der VSE sind die neu angelegten Siedlungen Sitterswald, Ludweiler und Dorf im Warndt sowie die Ausbauten in Bliesmengen und Bliesbolchen zu nennen. Die Häuser sollten in möglichst kurzer Zeit errichtet und zu beziehen sein, weshalb ein größeren Zeitaufwand erfordernder Gasanschluß zur Energieversorgung nicht in Frage kam. Elektrischer Strom war dagegen meist bereits in der Nähe vorhanden, oder der Anschluß konnte rasch bewerkstelligt werden. Die Errichtung „vollelektrischer Musterdörfer" bot sich im Zuge der aufgeführten Werbekampagnen geradezu an. Versuche in verschiedenen Dörfern auf Anregung des Reichskuratoriums für Technik in der Landwirtschaft hatten gezeigt, daß die Lieferung von Elektrowärme in den Versuchsdörfern zu Belastungsverhältnissen geführt hatte, bei denen die Nachtbelastung in Folge des Betriebes von Speichergeräten

---

81 Vgl. Engel (1934), S. 25f.; Hünecke (1934), S. 62f.; Prowe-Bachus (1933), S. 38ff.; allg. zum Siedlungsbau: Kruschwitz (1937), S. 26ff.; Goerdeler (1935/36), S. 1207ff., 1263ff; Peltz-Dreckmann (1978), S. 98ff.

so ansteigen konnte, daß die Tagesbelastung sogar übertroffen wurde[82]. Von den in Deutschland vor dem Zweiten Weltkrieg errichteten Siedlungen erhielten rund 65% den alleinigen Anschluß an die öffentliche Elektrizitätsversorgung[83].

Der deutschen Landwirtschaft war im ersten Vierjahresplan von 1936 mit der „Sicherung der deutschen Ernährung" eine wichtige (und kaum zu erfüllende) Aufgabe zugedacht worden. Da auf dem Land Arbeitskräftemangel herrschte, sollte die Elektrifizierung hier beschleunigt gefördert und hierzu die tatkräftige Unterstützung der deutschen Elektroindustrie und der Elektrizitätswirtschaft in Anspruch genommen werden[84]. Um die seit 1936 fortschreitende Verschuldung der Landwirtschaft eindämmen und das vorgesehene Elektrifizierungsprogramm durchführen zu können, plante die Elektroindustrie für die kommenden fünf Jahre, für 750 Mio RM elektrische Geräte über eine Art Leasing-System auf dem Land abzusetzen[85]. Die Elektrizitätswirtschaft sollte ihren Beitrag zur Stärkung der Landwirtschaft über eine rund 50 Mio RM betragende Strompreissenkung leisten.

Die VSE bemühte sich folglich intensiv um die Energieversorgung entsprechender Kleinsiedlungen. Die Anschlußkosten einer Siedlung an das Netz bedeuteten zwar in den Anfangsjahren immer ein Verlustgeschäft, zahlten sich aber langfristig in einer beträchtlichen Steigerung des Stromabsatzes aus. In Ludweiler/Warndt konnte durch gezielte Werbung die Konkurrenz des Gases ferngehalten werden[86]. In Bliesmengen und Bliesbolchen war, um die „vollelektrische Ausstattung" der neuen Häuser zu ermöglichen, eine weitgehende Erneuerung und Erweiterung des alten Ortsnetzes von 1920 notwendig, bis die ersten 80 Elektroherde angeschlossen werden konnten[87]. Südöstlich von Auersmacher entstand ab September 1935 eine Siedlung, die später den Namen des damals noch bestehenden Forstes „Sitterswald" tragen sollte. Die Wahl dieses Standortes hatte auch einen politischen Hintergrund. In der VSE-Aufsichtsratssitzung vom 12.12.1935 führte der Saarbrücker Oberbürgermeister und Parteileiter Dürrfeld aus, daß die Siedlung gegenüber von Saargemünd zu liegen kommen sollte, „um auch unseren Nachbarn zu zeigen, was für unsere Bevölkerung getan wird". Landkreis Saarbrücken und Saarpfälzische Heimstätten GmbH errichteten unter tatkräftiger Mitarbeit der Siedler in mehreren Bauabschnitten die geplanten 242 Häuser[88]. Auch in Sitterswald bedeuteten die rund 42.000 RM Anschlußkosten für die VSE damals eine Investition für die Zukunft, die sich erst rentieren sollte, als alle Häuser mit elektrischen Herden eingerichtet waren. Die VSE übernahm diese Summe für die ersten 80 Siedler deshalb auf eigene Kosten und überließ die elektrische Kücheneinrichtung ein Jahr lang zur Probe. Danach war gegen geringe Ratenzahlung eine Übernahme, beispielsweise eines Elektroherdes mit Kohlenteil im Wert von 250,- RM, möglich[89]. „Bereits nach kurzem Gebrauch sind alle Hausfrauen, auch solche, welche

82 Kromer (1935), S. 648ff., Velander (1935), S. 650ff.
83 Pohl (1938), S. 173ff.; Keller (1938), S. 471f.
84 Vgl. BA R 12 V/14, WEI Prot. Mitgliederversammlung v. 12.07.1938.
85 Ebd. R 12 V/30, WEI Beiratssitzung v. 30.05.1938.
86 VSE-AHV, Aufsichtsratssitzung v. 10.11.1936.
87 Ebd., v. 24.11.1938.
88 Siedlung Sitterswald (1955), S. 18ff.; (1960), S. 13ff.; (1985), S. 36ff.
89 VSE-AHV, Aufsichtsratssitzung v. 12.12.1935.

ursprünglich die Wirtschaftlichkeit der elektrischen Küche bezweifelten, über das bequeme, saubere und wirtschaftliche Kochen ganz begeistert", schilderte ein Erfolgsbericht der VSE-Kundenzeitschrift „Herd und Scholle" einen Besuch in der Siedlung Sitterswald vom Jahre 1937. Zur Zerstreuung letzter Bedenken lud die VSE die angehenden Siedlerfrauen in Gasthöfe benachbarter Dörfer ein, um ihnen das elektrische Kochen in der Praxis vorzuführen[90] und traditionelle Verhaltensweisen — hier in der „Kochkunst" — zu verändern.

Die aufgeführten Erfolge nehmen sich, gemessen am Elektrifizierungsgrad heutiger Haushalte, bescheiden und gering aus. Durch stetige Werbung und Überzeugungsarbeit aber wurde in dieser Periode der Grundstein für den Siegeszug der elektrischen Energie im Haushalt gelegt, wie er sich nach dem Krieg, nach einer zwangsläufigen Unterbrechung, zeigte. Im internationalen Vergleich betrachtet, lag die für das Saarland aufgezeigte Entwicklung der Anwendung elektrischer Energie in Haushalt und Landwirtschaft durchaus im europäischen Rahmen. Hier befanden sich die auf bereits frühzeitig ausgebauter Wasserkraft höher elektrifizierten Länder Schweiz und Norwegen an der Spitze. Lediglich in Nordamerika konnte sich die Elektrifizierung der Küche bereits in den 20er und 30er Jahren stärker durchsetzen[91].

7. Einrichtung eines elektrischen Eich- und Prüfamtes in Saarlouis

In den Anfangsjahren der öffentlichen Elektrizitätsversorgung vor 1900 fehlte es an exakten Meßgeräten für elektrischen Strom. Deshalb erfolgte die Abrechnung mit dem Verbraucher auf Grund einer groben Kalkulation aus Anzahl und Stärke der Glühlampen sowie der voraussichtlichen Brenndauer. Bald jedoch kamen die ersten Elektrizitätszähler auf den Markt und erfuhren im Laufe der Jahrzehnte eine andauernde Weiterentwicklung und Verbesserung. Grundlage der Eichung von Zählern wurde das 1898 erlassene „Gesetz betreffend die elektrischen Maßeinheiten"[92]. Es legte fest, daß bei der gewerbsmäßigen Abgabe elektrischer Energie nur Meßwerkzeuge verwendet werden dürften, deren Angaben auf den gesetzlichen Einheiten beruhten. Die amtliche Prüfung der Meßgeräte erfolgte bei der Physikalisch-Technischen Reichsanstalt zu Berlin. Da eine Prüfstelle mit den vielfältigen Aufgaben überfordert wäre, blieb dem Reichskanzler das Recht vorbehalten, andere Stellen mit Prüfberechtigung auszustatten.

Im damaligen Saargebiet existierten Zählerwerkstätten und Prüfräume sowohl bei der SLE in Saarbrücken, bei der Kravag in Saarlouis und beim Zweckverband Weiherzentrale in Eppelborn bzw. Illingen[93]. Kurz nach der Rückgliederung ins Deutsche Reich

90 Ein letztes Exemplar befindet sich im StadtA Sbr. BG 7219.
91 Vgl. G a p i n s k i (1931), S. 21ff.; C o w a n (1972), S. 1ff.; R o s e (1984), S. 244ff.; R o t s c h (1967), S. 217ff., v.a. 221ff.; B u s c h (1983), S. 222ff.
92 Vgl. zum folgenden: VSE-AHV, Die Geschichte des elektrischen Prüfamtes 65 (1985), S.2ff.; verschiedene Aufsichtsratssitzungen (VSE-AHV); allgemein: Elektroindustrie (1935), S. 26ff.; zur Geschichte der Elektrizitätszähler: S t u m p n e r (1926), S. 601ff., 646ff.; F e r r a r i (1939), S. 71ff.
93 Zusammen befanden sich im genannten Gebiet, abgesehen von den Landkreisen Merzig, Homburg und dem von den PW versorgten Teil des Kreises St. Ingbert rund 130.000 Zähler (vgl. VSE-AHV, Bericht des Vorstandes o.D.).

beantragte die VSE am 22.02.1935 die grundsätzliche Genehmigung zur Errichtung eines elektrischen Prüfamtes und erhielt am 03.06. des Jahres die entsprechende Urkunde durch den zuständigen Reichs- und Preussischen Minister für Wissenschaft, Erziehung und Volksbildung. Die Aufnahme der amtlichen Prüftätigkeit wurde abhängig gemacht von der Einhaltung besonderer Auflagen. Sowohl die Qualifikation des Prüfstellenleiters als auch die technischen Einrichtungen des Prüfamtes waren gesetzlich festgelegt und unterstanden der Aufsicht der Physikalisch-Technischen Reichsanstalt. Als günstigste Unterbringungsmöglichkeit bot sich für das Prüfamt der Gebäudekomplex des ehemaligen Kraftwerkes Saarlouis an, das am 17.06.1935 endgültig außer Betrieb ging[94]. Hier wurde auch das Hauptlager der VSE eingerichtet. Nach der Neuerrichtung eines Verwaltungsgebäudes konnte das elektrische Prüfamt im Mai des Jahres 1937 seine vorläufige Tätigkeit aufnehmen. Die amtliche Inbetriebnahme erfolgte im Frühjahr 1939, indem als Prüfamtsleiter das Vorstandsmitglied der VSE, Kurt Keßler, und sein Stellvertreter vereidigt wurden. Einen Tag vor Ausbruch des Zweiten Weltkrieges, am 31. August 1939, erteilte der Reichsminister für Wissenschaft, Erziehung und Volksbildung der bestehenden Prüfstelle in Saarlouis die Genehmigung, als „Elektrisches Prüfamt 65" amtliche Prüfungen und Beglaubigungen von Elektrizitätszählern und elektrischen Meßgeräten vorzunehmen[95]. Vorerst war diese Genehmigung auf 100 A und 600 V für Gleich-, Dreh- und Wechselstrom beschränkt[96]. Die Prüfbefugnis wurde aber noch während des Krieges (18.01.44) bis 3.000 A Nennstrom und Spannungswandler bis 35.000 V Nennspannung erweitert. Im selben Jahr wie bei der VSE war bei den Stadtwerken Saarbrücken das „Elektrische Prüfamt 64" mit identischen Prüfbefugnissen eingerichtet worden[97]. 1941 erhielten die Pfalzwerke in Ludwigshafen das „Elektrische Prüfamt 73"[98].

Der Betrieb Zähl- und Meßwesen hatte die Aufgabe der Überwachung und Prüfung der gesamten im Versorgungsgebiet der VSE befindlichen Zähl- und Meßeinrichtungen. Dabei handelte es sich einmal um die entsprechenden Geräte bei der Übernahme der in die Netze der VSE eingeführten elektrischen Arbeit, zum anderen um die Zähl- und Meßeinrichtungen in den Hoch-, Mittel- und Niederspannungsnetzen des Unternehmens. Letztere hatten den Zweck, die Verteilung der elektrischen Arbeit und den Bezug durch die Abnehmer festzustellen und zu überwachen. Die laufende Kontrolle der genannten Einrichtungen erfolgte mit dem Ziel, die bei der Messung eintretenden Fehler innerhalb geringstmöglicher Grenzen zu halten, um eine möglichst genaue Erfassung des gesamten Betriebsablaufes zu erreichen, die bei der Stromverteilung auftretenden Verluste zu bestimmen und sie gegebenenfalls durch entsprechende Maßnahmen innerhalb der Netze auf das technisch mögliche Mindestmaß zu drücken. Zum Betrieb gehörte ebenfalls der Einbau sämtlicher Zähl- und Meßeinrichtungen bei den Großabnehmern der VSE. Ferner hatte das Prüfamt die Aufgabe, die bei den Kleinab-

---

94 Gegenüber den bislang für Prüf- und Meßzwecke angemieteten, in der Stadt Saarbrücken verteilten Räumen ergab sich eine Ersparnis von etwa 100.000.- RM/Jahr für den Standort Saarlouis (vgl. ebd.).
95 RMinbl 67 (1939), S. 1431.
96 ETZ 60 (1939), S. 1216.
97 RMinbl 67 (1939), S. 1268; ETZ 60 (1939), S. 992.
98 ETZ 62 (1941), S. 411.

nehmern vorhandenen Meßeinrichtungen in bestimmten Abständen zu überprüfen und die Meßgenauigkeit zu überwachen. Fehlanzeigende und defekte Geräte mußten wieder instandgesetzt werden. Das Prüfamt 65 des Saarlandes war gegen Bezahlung auch mit der Reparatur und Eichung von fremden Meßeinrichtungen betraut.

Mit dem Prüfamt in Saarlouis war gewährleistet, daß die hier geprüften Elektrizitätsmeßgeräte innerhalb der gesetzlich vorgeschriebenen Toleranzgrenzen richtig und zuverlässig arbeiteten. Jeder Verbraucher hatte, wenn er an der korrekten Messung seines Energieverbrauchs zweifelte, die Möglichkeit, seinen Elektrizitätszähler in der amtlichen Prüfstelle auf die Richtigkeit der Anzeige prüfen zu lassen. Angesichts der Ausbreitung und verstärkten Anwendung der elektrischen Energie sowie der — in Relation zu heute — immer noch recht hohen Strompreise bedeutete die Einrichtung des Elektrischen Eich- und Prüfamtes einen wichtigen Schritt auf den Verbraucher zu[99].

---

99 Am 01.10.1963 wurde das Prüfamt 65 von Saarlouis nach Merzig verlegt (VSE-AHV, Die Geschichte des elektrischen Prüfamtes 65, 1985).

VI. Kriegsjahre an der Saar 1939 - 1945

1. Kriegsausbruch: Räumung und Wiederbesiedlung der „Roten Zone"

Der Ausbruch des Zweiten Weltkrieges kam für die meisten Bewohner des Saarlandes nicht unerwartet. Im Juni 1938 war mit dem Bau des Westwalles als Gegenstück zur französischen Maginotlinie begonnen worden. Der Westwall stellte ein ausgeklügeltes System von Bunkern und Höckerlinien, gesicherten Befehls- und Beobachtungsständen dar und verlief in unterschiedlicher Tiefe auf dem rechten Saarufer. Im März 1939 wurde auch der zunächst ausgesparte Raum Saarbrücken in die Befestigungsanlagen einbezogen, die dadurch bis zur französischen Grenze reichten[1]. Ab 25.08.1939 begann der „Sicherheitsaufmarsch West". Von überall her wurden Wehrmachtseinheiten in Richtung Westgrenze in Marsch gesetzt und der Westwall von Truppen bezogen. Die Einberufung von Wehrpflichtigen erfolgte allerorts. Am 26. August trat die Rationierung von Lebensmitteln, Bekleidungs- und Gebrauchsgütern in Kraft. In den letzten Augusttagen wurden entlang der Saar aus verschiedenen Städten Krankenhauspatienten und kranke Menschen in Sicherheit gebracht[2]. Am 01. September, bei Kriegsbeginn, kamen die „nicht marschfähigen Personen", wie alte Leute, Mütter mit kleinen Kindern, an die Reihe und wurden aus ihren Heimatorten in rückwärtige Gebiete gebracht. Der 03. September brachte den unwiderruflichen zweiten Räumungsbefehl für die Zivilbevölkerung an der Saar. Wie in der Stadt Saarbrücken war über die Hälfte der Bevölkerung der Region schon in den Tagen zuvor abgereist, zu deutlich waren die Anzeichen des drohenden Krieges gewesen. Innerhalb von drei Tagen waren die Dörfer und Städte der „Roten Zone" zwischen Reichsgrenze und der Hauptkampflinie des Westwalles verlassen. Die Verteidigung der deutschen Westgrenze lag während des Polenfeldzuges bei der Heeresgruppe West, die, noch wenig schlagkräftig, eine vorübergehende Festsetzung französischer Truppen im Vorfeld nicht verhindern konnte.

Auf Reichsebene hatte Hermann Göring, der Bevollmächtigte für den Vierjahresplan, bereits am 10.01.1939 den Essener Oberbürgermeister Dillgardt zum „Generalbevollmächtigten für die Energiewirtschaft" berufen[3]. Kurz nach Kriegsausbruch wurde durch die „Verordnung für die Sicherstellung der Elektrizitätsversorgung" die „Reichsstelle für die Elektrizitätswirtschaft", der sogenannte Reichslastverteiler, mit weitreichenden Vollmachten geschaffen[4]. Von Kriegsausbruch und Räumung wurde die kontinuierliche Aufwärtsentwicklung der VSE jäh unterbrochen (vgl. Abb. 6, Tab. 23, 44), eine Parallele zum starken Rückgang in der gesamten öffentlichen Elektrizitätsversorgung Deutschlands[5]. Das von der „Roten Zone" betroffene Versorgungsgebiet

---

1 Herrmann (1972), S. 41f.; ders. (1980), S. 7ff. Der letzte Bunker des Westwalls im Bereich der Saarregion wurde am 02.09.1939 um 23.30 Uhr vor Saarbrücken betoniert (vgl. BA R 50 I/12a, p. 6).
2 Herrmann (1984), S. 64ff.; Seck (1979), S. 16f.
3 Vgl. Die Elektrizitätserzeugung im Deutschen Reich im Jahr 1940 (sic!) (BA R 12 II/2, S. 2).
4 Vgl. BA R 12 II/130, Generalinspektor für Wasser und Energie (GIWE) Berlin, 14.07.1942; Heesemann (1959), S. 26ff.; Boll (1969), S. 80ff.
5 BA R 43 II/346, p. 199 (Abschrift); allgemein zur Entwicklung Meyer (1949), S. 34ff., Sardemann (1949), S. 108ff.

mußte bis auf wenige Nottrupps vollständig geräumt werden. Hauptverwaltung Saarbrücken und Hauptlager Saarlouis wurden in Notunterkünfte nach St. Wendel und in andere umliegende Orte verlegt. In den ersten Tagen konnte die öffentliche Versorgung nur notdürftig aus provisorischen Anschlüssen in St. Wendel und Rentrisch sowie vom Kraftwerk Luisenthal erfolgen, da die Kraftwerke Fenne und Wehrden stillgelegt waren. Der 20/40 MVA-Transformator der VSE in Wehrden wurde in Weiher aufgestellt, um aus der 100 kV-Leitung Idar-Oberstein-Weiher-Dechen-Kraftwerk Homburg Strom zu beziehen. Die genannte Leitung war in der kurzen Zeit von nur drei Monaten im Herbst 1939 auf Anordnung des Reichswirtschaftsministeriums durch das RWE erbaut worden und sollte die Wasserhaltung der Gruben des Saarreviers sicherstellen, falls die Stromerzeugung der einheimischen Kraftwerke durch Kriegseinwirkungen gestört würde[6]. Ein weiterer Notanschluß zur vorläufigen Sicherstellung der Versorgung erfolgte in St. Ingbert an das Netz der Pfalzwerke.

Die Räumung des überwiegenden Teils des Versorgungsgebietes der VSE zeigte deutliche Auswirkung auf den Stromabsatz, der von 1938 auf 1939 um rund 15% zurückging (vgl. Tab. 44). Dieser Rückgang entfiel allein auf die vier Monate nach Kriegsausbruch, denn bis einschließlich August 1939 lagen die Werte noch erheblich über denjenigen des Vorjahres. Mehr als drei Viertel aller B-Gemeinden der VSE waren geräumt worden. Für ihre fehlende Stromabnahme bot die Belieferung an militärische Einrichtungen und Bauten im Frontgebiet nur einen geringen Ausgleich. Nach kurzer Verhandlungsdauer gestand die Militärverwaltung sämtlichen Energieversorgungsunternehmen lediglich einen kWh-Preis von 8 Reichspfennig für „kriegsmäßige Objekte" zu, der keinen Nutzen abwerfen konnte[7]. Das Ansteigen des Durchschnittserlöses pro kWh (vgl. Tab. 43) ist dadurch zu erklären, daß der Anteil von Lichtstrom überdurchschnittlich hoch an der Gesamtabgabe beteiligt war, da sämtliche Industriebetriebe innerhalb der „Roten Zone" ebenfalls evakuiert wurden und folglich der fehlende Industriestrom in erster Linie den Absatzrückgang verursachte.

Das Kraftwerk Wehrden konnte ab 29.09.1939 teilweise wieder in Betrieb genommen werden, so daß die Anforderungen der Röchlingschen Hütte, der VSE und der Stadt Saarbrücken wenigstens für den Grundbedarf erfüllt wurden. Nur eine Woche später erfolgte ab 06.10.1939 auf Anordnung des Reichswirtschaftsministers allerdings der Ausbau und Abtransport einer 12 MW-Vorschaltmaschine, einer 10 MW-Turbine und eines 20 MW-Turbosatzes zum Einsatz in Rüstungsbetrieben im Ruhrgebiet und in Mitteldeutschland[8]. Damit war die höchstmögliche Abgabe des Kraftwerkes auf 26 MW gefallen, und es sollte nach zunächst etwa einem Jahr Minimalbetrieb bis 1943 dauern, ehe die abtransportierten Maschinen wieder verfügbar waren. Nottrupps sorgten auch in den übrigen großen Industriebetrieben dafür, daß wichtige Maschinen, Magazinvorräte und Lager weggeschafft bzw. geräumt oder eingemottet wurden. Probleme beim Transport bereitete oft der fehlende Strom, da die elektrischen Kräne zur Verladung nicht mehr zur Verfügung standen[9]. Schäden in stillgelegten Industriebetrieben

6 RGBl I, S. 1603, VO v. 03.09.1939.
7 LA Sbr. Best. Landratsamt St. Ingbert 2311/a, 01.11.1939, 09.02.1940, Erlaß des Chefs der Zivilverwaltung und des Reichskommissars für die Saarpfalz.
8 25 Jahre Kraftwerk Wehrden GmbH (1951), S. 19.
9 Kloevekorn (1956), S. 86f.; 300 Jahre Dillinger Hüttenwerke (1985), S. 66.

und geräumten Städten und Dörfern wurden weniger durch direkte Kriegseinwirkungen, sondern durch Plünderungen der eigenen Truppen und den überdurchschnittlich harten Winter 1939/40 verursacht[10]. Zu Anfang des Jahres 1940 kam zunächst der Betrieb in Völklingen bei Röchling wieder teilweise in Gang. Im Mai folgte die Burbacher Hütte, im Juni die Halberger- und die Dillinger Hütte[11]. Wie auf der Halbergerhütte erfolgten überall zuerst Maßnahmen zur Erzeugung von Kraftstrom für den Betrieb von Maschinen und von Lichtstrom zur Beleuchtung der Anlagen. Das außerhalb der Westwallzone und damit von der Räumung nicht betroffene Neunkircher Eisenwerk übernahm ab 21.09.1939 die Belieferung der Stadt Neunkirchen mit elektrischer Energie, da die Zuleitung zwischen Stadtwerken und VSE zerstört war. Über einen Notanschluß versorgte das Werk auch Teile der Saargruben AG, deren Kraftwerk Luisenthal am 13.09.1939 durch feindlichen Beschuß ausgefallen war[12].

Nach Abschluß des Polenfeldzuges trat am 14.06.1940 die Erste Armee zum Frontalangriff auf die Maginotlinie an, nachdem die deutschen Angriffskeile Châlons-sur-Marne erreicht hatten und die ersten deutschen Truppen in Paris einmarschiert waren. Die Kampfhandlungen waren im Saarland nicht unmittelbar zu spüren, so daß ab 20. Juli 1940, als die Maginotlinie südlich von Saarbrücken durchbrochen war, die langsame Wiederbesiedlung des geräumten Gebietes begonnen werden konnte. Als erste Kleinunternehmen durften Reparatur-, Handels- und Versorgungsbetriebe sowie Landwirte wieder zurückkehren, um die schlimmsten Schäden zu beseitigen und die Städte und Gemeinden für die nachfolgende Bevölkerung vorzubereiten[13]. Mancher Betrieb, der in der Zeit der Räumung eine Zweigstelle im Innern des Reiches errichtet hatte, führte diese aber auch nach 1940 weiter. Maßnahmen zur Einschränkung des Stromverbrauches[14] kollidierten in städtischen, vor allem aber in ländlichen Gebieten mit einer von der Wirtschaftsgruppe Elektrizitätsversorgung, dem Elektrohandwerk und dem Reichsnährstand bereits vor dem Krieg in allen Teilen Deutschlands begonnenen „Elektromotorenaktion". Diese wurde auf Grund ihrer angestrebten Arbeitskräfteersparnis zunächst fortgeführt. Der Reichslastverteiler in Berlin beschränkte die stromverbrauchssenkenden Maßnahmen anfangs nur auf Fälle, wo eine spürbare Netzentlastung erwartet werden konnte. Haushalts- und Landwirtschaftsstromkonsum blieben wegen ihrer im Vergleich zum Industrieverbrauch niedrigen Höhe vorerst ausgespart[15].

Ab 01.07.1940 arbeitete die Hauptverwaltung der VSE wieder in Saarbrücken, und auch das Hauptlager in Saarlouis konnte erneut bezogen werden. Bis zur endgültigen Wiederbesiedlung des betroffenen Versorgungsgebietes sollte jedoch noch einige Zeit vergehen. Fehlten zu Anfang des Geschäftsjahres 1940 der VSE noch 20.000 Konsu-

---

10 K l o e v e k o r n (1956), S. 88; Lagebericht des OLG-Präsidenten in Zweibrücken v. 04.03.1940, in: O l d e n h a g e (1979), S. 303ff. Saarstahl Völklingen-Werksarchiv, Best. Burbacher Hütte, unsigniert.
11 Lageberichte des OLG-Präsidenten v. 08.01., 29.05.1940, in: O l d e n h a g e (1979); K l o e v e k o r n (1956), S. 88; 300 Jahre Dillinger Hüttenwerke (1985), S. 66.
12 Vgl. BA R 12 II/359, Neunkirchen v. 02.10.1939 u. 11.01.1941.
13 Lageberichte des OLG-Präsidenten v. 15.07., 01.08.1940, in: O l d e n h a g e (1979); K e u t h (1963/64), S. 138f.
14 Verordnung zur Sicherstellung der Elektrizitätsversorgung v. 03.09.1939, RGBl I, S. 1603.
15 BA R 4/6, p. 10f.

Karte 5 Leitungsnetz (35/110 KV) der VSE (Stand 1942/43)

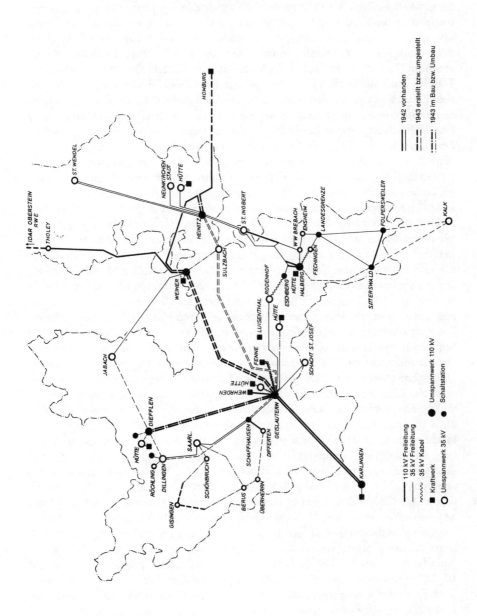

Quelle: Umzeichnung von Martin Wolff nach Vorlage in „VSE Kriegsleistungskampf der deutschen Betriebe 1943, Anlage 4"

menten, so waren es Ende 1941, über ein Jahr nach Abschluß der Räumungsperiode, noch immer rund 8.000 Kunden, deren Wohnorte und Wohnungen sich noch im Wiederaufbau befanden oder nicht freigegeben worden waren. Instandsetzungs- und Ausbauarbeiten zur Wiederingangsetzung der normalen Stromversorgung und zur Bewältigung der erwarteten Steigerung des Stromabsatzes lagen als Aufgabe vor der durch Einberufungen zur Wehrmacht dezimierten Belegschaft der VSE. Gegenüber 291 Personen am 31.08.1939 war die Zahl der Mitarbeiter am 31.12.1940 auf 244 gesunken (vgl. Tab. 26). Durchschnittlich fehlte der VSE rund ein Viertel des Personals pro Jahr bis zum Ende des Krieges durch Einberufungen. Als Ausgleich für die notwendigen Arbeitskräfte wurden im Laufe der Kriegsjahre bis zu 175 Ostarbeiter (134 Männer, 41 Frauen) beschäftigt, die in St. Wendel und Geislautern in Lagern untergebracht waren. Besonders die umfangreichen Ausbau- und Verbesserungsarbeiten am Netz wären ohne diese zusätzlichen Arbeitskräfte nicht zu bewerkstelligen gewesen.

Karte 5 zeigt die Ausdehnung des VSE-Netzes während des Krieges, die sich aus langfristig geplanten Maßnahmen, wie der Fortführung des 35 kV-Ringes, und aus kriegswirtschaftlich bedingtem Leitungsausbau zusammensetzte (vgl. Kapitel VI. 3.). Diese Baumaßnahmen erforderten beträchtliche Investitionen, die nicht ohne Auswirkungen auf eine Aufstockung des Grundkapitals der VSE bleiben sollten. Am 15. Oktober 1940 beschloß die Hauptversammlung den Erwerb von 51% der Geschäftsanteile an der Kraftwerk Wehrden GmbH im Gesamtbetrag von 2.550.000 RM und eine gleichzeitige Erhöhung des Grundkapitals der VSE von 4 Mio auf 8,5 Mio RM durch Ausgabe neuer Aktien. Der Versuch, die Beteiligung an Wehrden über eine Anleihe zu finanzieren, scheiterte an der Bedingung des Reichsaufsichtsamtes der Banken, daß die Stromlieferungsverträge mit den Großabnehmern eine längere Laufzeit haben sollten als die Schuldenanleihe. Da das genehmigte Darlehen in rund 16 1/2 Jahren zurückgezahlt werden sollte, hätte die VSE sämtliche Stromlieferungsverträge verlängern müssen. Diese schon zu normalen Zeiten fast undurchführbare Auflage war im Krieg erst recht nicht zu realisieren, weshalb stattdessen die Kapitalerhöhung vorgenommen werden mußte. Den Aktionären kam hierbei die Neubewertung der Bilanz der VSE zum 01.01.1938 zugute, die eine Erhöhung des Anlagevermögens um knapp 2 Mio RM erbracht hatte. In gleicher Höhe wurde zum 01.01.1938 eine freie Rücklage zur Verfügung der Hauptversammlung gebildet. Diese beschloß dann die Auflösung der Rücklage zugunsten der Aktionäre zum Zweck der Leistung von Sacheinlagen auf die Kapitalerhöhung in Höhe der knapp 2 Mio RM[16]. Bereits im Herbst 1942 wurde das Grundkapital der VSE in der Hauptversammlung vom 30. Oktober um 5,5 auf 14 Mio RM durch Ausgabe von 5.500 Namensaktien zu je 1.000 RM erhöht. Die Verteilung des Aktienkapitals blieb wie bisher bestehen. Der weiterhin rasch ansteigende Kapitalbedarf für den erheblichen Netzausbau der VSE hatte diese Erhöhung unumgänglich gemacht. Von den 5,5 Mio RM Aufstockung wurden bis Kriegsende 25% = RM 1.375.000 einberufen, so daß das eingezahlte Kapital der VSE 9.875.000 RM betrug. Auch die zunächst versagte Schuldscheinanleihe in Höhe von 3,5 Mio RM wurde Ende 1940 schließlich vom Reichswirtschaftsminister noch genehmigt, so daß dem Unternehmen genügend finanzielle Möglichkeiten für notwendige Investitionen offenstanden. Denn als das Saarland seinen Charakter als Grenzland verloren hatte, erhoffte sich

---

16 VSE-AHV, verschiedene Aufsichtsratssitzungen und HV.

der Vorstand eine günstige Weiterentwicklung der VSE, „weil Maßnahmen, die in den letzten Jahren den Stromabsatz anderer Stromversorgungsunternehmen im Reich günstig beeinflußt hatten, nunmehr auch in unserem Versorgungsgebiet zur Durchführung gelangen"[17]. Diese vorsichtige Umschreibung verweist auf den großen Aufschwung, den die Unternehmen der Saarindustrie nach 1940 durch Rüstungsaufträge erfahren sollten (vgl. Kapitel VI. 3.).

2. Die „Westmarkwerke" als Versorgungsunternehmen für Saarland, Pfalz und Lothringen — Ende der VSE?

Reichswirtschaftsminister und Generalbevollmächtigter für die Energiewirtschaft erarbeiteten im Laufe des ersten Kriegsjahres einen „Plan zur Neuordnung der deutschen Energiewirtschaft", da das Energiewirtschaftsgesetz „dem stürmischen Vorwärtsdrängen in Wirtschaft und Technik nicht in dem erforderlichen Maße gerecht" wurde, „so daß die an dieses Gesetz geknüpften Erwartungen nicht erfüllt" wurden[18]. Dieser Plan wurde mehrfach durch Ergänzungs- und Abänderungswünsche der beteiligten Reichs- und Parteistellen umgestaltet und mündete in eine Denkschrift vom 25.01.1941[19]. Hier waren auch Hitlers energiewirtschaftliche Vorstellungen teilweise berücksichtigt. Der „Führer" wünschte beispielsweise, „daß jedes Dorf, jede Gemeinde, sofern kleinste Wasserkräfte zur Verfügung stehen, diese auch selbst nutzbringend verwerte"[20]. Es kam ihm vor allem auf den Ausbau aller verfügbaren Energiequellen und „auf die Beseitigung eines zur Zeit vorherrschenden egoistischen und kapitalistischen Standpunktes der großen Elektrowerke"[21] sowie „des . . . völlig unnationalsozialistischen Kapitalismus" an[22]. Um den Kompetenz- und Mitarbeitsstreitigkeiten bei der geplanten Neuordnung der Energiewirtschaft eine Ende zu setzen, schuf Hitler durch Führererlaß vom 29.07.1941 die Stelle eines „Generalinspektors für Wasser und Energie" (GIWE), die er mit Fritz Todt besetzte[23]. Allen in jener Zeit vom Reichswirtschaftsministerium oder später vom Generalinspektor verfaßten Plänen zur Neuordnung gemeinsam war die Vorstellung einer Art „Reichsverbund-Dachgesellschaft", unterhalb derer Bezirksunternehmen für die Verteilung von Gas und Elektri-

---

17 VSE-AHV, Geschäftsbericht für 1940.
18 BA R 43 II/346, p. 111f.
19 Ebd., p. 155ff.
20 Ebd., p. 150, Bormann v. 02.11.1940; zu Hitlers Vorstellungen über die Elektrizitätswirtschaft vgl. P i c k e r (1976), S. 65f., 138, 270f., 461ff.; P i c k e r irrt, wenn er Hitlers Bemerkung „Das neue Fischersche Verfahren ist eine der genialsten Erfindungen, die je gemacht worden sind" (ebd., S. 65) auf das Fischer-Tropsch-Verfahren bezieht (Anm. ebd.). Hitler spielte damit eindeutig auf die von Arno Fischer entwickelten Unterwasserkraftwerke an, die „man bombensicher bauen kann", wie Hitler direkt zuvor ausführte. Das Fischer-Tropsch-Verfahren gibt hier im Zusammenhang mit dem von Hitler abgehandelten Bau von Wasserkraftwerken keinen Sinn; zu Arno Fischers Konstruktionen vgl. H e i d e (1965), S. 89.
21 BA R 43 II/377, p. 40f.
22 Ebd., p. 75 Rs.
23 Führererlaß RGBl I, S. 467; zu den Streitigkeiten vgl. ausführlich BA R 43 II/377, 378, passim.

zität zuständig sein sollten. Letztere sollten nach Möglichkeit die Grenze eines Gaues — von der Größe her — nicht überschreiten[24]. Diesen Planungen widersetzten sich bald die damaligen großen Energieversorgungsunternehmen wie RWE oder Preußenelektra, da sie um den Verlust ihres eingespielten Verbundsystemes fürchteten[25].

Vor diesem Hintergrund sind die Bemühungen um eine einheitliche Elektrizitätsversorgung für das Saarland und die Pfalz zu sehen, die durch die Entwicklung der ersten Kriegsjahre eine erhebliche Intensivierung erfuhren. Ausschlaggebend war hier ebenfalls das politische Ziel, im Rahmen einer Länderneuordnung des Deutschen Reiches ein dem entsprechenden Parteigau deckungsgleiches neues Reichsland zu schaffen. Der erfolgreiche Westfeldzug der deutschen Truppen und die Annektion von Elsaß und Lothringen brachten die willkommene Gelegenheit, dem neuen Reichsland auch noch das bisherige Département de la Moselle hinzuzuschlagen. Als neuer Name wurde der Begriff „Westmark" gewählt, der einer das Sonderbewußtsein stärkenden Grenzideologie entsprang, und mit dem bereits ab 03.12.1940 der Parteigau bezeichnet wurde. Am 11.03.1941 erfolgte die Änderung der Behördenbezeichnung „Der Reichskommissar für die Saarpfalz" unter Hinzufügung von Lothringen in „Der Reichsstatthalter in der Westmark und Chef der Zivilverwaltung in Lothringen"[26]. Leiter von Parteigau und Reichsstatthalter dieser fast unaussprechlichen Behörde war, abgesehen von einer zweijährigen Abwesenheit als „Reichskommissar für die Wiedereingliederung Österreichs in das Deutsche Reich", der Pfälzer Josef Bürckel[27].

Lothringen wurde als Verwaltungseinheit in den Grenzen von 1871 wieder hergestellt. Es wurde sofort mit dem Aufbau einer deutschen Verwaltung begonnen, die unter Bürckels Herrschaft in der Westmark die Formen einer Satrapie annahm[28]. Sitz des Reichsstatthalters Bürckel wurde Saarbrücken, das seine Frontstadtrolle vorerst aufgeben konnte. Mit der Unterstellung Lothringens unter deutsche Verwaltung war auch die Frage der Elektrizitätsversorgung verbunden, die bis zum Krieg von der SALEC (Straßburg), von den in städtischer Regie geführten EW Metz und Thionville und vom privaten EW Jouy-aux-Arches (Gaudach) durchgeführt worden war. Bereits ab Juli 1940 wurde das Pfalzwerke-Vorstandsmitglied Hergt, der als Stabsoffizier beim Armeeoberkommando I den Westfeldzug mitmachte, von der Heeresleitung mit der Wiederingangsetzung der Energieversorgungsanlagen betraut[29]. Ab Frühherbst 1940 war das Gebiet Bürckel unterstellt, der die gesamte Energieversorgung des neuen Gaues Westmark vereinigen wollte und sich zu diesem Zweck der Pfalzwerke bediente. Er erteilte am 19.03.1941 den Auftrag an das Unternehmen, die Anlagen der SALEC, die inzwischen Elsaß-Lothringische Kraftversorgung (ELK) hieß, zu kaufen[30]. Die Pfalz-

24 Ebd. R 43 II/346, p. 126ff., 155ff.; R 43 II/378a, p. 117ff.; R 43 II/344, 345, passim; R 113/1706, Plan v. 07.09.1940; R 113/2074, Juni 1942.
25 Vgl. EW 40 (1941), S. 53; BA R 43 II/377, p. 17ff.
26 Rödel (1984), S. 288, 305f.; speziell zu Lothringen vgl. Wolfanger (1977).
27 Wolfanger (1977), S. 16ff.; Herrmann (1968), S. 103f.
28 Rödel (1984), S. 307.
29 VSE-AHV, Aufsichtsratssitzung v. 15.11.1945, LA Speyer, T 21 - Nr. 153. Auch die Gasversorgung Lothringens wurde teilweise von reichsdeutschen Unternehmen übernommen; besonders die Saar-Ferngas AG konnte ihre räumliche Nähe nutzen (vgl. BA R 4/23, p. 54ff., 69).
30 LA Speyer, H 3 Nr. 10655, fol. 496f.: Niederschrift über den Aufsichtsratsbeschluß vom 09.04.1941. Parallel zu den Vorgängen in Lothringen übernahm im Elsaß die Badenwerk AG, Karlsruhe, die Anlagen der SALEC.

werke sollten die ELK allerdings lediglich als Treuhänder führen, da die Fusion VSE-PW bevorstand und das neu zu bildende Unternehmen der Westmark die lothringische Versorgung endgültig betreiben sollte. Die Übernahme der lothringischen Energieversorgung am 01.05.1941 erfolgte als „Westmarkwerke, Betriebsdirektion Metz", nicht auf dem Wege des Sequesters, sondern aufgrund gütlicher Vereinbarung mit der Besitzerin SALEC, da diese nicht als französisches, sondern als lothringisches Unternehmen anerkannt war. Im Zuge dieser Regelung erwarben die Pfalzwerke, die seit 16.04.1941 als Westmarkwerke (WMW) firmierten[31], am 01.01.1942 die Anlagen des EW Diedenhofen (Thionville) und des Städtischen EW Metz (außer der Versorgung der Stadt selbst), ferner die der Elektrizitätsversorgung dienenden Anlagen der Firma „Metzer Ziegelei und EW GmbH Gaudach". Damit versorgten die WMW in Lothringen insgesamt 16 A-Gemeinden, 74 Sonder- und rund 72.000 Tarifabnehmer[32]. Die Verhandlungen über die käufliche Übernahme der SALEC-Anlagen erwiesen sich als äußerst zeitraubend und schwierig, zumal die als unabhängiger und neutraler Gutachter ausgewählte Firma BBC in Mannheim große Teile der vorgenommenen Wertfeststellungen durch einen Fliegerangriff verlor. Bis Kriegsende wurden der SALEC lediglich Anzahlungen geleistet. Auch die VSE hatte bei Abschluß des Waffenstillstandes mit Frankreich am 22.06.1940 sofort Anspruch auf ihr ehemaliges Versorgungsgebiet in Lothringen angemeldet und sich diesbezüglich an den Regierungspräsidenten in Saarbrücken gewandt. Die größere Autorität von Gauleiter Bürckel entschied allerdings für die Pfalzwerke/Westmarkwerke, wobei wohl auch die landsmannschaftliche Verbundenheit von Bürckel zum pfälzischen Unternehmen eine gewichtige Rolle spielte.

Mit der de facto-Besitzergreifung der lothringischen Energieversorgung war die VSE plötzlich von zwei Seiten vom Machtanspruch der PW/WMW bedroht, der sich zunächst in einer Verschärfung der Fusionsbestrebungen äußerte. Gauleiter Bürckel ordnete „unter dem Eindruck, daß es so nicht weitergehen könne"[33], Anfang September 1941 an, daß die Fusion in kürzester Zeit bis zum 01.10. d.J. durchgeführt werden müsse. Da in der Vergangenheit alle Bewertungen über die jeweiligen inneren Werte von der anderen Seite als einseitig abgelehnt worden waren, hatte Bürckel die Begutachtung durch die neutrale Wirtschaftsberatung AG, Berlin, verfügt. Diese schlug Mitte September 1941 vor, daß die Neuverteilung der Aktien innerhalb des Gauunternehmens Westmarkwerke 1/3 für die VSE und 2/3 für die Pfalzwerke betragen sollte. Die VSE-Aktionäre sollten als gewissen Ausgleich anstelle normaler Aktien für eine begrenzte Dauer Vorzugsaktien mit einer nachzahlbaren Vorzugsdividende von 6% erhalten. Der Aufsichtsrat der Westmarkwerke stimmte diesem Vorschlag mit Ausnahme der Vorzugsaktien für die VSE zu. Seitens der VSE wurde die 1:2 Beteiligung entschieden abgelehnt und ein Verhältnis von 1:1 angestrebt, denn auf Wunsch der Pfalzwerke hatte die Wirtschaftsberatungs-AG das Jahr 1940 zur Grundlage gewählt. In diesem Jahr hatte die VSE noch außerordentlich unter den Einwirkungen der Räumung gestanden, so daß alle Ertragswerte einer Berichtigung zu unterziehen waren

---

31 BA R 12 II/406, Pfalzwerke Ludwigshafen v. 17.09.1941.
32 Bericht über das erste Quartal 1942 der WMW, vgl. LA Speyer H 3 Nr. 10655, fol. 524 und Aufsichtsratssitzung der WMW v. 08.07.1941, ebd., fol. 580ff. Grundlage für die Übernahme durch die WMW war die Verordnung über die öffentliche Energieversorgung in Lothringen v. 14.07.1941 (Verordnungsblatt für Lothringen Nr. 46 v. 19.07.1941).
33 LA Speyer H 3 Nr. 10655, fol. 610.

(vgl. Tab. 45). Zusätzlich bemängelte das Unternehmen die Berechnungsgrundlagen des Gutachtens in zahlreichen Fällen, das aufgrund unterschiedlicher Abschreibungsquoten und unterschiedlicher zeitlicher Festsetzungen einen Vergleich sehr erschwerte und die PW/WMW ungerechtfertigt hoch bewertete. Die Wirtschaftsberatungs-AG versprach daraufhin bis zur letzten Septemberwoche ein Ergänzungsgutachten, in dem die Kritikpunkte der VSE wie der WMW berücksichtigt werden sollte.

Dieses Hin und Her war dem stellvertretenden Gauleiter Leyser, der gleichzeitig als Aufsichtsratsvorsitzender von VSE und PW/WMW fungierte, offensichtlich zuviel. Er verlangte von den Aufsichtsratsmitgliedern beider Unternehmen, daß sie sich in jeder strittigen Frage der endgültigen und unwiderruflichen Entscheidung des Gauleiters und Reichsstatthalters Bürckel zu beugen hätten und die Fusion definitiv zum 01.10.1941 erfolgen müsse[34]. Mit dieser Lösung wären die PW/WMW eindeutig besser gefahren, denn abgesehen von den aufgrund des größeren Versorgungsgebietes höheren Anlagewerten stand die VSE mit ihrer erheblich besseren Ertragslage günstiger dar. Die WMW fürchteten vor allem die niedrigen Strompreise im Saarland, die bei den Tarifabnehmern um rund 25% unter denjenigen der Pfalz lagen. Ferner hatten die PW ihren Sonderkunden eine Meistbegünstigungsklausel gewährt, nach der diesen die jeweils billigsten Strompreise zustanden. Die Klausel verringerte den Wert der entsprechenden Stromlieferungsverträge, da in einer fusionierten Gesellschaft die Großkunden Anspruch auf die günstigen Bezugspreise des VSE-Gebietes erheben konnten.

In dieser für die VSE schier aussichtslosen Situation leisteten die Aufsichtsrats-Vertreter der einflußreichen Preußischen Elektrizitäts-AG Schützenhilfe, indem sie Gauleiter Bürckel einen Eingriff in ihre Rechte als Aktionäre der VSE rundweg absprachen[35]. Der Widerstand zeigte Erfolg: Bürckel wollte es in dieser Situation offensichtlich nicht auf eine Machtprobe ankommen lassen, sondern verlangte notgedrungen erneute Verhandlungen. Als weitere Schutzmaßnahme untersagte der Aufsichtsrat auf Betreiben der Preußenelektra dem VSE-Vorstand Verhandlungen mit den WMW über eine Fusion und behielt sich diese ausdrücklich selbst vor. Zum Mitglied einer entsprechenden Kommission wurde der Preußenelektra-Vertreter Karl Wolter bestellt. Dessen Persönlichkeit garantierte, daß zumindestens auf Gauebene nicht wieder ultimative Forderungen an die VSE erhoben wurden. Mit der Trennung der eigentlichen Fusionsverhandlungen von Besprechungen aufgrund des Interessengemeinschaftsvertrages von 1935/36 unterlief die VSE das Vorhaben der WMW, verschiedenen Themenbereichen zugehörende Diskussionspunkte miteinander zu vermengen und auf diesem Wege Druck für eine baldige Fusion auszuüben. Streitpunkte dieser Art waren beispielsweise die Wehrden-Beteiligung der VSE und Stromlieferungsverträge mit Wehrden sowie der Saargruben AG[36]. Die Taktik der VSE, Zeit zu gewinnen und bis zu einer eventuell anstehenden Zwangsfusion wirtschaftlich möglichst gut dazustehen, schien vorerst aufzugehen.

Am 21.01.1942 startete der Generalinspektor für Wasser und Energie, Todt, auf Betreiben der Westmarkwerke den Versuch, mittels eines erneuten Gutachtens die „dringend erforderliche Verschmelzung der WMW mit der VSE aus energiewirtschaftlichen

---

34 VSE-AHV, Ultimatum v. Leyser.
35 VSE-AHV, Preußenelektra contra Leyser, verschiedene Aufsichtsratsprotokolle.
36 VSE-AHV, Wehrden (Vertrag Nr. 581), Saargruben AG (Vertrag Nr. 611).

Gründen" zu beschleunigen[37]. Die VSE fühlte sich mittlerweile aber so gefestigt, dieses Ansinnen — in vorsichtigen Worten — als Zeitverschwendung in Anbetracht „der Überlastung aller Kräfte durch die Kriegserfordernisse" zu werten und beharrte auf der Fusion im Verhältnis von 1:1[38]. Inzwischen hatten Berechnungen nämlich ergeben, daß eine VSE-Aktie einen Wert von 1,78 WMW-Aktien ohne Tarifangleichung und von 2,29 WMW-Aktien mit Tarifangleichung aufwies. Eine erste Aufforderung von Todt zur Fusion ohne neues Gutachten hatte der Aufsichtsrat der VSE deshalb bereits rundweg abgelehnt[39]. Nachfolger des bei einem Flugzeugunglück ums Leben gekommenen Todt wurde Albert Speer[40]. Dieser begann Mitte 1942 erneut das umständliche Verfahren zur Festsetzung der Werte der beiden Unternehmungen. Wieder mußten die zahlenmäßig dezimierten Mitarbeiter der VSE zeitaufwendige Prüfungen an Anlage- und sonstigen Werten durchführen — ein Beispiel für die zunehmende Ineffizienz der zentralgesteuerten Kriegswirtschaft. An die kommunalen Aktionäre von WMW und VSE erging schließlich der Befehl des Gauleiters Bürckel, ihre Aktien an den Kreistag Pfalz zu pari abzugeben. Diese Aktienübertragung gelang allerdings nur in der Pfalz[41]. Die Städte Ludwigshafen, Homburg, Frankenthal, Kaiserslautern, Speyer, Zweibrücken, Landau und Grünstadt, die Gemeinden Westheim, Ingenheim und Ungstein sowie die Stadtsparkasse Frankenthal übertrugen zwangsweise ihre Beteiligungen an den Westmarkwerken in Höhe von 2,593 Mio RM = 16,21% an den Bezirksverband Pfalz, so daß letzterer mit 72,15% und das RWE mit 27,85% als Aktionäre verblieben. Bei der VSE scheiterte dieser Versuch, da „die Aktionäre einer sehr starken und lebhaften Unterstützung von Seiten der Preußenelektra sicher waren", wie das Vorstandsmitglied Hergt der Pfalzwerke nach dem Krieg berichtete[42].

Gegen allen Widerstand der VSE nahm die Gauleitung schließlich den Führererlaß über Kriegsmaßnahmen der Elektrizitätswirtschaft vom 06.08.1943 für ihre Ziele zu Hilfe[43]. Der Vorsitzende der Rüstungsinspektion XIIb, Kelchner, früher Prokurist der Pfalzwerke und später Direktor der Westmarkwerke, Bezirksdirektion Metz, verpflichtete WMW und VSE, unter dem 26.05./02.06.1944 einen „Vertrag über die tech-

---

37 LA Speyer T 21 Nr. 153, Beschluß v. 12.02.1942; VSE-AHV, 21.01.1942.
38 VSE-AHV, Aufsichtsratssitzung v. 08.02.1942.
39 LA Speyer, T 21 Nr. 153, 24.02.1942.
40 Speer wurde am 15.02.1942 ernannt (RGBl I, S. 80); ausführliches Material über die näheren Umstände vgl. BA R 43 II/375d.
41 Erlaß des Reichsstatthalters in der Westmark und Chef der Zivilverwaltung in Lothringen v. 22.07.1942 (StadtA Sbr. Best. Brebach 784, 15.10.1942); LA Speyer T 21 Nr. 156, Übersicht über den Stand am 10.02.1943 über die Kapitalbeteiligungen der EVU in der Westmark.
42 LA Speyer, T 21 - 153, Aufsichtsratssitzung v. 15.11.1945.
43 RGBl I, S. 479, § 1: Der Generalinspektor für Wasser und Energie hat alle Maßnahmen zum kriegswirtschaftlich zweckmäßigsten Einsatz der Elektrizitätsbetriebe zu treffen. Er kann hierfür für die Dauer des Krieges über die Anlagen, das Material und Personal in den Elektrizitätsbetrieben verfügen. Die Eigentums- und Vermögensverhältnisse an den Elektrizitätsbetrieben dürfen hierdurch nicht berührt werden. Auch dieser Erlaß hatte eine längere Vorgeschichte. Hitler wandte sich wiederholt gegen die Entwürfe Speers, da sie ihm zu starke „Verreichlichungstendenzen" hatten und zuviel „Staatssozialismus" beinhalteten. Immer wieder erneuerte er seine Vorstellungen „jedem Bauer am Bach seine Wasserkraft", „jedem Bauer mit Wind seine Windkraft" usw. und wiederholte seinen Wunsch, daß viele kleine Elektrizitätswerke von den Gemeinden selbst betrieben werden sollten, ein deutlicher Widerspruch zur Realität (vgl. BA R 43 II/378a, p. 70f.; R 43 II/379a, 205ff., passim).

nische Werkführung" abzuschließen[44]. Dieser Vertrag sah vor, den WMW auf Kriegsdauer die technische Führung der VSE zu übertragen, damit Arbeitskräfte sowie Anlagen und Vorräte kriegswirtschaftlich am zweckmäßigsten eingesetzt werden konnten. Der Werkführer, die WMW also, wurde ermächtigt, insbesondere technische Arbeitskräfte, Anlagen und Anlageteile sowie für den technischen Betrieb bestimmte Vorräte auch außerhalb der VSE für Zwecke der Energieversorgung einzusetzen oder aus anderen Energieversorgungsunternehmen heranzuziehen. Kurz vor dem aufoktroyierten Werkführungsvertrag hatten die beiden Unternehmen bereits einen erweiterten Interessengemeinschaftsvertrag abgeschlossen, um das Zustandekommen des Werkführungsvertrags zu verhindern[45]. Der erweiterte IG-Vertrag sah unter anderem eine verstärkte Mitwirkung der Vorstandsmitglieder an den jeweiligen Arbeitsausschuß- und Aufsichtsratssitzungen vor. Der Werkführungsvertrag bedeutete insofern keine Verschärfung der Lage, da seine praktischen Auswirkungen auf die Arbeit der Vorstände kaum festzustellen waren. Er sollte offensichtlich hauptsächlich dem Zweck dienen, wenigstens auf dem Papier festzulegen, daß ab dem Zeitpunkt des Abschlusses dieses Vertrages die Energiewirtschaft der Gebiete Lothringen, Pfalz und Saar von Kelchner geführt wurde. Sowohl der Werkführungsvertrag wie auch der IG-Vertrag von 1935/36 und seine Erweiterung von 1944 wurden von VSE und Pfalzwerken durch die nach Kriegsende eingetretenen Ereignisse als überholt, d. h mit dem Augenblick des Einsetzung der Militärverwaltung als erloschen betrachtet[46].

Die Bemühungen um eine Fusion von VSE und Pfalzwerke/Westmarkwerke seit 1936 lassen die Schwierigkeiten deutlich werden, die im zentralverwalteten nationalsozialistischen Wirtschaftssystem bei der Durchführung politisch motivierter Zielsetzungen auftreten konnten.

Da die Wirtschaftsordnung weiterhin auf der Grundlage privaten Eigentums ruhte und Eingriffe hierin im Prinzip tabu waren, wurde der Weg der Einflußnahme über Hilfskonstruktionen wie die aufgeführten Verträge gewählt. Reibungsverluste zwischen staatlichen Behörden, Parteistellen und den betroffenen Unternehmen waren an der Tagesordnung. Auch die in der Kriegswirtschaft verschärften Eingriffsmöglichkeiten vermochten es nicht, die anvisierten Ziele durchzusetzen, sondern behinderten im Gegenteil eine den Umständen entsprechende „normale" Unternehmenspolitik durch Überbeanspruchung mit wenig sinnvoller bürokratischer Verwaltungstätigkeit.

3. Das Aufblühen der Kriegswirtschaft an der Saar

Bis zum Ausbruch des Zweiten Weltkrieges stand das Saarland immer noch weitgehend im Schatten der Rüstungskonjunktur des Deutschen Reiches. Aus strategischen Gründen war beispielsweise der Bau von Hydrieranlagen auf Saarkohlebasis noch im

44 PW-AHV; VSE-AHV, Aufsichtsratssitzung v. 30.06.1944; LA Speyer T 21-153, WMW Aufsichtsratssitzung v. 26.05.1944.
45 Ebd., Aufsichtsratssitzung v. 26.05.1944; erweiterter IG-Vertrag v. 16.03. 1944 (VSE-AHV).
46 Schreiben VSE v. 12.06.1945 (VSE-AHV); Beschluß Aufsichtsrat der PW v. 15.11.1945 (LA Speyer T 21-153).

Herbst 1938 von den obersten Militärstellen abgelehnt worden[47]. Erst die Annektion von Elsaß und Lothringen brachte der Saargegend das Ende ihrer Glacislage und zerstreute die Bedenken der Militärs, kriegswichtige Rüstungsproduktion hier aufzunehmen. Nach der Wiederbesiedlung der evakuierten Räume hatten die meisten Betriebe noch mehrheitlich ihre bisherige Produktion fortgeführt. Spätestens 1943, meist aber schon früher, stellten alle in Frage kommende Unternehmen auf Kriegserzeugnisse um[48]. Die Dillinger Hütte richtete eine Ronden-Fertigung für Kartuschehülsen ein und stellte Flakrohre in großer Anzahl her. Die Halbergerhütte erbaute eine neue Gießerei mit Elektroöfen und modernsten Betriebsmitteln zur Herstellung kriegswichtiger Produkte. Keines der größeren Unternehmen in der Region konnte sich der Verpflichtung entziehen, zur Unterstützung der deutschen Wehrmacht die Produktion auf Kriegsmaterial umzustellen. Die Akten des Reichsministeriums Speer, hier für die Rüstungsinspektion XIIb, geben Aufschluß von den gewaltigen Anstrengungen in der Region, die vor allem nach 1943 unternommen wurden, um den Krieg noch zu einer Wende zugunsten der deutschen Truppen zu verhelfen[49]. Parallel mit der gesteigerten Produktion stieg auch der Bedarf der Hütten und sonstigen Unternehmen an elektrischer Energie stark an. Als einzige Saarhütte hatte vor dem Krieg die Dillinger Hütte im Jahre 1928 einen Reservestromvertrag mit der VSE geschlossen. Im April 1941 stellte die VSE zusätzliche 4.000 kW sowie einen Trafo zur Verfügung. Ein Jahr später erhielt die Dillinger Hütte die Genehmigung, diesen Wert nachts um bis zu 50% zu überschreiten. Der Bedarf stieg jedoch weiter an, so daß in einem neuen Stromlieferungsvertrag 10.000 kW Leistung bei einer Abnahme von mindestens 3.000 Stunden pro Jahr zugestanden wurden[50]. Auch die Halbergerhütte schloß mit der VSE erstmals einen Stromlieferungsvertrag im Jahre 1943 ab[51]. Bis dahin hatte das Unternehmen seinen Strombedarf ganz durch Eigenerzeugung gedeckt. Eine Erweiterung der Kapazitäten war aber aus zeitlichen Gründen und wegen des Mangels an Materialien aller Art und an Arbeitskräften nicht möglich, weshalb sich der Fremdstrombezug

47 Blaich (1978), S. 118: Blaich sieht ein Ende dieser Entwicklung mit dem Beginn des Westwallbaus im Frühjahr 1938, tatsächlich erfolgte ein deutlicher Aufschwung der Saarindustrie erst nach der Besetzung von Elsaß-Lothringen durch deutsche Truppen. In enger Zusammenarbeit zwischen Generalstab, Wehrwirtschafts- und Rüstungsamt im OKW sowie dem Generalbevollmächtigten für die Wirtschaft waren eingehende Vorbereitungen für die Saarindustrie im Falle eines überraschenden feindlichen Angriffs getroffen worden. Im Juli 1939 wurden diese Vorarbeiten eingestellt, da man die Gefahr für das Saarland als behoben ansah, vgl. Thomas (1966), S. 152.
48 Vgl. BA R 3/2017, Verzeichnis der kriegswichtigen Betriebe für die Kreise Saarlouis (Nr. 646), Ottweiler (647), St. Wendel (648), Saarbrücken Stadt und Land (650), St. Ingbert (651) und Homburg (652). Zur Eisenindustrie Kloevekorn (1958), S. 40f.
49 Vgl.: Zur Maschinenfabrik Kaiser und Eisenwerk St. Ingbert: Krämer (1955) Bd. II, S. 313; zu Dillingen: 300 Jahre Dillinger Hüttenwerke (1985), S. 67; Kloevekorn (1956), S. 90; zu Röchling: Müller (1975, Saarstahl Völklingen-Werksarchiv), S. 42, 62. LA Speyer, Best. R 16, Reichsminister für Rüstung, Rüstungsinspektion XIIb: Zur Halberger Hütte (Nr. 171, 193, 222, 231, 232, 303, 306, 614, 654, 689); RESW Völklingen (Nr. 169, 614, 644); Neunkircher Eisenwerke (Nr. 138, 614, 644); Burbacher Hütte (Nr. 241, 614, 682); Saargruben AG (Nr. 136, 138, 340, 391, 402, 438, 613, 614, 649, 652); Dillinger Hütte (Nr. 138, 185, 437, 614, 684); Kraftwerk Wehrden (Nr. 458, 569, 614).
50 VSE-AHV, Vertrag Nr. 297, Nachtrag Nr. 632.
51 Ebd., Vertrag Nr. 640.

rasch von 5% (1943) auf knapp 17% des Gesamtbedarfes im Jahre 1944 erhöhte (vgl. Tab. 36). Die Röchlingschen Eisen- und Stahlwerke hatten in erster Linie den Nutzen des Wiederaufbaus des Kraftwerkes Wehrden nach der Räumung, schlossen aber für die geplante Schaufelfabrik in Dillingen ebenfalls einen Stromlieferungsvertrag mit der VSE[52]. Auch die Burbacher Hütte und das Neunkircher Eisenwerk erreichten die Grenzen der Eigenstromerzeugung und gingen Zusatzstromlieferungsverträge mit den Stadtwerken Saarbrücken bzw. der Saargruben AG ein[53].

In der Erhöhung der nutzbaren Gesamtstromabgabe der VSE (vgl. Abb. 6, Tab. 44) spiegelt sich der rasch steigende Bedarf der Großabnehmer deutlich wieder. Nahmen die Sonderabnehmer wegen der Räumung von Teilen des Saarlandes 1939 und 1940 noch insgesamt über 50% weniger ab, so steigerte sich die Abgabe ab 1941 mit deutlichen Zuwachsraten, die von 1942 auf 1943 fast 50% ausmachten und erst 1944 durch die erneute Räumung eine Stagnation erfuhren. Bereinigt um den durch letztere Maßnahme bedingten Ausfall, hätte sich die Abgabe an die Sonderabnehmer 1943 auf 1944 sogar um fast 70% erhöht. Auch der Kleinabsatz zeigte in der ersten Hälfte des Jahres 1944 noch durchweg eine Zunahme des Verbrauchs, der durch die Zuwanderung von ausgebombten Personen und durch die starke Zahl von Fliegeralarmen bedingt war, die einen spürbaren Anstieg des Stromverbrauchs für Rundfunkgeräte und Licht mit sich gebracht hatten[54].

Die deutliche Steigerung des Verbrauchs der Tarifabnehmer von 1941 auf 1942 erklärt sich durch die Einführung des Grundpreistarifs ab 01.10.1941 bei der VSE auf der Grundlage der „Verordnung über die Bildung allgemeiner Tarifpreise für die Versorgung mit elektrischer Energie" vom 25.07.1938. Diese Tarifordnung schrieb vor, daß alle Energieversorgungsunternehmen für Haushaltabnehmer, gewerbliche Licht- und Kraftabnehmer und landwirtschaftliche Abnehmer Grundpreistarife einzuführen hatten. Die Grundpreise mußten für Haushaltabnehmer nach der Raumzahl, für gewerbliche Abnehmer nach Anschlußwert oder Raumzahl und für landwirtschaftliche Abnehmer nach der nutzbaren Gesamtfläche bemessen werden[55]. Wegen des bestehenden Preisstops mußten die Tarifumstellungen so durchgeführt werden, daß die Zahl der begünstigten Abnehmer diejenige der benachteiligten Abnehmer und der Einnahmeausfall die Mehreinnahmen überstieg. Hieraus erklärt sich die verspätete Einführung bei der VSE. Ein weiterer nennenswerter Anstieg bei den Tarifabnehmern wurde durch die völlige Einstellung der Werbung für Elektrowärme verbrauchende Geräte und die Anhaltung zu sparsamster Anwendung elektrischer Arbeit verhindert. Zusätzlich wurde ab September 1942 eine zwangsweise Einsparung für alle Haushaltungen über drei Räume von 20% des bisherigen monatlichen Stromverbrauchs angeordnet. Die der „Reichsgruppe Fremdenverkehr" angeschlossenen Betriebe sowie geschlossene Gesellschaften, Klubs, Casinos usw., Verkaufs- und Ausstellungsräume,

---

52 Ebd., Vertrag Nr. 651.
53 Saarstahl Völklingen-Werksarchiv, Best. Burbacher Hütte, unsigniert.
54 VSE-AHV, Aufsichtsratssitzung v. 30.06.1944. Diese Passage fand lediglich in den Entwurf des Protokolls Eingang und wurde in der späteren endgültigen Fassung unter Hinweis auf eine demoralisierende Wirkung gestrichen.
55 Die neue Tarifordnung entsprach damit in allen Punkten dem am früheren Potsdamer Tarif entwickelten Tarif des Märkischen EW, der Vorbildcharakter hatte; Kalischer (1967), S. 180; Buderath (1962), S. 26ff.

Büros und Verwaltungen der gewerblichen Wirtschaft wurden entsprechend zu 30%iger Einsparung verpflichtet. Grundlage hierfür war die „Anordnung über kriegsbedingte Maßnahmen auf dem Gebiet der Energiewirtschaft" vom 16.03.1942. Öffentliche Verwaltungen waren bereits kurz nach Kriegsbeginn zu sparsamster Verwendung elektrischer Energie verpflichtet worden[56]. Da die Zunahme des Stromabsatzes der VSE in erster Linie also auf die Großverbraucher in 35 kV zurückzuführen war, sanken die Verluste auf Grund der höheren Übertragungsspannung von 7,25% im Jahre 1942 auf 6,35% im Jahre 1943. Im ersten Halbjahr 1944 erwies sich allerdings das 35 kV-Netz nur noch bedingt dem weiteren Stromanstieg gewachsen, weshalb die Inbetriebnahme des im Krieg erbauten 110 kV-Netzes unumgänglich wurde.

Das notwendigerweise erhöhte Stromaufkommen der VSE wurde auf mehrere Wegen gedeckt. Das Kraftwerk Wehrden hatte bis ins Jahr 1943 hinein unter den Folgen der ersten Räumung und des Abtransportes von Teilen der Maschinenanlage zu leiden, weshalb die VSE zunächst mit der Saargruben AG 1942 einen zusätzlichen Stromlieferungsvertrag abschloß und die raschere Vollendung der Erweiterung des Grubenkraftwerks Weiher durch Bereitstellung von Transformatoren unterstützte[57]. Da die notwendige Leistung im Kraftwerksbetrieb infolge von Störfällen teilweise nur knapp zur Verfügung gestanden hatte, erreichte die VSE durch Verhandlungen mit ihren Großabnehmern, daß diese eine zeitliche Verlagerung ihrer Belastung vornahmen. Auf diesem Wege war es möglich, die gesamte Benutzungsstundenzahl von 4.150 in 1942 über 4.837 in 1943 auf knapp 5.400 im Jahre 1944 (bis zur Räumung) zu steigern. Die beanspruchte Leistung wuchs im Verhältnis zur abgegebenen Strommenge erheblich langsamer, so daß beispielsweise 1943 mit Hilfe der eingesparten Leistung rund 6.500 kW an weitere Industriebetriebe abgegeben werden konnten[58]. Die Abnahme bei der Saargruben AG betrug im Jahre 1943 7.353 Stunden (bei 8.760 möglichen Stunden); Wehrden lieferte 4.240 Stunden an die VSE.

Die kriegsbedingt notwendige Bereitstellung elektrischer Energie unter allen Umständen ließ auch den alten Plan wieder reifen, den Standort Saar zu einem Stromexportzentrum auszubauen[59]. Ausgehend von der Tatsache, daß sich in der Region eine Reihe leistungsfähiger Kraftwerke befanden, die bei einer Kupplung untereinander automatisch eine höhere freie Leistung aufweisen würden, wurde im Saarland ein 110 kV-Netz durch die VSE aufgebaut (vgl. Karte 5), mit dessen Hilfe die Kraftwerke der Saargrubenverwaltung (Weiher, Fenne, Luisenthal und Heinitz), das Kraftwerke Wehrden sowie die Industriekraftwerke der Dillinger Hütte, Burbacher Hütte und des Neunkircher Eisenwerks zusammenarbeiten sollten[60]. Durch diese Verbindung konnten eine Gesamtmaschinenleistung von 230 MW in Verbund betrieben und die Reserven aller Werke in Höhe von 100 MW auf 10% der installierten Leistung, also rund 20 MW, ge-

56 LA Sbr. Best. Polizeiabteilung, Nr. 161, 30.11.1939; vgl. StadtA Sbr. Best. Ensheim, Nr. 273.
57 VSE-AHV, Vertrag Nr. 6711 v. 12./20.02.1942; die Saargruben AG (SGAG) stellte der VSE 57 MW zur Verfügung, da der mit der ADE geplante Stromlieferungsvertrag endgültig nicht zustandegekommen war (Vgl. BA R 4/211, SGAG v. 09.10.1942).
58 VSE-AHV, Aufsichtsratssitzung v. 14.03.1944.
59 Ebd., Nachlaß Keßler, unsigniert; vgl. ebf. BA R 4/496, S. 6-19, passim.
60 Zum Ausbau der Leitungen vgl. ausführlich R 12 II/402, 404, 405; größte Schwierigkeiten bei der Verwirklichung der Projekte bereitete der Mangel an Eisen für die Masten.

senkt werden[61]. Nach diesem Plan standen damit 80 MW als freie Leistung zur Verfügung, die zunächst in Lothringen und im Erzbecken von Briey untergebracht werden sollten. Dort fehlte die normalerweise aus Frankreich kommende Leistung zum Betrieb der Erzförderanlagen wegen Kohlemangels. 1944 wurde daher beschlossen, das Netz der VSE, das seit 1940/41 durch eine 110 kV-Doppelleitung von Geislautern bis zum Umspannwerk bzw. Kraftwerk Karlingen (Carling) erweitert worden war, mit dem zentralen Umspannwerk für 65 kV-Leitungen in Lothringen bei Bückingen durch eine 110 kV-Leitung zu kuppeln und von hier elektrische Energie nach Briey und das luxemburgische Industriegebiet zu liefern. Zusätzlich sollte die während des Krieges erbaute 110 kV-Leitung Geislautern-Dillingen bis Merzig verlängert werden, um mit dem RWE-Netz neben der bestehenden 110 kV-Holzmastleitung Weiher-Idar-Oberstein eine zweite Verbindung zu sichern[62]. Da auf der östlichen Seite mit dem Kraftwerk Homburg eine Kupplung über die 110 kV-Leitung Weiher-Heinitz-Homburg vorhanden war, wäre die VSE in der Lage gewesen, mit der vorhandenen Kapazität der Kraftwerke an der Saar auch die umliegenden Gebiete mit elektrischer Arbeit zu versorgen.

Die Verwirklichung des immer im Hintergrund stehenden Ziels, über den Rahmen „eines rein örtlichen Versorgungsunternehmens hinaus in die Reihe der Großunternehmen einzutreten"[63], hätte sich endlich erfüllt. Unterstützt wurden diese Bemühungen vom Reichsstatthalter in der Westmark, der gegen alle Versuche, das „Saar-Energiezentrum" zu um- oder zu übergehen, energisch einschritt[64]. Mit zunehmender Kriegsdauer häuften sich aber die Schwierigkeiten, den steigenden Bedarf sicherzustellen. Immer öfters zeitigten Luftangriffe Folgen am Versorgungsnetz. In der Betriebsführung des Kraftwerks Wehrden standen große Probleme durch die Verschmutzung des Saarwassers an, das als Kühlwasser für die Turbinen benötigt wurde, so daß immer größere Schäden, namentlich an den Messing- und Kupferrohren der Kondensatoren und an den Pumpen, auftraten. Daneben bestanden Schwierigkeiten auf dem Gebiet der Brennstoffversorgung, da die Saargruben AG das Kraftwerk mit Kohlensorten belieferte, die weit unter den vereinbarten Qualitätsbedingungen lagen und für die in Wehrden vorhandenen Kesselfeuerungen kaum noch zu verwenden waren. Ende 1943 wurde der Plan gefaßt, entsprechend den gegebenen Platzverhältnissen Wehrden um ein halbes sogenanntes Einheitskraftwerk nach dem Zschintzsch-Plan mit einer Leistung von 150 MW und entsprechenden Feuerungsanlagen zu erweitern[65]. Für diesen

61 Die auf den Hütten notwendige Reserveleistung gehörte zu den umstrittensten Teilen des Verbundprojektes, da jedes der Unternehmen zwar gerne vom Verbund profitieren, seine eigene Kapazität aber möglichst niedrig ansetzen wollte. „Damit die Hütten die Sache nicht einschlafen lassen", empfahl der REV, es bei 10 MW statt der vorgesehenen 20 MW pro Werk zu belassen (BA R 12 II/406, Berlin 06.10.1941).

62 BA R 12 II/405.

63 VSE-AHV, Nachlaß Keßler, unsigniert.

64 In einem 1941 von der WEV erarbeiteten Plan lief das 220/400 kV-Netz am Saarland vorbei wie bei den meisten sonstigen elektrizitätswirtschaftlichen Reichsplanungen (BA R 43 II/344, Bl. 27, S. 43ff; R 43 II/345, Anl. 27). Gegen die diesen Plänen entsprechende RWE-Leitung Koblenz-Saarburg-Belval (Lux.)-Landres (Frkr.) protestierten deshalb Bürckel und Kelchner wiederholt (BA R 4/245, S. 2, 47ff., passim).

65 VSE-AHV, Aufsichtsratssitzung v. 30.06.1944; zu den technischen Einzelheiten der Einheitskraftwerke vgl. S a r d e m a n n (1949), S. 111; L o y (1965), S. 51f.; B o l l (1969), S. 99f.

dritten Ausbau sollten zwei Höchstdruck-Vorschaltturbinen von je 25 MW und zwei zugehörige nachgeschaltete Kondensationsturbinen mit je 150 MW in einer unterirdischen Anlage zur Aufstellung kommen, um einen Schutz vor Bombenangriffen zu gewährleisten. Leitender Gesichtspunkt für diese Entscheidung war die Tatsache, daß seit 1943 in starkem Maße Fertigungsstätten in der Region unterirdisch angelegt und ausgebaut wurden, die alle in ihrem Betrieb von einer absolut sicheren Stromversorgung abhängig waren[66]. Die Saargruben AG reichte ihrerseits ebenfalls Pläne zum Neubau eines Kraftwerkes an den Generalinspektor zur Prüfung und Genehmigung ein. Bei einem Vergleich der vorliegenden Projekte stellte es sich heraus, daß weder das Wehrdener noch das Saargruben-Vorhaben schnell verwirklicht werden konnten. Die besten Voraussetzungen für ein leistungsfähiges Kraftwerk mit günstiger Stromerzeugung bot der Standort Ensdorf an der Saar. Hier wollte die VSE ein Kraftwerk erbauen, das neben der Deckung des Bedarfs im eigenen Versorgungsgebiet „für den Stromexport nach Süddeutschland" gedacht war[67]. Dieser 20 Jahre später verwirklichte Plan stieß beim GIWE auf großes Interesse. Auch das Projekt der Errichtung eines Pumpspeicherwerkes durch die VSE bei Mettlach, das in den 50er Jahren erneut zur Diskussion stand, stammte aus der Kriegszeit[68]. Das Ende des Krieges ließ eine Verwirklichung all dieser Pläne nicht mehr zu.

Ein weiteres Problem einer gesicherten Elektrizitätsversorgung, das allerdings auch das gesamte produzierende Gewerbe betraf, lag darin, daß mit fortwährender Kriegsdauer sämtliche Maschinen- und Anlagenteile bis an die äußerste Grenze beansprucht wurden, da notwendige gründliche Überholungen und Reparaturen immer wieder zurückgestellt wurden. Es gab aber auch andere, im System der NS-Wirtschaft verankerte Ursachen dafür, daß die NS-Kriegswirtschaft weniger reibungslos funktionierte, als es nach außen oft erschien. Die andauernde Rivalität zwischen Parteistellen und staatlichen Ämtern, wie sie sich bereits bei den Fusionsbestrebungen von VSE und Pfalzwerke offenbart hatte, verhinderte auch in anderen Bereichen durch Kompetenzstreitigkeiten die Verwirklichung mancher groß angelegter Pläne. So sollten in der Nähe von Folpersweiler bei Saargemünd unter dem Tarnnamen „Kalk I-III" und bei Auersmacher unter dem Namen „Saar" unterirdisch gelagerte Rüstungsbetriebe mit einer Belegschaft von über 6.000 Arbeitern errichtet werden[69]. Die Stromversorgung dieser rein auf elektrischer Energie basierenden Produktionsstätten stand für „Saar" aufgrund der Lage im Versorgungsgebiet eindeutig der VSE zu. Folpersweiler dagegen lag in dem von den Pfalzwerken bzw. Westmarkwerken beanspruchten Bereich, weshalb letztere die Stromversorgung für sich reklamierten.

In einer Besprechung vom 22. Oktober 1943 gab das Oberkommando des Heeres als zuständiger Bauträger den Zuschlag an die VSE, da deren Leitung von Sitterswald bis Folpersweiler lediglich 11 km Länge aufwies, während die PW/WMW von ihrem Um-

---

66 Die unterirdische Verlagerung von Produktionsstätten hatte einen gewichtigen Anteil daran, daß die Luftangriffe der Alliierten nicht das angestrebte Ziel erreichten, vgl. Wolf (1985), S. 135ff.; zu den Schutzmaßnahmen für Kraftwerke und Netz vgl. German Electric Utilities Industry Report (1976), S. 31ff.

67 BA R 4/211, GIWE v. 15.10.1942, 04.04.1943.

68 Ebd. R 113/1453, Reichsstatthalter für die Westmark, 15.06.1944.

69 Ebd. R 3/3010, p. 34; weitere unterirdische Prduktionsstätten (z.T. für künftigen Einsatz) der Region sind hier aufgeführt (p. 37, 48, 50).

spannwerk Püttlingen (Lothringen) eine Distanz von 19 km zu überwinden hatten und zudem nur 14 statt der geforderten 18 MW hätte liefern können[70]. In der Folgezeit versuchte der ehemalige Prokurist der Pfalzwerke und damalige Direktor der Westmarkwerke in Metz, Kelchner, der zugleich Vorsitzender der Rüstungskommission XIIb des Reichsministers für Rüstung und Kriegsproduktion war, durch fortlaufende Interventionen gegen die Berechnungen und Projektierungen der VSE die Stromversorgung des Rüstungsbetriebes Kalk doch noch für die Pfalzwerke/Westmarkwerke zu gewinnen[71]. Die Beanstandungen Kelchners gipfelten schließlich im Vorwurf an den VSE-Vorstand, ungenügendes „Verantwortungsgefühl gegenüber der Stromabgabe an Rüstungsbetriebe" zu zeigen und eine „bewußte Irreführung" zu versuchen, zu Kriegszeiten ein schwerwiegender Vorwurf, der bereits in die Nähe der Sabotage ging. Die Bauausführung zog sich folglich immer mehr in die Länge. Ein von der Preußenelektra zur Beschleunigung des Verfahrens beauftragter Gutachter stellte fest, daß Kelchner „nicht genügend elektrotechnische Fachkenntnisse" aufweise. Der Reichslastverteiler in Berlin mußte zudem nach Saarbrücken reisen, um vor Ort die Anlagen zu inspizieren. Erst eine Beschwerde der VSE bei Albert Speer, zuständiger Reichsminister für Rüstung- und Kriegsproduktion und Generalinspektor für Wasser und Energie, veranlaßte Kelchner zu einem Rückzug von seinen unhaltbaren Standpunkten. Mittlerweile war der Juni 1944 gekommen, bevor „Kalk" durch eine in höchster Eile errichtete Holzmastleitung an das Netz der VSE angeschlossen war. Auch hier verhinderte die nahende Front die Betriebsaufnahme einer in Anbetracht der von allen Seiten bedrängten deutschen Truppen sinnlosen neuen Rüstungsproduktionsstätte: das Kriegsende zeichnete sich unübersehbar ab.

4. Das Ende des Krieges

Das Saarland lag von Beginn des Krieges an im Bereich der westlichen Luftstreitkräfte. Die französische Luftwaffe hatte sich auf Aufklärungsflüge und geringe Angriffe beschränkt. Erst in der Nacht vom 29./30. Juli 1942 erfolgte der erste schwere Angriff britischer Bomber auf Saarbrücken[72]. Ab dem Jahre 1944 steigerten sich die Angriffe ständig, wobei derjenige auf Saarbrücken vom 05./06. Oktober 1944 der schwerste auf eine saarländische Stadt war[73]. Bei diesem Luftangriff wurde auch das Geschäftsgebäude der VSE in der Langemarckstraße 19 (Saaruferstraße) völlig zerstört. Die Verwaltung mußte daraufhin auf verschiedene Büroräume in der Stadt verteilt werden. Am 05. Dezember 1944 verließ die VSE wegen der Evakuierung Saarbrückens, die ab dem

---

70 VSE-AHV, Nachlaß Keßler, unsigniert; LA Speyer Best. R 16, Nr. 155, 157, 158, 609 („Kalk" und „Saar").
71 Kelchner hatte bereits bei der Übernahme der Elektrizitätsversorgung Lothringens durch die WMW ein ihm und vielen anderen NS-Vertretern eigenes Rechtsverständnis gezeigt. Auf die Einsprüche der SALEC gegen die Aufhebung ihrer Konzession äußerte Kelchner: „Recht ist das, was wir als richtig empfinden" und „die Macht muß das Recht schützen" (BA R 4/24, p. 2f.).
72 Hierzu und im folgenden: Herrmann (1972), S. 42f.; Seck (1979), S. 44ff.; dies., Kriegsende, in: Seck (1986), S. 5ff.; Oldenhage (1980), passim.
73 Eckel (1985), S. 154ff.

18. September begonnen hatte, die Stadt. Sie nahm ihren Ausweichaufenthalt in Sulzbach, wo die Hauptverwaltung, bestehend aus der kaufmännischen und technischen Leitung des Betriebes, zusammen mit dem notwendigen Personal in einer stillgelegten Gaststätte unter primitivsten Verhältnissen ihre Tätigkeit aufrechtzuerhalten suchte[74]. Das Betriebspersonal der VSE wurde in Anpassung an die militärische Entwicklung vor den Grenzen und innerhalb des Versorgungsgebietes Zug um Zug nach rückwärts verlagert und in Reparaturtrupps entsprechend den veränderten Betriebsanforderungen aufgeteilt. Dadurch wurde eine erträgliche Versorgung der verbliebenen Restgebiete sowie der vorhandenen Wehrmachtsstellen erreicht.

Die Kraftwerke Wehrden, Fenne und Luisenthal standen ab Dezember 1944 vorübergehend still, da die Front nur wenige Kilometer entfernt verlief[75]. Auch die 110 kV-Verbindung mit dem RWE und den Westmarkwerken war hinfällig geworden, nachdem ein im Grubenwerk Dechen stehender Transformator durch Luftangriffe zerstört worden war. Das Umspannwerk Geislautern mußte geräumt, die Betriebsstelle Saarlouis mit Hauptlager und staatlichem Prüfamt vom Personal verlassen werden, als amerikanische Truppenkontingente Anfang Dezember den Großraum Saarlouis besetzten. Die Strombelieferung erfolgte bis Ende 1944 provisorisch über ein Grubenkabel von den Kraftwerken Heinitz und Weiher, ehe eine rasch erstellte 35 kV-Schaltanlage im Umspannwerk Weiher wieder die direkte Einspeisung in das VSE-Netz ermöglichte. Die noch nicht besetzten Teile des Kreises Saarlouis erhielten nach dem Ausfall von Geislautern und Saarlouis Strom über eine 35 kV-Leitung vom Kraftwerk Weiher über das Umspannwerk Jabach. In St. Ingbert erfolgte eine provisorische Kupplung mit den Pfalzwerken/Westmarkwerken, um in Notfällen maximal 4 MVA beziehen zu können. Durch diese Maßnahme wurde auch die Belieferung verschiedener Wasserwerke im Scheidter Tal sowie der Stadt Saarbrücken ermöglicht, die nach dem Ausfall des Kraftwerkes Wehrden ganz auf Strombezug von der VSE angewiesen war. Die Stadt Völklingen, bisher von Geislautern versorgt, erhielt Strom durch ein 10 kV-Kabel, das vom rückwärtigen Netz der Saargruben AG her durchgeschaltet wurde. Der zivile Stromverbrauch mußte auf Anordnung der Landeswirtschaftsämter um weitere 30% gesenkt werden, da das Verbundnetz völlig überlastet war und die Netzfrequenz teilweise auf 46 Hz abgesenkt werden mußte[76].

Alle genannten Maßnahmen hatten zumeist nur vorübergehenden Charakter, bis gerade erst instandgesetzte Leitungen und Anlagen durch Feindbeschuß oder Bombenabwürfe erneut ausfielen[77]. Durch näherrückende Kampfhandlungen — seit September

---

74 StadtA Sbr. Best. Brebach Nr. 784, 14.10.1944, 09.01.1945.

75 Nach der Wiederinbetriebnahme zu Beginn des Jahres 1945 mußten die Werke ihre Stromerzeugung Mitte März endgültig einstellen, vgl. W i n k l e r (1971), S. 7; das Kraftwerk Heinitz erlitt im Februar 1945 durch Luftangriffe erhebliche Beschädigungen (LA Sbr. Best. Bergamt Saarbrücken-Ost, Nr. 8, Angriff v. 16.02.1945).

76 BA R 3/1854a, p. 293, 309.

77 Seit Frühjahr 1944 hatte der Reichslastverteiler zur schnelleren Schadensermittlung und Wiederingangsetzung des Verbundbetriebes eine System aus nachgeordneten Reichs-, Bezirks- und Ortsluftschutzleitern angeordnet sowie Vorkehrungen zum Schutz vor Splittern an Trafostationen und Generatoren durchführen lassen (BA R 8 IV/14, Reichslastverteiler v. 25.03., 13.05., 16.06.1944, passim). Der sich verschärfende Luftkrieg mit Schleppbomben und ähnlichen Waffen vorzugsweise gegen Hochspannungsleitungen ließ diese Maßnahmen zusehend obsolet werden; vgl. B o l l (1969), S. 98f.; T r e u e (1977), S. 148, 157; German Electric Utilities Industry Report (1976), S. 38ff.

1944 standen die alliierten Truppen in Lothringen, bald darauf in Saarlouis und im Saargau — schied die Mehrzahl der wichtigsten Abnehmer der VSE als Verbraucher aus: Dillinger Hütte, Mannesmann Röhrenwerke in Bous, Blechwalzwerk Hostenbach, Halberger Hütte sowie die Abnehmer im Kreis Saarlouis und im geräumten Teil des Landkreises Saarbrücken[78]. Die Abgabeleistung, die kurz vor der Räumung noch 55.000 kW betragen hatte, sank Anfang 1945 auf 6.000 kW. Trotz großer Schwierigkeiten gelang der teilweise Abtransport des Hauptlagers Saarlouis sowie der Außenlager Siersburg, Scheidt und Bübingen, so daß das wichtigste Elektromaterial zur Aufbewahrung per Eisenbahnwaggons in das vor Feindeinwirkung besser geschützte Kraftwerk Borken (bei Kassel) der Preußenelektra gebracht werden konnte.

Nachdem am 19./20. Februar 1945 der Westwallabschnitt zwischen Saar und Mosel, der sogenannte Orscholz-Riegel, in sehr harten, für beide Seiten verlustreichen Kämpfen durchbrochen war, wurde die deutsche Front von Nordwesten und Norden aus dem Raum Trier-Hermeskeil-Birkenfeld von amerikanischen Truppen aufgerollt[79]. Mitte März 1945 erfolgte die Räumung der Westwallanlagen bei Merzig, am 21. März verließen die letzten deutschen Truppen das Saarland und überquerten in Resten bei Germersheim und westlich von Karlsruhe den Rhein. Die nachrückenden amerikanischen Truppen fanden das Land großenteils von der Zivilbevölkerung geräumt vor. Der Wohnraum war zu rund 60% vernichtet, die öffentlichen Gebäude zu etwa 40%, Fabriken zu 62%, Brücken zu 55% zerstört[80]. Besonders betroffen waren die Städte Saarbrücken und Saarlouis, wo 43 bzw. 41% der Gebäude völlig zerstört waren. Im Straßennetz trugen lediglich noch 30% für den Verkehr verwendungsfähige Decken. Eisenbahnanlagen und rollendes Material waren ebenfalls großenteils unbrauchbar. Von Zerstörungen des VSE-Netzes waren besonders die 110 kV- und 35 kV-Leitungen betroffen. Aber auch ein großer Teil der Ortsnetze konnte kaum mehr benutzt werden.

Am 08. Mai 1945 ging der Zweite Weltkrieg mit der bedingungslosen Kapitulation Deutschlands zu Ende. Auch für die Menschen an der Saar begann ein Neuanfang, ohne Krieg, aber mit erneuten Problemen in der Gestaltung des täglichen Lebens und in Sorge um eine ungewisse Zukunft.

---

78 Ab Herbst 1944 wurden die elektrostahlerzeugenden Unternehmen des Saarreviers durch Abschaltlisten zu drastischen Einschränkungen des Stromverbrauches bei Leistungsmangel im Elektrizitätswirtschaftsbezirk verpflichtet. Statt der erforderlichen 12,5 MW durften sie lediglich noch 1,6 MW aus dem öffentlichen Netz entnehmen (vgl. BA R 8 IV/12, 18.11. 1944).

79 Herrmann, Hans-Walter, Ein Vierteljahrhundert saarländische Geschichte, in: Saarbrücker Zeitung Nr. 105 v. 07./08.05.1970 (SZ-RA).

80 Das Saarland (1949), S. 14f.

VII. Das Saarland unter französischem Einfluß 1945 - 1957/59

1. Wiederbeginn politischen und wirtschaftlichen Lebens

Die Entfaltung wirtschaftlicher und politischer Aktivitäten kam nach dem Kriegsende im Saarland unterschiedlich schnell und intensiv voran. Mit dem Vorrücken der alliierten Truppen im Herbst 1944 hatte sich für die Bewohner an der Saar die bange Frage gestellt, wie ihre politische und wirtschaftliche Zukunft aussehen sollte. Würde Frankreich wiederum, wie nach dem Ersten Weltkrieg, die Abtrennung des Saar-Industrie-Reviers zur Absicherung seiner Sicherheits- und wirtschaftlichen Bedürfnisse fordern? Die Antwort blieb lange unklar, denn die französische Saar-Politik der kommenden Jahre wies einige deutliche Kursänderungen auf. Zum einen waren diese verursacht durch innenpolitische Ereignisse, zum anderen beruhten sie auf Interventionen der übrigen Alliierten, die mit den französischen Zielen und Maßnahmen keineswegs immer einverstanden waren[1].

Mitte Juni 1945 hatten die Westalliierten eine grundsätzliche Einigung über die Aufteilung der Besatzungszonen in Deutschland erreicht, so daß ab 10.07.1945 französische Truppen die amerikanische Besatzung des Saarlandes ablösten. Bereits am 04. Mai 1945 hatten die Amerikaner eine deutsche Zivilregierung, das Regierungspräsidium Saar, unter der Leitung von Dr. Hans Neureuter, eingesetzt. Anders als in Südbaden, Südwürttemberg-Hohenzollern oder der Pfalz, wo Frankreich seine Vorstellungen einer Militärverwaltung der eroberten Gebiete von Anfang an verwirklichen konnte, mußte sich die französische Besatzungsmacht mit der von der US-Militärregierung geschaffenen Verwaltungsstruktur und dem von ihr eingesetzten deutschen Personal befassen[2]. Zunächst wurde das Saarland von Frankreich mit der übrigen französischen Besatzungszone gleich behandelt. Am 23.07.45 erfolgte die Ernennung von General Pierre Koenig zum französischen Oberbefehlshaber in Deutschland. Bevollmächtigter für das Saarland wurde General Morlière. Aufgrund der Verfügung vom 22.08.1945 schloß sich am 30.08. d.Js. die Berufung von Oberst Gilbert Grandval zum Délégué Supérieur de la Sarre im Rahmen der Militärregierung an. Sein Kompetenzbereich umfaßte das Saarland in der vom Versailler Vertrag geschaffenen und bei der Rückgliederung 1935 beibehaltenen Abgrenzung. Grandval sollte für rund ein Jahrzehnt die französische Politik an der Saar entscheidend prägen[3].

Zu Beginn des Jahres 1946 entwickelte Außenminister Bidault ein neues Saarkonzept der französischen Regierung, indem er die Rückkehr der Saargruben in französisches Eigentum forderte. Zugleich sollte das Saarland ganz in den französischen Zoll- und Währungsbereich einbezogen werden, da sich die beiden Wirtschaften gegenseitig ergänzten. Gegen Ende des Jahres 1946 wurde die Trennung des Saarlandes von der übri-

---

1 Vgl. Herrmann (1982), S. 6ff.; Peters (1986), S. 43ff., Küppers (1985), S. 25ff.; allgemein zur politischen Entwicklung Schmidt (1959-62) (politikwissenschaftlich ausgerichtet); Regitz (1958), S. 57ff.; Manz (1968) (in erster Linie für die Frühphase); Kiersch (1977), S. 61ff. (zusammenfassender Forschungsstand bis 1976); Frankreich und das Saarland 1945-51 (1952); Fischer (1959); Dischler (1956).
2 Herrmann (1972), S. 10; Küppers (1983), S. 345ff.
3 Herrmann (1972), S. 11.

gen französischen Besatzungszone verstärkt durch die Errichtung einer Zollgrenze zwischen dem Saarland und dem späteren Bundesland Rheinland-Pfalz[4]. Das politische Leben erwachte wieder mit der Zulassung von Parteien zu Beginn des Jahres 1946 und der ersten Gemeinderatswahl am 16.09. d.Js. Kurz darauf erfolgte die Einsetzung einer „einstweiligen Verwaltungskommission" des Saarlandes, deren 7 Mitglieder das Regierungspräsidium Neureuters ablösen sollten[5]. Die Besetzung der Verwaltungskommission mit Vertretern der politischen Parteien entsprach ungefähr dem Ergebnis der vorausgegangenen Kommunalwahl. Weitere Marksteine auf dem Weg zu einer angestrebten Autonomie des Saarlandes waren, nachdem Frankreich seine ursprünglichen Annexionspläne fallengelassen hatte, die Ausarbeitung einer Verfassung, Wahlen zur verfassunggebenden Versammlung mit äußerst umstrittener Wahlzulassung (05.10.1947) und schließlich die Verkündung und Inkraftsetzung der saarländischen Verfassung am 17.12.1947[6]. Einen Tag danach bildete Johannes Hoffmann sein erstes Koalitionskabinett aus CVP und SPS. Die französische Militärregierung endete am 31.12.1947, Grandval wurde ab 01.01.1948 Hoher Kommissar für das Saarland.

Die wirtschaftliche Wiederbelebung im Saarland kam in sehr unterschiedlicher Weise voran. Während Eisenbahnen und Grubenanlagen von der Besatzungsmacht als erste wieder in Betrieb gesetzt wurden und auch die Elektrizitätsversorgung, wie es das Beispiel der VSE zeigt, sofort ihre Tätigkeit wieder aufnahm, folgten mit erheblicher Verzögerung die Eisen- und Stahlindustrie, die sonstigen Industrieunternehmen sowie Handel und Gewerbe[7]. Die Saargruben waren aufgrund ihrer Eigenart wesentlich weniger als die übrige Industrie von Zerstörungen durch Luftangriffe und Erdkämpfe betroffen. Der Sequesterverwaltung ab 01.01.1946 folgte zwei Jahre danach die Ablösung durch die „Régie des Mines de la Sarre" als rein französisches Unternehmen. Auch die Hüttenwerke der eisenschaffenden Industrie wurden, soweit sie ganz in deutscher Hand waren (Völklingen und Neunkirchen), unter Sequester gestellt[8]. Besser erging es der Dillinger- und Halberger hütte, die sich, französischen Konzernleitungen unterstellt, hinsichtlich der Wettbewerbsbedingungen mit der französischen Hüttenindustrie aber ebenfalls den Interessen der französischen Werke beugen mußten. Von Vorteil für die Unternehmen blieb zunächst der Verzicht Frankreichs auf Demontage. Dies sollte sich allerdings in den 50er Jahren in Konkurrenz zu den bundesdeutschen Werken aufgrund unzureichender Modernisierung der Anlagen und mangelnder Rationalisierung der Produktion in einen Nachteil verkehren.

Erneut setzte ab 1946 wie nach dem Ersten Weltkrieg das Bemühen ein, die relative Monostruktur der saarländischen Wirtschaft durch Ansiedlung einer lohnintensiven verarbeitenden Industrie aufzulockern. Die begrenzte Aufnahmefähigkeit des damaligen saarländischen Marktes und die noch zu geringe internationale Konkurrenzfähigkeit setzten diesen Bemühungen trotz intensiver Förderung der französischen Besatzungsmacht, teilweise unter Einsatz erheblicher öffentlicher Mittel, rasch ihre

---

4 Der genaue Zeitpunkt war der 22.12.1946, vgl. Henn (1959), S. 18f.
5 Ebd., S. 19; vgl. auch Herrmann (1982), S. 15f.
6 Die Saar (1956), S. 7ff.
7 Herrmann (1972), S. 70; Keuth (1963/64), S. 141ff.
8 Zur Grubenverwaltung vgl. Schuster (1958), S. 550ff. Zu Röchling vgl. Ehrhardt (1958), S. 149ff.; allg. zur Eisenindustrie: Guad (1958), S. 573ff.

Grenzen[9]. Eine weitere Parallele zur Zeit nach 1920 ist in Eingriffen in die Unternehmensverflechtungen nach dem wirtschaftlichen Anschluß zu sehen. Beschlagnahme und Zwangsverwaltung gegen deutsches Vermögen im Saarland ebneten französischen Gruppen den Weg zu Mehrheitsbeteiligungen in der Röhrenproduktion, in der Glasindustrie, im Handel sowie im Banken- und Versicherungswesen[10]. Nach der Errichtung der Zollgrenze zwischen Saarland und Rheinpfalz am 22.12.1946 erfolgte am 16.06.1947 die Einführung der Saarmark und der Umtausch der Reichsmark in Saarmark im Verhältnis 1:1. Offizielle Begründung war das spekulative Einströmen von Markbeträgen in beträchtlicher Höhe an die Saar, dem ein Ende gesetzt werden sollte[11]. Am 20. November 1947 folgte die Einführung der französischen Währung. Diese beschränkte sich nicht nur auf den Geldumtausch, sondern beinhaltete komplizierte und weitgehende Reglementierungen von Währung, Devisenverkehr, Kreditwesen und Investitionspolitik.

Nach der umstrittenen saarländischen Verfassung vom 17.12.1947 „gründete das Volk an der Saar ... seine Zukunft auf den wirtschaftlichen Anschluß des Saarlandes an die französische Republik und die Währungs- und Zolleinheit mit ihr" sowie auf die politische Unabhängigkeit vom Deutschen Reich (Präambel). Damit waren die Voraussetzungen für den vollen wirtschaftlichen Anschluß geschaffen. Detailregelungen in 12 verschiedenen Konventionen wurden bis 1950 noch ausgehandelt[12]. Am 30.03.1948 trat die saarländisch-französische Zollunion in Kraft. Die Zollgrenze wurde von der saarländisch-französischen Grenze an die Grenze zwischen Saarland und dem übrigen Deutschland verschoben, der saarländisch-französische Handelsverkehr wurde frei. Auf alle Wirtschaftsbeziehungen des Saarlandes mit dem Ausland fanden die französischen Zollvorschriften Anwendung. Die Ersetzung der Bezeichnung „Made in Germany" durch „Made in the France-Saar Economic Union" vom Februar 1949 drückte die Neuorientierung der Saarwirtschaft deutlich erkennbar aus[13].

2. Bestandsaufnahme und Neuanfang in der Elektrizitätswirtschaft

a) Die Lage im Versorgungsgebiet der VSE

Die Hauptverwaltung der VSE kam ab Anfang Mai 1945 von Sulzbach zurück nach Saarbrücken und bezog das noch von Kriegs- und Wasserschäden betroffene Haus Scheffelstr. 1 (später Heinrich-Böcking-Str. 1), das bereits im November 1944 als Ersatz für das zerstörte Verwaltungsgebäude angemietet worden war, wegen Räumung der

---

9 Herrmann (1972), S. 71.
10 Ebd.; für die Elektrizitäts- und Gaswirtschaft kann dies entgegen Herrmanns Ansicht nicht nachgewiesen werden.
11 Erklärung des Leiters der französischen Delegation vor dem Rat der Außenminister in New York am 09.12.1946, in: Die Saar (1956), S. 8f.
12 Herrmann (1972), S. 70.
13 Keuth (1963/64), S. 150. Seine heutigen Grenzen erhielt das Saarland endgültig im April und Juni 1949, als die Gemeinde Kirrberg und eine 19,3 ha große Fläche in der Nähe von Höchen dem Saarland angegliedert wurden. Vorausgegangen war am 18.07.1946 die Abtrennung von 152 Gemeinden von Rheinland-Pfalz und die Anbindung an das Saarland; 61 Gemeinden gab das Saarland am 08.06.1947 wieder zurück, vgl. Herrmann (1972), S. 45f.

Stadt aber nicht mehr bezogen werden konnte[14]. Sofort nach der Besetzung des Saarlandes durch amerikanische Truppen begannen im April 1945, noch vor dem offiziellen Kriegsende, umfangreiche Wiederaufbauarbeiten im gesamten VSE-Versorgungsgebiet. Am schwersten betroffen durch die Kampfhandlungen gegen Kriegsende war das gepachtete Netz des Kreises Saarlouis, das Erneuerungskosten in Höhe von 7,2 Mio Reichsmark erforderte. Hoch- und Niederspannungsanlagen im eigenen Bereich wiesen kriegsbedingte Schäden von über 2 Mio RM auf. Die Leitungen selbst waren zu über 50% zerstört, während die Masten kaum Schäden aufwiesen. Rund die Hälfte der 180 Ortsnetze im Versorgungsgebiet der VSE war außer Betrieb, teilweise ganz, teilweise partiell beschädigt. Bis Mai 1946 wurden bereits an Kosten für provisorische Instandsetzungen von Hochspannungsleitungen, Ortsnetzen, von Umspannwerken und Transformatorenstationen rund eine Mio RM ausgegeben. Erschwert waren die Instandsetzungsarbeiten vor allem im minenverseuchten Vorfeld der früheren Frontlinien[15], wo die Arbeiten oftmals nur unter Einsatz des Lebens erledigt werden konnten.

Zur raschen Bewältigung der anstehenden Aufgaben reichte das durch noch in Kriegsgefangenschaft befindliche Mitarbeiter dezimierte Stammpersonal der VSE bei weitem nicht aus, weshalb im kommenden Jahr die Belegschaft des Unternehmens teilweise über 700 Personen erreichte (vgl. Tab. 46). Berechnungen hatten ergeben, daß durch

Tabelle 46 Entwicklung der VSE-Belegschaft 1945/46

Jahr	Monat	Lohnempfänger	Gehaltsempfänger	Gesamt	davon Auszubildende
1945	April	110	121	231	
	Mai	177	126	303	
	Juni	349	141	490	
	Juli	518	177	695	
	August	523	180	703	
	September	494	181	675	
	Oktober	490	181	671	
	November	450	185	635	
	Dezember	420	186	606	42
1946	Januar	384	191	575	
	Februar	367	192	559	
	März	352	194	546	
	April	292	196	488 1)	45
	Mai	273	192	465	
	Dezember	206	189	395	56

1) zusätzlich 44 in Kriegsgefangenschaft (30.4.1946),
am 28.3.1947 noch 29 in Kriegsgefangenschaft
Quelle: Aufsichtsratsprotokolle (VSE-AHV)

14 VSE-AHV, Aufsichtsratssitzung v. 23.05.1946; LA Sbr. Best. MW 585: Landkreis Saarlouis; MW 574: Saarlouis-Roden, 02.07.1946, passim; MW 560: Stadt St. Wendel, 27.11.1946; MW 573: Gemeinde Schmelz, 13./30.12.1949. Die folgenden Ausführungen beruhen, falls nicht anders vermerkt, auf den ausführlichen Protokollen der Aufsichtsratssitzungen v. 23.05. und 22.11.1946 sowie zugehörigen Berichten des Vorstandes der VSE. Die letzte Aufsichtsratssitzung vor dem 23. Mai 1946 hatte am 30.06.1944, die letzte HV am 15.05.1944 und die letzte Arbeitsausschußsitzung am 14.03.1944 stattgefunden. Die VSE hatte somit knapp zwei Jahre ohne Gremien gearbeitet, lediglich der Vorstand war aktionsfähig geblieben.
15 Energiewirtschaft (1947), S. A115f.

die Einstellung zusätzlicher Arbeitskräfte rund 1 Mio Reichsmark gespart werden konnte gegenüber der Auftragsvergabe an ortsansässige Großunternehmen der Elektroindustrie wie BBC, Siemens und AEG, da deren Monteure erheblich höhere Löhne erhielten. Nach 10 Jahren staatlich verordneten Lohnstopps — einziger Ausweg waren Höhergruppierungen innerhalb des Tarifes — folgte zum 01.05.1945 mit Genehmigung der amerikanischen Militärverwaltung eine Heraufsetzung der Löhne und Gehälter um rund 20% im Rahmen einer neuen Betriebsordnung der VSE. Mit Hilfe des zusätzlichen Monteurpersonals[16] war es möglich, daß gegen Ende des Betriebsjahres 1945 bereits der größte Teil der Abnehmer wieder in den Genuß elektrischer Energie kam. Man war allerdings in vielen Fällen gezwungen, wegen des Mangels an Materialien wie Isolatoren, Kabel oder Holzmasten, die Anlagen provisorisch zu reparieren, so daß eine endgültige Wiederinstandsetzung für die nachfolgenden Jahre offen blieb. Eine Folge der Verwendung provisorischen Materials waren teilweise erhebliche Leitungsverluste. Zunehmend erschwerten auch Leitungsdiebstähle die dauerhafte Versorgungssicherheit. In erster Linie waren davon Leitungen betroffen, die wegen Kriegsschäden außer Betrieb waren und deren Kupfer- oder Aluminiumseile auf dem Schwarzmarkt als gesuchte Altmetalle einen hohen Tauschwert hatten. Es kam aber auch vor, daß aus einer in Betrieb befindlichen Leitung 150 m Ortsnetzkabel von 2 x 16 qmm Cu ausgeschnitten und entwendet wurden, so geschehen am 15.09.1946 zwischen 5.00 Uhr und 5.30 Uhr in der Frühe im Ortsnetz der Gemeinde Aussen, Bürgermeisterei Bettingen[17].

Bereits kurz nach Festsetzung der französischen Militärregierung im Saarland war die SALEC (Straßburg) mit der VSE in Verhandlungen getreten, um eine Mehrheitsbeteiligung wie 1920/21 zu erreichen. Als Gegenleistung versprach das französische Unternehmen die Abnahme von mindestens 100 MW, da in Lothringen als Kraftwerk für die öffentliche Versorgung lediglich das veraltete Kraftwerk La Houve in Creutzwald bestand. Ferner sicherte die SALEC ihre Unterstützung durch die Lieferung von französischem Material zur Instandsetzung der Versorgungsanlagen zu. Die Verstaatlichung der Elektrizitätswirtschaft in Frankreich und die Gründung der EdF zerschlugen allerdings bereits Anfang 1946 das Vorhaben der SALEC. Aus demselben Grund scheiterte auch die geplante Beteiligung der Saargrubenverwaltung an der VSE[18]. Der Vorstand der VSE griff die Anregung der Stromlieferung nach Frankreich rasch auf. Direktor Keßler breitete in einem Vortrag vor dem Beirat der Handelskammer Saarbrücken am 26.10.1945 seine Überlegungen zu diesem Schritt aus. Ausgehend von dem Gedanken, daß die Transportkapazitäten zur Versendung von Kohle durch die Zerstörung der Bahnanlagen in weiten Teilen Deutschlands sehr stark eingeschränkt waren, setzte die VSE schnellstmöglich ihr 110 kV-Netz wieder in Betrieb, um Strom exportieren zu können. Damit hatte das Unternehmen einen Vorsprung vor den Kraftwerken der weiteren Umgebung, die großenteils wegen Kohlemangels stillagen. Bei der Saar-

---

16 Teilweise wurde auch die VSE von Ausweisungen der französischen Militärbehörden betroffen. Sie fielen zwar zahlenmäßig weniger ins Gewicht, konnten aber, wie im Falle eines erfahrenen Obermonteurs, die Wiederaufbauarbeiten beeinträchtigen. Rekurse gegen die Militärverwaltung blieben in der Regel ohne Erfolg (vgl. VSE-AHV, Nachlaß Keßler 09.07.1947).

17 LA Sbr. Best. MW 619, 11./30.09.1946.

18 Ebd. MW 551, Aktionärsbesprechung der VSE am 28.02.1946 im Regierungspräsidium Saar. Zur Entstehung der EdF vgl. Gaudy (1985); EdF 25 ans (1971).

grubenverwaltung beantragte die VSE deshalb die im Stromlieferungsvertrag von 1942 vereinbarte gesicherte Leistung von 57 MW (zusätzlich 15 MW ungesicherter Hilfsleistung) und bemühte sich ferner darum, daß das unter den Einwirkungen des Krieges stark in Mitleidenschaft gezogene Kraftwerk Wehrden bald wieder in Ordnung gebracht wurde. In Wehrden war bereits die amerikanische Besatzungsmacht um Unterstützung zur Wiederbeschaffung von „certain essential parts of the electric generators of the Wehrden power plant" gebeten worden, die deutsche Truppen vor Ankunft der Amerikaner über den Rhein geschafft hatten[19]. Mit Hilfe eines außerordentlichen Passierscheins vom 01. Mai 1945 konnten sich zwei Mitarbeiter des Kraftwerkes auf die erfolgreiche Suche nach den demontierten Teilen machen, so daß das Kraftwerk bald wieder seinen Betrieb aufnehmen konnte (vgl. Tab. 47).

Tabelle 47 Stromabgabe Kraftwerk Wehrden Mai - Dezember 1945

Monat	Gesamt-abgabe	1/4 h - Spitze der Erzeugung	Abgabe an Röchling		Abgabe an VSE	
	kWh	kWh	kWh	%	kWh	%
Mai	271.600	3.000	271.600	100,0		
Juni	580.100	11.800	374.470	64,6	205.600	35,4
Juli	573.508	3.000	572.675	99,9		
Aug.	5.355.082	14.200	1.053.320	19,7	4.301.295	80,3
Sept.	5.808.830	15.000	1.386.583	23,9	4.421.617	76,1
Okt.	9.309.829	26.000	1.636.670	17,6	7.672.474	82,4
Nov.	16.541.839	38.000	2.083.588	12,6	14.457.839	87,4
Dez.	17.397.195	41.300	4.270.840	24,5	13.126.099	75,4

Quelle: VSE-Aufsichtsratssitzung vom 23.5.1946 (VSE-AHV)

Auch die französische Sequesterverwaltung der Saargruben AG sicherte ihre rasche Unterstützung zu. Ihre Kraftwerke konnten aber wegen der Nachwirkungen der forcierten Kriegsarbeit anfangs selbst nur mit insgesamt 50 MW arbeiten. Sowohl amerikanische wie französische Militärregierung sahen in der Ingangsetzung der Elektrizitätsversorgung neben der Wiederherstellung der Verkehrsinfrastruktur die entscheidenden Grundlagen für die Aufnahme wirtschaftlichen und öffentlichen Lebens. Die geringen Liefermöglichkeiten der Grubenkraftwerke konnten zum damaligen Zeitpunkt dadurch kompensiert werden, daß die Großabnehmer der VSE, wie Dillinger Hütte, Schaufelfabrik Dillingen, Mannesmann-Röhrenwerke in Bous, Blechwalzwerk Hostenbach, Eisenbahnhauptwerkstätte Saarbrücken, Halbergerhütte, Hadir St. Ingbert und das Reichsbahnausbesserungswerk St. Wendel gar keinen oder nur geringen Krafteinsatz benötigten. Wann die saarländische Industrie wieder zur vollen Arbeit gelangen würde, war im Sommer 1945 noch nicht abzusehen, so daß die freie Leistung dem Export zur Verfügung stand. Ab 19.10.1945 lieferte die VSE zunächst 5 MW am Tag, etwa 60.000 kWh, über die mit 65 kV betriebene 110 kV-Leitung ab Umspannwerk Geislautern nach Carling (Lothringen) zur SALEC. Keßler strich in seinem Vortrag vor der Handelskammer besonders die positiven Auswirkungen heraus, die dieser

---

19 Saarstahl Völklingen-Werksarchiv, unsigniert (01.05.1945); der Hinweis von B o l l (1969), S. 104, über einige im Saarland demontierte, nach Lothringen transportierte und später zurückgebrachte Turboaggregate konnte anhand der Quellen nicht nachvollzogen werden.

Export für das gesamte Saarland bringen sollte. Er rechnete mit einem Erlös von 60 Cts./kWh, nach damaligem Kurs etwa 12 Rpfg., so daß eine später gesteigerte Ausfuhrleistung von 50 MW und mehr bei angenommenen 4.000 Benutzungsstunden der Verwaltung des Saarlandes etwa 14,4 Mio RM/a als Auslandsguthaben in Frankreich einbringen würden. Vorausgesetzt war dabei eine Berechnung der kWh für die VSE mit 5 Rpfg. Als weiteren positiven Impuls für die Wirtschaft des Saarlandes führte Keßler die Lieferung von rund 14 MW an die Pfalzwerke über das Kraftwerk Homburg an, da der Hauptlieferant der Pfalzwerke, das Großkraftwerk Mannheim, zum einen in der amerikanischen Besatzungszone lag, zum anderen wegen Kohlemangels fast ganz außer Betrieb war. Hier stand zwar nicht der Erlös von Devisen im Vordergrund, aber über Kompensationsgeschäfte, beispielsweise Strom gegen Lebensmittel, sollten auch die Lieferungen in die Pfalz zum Gesamtwohl der saarländischen Bevölkerung beitragen.

Ausdruck der unsicheren Zukunftslage im Herbst 1945 waren auch die Ausführungen Keßlers zur Situation im Versorgungsgebiet rund um die Stadt Saarbrücken, wo der Kleinkonsum an elektrischer Energie erstaunlicherweise weitenteils — im Gegensatz beispielsweise zur der Gasversorgung, die in größerem Umfang noch nicht wiederhergestellt war — bereits über den Werten von 1944 im vergleichbaren Zeitraum lag. Ursache hierfür war der durch die starken Zerstörungen bedingte Rückgang der Saarbrücker Bevölkerung von 120.000 Anfang September 1939 auf gerade noch 60.000 Personen sechs Jahre danach[20]. Die meisten der Ausgebombten bezogen in der Nähe der Stadt Quartier und trugen somit zum erhöhten Absatz der VSE bei. „Da irgendwelche Pläne zum Wiederaufbau der Stadt Saarbrücken nicht vorliegen", resümierte Keßler, schien eine dauerhafte Steigerung des Kleinverbrauchs im genannten Gebiet für die Zukunft voraussehbar. Dies sind für uns heute fast unvorstellbare Gedanken, doch angesichts einer eventuellen Durchführung des Morgenthau-Planes (der Verzicht der Alliierten hierauf war damals natürlich noch nicht bekannt), lagen sie unter den Zeitumständen durchaus im Bereich des Möglichen. Die Situation entwickelte sich jedoch ganz anders als damals vorausgeplant. Saarbrücken wurde wieder aufgebaut, und statt der erhofften Einnahmen aus den Stromlieferungen nach Frankreich und in die Pfalz ergaben sich zunächst hohe Verluste. Zur Ausfuhr in 65 kV nach Carling waren ab 16.01.1946 Lieferungen in 35 kV von Geislautern nach Petite-Rosselle hinzugekommen. Anfang April hatte die von der VSE vorgehaltene Summe für den Stromexport bereits rund 2,2 Mio RM erreicht, weshalb sich das Unternehmen mehrfach um Unterstützung an das Regierungspräsidium Saar und an Colonel Grandval in seiner Eigenschaft als Gouverneur de la Sarre wandte, um zumindest eine Abschlagzahlung für die Stromexporte zu erhalten[21]. Bei Gestehungskosten ab Wehrden von damals rund 3,5 Reichspfennig pro kWh (einschließlich Verluste) gestand die französische Militärregierung in einer Abmachung vom 08.04.1946 lediglich 2,2 RPfg./kWh zu[22]. Dabei legte die französische Behörde außerordentlichen Wert auf die Feststellung, daß es sich bei

20 Nach der zweiten Evakuierung am 06.12.1944 waren noch lediglich 600 Bewohner in der Stadt. Bis zum 01.05.1945 hatte sich die Einwohnerzahl bereits wieder auf über 17.000 erhöht; vgl. E c k e l (1985), S. 205.
21 LA Sbr. MW 561, 31.10., 27.12.1945, 11.02., 06.03.1946.
22 Ebd., 08.04.1946.

den Stromlieferungen nach Frankreich nicht um Reparationszahlungen, sondern um normale, vertraglich geregelte Exporte handelte[23]. Inhalt und teilweise Ton der Entscheidungen der französischen Administration ließen allerdings keine Zweifel offen, wie die Machtverhältnisse seinerzeit gelagert waren. Nach 1945 überwog deutlich das französische Versorgungsinteresse[24], eine Parallele zur Entwicklung des Landes Baden nach 1945 unter französischer Herrschaft[25].

Auch die Lieferungen an die Pfalzwerke erfolgten nicht zu einem einträglichen Preis für die VSE. Da diese Stromabgabe ursprünglich nur für kurze Zeit gedacht war, wären die geringeren Einnahmen zu verkraften gewesen. Anhaltender Kohlemangel in den Jahren 1946 und 1947 veranlaßte die Militärregierung jedoch, das völlig unwirtschaftlich arbeitende Kraftwerk Homburg weitgehend stillzulegen und lediglich zur Erzeugung von Spitzenstrom bereitzuhalten[26]. Die übrigen saarländischen Kraftwerke wurden als Ersatz dafür verstärkt zur Deckung des Energiebedarfs der Pfalz herangezogen. 34,4% der gesamten nutzbaren Abgabe der VSE gingen 1945 an die Pfalzwerke, 1946 und 1947 waren es 8% bzw. 14,4% (vgl. Tab. 48). Zusammen mit den Exporten nach Frankreich, die 1949 ihr Maximum erreichten, betrug der Anteil der VSE-Lieferungen an Nachbargebiete in den Jahren 1945 bis 1948 teilweise über 70%, so daß die Abgabe im eigenen Gebiet immer schärfer kontingentiert werden mußte und das ursprünglich erwünschte Exportgeschäft ins Gegenteil umschlug.

Einen weiteren Rückschlag erlitt die VSE in ihren Bemühungen, ihre wirtschaftlichen Verhältnisse zu konsolidieren, mit der Unterstellung des Kraftwerkes Wehrden unter Sequester am 20.03.1946[27]. Mehrfache Hinweise auf die 75%ige Beteiligung der öffentlichen Hand an Wehrden durch die Aktionäre VSE, Stadt und Landkreis Saarbrücken sowie den Kreis Saarlouis fruchteten bei der Militärbehörde nichts, sie zeigte keinerlei Reaktion. In direkten Verhandlungen stellte sich schließlich heraus, daß das Kraftwerk Wehrden in der Annahme, es sei ein Röchling-eigenes Hüttenkraftwerk, irrtümlich sequestriert worden war[28]. Aber auch dieses Eingeständnis änderte am Festhalten der Zwangsverwaltung bis in das Jahr 1953 hinein nichts. Wehrden war der einzige Fall, in dem ein zum überwiegenden Teil im Eigentum der öffentlichen Hand befindliches Unternehmen unter Sequester verblieb. Im Herbst des Jahres 1946 erfolgte die Verhaftung des VSE-Vorstandsmitgliedes Dr. Rodenhauser, der in seiner Hauptfunktion Generaldirektor der Röchlingwerke in Völklingen war. Wilhelm Rodenhauser hatte sich unermüdlich um die Wiederingangsetzung des Kraftwerkes Wehrden bemüht und stand zum Zeitpunkt seiner Verhaftung in intensiven Verhandlungen mit Vertretern der Régie des Mines über maßvollere Erhöhungen der Kohlenpreise, die — in Verbindung mit den angeführten geringen kWh-Erlösen (vgl. Tab. 50) — bei allen saarländischen Energieversorgungsunternehmen auf die Kostenstruktur drückten. Strompreiserhöhungen als Ausgleich waren von der Militärregierung generell unterbunden worden. Rodenhauser wurde jede weitere Tätigkeit im Saarland untersagt. Er wurde des

---

23 Ebd., 26.04.1946.
24 Hellwig (1954), S. 86; Barthel (1978), S. 146.
25 Vgl. Laufer (1979), S. 176f.
26 Am 13.01.1946 wurde neben dem Kraftwerk Homburg auch das Großkraftwerk Mannheim stillgelegt, um Kohle einzusparen, LA Sbr. MW 584, 28.06.1946.
27 Ebd. MW 583, 22.10.1948.
28 Ebd. MW 583, Bericht v. 06.10.1951.

Landes verwiesen und in Rastatt vor ein Gericht der französischen Besatzungsmacht gestellt. Für ihn trat ab 16.12.1947 der Dipl.-Ing. Edouard Mercier als von der Sequesterverwaltung des Kraftwerkes Wehrden eingesetztes Geschäftsführungsmitglied bei der VSE in den Vorstand ein.

b) Die Situation im übrigen Saarland

Bombentreffer hatten das Verbindungskabel vom Kraftwerk Wehrden zur Versorgung der Stadt Saarbrücken zerstört, weshalb die VSE für eine geraume Zeit die Stromlieferungen für die gesamte Stadt sicherstellte. Gegen Ende des Jahres 1946 bezeichneten die Stadtwerke Saarbrücken rund 80% ihrer Stromverteilungsanlagen als wieder gebrauchsfähig mit den üblichen Einschränkungen der Verwendung von provisorischen Materialien[29]. Größere Schäden hatten auch die Gemeindewerke Dudweiler und Sulzbach, die kommunalen Verteilungsbetriebe für Gersweiler und Klarenthal, für Riegelsberg, Quierschied, Püttlingen und Altenkessel sowie die Stadtwerke Neunkirchen und Völklingen zu beheben[30]. Besser war der Zustand der Ortsnetze im Gebiet des nördlichen Saarlandes. Die Stadt Ottweiler verzeichnete auf eine Anfrage der Verwaltungskommission Ende 1946 ebenso wie die meisten Gemeinden des Amtsbezirkes Illingen und der Amtsdirektion Wiebelskirchen einen guten Zustand der Netze[31].

Das Versorgungsgebiet des RWE im Westen und Norden des Saarlandes hatte bis auf 10 Gemeinden des Landkreises Saarburg im Herbst 1946 keine Ortschaft mehr ohne Stromanschluß aufzuweisen. Da das RWE grundsätzlich bis zur letzten Lampe versorgte, ging der Wiederaufbau hier kontinuierlich voran. Lediglich die Strombezugsmöglichkeiten vom Kraftwerk Weiher über das Umspannwerk Göttelborn waren noch immer unterbrochen, da ein während des Krieges beschädigter Transformator „s'est perdu pendant le transport à l'usine de réparation"[32]. Sechs Monate lang lag auch das Wasserkraftwerk Mettlach an der Saar still, denn 28 schwere Granattreffer hatten im letzten Kriegsjahr Wehranlage, Hebewerk und Maschinenhaus verwüstet. Bereits ab Mai 1945 konnte das Kraftwerk wieder in Teilbetrieb gehen, ab Herbst desselben Jahres waren alle drei Generatoren voll einsatzfähig und bildeten eine regionale Stütze für das Ingangkommen des Wiederaufbaus, ehe das Verbundnetzes des RWE wieder funktionstüchtig war[33].

Im östlichen Saarland, dem Versorgungsgebiet der Pfalzwerke, sah die Lage Ende 1946 noch erheblich schlechter aus. Die vielen A-Gemeinden — allein im Kreis Homburg stand 14 A- eine etwa gleich hohe Anzahl von B-Gemeinden gegenüber (vgl. Karte 6) — waren finanziell kaum in der Lage, ihre Ortsnetze ordnungsgemäß wieder herzustellen. Vielfach völlig unzureichende provisorische Maßnahmen führten in den kommen-

---

29 LA Sbr. MW 585, Saarbrücken, 06.12.1946; vgl. auch S c h n e i d e r (1959), S. 88ff.
30 LA Sbr. MW 585, Bürgermeister Neunkirchen, 06.12.1946; Landrat Saarbrücken, 09.12.1946.
31 Ebd., Ottweiler, 05.12.1946.
32 VSE-AHV, Bericht des RWE-Merzig an die Militärregierung v. September 1946 (unsigniert). Vgl. ebf. LA Sbr. MW 582, September 1946.
33 SZ-RA, Saarbrücker Zeitung v. 30.01.1950.

Karte 6 Elektrizitätsversorgungsgebiete im Saarland 1949

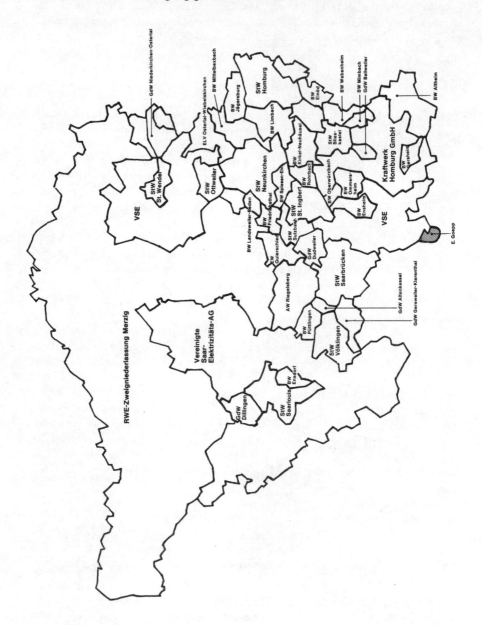

Quelle: VSE-AHV

den Jahren zu Leitungsverlusten von 1/4 bis 1/3 des Stromaufkommens[34]. Mit am stärksten betroffen waren die Verteilungsanlagen der Stadtwerke Homburg durch Luftangriffe bis Mitte März 1945. Provisorien wie die Unterbringung der Anlagen des völlig zerstörten Schalthauses in zwei Holzbaracken waren hier an der Tagesordnung. Große Schwierigkeiten bereitete die unregelmäßige Arbeit des Hauptlieferanten der Stadt, des Kraftwerkes Homburg. Aufgrund von Stillegungen, dem Einsatz allein zur Deckung von Spitzenbedarf und der technischen Überalterung war die Spannung im Netz starken Schwankungen unterworfen[35].

Im Jahre 1947 war die Stromversorgung im gesamten Saarland wieder hergestellt und das Hoch- und Mittelspannungsnetz aufgrund der nachhaltigen Anstrengungen der größeren Energieversorgungsunternehmen in einem den Zeitumständen angemessenen Zustand. Im Niederspannungsbereich, d. h. auf Ortsnetzebene, waren die Anlagen der kleineren A-Gemeinden überwiegend in einer den Sicherheitsanforderungen keineswegs entsprechenden Beschaffenheit. Zu den vor dem Krieg oftmals nicht durchgeführten notwendigen Erneuerungen summierten sich die kriegsbedingten Folgeschäden in solcher Höhe, daß diese Gemeinden finanziell überfordert waren und nur unumgängliche Reparaturen vornahmen. Allen Wiederaufbauarbeiten gemein war die Notwendigkeit, wegen fehlender Materialien vielfach Provisorien zu errichten, die erst im Verlaufe der ersten Hälfte der 50er Jahre verschwinden sollten.

3. Die Entwicklung bis zur Währungsumstellung

Für Fragen der Energieversorgung waren die Kompetenzen im ersten Verwaltungsgebilde nach dem Krieg an der Saar, dem Regierungspräsidium, noch wenig einheitlich geregelt. Nach Schaffung der Verwaltungskommission 1946 wurde das Referat Energie als Unterabteilung dem Bereich Wirtschaft und Verkehr zugeordnet. Daneben bestanden, seit Herbst 1946 auf rechtlicher Grundlage, die durch Verfügung der Militärregierung geschaffenen „Dreiervertretungen"[36]. Für jeden Wirtschaftszweig mußte eine derartige Organisation mit Zwangsmitgliedschaft gebildet werden. Jede Dreiervertretung setzte sich aus einem Arbeitgeber-, einem Arbeitnehmer- sowie einem technischen Vertreter zusammen. Ihr oblag die „amtliche Verbindung zwischen ihren angeschlossenen Mitgliedern und den entsprechenden Dienststellen der Militärregierung, Abteilung Wirtschaft", die alleine zu Weisungen befugt war. Zu ihrem Aufgabenbereich gehörte auch die Ausarbeitung von Erzeugungs- und Vertriebsprogrammen unter Berücksichtigung von Verbesserungsvorschlägen, Rationalisierungsmaßnahmen sowie Untersuchungen über die Verkaufspreise. Die gesamte Zielsetzung war auf die Interessen der Militärregierung hin ausgerichtet. Im Sommer 1946 war die Dreiervertretung Nr. 30 — Energiewirtschaft — eingerichtet worden unter der vagen Aufgabenzuweisung als „Kontingentsträger", dem monatlich Gutscheine für industrielle Produkte überwiesen wurden. Der Dreierausschuß war für die Zuteilung der entspre-

---

34 LA Sbr. MW 585, 06.11.1946 (Homburg), 09.12.1946 (St. Ingbert), MW 595, 03.05.1950 (Gersheim), 06.05.1952 (Ommersheim).
35 Ebd. MW 554, 11.08.1949, MW 584, 28.06.1946.
36 K e u t h (1963/64), S. 162f.

chenden Kontingente an die Mitglieder, in diesem Fall alle Gas-, Wasser- und Elektrizi-
tätsversorgungsbetriebe des Saarlandes, zuständig. In der Praxis arbeiteten die Aus-
schüsse wenig effektiv und wurden nach der Bildung fachlicher Unternehmerorganisa-
tionen aufgehoben[37].

In einer Aktionärsbesprechung der VSE am 28.02.1946, an der nur die saarländischen
Aktionäre teilnahmen, empfahl Regierungspräsident Dr. Neureuter den Übergang der
Preußenelektra-Aktien auf das Regierungspräsidium Saar, um Unsicherheiten bezüglich des künftigen Schicksals preußischen Vermögens entgegenzuwirken und möglichen Schwierigkeiten seitens der französischen Militärregierung wegen der Beteiligung
eines reichsdeutschen Unternehmens auszuweichen[38]. Rund ein Jahr später stellte
sich nach Auflösung des Staates Preußen durch das Kontrollratsgesetz Nr. 46[39] erneut
die Frage eines Überganges des Vermögens des preußischen Staates auf die Nachfolge-
staaten (Art. III), in diesem Fall also des Preußenelektra-Aktienpaketes der VSE auf die
Verwaltungskommission des Saarlandes[40]. Alle Bemühungen um eine Aktienübertragung scheiterten an der ungewissen rechtlichen Lage und wurden unter dem Vorrang
der Bearbeitung aktueller Probleme auf spätere Zeiten verschoben.

Das Referat Energie verfocht aber auch in Zukunft den Plan einer einheitlichen Zusammenfassung der saarländischen Elektrizitätsversorgung und sah eine günstige Gelegenheit durch die sich festigende, von der Entwicklung in den anderen Besatzungszonen
abgesonderte Stellung des Saarlandes. So faßte man den Gedanken, die vom RWE versorgten Teile des Saarlandes durch Aktienkauf zur VSE hinzuzuschlagen[41]. Bereits im
Sommer 1946 hatten mit dem RWE Verhandlungen stattgefunden, die eine Versorgung der neu zum Saarland geschlagenen Gebietsteile (Restkreis Wadern, Amtsbezirk
Nonnweiler des Kreises Trier-Land, Kreis Saarburg und weitere Gemeinden der Kreise
Trier-Land und Birkenfeld) sicherstellen sollte[42]. Das RWE versprach die Einrichtung
einer selbständigen Verwaltungsstelle Merzig für die genannten und die bislang besorgten Bereiche, wollte aber mit Rücksicht auf die politische Verbundenheit mit dem Saarland von der Bildung einer eigenständigen Tochtergesellschaft Abstand nehmen.
Kurze Zeit später scheiterten mehrere Versuche der betroffenen Landräte, über die
„kommunale Aufnahmegruppe" als Saarvertreter in den Aufsichtsrat des RWE zu gelangen, an der Mehrheit der Vertreter rheinischer Landkreise. Gegen die Dominanz
von Rheinland-Westfalen im RWE versuchten die Landräte von Merzig, Saarburg und
Ottweiler daraufhin, sich mit den entsprechenden Vertretern der restlichen französischen Besatzungszone zusammenzuschließen und die im französischen Einflußbereich
liegenden Versorgungteile selbständig vom RWE abzusondern[43]. Auch die französische Militärregierung unterstützte die Bestrebungen zur Vereinheitlichung der saarländischen Elektrizitätsversorgung durch verschiedene Anordnungen. Im nördlichen

37 LA Sbr. MW 614, 18.11.1946; vgl. auch 25 Jahre Fachverband (1974), S. 48.
38 LA Sbr. MW 551, 28.02.1946.
39 Kontrollratsgesetz Nr. 46 v. 25.02.1947, in: Journal Officiel, 2ème Année No. 58 v.
   04.03.1947.
40 LA Sbr. MW 551, 14.06.1947.
41 Ebd. MW 616, 04.07.1947.
42 Ebd., Bericht über Verhandlungen in Essen am 23./24.08.1946.
43 Ebd. MW 582, 12.12.1946, 12.04.1947; ebd. Best. Verwaltungskommission Nr. 57, 04./06./
   11.03.1947.

Landkreis Saarlouis mußte Ende 1946 bei Beckingen-Rehlingen das 35 kV-VSE-Netz mit dem 25 kV-Netz des RWE gekuppelt werden[44]. Für die vom RWE versorgten Erweiterungen des Saarlandes hatte die VSE ferner 10 MW über die 110 kV-Leitung Weiher-Tholey zur Verfügung zu stellen. Ein bereits im Mai 1946 vorgesehener Demarkationsvertrag zwischen RWE und VSE, der auf 30 Jahre die bestehenden Versorgungsgebiete festschrieb, wurde vom Gouvernement Militaire ausdrücklich untersagt, da er den Vereinheitlichungsbestrebungen zuwider lief[45].

Im Bereich des östlichen Saarlandes wurde unter den Vorzeichen des wirtschaftlichen Anschlusses an Frankreich das Kraftwerk Homburg von den Pfalzwerken abgetrennt und am 20. September 1946 als GmbH mit eigener Rechtspersönlichkeit ausgestattet[46]. 80% des 50.000 RM betragenden Gesellschaftskapitals hielten die Pfalzwerke, der Rest lag für kurze Zeit beim Bürgermeister der Stadt Homburg[47]. Wie bereits erwähnt, hatte schon bald nach Kriegsende die VSE auf Anweisung der Militärregierung die Zulieferung elektrischer Energie für weite Teile des Versorgungsgebietes der Pfalzwerke übernommen. Mehrfach wurde das völlig unwirtschaftlich arbeitende Kraftwerk Homburg durch Anordnung der militärischen Behörden ganz stillgelegt bzw. lediglich zur Deckung des Spitzenbedarfs in Reserve gehalten[48]. Es kann festgehalten werden, daß in den Jahren 1945 bis zum Herbst 1947 eine unter den gegebenen Umständen zufriedenstellende öffentliche Stromversorgung der Pfalz nur durch die Bereitstellung erheblicher Mengen elektrischer Energie von der Saar aufrecht erhalten wurde (vgl. Tab. 49).

Aus der Mitversorgung der Pfalz und der Abgabe noch erheblich größerer Kontingente elektrischer Energie nach Frankreich resultierte eine wichtige Ursache für das langsame Anlaufen der saarländischen Wirtschaft — die Stromknappheit. Auf den meisten Hütten gelang es zwar nach dem Ende der Kampfhandlungen, die zur Aufrechterhaltung eines Minimalbetriebes notwendigen Stromerzeugungsanlagen rasch wieder in Gang zu setzen[49], meist erfolgte kurze Zeit später angesichts der ungewissen politischen Zukunft aber die vorübergehende Stillegung durch die Militärbehörden. Bis zum Herbst 1945 zeichnete sich bald wieder ein rasch steigender Verbrauch an Strom ab, ehe Maßnahmen zur Stromverbrauchseinschränkung, die in allen Besatzungszonen eingeführt wurden, speziell im Saarland einen Rückgang um 25% verursachten[50]. Auf-

---

44 VSE-AHV, Aufsichtsratssitzung v. 22.11.1946.

45 Ebd.

46 LA Sbr. Stk 628, 20.09.1946; Abschrift Gesellschaftsvertrag ebd. MW 584, 20.09.1946; ebd., Abschrift Verpachtungsvertrag zwischen PW und KW Homburg v. 28.09.1946.

47 Ebd. MW 584, Energiereferat, 26.03.1947.

48 VSE-AHV, Aufsichtsratssitzung v. 23.05.1946, Abkommen mit den PW v. 30.03./ 02.04.1946 (ebd.); LA Sbr. MW 584, Regierungspräsidium Saarbrücken, 15./16.01., 03.03., 28.06.1946; LA Sbr. Regierungspräsidium Nr. 62: Die beiden Leiter des Kraftwerkes waren aufgrund ihrer Mitgliedschaft in der NSDAP von der französischen Besatzungsmacht in ihrer Funktion zu Hilfsarbeitern degradiert worden; sie wurden bald ausgewiesen. Ihr Fehlen erschwerte die Bemühungen um die Inbetriebnahme des Kraftwerkes erheblich (18.06., 26.06., 17.08.1946).

49 Im Neunkircher Eisenwerk konnte das Kraftwerk z.B. am 01.04., später am 04. und 11. Mai 1945 in Betrieb gesetzt werden; am 22.05.1945 mußte die Anlage auf Befehl der Militärbehörden stillgelegt werden, vgl. Tietz (1961), S. 30; zur Dillinger Hütte vgl. 300 Jahre Dillinger Hüttenwerke (1985), S. 68f.; zur Halberger Hütte vgl. Kloevekorn (1956), S. 96; zu Röchling vgl. Saarstahl Völklingen-Werksarchiv, Müller (1975), S. 45ff.

50 LA Sbr. Handelsamt Saar, Nr. 1 für Dez. 1945.

grund der Verfügung Nr. 18 des Administrateur Général, betreffend Einschränkungen des Elektrizitätsverbrauches vom 12. November 1945 wurden folgende Stromeinsparungen verordnet[51]:

1. Jede Erhöhung der bisher vom Verbraucher in Anspruch genommenen Kraft wurde verboten.
2. Der Gebrauch von Elektrizität für Warmwasserversorgung und Raumheizung war strikt untersagt.
3. Die Lieferung von Elektrizität für Kochzwecke war auf diejenigen Abnehmer beschränkt, die über keine anderen Kochmöglichkeiten verfügten.
4. Die Verwendung von Elektrizität zur Beleuchtung von Schaufenstern und Schildern war verboten.
5. Die elektrische Straßenbeleuchtung mußte auf Veranlassung der örtlichen Behörden in dem mit der öffentlichen Sicherheit zu vereinbarenden Umfang an Stärke und Dauer eingeschränkt werden.

Der Verbrauch für die verschiedenen Kategorien von Abnehmern wurde wie folgt festgelegt: Haushaltungen umfaßten einen durch den sogenannten Haushaltsausweis festgelegten Personenkreis. Für Beleuchtung und Hausgebrauch war je Haushalt und Monat eine Grundmenge von 15 kWh zuzüglich 3 kWh pro Person, zum Kochen 36 kWh plus 12 kWh pro Person festgelegt. Als diskriminierend mußten viele Bewohner des Saarlandes die Bestimmung ansehen, daß Personen mit französischer Staatsangehörigkeit mehr als das dreifache an Lichtstrom und das zweieinhalbfache an Kochstrom zugestanden wurde. Geringe Zuschläge zu den aufgeführten Kontingenten erhielten Kinder unter 3 Jahren, Bewohner von Kellerräumen ohne Tageslicht, Ärzte und Zahnärzte, die ihre Praxis in der Wohnung ausübten, sowie Besitzer von Kühlschränken für die Benutzung in den Monaten Juni bis einschließlich September.

Gravierend waren auch die Beschränkungen für Handel und Handwerk. Der monatliche Verbrauch durfte nicht höher sein als der des Zeitabschnittes Juli 1942 bis Juni 1943, multipliziert mit einem Verringerungskoeffizienten von 0,75, so daß den Abnehmern lediglich maximal 75% des im genannten Zeitraum bezogenen Stromes zur Verfügung standen. Ausgenommen waren lebenswichtige Betriebe wie Getreidemühlen, Dreschmaschinenanlagen, Bäckereien, Molkereien und Käsereien, bei denen der Koeffizient 1 betrug. Industrieabnehmer, worunter alle Betriebe mit mehr als 10 kW Anschlußwert fielen, mußten ausnahmslos beim Gouvernement Militaire in Saarbrücken ein Stromkontingent beantragen und begründen. Mit Hilfe dieser Maßnahmen konnte die Militärverwaltung die Produktion in der ihr genehmen Richtung steuern. Für jede zuviel verbrauchte kWh wurde auf Anordnung der Militärregierung eine Strafe von 8 RM verhängt (zum Vergleich: Der kWh-Preis betrug bei Lichtstrom maximal RM 0,30, bei Kraftstrom 0,14 RM), wovon 10% sofort auf das Sonderkonto „Stromüberschreitung" des jeweiligen Energieversorgungsunternehmens zu zahlen waren. Jeder Mehrverbrauch von über 10% der zulässigen Strommenge zog eine gestaffelte Stromsperre nach sich: Beim ersten Mal Sperre für eine Woche, beim zweiten Mehrverbrauch für die Dauer eines Monats, beim dritten Mehrverbrauch folgte die Stromsperrung für immer. Alle Abrechnungskassierer, beispielsweise der VSE, wurden per Dienstanwei-

---

51 Veröffentlicht in: Journal Officiel v. 12.11.1945; vgl. ebf. L'Economie de la Sarre (1947), S. 55.

sung strengstens verpflichtet, diese Vorschriften strikt zu befolgen. Die Verbrauchssätze für Strom wurden in der Folgezeit mehrfach geändert[52]. Bei den Strafen für Überschreitung des zugestandenen Stromkontingents erfolgte eine drastische Verschärfung. Wer zum zweitenmal über 10% Mehrverbrauch pro Monat aufwies, hatte eine Zuschlagsgebühr in einhundertfacher Höhe der Normalgebühr je kWh zu zahlen, erhielt für 30 Tage keinen Strom und eine Gefängnisstrafe von bis zu drei Monaten, an deren Stelle Geldstrafe nicht zulässig war[53].

Ausgenommen von der Kontingentierung wurden bald die für den Wiederaufbau wichtigen Gewerbebetriebe wie Bauunternehmungen, Bauschreinereien und -schlossereien, Dreschereien und Mühlenbetriebe, Hersteller von Eisenbahnmaterial, aber auch öffentliche, sanitäre und kirchliche Einrichtungen. Der größte Teil der gewerblichen Abnehmer blieb aber weiterhin auf 40-50% seines Verbrauches von 1942/43 beschränkt. Infolge der Stromeinsparungsmaßnahmen stellten sich rasch vielfältige Versuche der Bestechung und sonstiger Einflußnahme auf die Zählerableser ein, weshalb auch diese Personengruppe unter schwere Strafandrohungen gestellt wurde. Trotzdem blieb die „Bezahlung" von Mehrverbrauch durch Lebensmittel, die besonders knapp waren, an der Tagesordnung. Die bürokratisch-pedantischen Vorschriften über Stromkontingentierung ließen, so notwendig sie sicherlich in der Anfangszeit waren, aber auch das Gefühl für die Bedürfnisse der Praxis vermissen. So versuchte die VSE beispielsweise mehrfach vergeblich, den Administrateur Général davon zu überzeugen, daß der Übergang von Einzel- auf Globalkontingente wesentlich effizenter gewesen wäre. Es hatte sich herausgestellt, daß besonders in den links der Saar gelegenen, nach dem Krieg weniger dicht als früher bewohnten Gemeinden die Kontingente nicht voll ausgenutzt werden konnten, während in den anderen Teilen des Versorgungsgebietes, die eine höhere Bevölkerungsdichte als vor dem Krieg aufwiesen, die zugeteilten Verbrauchsmengen immer wieder überschritten wurden. Die für die B-Gemeinden bewilligten Kontingente wurden dort nur zu etwa 75% genutzt, der Rest durfte jedoch nicht an anderen Orten eingesetzt werden[54]. Wie immer wieder bei staatlich verordneten Einschränkungsmaßnahmen zu beobachten war, stand auch der Kontrollaufwand in keinem Verhältnis zu den Einnahmen. So verfügte die VSE beispielsweise Strafen in Höhe von 80 Millionen FF (nach Umstellung der Währung) und zog rund 500.000 FF ein, wovon 300.000 FF an die Regierungshauptkasse abgeführt wurden. Die restlichen der VSE zustehenden 200.000 FF konnten bei weitem nicht die etwa 1,5 Millionen FF Unkosten für Kontroll- und Verbuchungsmaßnahmen decken[55]. Als Folge wurden die Kontingentierungsbestimmungen — wie etwa in Frankreich auch — immer lockerer gehandhabt und verloren ihren ursprünglichen Sinn. Eine Entspannung der Situation trat auch dadurch ein, daß ab Herbst 1947 auf Veranlassung des Betreuungsoffiziers der VSE davon Abstand genommen wurde, den durch die Kontrollratsbestimmungen nicht kontingentierten Verbrauch der Wasserwerke, Mühlen usw. im Saarland weiterhin zu beschränken[56]. Aber auch im Jahre 1950 bestanden immer

---

52 Bspw. durch Kontrollratsgesetz Nr. 19 v. 15.04.1946 (Änderung des Gesetzes Nr. 7 v. 03.11.1945), vgl. LA Sbr. MW 585, 04.09.1946.
53 Ebd.
54 VSE-AHV, Aufsichtsratssitzung v. 23.05.1946.
55 LA Sbr. MW 614, 02.11.1948.
56 VSE-AHV, Aufsichtsratssitzung v. 30.09.1947.

noch Einschränkungsmaßnahmen, wenn auch jetzt nur noch die Lichtreklame betroffen war[57].

Die Stromerzeugung der saarländischen Kraftwerke hätte Einschränkungsmaßnahmen im aufgezeigten Umfang nicht notwendig gemacht, lediglich der hohe Export nach Frankreich und in die Pfalz, der bei der VSE, wie erwähnt, zeitweilig über 70% der Abgabe (vgl. Tab. 52) und im gesamten Saarland jahrelang rund die Hälfte ausgemacht hatte, trug zur angespannten Lage bei. Um die erforderliche Menge elektrischer Energie aufzubringen, wurden auf Anweisungen der Militärregierung auch die Hüttenkraftwerke in Neunkirchen und von ARBED in Burbach zur Einspeisung in das öffentliche Netz veranlaßt[58]. Die vertraulichen Berichte der französischen Militärregierung über die Lage im Saarland zeigen deutlich die großen Schwierigkeiten, mit denen die saarländische Industrie durch den Elektrizitätsmangel und das häufige Abschalten zu kämpfen hatte. Jedes Jahr bangten die Energieversorgungsunternehmen erneut vor dem totalen Zusammenbruch des Netzes, da der erhöhte Bedarf im Winter nur unter Aufbietung letzter Reservemaschinen zu befriedigen war. Als Hauptstütze der öffentlichen Stromversorgung an der Saar arbeitete zunehmend das Kraftwerk Wehrden (vgl. Tab. 49). Dies hatte zur Folge, daß notwendige Revisions- und Überholungsmaßnahmen immer seltener durchgeführt wurden und das Kraftwerk Anfang der 1950er Jahre technisch stark abgewirtschaftet war.

Zwiespältig und nur unter der gesamtpolitischen Zielrichtung Frankreichs verständlich erscheinen die angeführten Lageberichte des Gouvernement Militaire. Einerseits wurde im Herbst 1946 beklagt, „que l'activité économique qui allait en augmentation au cours de ces derniers mois, subit actuellement un sérieux ralentissement par suite des réductions d'énergie électrique"[59], weshalb sogar Anstrengungen unternommen wurden, für die Fayencerie Mettlach elektrischen Strom aus der Schweiz zum Betrieb der Elektroöfen zu beziehen[60]. Andererseits konstatierte die Militärregierung „l'impossibilité pour le territoire de vivre sans une aide venue de la France, aide dont le besoin se fait chaque jour plus pressant"[61]. Der Eindruck läßt sich nicht von der Hand weisen, daß die Stromkontingentierungen, von denen zuallererst die verarbeitende Industrie betroffen war[62], bis in das Jahr 1947 hinein bewußt restriktiv gehandhabt wurden, ehe sich nach dem Erlaß der neuen Saarverfassung der wirtschaftliche Anschluß an Frankreich deutlich abzeichnete. Danach ist eine Verbesserung für die Stromversorgung des Saarlandes festzustellen, ohne daß sich allerdings eindeutige Erleichterungen bei den Kontingentierungsmaßnahmen einstellten[63].

Die Aufwärtsentwicklung an der Saar ging, was die Stromabgabe betrifft, ab Herbst 1947 zu Lasten der Lieferungen in die Pfalz, denn der Exportstromanteil nach Frank-

---

57 LA Sbr. Landkreis St. Ingbert Nr. 5864, 19.12.1949.
58 VSE-AHV, Aufsichtsratssitzung v. 22.11.1946 (Neunkircher Eisenwerk); LA Sbr. Handelsamt Saar, Nr. 9 (Aug.-Okt. 1946), Nr. 4 (Nov.1946) (betr. Burbacher Hütte).
59 LA Sbr. Handelsamt Saar, Nr. 4 (Nov. 1946).
60 Ebd., Nr. 9 (Aug.- Okt. 1946), Nr. 4 (Nov. 1946).
61 Ebd., Nr. 4 (Nov. 1946).
62 Ebd., Nr. 3 (Aug. 1946), Nr. 4 (Nov. 1946), Nr. 9 (Nov. 1946 - Jan. 1947).
63 In der Praxis wurden die Kontingentierungsbestimmungen allerdings, wie bereits erwähnt, stärker aufgeweicht; LA Sbr. Handelsamt Saar, Nr. 5 (Feb./Mrz. 1947), Nr. 10 (Feb. - Apr. 1947), Nr. 11 (Aug. - Okt. 1947).

reich blieb unverändert hoch. Größere Schwierigkeiten bereitete auch nach 1947 vor allem das fehlende Material für einen zügigen Netzausbau, der der verstärkten Nachfrage nach elektrischer Energie kaum folgen konnte. Im Sommer 1947 ging der Verbrauch erstmals saisonal weniger stark zurück und erreichte im September für diese Jahreszeit einen neuen Höchstwert[64]. Die schwierigste Zeit der Nachkriegsjahre schien überwunden.

4. Der wirtschaftliche Anschluß an Frankreich in seinen Folgen für die saarländische Energiewirtschaft

Der 20. November 1947, der Tag der Währungsumstellung, bedeutete für die Wirtschaftsunternehmen an der Saar weit mehr als die Umstellung ihrer Bilanzen auf den französischen Franc, die Übernahme französischer Devisen-, Zoll- und Handelsvorschriften und die Einführung französischer Preise und Löhne. Wesentlich stärker wirkte sich im gesamten Wirtschaftsleben eine weitgehende „Französisierung" auf allen Ebenen aus, sei es in der Ausrichtung des Absatzes, der Beschaffung von Rohstoffen und Materialien oder in der Preisgestaltung der Produkte[65]. Stärker noch als reine Privatbetriebe wurden die öffentlichen Versorgungsunternehmen von diesem Einfluß erfaßt, denn analog zur Versorgung in Frankreich wurden den saarländischen Energieversorgungsunternehmen Preise und Tarife staatlicherseits weitgehend vorgeschrieben. Die im folgenden dargestellte Entwicklung der VSE in den Jahren 1947 bis 1957/59 verlief in weiten Teilen repräsentativ für die meisten gleichartigen Unternehmen auf dem Gebiet der Energieversorgung.

a) Franken - Eröffnungsbilanz und ihre Auswirkungen

Für die Frankeneinführung am 20. November 1947 wurde ein Umtausch- bzw. Umstellungsverhältnis von 20 Francs für eine Mark festgelegt[66]. In gleicher Höhe wurden Bargeld, Bankkonten und Schulden umgestellt. Viele Unternehmungen konnten allerdings große Teile der Aktiva nicht in französischen Francs realisieren, weshalb ihnen der französische Staat unter bestimmten Voraussetzungen eine Garantie auf Beitreibung der Markaktiva gewährte[67]. Bei der VSE erfolgte die Umstellung folgendermaßen[68]: Das Anlagevermögen wurde im allgemeinen mit 1:80 umgestellt, abgesehen von Grundstücken, für die ein Umrechnungssatz von 1:50 zur Anwendung kam. Vertragsrechte wurden mit 1:80 bewertet. Im Vergleich zu den tatsächlichen Wiederbeschaffungskosten stellte es sich recht schnell heraus, daß der gemeine Wert des Anlagevermögens einschließlich der Vertragsrechte weit über dem Umrechnungsfaktor von 80 lag. Beim Umlaufvermögen reichten die Umstellungskoeffizienten von 1:12 für ge-

---

64 Vgl. Tab. 49; La Sbr. Handelsamt Saar, Nr. 6 (Mai 1947).
65 Vgl. allg. B a r t h e l (1978); S c h ü t z (1958), S. 686ff., v.a. 690ff.
66 Verordnung Nr. 94, Amtsblatt des Saarlandes v. 15.11.1947, Gesetz 47-2158.
67 K e u t h (1963/64), S. 145f.
68 VSE-AHV, Frankeneröffnungsbilanz vom 20. November 1947.

leistete Anzahlungen und Ansprüche an deutsche Schuldner (saarländische 1:20) bis 1:20 für die Umrechnung der Vorräte. Ähnlich lagen die Werte für die Passiva, wo ebenfalls zwischen deutschen und saarländischen Kunden bzw. Gesellschaften mit 1:20/1:12 unterschieden wurde. Schuldscheinanleihen der VSE waren sämtlich von deutschen Versicherungsgesellschaften gegeben worden, die zu etwa 80 % für ihr saarländisches Geschäft von französischen Versicherungsgesellschaften übernommen wurden. Sachversicherungen wurden mit dem Koeffizienten 1:50 umgestellt, was eine erhebliche Unterversicherung ergab, so daß in mühsamen Verhandlungen eine neue Vollversicherung mit nahezu dreifacher Prämienhöhe gegenüber der Reichsmark-Zeit vereinbart werden mußte[69]. Das Umstellungskonto der Franken-Eröffnungsbilanz wies nach Abschluß gegenüber der Reichs-(Saar)Mark Bilanz vom 19.11.1947 einen Umstellungsgewinn von 1.256.291.602 FF auf, wovon eine Milliarde Francs für das Grundkapital verwendet und der Rest der gesetzlichen und freien Rücklage zugeführt wurde.

Die Vorschrift der Franken-Eröffnungsbilanz-Verordnung, das Anlagevermögen höchstens mit 1:80 umzustellen, hatte entsprechend niedrige Abschreibungssummen zur Folge. Diese ließen im Zusammenhang mit den niedrigen Strompreiserlösen (vgl. Kap. 4.b) das Fremdkapital zur Deckung des laufenden Bedarfs, den die normale Ausweitung der Versorgungsanlagen mit sich brachte, im Verhältnis zum Eigenkapital rasch ansteigen. Die Reserven der VSE wurden durch die Beseitigung von Kriegsschäden und verstärkten Nachholbedarf vollständig in Anspruch genommen[70]. Die Regierung des Saarlandes reagierte auf die sich verhängnisvoll verschlechternde Lage der Unternehmen durch das Gesetz über steuerliche Sondervorschriften vom 29. Januar 1952, von dem alle Gesellschaften Gebrauch machten[71]. Dadurch entstand im Jahresabschluß 1950 der VSE, der normalerweise einen Reingewinn gebracht hätte, durch die Zuführung zur Rücklage für Neuanschaffungen und Auffüllung von Lagerbeständen ein Verlust.

Auch für das folgende Jahr wurde von der Möglichkeit, steuerfreie Rücklagen zu bilden, Gebrauch gemacht, so daß die Verluste in den kommenden Jahren bestehen blieben. Um zu gesunden wirtschaftlichen Verhältnissen zurückkehren zu können, waren alle Energieversorgungsunternehmen des Saarlandes auf eine Korrektur der Stromverkaufspreise angewiesen, da das Mißverhältnis zwischen Stromeinkauf und -verkauf sich drastisch verschlechterte. Zusätzliche Hilfsmaßnahmen der saarländischen Regierung wie das Aufstockungsgesetz vom 10.04.1954, nach dem die abnutzbaren Wirtschaftsgüter zum 01. Januar 1952 teilweise aufgewertet wurden, konnten zur wirtschaftlichen Gesundung nicht ausreichend beitragen, da wiederum feste, zu niedrig an-

---

69 Ebd., Aufsichtsratssitzung v. 11.05.1948.
70 Ebd., Geschäftsbericht für 1949; zu niedrige Abschreibungsquoten führten auch bei den EVU der Bundesrepublik nach der Währungsreform zu einer Unterkapitalisierung; allerdings waren die Ursachen dort eher steuerlich und preisrechtlich bedingt, vgl. K l e e m a n n (1955/56), S. 129ff.; ders., (1956); A b s (1952), S. 58ff.; B i e r m a n n (1959); Malaisé (1960), S. 4ff.
71 Gesetz über steuerliche Sondervorschriften v. 29.01.1952 (Amtsblatt des Saarlandes 1952, S. 245f.); erste Verordnung zur Durchführung v. 15.07.1952 (ebd. 1952, S. 673); zweite Verordnung zur Durchführung v. 12.04.1954 (ebd. 1954, S. 447).

gesetzte Umrechnungsfaktoren vorgegeben waren[72]. Im Gegensatz zu der im Saarland geübten Praxis war es der französischen Wirtschaft bis zum 31.10.1955 möglich, ihre Anlagen entsprechend dem inflationisierten französischen Franc zu bewerten, so daß ihre Bilanzwerte wesentlich mehr den echten Werten entsprachen[73].

b) Einführung französischer Preise, Löhne, Materialien und Vorschriften

Durch staatliche Anordnung wurden die Strompreise ab dem 20. November 1947 folgendermaßen festgelegt[74]: Lichtstrom ab 20.11.47 7,08 FF pro kWh, ab 01.01.48 14,58 FF pro kWh, Kraftstrom 5,67 bzw. 11,30 FF pro kWh, Grundpreistarife 2,80 bzw. 5,50 FF pro kWh. Für die Festsetzung der Grundpreise wurde eine Neuregelung geschaffen, die auf bestimmten Einheiten basierte, wobei der Wert einer Einheit den Preis einer Licht-kWh darstellte. Die Abrechnung der Sonderabnehmer — hierzu zählten Abnehmer in Hoch- und Niederspannung, deren Versorgung mit elektrischer Energie durch einen langfristigen Stromlieferungsvertrag geregelt war — wurde vollständig auf die in Frankreich bestehende Verrechnungsform gebracht. Lediglich in der Abrechnung der allgemeinen Niederspannungsabnehmer wurde den Energieversorgungsunternehmen erst nach zähen Verhandlungen mit der französischen Aufsichtsbehörde freigestellt, zwischen dem französischen Zonentarif und dem bis dahin im Saarland üblichen Grundpreistarif, der auf der Raumzahl bzw. dem Anschlußwert in der Anlage des einzelnen Abnehmers aufbaute, zu wählen. Dabei durfte die Beibehaltung dieser Tarifart keine Schlechterstellung des Abnehmers gegenüber dem französischen Zonentarif mit sich bringen. VSE, Kraftwerk Homburg und RWE verständigten sich für ihre saarländischen Versorgungsgebiete untereinander, vollkommen gleichartige „Allgemeine Tarife" unter Zustimmung des Hohen Kommissars des Saarlandes herauszugeben[75]. Einige wenige wiederverkaufende Gemeinden und Städte schlossen sich diesen Tarifen an[76], die übrigen rechneten nach französischen Grundsätzen ab. Lediglich die Stadt Saarbrücken führte weder einen Grundpreistarif ein, noch schloß sie sich den Allgemeinen Tarifen der drei Energieversorgungsunternehmen an. Für Abnehmer, die Koch- und Heizstrom in größerer Menge verbrauchten, senkte die VSE den kWh-Preis ihrer Grundpreistarife um über 20%.
Die französischen Preise für die Industrie bestanden bei Hochspannungslieferung aus einem kWh-Arbeitspreis in der Größenordnung zwischen 5-6 FF pro kWh und einem

---

72 Gesetz Nr. 405 zur Ergänzung steuerlicher Vorschriften (StEG-Aufstockungsgesetz) v. 10.04.1954 (Amtsblatt des Saarlandes 1954, S. 437) und erste Verordnung zur Durchführung (ebd. 1954, S. 445).
73 Keßler (1957), S. 297ff.
74 Verfügung Nr. 47-209 v. 31.12.1947 (Amtsblatt des Saarlandes v. 20.01.1948, S. 57).
75 Die gegenwärtige Versorgung des Saarlandes mit elektrischem Strom, in: Die Saar-Wirtschaft v. 10.06.1950, S. 6; „Allgemeine Tarifpreise für die Versorgung mit elektrischer Energie im Saarland", in Kraft ab 01.01.1948, vgl. LA Sbr. MW 625, 1/48.
76 Vgl. z.B. Stadt Neunkirchen (LA Sbr. MW 627, 30.06.1951), Stadt Blieskastel (MW 625). Durchweg führte die Verordnung vom 31.12.1947 zu Streitigkeiten zwischen weiterverteilenden A-Gemeinden und Stromlieferanten, da letztere teilweise, wie etwa das Kraftwerk Homburg, aufgrund der angeordneten Höchstpreise keine Rabatte mehr gewähren wollten; gleiches galt auch für das Verhältnis zwischen Vorlieferanten von Gas, wie etwa der Saar-Ferngas AG, und weiterverteilenden Gemeinden (vgl. LA Sbr. MW 629, 09.10.1950).

niedrigen Leistungspreis (kW). Infolge des hohen Arbeitspreises erbrachte der Tarif für Abnehmer mit hohem Verbrauch nicht die erforderlichen Preisvergünstigungen, wodurch die VSE sich um die Früchte ihrer jahrelangen erfolgreichen Bemühungen gebracht sah, Großabnehmer durch das Angebot günstiger Strompreise von der Eigenerzeugung abzubringen und zum Bezug elektrischer Energie zu veranlassen. Als Ersatzlösung führte das Unternehmen einen Tarif mit entsprechend erhöhtem Leistungspreis ein, der relative Kostenechtheit besaß und zugleich den Abnehmern mit steigendem kWh-Verbrauch zumindest geringe Preisnachlässe einbrachte. Der Versorgung von Großabnehmern lagen bei der EdF und beispielsweise der VSE allerdings gänzlich andere Voraussetzungen zugrunde. Während die VSE in ihren Strompreisangeboten mit den Kosten der Eigenerzeugung von Industrieunternehmen konkurrieren mußte, besaß die EdF nach der Nationalisierung gesetzlich das ausschließliche Monopol der Stromerzeugung und -verteilung.

Alle vorgenannten Strompreise basierten auf dem französischen Wirtschaftsindex für Elektrizität, der durch den Ministre de la Production Industrielle nach Kohlenpreis, Löhnen in den Energieversorgungsunternehmen und dem Index der Kleinverbraucherpreise festgelegt wurde. Bei einer Indexänderung verschoben sich entsprechend auch die Strompreise. Bis zum 05. Juli 1959, der wirtschaftlichen Eingliederung des Saarlandes in den Geltungsbereich des Grundgesetzes, erhöhten sich die kWh-Preise gegenüber dem 01.01.1948 für Lichtstrom um 259% auf 37,80 FF und für Kraftstrom um 200% auf 22,60 FF pro kWh. Der Grundpreistarif stieg um 231% auf 12,70 FF pro kWh. Die genannten Erhöhungen konnten wegen der inflationären Entwicklung des französischen Franc in keiner Weise die Preissteigerungen ausgleichen, die vor allem der Strombezug aufwies. Während sich die Bezugspreise von den Kraftwerken der Régie des Mines aufgrund unverhältnismäßig stark gestiegener Kohlepreise nahezu verdreifachten, sanken die Erlöse auf der Basis der französischen Tarife[77]. Zudem erkannte die Régie des Mines den für die Versorgungstätigkeit der VSE notwendigen Stromlieferungsvertrag zwischen VSE und Saargruben AG aus dem Jahre 1942 nicht an, wodurch der VSE das Anrecht auf 57 MW gesicherte und 15 MW ungesicherte Leistung verlorenging. Auch die hohen Gestehungskosten im Hüttenkraftwerk des Neunkircher Eisenwerkes, das ursprünglich nur zur Überwindung der ersten Nachkriegsjahre durch die Militärregierung eingesetzt werden sollte und von dem die VSE bis Juli 1950 Strom bezog, trugen nicht zu einer Verbesserung der Erlössituation bei (vgl. Tab. 50). Die bei der EdF gültigen Strompreise hatten Erzeugungskosten zur Grundlage, die jeweils etwa zur Hälfte auf Erzeugung aus Dampf- und Wasserkraft beruhten, während bei den saarländischen Energieversorgungsunternehmen die Erzeugung ganz auf Dampfkraft abgestellt war[78]. Zudem beruhten Preise und Lieferbedingungen der EdF teilweise auf grundsätzlich anderen Voraussetzungen als in der deutschen Elektrizitätswirtschaft. Beispielsweise waren die für Verzinsung und Tilgung notwendigen Kosten, die für den Neubau von Ortsnetzen ausgegeben werden mußten, ebensowenig in den Strompreisen der EdF enthalten wie diejenigen für Erweiterung

---

77 LA Sbr. MW 560, 25.01.1949: Einer der zahlreichen Versuche der VSE, bei der Regierung des Saarlandes neue Tarife durchzusetzen; vgl. auch: Gutachten über die Stromselbstkostenpreise bei der VSE, 1952 (VSE-AHV).
78 Die öffentliche Elektrizitätsversorgung im Saarland (1974), S. 37f.

Tabelle 50 Erlöse der VSE pro kWh 1945 - 1961[1]

Jahr	Tarif-abnehmer	Sonder-abnehmer	Weiter-verteiler	eigenes Versorgungs-gebiet	E d F	Nachbar-gebiete	Gesamt-abgabe [2]
	Rpfg/FF/Pfg	Rpfg/FF/Pfg	Rpfg/FF/Pfg	Rpfg/FF/Pfg	Rpfg/FF/Pfg	Rpfg/FF/Pfg	Rpfg/FF/Pfg
1945	17,43	4,80	5,23	7,82	2,25	3,37	5,04
1946	19,76	3,88	5,05	6,75	2,25	2,66	3,49
1947	18,18	3,61	5,03	5,95	2,40	2,79	3,76
1948	11,92	4,65	4,56	5,64	3,38	3,34	4,37
1949	13,83	5,35	5,22	6,37	3,63	3,39	4,66
1950	13,33	5,07	5,19	6,11	3,38	3,04	4,91
1951	14,78	5,41	5,80	6,60	3,48	3,22	5,26
1952	19,40	6,49	7,11	8,22	3,70	3,97	6,92
1953	18,54	6,52	7,19	8,26	3,31	4,43	7,45
1954	17,97	6,36	7,20	8,00	3,17	4,10	7,37
1955	16,99	6,12	7,18	7,66	3,25	3,65	7,25
1956	15,78	6,11	7,13	7,60	4,01	3,45	7,29
1957	15,35	6,18	7,41	7,74	3,05	3,78	7,20
1958	16,79	6,50	7,87	8,31	3,01	4,16	7,94
1959	15,78	6,97	6,91	8,36		4,52	7,95
1960	15,13	6,75	8,48	8,61		5,18	8,26
1961	14,33	6,27	8,45	8,12	4,49	5,13	7,91

1) 1945 - 1947 Rpfg.
   1948 - 1958 FF
   1959 - 1961 Pfg.
2) ohne Eigenbedarf und Verluste
Quelle: VSE (EW-VZ)

oder Erneuerung. Diese Aufwendungen mußten von den Gemeinden selbst erbracht werden, die dafür bestimmte staatliche Zuschüsse erhalten konnten. Auch diese Regelungen galten nicht für das Saarland.

Die Scherenbewegung zwischen Strombeschaffungskosten und den Erlösen konnte aufgrund der geschilderten Voraussetzungen in den 50er Jahren nicht gelöst werden, was sich deutlich in den wirtschaftlichen Ergebnissen der VSE niederschlug (vgl. Tab. 51). Lediglich im Jahr 1955 ließen die Erträge eine 6%ige Dividendenzahlung an die Aktionäre zu. Die Ergebnisse der übrigen Jahre waren trotz rasch steigender Stromzuwachsraten von Verlusten bzw. Verlustvorträgen geprägt. Auch das Hineinwachsen in eine gewisse Mengenkonjunktur konnte nicht über die angespannte Ertragslage hinwegtäuschen. Wenn sich auch beispielsweise 1953 ein Jahresgewinn von 182 Mio FF ergab, der zur Abdeckung des Verlustvortrages von 1952 verwendet wurde, so war dies in erster Linie auf Rücklagenauflösungen zurückzuführen, was praktisch Sanierungscharakter hatte.

Einfacher und unproblematischer gestaltete sich die Einführung französischer Löhne und Gehälter. Nachdem von einer Anpassung an die Tarife der Eisenhüttenindustrie wegen unüberwindbarer Eingruppierungsschwierigkeiten abgesehen worden war, wurde der bisherige VSE-Haustarif durch die Übernahme der EdF-Tarife ab 01.05.1948 abgelöst. Bei der Belegschaft erfreute sich dieser Tarif wegen seiner automatischen Anpassung an die fortschreitende Entwertung des Franc großer Beliebtheit[79].

---

79 VSE-AHV, Aufsichtsratssitzungen v. 16.12.1947, 11.05.1948; vgl. allgemein: D r a t w a (1958), S. 780ff.

Die VSE sah sich — zusammen mit den anderen Energieversorgungsunternehmen des Saarlandes — nach der wirtschaftlichen Angliederung an Frankreich aber auch noch vor weitere Probleme gestellt, zu denen in erster Linie die Umstellung von nicht mehr erreichbaren deutschen technischen Materialien auf französisches Qualitätsmaterial gehörte, das in etwa den bisher im Versorgungsgebiet verwendeten Typen und Normen entsprach. Einfuhrgenehmigungen für das notwendige Material mußten über die „Section Energie du Haut Commissariat" bei der Mission Diplomatique beantragt werden. Die Zuteilung erfolgte in der Reihenfolge des Eingangs in Paris beim „Office des Changes" in Höhe des für jede Warengruppe bereitgestellten Devisenkontingents[80]. Schwierigkeiten bereitete es auch, in Preisvergleiche einzutreten, da die Einstandspreise in französischen Francs und in Mark in den einzelnen Materialgattungen stark voneinander abwichen. Erst nachdem es möglich war, die Bau- und Betriebskolonnen mit allen erforderlichen Materialien zu versehen, machten der Ausbau, die Wiederinstandsetzung und die Unterhaltung der Hoch- und Niederspannungsanlagen gute Fortschritte.

Ein großes Verdienst, das Problem der Anwendung verschiedener Vorschriften zu überwinden, sicherte sich der 1949 gegründete Fachverband der Elektrizitätsversorgung des Saarlandes e.V.[81] durch die Erarbeitung von neuen Vorschriften und Leitsätzen für die Stromversorgung und -verteilung im Saarland[82]. Gestützt auf VDE-Vorschriften und unter Berücksichtigung des französischen USE-Reglements wurde die Ausarbeitung der besonderen Situation des Saarlandes zwischen Deutschland und Frankreich gerecht. Trotzdem konnte es auch in der Folgezeit vorkommen, daß die VSE Abnahmeschwierigkeiten mit französischem Material hatte, beispielsweise Betonmasten, die erst nach mehrfacher Prüfung per Sondergenehmigung freigegeben wurden[83].

c) Beteiligung der Electricité de France an der VSE

Stromaustausch mit Frankreich, Strombezug von der Régie des Mines, strenge Kontingentierungsvorschriften durch die Militärregierung, Materialprobleme aufgrund des wirtschaftlichen Anschlusses an Frankreich — alle die aufgeführten Bereiche verdeutlichen die starke, politisch begründete Ausrichtung des Saarlandes nach Frankreich, die auch die VSE zu engerer Zusammenarbeit zwang. Am 31.09.1947 schied Dr. Franz Singer, der spätere Wirtschaftsminister der Saarlandes, aus dem Aufsichtsrat der VSE aus und wurde als weiteres Vorstandsmitglied bestellt. Seine Aufgabe bestand darin, als primus inter pares die Interessen der Gesellschaft in allen schwebenden Fragen sowohl bei der Zivilregierung als auch besonders bei der Militärregierung zu vertreten. Direktor Keßler hatte die Erweiterung des Vorstandes durch einen politisch unbelasteten Vertreter gefordert, weil technische und kaufmännische Belange des Wiederaufbaues den

---

80 Die öffentliche Elektrizitätsversorgung im Saarland (1974), S. 38.
81 Der FES wurde später Landesverband der VDEW, vgl. ebd., S. 38; vgl. ebf. FES, in: Wirtschaftliches und kulturelles Handbuch des Saarlandes (1955), S. 121ff.
82 LA Sbr. MW 578, 11.10.1950; ebd., Vorschriften für Errichtung elektrischer Anlagen im Saarland, hrsg. vom FES, (Saarbrücken) 1950.
83 Ebd. MW 575, 06.09.1952, MW 612, 04.09.1952.

vollen Einsatz der übrigen Vorstandsmitglieder erforderten und Dr. Rodenhauser weiterhin inhaftiert blieb[84].

Ab 1947 besichtigten des öfteren Vertreter der EdF die elektrischen Anlagen der Saargruben AG, das Kraftwerk Wehrden sowie das zentrale Umspannwerk Geislautern mit dem Ziel, den Zustand der Anlagen der VSE und die Kapazitäten der Kraftwerke kennenzulernen, um Rückschlüsse auf eine mögliche Zusammenarbeit mit dem französischen Netz zu ziehen[85]. Die EdF stand vor allem im Winter vor dem Problem der Sicherung ihrer Elektrizitätsversorgung durch Zusatzbezug von Dampfkraftwerken, da der erste Monnet-Plan von 1946, der den künftigen Energiebedarf Frankreichs sichern sollte, sich zum Ausbau der Stromerzeugungsanlagen in erster Linie auf Wasserkraftwerke stützte[86]. Deren Erzeugungsmöglichkeiten waren in strengen Wintern erheblich eingeschränkt. Um einen Ausgleich zu schaffen, wurde die bestehende RWE-Leitung Koblenz-Trier-Merzig auf Anordnung des französischen Oberkommandos in Baden-Baden über Diefflen (Dillingen) nach St Avold in 220 kV ausgebaut, um neben der 35 kV-Verbindung Geislautern-Carling eine weitere leistungsfähige Exportmöglichkeit zu haben. Durch die EdF-Vertreter wurde die VSE anläßlich mehrerer Verhandlungen in Paris auch über den Plan der Régie des Mines informiert, die Elektrifizierung der Gruben zur Leistungssteigerung rasch voranzutreiben. Hierzu reichte das 35 kV-Netz der Gruben nicht aus, weshalb eine Erhöhung auf 65 kV geplant war. Um einer einheitlichen Versorgung im Saarland — zumindest im Mittelspannungsbereich — näher zu kommen, erwartete die Régie von der VSE den Umbau ihres bereits bestehenden 110 kV-Netzes auf 65 kV. Diesen Versorgungsrückschritt konnte die VSE verhindern, mußte der EdF aber konzedieren, statt 110 kV die in Frankreich übliche Hochspannung von 150 kV zu verwenden[87]. Hierauf einzugehen fiel der VSE insofern leicht, als nach französischem Energierecht die Régie des Mines ihre Netze nur mit einer Spannung bis zu 65 kV ausbauen durfte und es ihr nicht gestattet war, zu höheren Spannungen überzugehen. Alle Netze über 65 kV gehörten in Frankreich der EdF, dementsprechend standen der VSE als öffentlichem Versorgungsunternehmen diese Leitungen in ihrem Versorgungsgebiet zu. Folglich war es der Régie rechtlich ebenfalls verwehrt, zu Ausfuhrzwecken, insbesondere nach Frankreich, zur Verfügung gestellte Leistung selbst zu transportieren. Auch sonstige Energietransporte über 65 kV mußten über das Netz der öffentlichen Versorgung vor sich gehen, was im fortwährenden Dualismus zwischen VSE und Régie des Mines eine deutliche Stärkung der Position der VSE bedeutete.

In den Verhandlungen mit der EdF kristallisierte sich auch deren Wunsch heraus, mit zunächst 10% am Aktienkapital der VSE beteiligt zu werden und einen Aufsichtsratssitz zu erhalten, um auf diesem Wege eine festere Verbindung zwischen EdF und VSE herbeizuführen. Zur Unterstützung dieser Bitte bot das französische Staatsunternehmen an, der VSE bei der Beschaffung von Anleihen und Geldern gegebenenfalls eine „außerordentliche Unterstützung angedeihen zu lassen"[88]. Ferner kam die EdF der

---

84 VSE-AHV, Aufsichtsratssitzung. v. 31.03.1947.
85 Ebd., Aufsichtsratssitzung v. 30.09.1947.
86 L a u e r (1956), S. 59f.
87 VSE-AHV, Aufsichtsratssitzung v. 30.09.1947, 11.05.1948.
88 Ebd., Aufsichtsratssitzung v. 22.07.1948.

VSE in der schwierigen Zeit durch eine Nachzahlung für die Stromlieferungen ab 01.01.1947 in Höhe von rund 700 Mio FF finanziell entgegen[89]. Nachdem ein EdF-Vertreter seit März 1949 als Gast an den Aufsichtsratssitzungen teilgenommen hatte, beschloß am 10. August 1949 die Hauptversammlung die Aufnahme des französischen Staatsunternehmens als Aktionär bei der VSE mit einer Beteiligung von 4% am Grundkapital der Gesellschaft. Danach setzte sich die Aktionärsbeteiligung wie folgt zusammen: Landkreis Saarbrücken 21,0%, Landkreis Saarlouis 19,6%, Stadt Saarbrücken 16,8%, Landkreis St. Wendel 4,8%, Landkreis Ottweiler 3,9%, Amt Brebach 3,3%, Preußenelektra 26,6%, EdF 4,0% (vgl. Abb. 7, Tab. 52). Die Beteiligung der EdF bedeutete für das französische Unternehmen einen Schritt zur Absicherung des künftigen

Abb. 7 Vereinigte Saar-Elektrizitäts-AG: Aktionäre 1949 - 1961

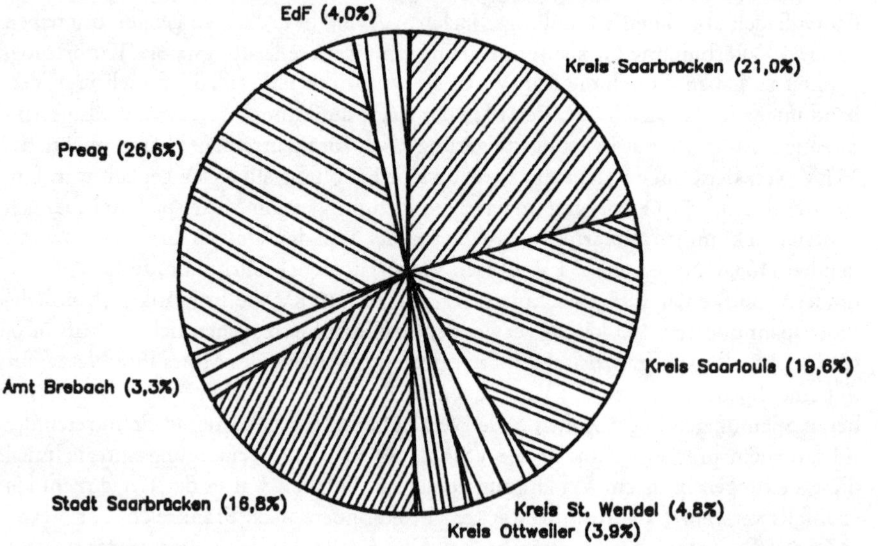

Quelle: Tabelle 52

Strombedarfs. Da, wie erwähnt, die Stromversorgung nach dem ersten Monnet-Plan saisonbedingten Schwankungen unterworfen war — erst der zweite Monnet-Plan von 1954 setzte gezielt auf den Bau von Dampfkraftwerken[90] —, bot das Saarland hierfür einen Ausgleich. Politisch betrachtet bot die EdF-Beteiligung, wie andere Beteiligungen auch, die Möglichkeit, Einfluß auf das Wirtschaftsgeschehen an der Saar im Sinne Frankreichs zu nehmen.

---

89 Ebd., Aufsichtsratssitzung v. 06.07.1949.
90 L a u e r (1956), S. 57f.

d) Marshallplan - Gelder für die Saar

Hauptproblem für den restlosen Wiederaufbau der kriegszerstörten Netze und die Modernisierung sonstiger Leitungen und Anlagen blieb die schwierige Kapitalversorgung der Energieversorgungsunternehmen, die in erster Linie aus den erwähnten behördlichen Preisregelungen herrührte. Das Saarland erhielt keine direkten Gelder aus dem Marshallplan (ERP-Mittel), sondern wurde mit Frankreich zu einer Einheit zusammengefaßt[91]. Die Zuweisungen Frankreichs an die Saar blieben weit hinter den saarländischen Erwartungen zurück. Jahrelange Auseinandersetzungen mit den zuständigen französischen Stellen waren notwendig, um zumindest immer wieder Teilzuweisungen zu erreichen[92]. Von 780 Mrd. Francs Wirtschaftshilfe für Frankreich, die zu 90% als Geschenk ausgezahlt wurden, erhielt die Saar nur 2,7 Mrd. als verlorenen Zuschuß; weitere 2,5 Mrd. FF wurden in Form von Krediten vergeben, wobei Zinsen und Amortisation der Saarregierung überlassen wurden. Die Regierung des Saarlandes hatte unter Berücksichtigung der relativen Größe von Bevölkerung und Wirtschaftspotential ursprünglich ihren Anspruch auf 46 Mrd. FF festgesetzt und 90% dieser Summe als Geschenk gefordert[93]. In der saarländischen Öffentlichkeit kam deshalb wohl nicht zu Unrecht der Verdacht auf, daß die Zuteilung von Investitionsmitteln bewußt beschnitten und der saarländischen Wirtschaft die Rolle einer Nebenwirtschaft seitens der französischen Behörden zugewiesen wurde[94]. Ein Indiz hierfür kann beispielsweise auch darin gesehen werden, daß in Lothringen der Bau von Kraftwerken forciert wurde, während entsprechende Anträge der VSE auf einen unzureichenden Restbetrag beschnitten wurden[95].

Für die Energiewirtschaft des Saarlandes bedeuteten die Finanzhilfen aus dem Marshallplan dennoch einen notwendigen Beitrag zur Sicherstellung der Versorgung angesichts des nach 1947 stark ansteigenden Strombedarfs. Aus struktur- und arbeitsmarktpolitischen Gründen förderte das Wirtschaftsministerium die Ansiedlung von weiterverarbeitenden Industrien. Diese verfügten in den wenigsten Fällen über eigene Kraftquellen, sondern waren auf die öffentliche Energieversorgung angewiesen. Besonders die kommunalen Versorgungsbetriebe waren dadurch vor größere Schwierigkeiten gestellt. Ihre Versorgungsanlagen waren zum Teil kriegszerstört, zum Teil wurden sie aus Materialmangel provisorisch repariert, so daß sie den Anforderungen nicht mehr genügten. Als häufigste Mängel wurden genannt: Infolge unzureichender Leitungsquerschnitte konnte die erforderliche Strommenge nicht mit der notwendigen Spannung transportiert werden. Teilweise waren noch Jahre nach dem Krieg Eisenstatt Kupferleitungen eingebaut[96]. Der hieraus resultierende Spannungsabfall zog

91 LA Sbr. Nachlaß Huthmacher, Nr. 13, Aktenvermerk über ERP-Gelder; ebd., Nr. 1, Französisch-saarländische Wirtschaftskommission, Avis v. 29.05.1952.
92 Saarländische Volkszeitung Nr. 24 v. 29.01.1951.
93 Weiant (1956), S. 70f.
94 Ebd., S. 71; Keuth (1963/64), S. 170.
95 Lauer (1956), S. 90; LA Sbr. MW 614, 28.12.1949; Bosch (1954), S. 91.; Seyler (1958), S. 534; Barthel (1978), S. 281. Auch die bundesdeutschen EVU, wie etwa das RWE, profitierten in höherem Maße von den ERP-Mitteln, vgl. RWE-AHV, Buderath (1982), Band II, S. 500.
96 Hoppstädter (1971), S. 206.

einen überaus schlechten Wirkungsgrad nach sich. Die Versorgungsleitungen widersprachen teilweise den primitivsten Sicherheitsvorschriften und bedeuteten eine Gefährdung für die Benutzer. Neubaugebiete und neue Gewerbegebiete erforderten unbedingt die Aufstellung neuer Trafo-Schaltanlagen und den Aufbau neuer Netze[97]. Die hohen Leitungsverluste in den Ortsnetzen stellten auch die Rentabilität der Stromversorgung in Frage. Im Amt Medelsheim betrug zum Beispiel im Jahre 1949 der Netzverlust 58,5%, so daß den Strombezugskosten von 717.859 FF lediglich ein Erlös von 718.642 FF gegenüberstand[98]. Finanzielle Mittel für Erweiterungen, Erneuerungen und Instandsetzungen standen nur beschränkt zur Verfügung, da die staatlich verordneten Preise eine Kapitalbildung nahezu unmöglich machten. In dieser Situation bedeutete die Marshallplan-Hilfe letztlich eine wichtige, wenn auch langfristig unzureichende Hilfe[99].

Die VSE erhielt erstmals im Jahre 1949 491 Mio FF ERP-Mittel und konnte an die unbedingt notwendige Vervollständigung ihrer Hoch- und Niederspannungsanlagen herangehen (vgl. Tab. 53). Die einsetzende Bautätigkeit brachte eine starke Intensivierung der Geschäftstätigkeit in allen Betriebsabteilungen und die Einstellung zusätzlicher Ar-

Tabelle 53 Zuweisung von ERP - Mitteln an die VSE 1949 - 1954

Jahr	FF/p.a.	kumuliert
1949	491.000.000,00	491.000.000,00
1950	621.000.000,00	1.112.000.000,00
1951	1.204.000.000,00	2.316.000.000,00
1952	384.440.750,00	2.700.440.750,00
1953	132.159.250,00	2.832.600.000,00
1954	140.287.620,00	2.972.887.620,00

Quelle: Geschäftsberichte (VSE-AHV)

---

97 LA Sbr. MW 579, 02.11., 01.08.1951; zu einzelnen Landkreisen und Gemeinden vgl. LA Sbr.: MW 583 (Limbach-Altstadt), MW 554 (Homburg), MW 587 (Mittelbexbach), MW 596 (Oberwürzbach), MW 593 (Dudweiler), MW 594 (Heckendahlheim), MW 598 (Bliesdahlheim), MW 591 (Gersheim), MW 556 (Riegelsberg), MW 590 (St. Ingbert), MW 568, 586 (St. Wendel), MW 597 (Utweiler, Peppenkum); Landratsamt St. Ingbert 2311/a, 20.12.1949 - 10.12.1953 (Landkreis St. Ingbert).

98 LA Sbr. MW 599, Amt Medelsheim: Im Jahre 1949 betrugen die Verluste aufgrund des mangelhaften Zustandes der Verteilungsanlagen 58,5 % des gesamten Stromaufkommens.

99 Von den ERP-Mitteln profitierten die EVU des Saarlandes stärker als die Versorgungsbetriebe der Gemeinden. Bis Mitte 1953 hatten erstere z.B. 5,594 Mrd. FF, letztere lediglich 455 Mio FF erhalten. Die Gemeinden wurden auf der anderen Seite durch das Innenministerium mit Darlehen oder Bedarfszuweisungen unterstützt (LA Sbr. MW 612, W5 v. 21.08.1953).

beitskräfte mit sich. Die 1950 und 1951 zugewiesenen Mittel flossen teilweise in die Umstellung des Hochspannungsnetzes von 110 auf 150 kV, aber auch verstärkt in den Ortsnetzausbau des eigenen Versorgungsgebietes und in die gepachteten Anlagen des Kreises Saarlouis, wo der Rückstand — abgesehen vom Osten des Saarlandes — noch am größten war. Der Kreis Saarlouis als Eigentümer der Anlagen hatte nur allernotwendigste Geldmittel aufgebracht, um eine Gefährdung durch die veralteten und teilweise zerstörten Anlagen auszuschließen[100]. Der von der VSE als wichtigstes Projekt für die Zukunft angesehene Bau eines Dampfkraftwerkes bei Ensdorf für die Deckung von Grund- und Mittellast sowie eines Pumpspeicherkraftwerkes bei Orscholz zur Erzeugung von Spitzenstrom erfuhr nur eine geringe Unterstützung aus den insgesamt 2,9 Mrd. FF Marshallplan-Mitteln für die VSE[101]. Entsprechende finanzielle Hilfen für den Bau von Kraftwerken in Höhe von rund 6 Mrd. FF gingen allein an die Saargruben, die die vier vorhandenen Kraftwerke ausbauten und das Kraftwerk St. Barbara neu errichteten[102].

Die Energieversorgung der Saar einschließlich Saargruben erhielt nach den Zuwendungen für die Eisen- und Stahlindustrie den größten Anteil der in das Saarland fließenden ERP-Mittel. Dadurch konnten die schlimmsten Folgen des Krieges beseitigt und eine gewisse Vorsorge für die Absicherung des steigenden Strombedarfs getroffen werden. Ungelöst blieben aber weiterhin strukturelle Probleme der saarländischen Elektrizitätswirtschaft. Zum einen hemmte die starke Zersplitterung des Versorgungsgebietes mit vielen kleinen A-Gemeinden eine notwendige Vereinheitlichung und damit Stärkung der Energiewirtschaft. Auf der anderen Seite verhinderten die Régie des Mines und ihre Nachfolgegesellschaften ganz offensichtlich den Ausbau von Kraftwerkskapazitäten auf Saarkohle, da sie in ihrem Monopolverständnis die Erzeugung von elektrischer Energie als ihre ureigenste Interessensphäre an der Saar ansahen (vgl. Kap. VII.6.).

5. Schwerpunkte der Entwicklung in den 50er Jahren bei der VSE

a) Tendenzen der Stromabgabe und -anwendung

Die Entwicklung der nutzbaren Stromabgabe der VSE in den Jahren ab 1948/49 wurde gekennzeichnet durch den rasch wachsenden Anteil der Versorgung von industriellen Sonderkunden (vgl. Abb. 8 und Tab. 48). Gegenüber einem Anteil dieser Abnehmergruppe von ca. 15% an der Gesamtabgabe im Jahr 1947 erfolgte bis 1961 eine Steigerung auf rund 53%. Teilweise ergaben sich zweistellige Zuwachsraten wie Ende der 40er/Anfang der 50er Jahre, als der Nachholbedarf nach dem Krieg von der verstärkten Nachfrage während der Koreakrise 1951/52 abgelöst worden war oder zu Beginn der 60er Jahre, als die wirtschaftliche Eingliederung in die Bundesrepublik Deutschland neuen Aufschwung verhieß.

---

100 LA Sbr. MW 622 (Saarlouis).
101 Ebd. MW 579, 31.03.1949; VSE-AHV, Aufsichtsratssitzung v. 23.03.1949.
102 B o s c h (1954), S. 91.

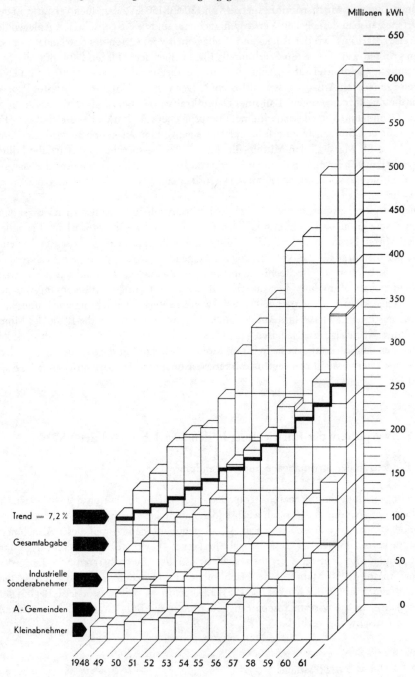

Abb. 8 Stromabgabe im eigenen Versorgungsgebiet 1948 - 1961

Millionen kWh

Trend = 7,2 %

Gesamtabgabe

Industrielle
Sonderabnehmer

A - Gemeinden

Kleinabnehmer

1948 49 50 51 52 53 54 55 56 57 58 59 60 61

Quelle: VSE-AHV, Geschäftsbericht für 1961

262

Alle Unternehmen der Eisen- und Stahlindustrie erkannten die Vorteile des Fremd-
strombezuges gegenüber der Eigenstromerzeugung und verlängerten ihre bestehenden
Stromlieferungsverträge oder schlossen neue ab[103]. Bei der Halbergerhütte verlagerte
sich beispielsweise der Elektrizitätsverbrauch zwischen 1948 und 1961 von rund 96,5%
Eigenerzeugung auf 65,5% Fremdstrombezug (vgl. Tab. 54). Vor allem als umfangreiche Maßnahmen zur Modernisierung und Rationalisierung des Werkes und die gleich-

Tabelle 54 Eigenerzeugung, Verbrauch und Bezug aus dem öffentlichen
Netz der Halbergerhütte (Brebach) 1945 - 1960 (in MWh)

	Halberger Hütte			
	Eigen-erzeugung	Verbrauch	Fremdbezug	
Jahr	MWh	MWh	MWh	%
1945		500	500	100,0
1946	144	4.389	4.245	96,7
1947	9.468	11.577	2.109	18,2
1948	19.044	19.735	691	3,5
1949	24.552	25.554	1.002	3,9
1950	25.536	27.457	1.921	7,0
1951	27.456	33.099	5.643	17,0
1952	25.548	34.380	8.832	25,7
1953	22.908	34.324	11.416	33,3
1954	24.732	26.111	1.379	5,3
1955	25.716	27.544	1.828	6,6
1956	23.952	26.138	2.186	8,4
1957	23.340	50.970	27.630	54,2
1958	21.924	50.841	28.917	56,9
1959	18.264	52.204	33.940	65,0
1960	19.632	53.638	34.006	63,4

Quelle: Halbergerhütte GmbH (TAW)

zeitige Umgestaltung und Erneuerung des gesamten elektrischen Netzes 1956 abgeschlossen waren, nahm der Fremdstromanteil deutlich zu[104]. Jegliche Steigerung und
Erweiterung der Produktion durch Modernisierungsmaßnahmen, zum Beispiel die Errichtung neuer Walzwerkstraßen, neuer Elektroöfen, Verbesserung des innerbetrieblichen Transportwesens bis hin zur steigenden Elektrifizierung der Bürotätigkeiten zog

---

103 VSE-AHV, Vertrag Nr. 823 v. 27.05.1952 (Dillinger Hütte); Ausnahme der geschilderten
   Entwicklung blieb das Neunkircher Eisenwerk.
104 Kloevekorn (1956), S. 102.

den Einsatz elektrischer Energie nach sich[105]. Verbesserte Regel- und Steueranlagen ermöglichten in Verbindung mit dem elektrischen Einzelantrieb beispielsweise die genau aufeinander abgestimmte Regelung der Drehzahlen der neuen Feinwalzstraße von Röchling im Nauweiler Gewann, damals eine der größten und modernsten Walzstraßen des Kontinents[106]. An der geschilderten Entwicklung des verstärkten Einsatzes elektrischer Energie hatte auch das Handwerk Anteil. Hier steigerte sich beispielsweise die durchschnittliche PS-Leistung der eingesetzten Motoren pro Betrieb von 1,6 PS im Jahr 1931 auf 4,5 PS 20 Jahre später und wies vor allem nach dem Krieg deutliche Steigerungstendenzen auf[107].

Neben dem Einsatz zum Antrieb und zur Steuerung kam die Elektrizität in der 50er Jahren auch im industriellen Wärmebereich zu verstärkter Anwendung. Als Beispiel seien die neuen Brennöfen genannt, die das noch im RWE-Versorgungsgebiet gelegene Unternehmen Villeroy & Boch in seinen Fabriken zur Steinzeugfliesenherstellung und zum Dekor-, Glüh- und Glattbrand von Geschirrporzellan sowie zum Schmelzen von Kristallglas einsetzte[108](vgl. Abb. 9). Günstige Strompreise über Sondertarife waren die wirtschaftlichen, eine erhebliche Verbesserung der Qualität die produktionstechnischen Voraussetzungen dafür, daß sich der Elektroofen in verschiedenen Bauweisen in den 50er und 60er Jahren auf diesem Gebiet durchsetzen konnte[109]. Für die Energieversorgungsunternehmen bedeutete der Anschluß von Elektrowärme verbrauchenden Anlagen, die teilweise bis zu 24 Stunden pro Tag im Dreischichtenbetrieb abgenommen wurde, eine verbesserte Ausnutzung der Anlagen, der günstigere Strom-

---

105 Auch für diesen Zeitraum kann festgestellt werden, daß — wie in den 20er Jahren — der Rationalisierungstrend der Industrie zu höherem Einsatz von Elektrizität führte, vgl. S c h r e i b e r (1964), S. 34f.; W e s s e l s (1966): Letzterer wandte sich gegen die oft unterschätzte Bedeutung der Energiekosten, die in vorwiegend betriebswirtschaftlich orientierten Untersuchungen häufig verkannt wurde, vgl. ders. (1959), S. 17ff. Beispiele aus dem Saarland: Im Jahre 1957 wurde das Feinstahlwalzwerk Nauweiler Gewann von Röchling eröffnet, vgl. P e t r o v i t s, N., Das neue vollkontinuierliche Feinstahlwalzwerk, in: Der Völklinger Hüttenmann 12 (1958), S. 96ff. (Saarstahl Völklingen-Werksarchiv); allgemein zur Elektrifizierung zu Beginn der 50er Jahre bei Röchling B e r t s c h, Wilhelm, Die Elektrizität im Aufgabenbereich unseres Werkes, in: Du und Dein Werk 2 (1953), S. 80ff., besonders S. 81f. (ebd.); Homburger Eisenwerk: Neues Streckreduzierwalzwerk und neue Anlage zur Herstellung elektrisch geschweißter Rohre, in: Das Saarland (1954), S. 157; Dillinger Hütte: Neue Quartostraße ab 1953, vgl. 275 Jahre Dillinger Hütte (1960); Burbacher Hütte: 1952/54 neue Feinstraße (Strombezug von der Stadt Saarbrücken); völlige Abschaffung der Dampflokomotiven im innerbetrieblichen Werksverkehr und Ersetzung durch E-Loks, denen gegen Ende der 50er Jahre allerdings vermehrt die Konkurrenz von dieselgetriebenen Lokomotiven erwuchs. Ersetzung der Dampfgebläse durch Elektroturbogebläse (Hochofen- und Stahlwerkswindgebläse); Einrichtung von Hochleistungs-Elektrolichtbogenöfen auf Schrottbasis (vgl. Saarstahl Völklingen-Werksarchiv, Best. Burbach, unsigiert); Röhrenwerk Bous (Mannesmann): S c h r e i n e r, Heribert, in: Kontakt 1/1974, S. 4f. (VSE-AHV).
106 P e t r o v i t s (1958)(wie Anm. 105).
107 Die Antriebsmaschinen im Handwerk (1955).
108 Die in den 50er Jahren eingesetzten Elektroöfen wurden zur Herstellung von kleinformatigen und unglasierten Steinzeugfliesen genutzt (Freundliche Mitteilung der Mosaikfabrik Mettlach v. 10.01.1986).
109 Vgl. Abb. 9, Energiebezug Villeroy & Boch 1947-1961; D r a b e k, Otto, Anwendung und Wettbewerbslage der Elektrowärme in der Feinkeramik und Glasindustrie (Ms., V&B-Firmenarchiv); Jost, Der Aufbau der elektrischen Anlagen der Villeroy & Boch - Fabriken, in: Keramos, Folge 8, 1953, S. 2ff. (V&B-Firmenarchiv).

Abb. 9 Elektroenergiebezug der Villeroy & Boch-Werke
im VSE-Bereich in den Jahren 1947 - 1985

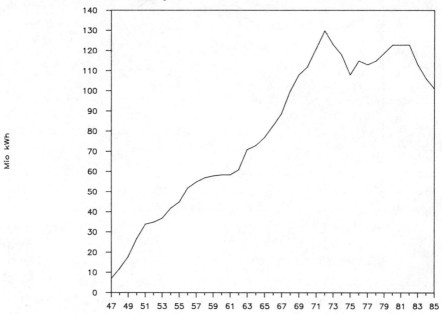

Quelle: Villeroy & Boch - FA (unsigniert)

erzeugungs- bzw. -bezugsmöglichkeiten und dadurch wiederum günstigere Abgabe-
bedingungen folgten. Trotzdem wies die durchschnittliche Aufteilung der Gesamtleistung auf die einzelnen Abnehmergruppen im Vergleich zu heute noch erhebliche Belastungstäler auf, wie die Abbildungen 10a und b verdeutlichen[110].
Dem Vorteil des rasch zunehmenden Anschlusses von industriellen Sonderabnehmern
stand für die VSE der Nachteil der Abhängigkeit von der konjunkturellen Entwicklung der Großkunden gegenüber. Deutlich erwies sich dies am Rückgang nach dem
Koreaboom 1952/53 sowie erneut im Jahre 1959, hier bedingt durch Anpassungs-
schwierigkeiten bei der Währungsumstellung und wirtschaftlichen Eingliederung in
die Bundesrepublik. Selbst Modernisierungs- und Umstellungsarbeiten der von der
VSE versorgten Großbetriebe schlugen sich in den Jahren 1956-1959 in vergleichsweise
niedrigeren Zuwachsraten nieder[111]. Die genannten Modernisierungsarbeiten zur
Umstellung und Anpassung an den deutschen Markt und zur Wiedererlangung der
Konkurrenzfähigkeit gegenüber den bundesdeutschen Unternehmen betrafen sowohl
die Eisen- und Stahlindustrie wie auch das verarbeitende Gewerbe. Die Saarwirtschaft
hatte zwar ihre Kapazitäten weiter ausgebaut und die Produktion gegenüber dem Vor-
kriegsstand beträchtlich erhöht, gegenüber anderen europäischen Wirtschaftsgebieten

---

110 VSE-AHV, Geschäftsbericht für 1955.
111 Ebd., Geschäftsberichte für 1956-1959/60.

Abb. 10 a) Entwicklung der VSE-Belastung während 30 Jahren (Winter)

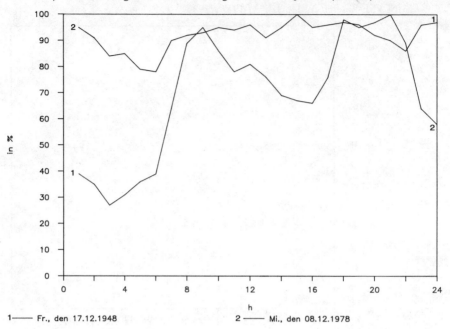

1——— Fr., den 17.12.1948   2 ——— Mi., den 08.12.1978

Abb. 10 b) Entwicklung der VSE-Belastung während 29 Jahren (Sommer)

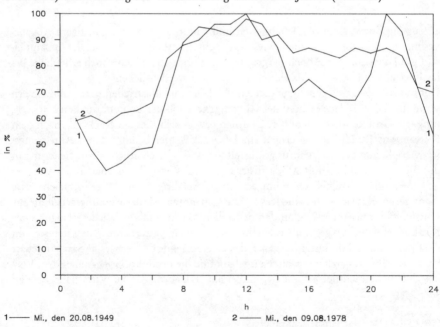

1——— Mi., den 20.08.1949   2 ——— Mi., den 09.08.1978

Quelle: VSE-AHV, Lastverteilung Geislautern

266

blieb dieser Leistungsanstieg aber zurück[112]. Die industriellen Investitionen zur Errei-chung des technischen Entwicklungsstandards wichtiger Konkurrenzunternehmen hatten trotz guter Konjunktur wegen Kapitalmangels mit den Nachbargebieten nicht Schritt halten können. Unzureichende und stark verteuerte Versorgung mit deutschen Maschinen und Ersatzteilen hatte zudem zu einer Vernachlässigung des technischen Ausrüstungsstandes vieler Unternehmen geführt, der aufgrund der schlechten Selbstfi-nanzierungsmöglichkeiten im Saarland nur langsam verbessert werden konnte[113].

Neben den konjunkturell und strukturell bedingten Schwankungen der VSE-Stromab-gabe in den 50er Jahren spielte auch die Versorgung der Nachbargebiete, in erster Linie Lieferungen an die EdF, die Pfalzwerke und das RWE in der nutzbaren Gesamtabgabe der VSE eine Rolle. Im Jahre 1949 bezog das französische Staatsunternehmen noch 62,5% des gesamten VSE-Aufkommens, danach sank der EdF-Anteil kontinuierlich, bis gegen Ende der 1950er die Verzögerung des Baubeginns des geplanten Kraftwerkes Ensdorf größere Stromlieferungen aus Frankreich an die VSE notwendig machte[114]. Die Entwicklung des Stromaustausches zwischen VSE und EdF spiegelte für diesen Zeitraum symbolisch die Veränderungen im Verhältnis zwischen Saarland und Frank-reich wider: „Mais l'exemple le plus caractéristique des effets d'un statut d'occupation évoluant progressivement vers une économie répondant davantage aux lois du marché est fourni par les échanges d'énergie entre la France et la Sarre"[115](vgl. Abb. 11). Die Stromlieferungen an die Pfalzwerke pendelten sich zwischen 5-10% der Gesamtabgabe der VSE ein. Zwischen 1948 und 1961 wies die VSE eine deutlich höhere Steigerungsra-te auf als die in der deutschen Elektrizitätswirtschaft üblichen 7,2% pro Jahr, die eine Verdoppelung in zehn Jahren ergaben.

Im eigenen Versorgungsgebiet erreichte die VSE in den 10 Jahren zwischen 1952 bis 1961 eine Steigerung der nutzbaren Stromabgabe um mehr als das Dreifache, Ausdruck der starken industriellen Neuanschlüsse, aber auch der gezielten Bemühungen der VSE um die Gewinnung neuer Tarifabnehmer (vgl. Tab. 55). Die Abgabe an letztere Grup-pe wies ungeachtet konjunktureller Einflüsse zwischen 1948 bis 1961 fast durchgehend zweistellige Zuwachsraten von 10 bis über 20% auf und erreichte 1960 mit einem Plus von 22,1% den Höhepunkt. Diese Steigerung war das Ergebnis konsequenter Tarifpoli-tik und der Verkaufsförderung von Elektrogeräten mit dem Ziel einer Erhöhung des Stromabsatzes. Bereits kurz nach der behördlich festgesetzten Preisregelung im No-vember 1947 senkte die VSE für Abnehmer, die Koch- und Heizstrom in größerer Menge verbrauchten, den kWh-Preis ihrer Grundpreistarife um über 20%. Zusätzlich wurde die seit den ersten Kriegsjahren ruhende Werbung für elektrische Geräte ab Mai

---

112 Durch die Trennung des Saarlandes vom deutschen Markt war die technische Ausrüstung der Unternehmen gegenüber der deutschen Industrie in Rückstand gekommen, so daß die Saarindustrie in großem Umfang an Wettbewerbsfähigkeit eingebüßt hatte. Die Folge waren erhebliche Modernisierungsanstrengungen, die allerdings den Rückstand nur auf Teilbereichen aufholen ließen, vgl. W e i a n t (1958), S. 652. Neben dem Saarland war inner-halb der Bundesrepublik Deutschland lediglich der Regierungsbezirk Arnsberg des Landes Nordrhein-Westfalen ebenfalls von relativen Strukturverlusten durch den Steinkohlen-bergbau sowie die Eisen- und Stahlindustrie betroffen, vgl. L i n d e n l a u b (1968), S. 286f., 293f.
113 S e y l e r (1958), S. 531, 535; vgl. auch Kap. VII.4.a) u. b).
114 Vgl. Kap. VII.6.b).
115 B a r t h e l (1978), S. 145.

Abb. 11 Energieaustausch zwischen Frankreich und Saarland 1946 - 1962

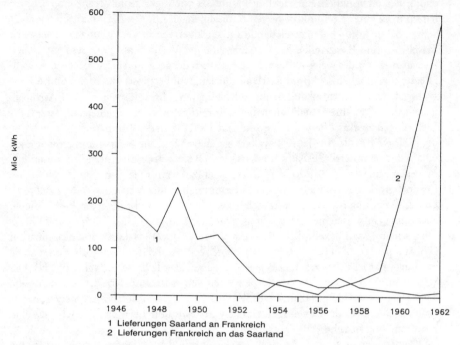

1 Lieferungen Saarland an Frankreich
2 Lieferungen Frankreich an das Saarland

Quelle: Barthel (1978), S. 311

1948 wieder aufgenommen. Gemeinsam mit den in der Elektrogemeinschaft zusammengefaßten Installateueren konnten im Laufe der Jahre nachhaltige Erfolge im Anschluß von Elektroherden erzielt werden, wie Tabelle 56 ausweist. Die Anzahl der im unmittelbaren Versorgungsgebiet aufgestellten Elektroherde stieg von 4.750 im Jahre 1947 auf 35.687 im Jahre 1961, das bedeutete einen Zuwachs von über 670%. Parallel dazu nahm der Elektrifizierungsgrad, hier verstanden als Anteil der elektrisch kochenden Haushalte, im unmittelbaren Versorgungsgebiet auf über 50% zu (vgl. Tab. 57). Die Abgabe pro Tarifabnehmer, worunter auch die kleingewerblichen und landwirtschaftlichen Abnehmer fielen, stieg im selben Zeitraum um fast das Dreieinhalbfache. Entscheidend zu dieser Absatzsteigerung trug auch die Wiederaufnahme des Teilzahlungsgeschäftes, die sogenannte ELT-Hilfe bei, die ab 01.06.1949 spürbare Verbesserungen für die Kunden brachte. Ermöglicht wurde dies einerseits durch die etwas verbesserte finanzielle Lage der VSE, zum anderen waren die Erleichterungen für den Erwerb von Elektrogeräten als Gegenmaßnahme für die seinerzeitige Propagierung von Butan-Gasherden gedacht[116]. Wenn die Elektrifizierung damals trotzdem nicht noch schneller vorankam, so lag dies daran, daß der Absatz an elektrischen Haushaltsgeräten sich fast ausschließlich auf die Geräte beschränkte, die im Saarland hergestellt wurden bzw. vertrieben werden konnten. Hierbei handelte es sich in erster Linie um technisch teilweise überholte elektrische Herde und Kühlschränke. Der Zufluß von Haushalts-

116 VSE-AHV, Aufsichtsratssitzung v. 31.05.1949.

Tabelle 56 Anzahl der Elektroherde im unmittelbaren Versorgungsgebiet
der VSE 1947 - 1961

| | Zugang | | Stand |
	Anzahl	%	
1947			4.750
1948	624	13,1	5.374
1949	728	13,5	6.102
1950	1.311	21,5	7.413
1951	2.168	29,2	9.581
1952	2.617	27,3	12.198
1953	1.981	16,2	14.179
1954	1.649	11,6	15.828
1955	4.011	25,3	19.839
1956	2.933	14,8	22.772
1957	3.106	13,6	25.878
1958	2.711	10,5	28.589
1959	2.232	7,8	30.821
1960	3.068	10,0	33.889
1961	2.768	8,2	36.687

Quellen: Geschäftsberichte, NlK (VSE-AHV)

Tabelle 57 Elektrifizierung der Haushalte im Versorgungsgebiet
der VSE 1950 - 1961 (= Elektrisches Kochen)

	in %
1950	16,3
1951	18,0
1952	21,8
1953	25,3
1954	28,0
1955	34,0
1956	38,0
1957	40,8
1958	44,7
1959	45,1
1960	47,9
1961	50,9

Quellen: Geschäftsberichte, NlK (VSE-AHV)

geräten aus dem Bundesgebiet war durch Zollmaßnahmen sehr stark gehemmt, so daß sowohl Heißwasserbereiter in jeglicher Form als auch Waschmaschinen, elektrische Küchenmaschinen usw. nur in beschränktem Umfang von den Konsumenten gekauft werden konnten. Ein Vergleich der Entwicklung der Elektrifizierung der Haushalte ergab, daß im Saarland gegenüber dem Bundesgebiet mit einer weiteren starken Elektrifizierungswelle in diesem Bereich gerechnet werden mußte, wenn nach der Eingliederung die Möglichkeit bestand, Warmwasserbereiter, Durchlauferhitzer, Kühlschränke, elektrische Küchenmaschinen, Waschmaschinen, Fernsehgeräte, Radioapparate usw. zu beziehen, die den Wünschen und Bedürfnissen der Hausfrauen und Familien voll entsprachen[117].

Eine weitere Beeinträchtigung in der Steigerung der Stromabsätze lag im noch immer schlechten Zustand zahlreicher Ortsnetze bedingt. Im Landkreis Saarlouis ließen die Netze 1949 beispielsweise den Anschluß weiterer Elektroherde nicht mehr zu. Stellenweise konnten vor den Krieg angeschaffte Herde deshalb nicht mehr installiert werden, weil die Wiederherstellung von Leitungen zu abseitsgelegenen Ortschaftsteilen und Straßenzügen eine zu große finanzielle Belastung für den Kreis bedeutete (vgl. Kap. V.b). Während der Absatz an die Tarifkunden bzw. Sonderabnehmer sich zwischen 1948 und 1961 jeweils mehr als versechsfachte, betrug die Steigerung bei den wiederverkaufenden A-Gemeinden im genannten Zeitraum „nur" das Viereinhalbfache (vgl. Tab. 48). Ein Vergleich mit dem Stromabsatz des RWE in seinen B-Gemeinden des Landkreises Ottweiler mit den dortigen A-Gemeinden zeigt ebenfalls, daß letztere eine wesentlich geringere Steigerung aufwiesen. Je nach Standpunkt konnte man diese „erfreuliche Anzahl von A-Gemeinden" als Wahrung der kommunalen Selbständigkeit werten[118]; andererseits ist vertretbar, daß viele A-Gemeinden mit der Modernisierung ihrer Anlagen finanziell überfordert waren und damit die Möglichkeit der Tarifabnehmer beschränkt wurde, Elektrogeräte einzusetzen. Deren Verwendung bedeutete keinen überflüssigen Luxus, sondern war als notwendig bzw. als Erleichterung der täglichen Arbeit anzusehen, wie beispielsweise der Einsatz von Kühlschränken, Staubsaugern, Elektroherden usw. Der spürbaren Steigerung von Jahreshöchstleistung und Benutzungsdauer (vgl. Abb. 12) mußte der Netzausbau angepaßt bzw. für die zu erwartende Erhöhung des Absatzes und der Anschlußwerte vorausschauend projektiert werden[119](vgl. Tab. 58). Der weitaus größte Teil des Anlagenzuganges der VSE für den Zeitraum bis 1961 entfiel auf Erweiterungen im Netzbereich (vgl. Tab. 51).

b) Übernahme der Versorgungsanlagen des Landkreises Saarlouis

Das Versorgungsnetz des Kreises Saarlouis war durch Kriegseinwirkungen im Saarland am schwersten betroffen und aufgrund der schlechten Finanzausstattung des Kreises nur notwendig instandgesetzt worden. Auffallend war die geringe Anzahl von meist nur einer Trafostation pro Ortsnetz gegenüber der heutigen, ein Vielfaches betragen-

---

117 RWE-AHV, Buderath (1982), Band II, S. 477ff.
118 Vgl. Ruppert (1961), S. 91: RWE B-Gemeinden 1951-1960 Steigerung von 204%, VSE B-Gemeinden + 138%, A-Gemeinden Landkreis Ottweiler + 38%.
119 Vgl. Netzausbau unter ständigem Anstieg der nutzbaren Abgabe, in: Der Volkswirt 13 (1959), S. 197f.

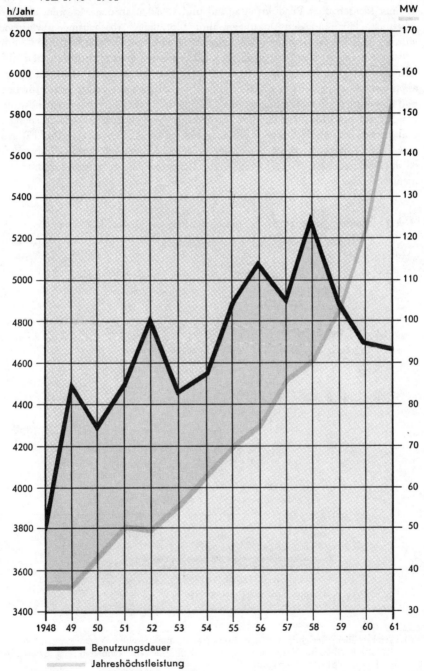

Abb. 12 Entwicklung und Benutzungsdauer der Jahreshöchstleistung
(Stromabgabe ohne Export und Abgabe an Stadt Saarbrücken)
VSE 1948 - 1961

Benutzungsdauer

Jahreshöchstleistung

Quelle: VSE-AHV, Geschäftsbericht für 1961

271

den Zahl mit entsprechend verbesserter Versorgungssicherheit. Elektrische Kochher-
de, Heißwasserspeicher, Kühlschränke, Radios usw. konnten vielerorts nicht installiert werden, da die Kapazität der Netze hierzu nicht ausreichte. Gewerbliche Stromabnehmer klagten über Produktionsausfall und Schäden an den Motoren, die durch
erhebliche Spannungsschwankungen und plötzliche Abschaltungen verursacht
wurden[120]. In der Gemeinde Schwarzenholz, deren Ortsnetz noch von 1914 stammte,
wurden Anfang der 50er Jahre mehr als 3.000 sichtbare Flickstellen an den auf dem Ge-
stänge aufgelegten Versorgungsleitungen festgestellt. Dachständer waren zu Hunder-
ten durchschossen, so daß ein Großteil der Netzanlagen auch eine Gefahr für Leben
und Eigentum der Bevölkerung bildete. Die Spannung sank hier in den Abendstunden
von 220 auf rund 100 V, so daß Glühbirnen nur noch ein spärliches Licht spendeten
und der Betrieb von Radios oder Elektrogeräten unmöglich war (vgl. Abb. 13). Auch
eine Erneuerung der Straßenbeleuchtungsanlagen konnte nicht durchgeführt werden,
da das vorhandene Ortsnetzgestänge eine Belastung durch weitere Leitungsdrähte
nicht aushielt.

Abb. 13 Spannungsdiagramm Ortsnetz Schaffhausen 11. April 1949

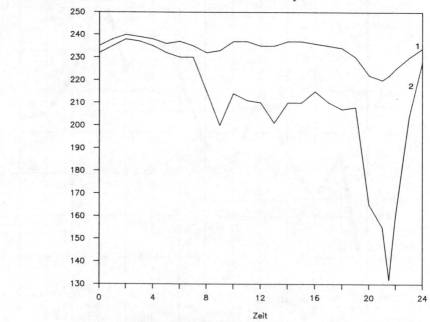

1 Spannung am Trafo in der Station Schaffhausen
2 Spannung Girststraße und Provinzialstraße

Quelle: VSE-AHV, Bestand, Saarlouis (unsigniert)

---

120 Bericht über Besichtigung der kreiseigenen elektrischen Versorgungsanlagen am
13.09.1949; Bericht VSE-Vorstandsmitglied Keßler vor dem Kreistag Saarlouis v.
02.04.1952 (VSE-AHV, unsigniert).

Bereits im Frühjahr 1949 trat die VSE an das Wirtschaftsministerium heran und schlug zur rascheren Behebung des untragbaren Zustandes der Versorgungsanlagen des Kreises den Kauf des 1930 gepachteten Netzes vor. Nach verschiedenen Verhandlungen fand sich der Kreisrat am 14.03.1950 bereit, die kreiseigenen Stromversorgungsanlagen an die VSE zu verkaufen, wenn die VSE verbindlich erklärte, die Arbeiten zur Wiederherstellung der Netze zu finanzieren und bis zum 01.01.1955 wieder einwandfrei, den elektrotechnischen Erfordernissen entsprechend, in Ordnung zu bringen. Auch das Wirtschaftsministerium unterstützte die Kaufbemühungen der VSE, da es sich hierdurch neben der notwendigen Instandsetzung des Netzes einen weiteren Schritt auf dem Wege zur angestrebten einheitlichen Elektrizitätsversorgung des Saarlandes versprach. Der Aufsichtsrat der VSE ermächtigte den Vorstand 1951[121], den Umbau bzw. die Erneuerung von 15 Ortsnetzen und verschiedenen Hochspannungsleitungen sowie Trafostationen für eine Summe von 400 Mio FF in Auftrag zu geben. Der beauftragten französischen Baufirma gelang jedoch die Finanzierung des Vorhabens nicht, so daß erst zum Jahreswechsel 1954/55 mit den Arbeiten begonnen werden konnte. Die VSE sah sich angesichts der starken Nachfrage nach elektrischer Energie in ihrem Versorgungsgebiet außerstande, die erforderlichen 2,6 Mrd. Francs Neubaukosten allein aufzubringen, weshalb rund eine Milliarde französischer Francs aus Regierungsdarlehen und ERP-Mitteln abgedeckt wurde.

Am 18.11.1954 erfolgte die Unterzeichnung des Kaufvertrages zwischen dem Kreis Saarlouis und der VSE. Der Kreis erhielt eine Festsumme von 360 Mio Francs und einen beweglichen Anteil in Abhängigkeit von der Stromabgabe im Kreis auf 30 Jahre. Die VSE verpflichtete sich, im Verlaufe von 3 Jahren das Mittelspannungsnetz und die Niederspannungsnetze zu erneuern bzw. zu reparieren, um eine ausreichende und sichere Stromversorgung zu gewährleisten. Die mittelspannungsseitige Versorgung wurde von 6 auf 10 kV umgestellt und ein völlig neues 10 kV-Netz errichtet. Die Erneuerung der insgesamt 72 Ortsnetze zog sich schließlich bis zum Jahre 1959 hin[122]. Durch den Kauf vergrößerte sich das direkte Versorgungsgebiet der VSE von 316 auf 695 qkm. Die Zahl der Tarifkunden erhöhte sich von 31.610 auf 63.405. Die hohen Verbindlichkeiten, die die VSE durch den Aufkauf und die Erneuerung der Versorgungsanlagen im Kreis Saarlouis eingehen mußte, führten 1955 zu einer Erhöhung des Grundkapitals von 2 Mio Francs auf 3 Mio Francs durch Auflösung der Aufstockungsrücklage[123].

Die Netze der Saarlouiser Stadtteile Fraulautern, Picard und Beaumarais waren bis zum Jahr 1953 im Besitz des Kreises. Beim Verkauf des kreiseigenen Netzes an die VSE wurden diese drei bisher von der VSE auf der Grundlage von B-Verträgen versorgten Gemeinden vom Kreis durch die Stadt Saarlouis erworben. Der seit 1930 bestehende Betriebsführungsvertrag der VSE für die stadteigenen Netze war bereits im Jahre 1950

---

121 VSE-AHV, Aufsichtsratssitzung v. 10.05.1951.
122 1955 12 Ortsnetze (ON), 1956 14 ON, 1957 18 ON, 1958 19 ON, 1959 9 ON, vgl. VSE-AHV, Geschäftsberichte 1955-59.
123 VSE-AHV, Geschäftsbericht für 1955. Einer Diplomarbeit am energiewirtschaftlichen Institut der Univ. Köln zufolge sollte die Übernahme der Anlagen des Kreises Saarlouis bis in die 60er Jahre ein Verlustgeschäft bedeuten. Stark steigender Stromkonsum reduzierte diese Phase deutlich (vgl. VSE-AHV, Goergen, 1955, S. 31ff.).

für Saarlouis und Roden beendet worden. 1953 übernahm die Stadt auch die Stromversorgung des Stadtteiles Lisdorf. Nach 1953 war die Elektrizitätsversorgung erstmals einheitlich in den Händen der Stadt Saarlouis. Im selben Jahr schloß die Gemeinde mit der VSE einen Stromlieferungsvertrag auf 20 Jahre ab[124].

c) Stationen der innerbetrieblichen Entwicklung

Betriebsrat

Bereits kurz nach Ende des Zweiten Weltkrieges hatte sich bei der VSE ein provisorischer Betriebsrat — damals Arbeiterausschuß genannt — gebildet, zu dessen Vorsitzenden Hans Grimm gewählt wurde. Grimm hatte bereits vor 1935 für das Unternehmen gearbeitet, mußte aber wegen seiner politischen Aktivitäten nach der Rückgliederung ins Reich auf Druck von NSDAP-Parteistellen ausscheiden und arbeitete später bei der Saarbrücker Niederlassung der Siemens-Schuckert-Werke. Aufgrund seiner gewerkschaftlichen Tätigkeit und als anerkannter Verfolgter des Nazi-Regimes wurde Grimm von der französischen Besatzungsmacht zur Mitarbeit bei Spruchkammerbescheiden in Entnazifizierungsverfahren herangezogen und machte seinen Einfluß in mäßigender Weise gegenüber teilweise denunziatorischen Anschuldigungen gegen VSE-Mitarbeiter geltend. Seine entlastenden Bewertungen brachten ihm eine für einen Betriebsratsvorsitzenden ungewöhnlich starke Stellung innerhalb des Unternehmens ein.

Auf seinen Antrag nahm Grimm ab 23. Mai 1946 auf der Grundlage des Kontrollratsgesetzes Nr. 22 als beratendes Mitglied an den Sitzungen des Aufsichtsrates teil[125]. Eine endgültige gesetzliche Regelung erfolgte durch § 10 der Verordnung über die Betriebsräte im Saarland vom 01. August 1947, wonach zwei Betriebsratsmitglieder von der Belegschaft in den Aufsichtsrat entsandt werden konnten. Um die seinerzeitige Sitzaufteilung — entsprechend der Aktienbeteiligung — nicht ändern zu müssen, wurde die Zahl der Aufsichtsratsmitglieder von 12 auf 14 erhöht[126]. Grimm stand bis zum Februar 1955 dem Betriebsrat der VSE vor[127].

Lehrlingsausbildung

Sofort nach Kriegsende nahm die VSE die Lehrlingsausbildung zum Elektrowerker und Elektromechaniker in ihren Lehrwerkstätten Saarlouis und Saarbrücken wieder auf. Jeweils ab 01. August eines Jahres erfolgte die Einstellung in Zusammenarbeit mit den Berufsberatungsstellen der Arbeitsämter, nachdem sich die Lehrlinge einer besonderen Eignungsprüfung bei der VSE unterzogen hatten[128](vgl. ebf. Tab. 59). Grundla-

---

124 Bericht über die Entstehung und Entwicklung der Stromversorgung des Stadtgebietes von Saarlouis v. 24.04.1963, freundlicherweise zur Verfügung gestellt von Herrn Dipl.-Ing. S o n n t a g, Leiter der Stadtwerke Saarlouis.
125 Betriebsrätegesetz v. 10.04.1946, Journal Officiel No. 21 v. 26.04.1946; VSE-AHV, Aufsichtsratssitzung v. 23.05.1946; vgl. allgemein D r a t w a (1958), S. 776ff.
126 VSE-AHV, Aufsichtsratssitzung v. 30.3.1947.
127 VSE-Betriebsräte von 1945 - 1979, Saarbrücken 1979 (VSE-AHV).
128 VSE-AHV, Nachlaß Keßler, o.D.

ge der Ausbildung war das Schlosserhandwerk mit der entsprechenden Unterweisung in der Metallbearbeitung, der sich ein Kurs in elektro- und autogenem Schweißen anschloß. Dem Lehrling sollten alle Kenntnisse vermittelt werden, die im Installationshandwerk benötigt wurden, um den von der VSE nicht übernommenen Lehrlingen gute Berufschancen außerhalb des Unternehmens bieten zu können. Auf einem Übungsgelände hatten die Lehrlinge Gelegenheit, selbst Hoch- und Niederspannungs-

Tabelle 59 Mitarbeiter der VSE 1945 - 1961

	Mitarbeiter				
	Lohn-empfänger	Gehalts-empfänger	Auszubildende	insgesamt	Versorgungs-empfänger 1)
Jahr	Anzahl	Anzahl	Anzahl	Anzahl	Anzahl
1945	420	186	42	648	
1946	206	189	56	451	
1947	225	205 2)	50 2)	480	
1948	247	220	39	506	
1949	261	226	36	523	
1950	264	223	33	520	
1951	212	231	26	469	29
1952	206	230	27	463	32
1953	198	243	31	472	36
1954	210	234	33	477	40
1955	215	233	27	475	43
1956	193 3)	248	21	462	47
1957	176 3)	253	23	452	51
1958	172	255	17	444	56
1959	174	252	19	445	65
1960	177	247	20	444	71
1961	177	258	16	451	75

1) 1945 - 1950 keine Angaben
2) geschätzte Werte
3) Auflösung der Montageabteilung für Hausinstallationen
Quellen: Geschäftsberichte, Aufsichtsratsprotokolle (VSE-AHV)

leitungen an Masten zu verlegen und alle Arten von Masten, Isolatoren, Leitungen und Klemmen kennenzulernen. Weitere Ausbildungsschwerpunkte lagen im Bau von Ortsnetz-Transformatorenstationen, in einer eingehenden Unterweisung im Anschluß von Motoren und in der Behebung von auftretenden Schäden sowie in der Kenntnis über die verwendeten Schalter- und Schutzanlagen. Der Grundausbildung in der Lehrwerkstatt schloß sich die praktische Tätigkeit in den einzelnen Bau- und Betriebsabteilungen unter Anweisung älterer Belegschaftsmitglieder an. Zusätzlich vermittelte eine achtwöchige Ausbildung im Kraftwerk Wehrden den Kraftwerksbetrieb mit allen vorkommenden Arbeiten an den Kohlen-, Kessel-, Maschinen- und Verteilungsanlagen, wodurch die Lehrlinge sich über den Werdegang der Stromerzeugung und -verteilung von der Kohle bis zum Verbraucher ein genaues Bild machen konnten. Gleichzeitig mit der technischen wurde 1945 auch die kaufmännische Ausbildung mit dem Abschluß eines Industriekaufmanns, in einigen Fällen auch eines Großhandelskaufmanns, wieder aufgenommen. Die Anzahl der insgesamt jährlich eingestellten Lehrlinge sank im Verlaufe der 50er Jahre kontinuierlich ab. 1963 wurde die Lehrlingsausbildung für die Dauer von 16 Jahren eingestellt[129].

6. Strukturprobleme der saarländischen Elektrizitätswirtschaft

a) Ungünstige Voraussetzungen zur Vereinheitlichung der Elektrizitätsversorgung

An der Stromversorgung des Saarlandes waren in den 50er Jahren VSE, RWE, Kraftwerk Homburg, Stadtwerke Saarbrücken, Kraftwerk Wehrden, die Régie des Mines sowie 49 örtliche Stadt- und Gemeindewerke beteiligt[130](vgl. Karte 6, Tab. 60-62). Für ein Gebiet von 2.559 qkm Fläche und annähernd einer Million Einwohner bedeutete dies eine sehr starke Zersplitterung. Der mittlere und nördliche Gebietsteil war dank der weitsichtigen Initiativen der Kreisverwaltungen von Merzig und Saarlouis und über den Zweckverband Weiherzentrale in Teilen der Kreise Saarbrücken, St. Wendel und Ottweiler weitgehend bereinigt. Im zentralen Industrierevier war dagegen eine zusammengefaßte Elektrizitätsversorgung durch die zahlreichen Weiterverteilungsunternehmen vieler Gemeinden erschwert worden. Am auffallendsten stellte sich das bunte Bild im südöstlichen und östlichen Teil des Saarlandes dar, wo sich sehr viele Gemeinden gegenüber den Pfalzwerken als Wiederverkäufer behauptet hatten.

Bereits in den ersten Nachkriegsjahren hatten sich die zuständigen Regierungsstellen ansatzweise um eine Vereinheitlichung der saarländischen Elektrizitätsversorgung bemüht (vgl. Kap. VII.2.). Nach der Stabilisierung der politischen Verhältnisse griff das Wirtschaftsministerium diese Überlegungen erneut unter dem Gesichtspunkt auf, daß „eine einheitliche übergeordnete Lenkung der Energiewirtschaft mit dem Ziel der Erreichung der besten Nutzeffekte unentbehrlich geworden sei"[131]. Vielfältige Hinder-

---

129 Die baulichen Unterbringungsprobleme der VSE mit einem angemieteten Verwaltungsgebäude in der Scheffelstraße 1 und verschiedenen, in der Stadt verteilten sonstigen Unterkünften konnten zu Beginn der 50er Jahre gelöst werden. In einem Dreieckstausch zwischen dem Landesamt Saar, Abt. Vermögensverwaltung, der Stadt Saarbrücken und der VSE gelang es 1948, einen Geländestreifen an der Scheffelstraße 10-14, der späteren Heinrich-Böcking-Straße, zu erwerben. Für dieses Grundstück hätte auch die Möglichkeit des Anschlusses eines Ladegleises und damit die angestrebte Verlagerung des Hauptlagers nach Saarbrücken bestanden. Auf dem neuen Gelände befanden sich ursprünglich Sportanlagen, ehe es im Dritten Reich als „Befreiungsgelände" dem Aufmarsch von NS- und anderen Formationen diente. Nach dem Krieg wurde der Trümmerschutt aus dem Stadtteil St. Johann hier abgelagert, bevor das Gebiet zur Gewerbeansiedlung erschlossen wurde. Anfang März 1950 erfolgte der erste Spatenstich zum Neubau des Verwaltungsgebäudes. Der schwierige Untergrund erforderte umfangreiche Fundamentierungsarbeiten, so daß sich der endgültige Bezug bis zum 01.05.1952 hinzog, ehe für absehbare Zeit ein modernes und ausreichendes Hauptverwaltungsgebäude zur Verfügung stand (vgl. VSE-AHV, Aufsichtsratssitzung v. 11.05.1948, Geschäftsberichte 1950-52).
130 Vgl. zum folgenden: Tab. 60-62; Keßler (1957), S. 297ff., Lauer (1956); Bosch (1954), S. 90ff.; Hellwig (1954), S. 93ff.; Ruttloff (1954), S. 14ff.; Bellmann (1957), S. 196ff.; Müller (1961), S. 63ff.; Das Saarland (1956), S. IIIf.; Müller (1955), S. 115ff.; Schroeder (1957), S. 111ff.; Zur Frage der Einbeziehung des Saargebietes (1956), S. 41.
131 Vgl. LA Sbr. MW 611, 02.10.1952 (Vortrag Tiné); vgl. ebf. Landtag des Saarlandes, Archiv und Dokumentation, Nr. 16, ebf. LA Sbr. AA 617; Tiné, Probleme der Stromversorgung, (1952); ders., Ballastreiche Kohle, (1952).

nisse standen allerdings diesem Vorhaben entgegen. Große Mühe bereitete beispielsweise die einheitliche Regelung der Konzessionsabgaben an die Gemeinden und Landkreise, die mit der Konzessionsabgaben-Anordnung von 1941 begonnen hatte[132]. Das RWE zahlte in seinem saarländischen Versorgungsgebiet die in den Verträgen in einheitlicher Höhe vereinbarten Abgaben ohne Beachtung der in der Abgabenanordnung enthaltenen Einschränkungen. Die VSE lehnte die Zahlung der ihrerseits völlig unterschiedlich vereinbarten Abgaben ab und vertrat den Standpunkt, daß nach Einführung der französischen Strompreise eine Zahlung dieser Abgabe unmöglich geworden sei, da in diesen Preisen keine Abgaben einkalkuliert seien. Das Kraftwerk Homburg sah sich in der guten Situation, in seinen Konzessionsverträgen keine Abgaben vereinbart zu haben. Zur Verunsicherung trug zusätzlich eine Anordnung des Amtes für Preisbildung bei, das die Konzessionsabgabenanordnung als für das Saarland nicht mehr bestehend bezeichnete[133]. Eine Lösung dieser schwierigen Vertragsfragen ließ sich aufgrund der unterschiedlichen Standpunkte in den 50er Jahren nicht mehr erreichen, sondern konnte erst im Laufe des folgenden Jahrzehnts nach Bereinigung der Versorgungsverhältnisse erfolgreich angegangen werden.

Entgegen den Bestrebungen des Wirtschaftsministeriums um eine Vereinheitlichung auf diesem Gebiet bemühte sich das RWE ab 1949 in Verhandlungen mit dem Zweckverband Weiherzentrale sowie den übrigen Gemeinden seines saarländischen Versorgungsgebiets darum, die erst Ende der 50er Jahre auslaufenden Verträge bereits jetzt zu verlängern und bot im Gegenzug seine Beteiligung an der Einführung und Ergänzung der Straßenbeleuchtung sowie eine Erhöhung der Konzessionsabgaben an, obwohl das RWE in seinem übrigen Versorgungsgebiet diese Abgaben nicht mehr abführte[134]. Mit dieser Maßnahme sollten die Gemeinden langfristig an den Bezug vom RWE gebunden und der Status quo der saarländischen Elektrizitätsversorgung festgeschrieben werden. Interventionen des VSE-Vorstandes beim Wirtschaftsministerium erbrachten zwar eine Überprüfung dieser Angelegenheit. In Verhandlungen mit dem RWE erklärte sich dieses auch bereit, in ein vorzeitiges Ende der neuen Verträge einzuwilligen, wenn es übergeordnete Gesichtspunkte einer Vereinheitlichung der saarländischen Elektrizitätsversorgung erforderlich machen sollten[135]. Mit dieser Feststellung mußte sich das Wirtschaftsministerium allerdings schließlich begnügen, denn die letzte Entscheidung stand dem Zweckverband bzw. den Gemeinden selbst zu, die alle für eine Verlängerung der bestehenden Verträge mit dem RWE eintraten[136].

---

132 Anordnung über die Zulässigkeit von Konzessionsabgaben der Unternehmen und Betriebe zur Versorgung mit Elektrizität, Gas und Wasser an Gemeinden und Gemeindeverbände vom 04.03.1941 nebst Ausführungs- und Durchführungsverordnung (Reichsanzeiger 1941, Nr. 57, 120); vgl. S c h w e p p e n h ä u s e r (1956), S. 31ff.

133 LA Sbr. MW 617, 04.01.1949, MW 623, 11.05.1951.

134 Ebd. MW 611, Vorschläge über die Vereinheitlichung der Elektrizitätswirtschaft des Saarlandes (o.D.); MW 617, 29.11., 07.12.1949, 16.06., 28.06., 09.10., 15.11., 15.12., 18.12. 1953; ebf. ausführlich für die Gemeinden des Zweckverbandes Weiherzentrale LA Sbr. Dep. Heusweiler Nr. 32-35 und Ordner RWE 1949-54 (Saarbrücken, 04.01.1949), RWE-Merzig 09.01.1952.

135 Ebd. MW 617 19.12.1951, 22.01., 11.03.1952.

136 Ebd. MW 617 21.03.1952 für Zweckverband Weiherzentrale; ebd. Dep. Heusweiler Ordner RWE 1949-54, Protokoll Zweckverband v. 14.6.1951.

Aussichtsreiche Verhandlungen zwischen VSE und Kraftwerk Homburg unter Vermittlung des Wirtschaftsministeriums waren Ende 1949/Anfang 1950 bereits über eine Stillegung des Kraftwerkes Homburg geführt worden. Als Ersatz sollte die VSE den für die Versorgung der Saar-Pfalz und für den Export in die Pfalz benötigten Strom auf Selbstkostenbasis liefern. Die Pfalzwerke als Hauptanteilseigner des Kraftwerkes Homburg stimmten diesem Plan aber nicht zu, so daß auch im östlichen Saarland eine Bereinigung der Versorgungsgebiete in weite Ferne rückte[137]. Auch Kompetenzstreitigkeiten auf Regierungsebene waren einer Zusammenfassung der saarländischen Elektrizitätswirtschaft nicht besonders förderlich. Nach einer 1951 vereinbarten Aufgabentrennung betreute und überwachte das Innenministerium die energiewirtschaftliche Betätigung der Gemeinden, während dem Referat für Energiewirtschaft beim Wirtschaftsministerium die gesamte Elektrizitätswirtschaft oblag. 1953 richtete das Innenministerium aber zusätzlich eine allgemeine „Beratungsstelle für Energiewirtschaft" ein, die eine weitere organisatorische Zersplitterung bedeutete und vom Wirtschaftsministerium entschieden bekämpft wurde[138]. Denn während das Wirtschaftsministerium vor allem den übergeordneten Gesichtspunkt einer rationellen Vereinheitlichung der saarländischen Elektrizitätsversorgung verfolgte, unterstützte die entsprechende Abteilung des Innenministeriums eher die Bemühungen der A-Gemeinden um Beibehaltung ihrer Funktion als Wiederverkäufer.

Ein weiterer Hinderungsgrund auf dem Weg zu einer Vereinheitlichung der Elektrizitätsversorgung lag in den historisch begründeten unterschiedlichen Spannungen der Verteilungsnetze. Im Laufe der Zeit hatte sich eine Vielfalt von Fortleitungsspannungen in den Versorgungsgebieten der verschiedenen Energieversorgungsunternehmen an der Saar herausgebildet. Beginnend mit 2 kV in der örtlichen Versorgung von Wiebelskirchen und 5 kV als Verteilungsspannung einiger Städte (Homburg, St. Ingbert, Blieskastel, Bereich Mittel-Bexbach), lagen über der in den größten Teilen der Kreise Merzig und Saarlouis noch benutzten 6 kV-Versorgungsspannung die Standardnetze der VSE mit 10 kV und 35 kV, des RWE mit 12,5 kV und 25 kV, des Kraftwerkes Homburg mit 20 kV und der Régie des Mines mit 65 kV, überlagert wiederum von einem Hochspannungsnetz von 110 kV, 150 kV und 220 kV. Die in den Kreisen Saarlouis und Merzig ehemals einheitliche Spannung von 6 kV wurde im Gebiet der VSE durch 10 kV und im Versorgungsgebiet der RWE durch 12,5 kV ersetzt. Der Keil, der sich durch das Gebiet des Zweckverbandes Weiherzentrale mit 12,5 kV in das einheitliche 10 kV-Gebiet der VSE schob, bedeutete schließlich den letzten Auswuchs eines — auf die Gesamtversorgung bezogen — unwirtschaftlichen Nebeneinanders verschiedener Spannungen, das an die Anfänge der saarländischen Elektrizitätsversorgung durch die königliche Bergwerksdirektion vor dem Ersten Weltkrieg erinnerte. Die Verbindung mit der Bundesrepublik Deutschland bzw. Frankreich bestand durch drei 110 kV-Leitungen zwischen RWE und VSE bzw. RWE und Pfalzwerke, verschiedenen 25 kV-Leitungen sowie zwei 65 kV-Leitungen (später 150 kV), die den Anschluß an die lothringischen Kraftwerke herstellten. Von der wichtigen 220 kV-Leitung, die das RWE-Netz mit den Großkraftwerken des lothringischen Hüttenreviers in Landres verband, wurde das Saarland lediglich berührt, hatte aber keinen Anschluß an diese Verbin-

---

137 Ebd. MW 611, Vorschläge über die Vereinheitlichung der Elektrizitätswirtschaft (o.D.).
138 Ebd. MW 612, 23./31.07.1953, MW 593, 12.08.1954.

dung[139]. Die Verschiedenart der aufgezeigten Netzspannungen war zwar hinderlich auf dem Wege zu einer Einigung in der Elektrizitätswirtschaft des Saarlandes, stellte aber letztlich das kleinere Problem dar gegenüber den genannten organisatorischen Schwierigkeiten und denjenigen, die sich in den 50er Jahren auf dem Gebiet fehlender Kraftwerkskapazitäten ergaben.

b) Rückstand in der Stromerzeugung: Die Verhinderung des Kraftwerkes Ensdorf an der Saar

Im Jahre 1949 stellte die Régie des Mines in einer Sitzung im Paris zusammen mit der EdF und in Anwesenheit eines Vertreters des Hohen Kommissars für das Saarland einen Ausbauplan der saarländischen Grubenkraftwerke und der öffentlichen Versorgung für die kommenden 10 Jahre auf[140]. Die saarländischen Energieversorgungsunternehmen waren bis zu diesem Zeitpunkt auf Vermutungen über die französischen Absichten angewiesen und wurden hier zum ersten Mal konkret über die Zukunftsplanung der Régie des Mines informiert[141]. Diesen Berechnungen zufolge sollte sich der höchste Bedarf (jeweils Winter) von 1948/49 mit einer Leistung von 28 MW über 146 MW 1949/50 und 151 MW 1950/51 auf 173 MW 1958/59 steigern. Die gegenüber der bestehenden Leistung von 93 MW im Jahre 1949 fehlende Kapazität sollte nach dem Plan der Régie durch den Bau des Kraftwerkes Hangard (St. Barbara) und Erweiterungen der Kraftwerke Weiher und Fenne abgedeckt werden. Im Vordergrund der geplanten Erweiterungen stand für die Régie offensichtlich an erster Stelle die Elektrifizierung des Grubenbetriebes zur Steigerung der Förderleistung[142], ein Vorhaben, das in überzeugender Weise in den 50er Jahren durchgeführt werden konnte. Wie in früheren Jahrzehnten sollte die öffentliche Elektrizitätsversorgung an der Saar aber nur sekundär am Ausbau der Grubenkraftwerke teilhaben (vgl. Abb. 14, Tab. 63).

Bereits damals betrachteten die VSE und später auch das Wirtschaftsministerium die Berechnungen der Régie des Mines wie die Schlußfolgerungen hieraus für eine gesicherte Versorgung des Saarlandes als unzureichend[143] und plädierten für den zusätzlichen Bau eines Kraftwerkes der öffentlichen Versorgungsunternehmen neben den Kraftwerken Wehrden, Mettlach und Homburg. Die VSE argumentierte — nach ihren nega-

---

139 RWE-AHV, B u d e r a t h (1982), Band II, S. 414f. Die politische Sonderentwicklung des Saarlandes führte wie in den zwanziger Jahren auch nach dem Zweiten Weltkrieg dazu, daß das Land erst spät in das internationale Verbundnetz integriert wurde.

140 LA Sbr. MW 611, 19.07.1949.

141 VSE-AHV, Aufsichtsratssitzung v. 23.3.1949.

142 Vgl. LA Sbr. StK 634, 10.11.1949; der Elektrifizierungsgrad im Saarbergbau (ohne Wasserhaltung, Blindschachthäspel und Lokomotivförderung) stieg seit 1947 von 15% über 45% im Jahr 1955 auf 73% im Jahr 1961; vgl. D o l i s (1953), S. 58f.; H o c h s t r a t e (1963), S. 203ff.; R e y (1957), S. 97ff.; Die Mechanisierung und Elektrifizierung der Strebe bei den Saarbergwerken, in: Schacht und Heim 2 (1956), H. 3, S. 2; H o r s t m a n n (1960), S. 17ff.; H o p p (1957), S. 117ff.; H e l l (1957), H. 9 S. 5ff.; Die elektrischen Großschrämmaschinen (1953), S. 39ff.; Elektrizität = Sicherheit (1952), S. 17ff.

143 Die geplante Erweiterung der Kapazitäten sollte neben der öffentlichen Versorgung auch die vorgesehene Elektrifizierung des gesamten Grubenbetriebes sowie einen Stromüberschuß für den Export abdecken (vgl. LA Sbr. StK 634, 10.01.1949).

Abb. 14 Engpaßleistung der Grubenkraftwerke an der Saar 1945 - 1961

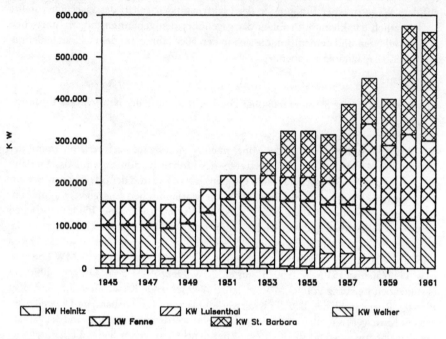

Quelle: Tabelle 63

tiven Erfahrungen mit dem ungewissen und teuren Strombezug von der Régie zu Recht — daß die Selbständigkeit der Preisgestaltung letztlich nur bei einem eigenen Kraftwerk mit billiger Eigenerzeugung gesichert sei. Durch ein neues Kraftwerk von zunächst 100 MW und die Errichtung eines Pumpspeicherwerkes, das Spitzenstrom bis 140 MW abgeben könnte, wollte das Unternehmen den gesamten öffentlichen Bedarf des Saarlandes sichern[144]. Verhandlungen mit der EdF hatten deren Bereitwilligkeit gezeigt, sowohl die freie Leistung des Dampfkraftwerkes abzunehmen wie auch für das Heraufpumpen des Wassers in das Speicherbecken für die Nachtstunden billigen eigenen Überschußstrom zu liefern. Berechnungen seitens VSE, EdF und der Herstellerfirma Siemens-Schuckertwerke AG (Mülheim/Nürnberg) ergaben durch den Bau eines Pumpspeicherwerkes eine günstigere Spitzenstromdeckung als durch das Ausfahren von zusätzlicher Kessel- und Turbinenleistung im geplanten Dampfkraftwerk[145].

---

144 VSE-AHV, Aufsichtsratssitzung v. 23.03.1949.
145 Ebd., Nachlaß Keßler, 28.02.1948 (Projekt der Siemens-Schuckert-Werke für ein Pumpspeicherwerk); vgl. ebf. R u t t l o f f (1954), S. 21; VSE-AHV, Nachlaß Keßler: EdF, 16.10.1950, Projekt Dampfkraftwerk Ensdorf und „Etude Economique d'une Station de Pompage" (o.D.); später kamen AEG-Projekte (Nachlaß Keßler, 10.06.52) und eine Überprüfung dieser durch die EdF hinzu (ebd., 11.12.1952).

Nach einem zwischen VSE und Wirtschaftsministerium erarbeiteten Plan sollte das neue Kraftwerk zusammen mit Wehrden die Grundlast der saarländischen öffentlichen Stromerzeugung fahren, die Kraftwerke der Régie des Mines für die Mittellast herangezogen werden und das Pumpspeicherwerk an der Saarschleife bei Orscholz Spitzenstrom erzeugen sowie als kurzzeitige Reserve dienen. Das Kraftwerk Homburg sollte stillgelegt werden und das RWE mit Ausnahme des Wasserkraftwerkes Mettlach von der Belieferung des Saarlandes mit Braunkohlenstrom ausgeschaltet, langfristig also eine Abkapselung des Saarlandes von Stromimporten aus Deutschland angestrebt werden[146]. Diese Abschottung von Stromlieferungen erscheint angesichts der damaligen Bemühungen vieler Energieversorgungsunternehmen um den Aufbau von Ländergrenzen überschreitenden Verbundsystemen rückständig und ist lediglich aus der seinerzeitigen politischen Situation zu erklären[147]. Der Widerstand von RWE, Pfalzwerken und Régie des Mines gegen diese Pläne sowie Schwierigkeiten bei der Finanzierung der neuen Kraftwerke ließen die Durchführung des Vorhabens zunächst in die Ferne rücken.

Zur Bewältigung der Finanzierungsprobleme war eine Zeitlang auch der Plan verfolgt worden, die Errichtung des Dampfkraftwerkes Ensdorf dem Schweizer Unternehmen BBC, Baden (Kanton Aargau), zu übertragen. Die Vorfinanzierung wollte ein Schweizer Bankenkonsortium unter Leitung des Schweizer Bankvereins in Basel übernehmen. Die endgültige Konsolidierung sollte nach diesem Plan durch ein Darlehen der International Bank for Reconstruction and Development (Weltbank, Washington) erfolgen. Das Saarland selbst war nicht Mitglied der Weltbank und des Internationalen Währungsfonds. Die französische Regierung erklärte sich jedoch bereit, eine Staatsgarantie für ein eventuelles Darlehen zu übernehmen. Das Haupthindernis dieses Finanzierungsweges lag in der geringen Selbständigkeit und Handlungsfreiheit, die der saarländischen Regierung neben Frankreich verblieb. Auch dieser Fall dokumentiert die unzureichende wirtschaftliche und politische Eigenständigkeit des Saarlandes in den 50er Jahren.[148].

Inzwischen wurde die Lage für die saarländische Elektrizitätswirtschaft vor allem im Winter immer problematischer, da sich die vorausberechneten Steigerungsraten der Régie des Mines erwartungsgemäß als zu niedrig erwiesen hatten und der Bau des Kraftwerkes St. Barbara nur langsam vorankam[149]. Zusätzlich stellten die durch forcierte Kriegs- und Nachkriegsarbeit überbeanspruchten Kraftwerke Wehrden und Homburg einen Unsicherheitsfaktor dar. In Wehrden war z. B. im Herbst 1952 die Leistung in Folge von Überholungs- und Modernisierungsarbeiten von 76 auf 52 MW zurückgefallen. Bei der geringen Gesamtkapazität der saarländischen Kraftwerke bedeutete dieser heute gering erscheinende Ausfall eine erhebliche Beeinträchtigung. So hatte die VSE

---

146 Vgl. LA Sbr. MW 611.
147 1951 wurde z.B. die U.C.P.T.E. (Union pour la Coordination de la Production et du Transport de l'Électricité) gegründet, die die Staaten Belgien, Frankreich, Bundesrepublik Deutschland, Italien, Luxemburg, Niederlande, Österreich und Schweiz umfaßte, vgl. Boll (1967), S. 85f.
148 LA Sbr. AA 558, 03.06.1953.
149 Vgl. zu St. Barbara: Das Kraftwerk von Hangard (1950), S. 45ff.; Das Kraftwerk St. Barbara (1956), H. 1 S. 14f.; Meyer (1957), H. 4 S. 7ff. Hinzu trat später das Problem, daß die eigens für das Kraftwerk angelegte Schachtanlage die Hoffnungen nicht erfüllte und statt 8.000 t nur 3.000 t Nettoförderung täglich möglich waren, vgl. Blind (1956), S. 46.

Tabelle 64 Stromeinfuhr und -ausfuhr des Saarlandes 1947 - 1961

| | Stromeinfuhr | Stromausfuhr | | | Saldo |
| | Summe | Summe | nach Deutschland | nach Frankreich | |
Jahr	Mio.kWh	Mio.kWh	Mio.kWh	Mio.kWh	Mio.kWh
1947	20,7	251,6	72,0	179,6	230,9
1948	24,4	146,6	13,3	133,3	122,2
1949	38,8	256,6	21,5	235,1	217,8
1950	49,4	163,7	39,7	124,0	114,3
1951	49,0	162,0	30,7	131,3	113,0
1952	81,9	88,6	16,7	71,9	6,7
1953	122,1	63,3	28,7	34,6	-58,8
1954	115,4	39,2	13,4	25,8	-76,2
1955	110,5	194,5	181,3	13,2	84,0
1956	107,5	471,7	465,5	6,2	364,2
1957	115,3	476,9	436,8	40,1	361,6
1958	141,4	449,8	426,9	22,9	308,4
1959	180,8	411,5	394,0	17,5	230,7
1960	350,1	604,5	602,5	2,0	254,4
1961	400,8	775,9	775,6	0,3	375,1

Quellen: Statistisches Handbuch für das Saarland 1950,
Die saarländische Industrie im Jahre 1963
(= Saarland in Zahlen, Sonderheft 30, 8) 1964

ein kurzfristiges Absacken der Leistung in Folge Maschinenschadens im Juni 1952 nur durch teurere Zusatzstrombezüge von RWE und EdF ausgleichen können[150].
Von Ende 1952 bis Anfang 1955 hatte sich die Situation so verschlechtert, daß im zwischenstaatlichen Stromaustausch des Saarlandes mit seinen Nachbarländern ein Einfuhrüberschuß eintrat — eine Groteske für ein kohlenreiches Gebiet wie die Saarregion[151](vgl. Tab. 64). Wie weit das Saarland bei der Stromerzeugung aus Steinkohle gegenüber der Bundesrepublik und Frankreich im Rückstand lag, zeigen die folgenden Verhältniswerte:

Land	Steinkohlenförderung	Stromerzeugung aus Steinkohle
BR Deutschland: Saarland	100 : 13,6	100 : 5,38
Frankreich: Saarland	100 : 29,7	100 : 7,8

Während in Großbritannien, Belgien, Frankreich und an der Ruhr die installierte Leistung der Steinkohlekraftwerke je 1.000 Tonnen Jahresförderung 70-90 kW betrug, belief sich diese an der Saar bis 1954 auf 20 kW und nach Fertigstellung des Kraftwerkes St. Barbara auf etwa 30 kW. Dies bedeutete, daß die Saarkohle, obwohl ihr Anteil an minderwertiger Kohle weitaus höher als in den anderen Revieren lag, bei weitem nicht so stark für die Stromerzeugung genutzt wurde[152](vgl. ebf. Tab. 65).

---

150 LA Sbr. MW 611, 02.10.1952.
151 Tiné (1957), S. 37.
152 Bellmann (1957), S. 199.

Zur Lösung dieses Problems schlug der Hohe Kommissar Grandval im Frühjahr 1952 die Bildung einer „Kommission für Stromversorgungsaufgaben an der Saar" vor[153]. Diese trat ab dem 23. Juli 1952 regelmäßig zusammen und behandelte Fragen der Kohleverwertung, der Errichtung von Kraftwerksleistung durch die Régie des Mines und die öffentliche Hand sowie allgemeine Fragen der Energieversorgung. Sie tagte unter dem Vorsitz des Ministerialdirigenten und späteren Wirtschaftsministers Huthmacher. Teilnehmer waren neben Vertretern des Wirtschaftsministeriums Mitglieder des Finanz- und Innenministeriums, der Mission Diplomatique, des RWE, der VSE, der EdF, des Kraftwerkes Homburg, der Stadtwerke Saarbrücken und der Régie des Mines. Die Protokolle dieser Kommission weisen deutlich nach, mit welchem Widerstand die Vertreter der Régie des Mines sich allen Plänen der VSE widersetzten, ein eigenes Kraftwerk an der Saar zu erbauen[154]. Nahezu eifersüchtig versuchte die Régie des Mines, eine möglichst weitreichende Monopolstellung der Stromerzeugung aus Saarkohle zu wahren. Zu diesem Zweck wurde hartnäckig jegliche Diskussion über die Gestehungspreise der Régie, die vor allem von der VSE mit Unterstützung des Kraftwerkes Homburg als zu hoch angesehen wurden, zurückgedrängt. Ferner stellte die Régie grundsätzlich die niedrigste Variante der Leistungsbedarfsprognose als gegeben hin, zu deren Deckung der Bau von St. Barbara sowie die Erweiterung von Fenne und Weiher ausgereicht hätte und die Abhängigkeit der öffentlichen Energieversorgungsunternehmen vom Strombezug der Grube bestehen geblieben wäre.

Grund zur Klage über die Geschäftspraktiken der Régie des Mines hatte auch die Betriebsleitung des Kraftwerkes Wehrden. Ende der 40er Jahre waren auf Anraten der Grube Spezialkessel für Schlammverfeuerung eingebaut worden. Danach lieferte die Régie kaum noch Schlammkohle, weshalb zwei Kessel für Mittelprodukte neu zum Einsatz kamen. In der Folgezeit konnte die Régie angeblich wieder nur noch Schlammkohle liefern[155]. Ein weiteres Beispiel für die problematische Zusammenarbeit zwischen Grube und öffentlichen Energieversorgungsunternehmen war die völlige Einstellung von Brennstofflieferungen an Wehrden im Herbst 1951[156]. Die Saar- und Rhein-Kohlenhandelsgesellschaft AG, Saarbrücken, versuchte als Vertriebsgesellschaft der hinter ihr stehenden Régie des Mines ständig, die früher üblichen Rabatte auf die normalen Listenpreise zu verringern. Als Preisverhandlungen, auch unter Einschaltung des Wirtschaftsministeriums, ohne Ergebnis blieben, stoppte Saar-Rhein kurzerhand die Lieferungen, so daß Wehrden Ende Oktober des Jahres seine Vorräte bis auf wenige Reste aufgebraucht hatte und vor der Stillegung stand.

Nach zahlreichen Sitzungen beendete die Kommission für Stromversorgungsaufgaben ihre Arbeit Ende des Jahres 1953 und stellte abschließend den Bau eines 150 MW-Kraftwerkes durch die Saargruben und die Errichtung eines 200 MW-Kraftwerkes durch die VSE zur Sicherung des steigenden saarländischen Energiebedarfs und zur Bereitstellung von Exportstrom als notwendig fest. Das Wirtschaftsministerium

153 LA Sbr. AA 527, 08.04.1952.
154 Ebd. MW 610, 02.10., 19.12.1952; dieser Widerstand ging bis an die Grenzen der Beleidigung, wie die Bemerkung „je m'en fous de la VSE" es nachweist (Aufsichtsratssitzung v. 25.04.1955, VSE-AHV).
155 LA Sbr. MW 612, 11.09.1953.
156 VSE-AHV, Nachlaß Keßler, 31.10.1951.

(Huthmacher) unterstützte nachdrücklich die berechtigten Interessen der öffentlichen Energieversorgungsunternehmen, deren Kraftwerkskapazitäten seit rund 10 Jahren stagnierten, zur Erhaltung eines wirtschaftlichen und betrieblich vertretbaren Verhältnisses von Leistung im eigenen Kraftwerk und Bezug von der Régie den Bau eines öffentlichen Kraftwerkes voranzutreiben[157]. Hauptproblem blieb nach wie vor die Finanzierung des auf rund 10 Mrd. Francs veranschlagten Projektes, als dessen bester Standort sich schon früh Ensdorf herausgestellt hatte (vgl. Kap. VI.3). Der Minister für Wirtschaft sah für das Saarland hier die Chance, durch eine Beteiligung des Staates an der Aufbringung der Bausumme zu „unmittelbarer Einflußnahme auf die öffentliche Energieversorgung" zu gelangen[158]. Obwohl mit der Abnahme von rund 500.000 Tonnen Kraftwerkskohle pro Jahr Arbeitsplätze im Saarbergbau gesichert werden konnten und die Ausweitung des Absatzes von Saarkohle ein Unternehmensziel von Saarberg war, erscheint es heute fast unverständlich, daß sich die Grubenverwaltung anfänglich nicht bereit zeigte, für das geplante Kraftwerk Ensdorf die benötigte Kohlenmenge zur Verfügung zu stellen[159].

Ungesicherte Finanzierung und Kohlebezüge sowie Konkurrenzdenken der Saarbergwerke auf dem Gebiet der Stromerzeugung veranlaßten die VSE bereits Ende des Jahres 1953, Verhandlungen mit Energieversorgungsunternehmen der Bundesrepublik aufzunehmen, von denen ein starker Bedarf an elektrischer Arbeit und Leistung signalisiert worden war[160]. Nach einigen Gesprächen konnte für die Finanzierung ein Plan aufgestellt werden, der die Hälfte der Kosten des Projektes dem späteren Partner der VSE, die Energieversorgung Schwaben (EVS), Stuttgart, zuwies und durch Stromexporte abgedeckt werden sollte[161]. Als Vorgabe für das neue Exportkraftwerk in Ensdorf — in Konkurrenz zu den rasch wachsenden Kapazitäten in Lothringen[162] und zum zeitlichen Vorsprung der Ruhrkohle in der Bundesrepublik — stand für alle Beteiligten fest, daß das Kraftwerk so kostengünstig produzieren mußte, als ob es am Verbrauchsort in Südwestdeutschland selbst gebaut würde und die dort geltenden Kohlepreise erhielte. Das Beispiel des Kraftwerkes Marbach am Neckar, das teilweise Saarkohle verstromte, machte die notwendige Eile für den Bau in Ensdorf deutlich. Sobald die Kanalisierung des Neckars Marbach erreichte, drohte der kostengünstigere Transport von Kraftwerkskohle aus dem Ruhrgebiet die Saarkohle zu verdrängen[163]. „Kohleexport über Draht" lautete die griffige Formel zur angestrebten Lösung dieses Problems. Im Gegensatz zum Bau von Grubenkraftwerken gelang es der VSE nicht, Marshallplangelder für Ensdorf zu erhalten. Die französischen Partner der ab 1954 als Saarbergwerke auf der Basis einer französisch-saarländischen Parität fortgeführten

157 LA Sbr. AA 558, 10.08.1952, Huthmacher an den Ministerpräsidenten. Vgl. ebf. E v e n (1958), S. 601f.
158 LA Sbr. StK G 586/54, 19.06.1954.
159 Das Saarland (1956), S. IV.
160 VSE-AHV, Aufsichtsratssitzung v. 25.04.1955; Verhandlungspartner waren zunächst EVS (Stuttgart), Pfalzwerke (Ludwigshafen), Badenwerk (Karlsruhe) sowie amerikanische Dienststellen, die vor der Wahl zwischen dem Bau eines eigenen Kraftwerkes im saarpfälzischen Grenzraum oder Fremdstrombezug standen.
161 LA Sbr. MW 612, 14.01.1954.
162 H e l l w i g (1954), S. 97; L a u e r (1956), S. 90; H a b y (1968), S. 79; B a r t h e l (1978), S. 145f.
163 LA Sbr. MW 612, 20.9.1954.

Régie des Mines hatten sich offensichtlich mehr Einfluß bei den für die Marshallplanmittel-Verteilung zuständigen Pariser Stellen verschaffen können. Unwägbarkeiten im Zeichen der politischen Rückgliederung und des wirtschaftlichen Anschlusses an die Bundesrepublik Deutschland ließen die Verwirklichung des Ensdorfer Kraftwerksprojektes erneut langsamer als vorgesehen vorankommen. Das Problem unzureichender und unsicherer Leistungsabdeckung der VSE blieb bestehen und sollte sogar noch eine unerwartete Verschärfung erfahren.

Die Régie des Mines hatte sich während der Zeit der Sitzungen der Kommission für Stromversorgungsaufgaben wegen Vermietung der in St. Barbara kurz vor der Fertigstellung stehenden Leistung zurückgehalten, obwohl die VSE immer auf die Anmietung einer Leistung von rund 50 MW als Ersatz für die verweigerten 55 MW aus dem Kraftwerk Weiher gedrängt hatte. Es gelang ihr aber nicht, den Régie-Nachfolger Saarbergwerke AG zu einer entscheidenden Stellungnahme zu bewegen. Während dieser Zeit nahm auch das RWE mit Saarberg Kontakte auf, um Kraftwerksleistung zu erhalten. Bei diesen Verhandlungen berief sich das RWE auf die alte Abnahmeverpflichtung der deutschen Elektrizitätswirtschaft von 1934/35, nach der 400 Mio kWh aus dem damaligen Saargebiet an das Reichsgebiet abgegeben werden sollten[164]. Nachdem diese Abnahme an den unüberwindbaren Preisvorstellungen der Saargrubenverwaltung gescheitert war, hatte die VSE die Leistung vom Kraftwerk Weiher 1942 angemietet, konnte aber diesen Anspruch nach dem Krieg, wie erwähnt, nicht durchsetzen. Nun ging diese Leistung ein zweites Mal verloren. Das RWE erbaute nach Zusicherung der Lieferung durch Saarberg eine 220 kV-Leitung von St. Barbara nach Homburg und eine 110 kV-Leitung von St. Barbara in den Raum Kusel-Baumholder zum Abtransport der 50 MW von Weiher[165]. Als Ersatz hierfür bemühte sich die VSE daraufhin um 72,5 MW der insgesamt 145 MW betragenden Erweiterung des Kraftwerkes Fenne[166]. Zwischen dem Leistungsangebot, das die Saarbergwerke der VSE hierfür machten und dem Preis, den die Grube vom RWE erhielt, bestand bei 5.000 Benutzungsstunden (362,5 Mio kWh) eine Preisdifferenz von rund 247 Mio Francs zu Ungunsten der VSE[167]. Das Saarberg-Angebot lag für die VSE zu hoch, denn die Erzeugungs- bzw. Bezugskosten der VSE mußten unter allen Umständen geringer sein als die Kosten der Eigenerzeugung der Großindustrie, da nur auf diesem Wege der langfristige Übergang der Industrie zum Fremdstrombezug möglich war. In die Strompreisverhandlungen zwischen Saarbergwerken und VSE über die Anmietung von Leistung aus Fenne platzte die Nachricht, daß sich RWE und Saarberg darüber verständigt hatten, daß das RWE jegliche freie Leistung von Saarberg übernehmen würde[168]. Diese Vereinbarung be-

---

164 Bellmann (1957), S. 199; vgl. Kap. V.2.
165 Vgl. RWE-Niederlassung Merzig, in: Keil (1958), S. 184f.
166 Zu Fenne vgl. Meyer (1956), H. 4 S. 24ff.; Fenne II kam nach vier Jahren Bauzeit am 22.06.1957 in Betrieb und wurde am 28.02.1986 stillgelegt. Das Kraftwerk war die erste Blockanlage an der Saar auf Steinkohlebasis mit Schmelzkammerfeuerung, Zwischenüberhitzer und Flußwasserkühlung, wodurch die Kohle besser zur Stromerzeugung genutzt werden konnte (vgl. SZ-RA, Saarbrücker Zeitung, Ausgabe West-V Nr. 144 v. 26.06.1986). Probleme bereitete diese Technologie allerdings durch ihre höheren Stickoxidemissionen (vgl. Kap. VIII. 3.b).
167 VSE-AHV, Aufsichtsratssitzung v. 25.04.1955.
168 Ebd., Nachlaß Keßler: Die Vereinbarung zwischen Saarberg und RWE widersprach nach Ansicht von Keßler einer Abrede, die VSE und RWE zuvor getroffen hatten.

deutete einen erneuten Rückschlag für die VSE-Verhandlungen, denn angesichts der gesicherten Abnahme konnten die Saarbergwerke ihre Leistungs- und Arbeitspreisangebote weiter erhöhen, da sie die VSE in einem Abnahmezwang wußten.

Dem RWE war offensichtlich nicht daran gelegen, daß die VSE eigene Kraftwerkskapazitäten zum Stromexport aus dem Saarland nach Süddeutschland aufbauten[169], weshalb das Essener Unternehmen sich zunächst die gesamte freie Kraftwerksleistung von Saarberg sicherte und auf entsprechende Interventionen der VSE ein Angebot zur „Zusammenarbeit auf dem Gebiet der Elektrizitätsversorgung im Saarland" machte. Zusätzlich bot das RWE bei einem Strombezug der VSE an, Strom zum gleichen Preis zu liefern, wie ihn das RWE von Saarberg erhalte[170]. Die VSE fühlte sich von diesem Vorgehen „düpiert" und vermutete, daß sie unter Druck gesetzt werden sollte, um auf diesem Wege Einfluß auf sie auszuüben. In weiteren Gesprächen mit RWE-Vorstandsmitgliedern kristallisierte sich das Ziel des RWE, seine Interessensphäre auf das gesamte Saarland auszudehnen und einen Stromexport der VSE zu verhindern, deutlicher heraus. Die VSE wertete die Verpflichtung des RWE zur Abnahme der gesamten freien Leistung der Saarberg-Kraftwerke als Verstoß gegen das Demarkationsabkommen zwischen Preußenelektra und RWE von 1926, da Saarberg nur dadurch in die Lage versetzt worden sei, von der VSE überhöhte Preise zu fordern. Indirekt betreibe das RWE durch sein Vorgehen energiewirtschaftliche Konkurrenz innerhalb des Saarlandes, die nach dem genannten Abkommen untersagt war. Diesen Vorwurf ließ das Essener Unternehmen nicht auf sich sitzen, sondern konterte, daß es nur die freie, nicht aber die von der VSE benötigte Saarberg-Leistung abnehme. Sollte sich die VSE zu einem Zusammengehen mit dem RWE entschließen, stünden ihr die gleichen günstigen Strombezugspreise wie dem RWE auf der Grundlage des Steag-Abkommens zu.

Der RWE-Vorstand war offenkundig nicht an konkurrierenden Kraftwerkskapazitäten an der Saar interessiert. In diese Haltung paßt auch die strikte Ablehnung der geplanten Erweiterung des Kraftwerkes Wehrden um 100 MW Ende der 50er Jahre[171]. Lediglich den Saarbergwerken — auf der Grundlage ihrer eigenen Kohlebasis — gestand das Essener Unternehmen zu, Kraftwerke im Saarland zu bauen oder zu erweitern. Die öffentlichen Energieversorgungsunternehmen, voran die VSE, sollten in eine betriebliche Zusammenarbeit der saarländischen Elektrizitätsversorgung eingebettet werden, wobei sich dann das RWE zu einer ausreichenden Versorgung des gesamten Landes verpflichten wollte. Zu diesem Zweck sollten die Absatzgebiete der drei Energieversorgungsunternehmen VSE, Kraftwerk Homburg und RWE-Merzig zusammengefaßt werden, „um durch eine Verbreiterung der Basis des kalkulatorischen Verbundes auf diese Art und Weise eine Einführung sowohl der allgemeinen Tarife als auch der Sonderabnehmerpreisregelungen des RWE entsprechend den Verhältnissen im Ruhrge-

---

169 RWE-AHV, Meysenburg, Helmut, Gestaltung der Elektrizitätswirtschaft des Saarlandes (1957), unveröff. Ms., S. 8.
170 Ebd., S. 9f.: Der zwischen den Saargruben und dem RWE vereinbarte Strompreis entsprach demjenigen, den das RWE für die Stromlieferung der Grubenkraftwerke der Ruhr nach dem StEAG-Vertrag vom 06.05.1950 zahlte. Es handelte sich hierbei um einen Preis, der den Kosten entsprach, die dem RWE bei Bau und Betrieb eines hinsichtlich Lage, Größe, Erzeugung und Reserven seinen Netzverhältnissen angepaßten Steinkohle-Kondensationskraftwerkes entstanden.
171 Unterredung zwischen Saarberg- und RWE-Vertretern vom 12.01.1959 in Essen (vgl. Protokoll bei Saarbergwerke AG, Abt. Energiewirtschaft).

biet auch im Saargebiet zu ermöglichen"[172]. Das RWE erklärte sich bereit, seine gesamten Anlagen und Lieferrechte im Saarland mit Ausnahme der Verbundleitungen von 110 kV und darüber in eine gemischtwirtschaftliche Gesellschaft einzubringen, wenn auch die VSE und die Kraftwerk Homburg GmbH in dieser Gesellschaft aufgingen. Die nichtsaarländischen Beteiligten an einer solchen Zusammenlegung, RWE und Preußenelektra, hätten nach diesem Plan 49%, der saarländische Staat, die Saarunternehmungen und die Saar-Gebietskörperschaften 51% der Anteile der neuen Gesellschaft erhalten. Selbst die vertragliche Garantie der Auszahlung einer Mindestdividende an die übrigen Beteiligten versprach das RWE zu übernehmen, wenn eine entsprechende Einflußgewährung im Vorstand der zu gründenden Gesellschaft oder im Rahmen einer vertraglichen Betriebsführungsübertragung an das RWE ermöglicht worden wäre[173].

Dieses Vorhaben, das später durch die Beteiligung des RWE an der VSE weitgehend verwirklicht werden konnte, wurde vom damaligen VSE-Vorstand noch entschieden bekämpft. Direktor Keßler beharrte auf der sicherlich prinzipiell richtigen Ansicht, daß die VSE ein Kraftwerk benötigte, um sich gegen unberechtigte und überhöhte Strompreisforderungen der Saarbergwerke wehren zu können. Zudem waren auch die Verhandlungen mit der EVS über einen Stromexport von der Saar weiter gediehen, so daß der Bau des Kraftwerkes in greifbare Nähe gerückt schien und mit der Errichtung von Ensdorf die wirtschaftliche Position der VSE in jeder Richtung grundlegend gestärkt würde. Die Bemühungen des RWE um die Versorgung im Saarland müssen auch unter dem Aspekt gesehen werden, daß die Preußenelektra 1957 an das RWE mit dem Angebot herangetreten war, das Gebiet der Paderborner Elektrizitätswerk und Straßenbahn AG (Pesag), an der das RWE mit rund 43% beteiligt war, gegen die Beteiligung der Preußischen Elektrizitäts-AG an der VSE einzutauschen (vgl. Kap. VIII.). Für beide Unternehmen bedeutete diese Aktion einen Ausgleich ihrer Interessen, da auf der einen Seite die Pesag im Kernbereich der Preußenelektra lag, aber keine Verbindung mit dem RWE-Gebiet hatte, während andererseits die VSE vom Preußenelektra-Versorgungsgebiet weit entfernt war, dagegen an das RWE mit seiner Betriebsstelle Merzig direkt angrenzte.

Bevor die endgültige Vereinheitlichung der Elektrizitätsversorgung im größten Teil des Saarlandes vollzogen werden konnte — zahlreiche ungelöste Fragen warf beispielsweise die wirtschaftliche Rückgliederung in die Bundesrepublik auf —, begann eine vorläufige Bereinigung der unterschiedlichen Interessenlage der Gesellschafter des Kraftwerkes Wehrden, die in den 50er Jahren immer wieder zu Spannungen und Unstimmigkeiten geführt hatte. Teilweise lag die Ursache in der langen Sequesterverwaltung des Kraftwerkes, die erst nach 1953 eine Betriebsleitung nach fachlichen Gesichtspunkten ermöglichte[174]. Unbefriedigend blieb aber noch das Mißverhältnis von 51%

172 RWE-AHV, Meysenburg (1957), S. 12.
173 Ebd., S. 13.
174 Vgl. 50 Jahre Kraftwerk Wehrden (1962), S. 12.

Kapitalbeteiligung der VSE an Wehrden, der lediglich eine Verfügungsberechtigung über 25% der Leistung gegenüberstand. In Durchführung der Neustrukturierung der Verhältnisse des Kraftwerkes wurden die bisherigen nebenamtlichen Geschäftsführer und Prokuristen abberufen und ein hauptamtlicher Geschäftsführer mit Wirkung vom 01.01.1958 bestellt. Gesellschafts- und Strombezugsverträge wurden neugefaßt und die Landkreise Saarbrücken und Saarlouis abgefunden, wobei die Stadt Saarbrücken die Anteile letzerer übernahm. Danach gestaltete sich die Kapitalzusammensetzung wie folgt: VSE 51%, Röchling 25%, Stadt Saarbrücken 24%. Die jeweils betriebsbereite Kraftwerksleistung gehörte nunmehr den einzelnen Gesellschaftern zu je einem Drittel[175].

---

175 Ebd., S. 13; VSE-AHV, Vertrag v. 01.04.1959 zwischen den Gesellschaftern über die Stromlieferungen.

VIII. Zusammenfassung der saarländischen Elektrizitätsversorgung: Aufstieg der VSE zum Landesversorgungsunternehmen

1. Politische und wirtschaftliche Rückgliederung des Saarlandes

Wirtschaftliche Lage und besondere politische Situation des Saarlandes unter dem Regime Johannes Hoffmann mit Einschränkung von freier Meinungsäußerung und dem Verbot oppositioneller Parteien schufen ein gespanntes innenpolitisches Klima und führten zu zahlreichen Verhandlungsrunden zwischen Frankreich und Deutschland über das künftige Schicksal des Saarlandes. Am 23. Oktober 1954 unterzeichneten der deutsche Bundeskanzler Konrad Adenauer und der französische Ministerpräsident Pierre Mendès-France ein von Unklarheiten nicht freies Statut, wonach das Saarland einen europäischen Status erhalten sollte[1]. Französische Nationalversammlung und Deutscher Bundestag billigten das Statut Ende 1954 und Anfang 1955. Nach einem emotional und leidenschaftlich geführten Wahlkampf kam es zum „Wunder an der Saar"[2]: Bei sehr hoher Wahlbeteiligung von 97,5% lehnten 67,5% der Wähler das Statut am 23. Oktober 1955 in einer Volksbefragung, dem sogenannten Referendum, ab. Verhandlungen zwischen Bundesrepublik Deutschland und Frankreich führten am 27. Oktober 1956 zum Abschluß des deutsch französischen Saarvertrages in Luxemburg. Die politische Rückgliederung des Saarlandes an Deutschland erfolgte am 01. Januar 1957, während die Währungs- und Wirtschaftsunion mit Frankreich bis spätestens 31. Dezember 1959 dauern sollte. Im Verlauf der dreijährigen Übergangszeit waren saarländische Waren (mit bestimmten Ausnahmen) von Zöllen und Umsatzausgleichsteuer in der Bundesrepublik befreit. Von der saarländischen Wirtschaft besonders begrüßt wurde die Vereinbarung, daß Investitionsgüter zollfrei aus der Bundesrepublik in das Saarland eingeführt werden konnten[3], worunter auch die technische Ausstattung des geplanten Kraftwerk Ensdorf der VSE fiel. Artikel 48,3 des Vertrages führte in Anlage 14 ausdrücklich „den Bau eines neuen Wärmekraftwerkes mit einer Leistung von 240.000 kW" auf[4].

Die Zeit zwischen politischer und wirtschaftlicher Rückgliederung des Saarlandes warf zunehmend wirtschaftliche Schwierigkeiten auf. Sorgen der Bevölkerung um Wahrung des sozialen Besitzstandes und eine nicht im erhofften Umfang gelungene Umorientierung der Saarwirtschaft vom französischen auf den deutschen Markt erforderten erhebliche Bundesmittel zur Unterstützung. Teilabwertungen des französischen Franc im August 1957 und Ende 1958 ließen ein rasches Ende der Übergangszeit immer dringlicher erscheinen[5]. Als vorzeitiger Endpunkt der Übergangsphase wurde der

---

1 Herrmann (1972), S. 51; vgl. allgemein Dischler (1957).
2 So der Titel des gleichnamigen Buches von Heinrich Schneider (1974), Vorsitzender der DPS.
3 Müller, Probleme der Wirtschaftsstruktur (1967), S. 16; Herrmann (1972), S. 54.
4 Vertrag zwischen der Bundesrepublik Deutschland und französischer Republik (1956), S. 311.
5 Herrmann (1972), S. 72f.

05.07.1959 als sogenannter „Tag X" festgelegt und, um Spekulationen zu vermeiden, erst kurzfristig bekanntgegeben. Der Zeitpunkt war günstig gewählt, da die Wirtschaft der Bundesrepublik noch im Zeichen der Hochkonjunktur stand, während sich in Frankreich nach Abwertungen und Geldneuordnung eine Abschwächung bemerkbar machte. Wie 1935 rechnete man mit einer Anpassungsphase der saarländischen an die bundesdeutsche Wirtschaft von drei Jahren; vor allem kleinere und mittlere Unternehmen kämpften jedoch mit größeren Umstellungsschwierigkeiten, die sich deutlich in der wirtschaftlichen Entwicklung der 60er Jahre niederschlugen[6].

Die Anpassungsprobleme und -erwartungen an den bundesdeutschen Markt zeitigten auch Auswirkungen auf die Stromabgabe der VSE. Besonders die Großindustrie und die weiterverarbeitenden Unternehmen brauchten für die Umstellung und Anpassung an die neuen Verhältnisse das ganze Jahr 1959, so daß die Abgabe an Sonderkunden der VSE gegenüber 1958 zurückging, während die Gesamtabgabe im eigenen Versorgungsgebiet lediglich noch einen Zuwachs von 3,3 % gegenüber 15 % im Vorjahr verzeichnete[7]. Auch der Verkauf von Elektrogeräten wies in Folge des bevorstehenden wirtschaftlichen Anschlusses und in Erwartung eines größeren Angebotes sowie niedrigerer Preise seit Herbst 1958 einen Rückgang auf[8]. Nach dem 05.07.1959 setzte dagegen sofort eine erhöhte Verkaufstätigkeit ein, die nicht nur den Rückstand des ersten Halbjahres aufholte, sondern bei Heißwassergeräten, Waschmaschinen und Kühlschränken, die dem saarländischen Markt bis dahin nur beschränkt zur Verfügung gestanden hatten, den Gesamtumsatz des Vorjahres bedeutend übertraf[9].

Die wirtschaftliche Wiedereingliederung in die Bundesrepublik brachte eine erneute Umstellung der Bilanz mit sich. Auf Grund gesetzlicher Vorschriften[10] und nach einer Neubewertung des Anlagevermögens stellte die VSE das Grundkapital von 3 Milliarden FF auf 40 Millionen DM und die Rücklagen von 599.274.799,- FF auf 20.310.491,94 DM um. Die Neubewertung des Anlagevermögens der VSE verzögerte die Aufstellung der neuen DM-Eröffnungsbilanz zum 06.07.1959 bis Ende Mai 1961[11]. Mit der Einführung der DM-Währung im Saarland fiel der Preisstop, weshalb die VSE sofort die seit 1955 laufenden, 1958 eingestellten Bemühungen wiederaufnahm, die vorgeschriebenen französischen Tarife mit niedrigen Leistungs- und hohen Arbeitspreisen durch Tarife mit hohen Leistungs- und niedrigen Arbeitspreisen zu ersetzen. Sämtliche Strompreise der VSE wurden von FF in DM umgestellt, wobei besonderer Wert darauf gelegt wurde, neben einer die Stromabnahme fördernden Tarifform auch eine Preisstellung zu finden, die den wirtschaftlichen Belangen der industriellen Abnehmer Rechnung trug. Die Verhandlungen mit den Sonderabnehmern zogen sich bis Anfang des Jahres 1961 hin, denn infolge des plötzlichen Fortfalles der strengen Vorschriften sowohl in der Strompreisgestaltung als auch für die Strompreishöhe mußten echte

6 Vgl. Die Saarwirtschaft (1960); R o c k a h r (1962), S. 145ff.
7 VSE-AHV, Geschäftsberichte für 1959 (01.01. - 05.07.1959) und 1959/60 (05.07.1959 - 31.12.1960).
8 Ebd., Geschäftsbericht für 1958; vgl. auch K e ß l e r , Kurt, Höhere Anforderungen an die Energiewirtschaft - Rückgliederungsprobleme der Elektrizitätsversorgung, in: SZ-RA, Saarbrücker Zeitung Nr. 153 v. 08.07.1959, Beilage.
9 VSE-AHV, Geschäftsbericht für 1959.
10 DM-Bilanzgesetz für das Saarland v. 30.06.1959, BGBl I, S. 372; D-Mark Bilanzgesetz (1959).
11 VSE-AHV, Geschäftsbericht für 1959.

Preisfaktoren für den elektrischen Strom in Bezug auf Material, Kohle und Lohn zur Anwendung kommen. Dabei bildete der bis zum 05.07.59 für elektrische Energie völlige, für Kohle und Löhne nur teilweise gültige Preisstop große Schwierigkeiten in der Ausformung von Tarifen, die der tatsächlichen Kostenlage entsprachen[12].

Am 09.07.1959 übernahm die VSE die RWE-Tarifpreise, die das Essener Unternehmen im Gebiet seiner Betriebsverwaltung Merzig bereits direkt am Tage der Umstellung, entsprechend seinem bundesdeutschen Tarif, eingeführt hatte[13]. Die überdurchschnittliche Steigerung des Stromabsatzes nach Einführung der neuen DM-Tarife kennzeichnete zum einen den spürbaren wirtschaftlichen Aufschwung und konnte zum anderen als Beweis für die Richtigkeit der Tarifpolitik der VSE und des RWE angesehen werden. Nachdem es gelungen war, alle erneuten Umstellungsprobleme zufriedenstellend zu bewältigen, begann für die saarländischen Elektrizitätsversorgungsunternehmen wieder ein Zeitabschnitt, in dem sie eine ordnungsgemäße Geschäftspolitik betreiben konnten. Die Energieversorgungsunternehmen erhielten endlich dem echten Wert ihrer Anlagen entsprechende Abschreibungsmittel und gewannen dadurch mehr Spielraum bei ihren Investitionsentscheidungen. Mit der wirtschaftlichen Rückgliederung in die Bundesrepublik Deutschland begann für die Unternehmen der Stromwirtschaft ein ungeahnter Aufschwung. Zum ersten Mal seit vielen Jahren vermochte die VSE wieder mit Gewinn zu arbeiten und eine angemessene Dividende an ihre Aktionäre auszuschütten (vgl. Tab. 66).

2. Vereinheitlichung der Elektrizitätsversorgung: Zusammenschluß von VSE und RWE - Merzig

Im Jahre 1962 erfolgte in der genau 50jährigen Geschichte der regionalen Elektrizitätsversorgung des Saarlandes der wichtigste Zusammenschluß. Zum 01.01.1962 brachte das RWE sein saarländisches Versorgungsgebiet in die VSE ein, wodurch das von der VSE versorgte Gebiet von 1.043 qkm auf 2.068 qkm, rund 80% der gesamten Fläche des Saarlandes, erweitert wurde[14]. Das bis zur letzten Lampe versorgte Gebiet vergrößerte sich von 702 auf 1.726 qkm[15]. Die Anzahl der B-Gemeinden stieg von 106 Gemeinden mit einer Wohnbevölkerung von 242.000 Einwohnern auf 263 Gemeinden und eine Stadt mit zusammen 459.000 Einwohnern. Die Zahl der A-Gemeinden blieb durch den Zusammenschluß unverändert: Am 01.01.1962 waren es 7 Städte und 19 politische Gemeinden mit einer Fläche von 342 qkm und einer Bevölkerung von 319.000 Einwohnern. Insgesamt versorgte die VSE ab 01. Januar 1962 8 Städte und 282 politische Gemeinden mit einer Einwohnerzahl von 778.000, was rund 72% der gesamten Bevölkerung des Saarlandes entsprach[16]. Durch die Übernahme des Versorgungsge-

---

12 Ebd., Geschäftsbericht für 1959/60.
13 Vgl. Müller (1959).
14 VSE-AHV, HV v. 01.02.1962; RWE-AHV, Buderath (1982), Band II, S. 572f.
15 VSE-AHV, Geschäftsbericht für 1962.
16 Ebd.; die Stromlieferungen für den Zweckverband Weiherzentrale gingen ebenfalls auf die VSE über (vgl. LA Sbr. Dep. Heusweiler, Ordner RWE 1962-66, Geschäftsbericht für 1962/63). Zuvor hatte der Verband noch seine „bewährten Verträge bis zum Jahr 2027" verlängert und „den für den Zweckverband wichtigen Sitz im Verwaltungsbeirat des RWE für den gleichen Zeitraum" gesichert (vgl. ebd., Ordner RWE 1958-63, Geschäftsbericht für 1961).

bietes der Zweigniederlassung Merzig des RWE wurde die Anzahl der Tarifabnehmer um rund 45% erhöht. Hierdurch vergrößerte sich auch das Gewicht dieser Abnehmergruppe im Bezug auf den Gesamtabsatz günstig von 15% auf etwa 25%[17].

Die weitgehende Zusammenfassung der saarländischen Elektrizitätsversorgung war eingeleitet worden durch den Wunsch der Preußischen Elektrizitäts-AG, ihre Beteiligung an der VSE gegen diejenige des RWE an der Paderborner Elektrizitäts- und Straßenbahn AG zu tauschen (vgl. Kap. VII.6.b). Sie kam ebenfalls den langjährigen Bemühungen des saarländischen Wirtschaftsministeriums nach einer den politischen Grenzen des jüngsten Bundeslandes entsprechenden Elektrizitätsversorgung entgegen. Lediglich das Gebiet der Pfalzwerke im Osten des Saarlandes wies auf Grund seiner Vielzahl von weiterverteilenden Gemeindewerken eine weiterhin zersplitterte Versorgungsstruktur auf.

Mit der Übernahme der RWE-Zweigniederlassung Merzig konnte die VSE endgültig zu einem großen regionalen Versorgungsunternehmen aufsteigen. Die VSE hatte Ende 1961 ein Grundkapital von 40 Millionen DM. Durch den Erwerb der Preußenelektra-Beteiligung an der VSE (10,64 Millionen DM = 26,6%) und die Einbringung der Zweigniederlassung Merzig (Geschäftswert Ende 1960: 42,5 Millionen DM plus Zugänge von 6 Millionen DM = 48,5 Millionen DM) als Sacheinlage hätte dem RWE 1962 an sich die Mehrheit an dem auf 60 Millionen DM erhöhten Grundkapital zugestanden. Auf Wunsch der kommunalen Aktionäre überließ das RWE jedoch gemäß einer Vereinbarung vom Januar 1961 dieser Gruppe die Aktienmehrheit von 51%. Das RWE erhielt den Preußenelektra-Anteil von 10,64 Millionen DM = 17,73% und neue Aktien in Höhe von nominell 14,16 Millionen DM zum Kurs von 198% (26,8 Millionen DM = 23,60%), so daß die Gesamtbeteiligung 41,33% betrug und bis heute beträgt. Die 48,5 Millionen DM-Sacheinlage war damit nur zum Teil abgegolten. Der Rest von 48,5 abzüglich 26,8 = 21,7 Millionen Mark wurde folgendermaßen ausgeglichen: 2,5 Millionen DM ergab die Übereignung des im bisherigen Gebiet der VSE gelegenen Teilstückes der 220 kV-Leitung Trier-St. Avold von VSE auf RWE, 6 Millionen DM erhielt das RWE in bar, während 13,2 Millionen DM der VSE als Darlehen mit einer Laufzeit von zehn Jahren gewährt wurden. Das Amt Brebach veräußerte nach 50jähriger Beteiligung an der VSE seinen Aktienanteil an den Landkreis Saarbrücken und finanzierte vom Erlös den Neubau des Rathauses[18]. Die übrigen kommunalen Aktionäre (Stadt Saarbrücken, Landkreise Saarbrücken, Saarlouis, Ottweiler und St. Wendel übernahmen zusätzlich zu ihrer Nominalbeteiligung von 27,76 Millionen DM (= 69,4% des Grundkapitals von 40 Millionen DM) nominell weitere 2,84 Millionen DM neuer Aktien zum Kurs von 189%, so daß ihre Beteiligung auf 30,6 Millionen DM (= 51% des neuen Grundkapitals von 60 Millionen DM) stieg. Das Saarland brachte seine Darlehensforderung gegen die VSE in Höhe von rund 5,56 Millionen DM als Sacheinlage ein und erhielt dafür neue Aktien im Nennwert von 3 Millionen DM (Kurs 185,3%). Mit der Beteiligung hatte die Regierung ihr langjähriges Ziel erreicht, durch direkten Aktienanteil am größten Energieversorgungsunternehmen des Saarlandes bessere Einflußmöglichkeiten auf die Energieversorgung des Landes zu gewinnen. Die Electricité

---

17 VSE-AHV, Geschäftsbericht für 1963.
18 Vgl. L e n k, Anton, Elektrizitätsverflechtung an der Saar, in: Saarbrücker Allgemeine Zeitung Nr. 121 v. 27.05.1961.

de France (EdF) beteiligte sich nicht an der Kapitalerhöhung, sondern behielt ihren Anteil von nominell 1,6 Millionen DM, was 2,67% des neuen Grundkapitals entsprach. Das RWE erhielt das Vorrecht auf den Erwerb der EdF-Aktien, falls das französische Staatsunternehmen seine Beteiligung an der VSE aufgeben würde. Die übrigen Aktionäre verpflichteten sich in einer gemeinsamen Vereinbarung, die zu einer solchen Aktienübertragung erforderliche Zustimmung herbeizuführen (vgl. Abb. 15, Tab. 67).

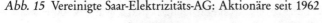

Abb. 15 Vereinigte Saar-Elektrizitäts-AG: Aktionäre seit 1962

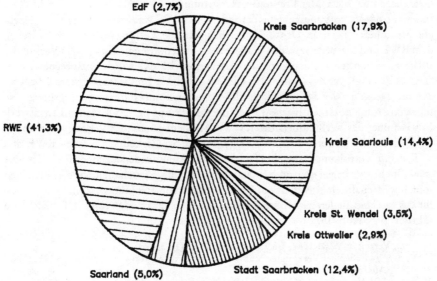

Quelle: Tabelle 67

Die künftige Zusammenarbeit zwischen VSE und RWE wurde vertraglich geregelt[19]. Die Deckung des Strombedarfs der VSE erfolgte durch Bezug aus den Kraftwerken Wehrden und Ensdorf (vgl. Kap. VIII.3.) sowie von EdF und RWE. Zu diesem Zweck wurde das Hochspannungsnetz der VSE mit demjenigen des RWE gekuppelt und ständig parallel betrieben. Die Verbindung zwischen 220/380 kV-Verbundnetz von RWE und EdF einerseits und regionalem 110 kV-Netz der VSE andererseits konnte nach kurzen Umbauarbeiten bereits am 04.03.1962 in Betrieb gehen[20]. Das Saarland war damit fest verankert im internationalen Verbundsystem. Dieser Verbundbetrieb hatte seine erste Bewährungsprobe bereits im selben Jahr zu bestehen, als nach dem Bergarbeiterstreik trotz Ausfalles der Saarbergkraftwerke keine Einschränkungen in der Abgabe an die VSE-Abnehmer notwendig waren[21]. Als Bezugspreis für die 110 kV-Stromliefe-

---

19 VSE-AHV, Vertrag v. 22.01.1962.
20 Vgl. Mörgen (1962), S. 143f.
21 VSE-AHV, Geschäftsbericht für 1962.

rung des RWE an die VSE wurden die Kosten vereinbart, die der VSE bei entsprechendem Strombezug aus dem Kraftwerk Ensdorf an den Oberspannungsklemmen der Maschinentransformatoren entstanden[22]. Von größerer Bedeutung war auch der Passus, nach dem sich die VSE bereiterklärte, Großabnehmern, denen wegen der Art ihres Betriebes im RWE-Gebiet eine Option auf Beitritt zum Stahlwerksvertrag von 1950 zustehen würde[23], nach Ablauf des alten VSE-Vertrages und auf Wunsch der Abnehmer uneingeschränkt die jeweiligen Preise und Bedingungen dieses Vertrages anzubieten[24]. Durch diese Vereinbarung profitierten die saarländischen Eisen- und Stahlwerke von den damals bundesweit günstigsten Stromerzeugungsbedingungen des RWE auf der Grundlage überwiegender Braunkohleverstromung.

Innerhalb des Versorgungsgebietes der erweiterten VSE verzichtete das RWE auf jegliche Stromlieferungen an Dritte, wobei lediglich die Vertragsverhältnisse zwischen dem RWE und Saarberg bzw. den Pfalzwerken ausgenommen blieben. Das Verbot der stromwirtschaftlichen Betätigung der Saarbergwerke AG wurde entsprechend dem StEAG-Vertrag[25] auf das Gebiet der VSE ausgedehnt[26]. Im Gegenzug wurde die VSE auf die Deckung des Strombedarfs der Abnehmer ihres Versorgungsgebietes beschränkt. Ausgenommen hiervon blieb die Belieferung der EVS aus dem Kraftwerk Ensdorf über das Verbundnetz des RWE[27]. Mit dem genannten Vertrag konnten die im Verlaufe der letzten Jahrzehnte aufgetretenen Streitigkeiten zwischen RWE und VSE, der „Elektrokampf" der 20er Jahre oder die Auseinandersetzungen Ende der 50er Jahre, nicht nur beigelegt, sondern auch die Grundlage geschaffen werden für einen steilen wirtschaftlichen Aufschwung auf der Basis von Strombezugsbedingungen, die für das Saarland zu den günstigsten Strompreisen in der Bundesrepublik Deutschland führten[28](vgl. Abb. 16).

---

22 Ebd., Vertrag v. 22.01.1962, § 8,1; vgl. auch Kap. VIII.3.a).
23 Vertrag zwischen der Vereinigten Stahlwerke AG und dem RWE v. 26.04./4.05.1950 (VSE-AHV, Auszug).
24 VSE-AHV, Vertrag v. 22.01.1962, § 6,1. Wenn die Erlöse, die die VSE von diesen Abnehmern erzielte, unter die VSE-Erlöse von anderen vergleichbaren Abnehmern sanken, übernahm das RWE den Ausgleich. Als Referenzvertrag wurde der Stromlieferungsvertrag mit den Mannesmann Röhrenwerken, Bous, vereinbart.
25 StEAG-Vertrag v. 06.09.1950, § 1; Saarberg war diesem Vertrag 1956 beigetreten (VSE-AHV, Abschrift).
26 VSE-AHV, Vertrag v. 22.01.1962, § 5,2.
27 Ebd., § 6, 1,2.
28 Vgl. L i n d e n l a u b (1968), S. 127ff., besonders S. 131. In den Jahren 1966 und 1970 wurden die bestehenden Strombezugsverhältnisse durch Vereinbarungen und Ergänzungen zum Vertrag vom 22.1.1962 neu geregelt, vgl. VSE-AHV, Geschäftsberichte für 1966 und 1970. Mit der Übernahme der Zweigniederlassung Merzig des RWE erfolgte auch eine Erweiterung im Vorstand der VSE. Der ehemalige Direktor der Zweigniederlassung, Werner Hackemann, wurde ebenso zum Vorstandsmitglied bestellt wie der langjährige Kreissyndikus des Landkreises Saarbrücken, Assessor Ernst Böhmer, der dem ausscheidenden Dr. Werner Berger folgte. Im Jahre 1967 trat Dipl.-Ing. Kurt Kessler nach 33jähriger Tätigkeit als Vorstandsmitglied in den Ruhestand. Als Nachfolger von Werner Hackemann und Ernst Böhmer wurden 1971 Dipl.-Ing. Wilhelm Schommers, ehemaliger Direktor der Betriebsverwaltung Trier des RWE, und 1974 Dr. Walter Henn, vormals Landrat des Landkreises Saarbrücken, in den Vorstand der VSE berufen.
Die Belegschaft der VSE erhöhte sich durch die Einbringung der Zweigniederlassung Merzig um 262 auf 713 Personen, für die ab 01.04.1962 eine gleiche tarifliche Grundlage geschaffen wurde. Vorausgegangen waren längere Verhandlungsrunden, in denen einvernehmliche Regelungen für die Gehalts- und Lohneinstufungen, Pensionsfragen usw. getroffen werden konnten.

Abb. 16 Durchschnittlicher Erlös pro kWh 1962 - 1975

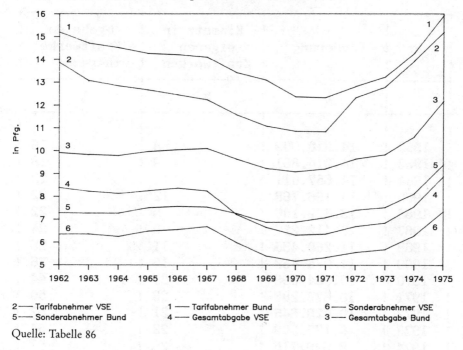

2 —— Tarifabnehmer VSE   1 —— Tarifabnehmer Bund   6 —— Sonderabnehmer VSE
5 —— Sonderabnehmer Bund   4 —— Gesamtabgabe VSE   3 —— Gesamtabgabe Bund

Quelle: Tabelle 86

3. Ausbau der Kraftwerkskapazitäten an der Saar

a) Rahmenbedingungen

Der Mitte der 50er Jahre eingetretene Importstromüberschuß konnte gegen Ende des Jahrzehnts aufgefangen und in einen Ausfuhrüberschuß umgekehrt werden. Die Ursachen lagen unter anderem darin, daß zwischen Baubeginn und Fertigstellung eines Kraftwerkes durchschnittlich mindestens vier Jahre lagen, wie die Saarbergwerke bei allen Kraftwerksneubauten (St. Barbara, Fenne II) erfahren mußten. Am Beispiel des geplanten Kraftwerkes Ensdorf konnte aufgezeigt werden, wie unter den schwankenden politischen Verhältnissen dringend notwendige Investitionsvorhaben blockiert worden waren (vgl. Kap. VII.6.b). Seit Ende der 50er Jahre verschlechterte sich die Absatzlage der deutschen Steinkohle zusehends[29]. Der Verdrängungswettbewerb des Öls gegen die Kohle setzte massiv im Jahre 1958 ein, als die Ölproduktion im Nahen und Mittleren Osten sprunghaft anstieg und in Europa zahlreiche Raffinerien entstanden. Die Kohle erlitt entscheidende Einbußen in ihren traditionellen Absatzgebieten Hausbrand, Industrie- und Bundesbahnbedarf.

---

29 Schuster (1982), S. 14ff.; Müller, Auswirkungen der Wandlungen im Energiesektor (1967), S. 21ff.; Adler (1976), S. 91f.; Schneider (1962), S. 555ff.; auf europäischer Ebene ders., (1967), S. 10ff.; ders., Energiepolitik (1980), S. 371ff.

Tabelle 68 Entwicklung des Verstromungsanteils der Saarbergförderung 1962 - 1975

Jahr	Förderung	Einsatz in eigenen Kraftwerken	Abgabe an Kraftwerke insgesamt
	t	%	%
1962	14.918.909	8	16
1963	14.914.861	9	18
1964	14.657.011	12	23
1965	14.196.768	12	22
1966	13.679.106	9	22
1967	12.412.227	9	24
1968	11.260.485	11	28
1969	11.075.466	16	36
1970	10.554.096	21	44
1971	10.677.208	23	50
1972	10.428.645	21	52
1973	9.175.309	23	54
1974	8.929.715	25	57
1975	8.974.581	14	44

Quelle: Saarbergwerke AG (Abt. F-RS)

Im April 1959 wurde in Konsequenz dieser Entwicklung als erstes Bergwerk an der Saar die Grube St. Barbara stillgelegt. Äußere Kennzeichen der schwierigen Lage im Saarbergbau wurden zunehmend Feierschichten (erstmals am 14.7.1958) und wachsende Haldenbestände. Bis Mitte 1968 wurden 13 bis dahin selbständige Gruben geschlossen bzw. zu Großanlagen zusammengefaßt[30]. Die Jahresförderung an Kohle ging bis Mitte der 70er Jahre um fast die Hälfte gegenüber 1955, dem bisherigen Höchststand im Saarbergbau, zurück (vgl. Tab. 65, 68). Auswege aus dieser Situation brachten die Anpassung der Förderung an die Gegebenheiten des Marktes sowie die verstärkten Bemühungen um eine Diversifizierung der Saarbergwerke AG mit Präferenz der Kohleveredlung[31]. Die Verstromung der Kohle sollte entscheidend dazu beitragen — wie bereits 1935 —, die Probleme des Saarbergbaus zu lösen, dem zu Beginn der 60er Jahre etwa ein Drittel der Industriebeschäftigten des Saarlandes angehörten. Grubenkraftwerke und öffentliche Erzeugungsanlagen wurden in der Folgezeit neu errichtet und ausgebaut. Besonders der damalige Wirtschaftsminister Huthmacher setzte sich

---

30 S c h u s t e r (1982), S. 19f.
31 L e n h a r t z (1982), S. 70f.; Wirtschaftsgeographie des Saarlandes (1980), S. 138ff.

für den Ausbau von Kraftwerkskapazitäten an der Saar ein, da für das „Saarland die zwingende Notwendigkeit" bestand, „den Weg in die Zukunft des Absatzes der Saarkohle über die Verstromung zu sichern"[32](vgl. ebf. Tab. 69).

Unterstützt wurde der Bau von Kraftwerken auf Steinkohlebasis durch energiepolitische Maßnahmen der Bundesregierung. Das „Gesetz zur Förderung der Verwendung von Steinkohle in Kraftwerken" (1. Verstromungsgesetz, 12.08.1965) räumte steuerliche Vergünstigungen für Steinkohlenkraftwerke ein. Das Gesetz erlaubte für Kraftwerke, die in der Zeit vom 01. Juli 1964 bis 30. Juni 1971 in Betrieb genommen und während der ersten zehn Jahre ausschließlich mit Steinkohle aus dem Bereich der Europäischen Gemeinschaft betrieben wurden, die Bildung einer steuerfreien Rücklage in Höhe von 45% der Herstellungskosten. Mit dem 2. Verstromungsgesetz („Gesetz zur Sicherung des Steinkohleneinsatzes in der Elektrizitätswirtschaft" vom 05.09.1966)

Tabelle 69 Stromeinfuhr und -ausfuhr des Saarlandes 1960 - 1975

	Stromeinfuhr	Stromausfuhr			Saldo
	Summe	Summe	nach Deutschland	nach Frankreich	
Jahr	Mio.kWh	Mio.kWh	Mio.kWh	Mio.kWh	Mio.kWh
1960	350,1	604,5	602,5	2,0	254,4
1961	400,8	775,9	775,6	0,3	375,1
1962	533,4	537,8	533,0	4,8	4,4
1963	699,5	980,1	779,4	200,7	280,6
1964	571,6	2.401,1	2.267,1	134,0	1.829,5
1965	806,9	2.526,7	2.394,3	132,4	1.721,4
1966	1.012,9	2.329,7	2.049,1	280,6	1.316,8
1967	1.278,6	2.326,1	2.034,5	291,6	1.047,5
1968	1.154,1	2.112,6	1.929,6	183,0	834,0
1969	1.073,0	2.933,3	2.930,7	2,6	1.860,3
1970	1.373,6	3.316,7	3.300,6	16,1	1.943,1
1971	1.498,9	4.810,8	4.754,7	56,1	3.311,9
1972	2.025,9	5.257,9	5.125,9	132,0	3.232,0
1973	3.779,8	6.408,1	5.312,5	1.095,6	2.628,3
1974	4.701,0	6.854,6	4.515,5	2.339,1	2.153,6
1975	4.241,0	3.007,6	1.861,8	1.145,8	−1.233,4

Quellen: Saarland in Zahlen, Sonderheft 75/1971
(Industrie, Bau, Handwerk und Energiewirtschaft
im Jahre 1970) und Sonderheft 126/1985
(Produzierendes Gewerbe 1984), jeweils hgg. vom
Statistischen Amt des Saarlandes, eigene Berechnungen

---

32 H u t h m a c h e r, Eugen, Die Kraftwerkswirtschaft an der Saar, in: Die Rundschau Nr. 14 v. 05.04.1963; ders., Die Kraftwerkswirtschaft rüstet auf, in: ebd., Nr. 51/52 v. 24./26.12.1963.

sollte der Steinkohlenverbrauch der öffentlichen und industriellen Kraftwerke für etwa 15 Jahre auf 50% ihres Gesamtverbrauches an Brennstoffen gehalten werden[33]. Auf diesem Wege sollte die Differenz zwischen dem seinerzeit noch billigen Heizöl und der teureren Steinkohle ersetzt werden. Der Mehrverbrauch von Heizöl in bestehenden Kraftwerken — ausgenommen waren reine Ölkraftwerke — sollte wie der Heizölverbrauch in neuen Kraftwerken bis 1976 genehmigungspflichtig sein. Mit dieser gesetzlichen Regelung wurde die Entscheidungsfreiheit der Unternehmen hinsichtlich ihrer Brennstoffwahl erheblich eingeschränkt. Die Realisierung dieser beiden miteinander kompliziert verflochtenen Gesetze zog in der Praxis nicht unerhebliche Probleme nach sich. Das dritte Verstromungsgesetz vom 13.12.1974 sah zur Sicherung des Steinkohleabsatzes in der Elektrizitätswirtschaft jährlich den Einsatz von 33 Millionen Tonnen bis 1980 vor. Zur Deckung der erhöhten Finanzlast wurde mit dem Gesetz eine Ausgleichsabgabe, der sogenannte Kohlepfennig, eingeführt, den die Energieversorgungsunternehmen vom Verbraucher einziehen und an das Bundesamt für gewerbliche Wirtschaft weiterleiten. Letzteres verwaltet diesen Ausgleichsfonds als Sondervermögen zur Sicherung des Steinkohlenabsatzes. Das 3. Verstromungsgesetz wurde unterstützt durch entsprechende flankierende Maßnahmen der ersten Fortschreibung des Energieprogrammes der Bundesregierung im Herbst 1974[34]. Die Regierung des Saarlandes reagierte am 25.10.1972 mit einer „Energiekonzeption" und schrieb diese am 03.12.1974 fort, wobei neben der vorrangigen Sicherung der Energieversorgung aus heimischer Steinkohle auch der Bau eines Kernkraftwerkes vorgesehen war[35].

Die Errichtung von Kraftwerken aller Art — nicht nur von Kernkraftwerken in der heutigen Zeit — erforderte von der Planung bis zur Inbetriebnahme zunehmend größere Zeiträume. Diese Erfahrungen mußten die jeweiligen Verwaltungen der Saargruben im Laufe der Geschichte immer wieder machen, sei es die Saargruben AG nach der Rückgliederung des Saargebiets im Jahre 1935 (vgl. Kap. V.2.), die Régie des Mines bzw. die Saarbergwerke AG oder die VSE in den 50er Jahren (vgl. Kap. VII.6.b). Auf Grund des langen Zeitraumes der Verwirklichung eines Kraftwerkprojektes werden im folgenden Entwicklungslinien auch über die dieser Arbeit gesetzten Grenzen von 1974/75 hinaus aufgezeigt, denn meistens stammten die Planungsanfänge noch aus der hier behandelten Zeit.

b) Das Kraftwerk Ensdorf

Nach jahrelangen Verhandlungen (vgl. Kap. VII.6.b) wurde Ende des Jahres 1961 von der Gesellschaft für Kraftwerksbauten mbH, Ensdorf, mit dem Bau eines Dampfkraftwerkes mit einer Leistung von 2 x 110 MW in Ensdorf begonnen[36], nachdem ein Vertrag zwischen EVS, die allein noch die Verhandlungen über eine Stromlieferung in den

---

33 Meyer, Konrad (1970), S. 225.; RWE-AHV, Buderath (1982), Band III, S. 837f.; Gebhardt (1966), S. 855f.
34 Schuster (1982), S. 51f.; Energiewirtschaft im Saarland (1973).
35 Strukturprogramm Saar (1969), S.46f.; Energieprogramm für das Saarland (1974), S. 7, 44f.; in der Zweiten Fortschreibung des Energieprogramms (1979, S. 34) hielt die Landesregierung den Bau eines Kernkraftwerkes in absehbarer Zeit nicht mehr für erforderlich.
36 VSE-AHV, Geschäftsbericht für 1961.

süddeutschen Raum führte, und VSE abgeschlossen worden war. Das schwierige Problem der Finanzierung konnte in einem leasing-ähnlichen Verfahren gelöst werden. Als erstes Energieversorgungsunternehmen nutzte die VSE diese heutzutage weit verbreitete Finanzierungsmethode zum Bau eines Kraftwerkes[37]. Die Durchführung der Projektbearbeitung und die örtliche Bauleitung für das Werk sowie die Lieferung der Turbinensätze wurden der AEG, Frankfurt am Main, die Lieferung der Kessel der Maschinenfabrik Augsburg-Nürnberg (MAN) übertragen. Die gewählte Schmelzkammerfeuerung bedeutete damals den neuesten Stand der Technik, zeigt sich heute jedoch angesichts gestiegener Umweltschutzanforderungen als ungünstiger, da sie wegen der hohen erforderlichen Feuerraumtemperaturen größere Stickoxyd-Emissionen aufweist und entsprechend aufwendigere Schutzmaßnahmen erfordert[38]. Von der gesamten Abgabeleistung von 200 MW erhielt die EVS vertraglich 150 MW für die Abgabe nach Baden-Württemberg, 50 MW wurden für den Einsatz im VSE-Gebiet vorgesehen. Ein Stromlieferungsvertrag auf die Dauer von 20 Jahren ab 1964 nach Inbetriebnahme des Kraftwerkes sicherte der VSE den langfristigen Absatz aus Ensdorf und trug auch in erheblichem Maße zur Festigung von Arbeitsplätzen im saarländischen Kohlenbergbau bei[39]. Der Transport der 150 MW verlief vereinbarungsgemäß über das Höchstspannungsnetz des RWE.

Am 29.10.1963 erfolgte die erste Abgabe aus Block 1 an die EVS[40], ab 28.03.1964 stand auch Block 2 für die VSE mit voller Leistung zur Verfügung[41]. Die offizielle Inbetriebnahme und der Beginn des Pachtvertrages mit der Gesellschaft für Kraftwerksbauten mbH wurde mit Rücksicht auf das 1. Verstromungsgesetz auf den 01.07.1964 festgelegt. Schon bald stellte sich der Betrieb des Kraftwerkes Ensdorf als so kostengünstig heraus, daß sich für die EVS der Strombezug von der Saar günstiger gestaltete als eine eigene entsprechende Erzeugungskapazität in Heilbronn nahe dem Verbrauchsschwerpunkt: Beispiel für eine gelungene Kooperation zwischen Regionalversorger und Verbundunternehmen[42]. Auch für den Strombezug der VSE vom RWE, der anfangs auf Selbstkostenpreis der VSE in Ensdorf basierte, bedeuteten die niedrigen Erzeugungskosten des Kraftwerkes eine weitere Verbilligung. Die vertraglich gesicherte Abnahme des Fremdstromes vom RWE auf der Grundlage günstiger Primärenergien wie Braunkohle, Wasserkraft und ab Mitte der 70er Jahre Kernenergie ermöglichte der VSE ein beispielhaft niedriges Strompreisniveau bis in die 80er Jahre hinein und sicherte die preiswerte Versorgung stromintensiver Betriebe, wie beispielsweise der Eisen- und Stahlindustrie an der Saar. Eine weitere Ursache für die günstige Erzeugung war auch in den staatlichen Unterstützungsmaßnahmen für den Kohleeinsatz zu sehen: Für den Betrieb des Kraftwerkes Ensdorf konnte „in optimalem Umfang" vom ersten Ver-

---

37 Am 30.06.1984 endete nach Ablauf der 20jährigen Vertragszeit der Pachtvertrag mit der Kraftwerksbauten mbH, Ensdorf. Die VSE machte von dem ihr vertraglich zustehenden Heimfallrecht Gebrauch, so daß sie ab diesem Zeitpunkt Eigentümer der Blöcke 1 und 2 wurde (VSE-AHV, Geschäftsbericht für 1984).
38 Spalthoff, Franz-Joseph (Vorstandsmitglied des RWE), in: Handelsblatt v. 02.12.1985 anläßlich der Einweihung des umstrittenen Kohlekraftwerkes Ibbenbüren.
39 VSE-AHV, Geschäftsbericht für 1961.
40 Ebd., für 1963.
41 Ebd., für 1964.
42 Schommers (1976), S. 157.

Tabelle 70 Stromaufkommen der VSE 1962 - 1975

Jahr	Gesamtes Stromaufkommen (Bezug + Erzeugung)	Eigenerzeugung Kraftwerk Ensdorf			Fremdstrombezug	
		Gesamt	Abgabe an EVS	Abgabe ins eigene Netz	MWh	%
1962	1.027,2	0,0	0	0	1.027,2	100,0
1963	1.294,6	51,9	0	51,9	1.242,7	96,0
1964	2.328,8	971,9	778	193,9	1.356,9	58,3
1965	2.346,6	1.146,3	828	318,3	1.200,3	51,2
1966	2.387,6	1.302,4	826	476,4	1.085,2	45,5
1967	2.502,1	1.295,3	808	487,3	1.206,8	48,2
1968	2.683,3	1.274,9	721	553,9	1.408,4	52,5
1969	3.339,1	1.405,3	970	435,3	1.933,8	57,9
1970	3.902,9	1.453,6	870	583,6	2.449,3	62,8
1971	4.512,4	1.534,7	1124	410,7	2.977,7	66,0
1972	4.658,6	1.176,9	784	392,9	3.481,7	74,7
1973	4.997,6	1.102,5	647	455,5	3.895,1	77,9
1974	5.352,4	1.333,3	861	472,3	4.019,1	75,1
1975	4.840,2	910,0	609	301	3.930,2	81,2

Quellen: Geschäftsberichte (VSE-AHV), VSE (EW-LV)

stromungsgesetz Gebrauch gemacht werden, was positive Auswirkungen auf die Liquidität der VSE mit sich brachte[43]. Der zunehmende Übergang auf Fremdstrombezug im Gesamtstromaufkommen der VSE, der sich bei etwa 80% stabilisierte (vgl. Tab. 70), bedeutete aber nicht die „Aufgabe der traditionellen Verbundenheit zur landeseigenen Steinkohle"[44]. Dem erhöhten Fremdbezug stand und steht eine steigende Erzeugung auf der Basis von Saarkohle gegenüber, die an die großen Verbundunternehmen RWE und EVS geliefert wurde und wird. Durch Ablösung laufender Verträge über revierfremde Kohlenbezüge erfolgte nach 1969 im Kraftwerk Ensdorf für einen längeren Zeitraum ausschließlich die Verwendung von Saarkohlen zur Verstromung[45].
In den Jahren 1968 bis 1970 baute das RWE unter Inanspruchnahme der Vergünstigungen des Steinkohleförderungsgesetzes in Ensdorf einen weiteren 300 MW-Block im Mittellastbereich auf der Achse vom rheinischen Braunkohlenrevier zu den alpinen Wasserkräften und leistete damit seinerseits eine Hilfe für den sich beschleunigenden Absatzrückgang des saarländischen Kohlenbergbaus[46]. Der Verbrauch des neuen Werkes von rund 1 Mio t Steinkohle pro Jahr bedeutete damals etwa 10% der Jahresförderung der Saarbergwerke. Im Gegensatz zum bestehenden 2x110 MW-Kraftwerk erhielt der neue 300 MW-Block keine Flußwasserkühlung. Das Kühlwasser wird im Kreislauf über einen Naturzugkühlturm von 115 m Höhe geführt. Zur Deckung der Kreislaufverluste werden bis zu 1.500 t Wasser pro Stunde aus der Saar entnommen und über eine Wasseraufbereitungsanlage dem Kühlwasserkreislauf zugesetzt. Nach einer — auch international gemessen — kurzen Bauzeit von zweieinhalb Jahren übernahm die VSE in der ersten Jahreshälfte 1971 vertraglich die Betriebsführung für diesen Kraftwerksblock. Zusammen mit dem Kraftwerk Wehrden (vgl. Kap. VIII.3.c) erhöhte sich die von der VSE betriebene Kraftwerksleistung damit auf rund 750 MW, wovon durchschnittlich 80-90% in das übergeordnete Verbundnetz eingespeist wurden[47].

43 VSE-AHV, Geschäftsbericht für 1966.
44 S c h o m m e r s (1976), S. 156.
45 VSE-AHV, Geschäftsbericht für 1968.
46 S c h u s t e r (1982), S. 40; RWE-AHV, B u d e r a t h (1982), Band III, S. 842f.
47 S c h o m m e r s (1976), S. 157.

Das Kraftwerk Ensdorf ist für die VSE vor allem mit dem Namen von Kurt Keßler, ihrem damaligen Vorstandsmitglied, verbunden. Die Rolle und Bedeutung einzelner Persönlichkeiten für wirtschaftliche oder gesellschaftliche Vorgänge mag immer wieder kontrovers diskutiert werden — die Durchsetzung des Kraftwerkbaues gegen alle Widerstände ist in jedem Fall dem Engagement und Beharrungsvermögen von Keßler zuzuschreiben. Von den ersten Planungen während des Zweiten Weltkrieges, die inzwischen bereits „historische Dimensionen" erreicht hatten, bis zu Bau und Inbetriebnahme setzte er sich mit seiner ganzen Energie für das Kraftwerk Ensdorf ein, um die öffentliche Elektrizitätswirtschaft an der Saar und speziell die VSE in ihrer Position gegenüber dem traditionellen Kraftwerksbetreiber Saarbergwerke zu stärken. Auch wenn Ensdorf heute nicht mehr zu den ganz großen Erzeugungskapazitäten zählt, hat es seinen ihm gebührenden Platz in der saarländischen Energiewirtschaft behauptet: Zur Wahrung einer gewissen Unabhängigkeit vom Fremdbezug, deren Bedeutung im Zuge verstärkter Einbettung in den Verbund allerdings nicht mehr so hoch veranschlagt werden kann wie früher, und als eine wichtige Stütze des saarländischen Kohlebergbaus durch Sicherung von Arbeitsplätzen unter und über Tage sowie im Kraftwerk selbst[48].

Tabelle 71 Mitarbeiter der VSE 1961 - 1975

| | | Mitarbeiter | | | | | Versorgungs- empfänger |
| | Lohn- empfänger | Gehalts- empfänger | Auszubildende | insgesamt | davon im KW Ensdorf Lohn u. Gehalt | |
Jahr	Anzahl	Anzahl	Anzahl	Anzahl	Anzahl	Anzahl
1961	177	258	16	451	5	75
1962	343	361	9	713	19	95
1963	470	393	1	864	183	112
1964	473	386		859	189	133
1965	469	395		864	192	144
1966	475	390		865	202	165
1967	463	388		851	194	187
1968	505	368		873	205	207
1969	508	364		872	209	231
1970	559	374		933	251	259
1971	586	371		957	264	279
1972	579	414		993	267	288
1973	605	425		1.030	290	301
1974	611	434		1.045	292	329
1975	606	434		1.040	294	346

Quelle: Geschäftsberichte (VSE-AHV)

---

48 Mit Bau und Inbetriebnahme des Kraftwerkes änderte sich in der Zusammensetzung der VSE-Belegschaft erstmals das traditionelle Übergewicht der Gehalts- gegenüber den Lohnempfängern zugunsten letzterer, vgl. Tab. 71.

c) Kraftwerk Wehrden GmbH

Am 10. Mai 1961 wurden die Beteiligungsverhältnisse an der Kraftwerk Wehrden GmbH neu geordnet. Die VSE veräußerte 9 1/3% des Stammkapitals an die Stadt Saarbrücken und 8 1/3% an die Röchlingschen Eisen- und Stahlwerke, so daß sich die Beteiligung der VSE von 51% auf 33 1/3% ermäßigte. Gleichzeitig wurde das Kapital von 15 auf 22,5 Millionen DM erhöht. Im Zusammenhang mit der Neuordnung erwarb die VSE von Röchling ein Recht zum zusätzlichen Bezug von 8 1/3% der Leistung des Kraftwerkes[49]. Am 01.01.1963 erfolgte die offizielle Inbetriebnahme der lange geplanten und durch behördliche Auflagen beim Bau in zeitlichen Verzug gekommenen 110 MW-Blockanlage, die das inzwischen veraltete Kraftwerk wieder auf den damaligen technischen Stand brachte[50]. Da die aus der Saar zur Verfügung stehenden Kühlwassermengen auf Grund zu starker Erwärmung durch Oberlieger nicht die Gewähr boten, die Anlage jederzeit wirtschaftlich und mit voller Leistung zu fahren, wurde sie mit Rückkühlbetrieb ausgelegt und zwei Kühltürme südwestlich des Kraftwerks-Geländes erstellt.

Ende der 60er Jahre geriet das Kraftwerk Wehrden durch Gerüchte über mögliche Entlassungen der Belegschaft in die Schlagzeilen der Presse[51]. Das relativ unrentable Altwerk von 120 MW Engpaßleistung, das meistens nur noch zur Spitzenstromerzeugung herangezogen wurde, sollte eventuell stillgelegt werden. In Wehrden wurden bei einer Leistung von 230 MW rund 350 Personen, in Ensdorf für 240 MW rund 200 Personen beschäftigt[52]. Auf eine Kleine Anfrage eines Landtagsabgeordneten hin betonte die saarländische Landesregierung in ihrer Antwort die Problematik der Altwerke Wehrden und Weiher, die vor allem auf Grund der im Jahre 1967 reichlich zur Verfügung stehenden Billigstrommengen aus Wasserkrafterzeugung für ihre Betreiber an die unterste Grenze der Rentabilität gelangt waren[53]. Ein Ausweg der problematischen künftigen Entwicklung des Kraftwerkes Wehrden konnte 1970 durch verschiedene Vereinbarungen der Gesellschafter gefunden werden. Um den Energiebedarf der Stadtwerke Saarbrücken und des Röchlingschen Eisen- und Stahlwerkes langfristig zu decken, standen die Beteiligten vor der Frage von Erweiterungsinvestitionen. In Anbetracht der unsicheren technischen Entwicklung und vor allem eines eventuell zu einem späteren Zeitpunkt veränderten Energiemarktes schloß die VSE mit ihren Mitgesellschaftern jeweils einen langfristigen Stromlieferungsvertrag, mit dem Kraftwerk Wehrden einen Geschäfts- und Betriebsführungsvertrag[54]. Demzufolge wurde das Kraftwerk von VSE (und RWE) ausschließlich für Verbundaufgaben eingesetzt und der Energiebedarf der übrigen Wehrden-Gesellschafter durch die VSE zu günstigen Bedingungen gedeckt. Die hier schon früher bewährte Kooperation zwischen Regional-

---

49 VSE-AHV, Geschäftsbericht für 1961; vgl. Die Steinkohlenkraftwerke an der Saar (1970).
50 VSE-AHV, Geschäftsbericht für 1962; vgl. auch: 50 Jahre Kraftwerke Wehrden (1962), mit einer ausführlichen technischen Beschreibung der Neu- (S. 24ff.) und der Altanlagen (S. 15ff.).
51 SZ-RA, Saarbrücker Zeitung Nr. 283 v. 09.12.1967 und Nr. 284 v. 11.12.1967.
52 Drucksache Nr. 824 v. 30.01.1968, Landtag des Saarlandes, 5. Wahlperiode.
53 Ebd.
54 Alle Verträge VSE-AHV; zusätzlich wurde zwischen RWE und Kraftwerk Wehrden GmbH ein Abnahmevertrag abgeschlossen.

versorger (VSE), kommunalem Weiterverteiler (Stadtwerke Saarbrücken) und industriellem Großbetrieb (Röchling) blieb dadurch bestehen und der Einsatz von Saarkohle gesichert[55].

d) Die Kraftwerke der Saarbergwerke AG

Die tiefgreifenden Veränderungen auf den Energiemärkten veranlaßten die Saarbergwerke neben einer drastischen Rücknahme der Kohleförderung zu einem verstärkten Ausbau von Kraftwerkskapazitäten. Zu dieser Entscheidung trug ebenfalls bei, daß ein Teil der Saarkohle besonders Ende der 50er und Anfang der 60er Jahre wegen seines Ballastgehaltes nur bedingt marktfähig und die Marktmöglichkeiten für einen Teil der Flammkohle aus damaliger Sicht gefährdet war[56]. Seit 1955 nahm das RWE mit steigender Tendenz die Leistung der Saarberg-Kraftwerke ab[57]. Da die steinkohleabhängige Erzeugung auf Grund der höheren Kosten nur für Mittel- und Spitzenlast geeignet ist, lag (und liegt) ihr bestmöglicher Einsatz darin, über das Verbundnetz in andere Bundesländer exportiert und entsprechend den Bedürfnissen im Verbund gefahren zu werden.

Von 1961 bis Mitte der 70er Jahre stieg die Gesamtleistung der Saarberg-Kraftwerke von rund 560 MW um über 1.000 auf 1.575 MW (vgl. Tab. 72). Die Stromerzeugung war im genannten Zeitraum stärkeren Schwankungen unterworfen und verdoppelte sich etwa (vgl. Tab. 73). Die Blöcke 3 und 4 des Kraftwerkes Weiher mit je 150 MW gingen 1963 und 1964 in Betrieb, mit demselben Zuwachs folgte 1967 das Kraftwerk Fenne[58]. 1976 erfuhr die Kraftwerksleistung von Saarberg im Rahmen des dritten Verstromungsgesetzes die größte Steigerung durch Inbetriebnahme von Weiher III mit 707 MW als erstes Steinkohlekraftwerk der 700 MW-Klasse in der Bundesrepublik[59]. Weiher III steht stellvertretend für die wirtschaftlichen Risiken, die für die Saarbergwerke — wie für andere Unternehmen auch — Ende der 60er, Anfang der 70er Jahre aus dem Vertrauen in dauerhaft niedrige Rohölpreisen erwuchsen. Das Kraftwerk war ursprünglich für die Stromerzeugung auf Ölbasis vorgesehen, ehe die erste Ölpreiskrise von 1973/74 die gesamten Planungs- und Berechnungsgrundlagen zunichte machte. Die Umstellung auf die Verfeuerung heimischer Steinkohle erforderte nicht nur technische Abänderungen des Projektes, sondern auch wegen der grundlegend neuen Preiskonstellationen wiederum intensive Verhandlungen mit dem RWE als Abnehmer der Saarberg-Kraftwerksleistungen.

1982 wurde nach einer Bauzeit von rund drei Jahren das Modellkraftwerk Völklingen-Fürstenhausen mit einer Leistung von 230 MW offiziell in Betrieb genommen. An der Finanzierung dieses mit Wirbelschichtfeuerung ausgestatteten, besonders umweltfreundlichen Kraftwerkes beteiligte sich zu einem Drittel das Bundesministerium für

---

55 Vgl. Schommers (1976), S. 157.
56 Schuster (1982), S. 31; ders. (1962), S. 131ff.
57 Schäff (1967), S. 95f.
58 Vgl. allg.: Die Steinkohlenkraftwerke an der Saar (1970); Die Steinkohlenkraftwerke im Saarland (1971), S. 19ff.; Meyer, Heinz (1970), S. 12ff.
59 707 MW Steinkohlen-Kraftwerksblock Weiher III (1977); Spliethoff/Möllenkamp (1976), S. 727ff.; Das Kraftwerk Weiher (1976).

Tabelle 72 Engpaßleistung der Grubenkraftwerke an der Saar 1961 - 1975

	KW Weiher	KW Fenne	KW St. Barbara	Summe
Jahr	**k W**	**k W**	**k W**	**k W**
1961	114.000	185.600	260.000	559.600
1962	114.000	185.600	260.000	559.600
1963	264.000 1)	185.600	260.000	709.600
1964	414.000 2)	185.600	260.000	859.600
1965	414.000	170.600 5)	260.000	844.600
1966	414.000	170.600	260.000	844.600
1967	414.000	320.600 6)	260.000	994.600
1968	414.000	320.600	260.000	994.600
1969	414.000	323.100 7)	260.000	997.100
1970	354.000 3)	323.100	260.000	937.100
1971	354.000	297.500 8)	260.000	911.500
1972	354.000	308.000 9)	260.000	922.000
1973	300.000 4)	308.000	260.000	868.000
1974	300.000	308.000	260.000	868.000
1975	300.000	308.000	260.000	868.000

1) Inbetriebnahme Block 3 mit 150 MW
2) Inbetriebnahme Block 4 mit 150 MW
3) Maschinen 1 und 2 mit 50 MW abgemeldet
4) Anlage Weiher I außer Betrieb
5) Maschine 2 außer Betrieb
6) Fenne III in Betrieb mit 150 MW
7) Fenne III mit 152,5 MW
8) Fenne I außer Betrieb
9) Fenne III mit zusätzlich 10 MW für RWE
Quelle: Saarbergwerke AG (Abt. Energiewirtschaft)

Forschung und Technologie[60]. Nach dem Wegfall von Kohlelieferungen nach dem Saarvertrag an Frankreich drohten dem Saarbergbau erneute Absatzschwierigkeiten[61]. Abhilfe brachte der Bau eines weiteren Kraftwerkes. Die Errichtung eines neuen 750 MW-Kraftwerkblockes in Bexbach war gesichert, nachdem sich Badenwerk AG, EVS und Bayernwerk AG zusammen mit Saarberg zu je 25% an der Kraftwerk Bexbach-Verwaltungs GmbH beteiligten. Bexbach dient folglich dem Stromexport über Draht von saarländischer Kohle und speist seit Ende 1983 in die Netze der drei süddeutschen Energieversorgungsunternehmen ein[62].

---

60 Das Modellkraftwerk Völklingen (1980), S. 245f; Petzel (1982); Das Modellkraftwerk Völklingen (1983).
61 Wirtschaftsgeographie des Saarlandes (1980), S. 154; zu den kohlewirtschaftlichen Bestimmungen des Saarvertrages vgl. Hentrich (1957), S. 81ff.; Schuster (1957), S. 4ff.
62 750 MW-Kraftwerksblock Bexbach (1982).

Tabelle 73 Grubenkraftwerke an der Saar: Erzeugung, Eigenverbrauch und öffentliche Abgabe 1961 - 1975

	Erzeugung	Eigen- verbrauch (Gruben- betrieb)	Abgabe ins öffentliche Netz	
Jahr	Mio.kWh	Mio.kWh	Mio.kWh	%
1961	2.198,4	939,6	1.258,8	57,3
1962	1.837,5	894,1	943,4	51,3
1963	2.161,6	941,0	1.220,6	56,5
1964	2.982,1	1.014,7	1.967,4	66,0
1965	3.036,3	1.040,7	1.995,6	65,7
1966	2.558,0	983,2	1.574,8	61,6
1967	2.382,6	933,2	1.449,4	60,8
1968	2.639,9	960,1	1.679,8	63,6
1969	3.818,6	1.030,1	2.788,5	73,0
1970	4.133,1	1.033,7	3.099,4	75,0
1971	4.423,1	1.005,6	3.417,5	77,3
1972	4.423,6	1.007,7	3.415,9	77,2
1973	4.576,4	1.099,7	3.476,7	76,0
1974	4.526,2	1.149,0	3.377,2	74,6
1975	2.556,2	1.042,5	1.513,7	59,2

Quellen: Saarland in Zahlen, Sonderheft 75/1971
(Industrie, Bau, Handwerk und Energiewirtschaft
im Jahre 1970) und Sonderheft 126/1985
(Produzierendes Gewerbe 1984), jeweils hgg. vom
Statist. Amt des Saarlandes, eigene Berechnungen

Parallel zum Bau neuer Kraftwerke erfolgte die schrittweise Stillegung überalteter Kapazitäten. In den 60er Jahren waren hierfür in erster Linie Rentabilitätsüberlegungen verantwortlich, seit den 70er Jahren und vor allem in diesem Jahrzehnt spielen Umweltschutzmaßnahmen eine entscheidende Rolle, wobei eine Nachrüstung der alten Kraftwerke nur mit unverhältnismäßig hohen Mitteln möglich ist[63]. Mit dem starken Ausbau der vorhandenen Kraftwerksleistung konnte ein entscheidender Beitrag zur Sicherung von Arbeitsplätzen im krisengeschüttelten Kohlebergbau an der Saar geleistet werden. Für Betrieb und Unterhaltung des zuletzt genannten Kraftwerkes Bexbach sind beispielsweise rund 260 Arbeitsplätze erforderlich, zur Sicherstellung des Kohlebedarfs werden weitere 1.100 Bergleute beschäftigt[64]. Tabelle 68 weist nach, welchen dominierenden Einfluß die Verstromung von Kohle bei Saarberg inzwischen gewonnen hat. Betrug die Abgabe an Kraftwerke 1960 erst 13% der Förderung, so stieg dieser Anteil über durchschnittlich 50% in den frühen 70er Jahren auf heute etwa 2/3 der Ge-

---

63 Die Stillegung des Kraftwerkes Luisenthal erfolgte am 06.06.1959, die Maschinen 1 und 2 des Kraftwerkes Weiher wurden 1970 außer Betrieb genommen, vgl. Tab. 72.
64 B r o c k e (1982), S. 151f.

samtförderung. Parallel zu dieser Entwicklung erhöhte sich die Abgabe aus den Saarberg-Kraftwerken ins öffentliche Netz von etwas über 50% der Erzeugung auf Werte zwischen 75 bis 80% in den 1980er Jahren.

Für den Saarbergbau wie für den gesamten bundesdeutschen Bergbau kann festgestellt werden: Ohne den Ausbau eigener Kraftwerke und vor allem das Entgegenkommen der öffentlichen Elektrizitätswirtschaft durch Abnahme von Strom und Einsatz von Kraftwerkskohle wäre inzwischen wohl das Ende des Bergbaus gekommen. In der Anwendung elektrisch betriebener Maschinen für die Gewinnung von Kohle wurde Mitte der 70er Jahre ein Elektrifizierungsgrad von etwa 90% erreicht[65]. Durch die Einführung höherer Betriebsspannungen unter Tage konnte beispielsweise eine wichtige Voraussetzung für den Einsatz von leistungsfähigen Gewinnungsmaschinen geschaffen werden[66].

e) Heizkraftwerke der Stadtwerke Saarbrücken

Eigene Konzepte zur Deckung ihres Energiebedarf verfolgten bereits in den 60er Jahren die Stadtwerke Saarbrücken mit dem Bau des Heizkraftwerkes Römerbrücke[67] im Osten der Stadt, das 1967 seinen Betrieb aufnahm[68]. Um die eingesetzte Primärenergie, anfangs Heizöl, Kokerei- und Erdgas — erst sehr spät wurde zur Unterstützung des saarländischen Bergbaus auf heimische Steinkohle umgestellt — möglichst weitgehend zu nutzen, produziert(e) das städtische Heizkraftwerk sowohl Wärme zur Versorgung von Wohnungen und öffentlichen Gebäuden als auch elektrischen Strom. Da bei der Inanspruchnahme hoher Heizleistung im Winter die Stromerzeugung notwendigerweise zurückgenommen werden muß, war die Stadt immer auf zusätzliche Stromabnahme von einem Vorlieferanten, in diesem Fall der VSE, angewiesen. 1967 erbaute die Stadt ein zweites Heizkraftwerk in Saarbrücken-Süd auf Erdgasbasis, in dem eine Gasturbine von 15-18 MW Leistung als Sofortreserve zur Stromerzeugung für die werktäglich auftretenden Verbrauchsspitzen installiert wurde. Mit der anfallenden Wärme wurde (und wird) das Wohngebiet Folsterhöhe mit Fernwärme versorgt[69]. Im Jahre 1974 erfolgte eine Erweiterung des Heizkraftwerkes Römerbrücke[70].

Durch die Kombination von Wärme- und Stromerzeugung in einem Heizkraftwerk läßt sich ein höherer Wirkungsgrad beim Einsatz beispielsweise des Primärenergieträgers Steinkohle erzielen. Während die Ausnutzung hier Werte von 80-90% erreichen kann, liegt sie in einem konventionellen thermischen Kraftwerk unter 40%. In der westdeutschen Energiebilanz entfielen zu Beginn der 70er Jahre etwa 76% des Endenergiebedarfs auf Wärme in den verschiedensten Anwendungsformen (40% Raumwärme, 36% Prozeßwärme), während lediglich 7-8% des Wärmebedarfs für Raumheizung und

65 Freundliche Mitteilung der Saarbergwerke AG, Abt. Planung Bergwirtschaft. Heute hat der Elektrifizierungsgrad etwa 96% erreicht.
66 R a u b e r (1980), S. 5; Saarberg - Neue Entwicklungen (1982).
67 F l a d (1965); ders. (1968), S. 317ff.
68 Energieprogramm für das Saarland (1983), Anl. 15.
69 M a r t i n (1971), S. 233; S c h n e i d e r (1971), S. 1ff.; F l a d (1973), S. 76; ders. (1974), S. 391ff.; ders. (1978), S. 157ff.
70 Energieprogramm (1983), Anl. 15.

Brauchwassererwärmung durch Fernwärme gedeckt wurden[71]. Es ist das Verdienst der Stadtwerke Saarbrücken, schon frühzeitig dieses wegen der hohen Investitionskosten des Wärmeverteilungsnetzes auf dicht besiedelte Gebiete beschränkte Energieversorgungskonzept angegangen und ausgebaut zu haben. Im Rahmen des Ausbaues der „Fernwärmeschiene Saar" wurde seither unter vorrangigem Einsatz des heimischen Energieträgers Steinkohle zur Stützung von Arbeitsplätzen im Saarbergbau die Fernwärmeversorgung im Saartal vorangetrieben[72]. In Konsequenz ihrer energiepolitischen Zielsetzungen beteiligten sich die Stadtwerke 1985 mit 30% an der Modellkraftwerk Völklingen GmbH (vgl. Kap. VIII.3.d.).

4. Jahre der Expansion und des Aufschwungs: Die Entwicklung von 1962 bis 1974

a) Industrie und Gewerbe

Die Struktur der saarländischen Elektrizitätswirtschaft wurde (und wird) deutlich geprägt von der Gesamtwirtschaftsstruktur des Landes mit seinem montanwirtschaftlichen Übergewicht. Steinkohlenbergbau im Saarland und Eisenerzvorkommen im benachbarten Lothringen hatten noch bis in die 60er Jahre die Eisen- und Stahlunternehmen zu einem monostrukturellen Übergewicht in der Industrie geführt. 60% der in der Industrie Beschäftigten arbeiteten im Montanbereich[73]. Primär- wie auch Endenergieverbrauch des Landes lagen damals wie heute deutlich über dem Bundesdurchschnitt. Allein die Schwerindustrie wies noch 1960 einen Anteil von rund 64% am Endenergieverbrauch auf, der über 53,4% im Jahre 1970 auf 46,3% im Jahre 1980 sank[74]. In den 60er Jahren führte ein bedrohlicher Rückgang der Zahl der Industriebeschäftigten im Rahmen der Kohlenkrise zu verstärkten Bemühungen der saarländischen Landesregierung, die Monostruktur durch Ansiedlung neuer Betriebe aus anderen Branchen aufzulockern und neue Arbeitsplätze zu schaffen. Neue Unternehmen in der Metallverarbeitung, Automobilindustrie, elektrotechnischen und chemischen Industrie, Textil- und Bekleidungsindustrie, Nahrungs- und Genußmittelindustrie brachten zwischen 1959 bis 1971 32.000 neue Arbeitsplätze und kompensierten den Verlust von 20.000 Arbeitsplätzen im Kohlebergbau und 5.000 Arbeitsplätzen bei Unternehmen, denen eine Umstellung auf den deutschen Markt nach der wirtschaftlichen Rückgliederung nicht gelungen war[75]. Trotz großer absoluter Steigerungsraten gelang es der saarländischen Wirtschaft in den Jahren von 1960 bis 1970 dennoch nicht, mit dem hohen Wachstumstempo der gesamten bundesdeutschen Wirtschaft mitzuhalten[76]. Den neu angesiedelten Unternehmen wie auch der stark exportabhängigen, stromintensiven eisenschaffenden und -verarbeitenden Industrie konnte die VSE Strompreise bieten, die auf den

71 Mackenthun (1976), S. 241f.
72 Bothe (1971), S. 10; ders. (1980), S. 5ff; Fernwärme (1979); Hochreuther (1983).
73 Schommers (1976), S. 154f.
74 Energieprogramm für das Saarland (1983), Anl. 2; vgl. auch Energiebedarf und Energieangebot im Saarland 1960-1985 (1972), S. 47f.
75 Herrmann (1972), S. 74f.; zum Kreis Merzig vgl. Gläser (1972), S. 189ff.
76 Müller, Probleme der Wirtschaftsstruktur (1967), Entwicklung des BIP, S. 17ff.

Abb. 17 Vergleich der jährlichen Zuwachsraten beim Stromabsatz der VSE 1960 - 1975

(1960 = 100)

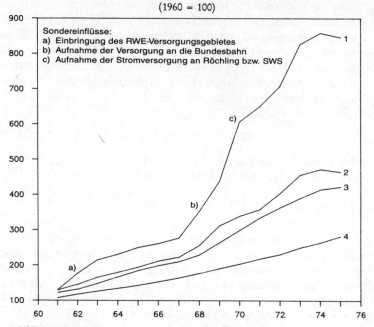

Quelle: VSE (1978), S. 41

genannten Erzeugungsgrundlagen durchweg unter denjenigen des Bundesdurchschnittes lagen (vgl. Abb. 16).

Zweistellige Zuwachsraten in der Gesamtabgabe und bei den meisten Abnehmergruppen in den frühen 60er Jahren und nach Überwindung der ersten großen Nachkriegsrezession von 1966/67 kennzeichneten die Entwicklung bis 1975, als die Stromabgabe erstmals nach über 20 Jahren deutlich zurückging. 1963 konnte zum ersten Mal die 1 Milliarden kWh-Abgabegrenze klar überschritten werden, bereits 2 Jahre später war die 2 Milliarden-, 1969 die 3 Milliarden-, 1971 die 4 Milliarden- und 1974 die 5 Milliarden-Grenze erreicht (vgl. Tab. 72-75). Verschiedene Faktoren trugen zu der genannten stürmischen Stromabgabesteigerung bei, die sowohl deutlich über der in der bundesdeutschen Elektrizitätswirtschaft üblichen Wachstumsrate von 7,2% pro Jahr wie auch über den Werten der Entwicklung des gesamten Saarlandes lag (vgl. Abb. 17)[77]. Die eisenschaffende Industrie an der Saar legte zunehmend ihre Eigenerzeugungsanlagen still und ging zum Strombezug über[78]. Lag der Anteil des Fremdstromes beispielsweise 1960 in der Hüttenindustrie erst bei rund 50%, stieg er in den kommenden 15 Jahren auf über 80% und beträgt heute etwa 95% (vgl. Tab. 74, 75). Wesentlich

---

[77] Energiebedarf und Energieangebot im Saarland 1960-1985 (1972), S. 52: Saarland 1960-70 + 8,6% p.a., S. 55: Bundesrepublik 1960-70 + 7,4% p.a.

[78] Vgl. allg. Weber (1966), S. 922f.

Tabelle 75 Eigenerzeugung, Verbrauch und Bezug aus dem öffentlichen Netz
der Halbergerhütte (Brebach) 1961 - 1975 (in MWh)

	Halberger Hütte			
	Eigen-erzeugung	Verbrauch	Fremdbezug	
Jahr	MWh	MWh	MWh	%
1961	16.872	48.915	32.043	65,5
1962	15.648	49.241	33.593	68,2
1963	10.884	53.260	42.376	79,6
1964	3.792	55.724	51.932	93,2
1965	4.764	58.729	53.965	91,9
1966	5.640	57.323	51.683	90,2
1967	4.836	54.144	49.308	91,1
1968	3.852	65.056	61.204	94,1
1969	5.088	71.808	66.720	92,9
1970	4.608	83.652	79.044	94,5
1971	4.512	83.052	78.540	94,6
1972	4.980	82.896	77.916	94,0
1973	5.556	86.160	80.604	93,6
1974	5.244	85.020	79.776	93,8
1975	4.752	81.708	76.956	94,2

Quelle: Halbergerhütte GmbH (TAW)

stärker stieg dagegen noch der Verbrauch der sonstigen Industrien des Saarlandes im
genannten Zeitraum (vgl. Tab. 74). Diese Unternehmen hatten immer schon einen ver-
schwindend geringen Anteil an Eigenerzeugung und waren deshalb seit jeher auf eine
kostengünstige und zuverlässige öffentliche Elektrizitätsversorgung angewiesen.
Der verstärkte Einsatz der elektrischen Energie im Arbeitsgang zur Verbesserung der
Produktion zeigte sich in den 60er Jahren vor allem dann sehr deutlich, wenn der
Stromabsatz an die verschiedenen Industriegruppen erheblich schneller zunahm als die
Produktion folgte (vgl. Tab. 76). Die sinkende Tendenz des Stromverbrauches je Pro-
duktionseinheit bei einigen industriellen Abnehmergruppen war sowohl im technischen Fortschritt der Energieanwendung wie auch in veränderten Produktionsmetho-
den der Abnehmer begründet. Auch in den 60er und 70er Jahren gingen also, wie in
den Jahrzehnten zuvor, Rationalisierung und Technisierung mit zusätzlicher Inanspruchnahme elektrischer Energie einher. Teilweise stieg der Absatz elektrischer Energie, obwohl die Unternehmen wirtschaftlich stagnierten[79].
Der relative Anteil der Grundstoff- und Produktionsgüterindustrie an der nutzbaren
Gesamtabgabe der VSE sank trotz steigender absoluter Werte von über 40% auf etwa
ein Drittel, während Investitions- und Verbrauchsgüterindustrie sowie Nahrungs- und

79 VSE-AHV, verschiedene Geschäftsberichte 1962ff.

Genußmittelindustrie ihre Anteile deutlich erhöhen konnten (vgl. Tab. 77), eine indirekte Folge der erwähnten wirtschaftlichen Strukturverbesserungsmaßnahmen im Saarland. Auch ein Vergleich der Werte für das gesamte Saarland mit der Bundesrepublik verdeutlicht, daß besonders die Gruppe „übrige Industrien" (vgl. Tab. 78, 79) mit einer Steigerung des Stromverbrauchs um rund 214% im Zeitraum 1960 bis 1970 deutliche Zugewinne erzielte und 1970 mit einem 14,2%igen Anteil elektrischer Energie am Endenergieverbrauch den höchsten Wert der verschiedenen Verbrauchergruppen erreichte. Der Anteil des Stromes am Endenergieverbrauch der gesamten Industrie blieb im Saarland allerdings auf Grund des traditionell hohen Einsatzes der Sekundärenergieträger Koks und Gas in der Eisen- und Stahlerzeugung deutlich gegenüber den Werten der Bundesrepublik zurück.

b) Eisenbahn und Straßenbahnen

Die auf Grund der politischen und wirtschaftlichen Umstellungsprobleme der 50er Jahre verzögerte Elektrifizierung der saarländischen Eisenbahnstrecken schlug sich ab 1968 in den Abgabewerten der VSE deutlich nieder, als das Unternehmen die Drehstromlieferung für ein Umformerwerk bei Saarbrücken aufnahm, das 1972 um einen zweiten 25 MW-Satz erweitert wurde[80]. Insgesamt bezieht die Deutsche Bundesbahn ihren Bahnstrom aus über 30, über das gesamte Bundesgebiet verteilten Kraft- und Umformerwerken mit einer installierten Gesamtleistung von 1.700 MW. Hiervon sind in Wasserkraft- und Umformerwerken, die speziell der Frequenzregelung dienen, etwa 550 MW installiert[81]. Die von der VSE zur Verfügung gestellte Leistung von 50 MW in Saarbrücken bedeutet damit immerhin einen Anteil von etwa 10%. Neben der reinen Energieumwandlungsfunktion hat das von der VSE belieferte Umformerwerk folglich auch eine wichtige Funktion für die Stabilität des bundesdeutschen Bahnstromnetzes. Dieses wird zudem im unmittelbaren 110 kV-seitigen Verbund mit demjenigen der Österreichischen Bundesbahn sowie über zwei Kuppelumspanner bei Basel mit dem Netz der Schweizerischen Bundesbahnen betrieben.
Im Gegensatz zur steigenden Tendenz bei der Bahnstromabgabe nahm die Straßenbahnversorgung einen immer kleineren Anteil ein. Zug um Zug wurde der Betrieb der elektrischen Straßenbahnen eingestellt: Völklingen 1959, Saarlouis 1961, Saarbrücken 1965, Neunkirchen 1978 lauten die Daten für die jeweiligen letzten Fahrten dieses umweltfreundlichen Verkehrsmittels. Im Zeichen sprudelnder Ölquellen und rasch an-

---

80 B e h m a n n (1985), S. 268; Die Bundesbahndirektion Saarbrücken (1974), S. 65f. Die Elektrifizierung des saarländischen Eisenbahnnetzes sollte nach 1949, parallel zum entsprechenden Vorgehen der französischen Staatsbahnen SNCF, mit 25 kV/50 Hz durchgeführt werden. Mit der politischen und wirtschaftlichen Eingliederung in die Bundesrepublik wurden die gesamten bisherigen Planungen und Vorarbeiten verworfen und auf das DB-Bahnstromsystem 15 kV/16 2/3 Hz umgestellt. Während die SNCF ihren Elektrifizierungstermin 1957 einhielt, verzögerte sich der Beginn der elektrischen Zugführung im Saarland bis in das Jahr 1960, vgl. B e h m a n n (1985), S. 265ff.; Saar-Eisenbahnen und Elektrifizierung (1954), S. 28ff.; ausführlich: LA Sbr. Eisenbahndirektion Saarbrücken, Verwaltungsratssitzungen Nr. 1-67, besonders Nr. 28, 41, 47, 53, 55-59, 67.
81 Freundliche Mitteilung von Herrn Dipl.Ing. B e h m a n n, Bundesbahndirektion Saarbrücken v. 11.07.1986.

steigender Individualmotorisierung war für die elektrischen Bahnen, die vielerorts erst die Elektrizitätsversorgung von Städten und Gemeinden an der Saar ermöglicht hatten, kein Platz mehr[82].

c) Kommunale Weiterverteiler

Im Gegensatz zur Abgabe an die Konjunkturschwankungen stärker unterworfenen Sonderabnehmer aus Industrie und Gewerbe wiesen die Ziffern des Strombezugs der weiterverteilenden Gemeinden und der Tarifabnehmer durchweg steigende Werte auf. Größere Schwankungen in den Zuwachsraten verursachte die Belieferung der Stadt Saarbrücken über den sogenannten Wehrden-Ersatzvertrag (vgl. Kap. VIII.3.c) sowie der Übergang verschiedener Gemeinden und Städte zur direkten Versorgung an die VSE. Ab 01. Januar 1968 wurde die Versorgung des Zweckverbandes Amtswerke Riegelsberg, der rund 23.000 Einwohner in Köllerbach, Riegelsberg und Walpershofen belieferte, an die VSE übertragen[83]. Drei Jahre später, am 01. Januar 1971, übernahm die VSE auch die Versorgung der Städte Ottweiler und St. Wendel[84]. 1972 folgten die Stadt Friedrichsthal sowie die Gemeinden Quierschied und Fischbach mit zusammen rund 29.000 Einwohnern[85]. Abgerundet wurde die Übernahme der Versorgungsanlagen ehemaliger A-Gemeinden 1973 mit Ensdorf[86] und im Jahre 1974 mit Püttlingen (15.000 Einwohner). Von 1967 bis 1974 stieg die Zahl der unmittelbar von der VSE versorgten Einwohner durch Ankauf von gemeindeeigenen Stromversorgungsanlagen um rund 110.000[87]. Insgesamt versorgte das Unternehmen jetzt mittelbar und unmittelbar rund 83% der Fläche und über 87% der Bevölkerung des Saarlandes.
Auch im Bereich des benachbarten Regionalversorgungsunternehmens Pfalzwerke AG wurde in den 60er und frühen siebziger Jahren die Anzahl der weiterverteilenden A-Gemeinden deutlich reduziert (vgl. Tab. 80, Karte 7). In den meisten Fällen übernahmen größere Stadtwerke die Versorgung für die im Gebiet der Pfalzwerke schon immer stärker vertretenen A-Gemeinden. Der traditionell im Vergleich zur VSE niedrigere Anteil von B-Gemeinden blieb somit bei den Pfalzwerken bestehen[88]. Die „Flurbereinigung" in der saarländischen Elektrizitätsversorgung war entscheidend vorangekommen (vgl. Karten 7, 8). Lediglich die größeren Städte Saarbrücken, Völklingen, Saarlouis, Neunkirchen, Dillingen und Sulzbach im Versorgungsgebiet der VSE sowie die Städte Bexbach, Homburg, St. Ingbert, Blieskastel und die Gemeinde Kirkel im Versorgungsbereich der Pfalzwerke blieben in der Weiterverteilung elektrischer Energie als kommunale Eigenbetriebe oder in der Form von Kapitalgesellschaften selbständig.

---

82 Vgl. 75 Jahre Nahverkehr in Völklingen (1984), S. 41; Sommerfeld (1979), S. 266f.; 75 Jahre Gesellschaft für Straßenbahnen im Saartal AG (1967), S. 114f.; 75 Jahre Neunkircher Verkehrs-AG (1982), S. 44f.; Sommerfeld (1978), S. 111, 119; zu Saarlouis: Ipsen/Sommerfeld (1984), S. 121.
83 VSE-AHV, Geschäftsberichte für 1967 und 1968,
84 Ebd., für 1971.
85 Ebd., für 1972.
86 Ebd., für 1973.
87 Ebd., für 1974.
88 Arbeitsgemeinschaft Regionaler EVU (1976), S. 14.

Karte 7 Elektrizitätsversorgungsgebiete im Saarland 1973

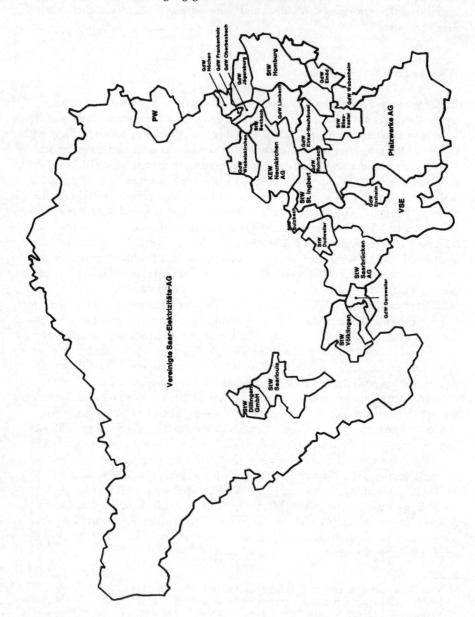

Quelle: VSE-AHV

Karte 8 Elektrizitätsversorgungsgebiete im Saarland 1976

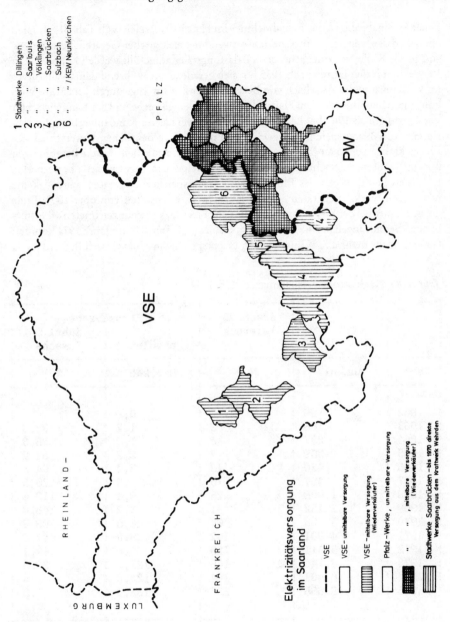

Quelle: VSE-AHV

313

d) Tarifkunden

In der Stromabgabe an die Tarifabnehmer im Haushaltsbereich (vgl. Tab. 81-83) spielten neben der weiterhin propagierten Anwendung elektrischer Geräte Überlegungen eine große Rolle, wie die nächtlichen Belastungstäler aufgefüllt werden könnten. Ein Vergleich mit den Jahren nach 1935 bot sich geradezu an: Während damals allerdings im Vordergrund der Ausgleich von Belastungsspitzen am Tage durch verstärkte Werbung um Abnehmer aus dem Haushaltsbereich, Kleingewerbe und der Landwirtschaft stand, erfolgte ab 1963 bei der VSE erstmals die verstärkte Kundenwerbung für den Einsatz von Nachtspeicherheizgeräten[89]. Ein weiterer deutlicher Unterschied zur Entwicklung in den 30er Jahren war (und ist) auch darin zu sehen, daß die Bemühungen um eine verbesserte Nachtauslastung den rasch steigenden Tagesspitzen „hinterherliefen": Das heißt, wegen des Einsatzes von Nachtspeicherheizgeräten wurden keine neuen Kraftwerkskapazitäten erstellt. Jährliche Zuwachsraten von über 100% Ende der 60er Jahre bei der Stromabgabe für die neue Heizungsart kennzeichneten die erfolgreichen Bemühungen der VSE auf diesem Gebiet (vgl. Tab. 84). Im Jahre 1971 konnten erstmals nicht mehr alle Wünsche nach Nachtspeicheranschlüssen erfüllt werden, da

Tabelle 84 Nachtstromspeicheranlagen VSE 1962 - 1975

Jahr	Anzahl	Anschluß- leistung M W	Stromabgabe absolut Mio.kWh	jährl. Zuwachs %
1962	99	2	0,9	
1963	168	3	1,2	33,3
1964	237	5	1,3	8,3
1965	309	7	2,2	69,2
1966	430	10	3,4	54,5
1967	497	15	4,3	26,5
1968	1.009	25	9,4	118,6
1969	2.152	41	23,2	146,8
1970	3.336	67	46,0	98,3
1971	4.801	102	68,0	47,8
1972	5.411	125	98,0	44,1
1973	8.145	146	121,0	23,5
1974	8.401	184	124,0	2,5
1975	9.666	227	133,0	7,3

Quelle: Geschäftsberichte (VSE-AHV)

---

89 VSE-AHV, Geschäftsbericht für 1963; ab 01.10.1964 wurde ein Sondertarif für Nachtspeicherheizungen v. 3,8 Pfg./kWh Arbeitspreis eingeführt (vgl. Geschäftsbericht für 1965).

die freie Netzkapazität nicht mehr ausreichte. In den Jahren nach der ersten Ölkrise von 1973/74 erhöhte sich die Nachfrage nach elektrischen Nachtspeicherheizungen erneut stürmisch, auch hier verhinderte mangelnde Netzkapazität den Anschluß aller Interessenten[90].

Ein Vergleich des Stromverbrauches je Haushalt bei VSE und im Bundesgebiet von 1960 bis 1980 zeigt, daß der Verbrauch bei der VSE im genannten Zeitraum erheblich über dem Bundesdurchschnitt lag (vgl. Tab. 85). Vor allem im Jahrzehnt nach 1960 verdoppelte sich die Haushaltsstromabgabe. Diese Entwicklung kann auch für den Anteil der elektrischen Energie am Endenergieverbrauch aller saarländischen Haushalte festgestellt werden[91]. Verschiedene Ursachen können für diese Absatzsteigerung herange-

Tabelle 85 Stromverbrauch je Haushalt bei RWE, VSE und im Bundesgebiet von 1960 - 1975

Jahr	RWE kWh/Haushalt	Bundesgebiet kWh/Haushalt	VSE kWh/Haushalt
1960	1.042	724	1.027
1961	1.204	822	1.177
1962	1.321	1.069	1.315
1963	1.470	1.186	1.510
1964	1.600	1.250	1.652
1965	1.626	1.351	1.786
1966	1.773	1.458	1.916
1967	1.918	1.556	2.002
1968	2.261	1.724	2.126
1969	2.663	1.778	2.239
1970	2.975	2.021	2.394
1971	3.425	2.288	2.943
1972	3.973	2.611	3.272
1973	4.072	2.728	3.516
1974	4.154	2.892	3.611
1975	4.198	2.926	4.044

Quellen: Buderath (1985), S. 86; Tabellen 55, 82

zogen werden. Einerseits bestand im gesamten Bundesgebiet Anfang der 60er noch eine relativ niedrige Elektrifizierungsquote der Haushaltungen, zu der im Saarland ein gewisser Nachholbedarf nach Elektrogeräten trat, die vor der wirtschaftlichen Eingliederung in die Bundesrepublik nicht zu beschaffen waren. Zum anderen bauten die Energieversorgungsunternehmen ihre Werbe- und Beratungstätigkeit verstärkt aus. Die VSE besaß beispielsweise zwei Beratungsstellen in Saarbrücken und Merzig, die 1967

---

90 VSE-AHV, Geschäftsberichte für 1971-1974.
91 Energieprogramm für das Saarland (1983), Anl. 5.

durch einen mobilen Beratungswagen ergänzt wurden. In den Jahren 1968/69 erfolgten der Bau des zentralen Beratungszentrums in Illingen und eine grundsätzliche Modernisierung in Merzig. Verschiedene Untersuchungen hatten gezeigt, daß eine zentrale Beratung bessere Wirksamkeit und Wirtschaftlichkeit gegenüber der früher üblichen Vielzahl von Ausstellungsräumen und Beratungsstellen bot[92].

Einen wichtigen Betrag zur skizzierten Entwicklung leistete im VSE-Versorgungsgebiet auch das stabile Strompreisniveau, das auch im Bereich der Tarifabnehmer durchweg unter den Werten des Bundes lag[93] (vgl. Tab. 86 und Abb. 16). In den Jahren nach 1960 erfolgte bis zum 01.01.1970 lediglich eine leichte Anhebung der Grundpreise[94], obwohl in der Zwischenzeit beispielsweise der maßgeblich Ecklohn (Facharbeiterstundenlohn Gruppe I) um 126% gestiegen war und die Arbeitszeit bei vollem Lohnausgleich 1964 auf 44 und 1969 auf 42 Stunden verkürzt worden war[95]. Erst ein kräftiger Anstieg der Inflation nach 1971 mit deutlich steigenden Kohlepreisen und Tarifabschlüssen beendeten die lange Phase stabiler bzw., relativ gesehen, gesunkener Strompreise.

e) Netzerweiterungen

Die starke Ausweitung der Verwendung elektrischer Energie (vgl. Tab. 87) und die Neuansiedlung von Industrieunternehmen im Saarland erforderten einen entsprechenden Ausbau und eine Verstärkung der Netze (vgl. Tab. 88). Im Gebiet der VSE standen sich vor allem Versorgungsschwerpunkte hochindustrieller Ballung im Süden und relativ dünn besiedelte Bereiche im Norden gegenüber, deren Gegensätzlichkeit es auszugleichen galt. In das internationale Verbundnetz wurde das Saarland durch eine 400 kV-Leitung aus dem rheinischen Braunkohlerevier eingebunden, die durch Rheinland-Pfalz über Niedersteden (Kreuzungspunkt zum 100 MW-Pumpspeicherwerk Vianden) nach Uchtelfangen im Zentrum des Saarlandes führt. Von dort bestehen Höchstspannungsverbindungen über Vigy in das Innere Frankreichs und über den Rhein-Neckarraum (Mannheim-Ludwigshafen-Karlsruhe) an den europäischen Drehpunkt Laufenburg am Hochrhein (Frankreich/Schweiz/Österreich/Bundesrepublik Deutschland)[96]. Die vom RWE errichtete und betriebene 220/380 kV Umspann- und Schaltanlage Uchtelfangen wurde 1967 in Betrieb genommen und bildet den Zentralpunkt des übergeordneten saarländischen Netzes (vgl. Karte 9).

Das 220 kV-Netz mit einer Nord-Süd- und einer Ost-West-Achse mit Bindungen nach Frankreich und zum Rhein-Main-Gebiet wurde zur Aufnahme der vorgesehenen

---

92 Schommers (1976), S. 160.
93 Strompreise in verschiedenen Gebieten (1972), S. 91f., 97 (das Saarland ist hier mit Rheinland-Pfalz zusammengefaßt).
94 01.05.1965, vgl. VSE-AHV, Geschäftsbericht für 1964; im Zuge der Einführug der Mwst. am 01.01.1968 wurden über die Tarifpreise ebenfalls so umgestaltet, daß die Arbeitspreise gesenkt und die Grundpreise um 3% leicht angehoben wurden (VSE-AHV, Geschäftsbericht für 1968).
95 VSE-AHV, Geschäftsberichte für 1964 (01.01.1964) und für 1969 (01.01.1969).
96 RWE-AHV, Buderath (1982), Band III, S. 873, 879f.; im folgenden: Schommers (1976), S. 158f.

Tab. 87   Höchstleistung VSE 1961 - 1975

			davon E V S	eigenes Versorgungs- gebiet	Benutzungs- stunden
Jahr	Tag	M W	M W	M W	Std.
1961	21.12.	153,2		153,2	4.650
1962	20.12.	214,3		214,3	4.655
1963	14.12.	241,6		241,6	4.770
1964	21.12.	403,7	160,0	243,7	5.070
1965	11.12.	457,6 1)	160,0	272,0	4.820
1966	19.12.	494,5 1)	160,0	287,8	4.740
1967	18.12.	486,9 1)	159,9	327,0	4.530
1968	09.12.	586,0 1)	162,0	352,0	4.915
1969	22.12.	623,1 1)	163,0	396,6	5.227
1970	14.12.	685,2	164,0	521,2	5.333
1971	06.12.	701,7	160,0	541,7	5.703
1972	27.12.	765,4	161,0	604,4	5.656
1973	03.12.	827,8	162,0	665,8	5.876
1974	07.10.	817,1	157,0	660,1	6.106
1975	16.12.	787,7	75,3	712,4	6.021

1) einschl. Sonderlieferung an KW Wehrden bzw. für SWS
Quellen: Geschäftsberichte (VSE-AHV), VSE (EW-LV)

hohen saarländischen Kraftwerksleistung ausgebaut. Eine zweite Aufgabe erhielt dieses Netz in der Vorhaltung der vollen Reserve der Landesversorgung bei Kraftwerksausfall. Eine Ausweitung des 220 kV-Netzes wurde im Laufe der Jahre ebenfalls notwendig, um den stark pulsierenden Industrielasten zu genügen, die beispielsweise beim Einsatz von Lichtbogenöfen und Walzstraßen auftreten[97]. Zur Vermeidung unerwünschter Ringschlüsse beim Parallelbetrieb des VSE- mit dem RWE-Netz wurde nach der Übernahme der RWE-Zweigniederlassung Merzig der unmittelbare Parallelbetrieb zwischen VSE- und EdF-Netz aufgegeben. Das 110 kV-Netz mit 17 Umspannanlagen und das 35 kV-Netz wurden für regionale Aufgaben ausgebaut. Entsprechend der unterschiedlichen Verbrauchsdichte schwanken die Abstände der 110 kV-Stützpunkte zwischen zwei Kilometern im engeren Saarrevier und 20 km im Norden des Landes. Das in den 50er Jahren noch mit vielerlei Spannungen von 5/6/10/12,5/20 und 25 kV betriebene Mittelspannungsverteilungsnetz wurde in den 1960er Jahren konsequent auf 20 und 10 kV umgestellt. In den Verdichtungsräumen wurden davon rund 45% verkabelt, während in den weniger belasteten ländlichen Gebieten die Freileitungen zu 85% vorherrschen. Der Neuzugang des Netzes liegt heute etwa je zur Hälfte bei Freileitungen und Kabeln. Kabelnetze fallen im Landschaftsbild nicht störend auf, sind allerdings sowohl bei der Erstinstallation wie auch im Unterhalt teurer.
Der Leitungsbau im südlichen Saarland stand seit jeher vor Problemen durch den Bergbau. Zum einen waren und sind vor allem ältere Kabel durch Bergschäden gefährdet,

---

97 S c h m i t z (1969), S. 237ff. oder z.B. das neue Blasstahlwerk in Völklingen (Informationsbroschüre Saarstahl Völklingen-Werksarchiv).

Karte 9 Stromversorgungsleitungen im Saarland 1974

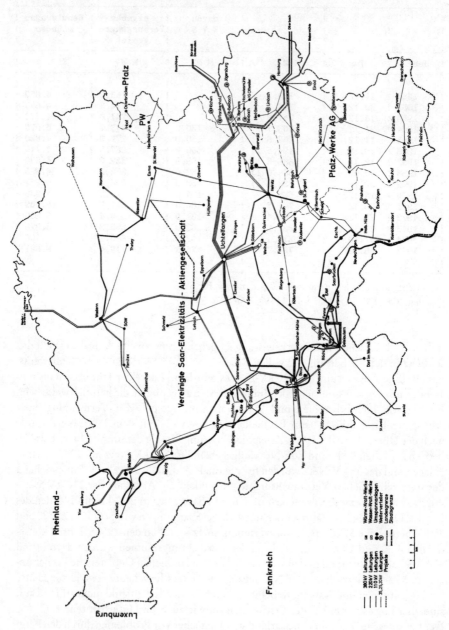

Quelle: VSE-AHV

318

zum anderen engt das vorhandene eigene Netz der jeweiligen Grubenverwaltungen den vorhandenen Freiraum für neue Trassen im dichtbesiedelten Industriegebiet ein[98]. Netzsicherung und -ausbau erforderten seit Jahrzehnten den weitaus größten Anteil an den Investitionen der VSE (vgl. Tab. 66). Der Übernahme verschiedener Eigenbetriebe um 1970 folgte eine weitgehende Erneuerung der betreffenden Niederspannungsverteilungsanlagen. Diese Maßnahmen ziehen sich wie ein roter Faden durch die Geschichte der Elektrizitätsversorgung an der Saar: Kaum eine der meist kleineren, früher selbst verteilenden Gemeinden war finanziell in der Lage, das Ortsnetz durch der Versorgungssicherheit dienende notwendige Erneuerungen und Erweiterungen dem steigenden Bedarf anzupassen.

Die gesamte Netzführung wurde zentral für das Versorgungsgebiet der VSE in Geislautern zusammengefaßt, von wo Kraftwerkseinsatz und Lastverteilung gesteuert werden. Zwischen der regionalen Netzführung und den leichter zu bewältigenden Aufgaben im Bereich der lokalen Versorgung, beispielsweise eines Stadtwerkes, bestehen große Unterschiede. Bei letzteren sind die zu überwindenden Entfernungen erheblich kürzer, die Abnahmedichte, also die Belastung pro qkm, und damit die Wirksamkeit der Netzsteuerstellen wesentlich höher. Planung und Ausführung der Netzanlagen spiel(t)en bei der VSE als Regionalversorgungsunternehmen eine entscheidende Rolle, bei Netzführung und Lastverteilung rangiert aber eindeutig die Sicherheit der Stromversorgung vor ökonomischen Einzelüberlegungen[99]. Zum schnellen Aufdecken von Störungen ging die Entwicklung bei der VSE seit der Zeit nach dem Zweiten Weltkrieg deutlich zu Fernmessen, Fernübertragung und Fernwirken. Hierzu mußte ein stark verzweigtes eigenes Meß-, Wirk- und Meldenetz aufgebaut werden[100]. Die hier nur knapp skizzierten Netzanlagen des Unternehmens verdeutlichen dennoch, weshalb in diesen Bereich der weitaus überwiegende Teil der Investitionen der VSE fließt (vgl. Tab. 66).

Die VSE gehört zwar flächenmäßig nicht zu den größten Versorgungsunternehmen der sogenannten Regionalstufe, rangierte aber, von der nutzbaren Stromabgabe her gesehen, im Jahre 1974 ganz vorne unter den Mitgliedern der „Arbeitsgemeinschaft Regionaler Energieversorgungsunternehmen — ARE". Die in dieser Vereinigung zusammengeschlossenen Versorgungsunternehmen belieferten 1974 etwa 43% der bundesdeutschen Bevölkerung auf 65% der Fläche der Bundesrepublik mit elektrischer Energie, während sie bei der Stromabgabe etwa einen Anteil von etwas über einem Drittel erreichten. Diese Werte verdeutlichen, daß den Mitgliedsunternehmen der ARE die undankbarere und schwierigere Aufgabe innerhalb der deutschen Elektrizitätswirtschaft zukommt, die wirtschaftlich weniger günstig zu versorgenden Gebiete abseits der großen Ballungszentren mit elektrischer Energie zu beliefern. Unter diesen Versorgungsunternehmen verbucht(e) die VSE sowohl von der technischen Leistung wie auch von der wirtschaftlichen Ertragskraft her gesehen durchweg einen der vorderen Plätze[101].

---

98 Schommers (1976), S. 158.
99 Schommers (1979), S. 377.
100 Ebd.
101 Arbeitsgemeinschaft Regionaler EVU (1976), S. 14.

5. Das Ende des Aufschwungs — veränderte Rahmenbedingungen

Der VSE waren nach 1960 lange Jahre des wirtschaftlichen Aufschwunges beschieden, die ihren kommunalen und privaten Aktionären eine gute Dividende einbrachte (vgl. Tab. 66). Diese Aufschwungphase wurde durch die erste Energiekrise 1973/74 und ihre Folgen beendet. Bereits im Jahre 1974 war ein deutlicher Konjunktureinbruch zu spüren. Die Abgabe im eigenen Versorgungsgebiet konnte zwar noch um rund drei Prozent gesteigert werden, dies war aber bereits der niedrigste Wert nach dem Zweiten Weltkrieg[102]. Noch war die eisenschaffende Industrie an der Saar gut beschäftigt. Wenn man im Stromabsatz an die Tarifabnehmer die Auswirkungen der Übernahme der Versorgung von Püttlingen und Ensdorf eliminierte, sank der Zuwachs gegenüber 1973 in dieser Abnehmergruppe auf gerade noch 4,7%: Steigende Arbeitslosigkeit und wachsendes Energiebewußtsein in der Öffentlichkeit trugen mit zu dieser Entwicklung bei.

Die stärkste Rezession der Nachkriegszeit trat in der Region im Jahre 1975 ein. Erstmals erfuhr die VSE einen Rückgang der Stromabgabe im eigenen Versorgungsgebiet[103](vgl. Tab. 72 und 73). Entscheidender Auslöser war die schwere Krise, die für die eisenschaffende Industrie begann. Deren Belieferung mit elektrischer Energie hatte die VSE — wie aufgezeigt — weitgehend übernommen und kam dadurch in eine Abhängigkeit von den konjunkturellen und strukturellen Entwicklungstendenzen dieses Industriezweiges. Auch in anderen Branchen, etwa in der keramischen Industrie, machte sich der verstärkte Konkurrenzdruck durch den zweiten wichtigen Sekundärenergieträger, das Erdgas, seit diesem Zeitraum deutlich bemerkbar: Die Tendenz des Elektrizitätsverbrauches beim größten Hersteller der Region, den Keramischen Werken Villeroy & Boch KG, ist abwärts gerichtet (vgl. Abb. 9). Im Jahr 1975 bedeutete der Tarifkunden-Stromverbrauch einen wichtigen Stabilitätsfaktor, reichte aber nicht aus, um den Minderverbrauch der Industrie auszugleichen. Die stabilisierende Wirkung des privaten Konsums sollte über diesen Zeitraum hinaus bestehenbleiben; auch hier führte jedoch wachsendes Bewußtsein im Umgang mit Energie zu sparsamerem Stromverbrauch und niedrigeren Zuwachsraten.

Notwendige Umweltschutzmaßnahmen bei Stein- und Braunkohlekraftwerken, zu geringeren Teilen erforderliche Sicherheitsvorkehrungen beim Betrieb von Kernkraftwerken, konnten nicht ohne Auswirkungen auf die Strompreise bleiben. Da die Stromerzeugung des Hauptlieferanten, des RWE, in erster Linie auf den genannten Energiequellen beruht(e), verlor das Saarland langsam seine führende Position der niedrigen Strompreise unter den Bundesländern. Die Aufgaben in und nach diesen Umbruchsjahren der Energiewirtschaft lagen (und liegen) nicht mehr in der „Verwaltung" von nahezu automatisch steigenden Zuwachsraten des Stromverbrauches, sondern in der schwierigen Bewältigung der vielfach von außen herangetragenen Einflüsse auf die Energiewirtschaft[104].

---

102 VSE-AHV, Geschäftsbericht für 1974.
103 Ebd., Geschäftsbericht für 1975.
104 K e l t s c h, Die deutsche Elektrizitätswirtschaft (1979), S. 475f.; B o e c k (1979), S. 464ff.

Zusammenfassung

1. Das Verdienst, die Elektrizität an der Saar eingeführt zu haben, gebührt der Privatwirtschaft und der preußischen Bergwerksdirektion. Da letztere die Anwendung elektrischer Energie fast 30 Jahre lang auf den Eigenbedarf beschränkte, fügt sich die saarländische in die allgemeine Entwicklung in Deutschland ein: Private Unternehmer ergriffen als erste die Initiative zur Anwendung der neuen Technologie und nahmen dabei auch das Risiko von Rückschlägen und Fehlinvestitionen in Kauf. Die Stufen der Elektrifizierung, angefangen von elektrischer Beleuchtung über das Nachrichten- und Signalwesen zu Elektromotor und Elektrowärmeanwendung, wurden von der Industrie an der Saar etwa parallel zur Entwicklung in anderen vergleichbaren Regionen Deutschlands beschritten. Die aufgezeigte Abfolge muß auch als eine Konsequenz des Angebotes auf dem sich stetig vergrößernden Markt für Elektrogeräte und -maschinen gesehen werden. Technische Neuerungen der noch jungen Elektroindustrie wurden nach und nach entwickelt und waren entsprechend für die Anwendung verfügbar. Auf die neuen Techniken des Beleuchtungssektor oder des Antriebes von Arbeitsmaschinen reagierte auch die Konkurrenz der Hersteller von Gaslicht bzw. Gasmotoren und Dampfmaschinen mit Innovationen. Trotzdem war der Siegeszug des Einsatzes elektrischer Energie nicht mehr aufzuhalten. Besonders nach der Jahrhundertwende konnte sich kein Unternehmen bei Umbauten, Erweiterungen oder Neuanlegung seiner Produktionsstätten mehr der Einführung elektrischer Energie entziehen. Auch Betriebe des tertiären Sektors, wie beispielsweise Lagerhäuser oder Handelsunternehmen, profitierten entscheidend von den Verbesserungen, die der Elektromotor für das innerbetriebliche Transportsystem, in erster Linie Kräne, Aufzüge und Transportbänder aller Art, brachte. Bevorzugt waren die Industrieunternehmen, die Eigenerzeugung auf kostengünstiger Rohstoffbasis betreiben konnten. Hierzu zählten vor allem die großen Saarhütten, die Gicht- und Kokereigase etwa ab 1900 zur preiswerten Herstellung von elektrischer Energie nutzten. In diesen Betrieben steigerte sich der Strombedarf so rasant, daß alle Hütten noch vor dem Ersten Weltkrieg ihre elektrische Krafterzeugung konzentrierten und große zentrale Kraftwerke errichteten. Auch in anderen Branchen, die in ihrer Produktion anfallende Prozeßwärme oder Abfallstoffe nutzen konnten, lohnte sich die Eigenerzeugung von Strom. Dennoch kann weder für die Zeit bis 1913/14, geschweige denn bis zur Jahrhundertwende von einer umfassenden Elektrifizierung ausgegangen werden, wie sie bislang immer wieder von der einschlägigen Forschung vertreten wurde. Der Einsatz elektrischer Energie vollzog sich zwar — etwa im Vergleich zur Entwicklung der Dampfkraftverwendung — in relativ kurzer Zeit; unter dem zeitgenössisch bestimmten Eindruck der großen Vorteile und Umwälzungen, die diese neue Technik nach sich zog, wurde jedoch offensichtlich das Tempo der Elektrifizierung überschätzt. Für die vielfach propagierte Durchdringung von Wirtschaft und Gesellschaft mit elektrischer Energie fehlte — nicht nur im Saarrevier — als entscheidende Voraussetzung noch eine flächendeckende öffentliche Versorgung.

2. Die einseitig montanwirtschaftlich geprägte Industriestruktur der Saarregion verhinderte lange Zeit das Aufkommen der öffentlichen Elektrizitätsversorgung. Durch

die günstige Primärenergiebasis der einheimischen Steinkohle entstand größeren Industrieunternehmen hieraus dank Eigenstromerzeugung kein Nachteil. Leidtragende der Entwicklung waren Kleingewerbetreibende und Handwerker, die lange Zeit auf die Annehmlichkeiten des ihrer Betriebsgröße und -struktur adäquaten Antriebsmittels, des Elektromotors, verzichten mußten. Auch die fortgeschrittene Gasversorgung im engeren Saarrevier bedeutete eine große Konkurrenz für das Aufkommen der Elektrizität. In zahlreichen Gemeinden standen der Einführung elektrischer Beleuchtung langfristige Verträge mit bestehenden Gaswerken entgegen, andere Kommunen wiederum befürchteten Einnahmeverluste für den Gemeindehaushalt durch die neue Konkurrenz. Bis auf wenige größere Städte wie Alt-Saarbrücken, St. Johann oder Homburg verdankte die Mehrzahl der saarländischen Gemeinden die Einführung des elektrischen Lichtes der privaten Initiative. Industrie- und Gewerbeunternehmen, wie beispielsweise Mühlen, waren bei der anfangs durchaus geringen Nachfrage nach Strom oft in der Lage, im Nebenbetrieb die Öffentlichkeit zu versorgen. Häufig gründeten auch private Unternehmer kleine Elektrizitätswerke. Die Kommunalvertreter verhielten sich zunächst abwartend, ehe sie, überzeugt von den Einnahmen, die aus der Elektrizitätsversorgung flossen, selbst an die Errichtung von Elektrizitätswerken oder die Übernahme entsprechender vorhandener Einrichtungen gingen.

3. Der Einstieg der Königlichen Bergwerksdirektion Saarbrücken in die öffentliche Elektrizitätsversorgung bedeutete Initiative und Hindernis zugleich. Einerseits weckten die Ankündigungen der Abgabe von billigem Strom hohe Erwartungen und riefen ein „Elektrizitätsfieber" hervor; auf der anderen Seite konnte die Bergwerksdirektion ihre Versprechungen in erster Linie aufgrund der bürokratischen Schwerfälligkeit ihres Betriebes nicht einhalten. Die Monopolstellung der Erzeugung elektrischen Stromes und der bewußte Verzicht auf die Weiterverteilung, verbunden mit einem aus staatlichem Machtgefühl herrührenden Anspruch auf die Versorgung weiter Teile der südlichen Rheinprovinz, waren ungünstige Voraussetzungen für ein Privatunternehmen, sich zusammen mit der Bergwerksdirektion in der Elektrizitätsversorgung zu engagieren. Erst die Verbindung von privatem und kommunalem Kapital konnte den späten Ausweg aus der verfahrenen Situation weisen und führte zur Gründung der SVG. Deren ursprünglich vorgesehenes Betätigungsfeld war in der Phase des Ausbaus der Überlandversorgung allerdings inzwischen von allen Seiten durch Konkurrenzunternehmen eingeschränkt worden, so daß eine erste Ausdehnung des Versorgungsgebietes nur nach Lothringen erfolgen konnte.

4. Nach einer vorübergehenden Stagnation der Anschlußtätigkeit bewirkte die Petroleumnot während des Ersten Weltkrieges verstärkte Bemühungen um den Ausbau der öffentlichen Elektrizitätsversorgung. Wenn diese nicht sogleich im erhofften Umfang erfolgreich war, so war hierfür der Mangel an Arbeitskräften und Materialien aller Art verantwortlich. Die seitens des Staates ausdrücklich befürwortete und angestrebte Verwendung der elektrischen Energie erleichterte die teilweise umständlichen Konzessionsverfahren (Wegerecht) und stellte damit die Weichen für die Ausbreitung nach dem Krieg. Bis in die Zeit des Ersten Weltkrieges zeigten die Entwicklungsstufen der Anwendung und Ausbreitung der elektrischen Energie in der Saarregion keine auffallenden Abweichungen zu den entsprechenden Phasen im übrigen Deutschen Reich, ab-

gesehen von den gescheiterten Bemühungen des preußischen Bergfiskus um die öffentliche Elektrizitätsversorgung.

5. Mit dem Beginn der Völkerbundszeit begann eine saarländische Sonderentwicklung, deren Folgen auch für die Energiewirtschaft noch Jahrzehnte später spürbar blieben. Verschont wurde das Saargebiet zunächst sowohl von der Diskussion um eine Sozialisierung der Elektrizitätswirtschaft, wie sie die Nachkriegsjahre in Deutschland bestimmte, als auch vom großen Kohlenmangel jener Zeit. Der Wegfall des süddeutschen Marktes bedeutete zwar langfristig Absatzverluste, kam aber im genannten Zeitraum der Versorgung der einheimischen Bevölkerung und Industrie zugute. Die Folgen des verlorenen Krieges lagen für die SVG in einer Mehrheitsbeteiligung französischer Aktionäre sowie im Verlust des lothringischen Versorgungsgebietes. Die Übernahme der Saargruben durch die Mines Domaniales Françaises als Konsequenz des Versailler Vertrages bedeutete eine erhebliche Verschärfung der Abhängigkeit der öffentlichen Elektrizitätsversorgung. Diese Abhängigkeit von der immer im Staatsbesitz befindlichen Bergverwaltung des Saarreviers kennzeichnete die Entwicklung bis zu Beginn der 60er Jahre.

Seit Mitte der 20er Jahre wurde das Saargebiet im sogenannten Elektrokampf Austragungsstätte der grundsätzlichen Auseinandersetzungen zwischen gemischtwirtschaftlichem RWE und staatlicher Preußischer Elektrizitäts-AG. Die Auswirkungen auf die saarländische Elektrizitätsversorgung waren zwiespältig. Einerseits festigte sich die elektrizitätswirtschaftliche Abtrennung der westlichen und nördlichen Landesteile, auf der anderen Seite symbolisierte die Umbenennung des Unternehmens Saarland-Lothringen Elektrizitäts-AG in Vereinigte Saar-Elektrizitäts-AG und deren Vergrößerung die erfolgreichen Bemühungen um einen Zusammenschluß der zersplitterten Elektrizitätsversorgung. Ohne Beteiligung der Preußenelektra hätte die VSE allerdings kaum dem RWE standhalten können. Weitere Bemühungen um eine Vergrößerung des Versorgungsgebietes nach Osten hin scheiterten an der eigenwilligen Persönlichkeit des Aufsichtsratsvorsitzenden der VSE und Saarbrücker Oberbürgermeisters Neikes, am Einfluß des RWE bei den Pfalzwerken und am Mißtrauen der bayerischen Staatsregierung vor unitaristischen Bestrebungen Preußens. Das verspätete Eingreifen der Regierungskommission des Saargebietes in den Elektrokampf kennzeichnet die schwache Rolle, die diese Einrichtung während des Zeitraumes 1920-1935 auf fast allen Gebieten spielte.

Die politische Abtrennung des Saargebietes von Deutschland zeitigte weitere Folgen: Als im Deutschen Reich aus der Stufe der Landesversorgungsunternehmen das Verbundnetz aufgebaut wurde, lag das Saargebiet politisch abseits und wurde deshalb nicht mit einbezogen, obwohl die Kohlengruben damals durchaus eine ausreichende Voraussetzung für den Aufbau eines Energieexportzentrums boten. Schuld an dieser Entwicklung trug auch die französische Grubenverwaltung, die es angesichts ihrer vorübergehenden Herrschaft versäumte, entsprechende Kraftwerkskapazitäten zu errichten.

Auf dem Gebiet der Anwendung elektrischer Energie waren die Jahre nach dem Ersten Weltkrieg gekennzeichnet durch den Einsatz des elektrischen Stromes auf breiter Front. Hiervon profitierten zahlreiche Unternehmen, die sich aus zollpolitischen Gründen im Saargebiet niederließen und in modernen Produktionsbetrieben beginnen konnten. Den Bedürfnissen des Kleingewerbes kamen mehrere Tarifsenkungen des

Kraftstromes entgegen. Die Eisen- und Stahlindustrie des Saargebietes war dagegen durch die politische und wirtschaftliche Abtrennung vor dem Konkurrenzdruck der entsprechenden deutschen Konzerne geschützt, weshalb sie ihre Produktionsanlagen erst relativ spät modernisierte und rationalisierte. Hierin — und in der unzureichenden Strompreisgestaltung der MDF — lag ein wichtiger Grund für die Beibehaltung des hohen Anteils an Eigenstromerzeugung.

6. Mit der Rückgliederung des Saargebietes in das Deutsche Reich im Jahre 1935 erfuhren die seit Anfang der 30er Jahre laufenden Bemühungen um eine Erhöhung des Stromabsatzes in Haushalt und Landwirtschaft eine Verstärkung durch reichseinheitliche Werbekampagnen. Elektrische Energie spielte in der Autarkiewirtschaft des Dritten Reiches eine herausragende Rolle. Diesen Zwecken wurde auch das erstmals in Saarbrücken der Öffentlichkeit angekündigte Energiewirtschaftsgesetz untergeordnet: Da das Gesetz den kriegswirtschaftlichen Zielsetzungen des Dritten Reiches nicht genügte, wurde die Energiewirtschaft im Laufe der Kriegsjahre verschärft unter staatlichen Einfluß gestellt.

7. Die saarländische Wirtschaft, ganz auf Kriegsproduktion umgestellt, wurde durch die zweimalige Räumung und Evakuierung stärker betroffen als durch die sich verschärfenden Luftangriffe der Alliierten. Unterirdische Produktionsstätten und der Aufbau eines regionalen Verbundnetzes zwischen öffentlichem Versorgungsunternehmen (VSE) und den Kraftwerken der Eisenhütten zeigten bis zum Kriegsende eine erstaunlich hohe Effektivität. Der nach 1935 über die Saarkohle verfügungsberechtigten Saargruben AG gelang es nicht, ihre Kraftwerksleistungen so zu erhöhen, daß das Saarland zu einem regionalen Energiezentrum hätte aufgebaut werden können. Folglich liefen auch die ursprünglich zum Abtransport elektrischer Leistung geplanten Verbundleitungen erneut am Saarland vorbei.

8. Nach dem Zweiten Weltkrieg dominierte im Saarland das französische Versorgungsinteresse. Frankreichs Rückstand in der Erzeugung von Strom aus thermischen Kraftwerken konnte durch hohe Ausfuhrleistungen der saarländischen Kraftwerke teilweise kompensiert werden. Dies ging mit Hilfe von bürokratischen Kontingentierungsmaßnahmen auf Kosten der Bevölkerung und zu Lasten der vorhandenen saarländischen Kraftwerke, die bereits durch forcierte Kriegsarbeit übermäßig beansprucht waren. Erneut versuchten sowohl die französische Grubenverwaltung Régie des Mines wie auch deren Nachfolger Saarbergwerke AG, ihre Monopolstellung in der Erzeugung elektrischer Energie an der Saar aufrechtzuerhalten und konnten, unterstützt durch Probleme bei der Kapitalbeschaffung, den Bau eines Kraftwerkes der öffentlichen Elektrizitätswirtschaft durch die VSE mit Erfolg verhindern. Dieses Kraftwerk war für die VSE notwendig, um die Abhängigkeit von der Grubenverwaltung zu verringern und für das Saarland wichtig, um den Trend zu einem negativen Stromexportsaldo Mitte der 50er Jahre umzukehren.

Die VSE geriet wie die übrigen saarländischen Versorgungsunternehmen in diesem Zeitraum zusätzlich aufgrund der staatlich vorgeschriebenen Strompreise und Tarife in eine finanzielle Verlustzone, da die Strombezugskosten aus den veralteten Steinkoh-

lekraftwerken zu hoch und die Erlöse zu niedrig waren, um erforderliche Wiederaufbauarbeiten nach dem Krieg und notwendige Neuinvestitionen durchzuführen. Darüber hinaus wurde das Saarland in der Zuweisung von ERP-Mitteln beispielsweise gegenüber dem benachbarten Lothringen eindeutig benachteiligt. Die wirtschaftliche
Anbindung des Landes an Frankreich verhinderte in der Industrie — aus Konkurrenzgründen zwingend notwendige — Neuinvestitionen in die Produktionsanlagen und im
privaten Bereich — abgesehen von Elektroherden — die Ausstattung der Haushalte mit
Elektrogeräten. Ein entsprechender Nachholbedarf bahnte sich für die 60er Jahre an.

9. Im Jahr 1962 erfolgte die jahrzehntelang angestrebte Zusammenfassung der saarländischen Elektrizitätswirtschaft. Die VSE übernahm das saarländische Versorgungsgebiet des RWE gegen eine Minderheitsbeteiligung des Essener Unternehmens. Die Zusammenarbeit dieser beiden Versorgungsunternehmen sicherte dem Saarland in der
Folgezeit auf der Basis von kostengünstig arbeitenden Braunkohle- und Kernkraftwerken des RWE die niedrigsten Strompreise im Bundesgebiet. Die günstigen Strompreise
veranlaßten die Eisen- und Stahlindustrie, ihre Eigenerzeugung nach und nach aufzugeben und den Anschluß an die öffentliche Elektrizitätsversorgung aufzunehmen. Die
niedrigen Strompreise konnten allerdings nicht die strukturell vorhandenen Schwä-
chen der saarländischen Schwerindustrie ausgleichen; sie bedeuteten aber eine wichtige
Voraussetzung für die notwendige Neuansiedlung von Industriebetrieben des verarbeitenden Gewerbes im Saarland, die die verlorengegangenen Arbeitsplätze der Montanindustrie kompensieren mußten. Diese Entwicklung führte in den 60er und frühen
70er Jahren zu Stromverbrauchszuwachsraten bei der VSE, die erheblich über dem
Bundesdurchschnitt und über der in der Elektrizitätswirtschaft üblichen 7,2%igen Steigerung pro Jahr lagen. Hierzu trug auch eine Flurbereinigung in der saarländischen
Elektrizitätsversorgung bei; bis auf sechs größere Kommunalwerke verzichteten im
Versorgungsgebiet der VSE alle Gemeinden auf die Weiterverteilung elektrischer
Energie und zogen die direkte Stromversorgung durch die VSE vor.
Der Kohlebergbau an der Saar geriet Ende der 50er Jahre in eine Strukturkrise, gefolgt
von Zechenstillegungen und Arbeitsplatzverlusten. Als Ausgleich für den ungenügen-
den Kohleabsatz im Hausbrand sowie in der Industrie- und Eisenbahnversorgung
diversifizierte der staatliche Saarberg-Konzern seine unternehmerischen Aktivitäten
und setzte verstärkt auf die Verstromung der Kohle. Der Ausbau von Steinkohlekraft-
werkskapazitäten zur Abdeckung der Mittellast kam, unterstützt durch verschiedene
gesetzliche Hilfen des Bundes und die Abnahmeverpflichtungen der öffentlichen Elektrizitätswirtschaft, vor allem in den 70er und 80er Jahren zügig voran. Die gesamte,
über den Eigenbedarf hinausgehende Leistung der Saarberg-Kraftwerke wird in das
überregionale Verbundnetz des RWE eingespeist. Eigene Wege im Bereich der Energieversorgung beschritten die Stadtwerke Saarbrücken, indem sie frühzeitig den Bau
von Heizkraftwerken zur Deckung des Wärme- und Strombedarfs favorisierten. Das
Konzept der „Fernwärmeschiene Saar" griff diese Initiative in größerem Rahmen auf
und bezog auch die Abwärme aus vorhandenen Kraftwerken sowie der eisenschaffenden Industrie mit ein.

10. Die Energiekrisen von 1973/74 und 1979/80 veränderten die Rahmenbedingungen
der bisherigen Energieversorgung grundlegend. Als Ersatz für die Primärenergie

Rohöl wurde an der Saar für die Mittellastversorgung die Verstromung von Steinkohle intensiviert. Verschärfte Umweltschutzmaßnahmen bei Kohlekraftwerken und strenge Sicherheitsauflagen bei Kernkraftwerken zogen eine erhebliche Verteuerung des Sekundärenergieträgers Strom nach sich. Besonders im Wärmebereich machte sich die preisgünstige Erdgasversorgung zu Lasten der elektrischen Energie bemerkbar. Höheres Energiesparbewußtsein in der Bevölkerung trug ebenfalls zu geringeren Steigerungsraten des Stromabsatzes bei.

Auf der gesamtwirtschaftlichen Ebene kann die Entwicklung folgendermaßen gekennzeichnet werden: Während früher der Stromeinsatz schneller wuchs als die Produktion — also andere Produktionsfaktoren ersetzte —, gibt es zunehmend Anzeichen dafür, daß der Strom selbst unter Substitutionsdruck kommt. Der Stromeinsatz wird zusehends flexibler gehandhabt. Die VSE zog aus diesen Beobachtungen erste Konsequenzen und beabsichtigt, auch den Bereich der Gas-, Fernwärme- und Wasserversorgung in ihre Tätigkeit mit aufzunehmen, um die bislang auf den kommunalen Bereich beschränkten Dienstleistungen einer umfassenden Wasser- und Energieversorgung auf regionaler Ebene anzubieten.

QUELLEN- UND LITERATURVERZEICHNIS

I. Archivalien

1. Bundesarchiv Koblenz (zit.: BA)

    Reichsfinanzministerium: R 2/21.481

    Reichsminister für Rüstung und Kriegsproduktion: R 3/1854a, 1910, 2017, 3010

    Generalinspektor für Wasser und Energie: R 4/6, 23, 24, 209a, 210, 211, 219, 220, 245, 435, 496, 507, Anh./4

    Reichswirtschaftsministerium: R 7/315, 316, 318

    Reichsstelle für Elektrizitätswirtschaft (Reichslastverteiler): R 8 IV/12, 14

    Reichsgruppe Energiewirtschaft: R 12 II/1, 2, 118, 119, 130, 358, 359, 402-406

    Wirtschaftsgruppe Elektroindustrie: R 13 V/14, 16, 30, 212, 219

    Wirtschaftsgruppe Elektrizitätsversorgung: R 13 XVI/2

    Reichskanzlei: R 43 II/343-346, 375d, 377, 378a, 379, 379a

    Organisation Todt: R 50 I/12a

    Reichsstelle für Raumordnung: R 113/421, 1185, 1453, 1705, 1706, 2074

2. Landeshauptarchiv Koblenz (zit.: LHA Koblenz)

    Oberpräsidium der Rheinprovinz: 403/9051-9053

    Bezirksregierung Trier: 442/6365-6369, 9612, 9957-9962, 11474-11478

    Karten und Pläne: 702/13205-13207

3. Landesarchiv Saarbrücken (zit.: LA Sbr.)

    Regierungspräsidium (zit.: RP)
    62
    Verwaltungskommission (zit.: Vk)
    57
    Staatskanzlei (zit.: Stk)
    628, 634, 1010, 1017, 1160
    G 586/54, G 824/52
    Auswärtige Angelegenheiten (zit.: AA)
    527, 558, 617
    Bestand Landratsamt Merzig
    49-51, 53, 69, 70
    Bestand Landratsamt Ottweiler
    35
    Bestand Landratsamt Saarbrücken
    Kr-Du/30, Kr-Q/27, Kr-R/41, Kr-S/28, 29, Kr-Vö/57, VW/11-15
    Bestand Landratsamt St. Ingbert
    1068-1071, 5737, 5850, 5852, 5855, 5856, 5858-5860
    161r-56, 61g-2311/1-27
    Polizeiabteilung
    161

Bergamt Saarbrücken
51

Bergamt Saarbrücken-Ost
8

Bergwerksdirektion Saarbrücken (= Dep. LHA Koblenz 564; zit.: 564)
64, 79, 107, 137-148, 167, 191, 205, 347, 385, 407, 441, 445, 446, 480, 542, 617, 626, 775,
776, 801-804, 818, 862, 1184, 1232, 1267, 1323, 1324, 1343-1371, 1449, 1452, 1537, 1559,
1561, 1564, 1571, 1730-1751, 1827, 1851-1854, 2021, 2300, 2320, 2323-2325, 2520

Ministerium für Wirtschaft (zit.: MW)
550-564, 566, 568-580, 582-591, 593-614, 616-628

Handelsamt Saar (Offisarre)
1 - 15 (1947 - 1953)

Eisenbahndirektion Saarbrücken
20, 21
Verwaltungsratssitzungen EdS 1 - 67

Depositum Kreisausschuß St. Wendel
449, 454, 457, 458, 460, 462, 464, 781, 930

Depositum Amt Berus - Bisten
12, 16

Depositum Stadt Blieskastel
22-16, 60-00

Depositum Heusweiler
Fach 52 Nr. 1-3, 32-35
Aktenordner RWE 1949-54, 1958-63, 1962-66
Aktenordner Zweckverband Weiherzentrale 1967-70
Zweckverband Weiherzentrale 1921-55, 1938-42 (gebunden)

Depositum Amt Illingen
706-719

Depositum Amt Merzig - Land
35, 143

Depositum Stadt Merzig
159, 508, 509, 677, 686-690, 1305, 1306, 1947

Depositum Amt Riegelsberg
Abt. IV Sektion IXa Nr. 1-18, 23, 28
Abt. VII Sektion V Nr. 12 spez.

Depositum Stadt Sulzbach
Fach 36 Nr. 1-3, 13
Fach 97 Nr. 1-3, 6, 11, 12
Fach 101 Nr. 7
Fach 102 Nr. 1, 2, 7

Familie Adt

Sammlung Diener

Nachlaß Eugen Huthmacher
1, 13

Nachlaß Koßmann
Commission du Gouvernement de la Sarre Procès-Verbaux
1 - 41 (1920 - 1935) (hektographiert)

Einzelstücke 152

Amtsdrucksachen:

Stenographische Berichte des Landesrates des Saargebietes
    Band 1 (1922) - Band 13 (1934)

4. Landesarchiv Speyer (zit.: LA Speyer)

Regierung der Pfalz, Kammer des Innern und der Finanzen
    H 3/10655, 10669, 19670

Kreis- bzw. Bezirkstag (-verband) der Pfalz
    T 21/73, 153, 154, 156

Rüstungsinspektion XIIb:
    R 16/51, 98, 124, 136-138, 155, 157, 158, 185, 186, 230-233, 237, 261, 262, 276, 609,
    613-615, 671, 754, 755

5. Archives Départementales de la Moselle (zit.: AD Moselle)

Alsace-Lorraine:
    8 AL 92; 15 AL 636-643

Administration Général et Economie du Département:
    304 M 311; 310 M 105

Travaux Publics et Transports:
    7 S 73, 74; 10 S 83, 106, 109, 112, 236

Sous-Préfectures, Sarreguémines:
    16 Z 159

6. Landtag des Saarlandes, Archiv und Dokumentation

Nr. 16

7. Stadtarchiv Saarbrücken (zit.: StadtA Sbr.)

Bestand Großstadt (zit.: BG)
    2118, 2354, 2510, 2514-2518, 2525, 2526, 2536, 2542, 2543, 2545, 2546, 2548, 2549, 2559,
    2603, 2607, 2609, 2630, 2640, 7111-7116, 7124, 7127, 7128, 7130, 7136, 7141, 7146,
    7151-7154, 7156, 7195-7199, 7209, 7215-7221, 7229, 7230

Bestand Bürgermeisterei Brebach
    783-785

Bestand Dudweiler
    634, 635

Bestand Bürgermeisterei Ensheim
    272, 273, 278, 289

8. Stadtarchiv Saarlouis (zit.: StadtA SLS)

Fach LXa Nr. 10, 12-14, 18
Fach LXI Nr. 6-8
Fach XLVII Nr. 11

9. Stadtarchiv Völklingen (zit. StadtA VK)

11/36, 36a
13e/8-13
13d/32-36
Kr-Vö/12

10. Archiv Stadtverband Saarbrücken (zit.: ASV Sbr.)

GS/21-35, 37, 44, 45

11. Kreisarchiv Saarlouis (zit.: KreisA SLS)

Abt. IV. B/1, 10-12
Abt. IV. C/4, 6-10, 13, 17, 18, 21, 22

12. Vereinigte Saar-Elektrizitäts-AG, Saarbrücken

Archiv Hauptverwaltung (zit.: VSE-AHV)

Geschäftsberichte 1912ff.

Aufsichtsratsprotokolle 1921ff.

Stromlieferungsverträge 1912ff.

Konzessionsverträge 1912ff.

Gebietsabgrenzungsverträge 1912ff.

Nachlaß Keßler, unsigniert

Bestand Zweckverband Weiherzentrale, unsigniert

Bestand Kravag, Saarlouis, unsigniert

Ahlen, Gutachten über den gegenwärtigen Stand und die zukünftige Gestaltung der Elektro-Wirtschaft im Saargebiet, o.O. (Köln) o.J. (1928)

Gutachten über die Stromselbstkosten bei der VSE, o.O. (Saarbrücken) o.J. (1952)

Goergen, Hermann, Der Ertragswert eines neu zu übernehmenden Versorgungsgebietes, Diplomarbeit am energiewirtschaftlichen Institut der Universität Köln (1955), masch.

13. Pfalzwerke AG, Ludwigshafen

Archiv Hauptverwaltung (zit.: PW-AHV)

Geschäftsberichte 1936-38

Vertrag Interessengemeinschaft Pfalzwerke, Kraftwerk Homburg und Vereinigte Saar-Elektrizitäts-AG v. 06.11.1935/14.04.1936

Aufsichtsratsprotokolle 1941-44

Werkführungsvertrag Pfalzwerke-VSE 1944

diverse Schriftwechsel 1941/42 (unsigniert)

14. Rheinisch-Westfälisches Elektrizitätswerk AG, Essen

Archiv Hauptverwaltung (zit.: RWE-AHV)

Die Unterlagen über die Stellung des R.W.E. in der Saar-Elektrizitätsfrage. Nur zum persönlichen und vertraulichen Gebrauch, 43 S. (1928), hektographiert (zit.: Weißbuch RWE)

Meysenburg, Helmut, Gedanken zur zweckmäßigsten Gestaltung der Elektrizitätswirtschaft des Saarlandes, unveröffentlichtes Manuskript vom 12.02.1957

Buderath, Josef, Strom im Markt. Die Geschichte des Rheinisch- Westfälischen Elektrizitätswerks AG Essen 1898-1978
Eine Dokumentation
Band I: Vom Stadtwerk zur Großraumverbundwirtschaft. Aufbau und Bewährung 1898 - 1939
Band II: Zweiter Weltkrieg. Zerstörung, Wiederaufbau und weiterer Ausbau der Stromversorgung 1939 - 1964
Band III: Entwicklung in den 70er Jahren. Politik und Wirtschaft, Zeit der Innovationen 1965 - 1978
als Ms. gedruckt (Essen)(1982)

Buderath, Josef, Die Geschichte der Rheinisch-Westfälischen-Elektrizitätswerk Aktiengesellschaft (RWE), Essen, 1898 - 1984 in Fakten, Zahlen und Tabellen, (Essen)(1985)

15. Saarbergwerke AG, Saarbrücken

Bibliothek, Werkzeitschriften

Abteilung Kraftwerkswirtschaft, unsigniert

Abteilung Planung Bergwirtschaft, unsigniert

16. Saarbrücker Zeitung, Redaktionsarchiv (zit.: SZ-RA)

Saarbrücker Zeitung 1895ff.

17. Saarstahl Völklingen GmbH, Werksarchiv (zit.: SVK-WA)

Werkzeitschriften

verschiedene Bestände (unsigniert) zu:

Röchlingsche Eisen- und Stahlwerke, Völklingen

ARBED - Burbach

Neunkircher Eisenwerk

MÜLLER, Heinrich, 50 Jahre bei Röchling (1925-1975), als Ms. gedruckt (1975)

18. Halbergerhütte GmbH, Saarbrücken-Brebach

Stromverbrauch der Halbergerhütte 1921-1984
   (Eigenerzeugung und Fremdstrombezug)

19. Villeroy & Boch, Keramische Werke KG, Mettlach, Firmenarchiv
(zit.: V&B-FA)

Werkzeitschriften

Einzelschriften zur Anwendung elektrischer Energie (unsigniert)

Aufstellung Elektroöfen 1952 - 1968

Stromverbrauch V & B 1947 - 1980

20. Bundesbahndirektion Saarbrücken

verschiedene Materialien zur Elektrifizierung der Eisenbahnen im Saarland (unsigniert)

Bericht über das alte Bahnkraftwerk am Hauptbahnhof (o. D.)

ABS, Hermann, Die gegenwärtige Lage des deutschen und internationalen Kapitalmarktes und der Kreditversorgung der öffentlichen Energiewirtschaft, in: Entwicklungsprobleme in der Energiewirtschaft, München 1952, S. 58ff.

ADLER, Friedrich, Steinkohle, in: Das Energiehandbuch (1976), S. 61ff.

ADT, Hans, Aus meinem Leben und aus der Geschichte der Fa. Gebr. Adt. Autobiographische Aufzeichnungen, Bad Orb 1978.

ALTHAUS, Die Einrichtungen zur Verladung von Kohlen auf der Grube Gerhard bei Louisenthal an der Saar, in: Glückauf 40 (1904), S. 1209ff.

ALLMENDINGER, Hans, Die elektrizitätswirtschaftliche Erschließung des Schluchseegebietes und ihre allgemeinen Zusammenhänge, wirtschafts- und sozialwiss. Diss. Köln 1934.

AMBROSIUS, Gerold, Der Staat als Unternehmer (Kleine Vandenhoek-Reihe 1498), Göttingen 1984.

AMBROSIUS, Gerold, Die öffentliche Wirtschaft in der Weimarer Republik. Kommunale Versorgungsunternehmen als Instrumente der Wirtschaftspolitik (Schriften zur öffentlichen Verwaltung und öffentlichen Wirtschaft 78), Baden-Baden 1984.

DIE ANTRIEBSMASCHINEN IM HANDWERK. Kurzberichte des Statistischen Amtes des Saarlandes Nr. IV/27, 5 (1955).

ARBEITSGEMEINSCHAFT REGIONALER EVU (ARE) (Hrsg.), Regionale Energieversorgung 1974-1975, Hannover 1976.

DIE ARBEITSTAGUNG DER WIRTSCHAFTSGRUPPE ELEKTRIZITÄTSVERSORGUNG und der Reichsgruppe Energieversorgung in Saarbrücken, in: Zeitschrift für öffentliche Wirtschaft 2 (1935), S. 375f.

ARNOLD, A.G., Die Elektrizitätswirtschaft Deutschlands, in: Technik und Wirtschaft 31 (1938), S. 10ff.

ARNOLD, Viktoria (Hrsg.), „Als das Licht kam." Erinnerungen an die Elektrifizierung (Damit es nicht verlorengeht... 11), Wien u.a. 1986.

ASCHOFF, L., Form und Endziel einer allgemeinen Versorgung mit Elektrizität, Berlin 1917.

ASCHOFF, Volker, Die elektrische Nachrichtentechnik im 19. Jahrhundert, in: Technikgeschichte 33 (1966), S. 402ff.

ASRIEL, Camillo, Das R.W.E. Rheinisch-Westfälisches Elektrizitätswerk AG, Essen. Ein Beitrag zur Erforschung der modernen Elektrizitätswirtschaft. (Zürcher Volkswirtschaftliche Forschungen 16), Zürich 1930.

AUBEL, Peter van, Maßvolle Werbung, in: Zeitschrift für öffentliche Wirtschaft 2 (1935), S. 145ff.

DIE AUSWIRKUNGEN DER FRANKENENTWERTUNG auf das Wirtschaftsleben des Saargebiets, (Saarbrücken) (1924).

DIE ELEKTRISCHE BAHN ST. JOHANN-RIEGELSBERG-HEUSWEILER, in: SBK 1908, S. 98ff.

DIE ELEKTRISCHE BAHN ST. JOHANN-RIEGELSBERG-HEUSWEILER, in: EKB 6 (1908), S. 728ff.

BALZER, Ludwig Karl, Saarlouis, Saarlouis 1964.

BARTH, Eugen, Die französische Währungs- und Zollpolitik im Saargebiet und ihre Auswirkungen auf die saarländischen Wirtschaftsverhältnisse, phil. Diss. Erlangen 1924 (masch.).

BARTHEL, Gilbert, Les Relations Economiques entre la France et la Sarre 1945-1962, Metz 1978.

BAUER, Karl, Die sozialpolitische Bedeutung der Kleinkraftmaschinen, phil. Diss. Berlin 1907.

BAUMANN, Hans, Kraftquellen und Verkehr als bestimmende Faktoren für deutsche Wirtschaftsgebiete (Technisch-wirtschaftliche Bücherei H. 24), Berlin 1923.

BECK, Ludwig, Geschichte des Eisens in technischer und kulturgeschichtlicher Beziehung. 5. Abt.: Das 19. Jh. von 1860 an bis zum Schluß, Braunschweig 1901-03.

75 JAHRE BECKER, von Walther Mundorff, Stuttgart 1952.

HUNDERT JAHRE BECKER, St. Ingbert 1977.

BECHTEL, Heinrich, Aufgaben und Organisationsformen der öffentlichen Unternehmung im Gebiete der Kleinverkehrswirtschaft, in: Moderne Organisationsformen der öffentlichen Unternehmung, 2. Teil: Deutsches Reich, hrsg. von Julius LANDMANN (Schriften des Vereins für Socialpolitik 176), München und Leipzig 1931, S. 231ff.

BEGEMANN, Alfred, Die Verbundwirtschaft in der deutschen Stromversorgung, Diss. TH Berlin 1935.

BEGRIFFSBESTIMMUNGEN IN DER ENERGIEWIRTSCHAFT, hrsg. von der VDEW e.V., 5. Aufl. Frankfurt a.M. 1978.

BEHMANN, Uwe, 25 Jahre elektrischer Zugbetrieb im Saarland, in: Elektrische Bahnen 83 (1985), S. 265ff.

BEHRENS, Hedwig, Industrie und Handel des Saargebietes von der Einführung des französischen Frankens am 1.6.1923 bis zur Zollabschnürung von Deutschland am 10.1.1925, rechts- und staatswiss. Diss. Freiburg 1925 (masch.).

BEITRÄGE ZUR GESCHICHTLICHEN UND WIRTSCHAFTLICHEN ENTWICKLUNG des Industriegebietes an der mittleren Saar. Niederschrift über die Verhandlungen der Arbeitsgemeinschaft für westdeutsche Landes- und Volksforschung in Saarbrücken vom 25.-28.4.1956, bearb. von Georg DROEGE, Bonn 1956 (hektographiert).

BELLMANN, Klemens, Die Energiewirtschaft, in: Das Saarland (Monographien Deutscher Wirtschaftsgebiete IX), Oldenburg 1957, S. 197ff.

BELLOT, J., Hundert Jahre politisches Leben an der Saar unter preußischer Herrschaft (1815-1918) (Rheinisches Archiv 45), Bonn 1954.

250 JAHRE BERGBAU IM GRUBENFELD ENSDORF, hrsg. von der Saarbergwerke AG, Saarbrücken 1980.

BERGMANN, Martha, Die Entwicklung vom lokalen Elektrizitätswerk zur Elektrizitätsverbundwirtschaft in Deutschland, Diss. Köln 1948.

50 JAHRE BERLINER ELEKTRIZITÄTSWERKE 1884-1934, i.A. der Berliner Städtischen Elektrizitätswerke AG bearb. von C. MATSCHOSS u.a. (Veröffentlichungen der BEWAG, Reihe II, Bd. 14), Berlin (1934).

BEWAG (Hrsg.): 100 Jahre Strom für Berlin. Ein Streifzug durch unsere Geschichte in Wort und Bild, 1884-1984, Berlin 1984.

BESCHREIBUNG DER ELEKTRISCH ANGETRIEBENEN WASSERHALTUNGSMASCHINE der Grube Brefeld (Steinkohlenbergwerk Camphausen), in: SBK 1908, S. 52ff.

BETTINGER, Dieter Robert, Heimatbuch der Gemeinde Steinbach, Ottweiler 1968.

BETTINGER, Dieter Robert, Hirzweiler, ein Heimatbuch, Hirzweiler 1973.

750 MW-KRAFTWERKSBLOCK BEXBACH, hrsg. von IBE-KBV, Saarbrücken 1982.

BIERMANN, Siegfried, Die Investitionen der öffentlichen Elektrizitätsversorgung im Bundesgebiet und ihre Finanzierung seit 1948, wirtschafts- und sozialwiss. Diss. Köln 1959.

BINKLE, Hans-Günther, Fünf Jahrhunderte eisenschaffende Industrie an der Saar, in: Beiträge zur geschichtlichen und wirtschaftlichen Entwicklung (1956), S. 26ff.

BITTMANN, Otto, Die Elektrifizierung der deutschen Volkswirtschaft bis zum Jahre 1945 in ihren Grundzügen, Diss. Berlin (Ost) 1980.

BLAICH, Fritz, Energiepolitik Bayerns 1900-1921 (Regensburger Historische Forschungen 8), Kallmünz 1981.

BLAICH, Fritz, Grenzlandpolitik im Westen 1926-1936. „Westhilfe" zwischen Reichspolitik und Länderinteressen, Stuttgart 1978.

1000 JAHRE BLICKWEILER, (Blickweiler)(1972).

BLIND, Adolf, Die Saarwirtschaft, in: Geographische Rundschau 8 (1956), S. 45ff.

BOECK, Hartmut, Tagesfragen der Elektrizitätswirtschaft, in: EW 78 (1979), S. 464ff.

BÖHME, Helmut, Industrielle Revolution, in: Sowjetsystem und Demokratische Gesellschaft Bd. 3, Freiburg 1969, S. 115ff.

BOLL, Georg, Geschichte des Verbundbetriebes. Entstehung und Entwicklung des Verbundbetriebes in der deutschen Elektrizitätswirtschaft bis zum europäischen Verbund, Frankfurt a.M. 1969.

BOLL, Georg, Nationale und internationale Verbundwirtschaft auf Hoch- und Höchstspannungsleitungen, in: Das Zeitalter der Elektrizität (1967), S. 77ff.

BOMBE, H., Die Entwicklung der Straßenbahnwagen, in: Technikgeschichte 5 (1913), S. 214ff.

BORCHARDT, Knut, Wirtschaftliches Wachstum und Wechsellagen 1800-1914, in: AUBIN, Hermann/ZORN, Wolfgang, Handbuch der deutschen Wirtschafts- und Sozialgeschichte Bd. 2, Stuttgart 1976, S. 198ff.

BORCHERDT, Christoph/JENTSCH, Christoph, Die Städte im Saarland, in: Die Städte in Rheinland-Pfalz und im Saarland (Die Städte der Bundesrepublik Deutschland 3), Bonn-Bad Godesberg 1970.

BORCK, Otto, Die Großeisenindustrie des Saargebietes, wirtschafts- und sozialwiss. Diss. Frankfurt 1930.

BORN, Wilhelm, Die wirtschaftliche Entwicklung der Saar-Großeisenindustrie seit der Mitte des 19. Jahrhunderts, Berlin 1919.

BOSCH, Werner, Die Saarfrage. Eine wirtschaftliche Analyse (Veröffentlichungen des Forschungsinstituts für Wirtschaftspolitik der Universität Mainz 4), Heidelberg 1954.

BOSHART, August, Straßenbahnen, Leipzig 1911.

BOTHE, Klaus, 10 Jahre Südwestdeutsche Fernwärme GmbH, in: Saarberg 1971, S. 10.

BOTHE, Klaus, Fernwärmeschiene Saar — ein Beispiel für industrielle Abwärmenutzung, in: Energieeinsparung in der Großregion Saar-Lor-Lux-Westpfalz-Trier. Economie d'énergie dans la grande région Sarre-Lor-Lux-Palatinat Occidental-Trêves (Dokumente und Schriften der Europäischen Akademie Otzenhausen e.V. Nr. 43), Saarbrücken 1980, S. 5ff.

BRÄTER, Rudolf, Über den Einfluß der Mechanisierung industrieller Betriebe auf Unfallgefahr und hygienische Verhältnisse, Diss. TH Dresden 1914.

BRAUN, Hans-Joachim, Energiegewinnung, in: Die Technik (1982), S. 382ff.

BRAUN, Hans-Joachim, Gas oder Elektrizität ? Zur Konkurrenz zweier Beleuchtungssysteme 1880-1914, in: Technikgeschichte 47 (1980), S. 1ff.

BRAUN, Max, Die Elektrizitätswirtschaft des Saargebietes, in: Lebensfragen der Saarwirtschaft (1929), S. 81ff.

BROCKE, Werner, Kohlenumwandlung im Saarbergbau, in: 25 Jahre Saarbergwerke AG (1982), S. 141ff.

BRUCHE, Gert, Elektrizitätsversorgung und Staatsfunktion. Das Regulierungssystem der öffentlichen Elektrizitätsversorgung in der Bundesrepublik Deutschland, Frankfurt a.M./New York 1977.

BRUNCKHORST, Hans-Dieter, Kommunalisierung im 19. Jahrhundert, dargestellt am Beispiel der Gaswirtschaft in Deutschland, München 1978.

BUCERIUS, Walter, Grundlagen der rationellen Betriebsführung mit besonderer Berücksichtigung des Handwerks, Karlsruhe 1924.

BUCERIUS, Walter, Deutsches Handwerk einst und jetzt im Spiegel des technischen Fortschritts, in: Betriebsführung. Beilage zu Deutsches Handwerk 14 (1935), S. 1ff.

BUCERIUS, Walter, Vortrag vor dem Enquêteausschuß des Reichswirtschaftsrates, 8. Arbeitsgruppe (Handwerk)(ausführliche Fassung), in: Schriften des Forschungsinstituts für rationelle Betriebsführung im Handwerk H. 5/1926, S. 97ff.

BUCERIUS, Walter, Die Wirkungen des technischen Fortschrittes auf das Handwerk in den letzten zwei Jahrzehnten. Verlauf — Erkenntnisse — Folgerungen, Sonderdruck aus: Betriebsführung 15 (1936), S. 1ff.

BUCHMANN, Eduard, Die Entwicklung der Großen Berliner Straßenbahn und ihre Bedeutung für die Verkehrsentwicklung Berlins, Berlin 1910.

BUDERATH, Josef, Die Ordnungspolitik in der deutschen Elektrizitätswirtschaft, Bad Homburg v.d.H. 1962.

BÜCHNER, Johannes/BITTMANN, Otto, Der Kampf um die Vorrangstellung der sächsischen Elektroenergieversorgung (EEV) von 1911-1916, in: Jahrbuch für Wirtschaftsgeschichte 1981/IV, S. 25ff.

BÜGGELN, Heinrich, Die Entwicklung der öffentlichen Elektrizitätswirtschaft in Deutschland unter besonderer Berücksichtigung der süddeutschen Verhältnisse, Stuttgart 1930.

BÜGGELN, Heinrich, Die Erzeugung der elektrischen Energie und ihr Einfluß auf die Bahnbetriebe, in: Technische Monatshefte 1914, S. 354ff.

BÜRGEL, K., 100 Jahre Stromversorgung in Berlin, in: Elektrotechnik im Wandel der Zeit (Geschichte der Elektrotechnik 1), Berlin und Offenbach 1984, S. 61ff.

75 JAHRE BUNDESBAHN-AUSBESSERUNGSWERK SAARBRÜCKEN-BURBACH (1906-1981), Saarbrücken (1981).

DIE BUNDESBAHNDIREKTION SAARBRÜCKEN. Daten — Leistungen — Geschichte 1899-1974, (Saarbrücken)(1974).

DAS BUNDESLAND SAAR. Handel, Wirtschaft, Verkehr, Saarbrücken 1961.

BUNGERT, Gerhard/MALLMANN, Klaus-Michael, „Einer für alle — alle für einen." Der Bergarbeiterstreik 1923. Der größte Ausstand in der Geschichte des Saarlandes, in: Arbeitnehmer 26 (1978), S. 333ff.

BURBACHER HÜTTE bei Saarbrücken (Luxemburger Bergwerks- und Saarbrücker Eisenhütten-Actien-Gesellschaft), Beschreibung der Hütte, Leipzig 1889 und 1899.

BUSCH, Jane, Cooking Competition: Technology on the Domestic Market in the 1930s, in: Technology & Culture 24 (1983), S. 222ff.

CALLIES, Heinrich, Übergang zum Drehstrom — Beginn der Überlandversorgung, in: Das Zeitalter der Elektrizität (1967), S. 15ff.

CAPOT-REY, Robert, La Région Industrielle Sarroise. Territoire de la Sarre et Bassin Houiller de la Moselle. Etude Géographique, Paris 1934.

CARTELLIERI, Walter, Die Eisenindustrie an der Saar, in: Das Saargebiet (1929), S. 223ff.

CARTELLIERI, Walter, Elektrizitätswirtschaft im Saargebiet, in: Der Saarfreund 12 (1931), S. 59f.

CARTELLIERI, Walter, Die Entwicklung der Saargruben bis zur Gegenwart, in: Lebensfragen der Saarwirtschaft (1929), S. 21ff.

CHRISTMANN, Hermann, Die französische Währungspolitik im Saargebiet und in Rheinland-Westfalen, phil. Diss. Heidelberg 1924.

CONRATH, Karl, Aus der guten alten Zeit, Merzig 1960.

CONSTANT, Edward W., Scientific Theory an Technological Testability: Science, Dynamometers and Water Turbines in the 19th Century, in: Technology & Culture 24 (1983), S. 183ff.

COWAN, Ruth Schwartz, The „Industrial Revolution" in the Home: Household Technology and Social Change in the 20th Century, in: Technology & Culture 17 (1976), S. 1ff.

CZADA, Peter, Die Berliner Elektroindustrie in der Weimarer Zeit (Einzelveröffentlichungen der Historischen Kommission zu Berlin 4), Berlin 1969.

DARGE, Johannes, Energiewirtschaft und Energiewirtschaftsgesetz, in: Der deutsche Volkswirt 1935, S. 537ff.

DARGE, Hans/MELCHINGER, Eugen/RUMPF, Fritz, Gesetz zur Förderung der Energiewirtschaft vom 13.12.1935, I.Teil Berlin 1936, II.Teil Berlin-Leipzig-Wien 1938.

DEHNE, Gerhard, Deutschlands Großkraftversorgung, Berlin 1925.

DEHNE, Gerhard, Deutschlands Großkraftversorgung, 2., neu bearb. und erweiterte Aufl. Berlin 1928.

DEHNE, Gerhard, Deutschlands Großkraftversorgung im Jahre 1925, in: ETZ 47 (1926), S. 1025ff.

DEHNE, Gerhard, Die deutsche Elektrizitätswirtschaft im Jahre 1927, in: ETZ 49 (1928), S. 1205ff.

DEHNE, Gerhard, Die Elektrowirtschaft im Saargebiet, in: ETZ 49 (1928), S. 399ff.

DENCKER, C.H., Probleme der elektrischen Stromversorgung der Landwirtschaft, in: Energieversorgung (1933), S. 20ff.

DETTMAR, Georg, Die Beeinflussung von Gasanstalten durch den Bau eines Elektrizitätswerkes am gleichen Ort, in: ETZ 31 (1910), S. 577ff.

DETTMAR, Georg, (Elektrizität im Hause), in: ETZ 33 (1912), S. 157ff., 304ff., 442ff., 468ff., 602ff.

DETTMAR, Georg, Die Entwicklung der Starkstromtechnik in Deutschland, Bd. I bis 1890, Berlin 1940 (mehr nicht erschienen).

DETTMAR, Georg, Die elektrischen Starkstromanlagen Deutschlands und ihre Sicherheit, in: ETZ 34 (1913), S. 523ff., 550ff., 588ff.

DETTMAR, Georg, Über den Zusammenhang zwischen Stromkosten und Benutzungsdauer, in: EKB 6 (1908), S. 141ff.

DIBNER, Ben, The Beginning of Electricity, in: Technology in Western Civilisation (1967), Vol. I., S. 437ff.

DIEHL, Karl, Die sozialpolitische Bedeutung des technischen Fortschritts, in: Jahrbücher für Nationalökonomie und Statistik 91 (1908), S. 167ff.

DIETRICH, Helmut, Die Kohlenversorgung Südwestdeutschlands (Wirtschafts- und Verwaltungsstudien CIX), Leipzig 1930.

275 JAHRE DILLINGER HÜTTE, 1685-1960, o.O. 1960.

300 JAHRE DILLINGER HÜTTENWERKE. Ein Rückblick 1685-1985, Dillingen 1985.

HUNDERT JAHRE DINGLER. Geschichte und Entwicklung der Werke, ihr heutiger Stand, ihre Erzeugnisse, Zweibrücken 1927.

DISCHLER, Ludwig, Das Saarland 1945-1956. Eine Darstellung der historischen Entwicklung mit den wichtigsten Dokumenten, Teil 1 und 2, Hamburg 1956.

DISCHLER, Ludwig, Das Saarland 1956-57. Die Rückgliederung. Darstellung mit Dokumenten, Hamburg 1957.

DIWERSY, Alfred, Merzigs Wirtschaft im Spiegel der Zahlen. Eine sozialökonomische Strukturanalyse, in: Merzig (1971), S. 133ff.

D-MARK-BILANZGESETZ FÜR DAS SAARLAND, erläutert von Richard FÖRDERER und Heinz VATERRODT (Sonderhefte zur wirtschaftlichen Rückgliederung des Saarlandes 3), (Saarbrücken) (1959).

DOLIS, Die Entwicklung der Elektrifizierung unter Tage im Saarbergbau, in: SBK 1953, S. 58ff.

DRATWA, Hans, Die Entwicklung des Arbeits- und Lohnrechts in der Zeit von 1945 bis 1955, in: Das Saarland (1958), S. 774ff.

DUDWEILER 977-1977, hrsg. von der Landeshauptstadt Saarbrücken, Stadtbezirk Dudweiler, Saarbrücken 1977.

DUNSBACH, Günther/ZIEDER, Alfons, 700 Jahre St. Nikolaus im Warndt 1270-1970, St. Nikolaus 1970.

50 JAHRE EAM 1929-1979, hrsg. von der Elektrizitäts-Aktiengesellschaft Mitteldeutschland, Kassel (1979).

ECKARDT, Günther, Industrie und Politik in Bayern 1900-1919 (Beiträge zu einer historischen Strukturanalyse Bayerns im Industriezeitalter 15), Berlin 1976.

ECKARDT, N./MEINERZHAGEN, M./JOCHIMSEN, U., Die Stromdiktatur. Von Hitler ermächtigt — bis heute ungebrochen, Hamburg-Zürich 1985.

ECKEL, Werner, Saarbrücken im Luftkrieg 1939-1945, Saarbrücken 1985.

L'ECONOMIE DE LA SARRE, ed. p. Ministère de l'Economie National. Etudes et Documents Série D-2, o.O. (1947).

EDF (Electricité de France): 25 ans de Vie Technique et Economique d'EdF (1946-1971), o.O (1971).

EGBERTS, Rolf, Die Gebietsstruktur in der Elektrizitätsversorgung am Beispiel von Baden-Württemberg, wirtschaftswiss. Diss. Freiburg 1972.

MASCHINENFABRIK EHRHARDT & SEHMER AG, Saarbrücken, 1876-1926. Zur 50. Wiederkehr ihres Gründungstages, Saarbrücken 1926.

EHRHARDT, Carl A., Die Röchlingwerke nach 1918 und 1945. Unternehmerschicksal im Grenzland, in: Das Saarland (1958), S. 143ff.

EICHHORST, Max, Die Lage der Bergarbeiter im Saargebiet, Diss. Heidelberg 1901.

DIE EINGLIEDERUNG DER SAAR-ELEKTRIZITÄTSWIRTSCHAFT, in: EW 34 (1935), S. 145f.

ELEKTRISCHER EINZELANTRIEB in den Maschinenbauwerkstätten der Allgemeinen Elektricitäts-Gesellschaft, Berlin 1899.

50 JAHRE EISENBAHN-AUSBESSERUNGSWERK SAARBRÜCKEN-BURBACH, 1906-1956, (Saarbrücken)(1956).

DIE DEUTSCHE EISENERZEUGENDE INDUSTRIE. Ausschuß zur Untersuchung der Erzeugungs- und Absatzbedingungen der deutschen Wirtschaft (Enquêteausschuß), III. Unterausschuß, Berlin 1930.

EISER, Ernst/RIEDERER, Johannes/SIEDER, Frank, Energiewirtschaftsrecht. Kommentar, 3.Aufl. München und Berlin 1961.

L'ELECTRICITE DANS L'HISTOIRE. Problèmes et méthodes. Actes du colloque de l'Association pour l'histoire de l'électricité en France, Paris 1985.

ELEKTRIFIZIERUNG UND WIRTSCHAFTSWACHSTUM IN ENTWICKLUNGSLÄNDERN, in: Europäische Wirtschaft 6 (1963), S. 143ff.

ELEKTRIZITÄT. Wirtschaftshefte der Frankfurter Zeitung. Beiträge zur Wirtschaftserkenntnis, No. 2, Frankfurt 1927.

ELEKTRIZITÄT = SICHERHEIT. Fortschritte der Elektrifizierung bei den Gruben der Régie des Mines, in: SBK 1952, S. 17ff.

ELEKTRIZITÄT IN BAYERN 1919-1969, hrsg. vom Verband Bayerischer Elektrizitätswerke e.V., München (1969).

DIE DEUTSCHE ELEKTRIZITÄTSVERSORGUNG, hrsg. vom Vorstand des Deutschen Metallarbeiter-Verbandes, Stuttgart (1927).

DIE ÖFFENTLICHE ELEKTRIZITÄTSVERSORGUNG IM SAARLAND, in: 25 Jahre Fachverband der Elektrizitätsversorgung des Saarlandes (1974), S. 21ff.

DIE ELEKTRIZITÄTSWERKE DER KÖNIGLICHEN BERGWERKSDIREKTION, in: SBK 1910, S. 29ff.

DIE DEUTSCHE ELEKTRIZITÄTSWIRTSCHAFT. Ausschuß zur Untersuchung der Erzeugungs- und Absatzbedingungen der deutschen Wirtschaft (Enquêteausschuß), III. Unterausschuß, Berlin 1930.

DIE ELEKTRIZITÄTSWIRTSCHAFT IM DEUTSCHEN REICH. Das Spezial-Archiv der deutschen Wirtschaft, Berlin 1934.

DIE ELEKTRIZITÄTSWIRTSCHAFT IM DEUTSCHEN REICH, hrsg. von der WEV der RGEW der deutschen Wirtschaft, 4. Aufl. Berlin 1935, 5. Aufl. Berlin 1938.

ELEKTROINDUSTRIE. Sonderheft zu: Der deutsche Volkswirt Nr. 4, 10 (1935).

EMMRICH, Franz, Die Nachkriegsentwicklung der Eisenindustrie im Saargebiet, Neunkirchen 1931.

EMR 1909-1984. 75 Jahre sichere Energieversorgung, hrsg. von der Elektrizitätswerk Minden-Ravensberg GmbH, (Herford)(1984).

ENERGIE IN DER GESCHICHTE — Energy in History. Zur Aktualität der Technikgeschichte. 11th Symposium of the International Cooperation in History of Technology Comittee (ICOHTEC), Düsseldorf 1984.

ENERGIEBEDARF UND ENERGIEANGEBOT IM SAARLAND 1960-1985. Untersuchung im Auftrag des Ministers für Wirtschaft, Verkehr und Landwirtschaft des Saarlandes, bearb. von R. ARNTZEN, D. SCHMITT, W. MÖNIG (Energiewirtschaftliches Institut an der Universität Köln), Köln 1972.

DAS ENERGIEHANDBUCH, hrsg. von G. BISCHOFF und W. GOCHT, Braunschweig 1970; 2., vollständig neubearbeitete und erweiterte Auflage Braunschweig 1976.

ENERGIEPROGRAMM FÜR DAS SAARLAND vom 03.12.1974, hrsg. vom Minister für Wirtschaft, Verkehr und Landwirtschaft des Saarlandes, (Saarbrücken) 1974.

ENERGIEPROGRAMM FÜR DAS SAARLAND vom 16.01.1979, (Saarbrücken) 1979.

ENERGIEPROGRAMM FÜR DAS SAARLAND vom 30.08.1983, (Saarbrücken) 1983.

HISTORISCHE ENERGIESTATISTIK VON DEUTSCHLAND BAND I: Statistik der öffentlichen Elektrizitätsversorgung Deutschlands 1890-1913, hrsg. von Hugo OTT, bearb. von Thomas HERZIG unter Mitarbeit von Philipp FEHRENBACH und Michael DRUMMER (Quellen und Forschungen zur historischen Statistik von Deutschland, hrsg. von Wolfram FISCHER, Franz IRSIGLER, Karl Heinrich KAUFHOLD und Hugo OTT, Bd.1), St. Katharinen 1986.

ENERGIEVERSORGUNG. Sonderbeilage zu: Der deutsche Volkswirt H. 3, zu Nr. 9 v. 01.12.1933.

ENERGIEWIRTSCHAFT, in: Handbuch der Saarwirtschaft, Saarbrücken 1947, S. A 115ff.

ENERGIEWIRTSCHAFT IM SAARLAND. Situation und Entwicklungsbedingungen (Schriftenreihe des Beirats für Wirtschafts- und Strukturfragen beim Ministerpräsidenten des Saarlandes H. 1/1973), Saarbrücken 1973.

ENGEL, J., Die Elektrofront kämpft gegen Arbeitslosigkeit, in: ETZ 55 (1934), S. 25f.

ENKE, Hermann, Entwicklungsgeschichte in der Hebezeug-Elektrotechnik, in: Die Entwicklung der Starkstromtechnik bei den Siemens-Schuckert-Werken, München (1953), S. 378ff.

DIE ENTWICKELUNG DES NIEDERRHEINISCH-WESTFÄLISCHEN STEINKOHLEN-BERGBAUES in der zweiten Hälfte des 19. Jahrhunderts, hrsg. vom Verein für die bergbaulichen Interessen im Oberbergamtsbezirk Dortmund in Gemeinschaft mit der westfälischen Berggewerkschaftskasse und dem Rheinisch-westfälischen Kohlensyndikat, Bd. VIII, Berlin 1905.

DIE ENTWICKLUNG DER STARKSTROMTECHNIK BEI DEN SIEMENS-SCHUCKERT-WERKEN. Zum 50jährigen Jubiläum, hrsg. von den Siemens-Schuckert-Werken GmbH, München (1953).

ERGANG, Carl, Die Ausschaltung der Arbeiter durch die Maschine. Eine sozialökonomische Studie mit besonderer Berücksichtigung der Owens-Gasflaschenmaschine, in: Technik und Wirtschaft 4 (1911), S. 657ff.

ERGEBNISSE VON UNTERSUCHUNGEN an elektrischen und mit Dampf betriebenen FÖRDERMASCHINEN, in: Glückauf 46 (1910), S. 1379ff.

ESWEIN, Rudolf, Elektrizitätsversorgung und ihre Kosten mit besonderer Berücksichtigung des Elektromotors, phil. Diss. Heidelberg 1910.

EVEN, J., Die weiterverarbeitenden Industrien im Saarland, in: das Saarland (1958), S. 583ff.

50 JAHRE EWE (Energieversorgung Weser-Ems AG), Oldenburg 1980.

FABER, Karl-Georg, Überlegungen zu einer Geschichte der Pfälzischen Landeskirche unter dem Nationalsozialismus, in: Blätter für Pfälzische Kirchengeschichte und religiöse Volkskunde 41 (1974), S. 29ff.

25 JAHRE FACHVERBAND DER ELEKTRIZITÄTSVERSORGUNG DES SAARLANDES e.V. (FES) 1949-1974, o.O. (1974).

FASOLT, Friedrich, Die sieben größten deutschen Elektrizitätsgesellschaften, ihre Entwicklung und Unternehmertätigkeit, phil. Diss. Heidelberg 1904.

FEHN, Klaus, Preußische Siedlungspolitik im saarländischen Bergbaurevier (1816-1919) (Veröffentlichungen des Instituts für Landeskunde des Saarlandes 31), Saarbrücken 1981.

DAS KRAFTWERK FENNE, in: SBK 1928, S. 59ff.

50 JAHRE KRAFTWERK FENNE, in: Saarberg 5/1974, S. 15ff.

DAS FERNMELDEAMT SAARBRÜCKEN, hrsg. von der Oberpostdirektion Saarbrücken (Saarbrücken)(1965).

FERNWÄRME AUS INDUSTRIELLER ABWÄRME. Inbetriebnahme der Fernwärmeschiene Saar. Ein Beitrag zur rationellen Energieverwendung der Saarberg-Fernwärme GmbH, in: Saarberg 3/1979, S. 12f.

FERRARI, Franz, Die Entwicklung der Elektrizitätszähler und ihre Verknüpfung mit der Elektrizitätswirtschaft, in: Technikgeschichte 28 (1939), S. 71ff.

FISCHER, Christian, L'électrification au point de vue économique et social des pays en voie de développement, Ambilly 1969.

FISCHER, Per, Die Saar zwischen Deutschland und Frankreich. Politische Entwicklung von 1945-1959, Frankfurt-Berlin 1959.

FISCHER, Richard/BEIL, Heinrich, Die Elektrizitätsversorgung der Landwirtschaft, in: Das Zeitalter der Elektrizität (1967), S. 153ff.

FISCHER, Rudolf, Die Elektrizitätsversorgung, ihre volkswirtschaftliche Bedeutung und Organisation, Leipzig 1916.

FISCHER, Wolfram, Bergbau, Industrie und Handwerk, in: AUBIN, Hermann/ZORN, Wolfgang, Handbuch der deutschen Wirtschafts- und Sozialgeschichte, Bd. 2, Stuttgart 1976, S. 527ff.

FISCHER-ZACH, Thomas, Preisbildung und Preisaufsicht in der Elektrizitätswirtschaft, rechts- und staatswiss. Diss. Freiburg 1975.

FLAD, Johannes, Die Fernheizung der Stadt Saarbrücken, in: Energie 20 (1968), S. 317ff.

FLAD, Johannes, Das kombinierte Gas-/Dampf-Turbinenkraftwerk der Stadtwerke Saarbrücken AG, in: VGB-Kraftwerkstechnik 58 (1978), S. 157ff.

FLAD, Johannes, Das Heizkraftwerk der Stadt Saarbrücken, in: Energie 17 (1965).

FLAD, Johannes, Stadtwerke Saarbrücken erweitern Heizkraftwerk, in: Energie 25 (1973), S. 76 und 26 (1974), S. 391ff.

FLAKE, Johann, Die technische Entwicklung des Steinkohlenbergbaues in Elsaß-Lothringen von 1871-1918, in: Die wirtschaftliche Entwicklung Elsaß-Lothringens 1871-1918, hrsg. von Max SCHLENKER (Reichsland Elsaß-Lothringen Bd. 1), Frankfurt 1931, S. 85ff.

FLECKENSTEIN, Kurt, Stellung und ökonomische Gestaltungskräfte der öffentlichen Versorgungswirtschaft im Industrialisierungsprozeß (Die industrielle Entwicklung 58), Köln 1968.

FÖRSTER, Karl, Allgemeine Energiewirtschaft, 2., überarb. Aufl. Berlin 1973.

FÖRSTER, Karl Wilhelm, Elektrizitätswirtschaft unter dem Gesichtspunkt der Wehrwirtschaft, in: Der deutsche Volkswirt 10 (1935/36), S. 1647ff.

FORSCHEN UND SCHAFFEN. Beiträge der AEG zur Entwicklung der Elektrotechnik bis zum Wiederaufbau nach dem Zweiten Weltkrieg, bearb. von Bruno SCHWEDER, hrsg. von der AEG, Bd. 1-3, Berlin 1965.

FRÄNKEL, E., Elektrischer Einzelantrieb und seine Wirtschaftlichkeit, in: Zeitschrift des VDI 24 (1900), S. 1591f.

ZUR FRAGE DER EINBEZIEGUNG DES SAARGEBIETES in den deutschen Wirtschaftsraum, hrsg. von der IHK des Saarlandes, (Saarbrücken) 1956.

LA FRANCE DES ELECTRICIENS. 1880-1980. Actes du deuxième colloque d'Association pour l'histoire de l'électricité en France, éd. p. Fabienne CARDOT, Paris 1986.

FRANK, Lothar, Darstellung und wirtschaftspolitische Kritik des organisatorischen Aufbaus der deutschen Elektrizitätswirtschaft, staatswiss. Diss. Berlin 1933.

FRANKREICH UND DAS SAARLAND 1945-1951. Sammlung von Materialien, Bd I (Hektographierte Veröffentlichungen der Forschungsstelle für Völkerrecht und ausländisches öffentliches Recht der Universität Hamburg. Reihe B: Materialien, Abt. III: Deutschland und europäische Friedensprobleme I), 2. erw. Aufl. Hamburg 1952.

FRIEDRICH, Alexander, Die unsichtbare Armee, Berlin 1943.

FRIEDRICH, Alexander (Bearb.), Staat und Energiewirtschaft. Der Weg zum Energiewirtschaftsgesetz, Berlin 1936.

FROSCH, Robert, 250 Jahre Bergbau im Grubenfeld Ensdorf, in: 250 Jahre Bergbau in Ensdorf (1980), S. 9ff.

FRÜHAUF, Helmut, Eisenindustrie und Steinkohlenbergbau im Raum Neunkirchen/Saar (Forschungen zur deutschen Landeskunde 217), Trier 1980.

FRÜHAUF, Helmut, Der Montanindustriestandort Neunkirchen/Saar (1820-1910), in: Rhein-Neckar-Raum an der Schwelle des Industriezeitalters, hrsg. vom Institut für Landeskunde und Regionalforschung der Universität Mannheim (Südwestdeutsche Schriften 1), Mannheim 1984, S. 199ff.

GÄTSCHENBERGER, Herbert, Die Stellung der öffentlichen Elektrizitätsversorgung in Baden, staatswiss. Diss. Basel 1960.

GAPINSKI, Felix, Die Stellung der deutschen Elektro-Industrie innerhalb der internationalen Elektrowirtschaft in der Gegenwart, wirtschafts- und sozialwiss. Diss. Köln 1931.

GAUDY, René, Et la lumière fut nationalisé. Naissance d'EdF - GdF (Editions Sociales), Paris 1978.

GEBHARDT, Gerhard, Saarbergbau fordert Erleichterungen für den Stromabsatz. Dr. Rolshoven zur Energiepolitik, in: Glückauf 102 (1966), S. 855f.

GERMAN ELECTRIC UTILITIES INDUSTRY REPORT (European Report No. 205), in: The United States Strategic Bombing Survey, Vol. VI, New York-London 1976.

AUS DER GESCHICHTE DER EISENGEWINNUNG in der südlichen Rheinprovinz. Vom Mosel-Bezirksverein Deutscher Ingenieure, in: Technikgeschichte 15 (1965), S. 186ff.

GESCHICHTE DER TECHNIK, hrsg. von Rolf SONNEMANN, Leipzig 1978.

GHANIE GHANSSY, A., Die Rolle des Energiesektors in der Entwicklungspolitik (Industrielle Entwicklung 10), Köln-Opladen 1960.

GILLES, Peter, Die Elektrizität als Triebkraft in der Großindustrie und die Frage der Krafterzeugung im rheinisch-westfälischen Industriebezirk, phil. Diss. Bonn 1909.

GLÄSER, Dieter, Die Industriestruktur des Kreises, in: Der Kreis Merzig-Wadern (1972), S. 189ff.

GÖHLER, Alwin, Die Dosen- und Papierlackwarenindustrie im Saargebiet, Saarbrücken 1926.

GOERDELER, Carl-Friedrich, Kleinsiedlung und Wohnungsbau als politische und wirtschaftliche Notwendigkeiten, in: Der deutsche Volkswirt 10 (1935/36), S. 1207ff., 1263ff.

GOERGEN, August, Der private Kohlenbergbau an der Saar. Eine Studie aus der Bergwirtschaft an der Saar bis zum Frieden von Versailles 1919, phil. Diss. Heidelberg 1920.

GOLDSTEIN, Georg, Die Installationsmonopole der Überlandzentralen, in: Technik und Wirtschaft 4 (1911), S. 325ff.

GOSEBRUCH, Wilhelm, Die Überlandkraftwerke Saarlouis-Merzig, in: ETZ 36 (1915), S. 549ff., 567ff.

GOTHEIN, Eberhard, Die Wirtschaft der Licht- und Kraftversorgung (Petroleum, Bergbau, Elektrizität), in: Die Neuordnung der deutschen Finanzwirtschaft, hrsg. von Heinrich HERKNER (Schriften des Vereins für Socialpolitik 156, 1. Teil), München und Leipzig 1918, S. 209ff.

GRABOWSKY, Adolf/SANTE, Georg Wilhelm, Die Grundlagen des Saarkampfes. Handbuch zur Volksabstimmung (Sondernummer Zeitschrift für Politik: Saarkampf), Berlin 1934.

GRANDE, Ernst, Die Trinkwasserversorgung der Saarbergwerke AG und ihre Entwicklung, in: SBK 1962, S. 37ff.

GRÖNER, Helmut, Die Ordnung der deutschen Elektrizitätswirtschaft (Wirtschaftsrecht und Wirtschaftspolitik 41), Baden-Baden 1975.

GROSS, Arnold, Die Glühlampe als Wegbereiterin der Elektrizitätswirtschaft, in: Technikgeschichte 22 (1933), S. 70ff.

GROSS, Arnold Th., Zeittafel zur Entwicklung der Elektrizitätsversorgung, in: Technikgeschichte 25 (1936), S. 126ff.

GROSSGASMASCHINEN BAUART EHRHARDT & SEHMER AG, (Saarbrücken) o.J.

GROSSKRAFTWERK MANNHEIM AG (1921-1966), (Mannheim)(1966).

DIE ELEKTRISCHEN GROSSSCHRÄMMASCHINEN, in: SBK 1953, S. 39ff.

GROTHE, Hermann, Über die Bedeutung der Kleinmotoren als Hilfsmaschinen für das Kleingewerbe, Berlin 1884.

GRUNENBERG, A., Verstaatlichung der Elektrizitätsversorgung und Besteuerung des elektrischen Stromes, kritische Betrachtungen moderner Monopol- und Steuer-Projekte, Berlin 1917.

GUAD, Franzjosef, Die saarländischen Hüttenwerke, in: Das Saarland (1958), S. 573ff.

GÜMBEL, Helmut, Das Badenwerk im Rahmen der badischen Landeselektrizitätsversorgung, phil. Diss. Heidelberg 1925.

HABY, René, Les Houillères Lorraines et leur Région, Paris 1968.

HÄBERLE, Daniel, Die Fliegerangriffe auf Ludwigshafen, Zweibrücken, St. Ingbert und Saarbrücken, in: Pfälzische Heimatkunde 1916, S. 26ff.

HÄBERLE, Daniel, Die Saarpfalz. Ein Beitrag zur Heimatkunde des Westrichs (Beiträge zur Landeskunde der Rheinpfalz 6), Kaiserslautern 1927.

HAEBERLE, Karl Erich, Stuttgart und die Elektrizität, hrsg. von den Technischen Werken der Stadt Stuttgart AG, Stuttgart 1983.

HAM, Hermann von, Beiträge zur Geschichte der AG Dillinger Hüttenwerke 1685-1935, Saarlautern 1935.

HAMMEL, Ludwig, Der Elektromotor in Kleingewerbe und Handwerk unter besonderer Berücksichtigung der Kostenpunktsfrage und Wirtschaftlichkeit, Frankfurt a.M. 1910.

WIRTSCHAFTLICHES UND KULTURELLES HANDBUCH FÜR DAS SAARLAND, Saarbrücken 1955.

HANDBUCH DER DEUTSCHEN AKTIENGESELLSCHAFTEN, Berlin 1935.

HANDBUCH DER SAARWIRTSCHAFT, Saarbrücken 1947.

HANDEL UND INDUSTRIE IM SAARGEBIET, hrsg. von Heinrich FRANZ, Saarbrücken-Düsseldorf-Berlin (1924).

DAS DEUTSCHE HANDWERK (Generalbericht), Ausschuß zur Untersuchung der Erzeugungs- und Absatzbedingungen der deutschen Wirtschaft (Enquêteausschuß), III. Unterausschuß, 8. Arbeitsgruppe, 1. Bd., Berlin 1930.

DAS DEUTSCHE HANDWERK, Ausschuß zur Untersuchung der Erzeugungs- und Absatzbedingungen der deutschen Wirtschaft (Enquêteausschuß), III. Unterausschuß, 8. Arbeitsgruppe, 4. Bd., Berlin 1930.

HARDT, Hans-Joachim, Die wirtschaftliche Umstellung des Saarbergbaues nach der Rückgliederung, in: EW 34 (1935), S. 610ff.

HARTMANN, Erich, Wasser- und Energieversorgung in Dudweiler, in: Dudweiler 977-1977 (1977), S. 44ff.

HARTMANN, Richard, Das Reichs-Elektrizitätsmonopol. Ein Beitrag zur Frage der staatlichen Elektrizitäts-Großwirtschaft unter Benutzung amtlichen Materials, Berlin 1917.

HASSLACHER, Anton, Geschichtliche Entwickelung des Steinkohlenbergbaus im Saargebiete (Der Steinkohlenbergbau des Preußischen Staates in der Umgebung von Saarbrücken, Teil II), Berlin 1904.

HASSLACHER, Anton, Das Industriegebiet an der Saar und seine hauptsächlichsten Industriezweige, in: Mitteilungen des Historischen Vereins für die Saargegend 1912, H. XII.

HASSLACHER, Anton/JORDAN, B./NASSE, R., Der Steinkohlenbergbau des preußischen Staates in der Umgebung von Saarbrücken, Berlin 1890.

HASTRA — Partner für Energie. Hannover-Braunschweigische Stromversorgungs-AG (1929-1979), Hannover 1979.

HATZFELD, Lutz, Hilfswissenschaftliche Tabellen für das Werksarchiv zur Elektrifikation in Deutschland, in: Archiv und Wirtschaft 11 (1978), S. 1ff.

HAU, Heinrich, Die Verbrauchsgüterindustrie des Saargebietes bis zur Rückgliederung, wirtschafts- und sozialwiss. Diss. Köln 1937.

HAUBNER, Fritz, Aus den Anfängen der öffentlichen Elektrizitätsversorgung in Berlin (1882-1899), in: Tradition 7 (1962), S. 1ff.

HAUMANN, Heiko, Beginn der Planwirtschaft. Elektrifizierung, Wirtschaftsplanung und gesellschaftliche Entwicklung Sowjetrußlands 1917-21, Düsseldorf 1974.

HAUSER, Siegfried, Energieprobleme 1980/81 in der Bundesrepublik Deutschland vor dem Hintergrund historischer Entwicklungen, in: DAMS, Theodor/JOJIMA, Kunihiro (Hrsg.), Wirtschaftliche Anpassungsprobleme bei steigenden Energiepreisen in Japan und in der Bundesrepublik Deutschland (Schriften zu Regional- und Verkehrsproblemen in Industrie- und Entwicklungsländern 37), Berlin 1983, S. 131ff.

60 JAHRE HEAG. 1912-1972 (Hessische Elektrizitäts-AG), (Darmstadt)(1972).

HECK, P., Die Betätigung der Länder in der deutschen Elektrizitätswirtschaft, in: ETZ 48 (1927), S. 241f.

50 JAHRE ERNST HECKEL, Gesellschaft für Förderanlagen mbH (1905-1955), Saarbrücken (1955).

HEESEMANN, Sigfrid, Die Charakteristik der Reichssammelschiene (Geschichte, Aufbau und Funktion), Berlin 1959.

HEESEMANN, Sigfrid, Elektrizitätswirtschaftspolitik. Gestern — Heute — Morgen, in: EW 63 (1964), S. 61ff.

HEIDE, Karl, Wasserkraftwerke, in: Forschen und Schaffen (1965), Bd. 1, S. 74ff.

HEINTZENBERG, Fr., Die Entwicklungsstufen des elektrischen Antriebes im 19. Jahrhundert, in: Technikgeschichte 30 (1941), S. 33ff.

HEISS, Clemens, Die gemischt-wirtschaftlichen Unternehmungen der öffentlichen Elektrizitätsversorgung, in: Schmollers Jahrbuch 40 (1916), S. 841ff.

HELL, Karl, Selbstgesteuerte elektrische Fördermaschinen, in: Schacht und Heim 3 (1957), H. 9, S. 5ff.

HELLBERG, Franz, Braunkohle und Elektrizitätswirtschaft, in: Das Zeitalter der Elektrizität (1967), S. 29ff.

HELLIGE, Hans Dieter, Entstehungsbedingungen und energietechnische Langzeitwirkungen des Energiewirtschaftsgesetzes von 1935, in: Technikgeschichte 53 (1986), S. 123ff.

HELLINGER, Ernst, Entwicklung und Organisation der staatlichen Unternehmertätigkeit in der Elektrizitätswirtschaft des Landes Baden, wirtschaftswiss. Diss. Mannheim 1950.

HELLWIG, Fritz, Die Saar zwischen Ost und West. Die wirtschaftliche Verflechtung des Saarindustriebezirkes mit seinen Nachbargebieten, Bonn 1954.

HELLWIG, Fritz, Unternehmer und Unternehmungsform im saarländischen Industriegebiet, in: Jahrbücher für Nationalökonomie und Statistik 158 (1943), S. 402ff.

HENKE, Ernst, Das RWE nach seinen Geschäftsberichten, (Essen)(1948).

HENN, Walter, Die verfassungsrechtliche Lage des Saarlandes während der Übergangszeit, Diss. jur. Saarbrücken 1959.

HENNIGER, Gerd, Der Einsatz des Elektromotors in den Berliner Handwerks- und Industriebetrieben 1890-1914 unter besonderer Berücksichtigung des Anteils der Berliner Elektrizitätswerke, Diss. Berlin (Ost) 1980.

HENTRICH, Werner, Die Neuordnung des Saarbergbaus und des Absatzes der Saarkohle im Rahmen des Saarvertrages, in: Bergfreiheit 22 (1957), S. 82ff.

HERBIG, Ernst, Zur Frage der Rentabilität des staatlichen Steinkohlenbergbaues bei Saarbrücken, in: Glückauf 46 (1910), S. 1970ff.

HERBIG, Ernst, Der Arbeiterersatz des staatlichen Steinkohlenbergbaues bei Saarbrücken, in: Glückauf 46 (1910), S. 1381ff.

HERBIG, Ernst, Wirtschaftsrechnungen Saarbrücker Bergleute, in: ZBHS 60 (1912), S. 451ff.

HERGT, F., Elektrizitätswirtschaft und Saarrückgliederung, in: ETZ 56 (1935), S. 73f.

HERKNER, Heinrich, Über die Produktivität der Volkswirtschaft (Debattenbeitrag), in: Verhandlungen der Generalversammlung des Vereins für Socialpolitik in Wien 1909 (Schriften des Vereins für Socialpolitik 132), Leipzig 1910, S. 550ff.

HERLY, Robert, L'Introduction du Franc dans la Sarre. Une Expérience Monétaire, Paris 1926.

HERMANN, Hubert, Neuere Transport- und Hebezeuge mit elektrischem Antrieb, in: EKB 8 (1910), S. 613ff.

HERRMANN, Hans-Walter, Joseph Bürckel, in: Landeskundliche Vierteljahresblätter, Sonderheft 1968, S. 103f.

HERRMANN, Hans-Walter, Die Freimachung der Roten Zone 1939/40, in: Zeitschrift für die Geschichte der Saargegend 22 (1984), S. 64ff.

HERRMANN, Hans-Walter, Die wirtschaftlichen Führungskräfte im Saarland in der Zeit der Frühindustrialisierung 1790-1850, Saarbrücken 1969.

HERRMANN, Hans-Walter, Geschichte des Saarlandes (Schriftenreihe zur politischen Bildung 3), Würzburg 1972.

HERRMANN, Hans-Walter, Pfalz und Saarland in den Plänen zur Neugliederung, in: Mitteilungen des Historischen Vereins der Pfalz 83 (1985), S. 321ff.

HERRMANN, Hans-Walter, Der Siegeszug der Dampfmaschine in der Saarindustrie, in: Zeitschrift für die Geschichte der Saargegend 29 (1981), S. 165ff.

HERRMANN, Hans-Walter, Die archivalische Überlieferung des staatlichen Steinkohlenbergbaues im Saarindustrierevier seit 1861, in: Wirtschaftsgeschichtliche Quellen in privaten und öffentlichen Archiven. Referate der 2. Fachtagung der rheinland-pfälzischen und saarländischen Archivare in Saarbrücken am 21.05.1974 (Kleine Reihe 3), Koblenz 1974, S. 73ff.

HERRMANN, Hans-Walter, Das Unternehmen Westwall. Ein Glied in Hitlers Angriffspolitik, in: SECK (1980), S. 7ff.

HERRMANN, Hans-Walter, Die Volksabstimmung vom 13. Januar 1935, in: Saarheimat 1-2/1985, S. 21ff.

HERRMANN, Hans-Walter/KLEIN, Hanns, Zur sozialen Entwicklung im Landkreis Saarbrücken, in: Grenze als Schicksal — 150 Jahre Landkreis Saarbrücken, hrsg. von der Kreisverwaltung des Landkreises Saarbrücken, Saarbrücken 1966, S. 132ff.

HEYMANN, Hugo/ZINKERNAGEL, Gustav, Elektrische Großantriebe in Eisenhüttenwerken, in: Forschen und Schaffen (1965), Bd. 2, S. 6ff.

HEYS, J.W. van, Deutschlands Elektrizitätswirtschaft, (Dresden)(1931).

HILGERS, Nino, Wirtschaftliche Grenzen der Eigenstromerzeugung in Industriebetrieben gegenüber Fremdstrombezug aus öffentlichen Kraftwerken (eine elektrische Studie), Berlin 1934.

HILLEBRAND, F., Zur Geschichte des Drehstroms, in: ETZ 80 (1959), S. 409ff., 453ff.

HIRSCH, Helmut, Die Saar von Genf. Die Saarfrage während des Völkerbundregimes von 1920-1935 (Rheinisches Archiv 46), Bonn 1954.

HOBRECKER, Adolf, Die deutsche öffentliche Elektrizitätswirtschaft im Spiegel des Energiewirtschaftsgesetzes, in: Jahrbücher für Nationalökonomie und Statistik 144 (1936), S. 47ff.

HOCHREUTHER, Wolf, Fernwärmeschiene Saar. Abwärmenutzung aus einer Kokerei und forcierter Aufbau einer Fernwärmeversorgung in der Mittelstadt Völklingen, Eggenstein-Leopoldshafen 1983 (als Ms. gedruckt).

HOCHSTRATE, Die Auswirkungen der Elektrifizierung im Saarbergbau, in: Bergfreiheit 28 (1963), S. 203ff.

HOFFMANN, H., Kraftgewinnung und Kraftversorgung in Berg- und Hüttenwerken, in: Zeitschrift des VDI 50 (1906), S. 1393ff., 1451ff., 1498ff., 1525ff., 1582ff., 1663ff.

HOFMANN, Hanns Hubert, Joseph Bürckel, in: Biographisches Wörterbuch zur deutschen Geschichte, 2., neubearb. Aufl. München 1974, Bd. 1, S. 386f.

HOLTFRERICH, Carl-Ludwig, Die „Energiekrise" in historischer Perspektive, in: Beiträge zu Wirtschafts- und Währungsfragen und zur Bankengeschichte Nr. 19, 1983, S. 3ff.

HOLZER, Jochen, Elektrifizierung in Entwicklungsländern unter besonderer Berücksichtigung der Vereinigten Arabischen Republik/Ägyptische Region, München 1961.

HOMBURG. 650 JAHRE STADT (1330-1980), Homburg 1980.

HOPP, Werner, Elektrische Energiewirtschaft der Saarbergwerke, in: Bergfreiheit 22 (1957), S. 117ff.

HOPPSTÄDTER, Kurt, Stadt Bexbach. Ein Heimatbuch, Bexbach 1971.

HORCH, Hans, Der Wandel der Gesellschafts- und Herrschaftsstrukturen in der Saarregion während der Industrialisierung (1740-1914), St. Ingbert 1985.

HORSTER, Paul, Die volkswirtschaftliche Bedeutung der chemischen Industrie am Oberrhein, Schopfheim 1922.

HORSTMANN, F., Neue Methoden und Maschinen in der Kohlengewinnung, in: SBK 1960, S. 17ff.

HOTZ, E., Die technische und betriebswirtschaftliche Entwicklung des Handwerks, in: Zeitschrift des VDI 77 (1933), S. 1105ff.

HÜNECKE, G., Arbeitsbeschaffung in der Elektrizitätsversorgung, in: EW 33 (1934), S. 62f.

HUGHES, Thomas P., Networks of Power. Electrification in Western Society, Baltimore and London 1983.

HUGHES, Thomas P., Technology as a Force for Change in History. The Effort to Form a Unified Electric Power System in Weimar Germany, in: Hans MOMMSEN u.a. (Hrsg.), Industrielles System und politische Entwicklung in der Weimarer Republik, Bd. 1, Düsseldorf 1974, S. 153ff.

ILLINGER ORTSCHRONIK, bearb. von Otto NAUHAUSER, hrsg. von der Gemeinde Illingen, Bexbach 1982.

IPSEN, U.P./SOMMERFELD, Herbert, Die Überlandbahnen von Saarlouis, in: Straßenbahn-Magazin Nr. 52, 1984, S. 97ff.

JACOB, E., Die Wirtschaft der Saarpfalz, in: Die Pfalz, hrsg. von E. KÖHRER und F. HARTMANN, Berlin 1926, S. 40ff.

JACOBY, Fritz, Die nationalsozialistische Herrschaftsübernahme an der Saar. Die innenpolitischen Probleme der Rückgliederung des Saargebietes bis 1935 (Veröffentlichungen der Kommission für saarländische Landesgeschichte und Volksforschung VI), Saarbrücken 1973.

JACOBY, Fritz, Oberbürgermeister Hans Neikes, eine bedeutende Persönlichkeit im Saargebiet, in: Festschrift zur 650jährigen Verleihung des Freiheitsbriefes an Saarbrücken und St. Johann (Zeitschrift für die Geschichte der Saargegend 19, 1971), S. 497ff.

JACOBY, Fritz/LAUFER, Wolfgang, Das Saarbrücker Land im Ersten Weltkrieg, in: Saarheimat 1978, S. 311ff.

JACQUES, Walter, Die geschichtliche Entwicklung der Preußenelektra, in: Preußische Elektrizitäts-AG (1952), S. 21ff.

JACQUES, Walter, Preußen und das Reich in der deutschen Elektrizitätswirtschaft, in: ETZ 47 (1926), S. 1160ff.

JACQUES, Walter, Die Preußische Elektrizitäts-AG, in: ETZ 48 (1927), S. 1764f.

JOHANNSEN, Otto, Die technische Entwicklung des Eisenhüttenwesens seit dem Jahre 1900, in: Technikgeschichte 28 (1939), S. 13ff.

JONGHAUS, Paul, Das Problem eines Reichselektrizitätsmonopols innerhalb der deutschen Elektrizitätswirtschaft in historischer Betrachtung und als Problem der Gegenwart, wirtschafts- und sozialwiss. Diss. Köln 1935.

JÜNGST, E., Anlagekapital und Rentabilität des fiskalischen Saarbergbaues. Eine Erwiderung, in: Glückauf 46 (1910), S. 1974ff.

JÜNGST, E., Die Rentabilität der westfälischen Staatszechen, in: Glückauf 46 (1910), S. 1401ff.

JULIUSBURGER, Die Entwicklung der elektrischen Eisen- und Stahlerzeugung, in: EKB 8 (1910), S. 308ff., 643ff.

JUNG, August, Die staatliche Elektrizitäts-Großversorgung Deutschlands, Jena 1918.

JUNG, Rudi, Heimatbuch Freisen, Freisen 1973.

KALISCHER, Curt, Strompreise und Tarife, in: Das Zeitalter der Elektrizität (1967), S. 167ff.

KALLMANN, Martin, Die Elektricitätswerke als Centralen für den Licht-, Kraft- und Bahnbetrieb, in: ETZ 16 (1895), S. 793ff.

KAMMERER, Otto, Über den Einfluß des technischen Fortschritts auf die Produktivität (Schriften des Vereins für Socialpolitik 132), Leipzig 1910, S. 371ff.

KAMMERER, Otto, Die Technik der Lastenförderung einst und jetzt; eine Studie über die Entwicklung der Hebemaschinen und ihren Einfluß auf Wirtschaftsleben und Kulturgeschichte, München 1907.

KAMMERER, Otto, Umgestaltung der Hebemaschinen durch die Elektrotechnik, in: ETZ 29 (1908), S. 423ff., 454ff., 476ff., 495ff.

100 JAHRE KARCHER SCHRAUBENWERKE GmbH Beckingen (1869-1969), (Beckingen)(1969).

KEDDIGKEIT, Jürgen, Die militärische Besetzung des südlichen Rheinland-Pfalz und des Saarlandes im März des Jahres 1945, in: Jahrbuch für westdeutsche Landesgeschichte 10 (1984), S. 319ff.

KEIL, Johann Heinrich, Geschichte der Stadt Merzig und des Merziger Landes, Merzig 1958.

KELLER, Peter C., Bericht über Berus, Saarbrücken 1981.

KELLER, W., Die elektrische Küche in Siedlungen und Wohnblocks, in: EW 37 (1938), S. 47ff.

KELTSCH, Erhard, Die deutsche Elektrizitätswirtschaft: Aus der Gegenwartsanalyse zu einem Blick in die Zukunft, in: EW 78 (1979), S. 475ff.

KELTSCH, Erhard, Krise der Stromversorgung. Ursachen und Folgen, Frankfurt 1979.

KESSLER, Kurt, Die öffentliche Elektrizitätswirtschaft an der Saar, in: EW 56 (1957), S. 297ff.

KEUTH, Paul, Wirtschaft zwischen den Grenzen. 100 Jahre IHK des Saarlandes, hrsg. von der IHK, (Saarbrücken) 1963/64.

KEUTH, Paul, Die wirtschaftliche Entwicklung im Landkreis Saarbrücken, in: Grenze als Schicksal — 150 Jahre Landkreis Saarbrücken, Saarbrücken 1966, S. 109ff.

KIERSCH, Gerhard, Die französische Deutschlandpolitik 1945-1949, in: C. SCHARF/H.-J. SCHRÖDER (Hrsg.), Politische und ökonomische Stabilisierung Westdeutschlands 1945-1949. Fünf Beispiele zur Deutschland-Politik der westlichen Alliierten, 1977, S. 61ff.

KIND, H., Der elektrische Antrieb von Maschinen, in: Elektroindustrie (1935), S. 16ff.

KINGMA, Johannes, Kapitalbedarf und Kapitalbeschaffung in der deutschen Elektrizitätswirtschaft seit dem Kriege, phil. Diss. Berlin 1936.

KINKEL, Hans/FEILL, Walter, Klein- und Kleinstmaschinen, in: Forschen und Schaffen (1956), Bd. 1, S. 300ff.

KIPPER, Die Entwicklung des Kokereibetriebes im Saarrevier, in: Glückauf 45 (1909), S. 329ff.

KIRCHMANN, Emil, Preußen und das Saargebiet, in: Technik und Kultur 19 (1928), S. 158f.

KLEEMANN, Werner, Die Unterkapitalisierung der deutschen Elektrizitätswirtschaft. Ursachen und Folgen, Frankfurt a.M. 1956.

KLEEMANN, Werner, Die Unterbewertung des Anlagevermögens der EVU — Gefahren und Auswege, in: ET 5 (1955/56), S. 129ff.

KLEIN, Adolf, Die Geschichte der Gemeinde Gronig, St. Wendel 1973.

KLEIN, Hanns, Ernst Dürrfeld, in: Zeitschrift für die Geschichte der Saargegend 19 (1971), S. 527f.

KLEIN, Hanns, Dr. Hans Neikes, in: Zeitschrift für die Geschichte der Saargegend 19 (1971), S. 527f.

KLEIN, Hanns, Die Saarlande im Zeitalter der Industrialisierung, in: Zeitschrift für die Geschichte der Saargegend 29 (1981), S. 93ff.

KLEIN, Marcel, L'Electricité en Alsace et en Lorraine. Etude Economique et Juridique, Strasbourg 1930.

KLEMM, Friedrich, Technik, Freiburg-München 1954.

KLINGENBERG, Georg, Elektrische Großwirtschaft unter staatlicher Mitwirkung, in: ETZ 37 (1916), S. 297ff., 314ff., 328ff., 343ff.

KLOEVEKORN, Fritz, Geschichte des saarländisch-lothringischen Eisenhüttenwesens (Schriftenreihe des saarländischen Heimat- und Kulturbundes 3), Saarbrücken 1958.

KLOEVEKORN, Fritz, Zur politischen Geschichte des Saargebietes: Preußischer Gebietsteil, in: Das Saargebiet (1929), S. 67ff.

KLOEVEKORN, Fritz, Das Saargebiet. Was es war, was es ist, was es werden will, Saarbrücken 1934.

KLOEVEKORN, Fritz, 200 Jahre Halberger Hütte 1756-1956, Saarbrücken (1956).

KLOEVEKORN, Fritz/NEUFANG, Oskar Friedrich, Geschichte des Brauwesens im Saarland unter besonderer Berücksichtigung des Braugewerbes im Raum Saarbrücken (Mitteilungen des Historischen Vereins des Saarlandes 1), Saarbrücken 1953.

KNIEHASE, Gustav, Der Einfluß der Energiewirtschaft auf den Standort der Industrien, Breslau 1937.

KOCH, H., Die Elektrizitätswirtschaft im Saargebiet, in: Saar-Wirtschaftszeitung 39 (1934), S. 409f.

KOCH, Heinrich, 75 Jahre Röhrenwerke Bous (Saar), in: Tradition 8 (1963), S. 15ff.

KOCH, Waldemar, Die Konzentrationsbewegung in der deutschen Elektroindustrie, phil. Diss. Berlin 1907.

KOCKA, Jürgen, Unternehmensverwaltung und Angestelltenschaft am Beispiel Siemens 1847-1914. Zum Verhältnis von Kapitalismus und Bürokratie in der deutschen Industrialisierung (Industrielle Welt 11), Stuttgart 1969.

KÖHLER, W., Die Entwicklung der Lichttechnik, ihre volkswirtschaftliche und kulturelle Bedeutung, in: Technik und Wirtschaft 29 (1936), S. 257ff.

KOEPCHEN, Arthur, Diskussionsbeitrag zum Referat von ORR MELCHINGER in: Energieverbundwirtschaft, hrsg. vom Energiewirtschaftlichen Institut der Universität Köln (Tagungsberichte des energiewirtschaftlichen Instituts H. 3), München 1951, S. 22f.

KOEPCHEN, Arthur, Das RWE in der deutschen Elektrizitätswirtschaft, Essen 1930.

KÖRFER, C., Die Beteiligung der Zechen des niederrheinisch-westfälischen Steinkohlenbergbaus an der öffentlichen Stromversorgung Rheinland-Westfalens, Diss. TH Aachen 1928.

KÖRTING, Johannes, Geschichte der deutschen Gasindustrie, Essen 1963.

KÖSTER, Rudolf, Die Lebenshaltung im Saarland. Eine Übersicht über die Entwicklung der Lebenshaltungskosten im Saarland von 1920 bis April 1948, hrsg. vom Statistischen Amt des Saarlandes, Saarbrücken 1948.

KÖTTGEN, Carl, Application of Electric Power in German Industry, in: The Transmission of the First World Power Conference, Vol. IV, London (1924), S. 288ff.

KÖTTGEN, Carl, Die Aufgaben der elektrischen Kraftübertragung, in: EKB 5 (1907), S. 4ff.

DIE DEUTSCHE KOHLENWIRTSCHAFT. Ausschuß zur Untersuchung der Erzeugungs- und Absatzbedingungen der deutschen Wirtschaft (Enquêteausschuß), III. Unterausschuß, Berlin 1929.

KOLLMANN, J., Die Wirtschaftlichkeit der wichtigsten Beleuchtungsarten, in: Technische Monatshefte 3 (1912), S. 273ff.

KOLLMANN, Julius, Die Großindustrie des Saargebietes. Eine zusammenhängende Darstellung der geschichtlichen und technischen Entwicklung bis auf den gegenwärtigen Stand, Stuttgart 1911.

KORST, Walter, Die französische Wirtschaftspolitik im Allgemeinen an der Saar, rechts- und staatswiss. Diss. Würzburg 1926.

KRAEMER, Hans, Welt der Technik im XIX. Jahrhundert, Düsseldorf 1984 (Reprint von 1898-1902).

KRÄMER, Paul, Die wirtschaftliche Struktur, in: Der Landkreis St. Wendel (1968), S. 250ff.

KRÄMER, Wolfgang, 200 Jahre Eisenwerk St. Ingbert. Geschichte des Eisenwerkes zu St. Ingbert mit besonderer Berücksichtigung der Frühzeit (1733-1933). Ein Beitrag zur Geschichte der pfälzisch-saarländischen Eisenverhüttung (Veröffentlichungen der Pfälzischen Gesellschaft zur Förderung der Wissenschaften XXII), Speyer 1933.

KRÄMER, Wolfgang, Geschichte der Stadt St. Ingbert. Von den Anfängen bis zum Ende des Zweiten Weltkrieges, 2., vollständig umgearbeitete und wesentlich ergänzte Auflage in 2 Bänden St. Ingbert 1955.

KRÄMER, Wolfgang, Geschichte St. Ingberts in 400 Jahreszahlen, St. Ingbert 1929.

KRÄMER, Wolfgang, Geschichte des Steinkohlen-Bergbaues zu St. Ingbert (Veröffentlichungen der Pfälzischen Gesellschaft zur Förderung der Wissenschaften IX), Speyer 1930.

KRATOCHWIL, Robert, Elektrowärmeverwertung als ein Mittel zur Erhöhung des Stromverbrauches, 2. Aufl. München 1927.

KRECKE, Carl, Die deutsche Energiewirtschaft, in: Probleme des deutschen Wirtschaftslebens. Erstrebtes und Erreichtes, hrsg. vom Deutschen Institut für Bankwissenschaft und Bankwesen, Berlin und Leipzig 1937, S. 381ff.

KRETSCHMER, Rudolf, Geschichte der Kreisstadt Saarlouis, Bd. 4, Saarlouis 1982.

KREUTZ, L., Die Ferngasfrage des Saargebietes, in: Lebensfragen der Saarwirtschaft (1929), S. 85ff.

KREUTZ, L., Probleme der Gaswirtschaft des Saargebietes, in: Gas- und Wasserfach 77 (1934).

KREUTZ, L., Probleme der Gaswirtschaft des Saargebietes, in: Das Saargebiet (1933), S. 840ff.

KREUZKAM, Die Wasserkraftausnutzung an Mosel und Saar, in: ETZ 49 (1928), S. 628ff.

KRÖLL, Rudolf, Eisenwerk St. Ingbert 1733-1913, Aachen 1914.

KROMER, Theodor, Bericht über die elektrischen Versuchsdörfer, in: EW 34 (1935), S. 648ff.

KRUSCHWITZ, Hans, Die deutsche Wohnungswirtschaft seit 1933, in: Jahrbücher für Nationalökonomie und Statistik 146 (1937), S. 26ff.

KRUSE, J., Energiewirtschaft, Berlin und München 1972.

KÜBLER, Wilhelm, Notizen über elektrische Einzelantriebe, in: EKB 6 (1908), S. 130ff.

KÜPPERS, Heinrich, Saarland 1945, in: Saarheimat 1-2/1985, S. 85ff.

KÜPPERS, Heinrich, Wollte Frankreich das Saarland annektieren, in: Jahrbuch für westdeutsche Landesgeschichte 9 (1983), S. 345ff.

LADEWIG, Wolfgang, Die Energieversorgungsunternehmen in der Raumordnung. Ein Beitrag zur Rechtsstellung der Energieversorgungsunternehmen im überörtlichen Planungsrecht, Gräfelfing/München 1970.

LA HOUVE, Société Anonyme de Mines et d'Electricité, Lyon-Paris 1923.

LANDES, David S., Der entfesselte Prometheus. Technologischer Wandel und industrielle Produktion in Westeuropa von 1750 bis zur Gegenwart, Köln 1973.

LASCHE, O., Elektrischer Einzelantrieb und seine Wirtschaftlichkeit, in: Zeitschrift des VDI 24 (1900), S. 1189ff.

LATZ, Wirtschaft und Verkehr, in: Saarlouis 1680-1930. Rückschau und Ausblick im 250. Gründungsjahr der Stadt, hrsg. von Bürgermeister Dr. LATZ, Saarlouis (1930), S. 107ff.

LATZ, Rolf E., Die saarländische Schwerindustrie und ihre Nachbarreviere 1878/1938. Technische Entwicklung, wirtschaftliche und soziale Bedeutung, Saarbrücken 1985.

LAUBENTHAL, Wilhelm, Geschiche Merzigs im Überblick, in: Merzig (1971), S. 16ff.

LAUER, Walter, Geschichte der Maschinenfabrik Ehrhardt & Sehmer, Saarbrücken, in: Zeitschrift für saarländische Heimatkunde 2 (1952), S. 71ff.

LAUER, Walter, Die Glasindustrie im Saargebiet. Ein Beitrag zur Wirtschaftsgeschichte des Saargebiets, staatswiss. Diss. Tübingen 1922.

LAUER, Walter Die Glasindustrie im Saargebiet, in: Technikgeschichte 15 (1925), S. 226ff.

LAUER, Werner, Die Elektrizitätswirtschaft des Saarlandes im europäischen Rahmen, wirtschaftswiss. Diss. Innsbruck 1956 (masch.).

LAUFER, Rudolf, Industrie und Energiewirtschaft im Land Baden 1945-1952. Südbaden unter französischer Besatzung (Forschungen zur oberrheinischen Landesgeschichte XXVIII), Freiburg-München 1979.

LAUFER, Wolfgang, Bevölkerungs- und siedlungsgeschichtliche Aspekte der Industrialisierung an der Saar, in: Zeitschrift für die Geschichte der Saargegend 29 (1981), S. 122ff.

LAWACZEK, Franz, Elektrowirtschaft, München 1936.

LEBENSFRAGEN DER SAARWIRTSCHAFT (Saar-Wirtschaftsfragen 3), Saarbrücken 1929.

LEHMANN, Werner, Abriß der Wirtschaftsgeschichte des Saargebiets, Saarbrücken 1925.

LEHMANN, Werner, Die wirtschaftliche Entwicklung des Saargebiets, phil. Diss. Rostock 1922 (masch.)

LEHMANN-RICHTER, E.W., Elektrische Kraftübertragung einer hessischen Lederfabrik, in: EKB 7 (1909), S. 171ff.

LEHNERT, Aloys, Geschichte der Stadt Dillingen, Dillingen 1971.

LEHR, G. J., Die Wasserkraft-Verhältnisse der Rheinpfalz, Neustadt a.d.H. 1921.

LEINER, Wolfgang, Geschichte der Elektrizitätswirtschaft in Württemberg. Bd. 1: Grundlagen und Anfänge (bis 1895), Stuttgart 1982; Bd. 2,1: Die Zeit der Vollabdeckung (1896-1915); Bd. 2,2: Der Weg zur Großwirtschaft (1916-1945), Stuttgart 1985.

LEMPERT, Paul, „Das Saarland den Saarländern". Die frankophilen Bestrebungen im Saargebiet 1918-1945 (Kölner Schriftenreihe zur Romanischen Kultur 3), Köln 1985.

LENGERKE, Die Saarbrücker Straßenbahnen, in: 25 Jahre Saarbrücken (1934), S. 116ff.

LENHARTZ, Rudolf, Grundzüge der Unternehmenspolitik. Rückblick und Ausblick, in: 25 Jahre Saarbergwerke AG (1982), S. 69ff.

LENT, H., Nutzen und Notwendigkeit des Energieverbundes für die Industrie, in: Die Zusammenarbeit zwischen Industrie und EVU in der Stromversorgung (Abhandlungen des Instituts für elektrische Anlagen und Hochspannungstechnik 2), Karlsruhe 1955, S. 12ff.

LIEFMANN, Robert, Beteiligungs- und Finanzierungsgesellschaften. Eine Studie über den modernen Kapitalismus und das Effektenwesen in Deutschland, den Vereinigten Staaten, der Schweiz, England, Frankreich und Belgien, 2. Aufl. Jena 1913 (und öfters).

LINDENLAUB, Jürgen, Energieimpulse und regionale Wachstumsdifferenzierung (Schriftenreihe des Energiewirtschaftlichen Instituts 14), München 1968.

LINDNER, Helmut, Strom. Erzeugung, Verteilung und Anwendung der Elektrizität (Kulturgeschichte der Naturwissenschaften und der Technik), Reinbek 1985.

LITHARDT, Willibrod, Brebach-Fechingen einst und jetzt, Saarbrücken 1973.

1000 JAHRE LOCKWEILER-KRETTNICH, hrsg. von den Gemeinden Lockweiler und Krettnich, Lockweiler 1973.

LÖCHNER, H., Rückblick auf den 25jährigen Siegeszug der Elektroküche in Deutschland 1929-1954, o.O. (1954).

LÖHNE, PREISE UND LEBENSHALTUNGSKOSTEN 1934 bis 1947, bearbeitet im Statistischen- und Wahlamt der Stadt Saarbrücken (Beiträge zur Statistik der Stadt Saarbrücken 3), (Saarbrücken)(1948).

LOEWE, Alfred, Die Elektrizitätswirtschaft, in: Die wirtschaftliche Entwicklung Elsaß-Lothringens 1871-1918, hrsg. von Max SCHLENKER (Reichsland Elsaß-Lothringen Bd. 1), Frankfurt a.M. 1931, S. 233ff.

LOUIS, H., Chronik von Mittelbexbach und Ludwigsthal. Ein Beitrag zur Geschichte des Westrichs, Homburg 1912.

LOUIS, H., Geschichtliche Entwicklung des Steinkohlenbergbaus im pfälzischen Anteil des Saarbeckens: a) Grube Bexbach, b) Grube Frankenholz, in: Pfälzische Heimatkunde IX (1913), S. 101f., 137ff.

LOUIS, H./GEIBERT, Chronik von Oberbexbach und Frankenholz, Homburg 1910.

LOY, Hans-Hermann, Dampfkraftwerke, in: Forschen und Schaffen (1965), Bd. 1, S. 5ff.

LUDEWIG, Hans, Kalte Sozialisierung in der Energieversorgung, in: Der Volkswirt Nr. 23/1950, S. 9ff., Nr. 24/1950, S. 10ff.

LUDWIG, Karl-Heinz, Energiepolitische und energietechnische Konzeptionen in Deutschland zwischen den beiden Weltkriegen, in: Energie in Kontext und Kommunikation. Symposium, Haus der Technik, Essen 1978, S. 35ff.

LUDWIG, Karl-Heinz, Nationalsozialistische Politik und Energiewirtschaft, in: Energie in der Geschichte (1984), S. 433ff.

LUEGER, LEXIKON DER TECHNIK Bd. 6/7, Lexikon der Energietechnik und Kraftmaschinen, hrsg. von Rudolf von MILLER, Stuttgart 1965, Artikel elektrizitätswirtschaftliche Begriffsbestimmungen, S. 280ff.

LÜPKE, Adolf, Die Währungsumstellung in den Wirtschaftsbetrieben des Saargebietes, Saarlouis 1924.

MACKENTHUN, Werner, Elektrizitätsversorgung, in: Das Energiehandbuch (1976), S. 219ff.

MAHR, Otto, Zeittafel zur Geschichte der Elektrotechnik, in: Technikgeschichte 30 (1941), S. 46ff.

MAINKRAFTWERKE AG (Hrsg.): Auftrag und Verpflichtung. 1910-1985. 75 Jahre regionale Energieversorgung zwischen Main-Rhein-Lahn, Frankfurt a.M. (1985).

MALAISÉ, Gerhart E. v., Der Wiederaufbau der öffentlichen Elektrizitätsversorgung in der Bundesrepublik, in: Die öffentliche Wirtschaft 9 (1960), Sonderausgabe Investitionen in der öffentlichen Wirtschaft, S. 4ff.

MANZ, Mathias, Stagnation und Aufschwung in der französischen Besatzungszone von 1945 bis 1948, wirtschaftswiss. Diss. Mannheim 1968.

MARGUERRE, Fritz/LIEBENSTEIN, G. Frh. v., Großkraftwerk Mannheim AG, in: HEYS (1931), S. 614ff.

MARTIN, Franz, Die Elektrizitätsversorgung, in: Saarheimat 1971, S. 232ff.

MARTINI, R., Die zollpolitische Lage des Saargebiets, in: Lebensfragen der Saarwirtschaft (1929), S. 14ff.

MASUKOWITZ, H., Industrielle Elektrowärme, in: EW 34 (1935), S. 499ff.

MATSCHOSS, Conrad, Geschichtliche Entwicklung der Berliner Elektricitätswerke von ihrer Begründung bis zur Übernahme durch die Stadt, in: Technikgeschichte 7 (1917), S. 1ff.

MATSCHOSS, Conrad, Geschichte der Maschinenfabrik Nürnberg, in: Technikgeschichte 5 (1913), S. 245ff.

MATTERN, Willi, Das Kraftnetz der Saarbergwerke AG, in: SBK 1962, S. 33ff.

MATTHIE, Bruno/REHM, Helmut, Elektrische Fördermaschinen, in: Forschen und Schaffen (1965), Bd. 2, S. 24ff.

MATZERATH, Horst, Nationalsozialismus und kommunale Selbstverwaltung, Stuttgart u.a. 1970.

MAUEL, Kurt, Die Bedeutung der Dampfturbine für die Entwicklung der elektrischen Energieerzeugung, in: Technikgeschichte 42 (1975), S. 223ff.

MAUEL, Kurt, Technische und wirtschaftliche Kriterien für Entwicklung und Verwendung von Kraftmaschinen am Ende des 19. Jahrhunderts, in: Humanismus und Technik 16 (1972), S. 159ff.

MAY, Helmut, Die Rechtsbeziehungen zwischen der Schweiz und Baden bezüglich der Nutzbarmachung der Wasserkräfte des Hochrheins, Diss. jur. Basel 1953 (masch.).

MELCHINGER, Eugen, Ausschnitte aus der Entwicklung des deutschen Elektrizitätsrechts, in: Das Zeitalter der Elektrizität (1967), S. 183ff.

MELLIN, R., Der Steinkohlenbergbau des preußischen Staates in der Umgebung von Saarbrücken, III. Teil: Der technische Betrieb, Berlin 1906.

MENGE, August, Die Eingliederung der Saar in die deutsche Elektrizitätswirtschaft, in: EW 34 (1935), S. 604ff.

MENGELBERG/PEUCKER, Die Kraftwerke der Königlichen Bergwerksdirektion Saarbrücken, in: Glückauf 46 (1910) S. 1332ff.

MERTENS, Helmut, Frankreichs Bestrebungen und wirtschaftliche Unterjochung des Saargebiets und die Folgen auf das saarländische Wirtschaftsleben, rechts- und staatswiss. Diss. Breslau 1924.

MERZ, Anton, Die Entwicklung der saarländischen Bevölkerungs- und Sozialstruktur, in: Das Saarland (1958), S. 702ff.

MERZIG. Bild einer Stadt an der Saar, hrsg. von Alfred DIWERSY und Heribert SCHREINER, Merzig 1971.

DER KREIS MERZIG-WADERN, hrsg. von Landrat Kurt Matthias LINICIUS, Stuttgart-Aalen 1972.

METZGER, Ernst, Der Einfluß des Saarstatuts auf die politischen und wirtschaftlichen Verhältnisse des Saargebiets, Würzburg 1934.

METZGER, Otto, Der Kampf um den saarländischen Markt von 1918 bis zum 10. Januar 1925, Gießen 1926.

MEYER, Heinz, Die Erweiterung des Kraftwerkes Fenne, in: Schacht und Heim 2 (1956), H. 4, S. 24ff.

MEYER, Heinz, Die großen Kraftwerksblöcke der Saarbergwerke AG, in: Bergfreiheit 35 (1970), S. 12ff.

MEYER, Heinz, Kraftwerk St. Barbara, zweiter Bauabschnitt, in: Schacht und Heim 3 (1957), H. 4, S. 7ff.

MEYER, Hugo Lucian, 10 Jahre HEA. 1911-1919/1934-1945/1952-1962, (Frankfurt) 1962.

MEYER, Konrad, Elektrizitätsversorgung, in: Energiehandbuch (1970), S. 225ff.

MEYER, Konrad, Die deutsche Elektrizitätswirtschaft 1933-1948, in: EW 48 (1949), S. 34ff.

MILKEREIT, Gertrud, Das Projekt der Moselkanalisierung, ein Problem der westdeutschen Eisen- und Stahlindustrie, in: Beiträge zur Geschichte der Moselkanalisierung, hrsg. vom Rheinisch-Westfälischen Wirtschaftsarchiv zu Köln (Schriften zur Rheinisch-Westfälischen Wirtschaftsgeschichte 14), Köln 1967, S. 111ff.

MILLER, Oskar von, Ein Kapitel aus der Geschichte der Elektrotechnik, in: Elektrizität (1927), S. 23ff.

MILLER, Rudolf von, Ein Halbjahrhundert deutsche Stromversorgung aus öffentlichen Elektrizitätswerken, in: Technikgeschichte 25 (1936), S. 111ff.

MILLER, Rudolf von, Der Stromverbrauch im Wandel der Zeiten, in: Technikgeschichte 30 (1941), S. 25ff.

MOEHRLE, Karl, Die Glasindustrie im Saargebiet, rechts- und staatswiss. Diss. Würzburg 1932.

MÖRGEN, Günther, Energiewirtschaft Saar und die europäische Verbundwirtschaft, in: Europäische Wirtschaftsgemeinschaft 5 (1962), S. 141ff.

MÖRTZSCH, Fr., Technisch-wirtschaftliche Untersuchungen, in: Die Arbeit der Vereinigung der Elektrizitätswerke (VdEW), (Berlin)(1932), S. 40ff.

DIE MONOPOLGEFAHR IN DER ELEKTRIZITÄTS-INDUSTRIE mit besonderer Berücksichtigung der Verhältnisse im Saarrevier, Saarbrücken 1911.

MONOPOLTENDENZEN IN DER DEUTSCHEN ELEKTROTECHNISCHEN INDUSTRIE, in: Zeitschrift für die gesamte Staatswissenschaft 68 (1912), S. 530ff.

MOTTEK, Hans/BECKER, Walter/SCHRÖTER, Alfred, Wirtschaftsgeschichte Deutschlands. Ein Grundriß, Bd. III: Von der Zeit der Bismarckschen Reichsgründung 1871 bis zur Niederlage des faschistischen deutschen Imperialismus 1945, 2. Aufl. Berlin (Ost) 1975.

MÜHLEN, Patrick von zur, „Schlagt Hitler an der Saar!". Abstimmungskampf, Emigration und Widerstand im Saargebiet 1933-35 (Politik- und Gesellschaftsgeschichte 7), Bonn 1979.

MÜLLER, Günter, Die Energiewirtschaft des Saarlandes, in: Das Bundesland Saar (1961), S. 63ff.

MÜLLER, Günter, Das RWE greift nach der Saar, in: Zeitschrift für kommunale Wirtschaft 8 (1959), Nr. 69.

MÜLLER, H., Wasser- und Energieversorgung des Saarlandes, in: Wirtschaftliches und kulturelles Handbuch (1955), S. 115ff.

MUELLER, Herbert F., Literarische und propagandistische Arbeiten, in: Die Arbeit der Vereinigung der Elektrizitätswerke (VdEW), (Berlin)(1932), S. 47ff.

MUELLER, Herbert F., Die Entwicklung der Elektrizitätsanwendung, in: Das Zeitalter der Elektrizität (1967), S. 139ff.

MUELLER, Herbert F., Werbung für Elektrizitätsanwendung, in: Elektroindustrie (1935), S. 62ff.

MUELLER, Herbert F., Wesen und Aufgabe der Elektrizität (Beispielbücherei der deutschen Wirtschaft 2,2), 3. Aufl. Berlin 1938.

MÜLLER, Hermann, Die Übererzeugung im Saarländer Hüttengewerbe von 1856 bis 1913 (Beiträge zur Erforschung der wirtschaftlichen Wechsellagen Aufschwung, Krise, Stockung 10), Jena 1935.

MÜLLER, J. Heinz, Die räumlichen Auswirkungen der Wandlungen im Energiesektor, in: Energiewirtschaft und Raumordnung (Forschungs- und Sitzungsberichte der Akademie für Raumforschung und Landesplanung 38), Hannover 1967, S. 21ff.

MÜLLER, J. Heinz u.a., Probleme der Wirtschaftsstruktur des Saarlandes (Regional- und wirtschaftspolitische Studienreihe zu Entwicklungs- und Umstellungsprogrammen IX), Luxemburg 1967.

MÜLLER, Max, Geschichte der Stadt St. Wendel von ihren Anfängen bis zum Weltkriege, St. Wendel 1927.

MÜLLER, Rainer, Die Energieversorgung in der Gemeinde (Quierschied), in: Quierschieder Hefte 4 (1983), H. 6.

MÜLLER, Reinhold, Die Überfremdung des Saarwirtschaftslebens seit dem Frieden von Versailles bis Oktober 1921, rechts- und staatswiss. Diss. Würzburg 1922 (masch.).

MÜNCHNER STADTWERKE (Hrsg.), 70 Jahre Strom für München, 1899-1969. Die Stromversorgung Münchens in Vergangenheit und Zukunft, zusammengestellt von H. HERGENRÖDER, (München)(1969).

NASSE, R., Der technische Betrieb der königlichen Steinkohlengruben bei Saarbrücken, in: ZBHS 33 (1885), S. 1ff., 163ff., 277ff.

NEIKES, Hans, Elektropolitik und Gasfernversorgung im Saargebiet, in: Zeitschrift für Kommunalwirtschaft 23 (1933), S. 834ff.

NETSCHERT, Bruce C., Developping the Energy Inheritance, in: Technology in Western Civilisation (1967), Vol. II., S. 237ff.

NEUBERG, Ernst, Dampfmaschine gegen Gasmaschine, in: Die Gasmotorentechnik 1903, S. 145ff. und 1904, S. 43ff.

NEUBERG, Ernst, Gasmotor und Gasgesetz, in: Die Gasmotorentechnik 1908, S. 105ff.

FÜNFVIERTEL JAHRHUNDERT NEUNKIRCHER EISENWERK und Gebrüder Stumm, Mannheim 1935.

75 JAHRE NEUNKIRCHER VERKEHRS-AG (NVG). 1907-1982, hrsg. von der NVG, Neunkirchen 1982.

NIEMANN, Hans-Werner, Die Anfänge der staatlichen Elektrizitätsversorgung im Königreich Sachsen, in: ZUG 23 (1978), S. 98ff.

NOCHIMSON, M., Die elektrotechnische Umwälzung der Gegenwart. Eine nationalökonomische Studie über den Einfluß der Elektrizität auf unsere Wirtschaft und auf die Betriebsformen, Zürich 1910.

NOETHER, Erich, Vertrustung und Monopolfrage in der deutschen Elektrizitätsindustrie, Mannheim-Leipzig (1913).

NORDWESTDEUTSCHE KRAFTWERKE AG (Hrsg.), 75 Jahre Reflexionen, Hamburg 1975.

NUSSBAUM, Helga, Versuche zur reichsgesetzlichen Regelung der deutschen Elektrizitätswirtschaft und ihrer Überführung in Reichseigentum, in: Jahrbuch für Wirtschaftsgeschichte 1968/I, S. 117ff.

OBERLIESEN, Rolf, Information, Daten und Signale. Geschichte technischer Informationsverarbeitung (Kulturgeschichte der Naturwissenschaften und der Technik), Reinbek 1982.

OESTERLEIN, Simon, Elektrifizierung der mechanischen Kohlengewinnung, in: Die Entwicklung der Starkstromtechnik bei den Siemens-Schuckert-Werken (1953), S. 333ff.

OLDENHAGE, Klaus, Die Pfalz und das Saarland während des Krieges (1940-45). Aus den Lageberichten des Oberlandesgerichtspräsidenten und Generalstaatsanwaltes in Zweibrücken, Teil I: 1940-1941, in: Jahrbuch für westdeutsche Landesgeschichte 5 (1979), S. 303ff., Teil II: 1942-1945, ebd., 6 (1980). S. 343ff.

OTT, Hugo, Privatwirtschaftliche und kommunal(staats)wirtschaftliche Aspekte beim Aufbau der Elektrizitätswirtschaft, in: Aus Stadt- und Wirtschaftsgeschichte Südwestdeutschlands, Festschrift für Erich MASCHKE zum 75. Geburtstag (Veröffentlichungen der Kommmission für geschichtliche Landeskunde in Baden-Württemberg, Reihe B, 85), Stuttgart 1975, S. 255ff.

OTT, Hugo, Zur bayerischen Elektrizitätswirtschaft vor dem Ersten Weltkrieg, in: Land und Reich, Stamm und Nation. Probleme und Perspektiven bayerischer Geschichte, Festgabe für Max SPINDLER zum 90. Geburtstag, hrsg. von Andreas KRAUS, München 1984, S. 367ff.

OTT, Hugo, Die wirtschaftliche und soziale Entwicklung von der Mitte des 19. Jahrhunderts bis zum Ende des Ersten Weltkrieges, in: Badische Geschichte. Vom Großherzogtum bis zur Gegenwart, hrsg. von der Landeszentrale für politische Bildung Baden-Württemberg, Stuttgart 1979, S. 103ff.

OTT, Hugo, History of Electricity in Germany, in: Un Siècle d'Electricité dans le Monde (1880-1980) (1987), S. 135ff.

OTT, Hugo/HERZIG, Thomas unter Mitarbeit von Rudi ALLGEIER und Philipp FEHRENBACH, Elektrizitätsversorgung von Baden, Württemberg und Hohenzollern 1913/14 (Historischer Atlas von Baden-Württemberg, Karte XI, 9 und Beiwort), Stuttgart 1981.

OTT, Hugo/ALLGEIER, Rudi/FEHRENBACH, Philipp/HERZIG, Thomas, Historische Energiestatistik am Beispiel der öffentlichen Elektrizitätsversorgung Deutschlands, in: VSWG·68 (1981), S. 345ff.

DER LANDKREIS OTTWEILER. Eine Monographie, hrsg. vom Landkreis, (Ottweiler)(1961).

OVERBECK, Hermann, Kokserzeugung und Energiewirtschaft auf der Steinkohle, in: Saar-Atlas (1934), S. 80ff.

PACK, Fr., Die pfälzische Überlandzentrale Homburg (Kommunalpolitische Schriften H. 4), Neustadt a.d.H. 1912.

PASSOW, Richard, Staatliche Elektrizitätswerke in Deutschland, Jena 1916.

PASSOW, Richard, Die gemischt privaten und öffentlichen Unternehmen auf dem Gebiet der Elektrizitäts- und Gasversorgung und des Straßenbahnwesens, Jena 1912 und 2. Aufl. Jena 1923.

PAUL, Gerhard, „Deutsche Mutter — heim zu Dir!". Warum es mißlang, Hitler an der Saar zu schlagen. Der Saarkampf 1933 bis 1935, Köln 1984.

PAULY, Joachim, Völklingen. Studie zur Wirtschafts-, Sozial- und Siedlungsstruktur einer saarländischen Industriestadt (Arbeiten aus dem Geographischen Institut der Universität des Saarlandes 20), Saarbrücken 1975.

PELTZ-DRECKMANN, Ute, Nationalsozialistischer Siedlungsbau, München 1978.

PETERS, Paul, Die Stunde Null, in: SECK/PETERS (1986), S. 43ff.

PETERSEN, W., Entwicklung der Krafterzeugung und Kraftübertragung der letzten 50 Jahre in Deutschland, in: ETZ 51 (1930), S. 107ff.

PETRI, A., Die Elektrizitätsverwendung auf dem flachen Lande, in: ETZ 40 (1919), S. 561ff.

ZUR PETROLEUMMONOPOLFRAGE, in: Glückauf 50 (1914), S. 425ff.

PETZEL, Hans-Karl von, Das Modellkraftwerk Völklingen der Saarbergwerke AG. Umweltfreundliche Kraftwerkstechnologie, hrsg. von der Saarbergwerke AG, (Saarbrücken) 1982.

25 JAHRE PFALZWERKE AKTIENGESELLSCHAFT, Ludwigshafen, 1912-1937, (Ludwigshafen) (1937).

65 JAHRE PFALZWERKE — 65 Jahre pfälzische Stromversorgung, hrsg. von der Pfalzwerke AG, Landau 1977.

PHILIPPI, G., Stellung der Elektrizität im Kohlenbergbau, in: Elektrizität im Bergbau 10 (1935), S. 8ff.

PHILIPPI, W., Elektrizität im Bergbau, in: EKB 8 (1910), S. 466ff.

PHILIPPI, W., Elektrische Fördermaschinen, Leipzig 1921.

PHILIPPI, W., Die elektrischen Kraft- und Lichtanlagen der Sächsischen Maschinenfabrik vormals Richard Hartmann AG, Chemnitz, in: ETZ 22 (1901), S. 2ff.

PHILIPPI, Wilhelm, Die Entwicklung der Elektrizitätsverwendung im Bergbau, in: Technikgeschichte 18 (1928), S. 19ff.

PICKER, Henry, Hitlers Tischgespräche im Führerhauptquartier, vollständig überarb. und erweiterte Neuausgabe Stuttgart 1976.

PÖHLMANN, Carl, Zur politischen Geschichte des Saargebiets: Bayerischer Gebietsteil, in: Das Saargebiet (1929), S. 121ff.

POHL, Energieversorgung und Siedlungswesen, in: Der Werbeleiter 1938, H. 10/11, S. 173ff.

POHL, Hans, Kohle und Koks aus Belgien, dem Saarland und Rheinland-Westfalen für Luxemburgs Schwerindustrie. Ein Beitrag zur Energiegeschichte, in: ZUG 24 (1979), S. 136ff.

PORR, Otto, Das Problem der Schiffahrt auf Mosel und Saar, wirtschafts- und sozialwiss. Diss. Köln 1922 (masch.).

PREUSSISCHE ELEKTRIZITÄTS-AKTIENGESELLSCHAFT. Denkschrift anläßlich ihres 25jährigen Bestehens (1927-1952), Hannover 1952.

PREUSSENELEKTRA. Energie, Menschen, Partnerschaften, hrsg. von der Preußischen Elektrizitäts-AG, Hannover 1977.

PRODUKTIVKRÄFTE IN DEUTSCHLAND 1870 BIS 1917/18 (Geschichte der Produktivkräfte in Deutschland von 1800 bis 1945, Bd. 2), Berlin (Ost) 1985.

PROWE-BACHUS, Margarete-Maria, Auswirkungen der Technisierung im Familienhaushalt, wirtschafts- und sozialwiss. Diss. Köln 1933.

RAPS, A., Elektrizität und Volkswohlfahrt, Berlin 1914.

RAUBER, Moritz, Meilensteine des Bergbaus im Grubenfeld Ensdorf, in: 250 Jahre Bergbau im Grubenfeld Ensdorf (1980), S. 4ff.

RAUECKER, Bruno, Die sozialen und wirtschaftlichen Beziehungen zwischen Elsaß-Lothringen und dem Saargebiet 1920-1935, Heidelberg-Berlin 1937.

RECKTENWALD I, Elektrische Streckenförderung mit Akkumulator-Lokomotiven zu Grube „Von der Heydt" bei Saarbrücken, in: EKB 8 (1910), S. 46f.

REGITZ, Friedrich, Die Politik der Abtrennung, in: Das Saarland (1958), S. 57ff.

REINHART, G.N., Die Elektrotechnik im Hauswesen, in: Elektroindustrie (1935), S. 44ff.

REITEL, François, Krise und Zukunft des Montandreiecks Saar-Lor-Lux, Frankfurt u.a. 1980.

REITZ, Hans-Günter, Sulzbach. Sozialgeographische Struktur einer ehemaligen Bergbaustadt im Saarland (Veröffentlichungen des Instituts für Landeskunde des Saarlandes 22), Saarbrücken 1975.

RENKER, Hans, Hebezeuge und Nahfördermittel, in: Forschen und Schaffen (1965), Bd. 2, S. 166ff.

REULEAUX, Franz, Die Maschine in der Arbeiterfrage (Soziale Streitfragen 2), München 1885.

REUTLER, K., Das Handwerk im Saargebiet, in: Handel und Industrie (1924), S. 47ff.

REY, J. van, Die technische Entwicklung im Untertagebetrieb der Saargruben seit dem Jahre 1945, in: Bergfreiheit 22 (1957), S. 97ff.

RICHTER, Siegfried, Automatisierungstendenzen im Bereich der deutschen Energieerzeugung während der zwanziger und dreißiger Jahre im Lichte der Zeitschrift des Vereins Deutscher Ingenieure, in: Energie in der Geschichte (1984), S. 236ff.

RICHTER, Siegfried, Der Elektromotor in der Produktion, in: Geschichte der Technik (1978), S. 284ff.

RIEDLER, A., Über die Entwicklung und Bedeutung der Dampfturbine, in: ZHBS 54 (1906), S. 415ff.

RISSMÜLLER, K., 75 Jahre elektrische Energie-Erzeugung, in: EW 41 (1942), S. 26ff.

RITTER, E. Richard, Das elektrische Haus, 2. Aufl. Berlin 1928.

ROCKAHR, J., Die Kapitalversorgung des Saarlandes, in: Europäische Wirtschaftsgemeinschaft 5 (1962), S. 145ff.

RODENHAUSER, Wilhelm, Der Elektrostahlofen als Stromverbraucher, in: EKB 9 (1911), S. 381ff.

RODENHAUSER, Wilhelm, Einiges aus dem Energiewirtschaftsgesetz. Unter besonderer Berücksichtigung seiner Bedeutung für die Wirtschaft des Gaues Saarpfalz, in: Deutsche Wirtschaft 3 (1936), S. 467f.

RODENHAUSER, Wilhelm, Erfahrungen beim Bau des Höchstdruck-Kraftwerkes Wehrden-Saar, in: EW 37 (1938).

RODENHAUSER, Wilhelm, Fortschritte im Bau und Betrieb elektrischer Hochöfen, in: EKB 11 (1913), S. 561ff.

RÖCHLING, Hermann, Aufgaben der deutschen Wirtschaft, in: EW 34 (1935), S. 599ff.

RÖCHLING, Hermann, Wir halten die Saar, Berlin 1934.

50 JAHRE RÖCHLING VÖLKLINGEN. Die Entwicklung eines Rheinischen Industrie-Unternehmens, bearb. von Richard NUTZINGER, Hans BOEHMER, Otto JOHANNSEN, Saarbrücken-Völklingen 1931.

RÖDEL, Volker, Die Behörde des Reichsstatthalters in der Westmark, in: Jahrbuch für westdeutsche Landesgeschichte 10 (1984), S. 287ff.

THE ROLE AND APPLICATION OF ELECTRIC POWER in the Industrialization of Asia and the Far East (UN Economic Commission for Asia and the Far East), New York 1965.

ROSE, Mark H., Energy Choices, Urban Environment and Social Change, 1900-1940, in: Energie in der Geschichte (1984), S. 244ff.

ROTH, François, La Lorraine Annexée (1870-1918), Metz 1976.

ROTSCH, Melvin H., The Home Environment, in: Technology in Western Civilisation (1967), Vol. II, S. 217ff.

355

RUBY, Jürgen, Von der Drehmaschine zum Drehautomaten — ein Beitrag zur Geschichte der Automatisierung (von den Anfängen bis zum Ende des Ersten Weltkrieges), Diss. Dresden 1980.

RUMPF, Emil, Die Elektrizität im Haushalt, o.O. (1920).

RUPPERT, Die Verkehrsentwicklung der Stadt Saarbrücken in der Nachkriegszeit, (Saarbrücken)(1929).

RUPPERT, Paul, Gas- und Elektrizitätsversorgung des Kreises Ottweiler, in: Der Landkreis Ottweiler (1961), S. 89ff.

RUTTLOFF, G.E., Elektrizität an der Saar, in: Natur und Technik 2 (1954), S. 14ff.

RWE: RHEINISCH-WESTFÄLISCHES ELEKTRIZITÄTSWERK AG (Hrsg.), Die fördernde Kraft. Ein Bildband aus Anlaß der 75. Wiederkehr des Gründungstages der RWE AG, (Essen) 1973.

RWE-TRIER: 40 JAHRE BETRIEBSVERWALTUNG, (Essen)(1968).

SAAL IM OSTERTAL in Vergangenheit und Gegenwart, Saal 1983.

DIE SAAR. Grenzland und Brücke, in: Internationales Jahrbuch der Politik, 2./3. Lieferung München 1956, S. 7ff.

DIE SAAR. WIRTSCHAFT UND WIEDERVEREINIGUNG, Beilage zu: Der Volkswirt Nr. 3 vom 19.1.1957.

25 JAHRE SAAR BROWN BOVERI AG (1910-1935), (Saarbrücken)(1935).

SAAR-ATLAS, hrsg. von Hermann OVERBECK und Georg-Wilhelm SANTE, Gotha 1934.

SAAR-EISENBAHNEN UND ELEKTRIFIZIERUNG, in: Natur und Technik 2 (1954), S. 28ff.

25 JAHRE SAAR-FERNGAS AG, Saarbrücken 1954.

50 JAHRE SAAR-FERNGAS AG, 1929-1979, (Saarbrücken) (1979).

SAARBERG — NEUE ENTWICKLUNGEN 1: Bergtechnik, hrsg. von der Saarbergwerke AG, (Saarbrücken) 1982.

25 JAHRE SAARBERGWERKE AG 1957-1982, hrsg. von ders., Saarbrücken 1982.

125 JAHRE GAS FÜR SAARBRÜCKEN, 1857-1982, hrsg. von den Stadtwerken Saarbrücken AG, (Saarbrücken)(1982).

25 JAHRE STADT SAARBRÜCKEN, 1909-1934, hrsg. von H. KRÜCKEMEYER, Saarbrücken (1934).

SAARBRÜCKEN 50 JAHRE GROSSSTADT. 1909-1959, hrsg. von der Stadt Saarbrücken, Saarbrücken (1959).

DAS DEUTSCHE SAARGEBIET, in: WiSta 1 (1921), S. 155ff.

SAARGEBIET, Sondernummer von Technik und Kultur 19 (1928), H. 10.

DAS SAARGEBIET. Seine Struktur, seine Probleme, hrsg. von Fritz KLOEVEKORN, Saarbrücken 1929.

SAARGEBIET. Sonderheft der Zeitschrift für Kommunalwirtschaft 23 (1933).

SAARLAND. Verkehr — Wirtschaft — Volkstum, Berlin 1936.

DAS SAARLAND. Memorandum der Regierung des Saarlandes, (Saarbrücken)(1949) (als Ms. gedruckt).

DAS SAARLAND (Europäische Wirtschaftschronik VI), Liechtenstein 1956.

DAS SAARLAND (Monographien Deutscher Wirtschaftsgebiete IX), Oldenburg 1957.

DAS SAARLAND. Ein Beitrag zur Entwicklung des jüngsten Bundeslandes in Politik, Kultur und Wirtschaft, hrsg. von Klaus ALTMEYER u.a., Saarbrücken 1958.

SAARPFALZ, in: Zeitschrift des Bayerischen Statistischen Landesamtes 54 (1922), S. 434ff.

DAS SAARSTATUT und seine Entstehungsgeschichte. Mit Anmerkungen und einer Industrie-Karte, hrsg. von Moritz HEIMBURGER, 4. veränderte Aufl. Saarbrücken 1934.

DAS SAARSTATUT in neuer, berichtigter Übersetzung, in: GRABOWSKY/SANTE (1934), S. 363ff.

75 JAHRE GESELLSCHAFT FÜR STRASSENBAHNEN IM SAARTAL AG, Saarbrücken. 1892-1967, hrsg. von ders., Saarbrücken (1967).

DIE SAARWIRTSCHAFT. Zwischenbilanz nach der Wiedereingliederung, Beilage zu: Der Volkswirt H. 11 vom 12.3.1960.

SAARWIRTSCHAFT UND EUROPÄISIERUNG DES SAARLANDES. Eine Stellungnahme der IHK Saarbrücken, Saarbrücken (1954).

DIE SAARWIRTSCHAFT IM RAHMEN DER DEUTSCHEN VOLKSWIRTSCHAFT, in: Technik und Kultur 19 (1928), S. 163ff.

SALIN, Edgar, Standortverschiebungen der deutschen Wirtschaft im ersten Viertel des 20. Jahrhunderts, in: ders., Lynkeus. Gestalten und Probleme aus Wirtschaft und Technik, Tübingen 1963, S. 122ff.

SAND, Karl van de, Die Maschine im Handwerk, staatswiss. Diss. Münster 1926.

SANDGRUBER, Roman, Energieverbrauch und Wirtschaftsentwicklung, in: Beiträge zur historischen Sozialkunde 12 (1982), S. 79ff.

SANDGRUBER, Roman, Die Energieversorgung Österreichs vom 18. Jahrhundert bis zur Gegenwart, in: Beiträge zur historischen Sozialkunde 12 (1982), S. 100ff.

SARDEMANN, Fritz, Die deutsche Elektrizitätswirtschaft 1933 bis 1948. II. Organisation und Steuerung der Energiewirtschaft bis Kriegsende, in: EW 48 (1949), S. 107ff.

SASS, Friedrich, Geschichte des deutschen Verbrennungsmotorenbaues von 1860 bis 1918, Berlin 1962.

SAVELKOULS, Hermann, Der Frank im Saargebiet (Münchner volkswirtschaftliche Studien 145), 2., erweiterte Aufl. Stuttgart-Berlin 1922.

SCHACHT, Hjalmar, Elektrizitätswirtschaft, in: Preußische Jahrbücher 134 (1908), S. 84ff.

SCHACHT, Hjalmar, (Ankündigung des Energiewirtschaftsgesetzes in Saarbrücken), in: EW 34 (1935), S. 621ff.

SCHACHT, Hjalmar, Rede zur Neuordnung der Energiewirtschaft — Ankündigung des Energiewirtschaftsgesetzes, in: Zeitschrift für öffentliche Wirtschaft 2 (1935), S. 325ff.

SCHÄFER, Hermann, The Development of Electrical Power in Germany until after World War I, in: Robert W. LEE (Ed.), German Industry and the German Path to Industrial Growth, London 1985.

SCHÄFER, Hermann, Gewerbe- und Industrielandschaften: Elektro, Papier, Glas, Keramik, in: Gewerbe- und Industrielandschaften vom Spätmittelalter bis ins 20. Jahrhundert, hrsg. von Hans POHL (VSWG-Beihefte 78), Stuttgart 1986, S. 456ff.

SCHÄFER, Hermann, Regionale Wirtschaftspolitik in der Kriegswirtschaft. Staat, Industrie und Verbände während des Ersten Weltkriegs in Baden (Veröffentlichungen der Kommission für geschichtliche Landeskunde in Baden-Württemberg, Reihe B, 95) , Stuttgart 1983.

SCHÄFF, Karl, Verbund mit industriellen Kraftwerken, in: Das Zeitalter der Elektrizität (1967), S. 90ff.

SCHARLL, Rudolf, Der elektrische Antrieb von Werkzeugmaschinen, in: Forschen und Schaffen (1965), Bd. 2, S. 176ff.

SCHIEMANN, Max, Bau und Betrieb elektrischer Straßenbahnen. Anleitung zu deren Projektierung, Bau und Betriebsführung, Leipzig 1895.

SCHIETING, Peter, Die Nutzung am Wasserlauf und dem Grundwasser in Württemberg und Baden, rechts- und staatswiss. Diss. Freiburg 1953.

SCHIFF, Emil, Ein neues Mittel zur Förderung des Kleingewerbes, in: Technik und Wirtschaft 4 (1911), S. 729ff.

SCHIFF, Emil, Staatliche Regelung der Elektrizitätswirtschaft, in: Archiv für Sozialwissenschaft und Sozialpolitik 43 (1916/17), S. 478ff.

357

SCHIVELBUSCH, Wolfgang, Lichtblicke — zur Geschichte der künstlichen Helligkeit im 19. Jahrhundert, München 1983.

SCHLEGEL, Ausnutzung der Wasserkraft der kanalisierten Saar am Nadelwehr zu Saarbrücken, in: Glückauf 42 (1906), S. 463ff.

SCHLEIFENBAUM, Fritz, Die wirtschaftliche Überfremdung der eisenschaffenden Industrie des Saargebietes, Diss. Berlin 1927/28.

SCHMELCHER, Ernst, Art. Gemischtwirtschaftliche Unternehmungen, in: HdSt, 4. Aufl. Jena 1927, Bd. 4, S. 846ff.

SCHMELCHER, Ernst, RWE 1898-1954. Von der Lokomobile zur Großraum-Verbundwirtschaft, Essen 1954.

SCHMELCHER, Ernst, Wesen und Gestaltungsformen der Elektrizitätsverbundwirtschaft, in: Energieverbundwirtschaft, hrsg. vom Energiewirtschaftlichen Institut an der Universität Köln (Tagungsberichte des energiewirtschaftlichen Instituts 3), München 1951, S. 24ff.

SCHMIDT, Robert H., Saarpolitik 1945-1957, Bd. 1-3, Berlin 1959-62.

SCHMITT, Franz, Gemeinderecht und Gemeindepolitik im Saarland, in: Jahrbuch für Kommunalwissenschaft 2 (1935), S. 58ff.

SCHMITT, Franz-August, Art. Elektrizitätsindustrie und Elektrizitätswirtschaft, in: HdSt, 4. Aufl. 1926, Bd. 3, S. 690ff.

SCHMITT, Walter, Asynchronmotoren, in: Forschen und Schaffen (1965), Bd. 1, S. 256ff.

SCHMOLLER, Gustav, Zur Geschichte des deutschen Kleingewerbes, Halle 1870.

SCHNEIDER, Dieter Marc, Max Braun, Saarländische Lebensbilder Bd. II., Saarbrücken 1984, S. 307ff.

SCHNEIDER, Hans Karl, Art. Energiepolitik, in: HdWW, Stuttgart u.a. 1980, Bd. 2, S. 371ff.

SCHNEIDER, Hans Karl, Art. Energieversorgung, in: HdWW, Stuttgart u.a. 1980, Bd. 2, S. 362ff.

SCHNEIDER, Hans Karl, Energiewirtschaft und Raumordnung, in: Handwörterbuch der Raumforschung und Raumordnung, Hannover 1970, Bd. I, Sp. 340ff.

SCHNEIDER, Hans Karl, Der energiewirtschaftliche Strukturwandel, in: Energiewirtschaft und Raumordnung (Forschungs- und Sitzungsberichte der Akademie für Raumforschung und Landesplanung 38), Hannover 1967, S. 9ff.

SCHNEIDER, Hans Karl, Strukturwandlungen der Energiewirtschaft, in: Wandlungen der Wirtschaftsstruktur der Bundesrepublik Deutschland, hrsg. von Heinz KÖNIG (Schriften des Vereins für Socialpolitik NF 26), Berlin 1962, S. 555ff.

SCHNEIDER, Hans Karl unter Mitarbeit von Heinz Jürgen SCHÜRMANN und Walter MÖNIG, Die Energieversorgungsunternehmen in der regionalen Wirtschaft, in: ET 24 (1974), S. 169ff.

SCHNEIDER, Heinrich, Das Wunder an der Saar. Ein Erfolg politischer Gemeinsamkeit, Stuttgart 1974.

SCHNEIDER, Karl Heinz, Energieplanung auf lange Sicht, in: Energie und Verkehr 4/1971, S. 1ff.

SCHNEIDER, Karl Heinz, Die wirtschaftlichen Unternehmungen der Stadt Saarbrücken, in: Saarbrücken 50 Jahre Großstadt (1959), S. 86ff.

SCHNEIDER, Werner, Saarindustrie und Kohlepreis (1920-1950), rechts- und wirtschaftswiss. Diss. Saarbrücken 1952 (masch.).

SCHOMMERS, Wilhelm, Beispiel regionaler Stromversorgung: Vereinigte Saar-Elektrizitäts AG, in: ET 1979, S. 372ff.

SCHOMMERS, Wilhelm, Regionale Stromversorgung eines Montanlandes am saarländischen Beispiel (VSE), in: ET 1976, S. 153ff.

SCHRAEDER, Friedrich, Gaswärme oder Elektrowärme im Haushalt, in: Zeitschrift für öffentliche Wirtschaft 2 (1935), S. 289ff.

SCHREIBER, Bernd, Der spezifische Energieverbrauch der Industrie, seine Entwicklung, seine Bestimmungsfaktoren und ihre Auswirkungen 1950-1960 (Schriftenreihe des IFO-Instituts für Wirtschaftsforschung 57), Berlin-München 1964.

SCHREIBER, Walther (Preußischer Handelsminister), Die elektropolitischen Aufgaben des preussischen Staates, in: ETZ 47 (1926), S. 1391ff.

SCHROEDER, Wilhelm, Geschichte der Kokerei Heinitz im Rückblick, in: SBK 1965, S. 63ff.

SCHROEDER, Wilhelm, Veredelung von Kohle an der Saar, in: Bergfreiheit 22 (1957), S. 111ff.

SCHUBACH, Rainer, Die Entwicklung der öffentlichen Elektrizitätsversorgung in Hamburg (Beiträge zur Geschichte der Freien und Hansestadt Hamburg 20), Hamburg 1982.

SCHÜTZ, Walter, Die Entwicklung des Währungs- und Kreditwesens im Saarland seit dem Ersten Weltkrieg, in: Das Saarland (1958), S. 668ff.

SCHULER, Alexander, Regionale Elektrizitätswirtschaft und Raumordnung, in: Raumforschung und Raumordnung 20 (1962), S. 197ff.

SCHULER, Herbert, Fischbach 1728-1978, (Quierschied) 1978.

SCHULIN, Ernst, Die Rathenaus. Zwei Generationen jüdischen Anteils an der industriellen Entwicklung Deutschlands, in: Juden im wilhelminischen Deutschland 1890-1914, hrsg. von W.E. MOSSE, Tübingen 1976, S. 115ff.

SCHULT, Heinrich, Die Entwicklung der Dampfkraftwerke, in: Technikgeschichte 30 (1941), S. 17ff.

SCHULZ, Walter, Wirtschaftstheoretische und empirische Überlegungen zur These der Entkoppelung von Wirtschaftswachstum und Energieverbrauch, in: SIEBERT, Horst (Hrsg.), Erschöpfbare Ressourcen (Schriften des Vereins für Socialpolitik NF 108), Berlin 1980, S. 377ff.

SCHULZE-PILLOT, G., Die Entwicklung der Riementriebe in den letzten Hundert Jahren, in: Technikgeschichte 28 (1939), S. 30ff.

SCHUMACHER, Die Versorgungswirtschaft des Saarlandes nach der Rückgliederung, in: Zeitschrift für öffentliche Wirtschaft 2 (1935), S. 83ff.

SCHUMPETER, Joseph A., Konjunkturzyklen. Eine theoretische, historische und statistische Analyse des kapitalistischen Prozesses, Bd. 1 (Grundriß der Sozialwissenschaften 4), Göttingen 1961.

SCHUSTER, Gerd, Die kohlenwirtschaftlichen Bestimmungen des Saarvertrages, in: Schacht und Heim 3 (1957), S. 4ff.

SCHUSTER, Gerd, 25 Jahre Saarbergwerke AG, in: 25 Jahre Saarbergwerke AG (1982), S. 17ff.

SCHUSTER, Gerd, Der Steinkohlenbergbau an der Saar, in: Das Saarland (1958), S. 537ff.

SCHUSTER, Gerd, Der Steinkohlenbergbau an der Saar als Energiequelle in der Montanunion, in: Europäische Wirtschaftsgemeinschaft 5 (1962), S. 131ff.

SCHWABE, Klaus, Die Saarlandfrage in Versailles, in: Saarheimat 1-2/1985, S. 17ff.

SCHWAIGER, Anton, Geschichte des Drehstroms, in: Technikgeschichte 28 (1939), S. 50ff.

SCHWARZ, Hans, Die Entwicklung des Fernsprechnetzes der Saarbergwerke, in: SBK 1956, S. 17ff.

SCHWEPPENHÄUSER, Hans Wolfram, Elektrizitätswirtschaft. Ein Beitrag zur ideologischen Auseinandersetzung zwischen Privat- und Staatswirtschaft, rechts- und staatswiss. Diss. Freiburg 1956.

SECK, Doris, Nachkriegsjahre an der Saar: Aufbruch in eine neue Zeit; das Saarland von 1945-1950. Mit einer Einführung von Hans-Walter HERRMANN, Saarbrücken 1982.

SECK, Doris, Saarländische Kriegsjahre — Schicksalsjahre im Grenzland, (Saarbrücken)(1979).

SECK, Doris, Unternehmen Westwall. Mit einer Einführung von Hans-Walter HERRMANN, Saarbrücken 1980.

SECK, Doris/PETERS, Paul, Die Stunde Null. Das Kriegsende an der Saar, Saarbrücken 1986.

SEEBAUER, G., Ziele und Möglichkeiten des Volkskühlschrankes, in: EW 37 (1938), S. 82ff.

SEYLER, Albert, Die wirtschaftliche Problematik des Saarlandes, in: Das Saarland (1958), S. 529ff.

SHARLIN, Harold J., Application of Electricity, in: Technology in Western Civilisation (1967), Vol. I, S. 563ff.

SICK, Ilse von, Das Schrottproblem der Nachkriegszeit, wirtschafts- und sozialwiss. Diss. Köln 1922 (masch.).

UN SIECLE D'ELECTRICITE DANS LE MONDE (1880-1980). Actes du Premier colloque international d'histoire de l'électricité, organisé par l'Association pour l'histoire de l'électricité en France, éd. par Fabienne CARDOT Paris 1987.

SIEGEL, Gustav, Die Elektrizitätsgesetzgebung der Kulturländer der Erde. Bd. I: Deutschland, Berlin 1930.

SIEGEL, Gustav, Der Staat und die Elektrizitätsversorgung, in: Preußische Jahrbücher 160 (1915), S. 423ff.

SIEGEL, Gustav, Die Stellung der öffentlichen Elektrizitätswerke im Wirtschaftsleben Deutschlands, in: Technik und Wirtschaft 6 (1913), S. 136ff., 232ff.

SIEGEL, Gustav, Der Verkauf elektrischer Arbeit, 2., umgearb. und vermehrte Aufl. von „Die Preisstellung beim Verkaufe elektrischer Energie", Berlin 1917.

SIEMENS, Georg von, Der Weg der Elektrotechnik, Freiburg 1961.

SIMMERSBACH, Bruno, Die südwestdeutsch-luxemburgische Montanindustrie und der Krieg, in: Zeitschrift für Sozialwissenschaft 6 (1915), S. 580ff.

SIMMERSBACH, Oskar, Fortschritte der Koksfabrikation im Saargebiet, in: Stahl und Eisen 25 (1905), S. 1347ff.

SIEDLUNG SITTERSWALD. Entstehung und Geschichte 1935-1955, von Michael MOHR, o.O. 1955.

25 JAHRE SIEDLUNG SITTERSWALD, 1935-1960, von Michael MOHR, o.O. 1960.

50 JAHRE SIEDLUNG SITTERSWALD, 1935-1985, von Michael MOHR, o.O. 1985.

SLOTTA, Rainer, Technische Denkmäler in der Bundesrepublik Deutschland, Bd. 2: Elektrizitäts-, Gas- und Wasserversorgung, Entsorgung, Bochum 1977.

SOLEMACHER, Viktor von, Die abgetretenen und besetzten Gebiete im deutschen Westen, Tatsachen und Zahlen, Berlin 1925.

SOMMERFELD, Herbert, Chronik der Straßenbahn in Saarbrücken, in: Straßenbahn-Magazin Nr. 34, 1979, S. 243ff.

SOMMERFELD, Herbert, Neunkirchen — die letzte Straßenbahn im Saarland, in: Straßenbahn-Magazin Nr. 28, 1978, S. 111ff.

SPENNEMANN, Ludwig, Die Entwicklung der Dampfkraftwerke, in: Das Zeitalter der Elektrizität (1967), S. 20ff.

SPEYER, Hildegard, Die Saarindustrie in der Kriegs- und Übergangswirtschaft, phil. Diss. Heidelberg 1922 (masch.).

SPIRO, Tunneluntersuchungen der Königlichen Eisenbahndirektion Saarbrücken, in: EKB 7 (1909), S. 249ff.

SPLIETHOFF, H./MÖLLENKAMP, F.-W., Planung eines 700 MW-Kohleblockes am Beispiel des Kraftwerkes Weiher III, in: VGB-Kraftwerkstechnik 56 (1976), S. 727ff.

SPOECKER, Josef, Die Elektro-Energie als Grundlage der wirtschaftlichen und sozialen Entwicklung in Algerien, staatswirtsch. Diss. München 1960.

SPRAUL, Alfred, Ein Beitrag zur Entwicklung der öffentlichen Elektrizitätsversorgung in Baden, staatswiss. Diss. Heidelberg 1933.

DAS KRAFTWERK VON HANGARD (ST. BARBARA), in: SBK 1950, S. 45ff.

DAS KRAFTWERK ST. BARBARA, in: Schacht und Heim 2 (1956), H. 1 S. 14f.

DAS KRAFTWERK ST. BARBARA. Technische Daten, hrsg. von der Saarbergwerke AG, o.O. o.J.

150 JAHRE STADT ST. INGBERT (1829-1979), (St. Ingbert)(1979).

DER LANDKREIS ST. WENDEL. Vergangenheit und Gegenwart, hrsg. vom Landrat des Landkreises St. Wendel, St. Wendel 1968.

STAAB, August, Elektrizitätswirtschaft gestern — heute — morgen. Mit Daten aus dem Bereich der Gasversorgung und der Primärenergie, Heidelberg 1972.

STAAB, August, 40 Jahre RWE-Betriebsverwaltung Trier, in: Kurtrierisches Jahrbuch 9 (1969), S. 199ff.

STÄDTEBUCH RHEINLAND-PFALZ UND SAARLAND, hrsg. von Erich KEYSER (Deutsches Städtebuch IV, Südwestdeutschland 3: Land Rheinland-Pfalz und Saarland), Stuttgart 1964.

STAHLSCHMIDT, Rainer, Quellen und Fragestellungen einer deutschen Technikgeschichte des frühen 20. Jahrhunderts bis 1945 (Studien zu Naturwissenschaft, Technik und Wirtschaft im neunzehnten Jahrhundert 8), Göttingen 1977.

STAHLSCHMIDT, Rainer, Der Weg der Drahtzieherei zur modernen Industrie. Technik und Betriebsorganisation eines westdeutschen Industriezweiges 1900 bis 1940 (Altenaer Beiträge. Arbeiten zur Geschichte und Heimatkunde der ehemaligen Grafschaft Mark, NF 10), Altena 1975.

STAMM, Walter, Die Lage des Handwerks im Saargebiet (bis 1923), rechts- und staatswiss. Diss. Würzburg 1923 (masch.).

HEUTIGER STAND DER ELEKTRIZITÄTSVERSORGUNG in den Bezirksgruppen der WEV. IV. Bezirk Saarland-Pfalz, in: EW 34 (1935), S. 595ff.

STEEN, Jürgen (Bearb.), Die zweite industrielle Revolution. Frankfurt und die Elektrizität 1800-1914. Bilder und Materialien zur Ausstellung im Historischen Museum (Kleine Schriften des Historischen Museums 13), Frankfurt a.M. 1981.

DIE STEINKOHLENKRAFTWERKE AN DER SAAR. Kraftwerk Wehrden GmbH, VSE, Saarbergwerke AG, in: VGB-Festschrift 50 Jahre VGB 1920-1970, o.O. (1970).

DIE STEINKOHLENKRAFTWERKE IM SAARLAND, in: SBK 1971, S. 19ff.

STRESEMANN, Gustav, Vermächtnis. Der Nachlaß in drei Bänden, II. Bd., Berlin 1932.

STROBEL, Albrecht, Zur Einführung der Dampfturbine auf dem deutschen Markt 1900-1914 unter besonderer Berücksichtigung der Brown, Boveri & Cie. AG Baden (Schweiz) und Mannheim, in: Festschrift für Otto HERDING (Veröffentlichungen der Kommission für geschichtliche Landeskunde in Baden-Württemberg, Reihe B, 92), Stuttgart 1977, S. 442ff.

STRÖLIN, Die Zukunft der gemeindlichen Elektrizitäts- und Gasversorgung, in: Zeitschrift für öffentliche Wirtschaft 2 (1935), S. 298ff.

DIE STROMPREISE in den verschiedenen Gebieten der Bundesrepublik Deutschland, bearb. von W. SCHULZ unter Mitarbeit von H. SCHÜTZ, hrsg. vom Energiewirtschaftlichen Institut der Universität Köln, Köln 1972.

100 JAHRE ÖFFENTLICHE STROMVERSORGUNG IN DEUTSCHLAND, in: EW 83 (1984), S. 401ff.

STRUKTURPROGRAMM SAAR. Möglichkeiten einer aktiven Sanierung der Saarwirtschaft. Ansatzpunkte, Maßnahmen und Kosten, vorgelegt von der Planungsgruppe beim Ministerpräsidenten des Saarlandes, Saarbrücken 1969.

STUMPNER, W., Zur Geschichte des Elektrizitätszählers, in: ETZ 47 (1926), S. 601ff., 646ff.

DIE TECHNIK. Von den Anfängen bis zur Gegenwart, hrsg. von Ulrich TROITZSCH und Wolfhard WEBER, Braunschweig 1982.

TECHNOLOGY IN WESTERN CIVILISATION, Vol. II: Technology in the Twentieth Century, ed. by. Melvin A. KRANZBERG and Carroll W. PURSELL Jr., London-Toronto 1967.

TEICHERT, Klaus, Die staatlichen Einwirkungen auf die Elektrizitätswirtschaft in Baden, dargestellt insbesondere am Beispiel der Badenwerk AG, rechts- und staatswiss. Diss. Freiburg 1953.

THIERBACH, Bruno, Der Anschluß der Elektrizitätswerke des Saarlandes an die Hochvoltstraßen des Reiches, in: ETZ 55 (1934), S. 585f.

THIERBACH, Bruno, Die Ausnutzung des „Maximaltarifes" bei Bahnbetrieben, in: EKB 11 (1913), S. 106ff.

THIERBACH, Bruno, Die Elektrizitätsversorgung von Rheinland und Westfalen. Ein geschichtlich-statistischer Überblick, in: Technik und Wirtschaft 20 (1927), S. 239ff.

THIERBACH, Bruno, Fernkraftpläne, Nahkraftwerke und Einzelkraftstätten, ihr Geltungsbereich und ihre gegenwärtigen Grenzlinien, Berlin 1917.

THIERBACH, Bruno, Über die Vorteile, welche die Vereinigung von Bahnstromabgabe und allgemeiner Licht- und Kraftversorgung gewährt, in: EKB 7 (1909).

THIERBACH, Bruno, Eine kurze Wanderung durch die Elektrizitätsversorgung der letzten 50 Jahre, in: ETZ 50 (1929), S. 7ff.

THOMAS, Georg, Geschichte der deutschen Wehr- und Rüstungswirtschaft (1918-1943/45), hrsg. von Wolfgang BIRKENFELD (Schriften des Bundesarchivs 14), Boppard 1966.

TIETZ, Bruno, Die Industrie im Kreis Ottweiler, in: Der Landkreis Ottweiler (1961), S. 22ff.

TILLE, Alexander, Die Dillinger Hüttenwerke 1685-1905, o.O 1905.

TILLE, Alexander, Die Finanzierung der Mosel- und Saarkanalisierung (Südwestdeutsche Wirtschaftsfragen 12), Saarbrücken 1907.

TILLE, Alexander, 100 Jahre Neunkircher Eisenwerk unter der Fa. Gebr. Stumm, Saarbrücken 1906.

TINE, Robert, Ballastreiche Kohle, in: Saarwirtschaft 1952, Nr. 23/24, S. 3f.

TINE, Robert, Aktuelle Probleme der Stromversorgung, in: Saarwirtschaft 1952, Nr. 21, S. 5ff. und Nr. 22, S. 3f.

TINE, Robert, Situation und Probleme der öffentlichen Energiewirtschaft, in: Die Saar (1957), S. 37f.

TIMM, Albrecht, Einführung in die Technikgeschichte, Berlin und New York 1972.

TRADITION VERPFLICHTET — DAS SAARLAND. Ein Werk biographischer Kreis- und Firmenchroniken, Stuttgart 1954.

TRAUTVETTER, K., Elektrische Straßenbahnen und straßenbahnähnliche Überlandbahnen. Vorarbeiten, Kostenanschläge und Bauausführungen von Gleis-, Leitungs-, Kraftwerks- und sonstigen Betriebsanlagen, Berlin 1913.

TRENKHORST, W., Das Reichselektrizitätsmonopol, in: Zeitschrift für die gesamte Staatswissenschaft 69 (1913), S. 85ff.

TREUE, Wilhelm, Die Elektrizitätswirtschaft als Grundlage der Autarkiewirtschaft und die Frage der Sicherheit der Elektrizitätsversorgung in Westdeutschland, in: Wirtschaft und Rüstung am Vorabend des Zweiten Weltkrieges, hrsg. von F. FORSTMEIER und H.E. VOLKMANN, Düsseldorf 1975, S. 136ff.

TUCKERMANN, W., Das Saargebiet, in: Geographische Zeitschrift 28 (1922), S. 217ff.

ÜBERSICHT ÜBER DIE VERWALTUNG DER FISKALISCHEN BERGWERKE, Hütten und Salinen im Preußischen Staate während des Etatjahres ... (bzw. Nachrichten von der Verwaltung der Preuß. Staats-, Berg-, Hütten- und Salzwerke während des Etatjahres ...; bzw. Nachrichten von dem Betriebe ...), in: Verhandlungen des Hauses der Abgeordneten, Sammlung sämtlicher Drucksachen des Hauses der Abgeordneten Jg. 1879-1911.

ULSHÖFER, Otfried, Einflußnahme auf Wirtschaftsunternehmungen in den besetzten nord-, west- und südosteuropäischen Ländern während des Zweiten Weltkrieges, insbesonders der Erwerb von Beteiligungen (Verflechtung) (Studien des Instituts für Besatzungsfragen in Tübingen zu den Besetzungen des Zweiten Weltkrieges 15), Tübingen 1958.

UNTERSUCHUNGEN ÜBER DIE LAGE DES HANDWERKS IN DEUTSCHLAND mit besonderer Berücksichtigung auf seine Konkurrenzfähigkeit gegenüber der Großindustrie (Schriften des Vereins für Socialpolitik 62-70), 9 Bände, Leipzig 1895-97.

UPPENBORN, F., Die Kraftübertragung Lauffen-Frankfurt (Main), in: ETZ 13 (1892), S. 379ff., 388f.

URBAHN, Karl/REUTLINGER, Ernst, Ermittlung der billigsten Betriebskraft für Fabriken unter besonderer Berücksichtigung der Abwärmeverwertung, 2., vollst. erneuerte und erweiterte Aufl. Berlin 1913.

UTIKAT, Helmut, Dampfturbinen, in: Forschen und Schaffen (1965), Bd. 1, S. 198ff.

VDEW (Hrsg.), Statistik nach dem Stand vom 31.12.1904, Hannover 1905.

VELANDER, E., Bericht über den Elektrohof Malmvik (Schweden), in: EW 34 (1935), S. 648ff.

VEREINIGTE SAAR-ELEKTRIZITÄTS-AG (Hrsg.), VSE — Stromversorger für das Saarland, (Saarbrücken) 1978.

25 JAHRE VEREINIGUNG DER ELEKTRIZITÄTSWERKE 1892-1917, o.O. (1917).

DIE WIRTSCHAFTLICHE VERFLECHTUNG DER BESETZTEN GEBIETE an Rhein und Ruhr (einschließlich Saargebiet), in: WiSta 3 (1923), S. 34ff., 133ff.

VERSUCHE UND VERBESSERUNGEN beim Bergwerksbetriebe in Preußen während des Jahres 1905, in: ZBHS 54 (1906), S. 258ff.

VERTRAG zwischen der Bundesrepublik Deutschland und der französischen Republik zur Regelung der Saarfrage, hrsg. von der Regierung des Saarlandes, (Saarbrücken)(1956).

VIELER, Felix, Entwicklung und Aufbau der Saar-Ferngasversorgung, in: Stahl und Eisen 56 (1936), S. 701ff.

DAS MODELLKRAFTWERK VÖLKLINGEN, in: Erdöl und Kohle, Erdgas, Petrochemie vereinigt mit Brennstoff-Chemie 33 (1980), S. 245f.

MODELLKRAFTWERK VÖLKLINGEN, hrsg. von der Saarbergwerke AG, o.O. 1983.

75 JAHRE NAHVERKEHR IN VÖLKLINGEN 1909-1984, hrsg. von den Stadtwerken Völklingen, (Völklingen)(1984).

VOIGT, Paul, Das deutsche Handwerk nach den Berufszählungen von 1882 und 1895, in: Untersuchungen über die Lage des Handwerks in Deutschland mit besonderer Rücksicht auf seine Konkurrenzfähigkeit gegenüber der Großindustrie (Schriften des Vereins für Socialpolitik 70), 9. Bd., Leipzig 1897, S. 629ff.

VOLZ, E., Elektrizitätsversorgung, in: 25 Jahre Stadt Saarbrücken (1934), S. 110ff.

DIE WÄHRUNGSVERORDNUNG UND DIE UMSTELLUNGSBESTIMMUNGEN für das Saargebiet vom 18. Mai 1923, im Auftrag der HK Saarbrücken hrsg. von Albert LÜTKE, Saarbrücken 1923.

WAGENER, Alfons, Erneuerungs- und Erweiterungsarbeiten auf der Burbacher Hütte, in: Stahl und Eisen 57 (1937), S.29ff.

WAGENER, Alfons, Die Rationalisierungsmöglichkeiten der Saar-Eisenindustrie, in: Lebensfragen der Saarwirtschaft (1929), S. 61ff.

WAGNER, Emil, Berschweiler. Eine Chronik, hrsg. von der Gemeinde Marpingen, o.O. 1983.

WAGNER, Hans-Josef, Bliesen — Ein Dorf und seine Geschichte. Eine Chronik, o.O. (1984).

WAGNER, Heinrich, Geographie der Elektrizitätswirtschaft in Baden, wirtschafts- und sozialwiss. Diss. Köln 1928.

WALTER, Michael, Hochspannungsleitungen und Leistungsschalter, in: Das Zeitalter der Elektrizität (1967), S. 61ff.

WASMUTH, Heinrich, Monopoltendenzen in der öffentlichen Elektrizitätsversorgung, staatswiss. Diss. Heidelberg 1920.

WEBER, Adolf, Drei Phasen der industriellen Revolution, in: Bayerische Akademie der Wissenschaften, Phil.- Hist. Kl., Sitzungsbericht 1957, H. 10, München 1957.

WEBER, J., Die Entwicklung der Energiewirtschaft der saarländischen Hüttenwerke, in: Stahl und Eisen 86 (1966), S. 922f.

25 JAHRE KRAFTWERK WEHRDEN GmbH (1926-1951), (Saarbrücken)(1951).

50 JAHRE KRAFTWERK WEHRDEN (1913-1963), hrsg. von der Kraftwerk Wehrden GmbH, o.O. (1963).

WEIANT, Peter, Der Außenhandel der Saar, in: Das Saarland (1958), S. 634ff.

WEIANT, Peter, Wirtschaftliche Grundprobleme der Saar. Politik beeinträchtigt die wirtschaftliche Entwicklung an der Saar, in: Beiträge zur geschichtlichen und wirtschaftlichen Entwicklung (1956), S. 68ff.

WEIGERT, Erich, Kohlenbergbau und Eisenindustrie im Saarland, in: Schmollers Jahrbuch 46 (1922), S. 117ff.

DAS KRAFTWERK WEIHER, hrsg. von der Saarbergwerke AG, (Saarbrücken)(1976).

707 MW-STEINKOHLE-KRAFTWERKSBLOCK WEIHER III, hrsg. von der Saarbergwerke AG, (Saarbrücken) 1977.

WEIHER, Sigfrid von, Berlins Weg zur Elektropolis, Berlin 1974.

WEIHER, Sigfrid von/GOETZELER, Herbert, Weg und Wirken der Siemens-Werke im Fortschritt der Elektrotechnik 1847-1972. Ein Beitrag zur Geschichte der Elektroindustrie (Tradition Beiheft 8), München 1972.

WEISE, Die Versuchsergebnisse mit der Drehstrom „Pick-Quick"-Großschrämmaschine auf der Grube Viktoria des Königlichen Steinkohlenbergwerks Gerhard zu Louisenthal (Saar), in: ZBHS 60 (1912), S. 389ff.

WENGENROTH, Ulrich, Die Diskussion der gesellschaftspolitischen Bedeutung des Elektromotors um die Jahrhundertwende, in: Energie in der Geschichte (1984), S. 305ff.

WENZEL, Harry, Bergbau unter Tage, in: Forschen und Schaffen (1965), Bd. 2, S. 34ff.

WESSEL, Horst A., Die Entwicklung des elektrischen Nachrichtenwesens in Deutschland und die rheinische Industrie von den Anfängen bis zum Ausbruch des Ersten Weltkrieges (ZUG-Beiheft 25), Wiesbaden 1983.

WESSELS, Theodor, Die volkswirtschaftliche Bedeutung der Energiekosten, München 1966.

WESSELS, Theodor, Art. Elektrizitätswirtschaft, in: HDSW, Stuttgart u.a. 1961, Bd. 3, S. 184ff.

WESSELS, Theodor, Strukturelle Verschiebungen in der Deckung des Energiebedarfs der Bundesrepublik Deutschland von 1951 bis 1958, in: Die Energiewirtschaft im Wettbewerb (Tagungsberichte des Energiewirtschaftlichen Instituts an der Universität Köln), München 1959, S. 16ff.

WIEGAND, Gerhard, Währung und Zoll im Saargebiet 1919-1927, Berlin 1929.

WIKANDER, E., Popularisierung der elektrischen Beleuchtung, in: ETZ 30 (1909), S. 461f., 935f.

WILDERER, Erich, Die Bedeutung der Elektrizität und ihre Tarifierung für die Kalkulation im Handwerk, Diss. TH Karlsruhe 1937.

WILKE, Arthur, Die Elektrizität, ihre Erzeugung und ihre Anwendung in Industrie und Gewerbe (Buch der Erfindungen 3), 9., durchaus neugestaltete Auflage Leipzig (1907).

WILMIN, Henri, Les Adt et leurs Industries, in: Annales de l'Est 1963, S. 227ff.

WILMIN, Henri, Die Familie Adt und ihre Industriebetriebe — Die Familie Adt in Forbach, Bad Orb 1979.

WINDEL, Walter, Der Aufbau und die Entwicklungsmöglichkeiten der deutschen Elektrizitäts-wirtschaft, in: Bankhaus SCHWARZ, GOLDSCHMIDT & Co. (Hrsg.), Aufbau und Entwick-lungsmöglichkeiten der europäischen Elektrizitätswirtschaft, Berlin 1928, S. 7ff.

WINKLER, Hans-Joachim, Preußen als Unternehmer 1923-1932. Staatliche Erwerbsunterneh-men im Spannungsfeld der Politik am Beispiel der Preussag, Hibernia und VEBA (Veröf-fentlichungen der Historischen Kommission zu Berlin 17), Berlin 1965.

WINKLER, Horst, Kriegschronik der Fernmeldeabteilung der Reichspostdirektion Saarbrücken vom 1. März 1943 bis Kriegsende, in: Postgeschichtliche Blätter der Oberpostdirektion Saarbrücken 8/1971, S. 7ff. und 11/1972, S. 1ff.

WINKLER, L., Elektrowärme und Energiewirtschaft, in: Zeitschrift für öffentliche Wirtschaft 2 (1935), S. 417ff.

WIRMINGHAUS, A., Art. Elektrizitätsindustrie, in: HdSt 3. Aufl. 1909, Bd. 3, S. 927ff.

DIE WIRTSCHAFT DES SAARLANDES. Eine Strukturuntersuchung des Reichskuratoriums für Wirtschaftlichkeit (abgeschlossen im Januar 1938), o.O. (1938).

WIRTSCHAFTSGEOGRAPHIE DES SAARLANDES, hrsg. von Karl MATHIAS u.a., Saarbrücken 1980.

DAS WIRTSCHAFTSLEBEN DER STÄDTE, LANDKREISE UND GEMEINDEN, Enquêteausssschuß II, I. Unterausschuß, Berlin 1930.

WISSNER, Adolf, Entwicklungslinien der Starkstromtechnik, in: Technikgeschichte 33 (1966), S. 388ff.

WISSEL, Rudolf von, Von der Blockzentrale zur Drehstromversorgung, in: das Zeitalter der Elektrizität (1967), S. 7ff.

WOLF, Franz, Wasserhaltungs- und Wasserversorgungsanlagen, in: Forschen und Schaffen (1965), Bd. 2, S. 140ff.

WOLF, Werner, Luftangriffe auf die deutsche Industrie, München 1985.

WOLFANGER, Dieter, Die nationalsozialistische Politik in Lothringen (1940-45), phil. Diss. Saarbrücken 1977.

WOLFF, Adolf, Aufgaben und Organisationsformen der öffentlichen Unternehmungen im Ge-biete der Elektrizitätswirtschaft, in: Moderne Organisationsformen der öffentlichen Un-ternehmung, 2. Teil: Deutsches Reich, hrsg. von Julius LANDMANN (Schriften des Ver-eins für Socialpolitik 176), München und Leipzig 1931, S. 75ff.

ZAHLEN ZUR GELDENTWERTUNG IN DEUTSCHLAND 1914-1923, bearb. im Statistischen Reichs-amt, Berlin 1925 (Sonderheft 1 zu WiSta 5/1925).

DAS ZEITALTER DER ELEKTRIZITÄT. 75 Jahre Vereinigung Deutscher Elektrizitätswerke, hrsg. von der VDEW, Frankfurt 1967.

ZENNER, Maria, Parteien und Politik im Saargebiet unter dem Völkerbundsregime 1920-1935 (Veröffentlichungen der Kommission für saarländische Landesgeschichte und Volksfor-schung III), Saarbrücken 1966.

ZEWE, Jakob, Geschichte der Gemeinden Schiffweiler, Landsweiler, Stennweiler und Welsch-bach, Saarbrücken 1930.

ZOEPFL, Gottfried, Nationalökonomie der technischen Betriebskraft, Jena 1903.

ZSCHINTZSCH, W., Die Elektrowärme — Ein Wendepunkt in der Energieversorgung ?, in: EW 34 (1935), S. 357ff.

Abb.	Abbildung
ADE	Aktiengesellschaft für Deutsche Elektrizitätswirtschaft
AD Moselle	Archives Départementales de la Moselle
AEG	Allgemeine Elektrizitäts-Gesellschaft AG, Berlin (Frankfurt)
AFE	Arbeitsgemeinschaft zur Förderung der Elektrowirtschaft
AFI	Arbeitsgemeinschaft zur Förderung des Elektro-, Installateur- und Beleuchtungsgewerbes
AG	Aktiengesellschaft
AHV	Archiv Hauptverwaltung
AK	Aktienkapital
ao.	außerordentlich(e)
ARBED	Aciéries Réunies Burbach-Eich-Dudelange
ARE	Arbeitsgemeinschaft der Regionalen Elektrizitätsversorgungsunternehmen e.V.
Art.	Artikel
ASV	Archiv Stadtverband ·
Aufl.	Auflage
BA	Bundesarchiv Koblenz
BAMAG	Berlin-Anhaltische Maschinenbaugesellschaft (-fabrik) AG
BBC	Brown, Boverie & Cie. AG, Baden (Schweiz) und Mannheim
Bd.	Band
Best.	Bestand
BF	Bergfreiheit
BG	Bestand Großstadt (Stadtarchiv Saarbrücken)
BGBl	Bundesgesetzblatt
BIP	Bruttoinlandsprodukt
BMF	Bergmannsfreund
Cie.	Compagnie
CVP	Christliche Volkspartei
Dep.	Depositum
DF	Deutsche Front
Diss.	Dissertation
DKW	Dampfkraftwerk
DNVP	Deutschnationale Volkspartei
DPS	Demokratische Partei Saar
DSVP	Deutsch-Saarländische Volkspartei
EdF	Electricité de France
EdS	Eisenbahnen des Saarlandes
EKB	Elektrische Kraftbetriebe und Bahnen
ELK	Elsaß-Lothringische Kraftversorgung
ERP	European Recovery Program
ET	Energiewirtschaftliche Tagesfragen
ETZ	Elektrotechnische Zeitschrift
EVS	Energieversorgung Schwaben AG, Stuttgart
EVU	Elektrizitätsversorgungsunternehmen
EVU	Energieversorgungsunternehmen

EW	Elektrizitätswirtschaft (Zs.)
EW	Elektrizitätswerk
Fa.	Firma
FA	Firmenarchiv
FES	Fachverband der Elektrizitätsversorgung des Saarlandes e.V., Saarbrücken
FF	Franc Français
GBG	Gasanstalts-Betriebsgesellschaft mbH, Berlin
gedr.	gedruckt
GIWE	Generalinspektor für Wasser und Energie
GmbH	Gesellschaft mit beschränkter Haftung
GSS	Gesellschaft für Straßenbahnen im Saartal AG, Saarbrücken
HADIR	Hauts Fourneaux et Aciéries de Differdange-St. Ingbert-Rumelange, S.A.
HdSt	Handwörterbuch der Staatswissenschaften
HDSW	Handwörterbuch der Sozial- und Wirtschaftswissenschaften
HdWW	Handwörterbuch der Wirtschaftswissenschaften
HEA	Hauptberatungsstelle für Elektrizitätsanwendung
hfl.	Holländische Gulden
HK	Handelskammer
Hrsg.	Herausgeber
hrsg. v.	herausgegeben von
hs.	handschriftlich
HV	Hauptversammlung
IHK	Industrie- und Handelskammer
Jg.	Jahrgang
KdF	Kraft durch Freude
KP-Saar	Kommunistische Partei des Saargebietes
KRA	Kriegsrohstoffabteilung, Berlin
Kravag	Kraft- und Verkehrswerke AG, Saarlouis
kV	Kilovolt
KW	Kraftwerk
kW	Kilowatt
kWh	Kilowattstunde
KWH	Kraftwerk Homburg AG, Homburg/Saar
LA	Landesarchiv
LHA	Landeshauptarchiv
M	Mark
mbH	mit beschränkter Haftung
MBliV	Ministerialblatt für die Preußische innere Verwaltung
MDF	Mines Domaniales Françaises de la Sarre
masch.	maschinenschriftlich
Mio	Million(en)
Mrd.	Milliarde(n)
Ms.	Manuskript
MW	Megawatt
MW	Ministerium für Wirtschaft
Mwst.	Mehrwertsteuer
NF	Neue Folge
NS	Nationalsozialistisch(e)
NSBO	Nationalsozialistische Betriebszellenorganisation
NSDAP	Nationalsozialistische Deutsche Arbeiterpartei

NSP	Nachtstromspeichergerät
NVG	Neunkircher Verkehrs AG, Neunkirchen
o.	ordentlich(e)
OB	Oberbürgermeister
o.D.	ohne Datum
o.J.	ohne Jahr
o.O.	ohne Ort
OKW	Oberkommando der Wehrmacht
OLG	Oberlandesgericht
p.	Seite
Preag	Preußische Elektrizitäts-AG, Berlin (Hannover)
Preußenelektra	Preußische Elektrizitäts-AG, Berlin (Hannover)
Prot.	Protokoll
PW	Pfalzwerke AG, Ludwigshafen
RAnz	Reichsanzeiger
RdM	Régie des Mines de la Sarre
RESW	Röchlingsche Eisen- und Stahlwerke, Völklingen
REV	Reichsgruppe Elektrizitätsversorgung
RGBl	Reichsgesetzblatt
RGEW	Reichsgruppe Energiewirtschaft
RKW	Reichskuratorium für Wirtschaftlichkeit
RLV	Reichslastverteiler
RM	Reichsmark
RMdI	Reichsminister(ium) des Innern
RMinbl	Reichsministerialblatt
Rpfg.	Reichspfennig
Rs.	Rückseite
RWE	Rheinisch-Westfälisches Elektrizitätswerk AG, Essen
RWM	Reichsminister(ium) für Wirtschaft
SALEC	Société Alsace-Lorraine d'Electricité, Strasbourg
SBK	Saarbrücker Bergmannskalender
Sbr.	Saarbrücken
SEWAG	Saar Elektricitätswerke-AG, Saarbrücken
SFG	Saar-Ferngas AG, Saarbrücken
SGAG	Saargruben AG, Saarbrücken
SLE	Saarland-Lothringen Elektrizitäts-AG, Saarbrücken
SLS	Saarlouis
SM	Saarmark
SPS	Sozialdemokratische Partei des Saargebietes
SSW	Siemens-Schuckert-Werke GmbH, München
StadtA	Stadtarchiv
Stat./Statist.	Statistisch(es)
StE	Stahl und Eisen
StEAG	Steinkohlen Elektrizitäts-AG, Essen
stellv.	stellvertretend(er)
SVG	Elektricitäts- und Gasvertriebsgesellschaft Saarbrücken AG
SWS	Stadtwerke Saarbrücken AG
SZ	Saarbrücker Zeitung
SZ-RA	Saarbrücker Zeitung, Redaktionsarchiv
Tab.	Tabelle

TG	Technikgeschichte
UCPTE	Union pour la Coordination de la Production et du Transport de l'Electricité
V&B	Keramische Werke Villeroy & Boch KG, Mettlach
vd.	verschiedene
VDE	Verband Deutscher Elektrotechniker
VdEW	Vereinigung der Elektrizitätswerke
VDEW	Vereinigung Deutscher Elektrizitätswerke
VDI	Verband Deutscher Ingenieure
VGB	Technische Vereinigung der Großkraftwerksbetreiber e.V., Essen
VK	Völklingen
VO	Verordnung
VSE	Vereinigte Saar-Elektrizitäts-AG, Saarbrücken
VSWG	Vierteljahrschrift für Sozial- und Wirtschaftsgeschichte
WA	Werksarchiv
WEI	Wirtschaftsgruppe Elektroindustrie
WEV	Wirtschaftsgruppe Elektrizitätswirtschaft
WiSta	Wirtschaft und Statistik
WMW	Westmarkwerke AG, Ludwigshafen
ZBHS	Zeitschrift für das Berg-, Hütten- und Salinenwen im Preußischen Staate
ZUG	Zeitschrift für Unternehmensgeschichte

Anhang

Tabelle 1a Maschinen zur elektrischen Kraftübertragung auf den Saarbrücker Staatsgruben 1905

Berginspektion	Grube	Standort	Dampfmaschine: Jahr der Aufstellung	Dampfspannung Atm.	Bauart	Stärke PS	Steuerung	Umlaufzahl in der Min.	Ist Kondensation vorhanden?	Lieferant	Gasmaschine: Wärmegehalt des Gases W.E.	Bauart	Stärke PS	Umlaufzahl	Lieferant	Dynamo: Umlaufzahl	Art des Antriebs	Bauart Polzahl	Lieferant	Spannung V	Stromstärke A	Drehstrom: Perioden in der Sek.	Ist Erregermaschine angebaut?	Drei- oder Sternschaltung?	Dampf- bzw. Gasverbrauch für 1 KWst. an den Schienen kg	Kosten für 1 KWst. an den Schienen Pf	Bemerkungen cos φ
II	Viktoria	Viktoria-schächte	1895	5,5	liegend einzylindrig	80	Rider	80	ja	Ehrhardt & Sehmer, Schleifmühle	—	—	—	—	—	430	Treibriemen 1:5.4	Gleichstrom 6	Union, Berlin	440	125	—	—	—	20	6,31	—
	Gerhard u. Serlo	desgl.	1895	5,5	desgl.	80	desgl.	80	ja	desgl.	—	—	—	—	—	430	desgl.	desgl.	desgl.	440	125	—	—	—	20	6,31	—
	desgl.	Mathilde-schacht	1895	5,5	desgl.	60	desgl.	65	nein	Gebr. Meer M.-Gladbach	—	—	—	—	—	325	Treibriemen 1:5	Drehstrom 8	Lahmeyer, Frankfurt	500	49	50	nein	Sternschaltung	25	6,77	nicht bekannt
	desgl.	Josepha-schacht	1898	5,5	Dinglersche Gabelmaschine	45	Kolbenschieber	180	nein	Dinglersche Maschinenfabrik, Zweibrücken	—	—	—	—	—	750	Riemen	Drehstrom 8	desgl.	500	46	50	ja	desgl.	19	3,5	0,8
	desgl.	desgl.	1897	5,5	Verbundmaschine	45	desgl.	120	ja	Gebr. Meer	—	—	—	—	—	750	desgl.	desgl.	desgl.	500	46	50	ja	desgl.	19	3,5	0,8
	desgl.	Richard-schacht	1902	7	liegend einzylindrig	140	Lentzsche Ventilsteuerung	125	ja	desgl.	—	—	—	—	—	500	desgl.	Drehstrom 12	desgl.	2000	30	50	nein	desgl.	15	2,8	—
	desgl.	desgl.	1902	7	Dinglersche Gabelmaschine	140	Kolbenschieber	125	ja	desgl.	—	—	—	—	—	500	desgl.	Gleichstrom	desgl.	2000	30	50	nein	desgl.	15	2,8	—
	desgl.	Kanalhalde	1893	6	Dinglersche Gabelmaschine	25	Kolbenschieber	225	ja	Dingler	—	—	—	—	—	850	desgl.	Gleichstrom	desgl.	110	136	—	—	—	20	3,5	—
	desgl.	desgl.	1903	6	desgl.	25	Kolbensteuerung	225	ja	desgl.	—	—	—	—	—	850	Riemen	Gleichstrom 8	Siemens & Schuckert	110	136	—	—	—	24	3,5	—
III	Burbach-stollen	Amelung-schacht	—	5	liegend einzylindrig	33	desgl.	200	ja	—	—	—	—	—	—	750	desgl.	desgl.	desgl.	220	118	—	—	—	20	7	—
	desgl.	desgl.	1904	5	desgl.	—	—	200	nein	—	—	—	—	—	—	860	desgl.	desgl.	desgl.	220	164	—	—	—	24	7	—
	desgl.	desgl.	—	—	—	—	—	—	nein	—	1000	einzylindrig Viertakt einfach wirkend	60	180	Gebrüder Körting, Hannover	750	desgl.	desgl.	desgl.	500	149	50	nein	Sternschaltung	4 cbm	0,39	0,8
	desgl.	desgl.	1904	—	—	—	—	—	—	—	1000	Zwilling Viertakt einfach wirkend	175	170	desgl.	750	desgl.	desgl.	desgl.	500	149	—	—	—	4 cbm	0,39	—
IV	Dudweiler	Skalley-schächte	1902	6,5	stehend Verbund	125	Kolbenschieber	190	ja	Dingler	—	—	—	—	—	190	direkt	Drehstrom 34	Lahmeyer	2000	15	50	ja	Sternschaltung	27	2,5	0,8
V	Alterwald	Eisenbahn-schächte	1899	6	liegend einzylindrig	55	Dörfel Proell	170	ja (Zentral)	Dingler	—	—	—	—	—	850	Riemen	Gleichstrom 2	Siemens & Halske	330	90	—	—	—	—	2,5	0,85
	desgl.	Gegenort-schacht	—	6	desgl.	25	desgl.	225	nein	—	—	—	—	—	—	850	desgl.	Gleichstrom 4	Schuckert	110	182	—	—	—	—	1,2	—
	desgl.	desgl.	1902	6	stehend Verbund	370	—	—	nein	Ehrhardt & Sehmer	—	—	—	—	—	—	direkt	Drehstrom 4	desgl.	2000	—	25	ja	Sternschaltung	6*	*	—

* Für 1 PS/st.

Quelle: Mellin, R., Der Steinkohlenbergbau des preußischen Staates in der Umgebung von Saarbrücken, III. Teil: Der technische Betrieb, Berlin 1906, S. 330 f.

Tabelle 1 b Maschinen zur elektrischen Kraftübertragung auf den Saarbrücker Staatsgruben 1905

Berginspektion	Grube	Standort	Dampfmaschine – Jahr der Aufstellung	Dampfspannung Atm.	Bauart	Stärke PS	Steuerung	Umlaufzahl in der Min.	Ist Kondensation vorhanden?	Lieferant	Gasmaschine – Wärmegehalt des Gases W.-E.	Bauart	Stärke PS	Umlaufzahl	Lieferant	Umlaufzahl	Art des Antriebs	Dynamo – Bauart Polzahl	Lieferant	Spannung V	Stromstärke A	Periodenzahl in der Sek.	Ist Erregermaschine angebaut?	Drehstrom – Dreiecks- oder Sternschaltung?	Dampf- bzw. Gasverbrauch für 1 KWst. an den Schienen kg	Kosten für 1 KWst. an den Schienen Pf	Bemerkungen	cos φ
VI	Reden	Redenschächte	1904	8	liegend Tandem	500	Ventilsteuerung System Radovanovic	125	ja (zentral)	Gebr. Pfeiffer, Kaiserslautern	–	–	–	–	–	125	direkt	Drehstrom 48	Allgemeine Elektrizitätsgesellschaft Berlin	2000	200	50	ja	Dreieckschaltung	9,38	8,77	Anlage noch nicht voll belastet	–
VII	Heinitz	desgl.	1904	8	desgl.	500	desgl.	125	desgl.	desgl.	–	–	–	–	–	125	desgl.	desgl.	desgl.	2000	200	50	ja	desgl.	9,38	8,77	–	–
VII	desgl.	Drehstromzentrale	1901	5,5–8 Überdruck	stehend Verbund	300	Kolbenschieber	150	ja	Dingler	–	–	–	–	–	150	direkt	Drehstrom	A.E.G. Berlin	5200	29,5	50	ja	Sternschaltung	15	4,3 einschl. Amortisation	–	–
VII	desgl.	desgl.	1901	desgl.	desgl.	450	desgl.	150	ja	desgl.	–	–	–	–	–	150	desgl.	desgl.	desgl.	5200	36	50	ja	desgl.	15	desgl.	–	–
VII	desgl.	desgl.	1903	desgl.	desgl.	450	desgl.	125	ja	desgl.	–	–	–	–	–	125	desgl.	desgl.	desgl.	5200	36	50	ja	desgl.	15	desgl.	–	–
VII	desgl.	Gleichstromzentrale	1902	desgl.	liegend einzylindrig	60	desgl.	180	nein	Maschinenbau A.-G., Grützner, Durlach	–	–	–	–	–	650	Riemen	Gleichstrom	Lahmeyer	500 und 2×250	100 und 200	–	–	–	23	15*)	–	–
VII	desgl.	desgl.	1896	desgl.	desgl.	35 (Reserve)	desgl.	180	nein	–	–	–	–	–	–	905	desgl.	desgl.	A.E.G., Berlin	500	56	–	–	–	23	desgl.	–	0,85
VIII	König	Kokerei Nord	1905	–	–	–	–	–	–	–	4500	Tandem zwei gleiche Zylinder Viertakt	650	150	Ehrhardt & Sehmer	150	direkt	Drehstrom	Lahmeyer	5300	110	50	ja	Sternschaltung	–	–	noch nicht festgestellt	–
VIII	desgl.	Wilhelmschächte	1899	8	stehend Verbund	200	Kolbenschieber	140	nein	Dingler	–	–	–	–	–	270	Riemen	Drehstrom 10	Schuckert, Nürnberg	1000	100	22	ja	Sternschaltung	17	10	–	0,85
IX	Maybach	–	1905	7	Parsons-Turbine	520	–	3000	ja (Zentral)	Brown, Boveri & Cie. A.-G.	–	–	–	–	–	3000	direkt	Drehstrom 2	Brown, Boveri & Cie. A.G.	2100	–	50	ja	–	10,5	–	Der Dampfverbrauch ist in der Fabrik festgestellt bei Dampfüberhitzung auf 350°	–
X	Göttelborn	Grube Göttelborn	1899	7	stehend Verbund	110	Schieber	200	ja	Dingler	–	–	–	–	–	1650	Riemen 1:3,33	Drehstrom 12	A.E.G., Berlin	2000	17	50	ja	Sternschaltung	12,50	5	–	0,85
X	desgl.	desgl.	1894	7	liegend einzylindrig	25	desgl.	180	nein	desgl.	–	–	–	–	–	2100	Riemen 1:5,0	Gleichstrom	desgl.	110	150	–	ja	desgl.	12,50	desgl.	–	–
X	desgl.	desgl.	1905	7	Dampfturbine (Parsons)	425	–	3000	ja	Brown, Boveri & Cie. A.-G.	–	–	–	–	–	3900	direkt	Drehstrom 2	Brown, Boveri & Cie. A.G.	110	22	50	ja	desgl.	15	–	–	–
XI	Breitfeld	Breitfeldschacht	–	6	liegend einzylindrig Giebelmaschine	18	Expansionsschieber	280	nein	Dingler	–	–	–	–	–	850	Riemen 1:3	Gleichstrom 2	Garbe, Lahmeyer & Cie in Aachen	110	140	–	ja	–	11,1	noch nicht ermittelt	–	–
XI	desgl.	desgl.	–	7	stehend Verbund	250	Rider und Flachschieber	150	nein	Ehrhardt & Sehmer	–	–	–	–	–	150	direkt	Drehstrom	Siemens-Schuckert	2200	72	50	ja	Sternschaltung	7,5	–	–	0,8

*) Die hohen Kosten sind die Folge der unzweckmäßigen Anlage. Es sind nämlich außer den angegebenen Maschinen noch 4 kleinere ebenfalls fast immer im Betrieb (also im ganzen dauernd 5, und zwar 1 zur Kraftübertragung und 4 zur Beleuchtung). Die 15 Pf. Kosten sind bei diesen 5 Maschinen und enthalten noch die Tilgungskosten.

Quelle: *Mellin, R.,* Der Steinkohlenbergbau des preußischen Staates in der Umgebung von Saarbrücken, III. Teil: Der technische Betrieb, Berlin 1906, S. 332 f.

Tabelle 5 Wirtschaftliche Ergebnisse Elektrizitätswerk St. Johann (1896 - 1904)

Betriebs-jahr	Am Ende des Jahres angeschlossen		Leistung des Werkes	Gesamt-anschaffungs-wert	Gesamt-einnahme	Gesamt-ausgabe	Überschuss	
	Abnehmer	kW	kW	Mk.	Mk.	Mk.	Insgesamt Mk.	in % des Anschaffungs-wertes
1896/97			225	298.260	27.552,45	13.113,12	14.439,33	4,84
1897/98			225	298.260	45.990,11	21.040,44	24.949,67	8,37
1898/99	222		315	301.460	55.743,01	22.793,35	32.949,66	10,93
1899/1900	274	369	315	372.460	75.233,00	34646,56	40.586,44	10,90
1900/01	284	440	390	518.999	90.150,54	43.186,96	46.963,58	9,05
1901/02	306	570	390	529.399	91.883,44	42.085,56	49.797,88	9,41
1902/03	318	670	390	531.749	96.297,00	39.878,01	56.418,99	10,61
1903/04	350	848	390	513.520	114.909,11	41.504,48	73.404,63	14,29

Quelle: VdEW (1905), S. 241 f.

374

Tabelle 6 Gründungsaktionäre der Elektricitäts- und Gasvertriebsgesellschaft
Saarbrücken AG (SVG) am 20. Juni 1912

Stadt Saarbrücken	49	%
Bürgermeisterei Bischmisheim	10	%
Allgemeine Elektrizitätsgesellschaft, Berlin (AEG)	31	%
Berlin-Anhaltische Maschinenfabrik AG, Berlin (BAMAG)	3	%
Bankhaus G. F. Grohé-Henrich & Cie., Saarbrücken	7	%
	100	%

Quelle: VSE-AHV

Tabelle 7 Grundkapital von SVG/SLE/VSE 1912 - 1985
(in Mio M, FF, RM, SM, DM)

	Grundkapital	Währung	davon eingezahlt	Währung
1912 Gründung	1,00	Mark	1,00	Mark
1921	1,25	FF	1,25	FF
1930	37,25	FF	10,25	FF
1931	37,25	FF	20,727	FF
1932	37,25	FF	23,666	FF
1933	37,25	FF	24,206	FF
1935	4,00	Reichsmark	3,372	Reichsmark
1936	4,00	Reichsmark	3,550	Reichsmark
1937	4,00	Reichsmark	4,00	Reichsmark
1940	8,50	Reichsmark	8,50	Reichsmark
1942	14,00	Reichsmark	9,875	Reichsmark
1947	14,00	Saarmark	9,875	Saarmark
1948	1.000,00	FF	1.000,00	FF
1955	3.000,00	FF	3.000,00	FF
1959	40,00	DM	40,00	DM
1962	60,00	DM	60,00	DM
1978	80,00	DM	80,00	DM
1985	80,00	DM	80,00	DM

Quelle: Hauptversammlungsprotokolle, Eröffnungsbilanzen 1921, 1935, 1947, 1959
(VSE-AHV)

Tabelle 8 Vorsitzende des Aufsichtsrates der VSE 1912 - 1976

Zeitraum	
1912 – 1919	Heinrich SCHLOSSER
1920	Dr. Max BAUER
1921 – 1925	Eugène MEYER
1926 – 1934	Dr. Hans NEIKES
1935 – 1936	Ernst DÜRRFELD
1937 – 1941	Ernst Ludwig LEYSER
1942 – 1945	Richard IMBT
1946 – 1950	Peter MICHELY
1950 – 1951	Dr. Wolfram SCHÖNER
1951 – 1952	Peter WALTER
1952 – 1955	Peter ZIMMER
1955 – 1956	Dr. Alphonse DIWO
1956	Peter WALTER
1956 – 1962	Ass. Ernst BÖHMER
1962 – 1967	Eugen HUTHMACHER
1967 – 1970	Dr.-Ing. E. h. Helmut MEYSENBURG
1970 – 1972	August RIOTTE
1972 – 1973	Dr.-Ing. E. h. Helmut MEYSENBURG
1973 – 1976	August RIOTTE

Quelle: Geschäftsberichte (VSE-AHV)

Tabelle 9 Vorstandsmitglieder der VSE 1912 - 1975

Zeitraum	
1912 – 1921	Eberhard WOLFF
1912 – 1923	Hugo TORMIN
1921 – 1922	Paul PETITJEAN
1921 – 1922	Alexandre LAUCAGNE
1922 – 1925	Henri MASSING
1924 – 1929	Willi ARMBRÜSTER
1927 – 1934	Franz MANDRES
1929 – 1931	Dr.-Ing. h. c. Walter SCHRAMM
1931 – 1933	Willi ARMBRÜSTER
1933 – 1967	Kurt KESSLER
1934 – 1947	Dr.-Ing. E. h. Wilhelm RODENHAUSER *
1936 – 1962	Dr. rer. pol. Werner BERGER
1941 – 1943	Wilhelm BÖSING
1947 – 1953	Edouard MERCIER *
1947 – 1953	Dr. Franz SINGER
1953 – 1957	Hans G. GRIMM *
1962 – 1971	Werner HACKEMANN
1962 – 1974	Ass. Ernst BÖHMER
1971 –	Wilhelm SCHOMMERS
1974 –	Dr. jur. Walter HENN

* von der Kraftwerk Wehrden GmbH entsandt
Quelle: Geschäftsberichte, Aufsichtsratsprotokolle (VSE-AHV)

Tabelle 11 Strompreise für Tarifkunden der SVG/SLE 1912 - 1922

1) Zählertarif:

		Licht	Kraft
		Mark/kWh	Mark/kWh
	1912	0,40	0,20
	1913	0,40	0,20
	1914	0,40	0,20
	1915	0,40	0,20
01.07.	1916	0,50	0,20
01.08.	1917	0,50	0,21
01.04.	1918	0,55	0,21
01.04.	1919	0,56	0,25
01.07.	1919	0,70	0,35
01.10.	1919	0,80	0,40
01.11.	1919	0,90	0,45
	1920		
	1921	16 Preiserhöhungen	
	1922		
01.12.	1922	250,00	250,00

2) Grundgebührentarif:
2a) Arbeitspreis: 1912 - 31.07.1917   10 Pfg./kWh
                       01.08.1917 - 31.03.1918   11 Pfg./kWh

2b) Grundgebühr: für jede 16 Nk-Lampe   0,20 Mark/Monat
                       für jede 25 Nk-Lampe   0,25 Mark/Monat
                       für jede 32 Nk-Lampe   0,35 Mark/Monat
                       für jede 50 Nk-Lampe   0,50 Mark/Monat
                       für jede 100 Nk-Lampe   1,00 Mark/Monat
                       für jede 200 Nk-Lampe   2,00 Mark/Monat
                       für jede Steckdose   0,25 Mark/Monat

                       ab 01.04.1918 laufend Preiserhöhungen bis zum
                       Fortfall des Grundgebührentarifes ab 01.August 1922

3) Pauschaltarif:
                       für jede 25 Nk-Lampe   0,90 Mark/Monat
                       für jede 32 Nk-Lampe   1,15 Mark/Monat
                       für jede 50 Nk-Lampe   1,50 Mark/Monat
                       für jede Steckdose   3,00 Mark/Monat

                       ab 01.04.1918 laufend Preiserhöhungen bis zum
                       Fortfall des Grundgebührentarifes ab 01.Juli 1923

Quellen: Geschäftsberichte, Aufsichtsratsprotokolle (VSE-AHV)

Tabelle 13 Kundenstruktur der SVG 1913 - 1920

Jahr	Kleinverbraucher			Großabnehmer		Gesamtabnehmer		Abgabe in kWh	
	Anzahl	kW	Ø in Watt	Anzahl	kW	Anzahl	kW	Kleinverbraucher	Großabnehmer
1913							1.677		
1914	4.738	2.563	541	2	1.133	4.740	3.696		
1915	6.171	3.254	527	5	2.605	6.176	5.859		
1916	6.918	3.473	502	6	3.500	6.924	5.973		
1917	7.372	3.646	495	6	3.500	7.378	7.146		
1918	7.907	3.866	489	12	4.388	7.919	8.254	1.156.350	13.171.226
1919	8.541	4.118	482	12	4.388	8.553	8.506	1.197.223	15.550.080
1920	9.141	4.302	471	12	4.388	9.153	8.690		

Quellen: Geschäftsberichte, Aufsichtsratsprotokolle (VSE-AHV), Stadtarchiv Saarbrücken, Bestand Großstadt 2514

Tabelle 15 Bilanzwerte - Dividende SVG 1913 - 1920

Jahr	Bilanzsumme Mio Mk	Umsatzerlöse 1) Mio Mk	Anlagenzugänge Mio Mk	Jahresüberschuss Mk	Gewinn-/Verlust- vortrag v. Vj. Mk	Bilanzgewinn Mk	Dividende %
1913	1,472	0,145		29.032,09	- 1.600,59	27.431,50	4
1914	2,090	0,444	0,994	54.283,14	0,00	54.283,14	4
1915	2,470	0,649	0,264	39.154,44	2.468,98	41.623,42	3
1916	2,543	0,901	0,058	43.305,02	865,70	44.170,72	3
1917	2,577	0,284	0,009	54.441,25	2.005,47	56.446,72	4
1918	2,687	0,373	0,015	71.008,54	3.224,66	74.233,20	5
1919	3,286	0,448	0,123	76.025,00	6.182,77	82.207,77	5
1920	5,449	1,030	0,190	103.586,66	7.906,52	111.493,18	6

1) Bruttoerträge

Quellen: Geschäftsberichte, Aufsichtsratssitzung v. 16. 03. 1925 (VSE-AHV)

380

Tabelle 16 Versorgungsgebiet der SVG (Stand Ende 1920)

Leitungsstrecken	30.000 Volt-Leitung Kabel (km)	Freileitungen (km)	Leitungsart 1)	die Großabnehmer (Hochspannung)	die Gemeinden (Ortsnetze Eigentum der S.V.G.)	Anzahl Einwohner	Abnehmer 2) Anzahl	Abnehmer %	Stationen Anzahl	Leist. kVA	Niederspannungsleitung 380/220 Volt Freileitung (km)	Kabel (km)	Leitungsart 1)
I. Rentrich–Saarbrücken		8,600	K	Wasserwerk Rentrich der Stadt Saarbrücken	1. Rentrisch mit Rentr. Weg St. Ingbert	1.255	243	19,4	1	15,0	5,150		K
					2. Schaidt	3.651	376	12,3	1	25,0	7,335		K
					3. Schafbrücke mit Bourscheidt & Goffontaine	1.630	356	21,8	2	12,5	3,560	0,040	
II. Schafbrücke–Bischmisheim	1.500		K		4. Bischmisheim	1.780	482	27,1	2	17,5	7,280	0,025	
III. Saarbrücken–Fechingen		5.650	K		5. Brebach	2.660	256	9,6	2	50,0	2,420		
					6. Fechingen	3.110	338	10,9	1	10,0	5,090		
IV. Fechingen–Eschringen	3.050		K	Kleinbahn Brebach	7. Bliesransbach	1.165	182	15,6	2	15,0	2,850		E
Eschringen–Ensheim	2.000		E	Gemeinde Ensheim / Adt. AG Ensheim	8. Güdingen	2.818	518	18,4	2	25,0	9,320	0,125	K
V. Abzweig–Bliesransbach					9. Bübingen	1.015	181	17,8	1	5,0	2,000		K
VI. Brebach–Güdingen	3.000		E	Kalkwerk Bübingen	10. Kleinblittersdorf	2.180	416	19,1	1	50,0	4,790	0,100	K
VII. Güdingen–Kleinblittersdorf	4.900		K	Kalkwerk Kl.blittersd. / Strauss & Hoon Kl.blit.	11. Großblittersdorf	2.434	408	16,8			4,635		E
VIII. Kleinblittersdorf–Auersmacher	2.750		E		12. Auersmacher	1.349	223	16,5	1	20,0	3,250		E
IX. Luisenthal–Fürstenhausen	0,265	2.080	E	Mannesmann Röhrenwerke Bous	13. Fürstenhausen	3.772	317	8,4	1	32,0	4,750		E
X. Luisenthal–Haus		12.600	K		14. Ludweiler	2.677	487	18,2	1	15,0	6,900		E
XI. Ludweiler–Lauterbach	0,070	6.000	E		15. Lauterbach	1.563	307	19,6	1	7,5	7,300		E
					16. Geislautern	630	45	6,9			1,050		
XII. Großrosseln–Carlsbrunn	0,300	9.100		Erhardt & Co. Chem. Fabrik Großrosseln	17. Großrosseln	2.633	557	21,2	1	15,0	8,500	0,050	K
					18. Emmersweiler	677	137	20,2	1	5,0	2,975		K
					19. Nassweiler	547	110	20,1	1	5,0	3,785		K
					20. St. Nikolaus	575	101	17,6	1	5,0	1,790		K
					21. Carlsbrunn	302	60	19,9	1	10,0	2,000		
XIII. Forbach Bahnhof–Wasserwerk Geiswerk		1.800		Stadt Forbach / Couturier Forbach / Bahnhof Forbach	22. Morsbach	180	7	3,9	2	100,0	0,650		K
					23. Rosbruck	240	44	18,3	1	125,0	0,820		K
XIV. Forbach–Püttling (Lothr.)		7.550	K	Bahnhof Beining / Bahnhof Oocheren	24. Oocheren	771	151	19,6		50,0	2,250		K
					25. Farrebersviller	543	98	18,0	1	7,5	2,000		K
					26. Farschviller	986	143	14,5	1	15,0	2,820		K
XV. Farrebersviller–St. Avold		12.450	E	Stadt St. Avold	27. Koustailler	459	89	19,4	1	15,0	1,575	0,075	K
XVI. Püttling–Rewelfing		15.600	K	Bahnhof Neufgrange	28. Neufgrange	554	96	17,3	1	75,0	1,853		K
					29. Rewelfing	1.027	203	19,8	1	10,0	4,200		E
XVII. Rewelfing–Sarreinsming	3.530		E	Bahnhof Sarreinsming / Bahnhof Sarreguemines / Huber & Co. Sarreguem. / E. Bloch Sarreguem. / Stadt Neunkirchen	30. Sarreinsming	941	163	19,6	1	25,0	1,785	0,570	K
XVIII. Sarreguemines–Neunkirch (L.)		1.200			31. Sarreguemines	15.594	1609	10,3	8	500,0	8,100	8,915	K
XIX. Grube König–Neunkirchen/Saar					32. Neunkirch	1.834	416	22,7	1	25,0	3,600		K
	36.615	79.880				60.870	9.121	15,0	47	1.372,0	126,395	9,900	

1) K = Kupfer, E = Eisen
2) %-Angabe eigene Berechnung

Quelle: Stadtarchiv Sbr. Best. Großstadt 7141

Tabelle 17 Saarland-Lothringen Elektrizitäts-AG: Aktionäre 1921/22-1927

Société Alsacienne et Lorraine d'Electricité (SALEC), Strasbourg	53	%
La Houve Société Anonyme de Mines et d'Electricité (La Houve), Strasbourg	7	%
Stadt Sarreguémines (Saargemünd)	10	%
Stadt Saarbrücken	20	%
Bürgermeisterei Bischmisheim	5	%
Landkreis Saarbrücken	5	%
	100	%

Quelle: VSE-AHV

Tabelle 18 Die amtlichen Monatsmittelkurse der Regierungskommission 1919 - 1923
(Mittlerer Frankenkurs nach den Notierungen der Berliner und Pariser Börse)

	1919	1920	1921	1922	1923
Januar	1,3766	5,0726	4,1689	15,5623	1.167,7155
Februar	1,4818	6,9512	4,3784	18,1167	1.692,4450
März	1,7897	5,9779	4,4036	25,5693	1.311,5040
April	2,0750	3,6744	4,5918	26,9366	1.612,9523
Mai	2,2148	3,1849	5,1799	26,4418	2.974,2238
Juni	2,2917	3,0777	5,5787	27,3870	6.712,7556
Juli	2,2168	3,2044	5,9914	40,0350	21.581,1045
August	2,4420	3,4116	6,5223	89,6714	225.279,1629
September	2,9137	3,9144	7,5966	111,1460	5.632.271,6000
Oktober	3,1252	4,4475	10,6772	226,8434	1.620.540.418,1100
November	4,0283	4,6398	18,8007	479,0243	
Dezember	4,4929	4,3229	14,9848	539,1680	

Quelle: Wiegand (1929), S. 103

Tabelle 19 Indexziffern der Stadt Saarbrücken 1919 - 1923
(ohne Bekleidung in Papiermark, Juli 1914 = 100)

	1919	1920	1921	1922	1923
Januar		588	1.074	2.416	169.458
Februar		606	1.073	2.814	383.839
März		661	1.043	3.586	362.900
April		714	1.123	4.286 1)	416.888
Mai		827	987	4.508	828.336
Juni		851	1.029	4.814	
Juli		981	1.183	6.415	
August		1.002	1.238	10.082	
September		952	1.240	16.633	
Oktober		1.023	1.430	30.502	
November		1.090	2.104	69.809	
Dezember	442	1.161	2.361	99.735	

1) Änderung der Berechnungsmethode
Quelle: Wiegand (1929), S. 103

Tabelle 20 Indexziffern des Deutschen Reiches 1919 - 1923
(ohne Bekleidung in Papiermark, Juli 1914 = 100)

	1919	1920	1921	1922	1923
Januar			924	1.640	103.400
Februar		623	901	1.989	240.800
März		741	901	2.302	262.700
April		836	894	3.175 1)	276.400
Mai		876	880	3.462	352.100
Juni		842	896	3.779	697.900
Juli		842	963	4.990	3.330.000
August		795	1.045	7.029	5.866.000
September		777	1.062	11.376	13.200.000
Oktober		827	1.146	19.504	
November		872	1.397	40.047	
Dezember	483	916	1.550	61.156	

1) Änderung der Berechnungsmethode
Quelle: Wiegand (1929), S. 103

Tabelle 22 Index der Lebenshaltungskosten im Saargebiet für die Jahre 1925 - 1934 im Jahresdurchschnitt
(Basiszeitraum: Juli 1914 = 100)

Jahr	BEDARFSGRUPPEN							Gesamt-lebens-haltung
	Ernährung	Wohnung	Heizung und Beleuchtung	Strom Licht	(SVG/SLR/VSE) Kraft	Bekleidung	Verschiedenes	
Juli 1914	100	100	100	100	100	100	100	100
Mai 1925	439	179	444	280	560	564	471	398
Dez. 1925	515	207	452	280	560	635	612	470
1926	623	290	541	338	424	768	791	581
1927	617	339	627	400	400	744	825	594
1928	628	339	611	400	400	761	826	600
1929	655	345	626	400	400	770	856	620
1930	629	361	668	400	400	759	861	612
1931	588	363	661	400	400	694	855	582
1932	535	363	653	400	400	587	803	536
1933	507	363	640	400	400	549	787	515
1934	497	372	644	400	400	553	774	511

Quelle: Köster (1948), S. 6; Tab. 11, 18

385

Tabelle 24 Strombezug der Stadt Saarbrücken von der SLE 1922/23 in kWh

	1922	1923
Januar	1.930.430	2.102.560
Februar	1.707.958	768.207 1)
März	2.027.384	435.038 1)
April	1.773.967	1.099.454 1)
Mai	1.748.863	1.523.062 1)
Juni	1.720.458	1.628.573
Juli	1.800.832	1.852.868
August	1.849.610	1.968.825
September	1.845.894	2.032.429
Oktober	2.078.840	2.343.692
November	2.098.893	2.406.011
Dezember	2.198.694	2.525.542

1) Bergarbeiterstreik vom 5. Februar bis 15. Mai 1923

Quelle: Stadtarchiv Saarbrücken,
Bestand Großstadt 7154

Tabelle 26 Mitarbeiter der VSE 1920 - 1944

	Mitarbeiter
	Insgesamt
Jahr	Anzahl
1920	47
1921	53
1922	62
1923	71
1924	86
1925	102
1926	146
1927	159
1928	175
1929	181
1930	276
1931	297
1932	285
1933	280
1934	282
1935	254
1936	246
1937	261
1938	282
1939	254
1940	244
1941	251
1942	251
1943	264
1944	253

Quellen: Geschäftsberichte, Aufsichtsratsprotokolle (VSE-AHV)

Tabelle 27 Bilanzwerte - Dividende SVG/SLE/VSE 1920 - 1935

Jahr	Bilanzsumme Mio	Umsatzerlöse 1) Mio	Netto- anlagenzugänge Mio	Jahresüberschuß/ -verlust	Gewinnvortrag v. Vj.	Bilanzgewinn/ -verlust	Währung	Dividende %	davon Bonus %
1920	5,449	1,030	0,190	103.586,66	7.906,52	111.493,18	Mk	6,0	
1921	2,710	1,960	0,481	204.913,40	25.813,85	230.727,25	Mk	5,0	
1922	1,778	0,311	0,047	114.355,56	4.361,20	118.716,76	FF	7,0	2
1923	2,188	0,451	0,247	199.198,43	7.498,98	206.697,41	FF	12,0	7
1924	5,036	0,681	0,890	373.999,59	15.313,49	389.313,08	FF	20,0	15
1925	5,035	0,693	0,499	259.496,86	91.333,10	350.829,96	FF	20,0	15
1926	5,721	0,739	0,288	246.891,13	69.442,90	316.334,03	FF	20,0	15
1927	6,247	1,243	0,271	343.129,37	36.784,83	379.914,20	FF	20,0	15
1928	21,691	1,310	7,242	306.306,79	84.403,37	390.710,16	FF	20,0	15
1929	27,952	1,424	11,699	293.907,95	93.829,46	387.737,41	FF	20,0	15
1930	48,664	2,943	18,711	887.545,04	92.096,61	979.641,65	FF	8,8	
1931	67,260	3,373	2,293	1.027.509,00	12.764,65	1.040.273,65	FF	4,5	
1932	70,071	4,335	0,225	1.564.700,20	35.191,15	1.599.891,35	FF	6,2	
1933	73,372	4,798	1,757	611.908,18	24.343,35	636.251,53	FF	2,4	
1934	72,989	13,842	7,731	- 78.143,50	15.731,53	- 62.411,97	RM	0,0	
1935	10,356	2,387	1,030	247.623,00	2)	247.623,00	RM	6,0	

1) Bruttoerträge
2) RM-Eröffnungsbilanz
Quellen: Geschäftsberichte, Aufsichtsratssitzung vom 16.3.1925 (VSE-AHV)

Tabelle 28 Aktionäre der SLE nach Rückkauf der französischen Aktien 1927

Stadt Saarbrücken	80	%
Landkreis Saarbrücken	5	%
Bürgermeisterei Bischmisheim	5	%
Landkreis Ottweiler	5	%
Stadt Neunkirchen	5	%
	100	%

Quelle: VSE-AHV

Tabelle 30 Der Stromaustausch des Saargebietes mit Deutschland (1926 - 1932)

Jahr	Ausfuhr aus Deutschland				Einfuhr nach Deutschland			
	insgesamt	davon nach dem Saargebiet			insgesamt	davon aus dem Saargebiet		
	1.000 kWh	1.000 kWh	%		1.000 kWh	1.000 kWh	%	
1926	120.432	4.973	4,1		205.592	17.223	8,4	
1927	175.513	7.378	4,2		264.886	14.904	5,6	
1928	180.947	8.981	5,0		293.011	33.389	11,4	
1929	177.828	629	0,4		398.239	50.655	12,7	
1930	136.312	324	0,2		605.246	55.368	9,1	
1931	133.087	110	0,1		674.301	61.222	9,1	
1932	133.687	12	0,0		577.942	39.835	6,9	

Quelle: Saarwirtschaftsstatistik Heft 9 (1934)

Tabelle 31 Stromaufkommen und -verbrauch im Saargebiet 1920 - 1933

Jahr	Erzeugung	Einfuhr	Ausfuhr	Stromverbrauch im Saargebiet	Bevölkerungs- stand am Jahresende	Stromverbrauch pro Kopf der Bevölkerung
	kWh	kWh	kWh	kWh	Anzahl	kWh
	a	b	c	d = a + (b–c)		
1920	334.898.293	172.030	494.340	334.575.983	697.242	480
1921	353.499.625	698.870	112.450	354.086.045	706.214	501
1922	406.015.969	142.740	5.420	406.153.289	719.072	565
1923	400.019.649	326.940	22.507.267	377.839.322	749.397	504
1924	503.893.988	490.180	25.306.074	479.078.094	763.196	628
1925	503.612.754	7.432.313	25.848.632	485.196.435	773.764	627
1926	649.540.619	18.029.416	15.271.186	652.298.849	786.108	830
1927	698.216.136	19.247.700	13.699.195	703.764.641	774.546	909
1928	784.643.271	17.192.757	23.494.459	778.341.569	782.962	994
1929	889.457.844	17.499.022	49.587.274	857.369.592	793.101	1.081
1930	894.569.278	12.201.799	54.739.094	852.031.983	805.274	1.058
1931	880.878.533 1)	10.731.992	74.815.732	816.794.793	815.907	1.001
1932	808.055.621	9.022.977	56.003.243	761.075.355	823.444	924
1933	849.664.735	11.650.557	45.170.851	816.144.441	828.128	986

1) berichtigter Wert
Quelle: Saarwirtschaftsstatistik Heft 9 (1934)

Tabelle 32 Stromaufkommen Saargebiet/Saarland (MWh) 1913/20 - 1938
(ohne Einfuhr)

Jahr	Gesamt	davon		
		Gruben-kraftwerke	Hütten-kraftwerke	sonstige Kraftwerke
1913	257.939	101.974	155.491	474
1920	334.898	170.251	120.648	44.000
1921	353.500	162.658	135.183	55.658
1922	406.016	187.297	166.079	52.639
1923	400.020	192.476	158.192	49.352
1924	503.894	256.758	189.848	57.289
1925	503.613	239.068	201.678	62.867
1926	649.541	279.924	222.113	147.503
1927	698.216	298.220	244.889	155.107
1928	784.643	311.915	274.606	198.121
1929	889.458	348.045	291.656	249.757
1930	894.569	362.599	299.827	232.143
1931	892.461	354.812	289.894	247.756
1932	808.056	323.474	253.618	230.964
1933	849.665	332.316	285.401	231.948
1934	914.652	331.376	330.021	253.255
1935	1.010.637	371.362	352.010	287.265
1936	1.161.372	406.984	385.733	368.655
1937	1.232.109	475.889	401.709	354.511
1938	1.333.119	524.164	424.714	384.241

Quelle: Saarwirtschaftsstatistik Heft 9 (1934),
Statistik des Saarlandes Heft 2 (1936/37), Heft 3 (1937/38)

Tabelle 33 Verbrauch von elektrischem Strom im Saargebiet im Vergleich
zu anderen Staaten 1925 - 1933

	Verbrauch je Kopf der Bevölkerung						
	Saar-gebiet	Deutsch-land	Frank-reich	England	Belgien	Schweiz	Italien
Jahr	kWh	kWh	kWh	kWh	kWh	kWh	kWh
1925	627	326	251	268	296	931	184
1926	830	338	276	268		1.053	213
1927	909	397	290	313	409	1.112	221
1928	994	438	319	337	466	1.169	244
1929	1.081	480	343	368	534	1.307	233
1930	1.058	450	369	370	545	1.279	260
1931	1.001	399	343	375	540	1.238	255
1932	924	361	337		484	1.168	256
1933	985		363			1.189	281

Quelle: Saarwirtschaftsstatistik Heft 9 (1934)

Tabelle 34 Erzeugung von elektrischem Strom im Saargebiet im Vergleich
zu anderen Staaten 1925 - 1933

		Erzeugung					
	Saar-gebiet	Deutsch-land	Frank-reich	England	Belgien	Schweiz	Italien
Jahr	Mio. kWh	Mio. kWh	Mio. kWh	Mio. kWh	Mio. kWh	Mio. kWh	Mio. kWh
1925	504	20.328	10.207	11.753	2.274	3.665	7.350
1926	650	21.218	10.268	11.766		4.170	8.574
1927	698	25.135	11.875	13.828	3.243	4.434	8.970
1928	785	27.870	13.100	14.906	3.725	4.700	10.000
1929	889	30.661	14.352	16.300	4.270	5.300	10.557
1930	895	29.103	15.339	16.533	4.395	5.200	10.836
1931	892	25.788	14.361	16.813	4.370	5.049	10.540
1932	808	23.460	14.150		3.931	4.791	10.652
1933	850		15.305			4.900	11.770

Quelle: Saarwirtschaftsstatistik Heft 9 (1934)

Tabelle 36 Vereinigte Saar-Elektrizitäts-AG: Aktionäre im Jahr 1932

	Stück	%
Preußische Elektrizitäts AG, Berlin (Preag)	794	19,6
Continentale Elektrizitäts-Union AG, Basel (Continel)	251	6,2
Stadt Saarbrücken	1005	24,8
Landkreis Saarbrücken	553	13,6
Landkreis Saarlouis	603	14,9
Landkreis St. Wendel	251	6,2
Landkreis Ottweiler	201	5,0
Bürgermeisterei Bischmisheim	201	5,0
Stadt Neunkirchen	201	5,0
	4060	100,0

Quelle: VSE-AHV

Tabelle 40 Vereinigte Saar-Elektrizitäts-AG: Aktionäre im Jahr 1938

	Stück	%
Preag	1078	27,0
Stadt Saarbrücken	1000	25,0
Landkreis Saarbrücken	579	14,5
Landkreis Saarlouis	628	15,7
Landkreis St. Wendel	282	7,1
Landkreis Ottweiler	232	5,8
Amt Brebach (Bischmisheim)	197	4,9
	3996	100,0

Quelle: VSE-AHV

Tabelle 41 Tarifkunden im VSE-Versorgungsgebiet 1930 - 1944

	Licht		Kraft		Haushalt		Kühl		Insgesamt		Verbrauch kWh/ Tarifkunde
	Anzahl	%	Anzahl	%	Anzahl	%	Anzahl	%	Anzahl	%	kWh
1930	33.567	90,0	3.717	10,0					37.284	100,0	104,6
1931	34.884	88,8	4.020	10,2	390	1,0			39.294	100,0	
1932	35.540	88,1	4.084	10,1	739	1,8			40.363	100,0	
1933	36.199	87,5	4.156	10,1	996	2,4			41.351	100,0	
1934	36.959	87,6	4.198	9,9	1.054	2,5			42.211	100,0	118,3
1935	37.827	87,9	4.161	9,7	1.026	2,4			43.014	100,0	127,9
1936	38.294	86,6	4.105	9,3	1.820	4,1	3		44.222	100,0	136,6
1937	40.434	85,6	3.969	8,4	2.808	5,9	26	0,1	47.237	100,0	154,0
1938	42.954	85,2	3.872	7,7	3.500	6,9	74	0,1	50.400	100,0	151,9
1939 1)	43.167	82,9	3.865	7,4	4.964	9,5	102	0,2	52.098	100,0	109,7
1940									52.325	100,0	189,7
1941									52.725	100,0	244,5
1942									53.427	100,0	274,9
1943									53.504	100,0	260,6
1944									53.794	100,0	

1) Stand 31. August 1939
Quelle: VSE (EWVZ)

Tabelle 44 Nutzbare Abgabe der VSE 1935 - 1945 in kWh

Jahr	Nutzbare Abgabe 3)	Tarifkunden	Sondervertrags-kunden	Weiter-verteiler	eigenes Versorgungs-Gebiet	Abgabe an Nachbar-gebiete
	in kWh	in kWh	in kWh	in kWh	in kWh	in kWh
1935	80.038.079	5.087.097	41.336.737	19.882.993	66.306.827	13.671.256 1)
1936	89.716.464	5.656.029	41.455.434	21.926.375	69.037.838	20.678.626 1)
1937	95.238.944	6.053.925	65.281.036	23.503.983	94.838.944	
1938	103.803.484	7.762.805	69.622.440	26.418.239	103.803.484	
1939	87.781.625	7.918.199	54.394.406	25.344.222	87.656.827	
1940	61.421.640	5.738.048	34.090.523	21.004.121	60.832.692	468.328
1941	93.217.885	10.001.600	56.007.344	26.068.034	92.076.978	997.045
1942	115.246.569	13.063.220	73.812.004	27.900.876	114.776.100	268.628
1943	173.029.515	14.709.744	108.739.867	30.939.023	154.388.634	18.467.868
1944	186.144.618	14.019.988	108.495.511	31.479.422	153.994.921	32.016.627
1945	83.319.037	8.004.818	10.280.800	17.660.401	35.946.019	47.373.018 2)

1) Durchleitung an Mannesmann (Bous) für La Houve
2) Einschließlich 18,6 Mio kWh an EdF
3) Einschließlich Eigenbedarf

Quellen: Geschäftsberichte (VSE-AHV), VSE (EW-VZ)

Tabelle 45 Bilanzwerte - Dividende VSE 1935 - 1945

Jahr	Bilanzsumme Mio RM	Umsatzerlöse 1) Mio RM	Anlagenzugänge Mio RM	Jahresüberschuß/ -verlust RM	Gewinn/ -verlust! Vortrag v. Vj. RM	Bilanzgewinn/ -verlust RM	Dividende
1935	10,356	2,387	1,030	247.623,00		247.623,00	6 %
1936	11,377	2,428	0,751	222.922,19	5.424,45	228.346,64	6 %
1937	12,649	1,835	1,877	243.114,50	2.408,96	245.523,46	6 %
1938	15,513	2,256	2,236	249.581,40	2.524,90	252.106,30	0 %
1939	17,924	2,007	1,403	- 123.754,65		- 123.754,65	0 %
1940	24,734	2,378	0,718	508.253,95	- 123.754,65	384.499,30	4 %
1941	27,385	3,444	1,171	499.281,83	44.499,30	543.781,13	6 %
1942	27,905	3,526	2,043	493.765,01	33.781,13	527.546,14	5 %
1943	34,620	3,925	3,823	442.762,69	102.546,14	545.308,83	5 %
1944	42,993	4,162	2,645	127.154,00	51.558,83	178.712,83	0 %
1945	47,027	1,521	1,782	- 1.804.388,82	178.712,83	- 1.625.675,99	0 %

1) 1935+1936 Bruttoertrag, ab 1937 Jahresertrag gem. § 132, II.1 Akt. Ges.
Quelle: Geschäftsberichte (VSE-AHV)

Tabelle 48 Nutzbare Abgabe der VSE 1945 - 1961 in kWh

Jahr	Nutzbare Abgabe 1) in kWh	Tarifkunden in kWh	Sondervertragskunden in kWh	Weiterverteiler in kWh	eigenes Versorgungs-Gebiet in kWh	Abgabe an E d F in kWh	Abgabe an sonstige Nachbargebiete in kWh
1945	83.319.037	8.004.818	10.280.800	17.660.401	35.946.019	18.616.500	28.671.018
1946	294.345.306	12.489.600	42.456.162	23.754.497	78.700.259	191.931.182	23.565.665
1947	322.143.169	15.895.305	48.866.132	29.213.616	93.975.053	181.430.828	46.487.719
1948	252.144.418	15.366.702	57.489.257	36.537.973	109.393.932	133.972.342	8.575.406
1949	376.381.141	17.593.327	80.054.083	43.140.420	140.787.830	235.192.991	480.138
1950	286.996.237	19.521.876	93.605.185	48.322.325	161.449.386	123.977.061	1.239.185
1951	334.427.213	22.098.929	115.005.233	54.607.523	191.711.685	131.084.411	11.213.230
1952	288.077.438	24.608.296	122.378.163	57.310.712	204.297.171	71.937.847	11.310.730
1953	258.282.304	27.364.211	123.667.849	62.649.958	213.682.018	34.610.043	9.437.709
1954	286.996.469	29.633.027	144.822.528	71.384.559	245.840.114	25.773.932	14.666.280
1955	328.842.751	34.145.785	182.624.137	78.317.787	295.087.709	13.166.856	19.276.528
1956	357.704.311	41.334.357	197.928.547	89.572.657	328.835.561	6.017.375	21.053.721
1957	414.840.175	48.426.847	213.577.903	99.432.246	361.436.996	27.460.875	23.725.721
1958	476.482.116	58.330.008	247.087.371	110.414.767	415.832.146	3.926.000	35.273.032
1959	473.287.817	66.771.007	243.088.329	119.639.279	429.498.615	5.820	41.653.979
1960	559.696.450	81.538.180	274.546.766	143.458.904	499.543.850	5.661	57.882.979
1961	671.280.598	96.967.837	353.387.908	169.586.681	619.942.426	6.047	49.008.861

1) Einschließlich Eigenbedarf
Quellen: Geschäftsberichte (VSE-AHV), VSE (EWVZ)

Tabelle 49 Bereitstellung und Abgabe von elektrischer Leistung im
Saarland und in der Pfalz 1946/47

	4/46	10/46	12/46	3/47	4/47	5/47	9/47
Bereitstellung							
Rheinau	21,0 MW	19,0 MW	10,0 MW	10,0 MW	15,5 MW	14,0 MW	1) 14,5 MW
KW Homburg		16,0 MW	16,0 MW	7,5 MW			
KW Wehrden	43,5 MW	23,0 MW	52,0 MW	47,5 MW	38,0 MW	35,0 MW	43,9 MW
Régie des Mines	23,0 MW	26,0 MW	22,5 MW	22,5 MW	20,5 MW	20,5 MW	24,1 MW
Neunkirchen		9,0 MW	8,5 MW	8,0 MW	7,5 MW	7,0 MW	6,3 MW
ARBED Burbach				2,0 MW			3,0 MW
RWE (mit Mettlach)	3,0 MW	7,0 MW	6,0 MW	5,5 MW	5,0 MW	9,5 MW	7,5 MW
Summe	90,5 MW	100,0 MW	115,0 MW	103,0 MW	86,5 MW	86,0 MW	99,3 MW
Abgabe							
Pfalz	33,0 MW	35,0 MW	26 MW	29,0 MW	21,5 MW	25,0 MW	19,6 MW 2)
Saar	28,5 MW	30,0 MW	53 MW	38,5 MW	37,0 MW	36,0 MW	50,9 MW
Export Frankreich	29,0 MW	35,0 MW	36 MW	35,5 MW	28,0 MW	25,0 MW	28,8 MW
Summe	90,5 MW	100,0 MW	115,0 MW	103,0 MW	86,5 MW	86,0 MW	99,3 MW

1) k.A.
2) nur Strom von der Saar
Quelle: LA Saarbrücken, Bestand Handelsamt Saar Nr. 4 - 6, 8 - 11

Tabelle 51 Bilanzwerte - Dividende VSE 1945 - 1961

	Bilanzsumme Mio	Umsatzerlöse Mio	Anlagenzugänge Mio	Jahresüberschuß - verlust	Gewinn-/Verlust- vortrag v. Vj.	Bilanzgewinn/ -verlust	Währung	Dividende %
1945 1)	47,027	1,521	1,030	-1.804.388,82	178.712,83	-1.625.675,99	RM	0,00
1946 1)	51,407	3,289	1,552	-3.086.377,01	-1.625.675,99	-4.712.053,00	RM	0,00
1947 2)	51,228	4,281	3,274	92.353,44	-4.712.053,00	-4.619.699,56	SM	0,00
1948 3)	3.040,300	265,161	151,656	-100.553.662,00		-100.553.662,00	FF	0,00
1949	3.697,800	472,185	283,030	176.235.899,00		75.682.237,00	FF	5,00
1950	4.698,600	443,980	1.157,522	-151.838.958,00	26.825.237,00	-125.013.721,00	FF	0,00
1951	6.800,100	517,743	1.511,015	-158.739.799,00	-125.013.761,00	-283.753.560,00	FF	0,00
1952	11.154,900	798,430	658,512	-285.277,00	-283.753.560,00	-284.038.837,00	FF	0,00
1953	11.506,700	857,835	233,922	112.647.075,00	-284.038.837,00	-171.391.762,00	FF	0,00
1954	12.785,500	1.045,933	1.240,473	181.818.842,00	-171.391.762,00	10.427.080,00	FF	0,00
1955	13.770,800	1.314,382	1.271,730	172.153.133,00	10.427.080,00	182.580.213,00	FF	6,00
1956	14.629,300	1.423,382	1.126,492	-113.221.277,00	2.717.800,00	-110.503.477,00	FF	0,00
1957	16.503,900	1.486,068	1.528,252	-232.705.548,00	-110.503.476,00	-343.209.024,00	FF	0,00
1958	17.769,200	1.711,894	1.540,702	197.144.980,00	-343.209.024,00	-146.064.044,00	FF	0,00
1959 4)	17.803,200	972,110	2.752,633	466.431.364,00 6)	-146.064.044,00	320.367.320,00	FF	10,00
1960 5)	168,983	66,294	6,090	4.531.507,80		4.531.507,80	DM	11,25
1961	177,794	53,607	8,363	3.056.599,51	31.507,80	3.088.107,31	DM	7,50

1) 1945 - 1959: Umsatzerlöse = Jahresertrag ermäß § 132, II.1 Akt. Ges.
2) 1.1. - 19.11.1947
3) 20.11.1947 - 31.12.1948
4) 1.1. - 5.7.1959
5) 6.7. - 31.12.1960
6) davon rd. 260 Mio FF aus der Teilauflösung der Rücklage für Wertminderung
Quelle: Geschäftsberichte (VSE-AHV)

Tabelle 52 Vereinigte Saar-Elektrizitäts-AG: Aktionäre 1949 - 1961

Landkreis Saarbrücken	**21,0 %**
Landkreis Saarlouis	**19,6 %**
Landkreis St. Wendel	**4,8 %**
Landkreis Ottweiler	**3,9 %**
Stadt Saarbrücken	**16,8 %**
Amt Brebach	**3,3 %**
Preag	**26,6 %**
Electricité de France	**4,0 %**
	100,0 %

Quelle: VSE-AHV

Tabelle 55 Tarifkunden im Versorgungsgebiet der VSE 1950 - 1961

Jahr	Anzahl	Mio kWh	kWh/Tarifkunden
1950	56.468	19,5	345,3
1951	58.495	22,7	388,1
1952	61.155	25,3	413,7
1953	60.240	28,2	468,1
1954	64.361	30,5	473,9
1955	67.100	35,1	523,1
1956	69.832	42,4	607,2
1957	72.867	49,6	680,7
1958	74.357	59,6	801,5
1959	76.565	66,8	872,5
1960	79.426	81,5	1.026,1
1961	82.360	96,9	1.176,5

Quellen: VSE-AHV, VSE (EW-VZ)

Tabelle 58 Leitungsnetz der VSE 1951 - 1961
Stromkreislänge in km (gerundet)
Freileitungen und Kabel (ohne Hausanschlüsse)

Jahr	Nieder- spannung 0,4 kV	Mittel- spannung bis 25 kV	Hochspannung ab 35 kV	Summe Mittel- und Hochspannung
1951	1.052			860
1952	1.092			877
1953	1.132			898
1954	1.185			916
1955	1.204			945
1956	1.263	571	393	964
1957	1.305	566	403	969
1958	1.329	560	414	974
1959	1.329	565	414	979
1960	1.361	532	464	996
1961	1.410	555	494	1.049

Quellen: Geschäftsberichte (VSE-AHV), VSE (EW-VZ)

Tabelle 60 Versorgungsgebiet von VSE, SWS, RWE und KWH nach Bodenfläche und Einwohnerzahl (1951/56)

Elektrizitätsversorgung Saarland	Bodenfläche (km²) Gesamt	Einwohner 1951		Einwohner 1956	
	Gesamt	Gesamt	je km²	Gesamt	je km²
VSE-Saarbrücken	1.047,00	499.000	477	526.000	502
davon					
19 A-Gemeinden		286.000	818	307.000	878
104 B-Gemeinden		213.000	305	219.000	314
Stadtwerke Saarbrücken (SWS)	51,40	111.450	2.168	123.504	2.403
RWE-Merzig	1.016,52	193.767	191	198.823	196
Kraftwerk Homburg (KWH)	452,30	151.196	334	156.850	347
davon					
28 A-Gemeinden		127.857	439	132.056	454
29 B-Gemeinden		23.339	106	24.794	112
Saarland	2.567,22	955.413	372	1.005.177	392

Quelle: Keßler (1957), Berichtigung nach RWE-Angaben (VSE-AHV)

Tabelle 61 Stromabsatz von VSE, SWS, RWE und KWH 1951/56

Elektrizitätsversorgung Saarland	Stromabsatz im Versorgungsgebiet 1951 kWh	1956 kWh	Zuwachs Gesamt v.H.	je Jahr v.H.	Stromverbrauch je Einwohner 1951 kWh	1956 kWh	je km² Fläche 1951 kWh	1956 kWh
VSE-Saarbrücken	191.700	328.850	71,5	14,3	384	625	183.095	314.088
davon 19 A-Gemeinden	54.600	89.600	64,1	12,8	191	292	156.223	25.636
direkte Versorgung	137.100	239.250	74,5	14,9	644	1.092	196.559	343.011
Stadtwerke Saarbrücken (SWS)	73.700	157.700	114,0	22,8	661	1.277	1.433.852	3.068.093
RWE-Merzig	74.980	116.725	55,7	11,1	387	587	78.365	114.828
Kraftwerk Homburg (KWH)	66.300	111.800	68,6	13,7	439	713	129.487	218.351
davon 28 A-Gemeinden	47.600	89.800	88,7	17,7	372	680	163.596	308.633
direkte Versorgung	18.700	22.000	17,6	3,5	801	887	84.604	99.534
Saarland	406.680	715.075	75,8	15,2	426	711	158.413	278.541

Quelle: Keßler (1957), Berichtigung nach RWE-Angaben (VSE-AHV)

Tabelle 62 Stromabgabe von VSE, SWS, RWE und KWH nach Verbrauchergruppen (1951/56)

	VSE 1951 MWh	1966 MWh	SWS 1951 MWh	1966 MWh	RWE 1951/52 MWh	1965/56 MWh	KHW 1951 MWh	1966 MWh
Tarifabnehmer	22.646,0	42.380,0	29.500	51.900	22.088	36.130	2.100	3.600
Sonderabnehmer:								
A-Gemeinden	54.600,0	89.600,0			52.891	80.594	47.600	89.800
Großverbraucher	114.454,0	196.870,0	44.200	105.800	768,6	80.746	16.600	18.400
Abgabe an andere EVU und Export	142.297,6	27.071,1					37.300	8.000
Gesamtabgabe	333.997,6	355.921,1	73.700,0	157.700	75.747,6	197.470	103.600	119.800

Quelle: Keßler (1957), Berichtigung nach RWE-Angaben (VSE-AHV)

Tabelle 63 Engpaßleistung der Grubenkraftwerke an der Saar 1945 - 1961

Jahr	KW Heinitz kW	KW Luisenthal kW	KW Weiher kW	KW Fenne kW	KW St. Barbara kW	Summe kW
1945	9.600	20.500	71.000	55.000		156.100
1946	9.600	20.500	71.000	55.000		156.100
1947	9.600	20.500	71.000	55.000		156.100
1948	9.600	13.000	71.000	55.000		148.600
1949	9.600	38.600 1)	57.000 2)	55.000		160.200
1950	9.600	38.600	82.000 3)	55.000		185.200
1951	9.600	38.600	114.000	55.000		217.200
1952	9.600	38.600	114.000	55.000		217.200
1953	9.600	38.600	114.000	55.000	55.000 5)	272.200
1954	5.600	38.600	114.000	55.000	110.000 5)	323.200
1955	5.600 6)	38.600	114.000	55.000	110.000	323.200
1956		35.600 7)	114.000	55.000	110.000	314.600
1957		35.600	114.000	127.500 8)	110.000	387.100
1958		25.600 9)	114.000	200.000 8)	110.000	449.600
1959			114.000	175.000 10)	110.000	399.000
1960			114.000	200.600 11)	260.000 12)	574.600
1961			114.000	185.600 13)	260.000	559.600

1) Wiederinbetriebnahme von Maschine 2 mit 25,6 MW
2) Maschine 3 und 4 (je 7 MW) stillgelegt
3) Neue Maschine 3 mit 25 MW
4) Neue Maschine 4 mit 32 MW
5) Inbetriebnahme St. Barbara I (2 x 55 MW)
6) Stillegung KW Heinitz
7) Stillegung Maschine 3 (3 MW)

8) Inbetriebnahme Fenne II mit 2 x 72,5 MW
9) Stillegung der Gesamtanlage am 6.6.1959
10) Stillegung von Maschine 3 (25 MW)
11) 25,6 MW-Maschine aus Luisenthal
12) Inbetriebnahme St. Barbara II mit 150 MW
13) Stillegung Maschine I (15 MW)

Quelle: Saarbergwerke AG (Abt. Energiewirtschaft)

Tabelle 65 Entwicklung des Verstromungsanteils der Saarbergförderung 1948 - 1961

Jahr	Förderung	Einsatz in eigenen Kraftwerken	Abgabe an Kraftwerke insgesamt
	t	%	%
1948	12.476.123	6	12
1949	14.160.879	6	13
1950	14.984.635	6	10
1951	16.129.004	7	11
1952	16.077.760	7	11
1953	16.267.880	7	10
1954	16.685.809	6	10
1955	17.205.730	7	11
1956	16.956.226	9	14
1957	16.289.598	10	15
1958	16.255.792	9	14
1959	16.100.549	8	13
1960	16.233.725	9	13
1961	16.090.138	9	15

Quelle: Saarbergwerke AG (Abt. F-RS)

Tabelle 66 Bilanzwerte - Dividende VSE 1962 - 1975

	Bilanzsumme Mio. DM	Umsatzerlöse Mio DM	Anlagenzugänge Mio DM	%	davon Verteilungsanlagen Mio DM	%	Dividende %
1962	267,556	81,806	86,9 3)	100,0	81,9	94,2	7,5
1963	296,185	99,534	17,3	100,0	15,4	89,0	6,0
1964	298,019	141,067	23,3	100,0	19,1	82,0	6,0
1965	312,607	149,339	21,4	100,0	18,9	88,3	6,0
1966	326,825	154,531	15,5	100,0	11,8	76,1	8,0
1967	350,613	163,169	26,5	100,0	24,8	93,6	10,0
1968	369,780	169,953 1)	16,5	100,0	12,8	77,6	12,0
1969	391,559	190,548	21,2	100,0	16,7	78,8	14,0
1970	416,729	228,310	30,8	100,0	26,1	84,7	14,0
1971	444,642	264,269	41,1	100,0	36,0	87,6	12,0
1972	494,552	304,351	42,9	100,0	40,3	93,9	12,0
1973	541,004	344,214	35,8	100,0	29,9	83,5	12,0
1974	585,014	393,766	41,1	100,0	38,8	94,4	12,0
1975	649,218	426,843 2)	42,6	100,0	31,3	73,5	12,0

1) ab 1968 ohne Umsatzsteuer (MwSt.)
2) ab 1975 ohne Ausgleichsabgabe
3) übernommene Anlagen: DM 70,7 Mio
Quelle: Geschäftsberichte (VSE-AHV)

Tabelle 67 Vereinigte Saar-Elektrizitäts-AG: Aktionäre seit 1962

Landkreis Saarbrücken	17,89 %
Landkreis Saarlouis	14,40 %
Landkreis St. Wendel	3,49 %
Landkreis Ottweiler	2,87 %
Stadt Saarbrücken (GSS)	12,35 %
Saarland	5,00 %
Rheinisch-Westfälisches Elektrizitätswerk AG	41,33 %
Electricité de France	2,67 %
	100,00 %

Quelle: VSE-AHV

Tabelle 74 Eigenerzeugung, Verbrauch und Bezug aus dem öffentlichen Netz der Hütten und sonstigen Industrie im Saarland 1960 - 1975 (in Mio. kWh)

Jahr	Hüttenindustrie				sonstige Industrie			
	Eigenerzeugung Mio.kWh	Verbrauch Mio.kWh	Fremdbezug Mio.kWh	%	Eigenerzeugung Mio.kWh	Verbrauch Mio.kWh	Fremdbezug Mio.kWh	%
1960	516,5	1.056,9	540,4	51,1	10,6	280,0	269,4	96,2
1961	529,7	1.161,7	632,0	54,4	10,4	297,4	287,0	96,5
1962	511,5	1.182,3	670,8	56,7	10,0	310,8	300,8	96,8
1963	436,7	1.203,6	766,9	63,7	9,2	335,6	326,4	97,3
1964	497,5	1.320,6	823,1	62,3	13,5	368,4	354,9	96,3
1965	523,6	1.347,0	823,4	61,1	14,3	397,2	382,9	96,4
1966	504,0	1.319,3	815,3	61,8	13,7	409,2	395,5	96,7
1967	473,9	1.304,2	830,8	63,7	15,7	398,5	382,8	96,1
1968	485,3	1.488,0	1.002,7	67,4	19,2	475,2	456,0	96,0
1969	527,0	1.624,8	1.097,8	67,6	35,2	687,3	652,1	94,9
1970	500,0	1.688,7	1.188,7	70,4	50,0	810,3	760,3	93,8
1971	402,1	1.555,5	1.153,4	74,1	44,3	861,7	817,4	94,9
1972	405,1	1.670,2	1.265,1	75,7	40,5	932,3	891,8	95,7
1973	418,9	1.828,1	1.409,2	77,1	48,1	1.029,6	981,5	95,3
1974	454,8	1.919,1	1.464,3	76,3	44,1	1.036,1	992,0	95,7
1975	306,1	1.628,9	1.322,8	81,2	42,5	1.043,5	1.001,0	95,9

Quellen: Saarland in Zahlen, Sonderheft 75/1971 (Industrie, Bau, Handwerk und Energiewirtschaft im Jahre 1970) und Sonderheft 126/1985 (Produzierendes Gewerbe 1984, jeweils hgg. v. Statistischen Amt des Saarlandes, eigene Berechnungen)

Tabelle 76 Nutzbare Abgabe der VSE 1963 - 1975 (Sonderabnehmer)
(jährlicher Zuwachs in Mio kWh und Prozent)

| Jahr | Nutzbare Abgabe | | Abgabe an andere EVU | | Abgabe eigenes Versorgungsgebiet | | Hoch- und Mittelspannungs-Sonderabnehmer | | | | | | | | | | | | | |
| | | | | | | | Grundstoff-industrie | | Investitions-güterindustrie | | Verbrauchs-güterindustrie | | Nahrungs-/Genuß-mittelindustrie | | öffentliche Betriebe | | Weiterverteiler | | Summe | |
	Mio.kWh	%	Mio.kWh	%	Mio.kWh	%	Mio.kWh	%	Mio.kWh	%	Mio.kWh	%	Mio.kWh	%	Mio.kWh	%	Mio.kWh	%	Mio.kWh	%
1963	265,9	27,8	112,6	380,4	153,3	16,5	46,1	11,9	-1,0	-4,9	11,7	19,9	0,9	14,3	11,4	30,5	43,0	21,1	112,1	15,7
1964	1026,2	84,0	953,8	670,7	72,4	6,7	27,5	6,4	2,0	10,4	2,2	3,1	-0,6	-8,3	2,9	5,9	20,1	8,1	54,1	6,6
1965	26,8	1,2	-60,5	-5,5	87,3	7,6	40,7	8,9	2,7	12,7	3,5	4,8	0,5	7,6	0,9	1,7	8,0	3,0	56,3	6,4
1966	37,7	1,7	-12,8	-1,2	50,5	4,1	-20,1	-4,0	1,0	4,2	8,2	10,8	1,1	15,5	4,2	8,0	22,2	8,1	16,6	1,8
1967	110,1	4,8	-2,5	-0,2	112,6	8,7	67,2	14,0	-0,1	-0,4	4,0	4,7	0,2	2,4	3,3	5,8	13,1	4,4	87,7	9,2
1968	180,2	7,4	-181,4	-17,8	361,6	25,8	181,6	33,2	17,9	71,9	12,1	13,7	1,5	17,9	75,3	125,3	12,6	4,1	301,0	29,0
1969	652,4	25,1	236,9	28,2	415,5	23,5	122,9	29,2	22,2	51,9	15,6	15,5	0,1	1,0	74,0	54,7	42,6	13,2	367,4	27,4
1970	562,1	17,3	-158,9	-14,8	721,0	33,1	357,4	38,0	60,4	92,9	7,4	6,4	0,5	5,0	-18,6	-8,9	243,5	66,6	630,6	39,1
1971	605,1	15,8	255,2	27,8	349,9	12,1	67,5	5,2	16,1	12,8	22,6	18,3	2,8	26,7	74,6	39,1	111,9	18,4	295,5	12,5
1972	140,0	3,2	-222,9	-19,0	362,9	11,2	116,3	8,5	9,1	6,4	27,4	18,8	5,0	37,6	90,5	34,1	9,1	1,3	257,4	9,7
1973	336,5	7,4	-140,7	-14,8	477,2	13,2	168,2	11,3	25,8	17,1	3,0	1,7	16,0	87,4	95,0	26,7	98,0	13,4	406,0	13,9
1974	356,0	7,3	237,4	29,4	118,6	2,9	46,4	2,8	-18,7	-10,6	2,3	1,3	7,7	22,4	-4,2	-0,9	33,9	4,1	67,4	2,0
1975	-457,0	-8,7	-393,2	-37,6	-63,8	-1,5	-142,9	-8,4	24,6	15,6	-20,4	-11,4	1,2	2,9	-43,6	-9,8	1,8	0,2	-179,3	-5,3

Quelle: Geschäftsberichte (VSE-AHV)

Tabelle 77 Nutzbare Abgabe der VSE 1962 - 1975 (Sonderabnehmer)

| Jahr | Nutzbare Abgabe | | Abgabe an andere E V U | | Abgabe eigenes Versorgungsgebiet | | Hoch- und Mittelspannungs-Sonderabnehmer | | | | | | | | | | | | | |
| | | | | | | | Grundstoffindustrie | | Investitionsgüterindustrie | | Verbrauchsgüterindustrie | | Nahrungs-/Genußmittelindustrie | | öffentliche Betriebe | | Weiterverteiler | | Summe | |
	Mio.kWh	%	Mio.kWh	%	Mio.kWh	%	Mio.kWh	%	Mio.kWh	%	Mio.kWh	%	Mio.kWh	%	Mio.kWh	%	Mio.kWh	%	Mio.kWh	%
1962	956,3	100,0	29,6	3,1	926,7	100,0	385,8	41,6	20,3	2,2	58,7	6,3	6,3	0,7	37,4	4,0	203,9	22,0	712,4	76,9
1963	1.222,2	100,0	142,2	11,6	1.080,0	100,0	431,9	40,0	19,3	1,8	70,4	6,5	7,2	0,7	48,8	4,5	246,9	22,9	824,5	76,3
1964	2.248,4	100,0	1.096,0	48,7	1.152,4	100,0	459,4	39,9	21,3	1,8	72,6	6,3	6,6	0,6	51,7	4,5	267,0	23,2	878,6	76,2
1965	2.275,2	100,0	1.035,5	45,5	1.239,7	100,0	500,1	40,3	24,0	1,9	76,1	6,1	7,1	0,6	52,6	4,2	275,0	22,2	934,9	75,4
1966	2.312,9	100,0	1.022,7	44,2	1.290,2	100,0	480,0	37,2	25,0	1,9	84,3	6,5	8,2	0,6	56,8	4,4	297,0	23,0	951,5	73,7
1967	2.423,0	100,0	1.020,2	42,1	1.402,8	100,0	547,2	39,0	24,9	1,8	88,3	6,3	8,4	0,6	60,1	4,3	310,3	22,1	1.039,2	74,1
1968	2.603,2	100,0	838,8	32,2	1.764,4	100,0	728,8	41,3	42,8	2,4	100,4	5,7	9,9	0,6	135,4	7,7	322,9	18,3	1.340,2	76,0
1969	3.255,6	100,0	1.075,7	33,0	2.179,9	100,0	941,7	43,2	65,0	3,0	116,0	5,3	10,0	0,5	209,4	9,6	365,5	16,8	1.707,6	78,3
1970	3.817,7	100,0	916,8	24,0	2.900,9	100,0	1.299,1	44,8	125,4	4,3	123,4	4,3	10,5	0,4	190,8	6,6	609,0	21,0	2.339,2	81,3
1971	4.422,8	100,0	1.172,0	26,5	3.250,8	100,0	1.366,6	42,0	141,5	4,4	146,0	4,5	13,3	0,4	265,4	8,2	720,9	22,2	2.653,7	81,6
1972	4.562,8	100,0	949,1	20,8	3.613,7	100,0	1.482,9	41,0	150,6	4,2	173,4	4,8	18,3	0,5	355,9	9,8	730,0	20,2	2.911,1	80,6
1973	4.899,3	100,0	808,4	16,5	4.090,9	100,0	1.651,1	40,4	176,4	4,3	176,4	4,3	34,3	0,8	450,9	11,0	828,0	20,2	3.317,1	81,1
1974	5.255,3	100,0	1.045,8	19,9	4.209,5	100,0	1.697,5	40,3	157,7	3,7	178,7	4,2	42,0	1,0	446,7	10,6	861,9	20,5	3.384,5	80,4
1975	4.798,3	100,0	652,6	13,6	4.145,7	100,0	1.554,6	37,5	182,3	4,4	158,3	3,8	43,2	1,0	403,1	9,7	863,7	20,8	3.205,2	77,3

Quelle: Geschäftsberichte (VSE-AHV)

408

Tabelle 78 Aufteilung des Endenergieverbrauchs (EEV) im Saarland 1960 - 1980 in 1.000 t SKE (Steinkohleeinheiten) auf Energiearten und Verbrauchssektoren (mit Anteilen am Endenergieverbrauch in %). Unter den Energiearten sind einzelne Energieträger besonders ausgewiesen.

Verbrauchssektor Energieart, Energieträger	Jahr	EEV Gesamt	%	Industrie Gesamt	%	Eisen- und Stahl-industrie	%	Übrige Industrie	%	Haushalte und Klein-verbraucher	%	Verkehr	%
Elektrische Energie (El.)	1960	218,0	(3,9)	166,0	(4,2)	130,0	(3,7)	36	(8,7)	49	(4,5)	3	(0,5)
	1970	482,0	(6,6)	307,0	(6,5)	194,0	(5,0)	113	(14,2)	165	(8,5)	10	(1,5)
	1980	719,0	(9,9)	381,0	(8,8)	204,0	(6,0)	177	(18,2)	325	(16,3)	13	(1,4)
El. Änderung gegen-über 10 Jahren zu-vor in %	1970	+ 121,4		+ 84,9		+ 49,2		+ 213,9		+ 236,7		+ 400,0	
	1980	+ 49,2		+ 24,1		+ 5,2		+ 56,6		+ 97,0		+ 30,0	

Quelle: Energieprogramm für das Saarland v. 30.8.1983, Anl. 5+6

Tabelle 79 Aufteilung des Endenergieverbrauchs (EEV) im Bundesgebiet 1960 - 1980 in 1.000 t SKE (Steinkohleeinheiten) auf Energiearten und Verbrauchssektoren (mit Anteilen am Endenergieverbrauch in%). Unter den Energiearten sind einzelne Energieträger besonders ausgewiesen.

Verbrauchssektor, Energieart, Energieträger	Jahr	EEV Gesamt %		Industrie Gesamt %		Eisen- und Stahl-industrie %		Übrige Industrie %		Haushalte und Klein-verbraucher %		Verkehr %	
Elektrische Energie (El.)	1960	11,6	(7,9)	7,8	(11,0)	1,3	(4,9)	6,5	(14,7)	3,3	(6,3)	0,5	(2,2)
	1970	24,5	(10,6)	13,9	(15,2)	2,2	(7,1)	11,7	(19,6)	9,7	(9,7)	1	(2,5)
	1980	38,0	(14,8)	18,2	(20,7)	2,5	(9,4)	15,7	(25,5)	18,5	(16,5)	1,3	(2,2)
El. Änderung gegen-über 10 Jahren zu-vor in %	1970	+ 111,2		+ 78,2		+ 69,2		+ 80,0		+ 193,9		+ 100,0	
	1980	+ 55,1		+ 30,9		+ 13,6		+ 34,2		+ 90,7		+ 30,0	

Quelle: Energieprogramm für das Saarland v. 30.8.1983, Anl. 5+6

Tabelle 80 Elektrizitätsversorgungsunternehmen im Saarland im Jahre 1972

EVU	Versorgungsgebiet km²	%	Einwohnerzahl	%	Anzahl der Tarifabnehmer	%	Stromabgabe 1972 an Letztabnehmer in MWh	%	an Tarifabnehmer in MWh 1)	%	Verbrauchsdichte in kWh/km²	Abgabe je Tarifabnehmer in kWh
Vereinigte Saar-Elektrizitäts-AG (VSE)	1.871	72,9	594.557	53,0	219.258	50,4	2.998.733	70,7	694.784	54,6	1.550	3.169
Weiterverteiler der VSE												
Stadtwerke Dillingen	22	0,9	21.562	1,9	7.140	1,6	35.708	0,9	23.903	1,9	2.710	1.109
GdW Ensheim	13	0,5	4.110	0,4	1.479	0,3	10.398	0,3	4.444	0,3	1.142	1.081
GdW Gersweiler	9	0,4	8.617	0,8	3.397	0,8	10.640	0,3	6.681	0,5	1.925	775
KEW Neunkirchen	53	2,1	65.135	5,8	28.624	6,6	100.920	2,5	58.721	4,6	3.012	902
Stadtwerke Saarlouis	37	1,4	40.197	3,6	14.863	3,4	86.317	2,1	46.980	3,7	3.603	1.169
Stadtwerke Sulzbach	15	0,6	23.400	2,1	9.925	2,3	34.261	0,8	22.243	1,7	3.767	951
Stadtwerke Völklingen	27	1,1	39.397	3,5	15.114	3,5	62.231	1,5	42.894	3,4	3.894	1.089
GdW Wiebelskirchen	5	0,2	10.909	1,0	4.468	1,0	10.508	0,3	8.084	0,6	3.718	741
Weiterverteiler der VSE insgesamt	181	7,1	213.327	19,0	85.010	19,5	350.983	8,6	213.950	16,8	1.939	2.517
Pfalzwerke Ludwigshafen-AG (PW)	254	9,9	43.411	3,9	15.700	3,6	67.155	1,6	47.639	3,7	264	3.084
Weiterverteiler der PW												
Stadtwerke Bexbach	9	0,4	9.850	0,9	3.757	0,9	15.146	0,4	9.164	0,7	2.701	930
Stadtwerke Blieskastel	20	0,8	6.358	0,6	2.555	0,6	10.439	0,3	7.965	0,6	920	1.253
Stadtwerke Dudweiler	15	0,6	28.933	2,6	12.592	2,9	30.630	0,7	23.700	1,9	3.622	819
GdW Einöd	11	0,4	2.882	0,3	1.125	0,3	6.494	0,2	3.930	0,3	948	1.364
GdW Frankenholz	2	0,1	2.791	0,2	1.045	0,2	3.085	0,1	2.213	0,2	2.649	793
GdW Höchen	6	0,2	1.706	0,1	600	0,1	1.790	0,0	1.733	0,1	587	1.016
Stadtwerke Homburg	45	1,8	33.593	3,0	12.422	2,9	212.770	5,2	36.019	2,8	5.529	1.072
GdW Jägersburg	3	0,1	2.910	0,3	1.050	0,2	3.007	0,1	2.905	0,2	1.971	998
GdW Kirkel-Neuhäusel	23	0,9	4.200	0,4	1.455	0,3	6.835	0,2	4.705	0,4	502	1.120
GdW Limbach	23	0,9	6.499	0,6	1.255	0,3	10.633	0,3	7.708	0,6	797	1.186
GdW Oberbexbach	6	0,3	5.211	0,5	1.873	0,4	6.723	0,2	5.711	0,4	2.072	1.096
GdW Rohrbach	7	0,3	7.800	0,7	2.698	0,6	11.198	0,3	7.774	0,6	2.710	997
Stadtwerke St. Ingbert	27	1,1	29.393	2,6	10.490	2,4	70.528	1,7	29.945	2,4	3.721	1.019
GdW Webenheim	11	0,4	1.038	0,1	345	0,1	1.392	0,0	1.261	0,1	241	1.215
Weiterverteiler der PW insgesamt	208	8,1	143.164	12,8	53.262	12,2	390.670	9,5	144.733	11,4	1.878	2.708
Stadtwerke Saarbrücken AG	53	2,1	126.541	11,3	61.792	14,2	392.459	9,6	171.727	13,5	7.405	2.779
Saarland	2.567	100,0	1.121.000	100,0	435.022	100,0	4.100.000	100,0	1.272.833	100,0	1.597 2)	2.926 3)

1) ohne Abgabe an Industrie und öffentliche Beleuchtung
2) zum Vergleich: Bundesrepublik: 794
3) zum Vergleich: Bundesrepublik: 2986
Quelle: FES (1974), S. 54 f.

411

Tabelle 81 Nutzbare Abgabe der VSE 1962 - 1975 (Tarifabnehmer)

	Nutzbare Abgabe		Abgabe eigenes Versorgungsgebiet		Tarifkunden									
					Haushalte Personal		Gewerbe		Landwirtschaft		Nachtspeicher Kleinstkunden, sonst.		Summe	
Jahr	Mio.kWh	%	Mio.kWh	%	Mio.kWh	%	Mio.kWh	%	Mio.kWh	%	Mio.kWh	%	Mio.kWh	%
1962	956,3	100,0	926,7	100,0	138,6	15,0	37,5	4,0	9,1	1,0	29,1	3,1	214,3	23,1
1963	1.222,2	100,0	1.080,0	100,0	178,4	16,5	30,5	2,8	11,9	1,1	34,7	3,2	255,5	23,7
1964	2.248,4	100,0	1.152,4	100,0	202,2	17,5	24,0	2,1	13,4	1,2	34,2	3,0	273,8	23,8
1965	2.275,2	100,0	1.239,7	100,0	224,9	18,1	28,0	2,3	14,7	1,2	37,2	3,0	304,8	24,6
1966	2.312,9	100,0	1.290,2	100,0	247,8	19,2	33,7	2,6	16,2	1,3	41,0	3,2	338,7	26,3
1967	2.423,0	100,0	1.402,8	100,0	265,0	18,9	39,4	2,8	16,1	1,1	43,1	3,1	363,6	25,9
1968	2.603,2	100,0	1.764,4	100,0	301,2	17,1	48,2	2,7	17,4	1,0	57,4	3,3	424,2	24,0
1969	3.255,6	100,0	2.179,9	100,0	325,0	14,9	53,3	2,4	17,3	0,8	76,7	3,5	472,3	21,7
1970	3.817,7	100,0	2.900,9	100,0	363,4	12,5	58,2	2,0	17,9	0,6	103,2	3,6	542,7	18,7
1971	4.422,8	100,0	3.250,8	100,0	473,2	14,6	75,2	2,3	17,7	0,5	31,0	1,0	597,1	18,4
1972	4.562,8	100,0	3.613,7	100,0	565,8	15,7	82,1	2,3	18,3	0,5	36,4	1,0	702,6	19,4
1973	4.899,3	100,0	4.090,9	100,0	627,1	15,3	88,2	2,2	19,6	0,5	38,9	1,0	773,8	18,9
1974	5.255,3	100,0	4.209,5	100,0	672,7	16,0	89,3	2,1	21,0	0,5	42,0	1,0	825,0	19,6
1975	4.798,3	100,0	4.145,7	100,0	762,9	18,4	105,6	2,5	19,2	0,5	52,8	1,3	940,5	22,7

Quelle: Geschäftsberichte (VSE-AHV)

Tabelle 82 Nutzbare Abgabe der VSE 1963 - 1975 (Tarifabnehmer)
jährlicher Zuwachs in Mio kWh und Prozent

	Nutzbare Abgabe		Abgabe eigenes Versorgungsgebiet		Tarifkunden									
					Haushalte Personal		Gewerbe		Landwirtschaft		Nachtspeicher Kleinstkunden, sonst.		Summe	
Jahr	Mio.kWh	%	Mio.kWh	%	Mio.kWh	%	Mio.kWh	%	Mio.kWh	%	Mio.kWh	%	Mio.kWh	%
1963	265,9	27,8	153,3	16,5	39,8	28,7	-7,0	-18,7	2,8	30,8	5,6	19,2	41,2	19,2
1964	1.026,2	84,0	72,4	6,7	23,8	13,3	-6,5	-21,3	1,5	12,6	-0,5	-1,4	18,3	7,2
1965	26,8	1,2	87,3	7,6	22,7	11,2	4,0	16,7	1,3	9,7	3,0	8,8	31,0	11,3
1966	37,7	1,7	50,5	4,1	22,9	10,2	5,7	20,4	1,5	10,2	3,8	10,2	33,9	11,1
1967	110,1	4,8	112,6	8,7	17,2	6,9	5,7	16,9	-0,1	-0,6	2,1	5,1	24,9	7,4
1968	180,2	7,4	361,6	25,8	36,2	13,7	8,8	22,3	1,3	8,1	14,3	33,2	60,6	16,7
1969	652,4	25,1	415,5	23,5	23,8	7,9	5,1	10,6	-0,1	-0,6	19,3	33,6	48,1	11,3
1970	562,1	17,3	721,0	33,1	38,4	11,8	4,9	9,2	0,6	3,5	26,5	34,6	70,4	14,9
1971	605,1	15,8	349,9	12,1	109,8	30,2	17,0	29,2	-0,2	-1,1	-72,2	-70,0	54,4	10,0
1972	140,0	3,2	362,9	11,2	92,6	19,6	6,9	9,2	0,6	3,4	5,4	17,4	105,5	17,7
1973	336,5	7,4	477,2	13,2	61,3	10,8	6,1	7,4	1,3	7,1	2,5	6,9	71,2	10,1
1974	356,0	7,3	118,6	2,9	45,6	7,3	1,1	1,2	1,4	7,1	3,1	8,0	51,2	6,6
1975	-457,0	-8,7	-63,8	-1,5	90,2	13,4	16,3	18,3	-1,8	-8,6	10,8	25,7	115,5	14,0

Quelle: Geschäftsbericht (VSE-AHV)

Tabelle 83 Kundenstruktur der VSE nach Anzahl und Abnahme 1963 - 1975

| | Tarifkunden | | | | | | | | | | | Sondervertragskunden | | | davon | |
| | Haushalte | | Gewerbe | | Landwirtschaft | | öffentl.Anl. Kleinstkunden | | Summe | | | Insgesamt | | | | |
Jahr	Anzahl	Mio.kWh	Anzahl	Mio.kWh	Anzahl	Mio.kWh	Anzahl	Mio.kWh	Anzahl	Mio.kWh	jährl. Zuwachs in %	Anzahl	Mio.kWh	Hochspannung Mio.kWh	Niederspannung Mio.kWh	sonstige Mio.kWh
1963	118.160	178	5.470	31	4.930	12	29.380	19	157.940	240	0,0	300	588	578	6	4
1964	122.400	202	5.800	24	5.000	13	28.500	19	161.700	258	7,5	440	624	612	7	5
1965	125.900	225	6.480	28	4.815	15	27.600	21	164.795	289	12,0	604	673	660	8	5
1966	129.300	248	7.310	34	4.570	16	26.700	20	167.880	318	10,0	663	669	654	10	5
1967	132.343	265	8.108	39	4.075	16	26.041	21	170.567	341	7,2	653	746	730	10	6
1968	141.653	301	9.162	48	3.793	17	26.569	25	181.177	391	14,7	716	1.038	1.017	14	7
1969	145.159	325	9.632	53	3.605	17	26.175	24	184.571	419	7,2	788	1.365	1.341	17	7
1970	151.820	363	9.953	58	3.326	18	24.627	25	189.706	464	10,7	863	1.800	1.749	22	29
1971	160.777	408	10.686	66	3.237	19	25.243	27	199.943	520	12,1	935	1.941	1.904	28	9
1972	172.905	468	11.171	75	3.060	19	26.764	31	213.900	593	14,0	1.020	2.189	2.142	36	11
1973	178.331	504	11.239	78	2.534	20	27.779	35	219.883	637	7,4	1.101	2.501	2.439	50	12
1974	186.282	544	11.887	82	1.980	18	28.627	41	228.776	685	7,5	1.132	2.535	2.465	57	13
1975	188.650	625	11.700	94	1.940	17	28.970	51	231.260	787	14,9	1.205	2.370	2.287	69	14

Quellen: Geschäftsberichte (VSE-AHV), VSE (EWVZ)

413

Tabelle 86 Erlöse der VSE pro kWh im Vergleich zum
Bundesdurchschnitt 1962 - 1975

| | Tarifabnehmer | | Sonderabnehmer | | Gesamtabgabe | |
| | VSE | Bund | VSE | Bund | VSE | Bund |
Jahr	Pfg.	Pfg.	Pfg.	Pfg.	Pfg.	Pfg.
1962	13,88	15,21	6,35	7,29	8,40	9,93
1963	13,08	14,72	6,36	7,27	8,23	9,84
1964	12,84	14,52	6,25	7,28	8,13	9,80
1965	12,67	14,27	6,50	7,52	8,27	9,98
1966	12,45	14,21	6,56	7,58	8,38	10,06
1967	12,23	14,10	6,69	7,54	8,25	10,11
1968	11,58	13,42	5,99	7,26	7,21	9,64
1969	11,08	13,09	5,40	6,87	6,65	9,23
1970	10,85	12,36	5,17	6,88	6,31	9,08
1971	10,83	12,32	5,34	7,08	6,36	9,22
1972	12,32	12,82	5,56	7,41	6,69	9,65
1973	12,80	13,24	5,69	7,54	6,85	9,84
1974	13,95	14,29	6,29	8,13	7,58	10,63
1975	15,20	15,93	7,35	9,40	8,88	12,18

1) ab 1968 ohne MwSt.
2) ab 1975 ohne Ausgleichsabgabe
Quelle: VSE (EW-VZ)

Tabelle 88 Leitungsnetz und Umspannanlangen/-stationen der VSE
1961 - 1975

| | Stromkreislänge in km (gerundet) | | | | Umspannwerke / -anlagen / -stationen Anzahl | | |
Jahr	Nieder-spannung 0,4 kV	Mittel-spannung bis 25 kV	Hoch- und Mittel-spannung ab 35 kV	Summe 25 kV u. höher	Umspann-werke 150, 110 kV	Umspann-anlagen 20 kV, 25 kV, 35 kV	Umspann-stationen 6 kV, 10 kV, 12,5 kV, 20 kV
1961	1.410	555	494	1.049			
1962	3.117	1.314	500	1.814	9	32	634
1963	3.202	1.357	506	1.863	9	38	723
1964	3.315	1.496	531	2.027	10	36	837
1965	3.390	1.439	471	1.910	10	39	840
1966	3.449	1.445	451	1.896	10	40	919
1967	3.500	1.521	465	1.986	10	40	937
1968	3.636	1.588	474	2.062	11	47	970
1969	3.677	1.636	522	2.158	11	44	1.190
1970	3.910	1.698	532	2.230	12	44	1.350
1971	4.085	1.846	554	2.400	14	43	1.490
1972	4.127	1.849	562	2.411	15	44	1.641
1973	4.349	1.931	576	2.507	15	45	1.775
1974	4.543	2.014	595	2.609	15	45	1.934
1975	4.583	2.075	668	2.743	18	45	2.074

Quelle: Geschäftsberichte (VSE-AHW)